卓越法律人才系列 | 创新思维法学教材

债法总论

杨 巍 | 著

WUHAN UNIVERSITY PRESS
武汉大学出版社

图书在版编目(CIP)数据

债法总论/杨巍著.—武汉:武汉大学出版社,2017.3(2018.7 重印)
创新思维法学教材　卓越法律人才系列
ISBN 978-7-307-12916-0

Ⅰ.债…　Ⅱ.杨…　Ⅲ.债权法—法的理论—中国—高等学校—教材
Ⅳ.D923.31

中国版本图书馆 CIP 数据核字(2017)第 039883 号

责任编辑:钱　静　　责任校对:李孟潇　　版式设计:马　佳

出版发行:**武汉大学出版社**　(430072　武昌　珞珈山)
(电子邮件:cbs22@ whu. edu. cn 网址:www. wdp. com. cn)
印刷:武汉市宏达盛印务有限公司
开本:787×1092　1/16　印张:25.5　字数:605 千字　插页:1
版次:2017 年 3 月第 1 版　2018 年 7 月第 2 次印刷
ISBN 978-7-307-12916-0　定价:50.00 元

目　　录

缩 略 语

一、法律

1. 《中华人民共和国民法通则》简称为《民法通则》
2. 《中华人民共和国合同法》简称为《合同法》
3. 《中华人民共和国物权法》简称为《物权法》
4. 《中华人民共和国侵权责任法》简称为《侵权责任法》
5. 《中华人民共和国担保法》简称为《担保法》
6. 《中华人民共和国婚姻法》简称为《婚姻法》
7. 《中华人民共和国继承法》简称为《继承法》
8. 《中华人民共和国公司法》简称为《公司法》
9. 《中华人民共和国保险法》简称为《保险法》
10. 《中华人民共和国票据法》简称为《票据法》
11. 《中华人民共和国企业破产法》简称为《破产法》
12. 《中华人民共和国海商法》简称为《海商法》
13. 《中华人民共和国消费者权益保护法》简称为《消费者权益保护法》
14. 《中华人民共和国电子签名法》简称为《电子签名法》
15. 《中华人民共和国民事诉讼法》简称为《民事诉讼法》
16. 《中华人民共和国税收征收管理法》简称为《税收征收管理法》
17. 《中华人民共和国反不正当竞争法》简称为《反不正当竞争法》
18. 《中华人民共和国民用航空法》简称为《民用航空法》

二、司法解释

1. 《最高人民法院关于贯彻执行〈中华人民共和国民法通则〉若干问题的意见（试行）》（法〔办〕发［1988］6号）简称为《民法通则意见》

2. 《最高人民法院关于适用〈中华人民共和国合同法〉若干问题的解释（一）》（法释［1999］19号）简称为《合同法解释（一）》

3. 《最高人民法院关于适用〈中华人民共和国合同法〉若干问题的解释（二）》（法释［2009］5号）简称为《合同法解释（二）》

4. 《最高人民法院关于当前形势下审理民商事合同纠纷案件若干问题的指导意见》（法发［2009］40号）简称为《民商事合同纠纷指导意见》

5. 《最高人民法院关于审理买卖合同纠纷案件适用法律问题的解释》（法释［2012］8号）简称为《买卖合同解释》

6.《最高人民法院关于审理商品房买卖合同纠纷案件适用法律若干问题的解释》（法释［2003］7号）简称为《商品房买卖合同解释》

7.《最高人民法院关于审理城镇房屋租赁合同纠纷案件具体应用法律若干问题的解释》（法释［2009］11号）简称为《城镇房屋租赁合同解释》

8.《最高人民法院关于审理建设工程施工合同纠纷案件适用法律问题的解释》（法释［2004］14号）简称为《建设工程施工合同解释》

9.《最高人民法院关于审理融资租赁合同纠纷案件适用法律问题的解释》（法释［2014］3号）简称为《融资租赁合同解释》

10.《最高人民法院关于审理民间借贷案件适用法律若干问题的规定》（法释［2015］18号）简称为《民间借贷规定》

11.《最高人民法院关于审理技术合同纠纷案件适用法律若干问题的解释》（法释［2004］20号）简称为《技术合同解释》

12.《最高人民法院关于审理商标民事纠纷案件适用法律若干问题的解释》（法释［2002］32号）简称为《商标纠纷解释》

13.《最高人民法院关于审理旅游纠纷案件适用法律若干问题的规定》（法释［2010］13号）简称为《旅游纠纷规定》

14.《最高人民法院关于适用〈中华人民共和国担保法〉若干问题的解释》（法释［2000］44号）简称为《担保法解释》

15.《最高人民法院关于确定民事侵权精神损害赔偿责任若干问题的解释》（法释［2001］7号）简称为《精神损害赔偿解释》

16.《最高人民法院关于审理人身损害赔偿案件适用法律若干问题的解释》（法释［2003］20号）简称为《人身损害赔偿解释》

17.《最高人民法院关于适用〈中华人民共和国企业破产法〉若干问题的规定》（法释［2011］22号）简称为《破产法规定（一）》

18.《最高人民法院关于审理民事案件适用诉讼时效制度若干问题的规定》（法释［2008］11号）简称为《诉讼时效规定》

19.《最高人民法院关于审理外商投资企业纠纷案件若干问题的规定（一）》（法释［2010］9号）简称为《外商投资规定（一）》

20.《最高人民法院关于审理证券市场因虚假陈述引发的民事赔偿案件的若干规定》（法释［2003］2号）简称为《证券虚假陈述规定》

21.《最高人民法院关于审理不正当竞争民事案件应用法律若干问题的解释》（法释［2007］2号）简称为《反不正当竞争法解释》

22.《最高人民法院关于适用〈中华人民共和国民事诉讼法〉的解释》（法释［2015］5号）简称为《民诉法解释》

23.《最高人民法院关于处理涉及汶川地震相关案件适用法律问题的意见（一）》（法发［2008］21号）简称为《汶川地震适用法律意见（一）》

24.《最高人民法院关于处理涉及汶川地震相关案件适用法律问题的意见（二）》（法发［2009］17号）简称为《汶川地震适用法律意见（二）》

第一章　债 法 概 述

【知识结构图】

- 债法概述
  - 债的概念
    - 狭义债的关系与广义债的关系
    - 固有法上的债与民法上的债
  - 债的特征
    - 主体特征
    - 客体特征
    - 内容特征
    - 性质特征
  - 债的发生原因
    - 法律行为
      - 单方法律行为
      - 双方或多方法律行为 ——合同
    - 法律规定
      - 不当得利
      - 无因管理
      - 关于侵权行为
      - 关于缔约上的过失
      - 其他
  - 债权
    - 债权的概念、特征
    - 债权的权能
  - 债务
    - 债务的概念、特征
    - 主给付义务、从给付义务、附随义务
    - 先合同义务、后合同义务
    - 不真正义务
  - 债的分类
    - 意定之债与法定之债
    - 特定物之债与种类物之债
    - 单一之债与多数人之债
    - 简单之债与选择之债
  - 债法的基本问题
    - 债法的概念、特征
    - 债法的地位
    - 债法的体系

第一节　债的概念和特征

一、债的概念

在罗马法《法学阶梯》中，债的定义是："债是一种迫使我们必须根据我们城邦的法律制度履行某种给付义务的法律约束。"其后的大陆法系民法典基本上均以此定义来界定债的法律关系。《民法通则》第84条第1款第1句规定："债是按照合同的约定或者依照法律的规定，在当事人之间产生的特定的权利和义务关系。"从立法技术的角度而言，该概念有欠严谨：(1)未表明债是特定当事人之间的民事法律关系。债是相对法律关系，权利人和义务人均为特定的人；物权关系、人格权关系是绝对法律关系，权利人特定而义务人为不特定之人。该概念中"特定的权利和义务关系"之表述未能将债与其他绝对法律关系相区分，系将"特定"之限定语放错位置。有判决认为："'特定的'含义就是只有合同当事人才受合同权利义务内容的约束。"① (2)未表明单方行为可产生债。除合同之外，某些单方法律行为亦可产生债之法律关系。该概念将债的发生原因限定为"按照合同的约定或者依照法律的规定"，有欠周延。② (3)未表明债是以给付为客体的民事法律关系。大陆法系民法典规定债的概念时一般均强调债的客体是给付行为，以区别于物权等支配权法律关系，例如《德国民法典》第241条第1款规定："依债务关系，债权人有权向债务人请求给付。给付也可以表现为不作为。"而《民法通则》第84条第2款规定："债权人有权要求债务人按照合同的约定或者依照法律的规定履行义务。"该规定未指出义务人的义务是完成某种行为(作为、不作为)。(4)未表明债是财产性民事法律关系。债是以财产上的权利义务关系变动为内容，而不涉及人格权和身份权关系的变动，该概念未能指出债的此种属性。

基于以上分析，本书给出债的学理概念：债是指依据法律行为或者法律规定，特定当事人之间可以请求为特定行为(作为、不作为)的财产性民事法律关系。此外，还须注意从以下两种角度理解债。

(一) 狭义债的关系与广义债的关系

狭义债的关系，是指仅一方享有债权，对方负有相应债务的债的关系。在此法律关系中，债权人和债务人的地位单一固定，债权和债务的指向也具有单向性。广义债的关系，是指由多个狭义债的关系构成的概括性的法律关系。《合同法》分则部分规定的各种合同所形成的债的关系，基本上均属于广义债的关系。例如，买卖合同中，存在移转所有权、交付单证资料、检验标的物、支付价金(《合同法》第135、136、157、159条)等多个狭义债的关系，对于其中一些债而言，出卖人是债务人，而对于另一些债而言，买受人是债

---

① 参见"大连某建筑工程总公司与大连某房屋开发有限公司、大连某房地产开发有限公司、大连某集团有限公司建设工程施工合同纠纷案"，载《最高人民法院公报》2008年第11期。

② 有学者认为，债的概念中没有必要包含债的发生根据。参见余延满：《合同法原论》，武汉大学出版社1999年版，第46页。

务人。相较于内容单一的狭义债的关系而言，广义债的关系具有以下特点：其一，它是一个极其复杂的架构，由众多的债权或者债务（狭义债的关系）组成。其二，它不是静态地僵固于一个一成不变的状态之中，而是随时间变化不断地以多种形态发生变动。它犹如一个“有机组织”，存在着出生、成长、衰老，直至最后死亡的现象。①

（二）我国固有法上的债与民法上的债

在我国古代法制史上，也存在债的概念，例如《唐令拾遗·杂令》第三三条规定：“若违法积利，契外掣夺，及非出息之债者，官为理。”各朝代对买卖、借贷、租赁等实质意义上债的法律关系均规定有相应的法律规范。但是，我国固有法上债的概念与来自西方民法上债的概念存在显著差异：其一，前者范围狭窄，仅指金钱债务，尤指借贷之债。后者范围宽泛，除包含各类合同之外，还包含不当得利、无因管理、单方行为等多种类型的债。而且，后者还包括非金钱之债，如交付实物、提供劳务、转让无形财产，甚至不作为，均可以成为债的内容。其二，前者含义单一，专指债务。中国古代把不付利息之贷称为“负债”；把付利息之贷称为“举债”或“举钱”。② 这均是从债务人一方来界定债的概念。后者是指以债权债务为内容的民事法律关系，而并非仅指债务。及至清末制定《大清民律草案》，西方民法上债的概念才首次被引入我国。其后，我国现行法均是在后者意义上使用债的概念。至于民间用语如“血债血偿”、“情债”、“孽债”、“人情债”等，则并非由法律调整之法律关系，更非民法上的债。

二、债的特征

（一）债的主体是特定当事人——债权人和债务人

《民法通则》第84条第1款第2句规定：“享有权利的人是债权人，负有义务的人是债务人。”债权人与债务人均为特定的人，特定债权人一般只能向特定债务人请求履行债务，而不能向第三人主张权利。从以下几方面说明：

1. 债的该特征使其与物权等绝对权法律关系相区别。在物权、人格权和知识产权等绝对权法律关系中，权利人特定，而义务人是不特定人。因为物权、人格权和知识产权为支配权，权利人可以直接支配权利客体，而义务人仅须负有不加侵害的消极义务，故该程度较低之义务为一切不特定人所负有。债权为请求权，义务人通常负有作为义务，即使负有不作为义务（如保密义务）也是针对某种特定行为的不作为，而非单纯的不加侵害债权的消极义务，债权人的权利是否能够得到实现有赖于债务人对该义务的履行。该程度较高之义务只能由特定债务人所负有，如此债权人才能确定具体向谁主张权利。

2. 并非所有特定当事人之间的法律关系均为债。婚姻、收养、监护关系成立于特定当事人之间，但此类法律关系以身份上的权利义务变动为内容，受亲属法调整，不属于债。物权人行使物权请求权（《物权法》第34、35条）以保护其物权，亦发生在特定当事人之间，也不属于债之关系。

3. 在现代民法上，个别制度突破了债的相对性，使债权人可向债的关系以外的第三

① ［德］迪特尔·梅迪库斯：《德国债法总论》，杜景林等译，法律出版社2004年版，第9页。
② 孔庆明等编著：《中国民法史》，吉林人民出版社1996年版，第261~262页。

人主张权利，例如涉他合同、债权人的代位权和撤销权等。这些制度系基于特别立法目的所作的个别调整，其并未动摇绝对权和相对权的基本分类。

（二）债的客体是债务人应为的特定行为——给付

债的客体又称债的标的，是指在债的关系中债权人的权利和债务人的义务共同指向的对象，即债务人应为的特定行为，学理上称为“给付”。从以下几方面说明：

1. 给付在大多数场合下是作为（如交货、付款），在少数场合下也可以是不作为（如保密）。

2. 给付与交付的意义不同。此二概念分别是债法和物权法中的核心概念之一，给付是债的客体；交付是动产物权变动的要件(《物权法》第23条)。虽然在某些场合下交付财物可成为给付的具体表现形式，但两者在适用范围、构成要件、具体形态和法律意义等方面均存在差异。

3. 给付具有双重意义，即给付行为和给付效果，不同类型的债要求有所不同。在有些债的关系中，给付仅指给付行为，债务人只要履行其义务，即使未达成预期之给付效果，也不构成债务不履行责任，且不影响债务人获得相应的对价，例如技术开发合同、委托合同等。在另一些债的关系中，既要求债务人完成给付行为，还要求产生特定的给付效果，否则会产生债务不履行责任，例如承揽合同、买卖合同、租赁合同等。在具体债的关系中，给付究竟是指给付行为抑或给付效果，应结合法律规定和合同约定作个别判断。

给付的具体表现形式如下：

（1）交付实物。在买卖、赠与、租赁、承揽等合同中，一方当事人的给付义务为交付实物。在不当得利之债中，如果不当得利为实物形态，原则上应返还原物。

（2）支付金钱。在买卖、租赁、承揽、运输等有偿合同和无因管理之债中，一方当事人的给付义务为支付金钱。在借款合同中，双方的给付义务均为支付金钱。

（3）提供劳务。在雇佣、运输、保管、委托等合同中，一方当事人的给付义务为提供劳务。

（4）完成工作成果。在承揽合同和建设工程合同中，承揽人和承包人一方的给付义务为完成工作成果。

（5）移转权利。在买卖、债权让与、股权转让、知识产权转让等合同中，一方当事人的给付义务为移转权利。

（6）负担某种风险。在保证合同中，保证人仅在主债务人未履行义务的情况下承担替代清偿责任，但在主债务人履行义务而保证人不必承担替代清偿责任的情形下，不能认为保证人未完成给付行为。保证人的给付义务是负担因主债务人未履行义务而使自己承担替代清偿责任的风险。在保险合同中，保险人的给付义务是负担保险标的因保险事故造成损害的风险，或称依约给付保险金。

（7）不作为。在保密合同、竞业禁止合同等约定债务人不为某种特定行为的合同中，债务人一方的给付义务是不作为。

（三）债的内容是债权人享有的债权和债务人负有的债务

债的内容是指债权人和债务人在债的关系中所享有的债权和负有的债务。债权和债务是民事权利和民事义务的下位概念。在不同类型的债的关系中，债权和债务的具体内容和表现形式有所不同。

（四）债的性质主要是一种财产法律关系

债是一种以财产权变动为内容的法律关系，它不涉及人格关系和身份关系的变动。大多数债的关系是在市场经济中因商品流转而发生，系因交易行为而产生于特定当事人之间的财产法律关系（如各类合同）。另有少数债的关系是基于特定的立法政策和立法目的，对特定当事人之间的财产关系进行调整（如不当得利、无因管理）。在绝大多数场合下，债权是一种财产权，但在个别场合下，债权也可以不具有直接的财产内容，例如甲乙系邻居，双方约定在甲准备司法考试的一个月内乙每晚不得弹奏钢琴。这种协议是当事人就某种生活事务所作的特别安排，其虽无直接财产内容，但双方具有使该协议具有法律约束力的意愿，亦可产生债的法律关系。

第二节 债的发生原因

债的发生原因，可分为法律行为和法律规定两类：

一、法律行为

（一）单方法律行为

单方法律行为，是指依据行为人单方意思表示即可成立的法律行为。某些单方法律行为能够成为债的发生原因，其主要是行为人为自己设定某种义务而使相对人取得某种权利的单方法律行为。

1. 遗赠

遗赠是指被继承人通过订立遗嘱将个人财产赠给国家、集体或者法定继承人以外的人的单方法律行为。(《继承法》第16条第3款）继承开始后，受遗赠人有权要求遗嘱执行人按照遗嘱内容向其交付遗产。《继承法》第25条第2款规定，受遗赠人可以接受和放弃受遗赠，系赋予受遗赠人选择权，而并非将受遗赠人接受遗赠的意思表示作为遗赠的成立要件或生效要件。

2. 票据行为

票据行为是指以发生票据上的债务为目的的法律行为。我国现行法规定了出票、背书、承兑和保证(《票据法》第20条、第27条第4款、第38条、第45条）等票据行为。票据行为是单方法律行为还是双方法律行为？各国态度不一，大陆法系国家多采单方行为说，英美法系国家多采合同说。我国现行法对此没有明确规定，通说采单方行为说。票据行为人以签章的形式作出单方意思表示，即导致票据行为成立，在符合法定条件的前提下，使其对持票人负有按票据文义支付金钱的债务。

3. 关于悬赏广告

关于悬赏广告的性质，英美法系国家、日本采合同说（或称要约说)，德国采单独行为说。《民法通则》和《合同法》对悬赏广告均未作规定，《合同法解释（二）》第3条规定了悬赏广告的基本规则，似采合同说。

4. 其他

在域外立法上，赠与允诺(《德国民法典》第516条第2款)、代理权之授予（我国台湾地区“民法典”第167~171条）被规定为债的发生原因。在我国学界，有学者认为设立幸运奖、① 第三人替代清偿的意思表示②属于以单方行为产生债的关系。

【学说争议：捐赠行为的性质】

捐赠是指捐赠人基于特定目的无偿给付一定财产的法律行为。其具体包括：(1) 捐赠财产为一定的公益事业，又可分为向特定人的捐赠和向不特定人的捐赠；(2) 捐赠财产设立财团法人。对于捐赠行为的性质，学界存在争议：第一种观点认为，捐赠是单方法律行为。③ 第二种观点认为，捐赠是一种特殊的赠与，故而是双方法律行为。④ 第三种观点认为，捐赠的性质取决于捐赠时受赠主体是否存在，若已经存在，为双方法律行为；若尚未存在，则为单方法律行为。⑤ 本书认为：首先，对行为（1）而言，依《公益事业捐赠法》第12条规定：“捐赠人可以与受赠人就捐赠财产的种类、质量、数量和用途等内容订立捐赠协议。捐赠人有权决定捐赠的数量、用途和方式。捐赠人应当依法履行捐赠协议，按照捐赠协议约定的期限和方式将捐赠财产转移给受赠人。”该条系将捐赠界定为一种赠与合同，即双方法律行为，捐赠人移转财产给受赠人是依合同产生的债务。至于实施捐赠行为时，最终受赠人是否已经特定，并不影响捐赠行为的成立和生效。其次，对行为（2）而言，传统大陆法系国家认为是单方行为。但我国现行法未采财团法人概念，而是将基金会归入社会团体法人的范畴。而且，《基金会管理条例》主要针对基金会的登记作出了规定，但对捐赠行为的形式和性质则未作明确规定。该条例第27条第2款、第39条第2款还使用了“捐赠协议”概念，似乎否认捐赠是单方行为。在司法实务上，捐赠行为一般被认定为赠与合同。⑥ 因此，依现行法规定，捐赠不是单方行为而是合同行为。

（二）双方或多方法律行为——合同

合同是当事人之间设立、变更、终止民事权利义务关系的协议。(《民法通则》第85条、《合同法》第2条）绝大多数合同由双方当事人订立，为双方法律行为；少数合同由三方以上当事人订立，为多方法律行为，例如合伙合同、设立公司的协议。合同是最常见、最重要的债的发生原因。

---

① 刘凯湘：《债法总论》，北京大学出版社2011年版，第33页。

② 崔建远：《债法总论》，法律出版社2013年版，第24页。

③ 刘凯湘：《债法总论》，北京大学出版社2011年版，第33页。

④ 郭明瑞、王轶：《合同法新论》，中国政法大学出版社1997年版，第90页。

⑤ 吴勇敏、竺效：《论公益捐赠行为的法律性质》，载《浙江大学学报》（人文社科版）2001年第4期。

⑥ 参见“蒋某诉陈某、某报社返还公益捐赠纠纷案”，载《最高人民法院公报》2003年第4期。

二、法律规定

（一）不当得利

不当得利，是指没有合法根据，致使他人受到损失而取得的利益。（《民法通则》第92条）受损失人与受益人之间成立债的关系，受益人负有向受损失人返还不当得利的债务。

（二）无因管理

无因管理，是指没有法定或约定义务而为他人管理事务的行为。（《民法通则》第93条）管理人与本人（受益人）之间成立债的关系，本人（受益人）负有向管理人偿付为管理事务所产生必要费用的债务。

（三）关于侵权行为

侵权行为，是指不法侵害他人的民事权益，应承担民事责任的行为。（《民法通则》第106条第2、3款，《侵权责任法》第6、7条）在大陆法系国家和地区，侵权行为是债的典型发生原因。但是，我国现行法对侵权行为的定位与传统大陆法系国家和地区有所不同：（1）在《民法通则》第五章“民事权利”第二节“债权”中，并未规定侵权行为是债的发生原因。侵权行为被规定在第六章“民事责任”第三节“侵权的民事责任”。（2）对于侵权责任形式，《侵权责任法》第15条规定了8种形式，并非仅限于损害赔偿责任形式。而在传统大陆法系国家和地区，侵权行为之债主要是指损害赔偿之债。（3）现行法严格区分义务与责任，民事责任是违反义务的后果，侵权责任一般是违反法定义务的后果。在《侵权责任法》制定过程中，存在两种立法思路：一是将侵权责任法视为民事权利救济法，强调侵权法的本质是民事责任而不是债权债务，将其脱离债法的体系；二是沿袭大陆法系将侵权行为作为债的发生原因，将侵权行为规定在债法总则或将其与合同法并立。① 立法机关最终采纳第一种意见，制定了《侵权责任法》而非“侵权债务法”。因此，在我国现行法框架下，侵权行为不是债的发生原因，而是民事责任的发生原因。

（四）关于缔约上的过失

缔约上的过失，是指当事人在缔约过程中具有过错，违反先合同义务使他人受到损害的行为。（《合同法》第42、43、58条）在大陆法系国家和地区，缔约上的过失是债的发生原因。但在我国现行法框架下，由于严格区分义务与责任，缔约过失责任被认为是违反先合同义务的后果，因此缔约上的过失不是债的发生原因，而是民事责任的发生原因。

（五）其他

例如依《工会法》第42、43条的规定，企业、事业单位负有按月向工会拨缴经费的债务，企业、事业单位无正当理由拖延或者拒不拨缴工会经费，工会可以向当地人民法院申请支付令；拒不执行支付令的，工会可以依法申请人民法院强制执行。最高人民法院《关于在民事审判工作中适用〈中华人民共和国工会法〉若干问题的解释》（法释［2003］11号）第7条规定，该债权债务关系适用《民法通则》关于诉讼时效的规定。

---

① 梁慧星：《中国民事立法评说》，法律出版社2010年版，第278页。

【学说争议：法定补偿义务的性质】

法定补偿义务，是指民事主体依据法定条件和程序，对相对人进行经济补偿的义务。《侵权责任法》第23条规定："因防止、制止他人民事权益被侵害而使自己受到损害的，由侵权人承担责任。侵权人逃逸或者无力承担责任，被侵权人请求补偿的，受益人应当给予适当补偿。"广义的法定补偿义务，还包括国家因征收、征用对单位和个人进行的补偿。对此类法定补偿义务，通说认为属于独立类型的公法之债，① 不属于民法上债的范畴。对于民法领域中的法定补偿义务，尤其是对《侵权责任法》第23条规定补偿义务的性质，学界存在争议：第一种观点认为，该条规定的是无因管理。② 第二种观点认为，该条规定的是公平责任。③ 第三种观点认为，该条规定的是作为债之独立类型的法定补偿义务。④ 本书赞同第三种观点，理由为：其一，法定补偿义务与无因管理在立法目的、适用条件和法条依据等方面均存在显著差异，两者不宜混淆。其二，法定补偿义务不是当事人违反法定义务所产生的后果，其与侵权责任的性质大异其趣。虽然该义务规定于《侵权责任法》之中，但很难认为它是一种侵权责任。其三，该条的本质是在特定的受益人与被侵权人之间成立一种经济补偿的给付关系，这符合债之法律关系的根本属性。此类债既非因法律行为产生，又不能归入其他类型的法定之债，只能定位为一种独立类型的法定之债。依现行法规定，法定补偿义务具体包括：(1) 侵权法上的法定补偿义务(《侵权责任法》第23条第2句、第31条第2句、第33条第1款后段、第87条)；(2) 亲属法上的法定补偿义务(《婚姻法》第40条、《收养法》第30条)；(3) 劳动法上的法定补偿义务(《劳动法》第28、70、91条)。

第三节 债权与债务

一、债权

(一) 债权的概念和特征

债权，是指债权人依据法律规定或合同约定向债务人请求给付并予以保有的权利。债权具有以下特征：

1. 债权是请求权。债权人享有债权，意味着债权人有权请求债务人完成一定行为以

---

① 应松年、杨伟东编：《中国行政法学20年研究报告》，中国政法大学出版社2008年版，第972页。

② 高圣平主编：《中华人民共和国侵权责任法立法争点、立法例及经典案例》，北京大学出版社2010年版，第297页。

③ 程啸：《侵权责任法》，法律出版社2011年版，第152页。

④ 王轶：《作为债之独立类型的法定补偿义务》，载《法学研究》2014年第2期。

实现债权人的利益。债权不具有支配的效力，债权人不能依据债权直接支配标的物，更不能直接支配债务人的人身。即使债务人未依债的本旨履行债务，债权人也只能通过公力救济以维护其权益。例如甲乙签订合同买卖一辆轿车，合同生效后，甲即有权要求乙依约交付轿车；如果乙违约未将轿车交付给甲，甲只能要求乙承担违约责任，而不能自行将轿车开走。债权是请求权，物权是支配权，此为这两种权利最根本的区别。但应注意的是，"债权是请求权"之论断是针对债权的核心权能（给付请求权能）而言，债权的其他权能如处分权能、受领权能等则未必体现为请求权效力，而可能具有一定支配效力。另外，在民法领域中，除债权请求权外，还存在物权请求权、人格权请求权、知识产权请求权等债法领域以外的请求权。

2. 债权是相对权（对人权）。在一般场合下，债权人只能向特定的债务人要求履行义务，而不能向债的关系以外的第三人主张权利。债权是相对权（对人权），物权是绝对权（对世权），此为这两种权利又一基本区别。

3. 债权的行使和保护受时间限制。债权人行使债权，须在约定或法定的履行期限内行使，一般场合下不得提前行使。履行期限届满而债务人未履行债务或履行债务不符合约定的，债权人有权要求债务人承担违约责任，该救济权受诉讼时效期间的限制。债权的此特征使其与无期限限制的所有权区别明显。

4. 债权不具有排他性。在一般场合下，就同一给付成立数个债权的，这数个债权并不因为内容相互冲突而导致无效。例如一物数卖的场合下，在先买受人不能以后订立的合同与自己在先债权相冲突而主张合同无效，对无法取得标的物所有权的买受人，通过追究债务人的违约责任予以救济。（《合同法解释（二）》第15条）债权之所以不像物权具有排他性，一方面是因为债权是相对权，一般无须公示而不具有对世性，第三人无从知道债务人是否已经与他人订立了合同，如果否认在后合同的效力则有违交易安全；另一方面，如果否认一物数卖所订合同的效力，会妨碍自由竞争的需要。而且，一物数卖的出卖人如果存在欺诈、恶意串通等情形，其相对人仍可依据相关规则得到救济，而并非在法律上认可出卖人的背信行为。

5. 债权具有平等性。由于债权是相对权且不具有排他性，就同一给付成立的数个债权的效力处于同一位阶，而不受成立先后的影响，此即债权的平等性。例如一物数卖的场合下，甲将一块手表先后出卖给乙、丙、丁，但均未交付，乙不得主张其债权最先成立而具有优先性，乙、丙、丁均可依同一位阶请求甲交付手表。债权的平等性与抵押权的顺序性明显不同，后者依成立时间先后确定不同顺序抵押权的位阶。债权的平等性具体表现为：

（1）在一般场合下，就同一给付成立的数个债权的效力平等，债务人依任意清偿规则履行债务，未受清偿的债权人可请求债务人承担债务不履行责任。

（2）在破产程序中，债务人财产不足以清偿全部债务，数个普通债权人依同一顺序按各债权数额的比例分配（《破产法》第113条第2款）。

【拓展：债权平等性的例外】

虽然债权的平等性在传统民法理论中具有至关重要的意义，但基于特定的立法政策和立法目的，法律可以作出特别规定在某些场合下突破债权的平等性，使某些债权的效力处于优先位阶。有关现行法的规定如下：

1. 受担保物权担保的债权具有优先受偿效力。在一般场合下，受抵押权、质权、留置权担保的债权优先于无担保的普通债权受偿(《担保法》第33、63、82条；《物权法》第179、208、230条)。在破产程序中，对破产债务人的特定财产享有担保物权的债权人，对该特定财产享有优先受偿的权利，即别除权(《破产法》第109条)。

2. 职工的工资等债权具有优先受偿效力。在破产程序中，破产人所欠职工的工资和医疗、伤残补助、抚恤费用，所欠的应当划入职工个人账户的基本养老保险、基本医疗保险费用，以及法律、行政法规规定应当支付给职工的补偿金所形成的债权，处于优先清偿顺序(《破产法》第113条第1款)。

3. 承包人的建设工程价款债权具有优先受偿效力。在建设工程合同中，承包人的建设工程价款债权就该工程折价或者拍卖的价款优先受偿(《合同法》第286条)。依据《最高人民法院关于建设工程价款优先受偿权问题的批复》（法释［2002］16号）规定，该债权优先于抵押权和其他债权受偿。

4. 被拆迁人依据拆迁补偿安置协议请求取得补偿安置房屋的债权，具有优先受偿效力。《商品房买卖合同解释》第7条第1款规定："拆迁人与被拆迁人按照所有权调换形式订立拆迁补偿安置协议，明确约定拆迁人以位置、用途特定的房屋对被拆迁人予以补偿安置，如果拆迁人将该补偿安置房屋另行出卖给第三人，被拆迁人请求优先取得补偿安置房屋的，应予支持。"

5. 就普通动产、特殊动产进行一物数卖的场合下，某些债权人的债权具有优先受偿效力。依《买卖合同解释》第9条规定，出卖人就同一普通动产一物数卖，在各合同均有效且均未交付标的物的场合下，依据交付、付款、合同成立先后的顺序确定各买受人债权的受偿顺序。依《买卖合同解释》第10条规定，出卖人就同一船舶、航空器、机动车等特殊动产一物数卖，在各合同均有效且均未交付标的物的场合下，依据交付、登记、合同成立先后的顺序确定各买受人债权的受偿顺序。该规定的立法本意是为了防止出卖人与买受人恶意串通，为实现诚实信用原则并厘清《物权法》第23条关于动产物权变动以交付为生效要件和第24条关于特殊动产以登记为对抗要件之间的关系。① 但该规定从根本上颠覆了债权平等性的理念，学界对此多持批评意见。②

6. 海商法上具有优先受偿效力的债权。船舶优先权，对产生该海事请求的船舶，优先于船舶留置权、船舶抵押权受偿。(《海商法》第21条、第22条第1款、第25条第1款）海难救助的救助款项的给付请求权，后于某些船舶优先权发生的，则优先于这些船舶优先权受偿；有两个以上海难救助的救助款项的给付请求权，后发生的

---

① 最高人民法院民事审判第二庭编著：《最高人民法院关于买卖合同司法解释理解与适用》，人民法院出版社2012年版，第157、173页。

② 崔建远：《债法总论》，法律出版社2013年版，第17页；王利明：《特殊动产一物数卖的物权变动规则》，载《法学论坛》2013年第6期。

优先受偿。(《海商法》第 23 条第 1 款、第 2 款)

（二）债权的权能

债权的权能即债权的内容，是指债权人在债的关系中所享有的具体利益。债权包含以下几项权能：

1. 给付请求权能。该权能在学理上被习惯称为给付请求权，是指债权人在债的关系中享有请求债务人依债的本旨完成给付行为的权能。例如在买卖合同中，出卖人依给付请求权可请求买受人支付价款(《合同法》第 159 条)。给付请求权是债权的核心内容，它决定了该债权的类型和基本效力，它在性质上是债权的权能之一，而非一项独立的权利。

2. 给付受领权能。是指债务人依据法律规定或合同约定履行债务时，债权人享有接受该履行并保有因履行所得利益的权能。该权能具有被动性，债权人一般无法主动行使。在债权之诉讼时效期间届满而债务人自愿履行的场合下，债权人有权依据给付受领权能接受履行，债务人不得要求债权人返还(《民法通则》第 138 条、《诉讼时效规定》第 22 条)。

3. 司法保护请求权能。是指当债务人不履行债务或履行债务不符合约定时，债权人享有通过诉讼或仲裁请求债务人承担民事责任以保护其债权的权能。在未严格区分债务与责任的大陆法系国家和地区，该救济权能是债权的内容之一，而非一项独立的权利。① 但我国现行法将债务不履行之民事责任区别于债权独立规定(《民法通则》第 106 条第 1 款、《合同法》第七章)，在此框架下，将该权能定位为债权之外的一项独立救济权利似乎更为合适。

4. 自力救济权能。是指当债务人不履行债务或履行债务不符合约定时，债权人享有以诉讼或仲裁以外的途径保护其债权的权能。在现代民法上，以公力救济为原则，以自力救济为例外，债权人行使该权能应以法律有特别规定为限。例如在债权人与债务人互负债务的场合下，债权人可以诉讼外通知的形式行使抵销权(《合同法》第 99 条)；又例如在债务人根本违约的场合下，债权人可以诉讼外通知的形式行使解除权(《合同法》第 94 条第 4 项、第 96 条第 1 款)。

5. 处分权能。是指债权人依法定条件改变债权之法律地位的权能。债权人行使处分权能的具体形态包括：债权让与(《合同法》第 79 条)、免除(《合同法》第 105 条)、设质(《物权法》第 223 条) 等。

【拓展：不完全债权与自然债权】

具备上述全部 5 项权能的债权为完全债权（或称普通债权），因约定或法定事由欠缺某项权能的债权为不完全债权。不完全债权受法律保护的力度低于完全债权，仅具有债权的部分效力。例如约定不能转让的债权欠缺处分权能(《合同法》第 79 条)、诉讼时效届满的债权欠缺司法保护请求权能(《民法通则》第 135、138 条)、破产程

① ［德］迪特尔·梅迪库斯：《德国债法总论》，杜景林等译，法律出版社 2004 年版，第 16~17 页。

序中债务人的债权欠缺处分权能(《破产法》第31条)。自然债权，是指欠缺法定原因，不产生法定义务且不能通过诉讼得以实现的债权。自然债权非因债的合法发生原因而产生，它欠缺债权的大部分权能，但债务人自愿履行后不得要求返还，债权人接受履行亦不构成不当得利。例如赌债、超过限定继承的债权(《继承法》第33条)、养子女赡养生父母之债权(《收养法》第23条第2款)、民间借贷合同中年利率超过24%但未超过36%的利息债权(《民间借贷规定》第26条)。

关于不完全债权与自然债权的关系，学界存在争议：第一种观点等同说认为，不完全债权即为自然债权。① 第二种观点包含说认为，不完全债权包含自然债权。② 第三种观点区别说认为，不完全债权不同于自然债权。③ 本书赞同区别说，理由为：其一，两者产生原因不同。不完全债权系因债的合法发生原因而产生，只是因为法定或约定事由才导致其某项权能消灭，不完全债权皆由完全债权转化而形成。自然债权自始即缺乏合法发生原因，它从未完整地具备债权的各项权能。其二，法律对两者的调整态度不同。对不完全债权，法律仍予以调整，并规定有具体的适用规则。对自然债权，法律不予调整而任其自生自灭，对其既不保护，也不禁止。自然债权不是债法上的债权，它处于法律不予调整的"灰色地带"。其三，两者欠缺的权能不同。基于不同的约定或法定事由，不完全债权可能欠缺各项权能，但受领权能不可欠缺，否则已难称债权。自然债权仅具备受领权能，即债务人自愿履行后不得要求返还，而不可能具备债权的其他各项权能。

二、债务

(一) 债务的概念和特征

债务，是指债务人依据法律规定或合同约定在债的关系中应当履行的义务。债权与债务为对应关系，债权的各项特征从反面角度观察，即为债务的特征。此外，还应特别注意债务的以下特征：

1. 债务的法律拘束力对债务人的要求较高。一方面，债务人应完成的特定行为通常是积极行为，如交付货物、提供劳务等，而非物权法律关系之义务人所负消极不作为义务。另一方面，即使债务人应完成的特定行为是消极行为，也是针对某一类特定行为的不作为，如保密、竞业禁止等，而非单纯的不作为。由于债务形成对债务人较强的拘束，因此在某些场合下法律赋予债务人抗辩权用以对抗债权人之请求权，以实现双方当事人利益的平衡。

2. 债务通常与责任相联系，不履行或不完全履行债务的后果是产生民事责任。民事责任是在债务人不履行或不完全履行债务时对债权人提供的公力救济手段，是债务具有强制执行效力的体现。例外情形是诉讼时效期间届满之债务，由于债务人主张时效抗辩权而

---

① 王利明：《民法总则研究》，中国人民大学出版社2012年版，第767页。

② 林诚二：《民法债编总论——体系化解说》，中国人民大学出版社2003年版，第12页。

③ 李永军：《自然之债源流考评》，载《中国法学》2011年第6期。

使债权的司法保护请求权能缺失，此时虽债务本体存在，但不具有强制执行效力。在传统民法中，债的关系中原有的义务被称为原给付义务（第一次义务）；因不履行或不完全履行原给付义务而产生的损害赔偿义务被称为次给付义务（第二次义务）。① 我国现行法严格区分债务与责任，在此框架下，原给付义务为债务，次给付义务的性质为民事责任。

3. 各种不同类型债务的功能具有多样性，它们构成了债法领域中的义务体系。在此义务体系中，主给付义务是法律规范调整的核心，它与具有辅助功能的从给付义务、以维护对方人身财产利益为功能的附随义务等共同构成了债的关系上的义务群。在合同之债中，此义务群体现得较为明显，而在不当得利、无因管理等法定之债中，债务的内容主要限于给付义务。

（二）主给付义务、从给付义务、附随义务

合同债务包括主给付义务、从给付义务和附随义务。

1. 主给付义务，是指合同关系所固有的，并由此决定合同类型的基本义务。例如在租赁合同中，出租人交付租赁物并保持租赁物用途的义务(《合同法》第 216 条)、承租人支付租金的义务(《合同法》第 226 条）均属主给付义务。在双务合同中，双方当事人所负的主给付义务构成对待给付关系。

2. 从给付义务，是指不具有独立意义，仅具有辅助主给付义务功能的义务。从给付义务不能决定合同的类型，它通过辅助主给付义务使债权人所获得的给付利益得到最充分的实现。从给付义务的发生原因如下：

（1）法律规定。例如出卖人交付有关单证和资料的义务(《合同法》第 136 条)、托运人提交有关文件的义务(《合同法》第 305 条)、保管人给付保管凭证的义务(《合同法》第 368 条）等。

（2）合同约定。例如甲乙均为司考培训机构，双方在合并协议中约定提供学员名单的义务。

（3）依据诚实信用原则及其他解释规则进行的合同条款解释。例如，在买卖名马的合同中，虽无约定，但出卖人负有应当提交血统证明书的义务。

3. 附随义务，是指基于诚实信用原则，随着合同关系的发展逐渐发生的各项义务。附随义务通常不是由当事人约定，而是在合同关系发展的各阶段，基于诚实信用原则的要求逐渐产生，其功能是通过维护对方的人身和财产利益使债权人在债的关系中的利益得到最大化满足。《合同法》第 60 条第 2 款规定："当事人应当遵循诚实信用原则，根据合同的性质、目的和交易习惯履行通知、协助、保密等义务。"附随义务的具体形态如下：

（1）通知义务。例如因不可抗力不能履行合同的通知义务(《合同法》第 118 条)、承租人在第三人主张权利时的通知义务(《合同法》第 228 条第 2 款)、出租人在出卖租赁房屋时的通知义务(《合同法》第 230 条）等。

（2）协助义务。例如承租人行使索赔权利时出租人的协助义务(《合同法》第 240 条)、定作人的协助义务(《合同法》第 259 条）等。

（3）保密义务。例如商业银行办理个人储蓄业务时的保密义务(《商业银行法》第 29

① 王泽鉴：《债法原理》，北京大学出版社 2013 年版，第 81~82 页。

条)、律师在执业活动中的保密义务(《律师法》第38条)、医师在执业活动中的保密义务(《执业医师法》第22条第3项)等。

(4)告知义务。例如赠与人对赠与财产瑕疵的告知义务(《合同法》第191条第2款)、承运人对运输重要事项的告知义务(《合同法》第298条)、电信业务经营者在出现异常的巨额电信费用时的告知义务(《电信条例》第34条第2款)等。

(5)保护义务。例如承运人对患有急病、分娩、遇险旅客的救助义务(《合同法》第301条)等。

【拓展:作为附随义务的保护义务与侵权法上的安全保障义务的关系】

对于保护义务的定位,涉及民事责任制度的变革及发展,学说上素有争议。1965年德国学者Canaris提出“统一的保护关系论”,着眼于被侵害的利益,区分以给付利益为指向的给付义务与以维持利益为指向的保护义务。1967年德国学者Thiele对Canaris上述理论进行支持和发展,提出“法定保护义务论”。依据此二人的理论,不再将保护义务作为附随义务的一种单独类型,而是认为在债的关系上它是一种应当与给付义务相对置的概括性义务。① 王泽鉴教授认为,附随义务中的保护义务,论其实质,实相当于侵权行为法上的社会安全义务,与给付义务的关系较远。②

在我国,一方面学理和实务上肯定保护义务是合同附随义务,另一方面侵权法也对安全保障义务作出了规定。《侵权责任法》第37条第1款规定:“宾馆、商场、银行、车站、娱乐场所等公共场所的管理人或者群众性活动的组织者,未尽到安全保障义务,造成他人损害的,应当承担侵权责任。”在现行法框架下,保护义务与安全保障义务的关系应从以下几方面理解:(1)从义务主体来看,保护义务的主体是合同当事人;安全保障义务的主体是公共场所的管理人或者群众性活动的组织者,义务人与受害人是否存在合同关系没有限制。(2)从义务的适用范围来看,保护义务的基本规定是《合同法》第60条第2款,该条位于第四章“合同的履行”,该附随义务主要适用于合同履行阶段;安全保障义务则适用于宾馆、商场等公共场所和群众性活动场所,其适用范围的核心特征是“公共性”。(3)从义务的认定标准来看,保护义务的认定标准可以由合同约定,无约定的依据法定标准或诚实信用原则认定;安全保障义务则主要依据法定标准和行业标准认定。(4)从理论依据来看,保护义务作为一种附随义务,其理论依据是诚实信用原则的要求;对安全保障义务的理论依据,学界一般从危险控制理论、收益与风险相一致、经济分析和比较等方面解释。③ (5)由于《合同法》第60条第2款未限定适用保护义务的合同类型,《侵权责任法》第37条也未限定受害人与安全保障义务人是否存在合同关系,因此在公共场所的管理

① Thiele, Leistungsstörung und Schutzpflichtverletzung, JZ 1967, 649 ff. 转引自韩世远:《合同法总论》,法律出版社2011年版,第251页。

② 王泽鉴:《债法原理》,北京大学出版社2013年版,第84页。

③ 最高人民法院侵权责任法研究小组编著:《〈中华人民共和国侵权责任法〉条文理解与适用》,人民法院出版社2010年版,第269~270页。

人或者群众性活动的组织者与受害人存在有效合同的场合下，两种义务会发生竞合。在此情形下，依据请求权竞合的规则处理。在《侵权责任法》颁布以前，司法实务多依据合同附随义务对受害人提供救济。①

4. 三种义务之区别比较

主给付义务与从给付义务的区别：(1) 对合同类型的影响不同。主给付义务决定合同的类型；从给付义务则否。(2) 功能不同。主给付义务对实现给付利益具有核心作用；从给付义务仅具有辅助主给付义务的功能。(3) 是否构成对待给付关系不同。在双务合同中，双方所负主给付义务构成对待给付关系，可行使同时履行抗辩权等；从给付义务一般不构成对待给付关系。(4) 违反的后果不同。不履行主给付义务构成根本违约，债权人有权解除合同；不履行从给付义务是否构成根本违约应依具体情形判断，如果致使合同目的不能实现则构成，反之则否。

主给付义务与附随义务的区别：(1) 产生时间不同。主给付义务在合同成立时自始确定；附随义务是随着合同关系的发展逐渐发生的。(2) 功能不同。主给付义务的功能是实现给付利益；附随义务的功能是维护对方的人身和财产利益。(3) 是否构成对待给付关系不同。在双务合同中，双方所负主给付义务构成对待给付关系，可行使同时履行抗辩权等；附随义务一般不构成对待给付关系。(4) 违反的后果不同。不履行主给付义务产生违约责任，债权人亦有权解除合同；不履行附随义务，债权人一般不能解除合同，且有可能构成违约责任与侵权责任的竞合。(5) 能否独立诉请履行不同。对于主给付义务，债权人可独立以诉的形式请求债务人履行；对于附随义务则否，债权人只能在债务人不履行附随义务给其造成损害后要求债务人承担损害赔偿责任。

从给付义务与附随义务的区别：(1) 发生原因不同。从给付义务的发生原因包括法律规定、合同约定和合同条款解释；附随义务是诚实信用原则的要求，法律对某些典型的附随义务也作出了规定。(2) 功能不同。从给付义务的功能是辅助主给付义务，其作用仍在于实现给付利益；附随义务的功能是维护对方的人身和财产利益，其着眼点不在于给付利益。(3) 违反的后果不同。不履行从给付义务，产生违约责任；不履行附随义务，除产生违约责任外，还有可能构成违约责任与侵权责任的竞合。(4) 能否独立诉请履行不同。对于从给付义务，债权人可独立以诉的形式请求债务人履行；对于附随义务则否。

(三) 先合同义务与后合同义务

在合同之债中，除合同有效成立阶段存在给付义务和附随义务之外，还有先合同义务和后合同义务。

1. 先合同义务，是指当事人在缔约阶段，基于诚实信用原则所负有的各项义务。在缔约阶段，虽然合同尚未成立，但特定当事人的缔约磋商行为使双方形成了相对封闭的关系，基于诚实信用原则的要求，当事人应向对方负有一定的义务即先合同义务。当事人违反先合同义务的，产生缔约过失责任。先合同义务的具体形态如下：

(1) 诚信缔约义务(《合同法》第42条第1项)。

① 参见“王某、张某诉上海某宾馆赔偿纠纷案”，载《最高人民法院公报》2001年第2期。

（2）告知义务(《合同法》第42条第2项)。

（3）保密义务(《合同法》第43条)。

（4）其他先合同义务(《合同法》第42条第3项)，例如保护义务、通知义务等。

2. 后合同义务，是指合同关系消灭后，当事人依据诚实信用原则和交易习惯所负有的各项义务。后合同义务的功能在于维护给付效果，或者妥善处理合同终止后的通知、协助、保密等事宜。当事人违反后合同义务的，产生违约责任，违约方应向对方当事人赔偿实际损失(《合同法解释（二）》第22条)。《合同法》第92条规定："合同的权利义务终止后，当事人应当遵循诚实信用原则，根据交易习惯履行通知、协助、保密等义务。"后合同义务的具体形态如下：

（1）通知义务。例如债务人在标的物提存后的通知义务(《合同法》第102条）等。

（2）协助义务。例如保险人行使保险代位权时被保险人的协助义务(《保险法》第63条）等。

（3）保密义务。例如医师在诊疗行为结束后的保密义务(《执业医师法》第22条第3项）等。

（4）竞业禁止义务。例如劳动者在劳动合同终止后的竞业禁止义务(《劳动合同法》第23条第2款、第24条）等。

（5）保护义务。例如有判决认为，医院告知患者转院后，虽然医疗服务合同关系已终止，但医院负有安排医护人员护送患者转院的后合同义务。①

先合同义务与后合同义务的区别：（1）存在的时间不同。先合同义务存在于缔约阶段；后合同义务存在于合同关系消灭之后。（2）发生原因不同。先合同义务是基于诚实信用原则的要求而产生；后合同义务是依据诚实信用原则和交易习惯而产生，某些后合同义务亦可基于法律规定、当事人约定而产生。（3）功能不同。先合同义务的功能是维护当事人在缔约阶段的信赖利益；后合同义务的功能是维护给付效果，即当事人的履行利益。（4）违反的后果不同。违反先合同义务，产生缔约过失责任；违反后合同义务，产生违约责任，也有可能构成违约责任与侵权责任的竞合。

（四）不真正义务

不真正义务，也称间接义务，是指通常不得独立诉请履行，违反该义务也不发生赔偿责任，而仅使义务人遭受权利减损或不利益的后果。不真正义务是一种强度较弱的义务，从另一角度观察，也可将其看做确定损害赔偿范围的一种规则。《民法通则》第114条规定："当事人一方因另一方违反合同受到损失的，应当及时采取措施防止损失的扩大；没有及时采取措施致使损失扩大的，无权就扩大的损失要求赔偿。"（《合同法》第119条第1款与其规定相同）该条规定的非违约方防止损失扩大的义务即为不真正义务。又例如寄存人对需要采取特殊保管措施的告知义务(《合同法》第370条)、被保险人对保险标的危险程度显著增加的通知义务(《保险法》第52条）等，均属不真正义务。

---

① 参见"张某某与某卫生院医疗纠纷案"，载最高人民法院研究室编著：《最高人民法院关于合同法司法解释（二）理解与适用》，人民法院出版社2009年版，第164~165页。

第四节 债 的 分 类

一、意定之债与法定之债

以债的发生原因为标准，债可以分为意定之债与法定之债。意定之债，是指依据当事人的意思而发生的债。依据单方法律行为和合同行为发生的债为意定之债。法定之债，是指直接依据法律规定发生的债。不当得利之债和无因管理之债为典型的法定之债。应注意的是，当事人依强制缔约义务(《合同法》第289条、《机动车交通事故责任强制保险条例》第2条第1款）而订立的合同之债仍属意定之债，因为在此场合下，系法律强制当事人作出意思表示以订立合同，而非直接依据法律规定发生债的关系。

意定之债与法定之债的区别：(1）功能不同。意定之债是意思自治在债法领域的体现，它的功能是使当事人依据其意思为自己设定民事权利义务关系得以实现；法定之债与意思自治无关，它的功能是在某些特定场合下对当事人的利益关系作出调整，以实现公平原则、鼓励善行等立法目的。(2）发生的领域不同。意定之债尤其是各种合同之债，主要发生在交易领域，它是因各类交易行为而产生；法定之债主要发生在交易领域之外。(3）成立要件不同。意定之债依表意行为而发生，它以意思表示为成立要件；法定之债非依表意行为而发生，它不以意思表示为成立要件。

二、特定物之债与种类物之债

以债的标的物性质为标准，债可以分为特定物之债与种类物之债。特定物之债，是指在债发生时，其标的物就已经特定化的债。例如甲将一幅祖传的字画卖给乙，该标的物在合同成立时即为特定物，不能以其他标的物代替。种类物之债，是指在债发生时，其标的物尚未特定化，以种类物为其标的物的债。例如甲向乙购买某种型号的钢材100吨、丙向丁租赁某款奔驰车1辆等，该标的物在合同成立时为种类物，市场上存在的同种类标的物可相互代替。

种类物之债的标的物虽然在合同成立时是种类物，但在合同履行时必须将其特定化才能履行。种类物之债一经特定，即成为特定物之债，应当适用特定物之债的相关规则。可见，种类物之债的存在具有阶段性，它最终须转化为特定物之债。种类物之债的特定化方法，现行法未作规定，传统民法一般适用下列方法：

(1）债务人就交付标的物完成自己一方的必要行为。该必要行为又因债的履行地点不同而有所差别。对于赴偿之债（在债权人所在地履行之债)，债务人将标的物送至债权人所在地并使债权人处于可受领状态之时，种类物之债的给付即被特定化；对于往取之债（在债务人所在地履行之债)，债务人将用于履行的标的物从其他种类物中分离出来，并将该事实通知债权人，种类物之债的给付即被特定化。

(2）债务人经债权人同意而指定用于履行的标的物。债务人在种类物范围之内对用于履行的标的物予以指定，并事先或事后得到债权人同意的，在完成指定行为时，种类物之债的给付即被特定化。①

特定物之债与种类物之债的区别：（1）对债务人的约束程度不同。特定物之债对债务人的约束较强，债务人只能交付不可替代的特定物，才构成对债务的履行；种类物之债对债务人的约束较弱，债务人可以在种类物的范围内选择用于履行的标的物，其不同选择，均构成对债务的履行。（2）标的物因不可抗力灭失的后果不同。特定物之债的标的物因不可抗力灭失的，债务人可以免除交付标的物的义务，并可依不可抗力减免违约责任；种类物之债的标的物因不可抗力灭失的，债务人不能免除交付标的物的义务，也不可依不可抗力减免违约责任，除非此种类物全部灭失。（3）有关事项能否特别约定不同。对于标的物所有权的转移时间和标的物的风险负担，在特定物之债中可由当事人特别约定；在种类物之债中不能由当事人特别约定，只能以交付为认定标准。

三、单一之债与多数人之债

以债的主体人数为标准，债可以分为单一之债与多数人之债。单一之债，是指债权人、债务人各为一人的债。在单一之债中，债权人一方和债务人一方均为一人，当事人之间的法律关系较为简单。多数人之债，是指债权人、债务人至少有一方主体为二人以上的债。多数人之债的法律关系较为复杂，它包含两方面的关系：一是外部关系，即债权人和债务人之间的权利义务关系；二是内部关系，即多数债权人或多数债务人一方内部相互间的权利义务关系。多数人之债又可作出下列分类：

（一）按份之债与连带之债

以多数人一方的主体责任性质为标准，多数人之债可以分为按份之债与连带之债。

按份之债，是指多数债权人或多数债务人各自按照一定份额享有权利或承担义务的债。《民法通则》第86条规定："债权人为二人以上的，按照确定的份额分享权利。债务人为二人以上的，按照确定的份额分担义务。"债权人为二人以上，各自按照确定份额分享权利的，为按份债权；债务人为二人以上，各自按照确定份额分担义务的，为按份债务。例如甲乙共有一套房屋，二人与丙签订租赁合同，约定丙每月应向甲乙各支付租金1000元，甲乙对丙享有的租金债权，为按份债权。又例如A欠B100万元，甲乙丙与B签订保证合同，约定三人以3：3：4的比例对该债务提供担保，即成立按份共同保证，产生按份债务。（《民法通则意见》第110条第2句、《担保法解释》第21条）

按份之债的效力：（1）外部效力。其一，各债权人只能就自己享有的份额请求和接受债务人履行，无权请求和接受债务人履行全部义务；各债务人只对自己分担的债务份额负清偿责任，对其他债务人负担的债务份额不负清偿责任。其二，某一债权人接受债务人的履行超过自己享有权利份额的，超出部分不发生清偿效果而构成不当得利，其他债权人的权利并不消灭；某一债务人履行义务超过自己分担份额的，超出部分不发生清偿效果而构成不当得利，其他债务人的义务并不消灭。（2）内部效力。各债权人之间或各债务人之间不存在求偿权关系。（3）就当事人一人发生效力的事项对其他当事人的效力。因某一债权人或某一债务人的行为而发生一定效力的事项，如清偿、免除、抵销、提存等，对

① 参见《德国民法典》第243条第2款、《日本民法典》第401条第2款。

其他债权人或债务人不产生影响。

连带之债，是指多数债权人或多数债务人存在连带关系，不分份额地享有权利或承担义务的债。《民法通则》第87条规定："债权人或者债务人一方人数为二人以上的，依照法律的规定或者当事人的约定，享有连带权利的每个债权人，都有权要求债务人履行义务；负有连带义务的每个债务人，都负有清偿全部债务的义务，履行了义务的人，有权要求其他负有连带义务的人偿付他应当承担的份额。"债权人为二人以上且存在连带关系，不分份额地享有权利的，为连带债权；债务人为二人以上且存在连带关系，不分份额地承担义务的，为连带债务。例如夫妻以婚后共同财产购买房屋一套，夫妻二人对卖方请求交付房屋并移转所有权的债权，为连带债权。又例如A欠B100万元，甲乙丙与B签订保证合同，约定三人共同对该债务提供担保但未约定担保份额，即成立连带共同保证，产生连带债务。(《民法通则意见》第110条第1句、《担保法解释》第19条第1款）连带之债的当事人的关系更为紧密，尤其对连带债务人而言，所负担债务的强度更重。连带之债可依据法律行为和法律规定产生，较为典型的法定连带之债有：合伙人的连带之债(《民法通则》第35条第2款)、因代理行为产生的连带之债(《民法通则》第65条第3款、第66条第3、4款、第67条、《民法通则意见》第81条、《合同法》第409条)、公司发起人的连带之债(《公司法》第95条第1、2项)、票据债务人的连带之债(《票据法》第68条第1款）等。

连带之债的效力：(1）外部效力。在连带债权中，各债权人均有权请求和接受债务人的全部履行，债务人也可向任一债权人履行。任一债权人接受债务人全部履行后，其他债权人的债权即归于消灭。在连带债务中，债权人行使权利较为自由，可以向债务人一人、数人或全体请求履行，可以向不同债务人同时或先后请求履行，可以就债务的全部或部分请求履行。只要债务尚未全部清偿，任一债务人不论其是否履行过债务，对未清偿的部分债务均负有清偿义务。只要债务被全部清偿，不论是由债务人一人、数人或全体履行所致，各债务人的债务均归于消灭。(2）内部效力。在连带债权中，各债权人依法定或约定份额享有权利，接受债务人的履行超过自己应享份额的债权人，应将超出部分返还给其他债权人。在连带债务中，各债务人依法定或约定份额承担义务，清偿债务超过自己应分担份额的债务人，有权就超出部分向其他债务人追偿。(3）就当事人一人发生效力的事项对其他当事人的效力。在连带债权中，因受领清偿、抵销、提存、混同、诉讼时效中断(《诉讼时效规定》第17条第1款）等事由对某一债权人发生效力的，其效力及于其他债权人。在连带债务中，因清偿、抵销、提存、混同、诉讼时效中断(《诉讼时效规定》第17条第2款）等事由对某一债务人发生效力的，其效力及于其他债务人。

【拓展：不真正连带债务】

不真正连带债务，是指数个债务人基于不同的发生原因，对债权人负有同一给付内容的债务，并因某一债务人的履行而使各债务人所负债务均归于消灭的现象。例如甲向乙购买一批货物，以汇票付款，该汇票的出票人为丙。乙持该汇票兑付被拒。在此场合下，乙可依买卖合同之债权请求甲付款，也可依票据法上的追索权请求丙付款。我国现行法对不真正连带债务未作明确规定，但学理和司法实务上存在该现象。在传统民法上，不真正连带债务的具体发生原因如下：（1）数人因各自的债务不履行而负担同一损害赔偿债务。例如某医院特约聘请麻醉医师甲和外科医师乙于某日主持手术，届时二人均未到场，导致医院受有损害。（2）数人因各自的债务而负担同一给付。例如债权人有权请求主债务人或放弃先诉抗辩权的保证人履行债务。（3）债务不履行的损害赔偿与债务的履行发生竞合。例如受托人侵占处理委托事务所占有的财产，产生违约责任；该委托事务的保证人则应履行保证合同中的保证债务。（4）数人就各自的侵权行为所致同一损害负赔偿责任。例如甲窃取乙的古董，丙又故意将其毁损，甲和丙对乙分别成立侵权行为造成同一损害。（5）债务不履行与侵权行为竞合。例如承租人因重大过失致使加害人失火毁损承租房屋。（6）侵权行为与合同债务的履行竞合。例如甲烧毁乙的房屋，应承担赔偿责任；保险人丙对乙也负有给付保险金的债务。（7）因法律规定与债务履行的竞合。例如儿子对父亲负有法定赡养义务；该父亲也可依据与第三人所订合同，请求其履行扶养义务。① 但应注意的是，依据我国现行法，债务不履行和侵权行为均为民事责任的发生原因而非债的发生原因，在此前提下，上述各种情形是否均属于不真正连带债务，则不无疑问。

不真正连带债务与连带债务的相同点：（1）二者均属多数人债务，债务人为二人以上。（2）债权人行使权利的方式相同。债权人均可以向债务人一人、数人或全体请求履行，可以向不同债务人同时或先后请求履行，可以就债务的全部或部分请求履行。（3）债务人承担义务的方式相同。债务人均为不分份额地承担义务，各自对全部债务负清偿义务。（4）清偿对其他债务人的影响相同。债务人中一人或数人清偿全部债务时，其他债务人对债权人所负债务均归于消灭。

不真正连带债务与连带债务的区别：（1）发生原因不同。不真正连带债务的各债务系基于不同的发生原因；连带债务的各债务，有的系基于同一发生原因（例如合伙人的连带债务），有的系基于不同的发生原因（例如数个保证人分别与债权人订立连带共同保证合同）。（2）各债务的目的不同。不真正连带债务的各债务具有客观的单一目的，各债务所欲满足的给付利益在客观上彼此同一；连带债务的各债务具有主观的共同目的，各债务相互连接共同实现一个给付利益。（3）各债务人的关系不同。不真正连带债务的各债务人系基于不同法律关系偶然负有同一债务，各债务人之间不存在连带关系；连带债务的各债务人系基于法定或约定原因而有意结合在一起，各债务人之间往往存在某种密切的连带关系（例如合伙人、发起人）。（4）内部效力不同。不真正连带债务的各债务人所负债务性质各异，他们相互之间并不当然发生求偿关系，如果存在某一债务人应负终局责任的，则其他债务人在清偿后可向终局责任债务人求偿。例如甲将一古董花瓶向保险公司投保财产损失险，乙不慎将花瓶打碎，甲向保险公司请求给付保险金后，保险公司可行使保险代位权向乙求偿。（《保险法》第60条第1款）但在此种求偿关系中，并非因为某一债务人的清偿超过了各债务人内部约定分担的份额，而是基于另外的法律关系而享有求偿权，因此此种求偿关系与

① 孙森焱：《民法债编总论》（下册），法律出版社2006年版，第743~744页。

连带债务的求偿关系在性质上并不相同。

（二）可分之债与不可分之债

以债的标的是否可分为标准，多数人之债可以分为可分之债与不可分之债。

可分之债，是指多数债权人享有的同一债权或多数债务人负担的同一债务的标的为可分的债。债权人为二人以上且标的可分的，为可分债权；债务人为二人以上且标的可分的，为可分债务。例如甲乙丙与丁签订合同，三人共同向丁购买 0 号柴油 100 吨，三人对丁享有的交付柴油的请求权，为可分债权。反之，甲乙丙三人与丁签订合同，三人共同向丁出售 0 号柴油 100 吨，三人对丁负有的交付柴油的债务，为可分债务。可分之债与按份之债很相似，但两者的分类标准不同。可分之债强调债的标的的可分性，它是以债的标的性质为标准对多数人之债进行的分类；按份之债强调当事人享有权利或负担义务存在份额限制，它是以主体责任性质为标准对多数人之债进行的分类。

可分之债的效力：（1）外部效力。除法律另有规定或当事人另有约定外，各债权人或各债务人应按照平均份额行使权利或履行义务。在可分债权中，各债权人只能就自己享有的份额请求和接受债务人履行，无权请求和接受债务人履行全部义务。在可分债务中，各债务人只对自己分担的债务份额负清偿责任，对其他债务人负担的债务份额不负清偿责任。（2）内部效力。除法律另有规定或当事人另有约定外，各债权人或各债务人内部应平均分享债权或分担债务。如果债权人受领清偿部分超过其应享份额，应将超出部分转移给其他有权受领的债权人；如果债务人清偿部分超过其应分担的份额，就超出部分对其他负有清偿义务的债务人享有求偿权。（3）就当事人一人发生效力的事项对其他当事人的效力。因某一债权人或某一债务人的行为而发生一定效力的事项，如清偿、免除、抵销、提存等，对其他债权人或债务人不产生影响。

不可分之债，是指多数债权人享有的同一债权或多数债务人负担的同一债务的标的为不可分的债。债权人为二人以上且标的不可分的，为不可分债权；债务人为二人以上且标的不可分的，为不可分债务。标的是否可分，以标的性质或当事人意思为判断标准。例如甲乙丙与丁签订合同，三人共同向丁购买 1 头耕牛，三人对丁享有的交付耕牛的请求权，为因标的性质不可分而成立的不可分债权。又例如甲乙丙与丁签订合同，三人共同出售给丁某型号钢材 100 吨，且合同约定这批钢材必须一次性完整地交付，三人对丁负有的交付钢材的债务，为因当事人意思而成立的不可分债务。不可分之债是多数债权人对一个完整的债权共同享有权利（准共有）或多数债务人对一个完整的债务共同负有清偿义务，不可分之债当事人的关系比连带之债当事人的关系更为紧密。

不可分之债的效力：（1）外部效力。在不可分债权中，各债权人可以为全体债权人请求和接受债务人的全部履行，债务人也可以为全体债权人向任一债权人履行。任一债权人接受债务人全部履行后，其他债权人的债权即归于消灭。在不可分债务中，债权人可以向债务人一人、数人或全体请求履行，可以向不同债务人同时或先后请求履行全部债务。由于债的标的不可分，债权人不得请求部分履行，债务人也不得部分履行，此为不可分债务与连带债务的区别之一。（2）内部效力。不可分之债的内部效力准用连带之债内部效力的规定。（3）就当事人一人发生效力的事项对其他当事人的效力。在不可分之债中，因清偿、抵销、提存、免除、混同、诉讼时效等事由对某一债权人或债务人发生效力的，其效力不及于其他债权人或债务人，但某一债权人为全体债权人请求履行及受领迟延对全体债权人发生效力，此为不可分之债与连带之债的又一区别。

四、简单之债与选择之债

以债的标的有无选择性为标准，债可以分为简单之债与选择之债。简单之债，也称不可选择之债，是指债的标的是一种给付，债务人只能按照该种给付履行的债。例如甲将自己的某套房屋出租给乙成立的合同之债。选择之债，是指债的标的是两种以上给付，当事人可以选择其一进行履行的债。例如甲与开发商签订购房合同，约定甲购买某幢商品房中的一套，甲可在505室和805室中选择。

选择之债的特殊性在于，在债成立时存在两种以上给付，但履行时仅选择其中之一履行。在履行之前，必须将两种以上给付特定为一种，即将选择之债转化为简单之债，才能够履行。选择之债被特定化以后，即依据简单之债的有关规则履行债务。选择之债的特定有以下两种方式：

（1）选择权的行使。选择权的归属，依据法律规定或当事人约定来确定；法律无规定且当事人无约定的，原则上由债务人享有选择权。选择权在性质上为形成权，由选择权人以单方意思表示行使，意思表示到达受领人时选择行为生效。债权人或债务人为选择权人的，对方当事人为受领人；第三人为选择权人的，行使选择权的意思表示应向债权人和债务人双方作出。如果选择权人一直不行使选择权，则选择之债无法特定而导致履行困境。对此问题，我国现行法未作规定，传统民法一般通过“选择权的移转”制度解决。债权人或债务人为选择权人的，其超过期限不行使选择权，选择权移转给对方当事人；第三人为选择权人的，其超过期限不行使选择权，选择权移转给债务人。①

（2）履行不能。选择之债成立后，数种给付因事实原因或法律原因而导致履行不能，仅剩一种给付能够履行的，选择之债即转化为简单之债，发生选择之债特定的效果；所剩仍有数种给付能够履行的，在能够履行的数种给付上仍成立选择之债；数种给付全部不能履行的，依据债务不履行中的履行不能规则处理。

简单之债与选择之债的区别：（1）债成立时标的是否确定不同。简单之债成立时，债的标的已经确定，仅为一种给付；选择之债成立时，债的标的尚未确定，存在数种可供选择的给付。（2）复杂程度不同。简单之债的法律关系较为简单，债务人依唯一的给付种类履行义务即可；选择之债的法律关系较为复杂，针对选择之债的特定设置有诸多规则，选择权的行使为其核心问题，而且可能涉及当事人以外的第三人（享有选择权）。（3）功能不同。在选择之债中，由于存在数种可供选择的给付，当事人可基于某种特殊需求，更大程度地依据自己意愿为其设定民事权利义务关系；简单之债则不具有这种功能。

---

① 参见《德国民法典》第264条，《日本民法典》第408、409条。

第五节 债法的概念特征、地位和体系

一、债法的概念和特征

债法，是指调整债的关系的法律规范的总称。形式上的债法，在传统大陆法系国家是指民法典中的“债编”或债法典（例如瑞士债法典）。实质上的债法，除包括形式上的债法外，还包括单行法、其他法律法规、司法解释、有约束力的判例中有关债的法律规范。我国在尚未颁布民法典的现阶段，有实质上的债法但无形式上的债法。

债法为民法的组成部分，民法的一般特征，债法当然也具有，例如民法是私法、实体法、行为规范兼裁判规范等。除此之外，债法还具有以下特征：

（一）债法是财产法

债法以规范调整债权债务关系为基本内容，它是特定民事主体之间财产权利义务关系变动的基本规则，而不涉及人格关系和身份关系的调整。与亲属法和继承法具有明显的伦理性特征不同，债法更加关注财产关系变动过程中各方当事人利益的平衡。

（二）债法主要是交易法

物权法调整财产归属关系；债法调整财产流转关系，各类交易关系构成了财产流转关系的核心。一方面，债法所调整的各类合同是各种交易行为的基本形式，合同法是各种交易行为的基本准则，这一类法律规范是债法的主要组成部分；另一方面，个别合同（例如赠与、借用）和不当得利、无因管理等法定之债在性质上并非交易行为，债法调整这一类法律关系是基于特定的立法目的和立法政策对特定当事人之间财产关系变动作出的规范，这一类法律规范也是债法的组成部分。

（三）债法主要由任意性法律规范构成

具体体现为：其一，在合同法领域，大部分法律规范为任意性法律规范，即在不违反法律强制性规定和公序良俗的前提下，民事主体可依据自己意愿为其设定权利义务关系。这是意思自治原则在债法领域的具体体现。其二，在不当得利、无因管理等法定之债中，虽然债的成立要件、债的效力等适用强制性规范，但债的内容、债的履行和债的担保等问题亦可由当事人协商确定，适用任意性法律规范仍存在一定空间。其三，关于债务不履行的责任，可由当事人于事先或事后协商确定，这是民事责任与刑事责任、行政责任的重要差异之一。

（四）债法具有灵活性和动态性

在市场经济条件下，民事主体的交易需求日趋多样，交易形式和交易范围不断更新和扩大。在此背景下，债法具有灵活性和动态性特征，具体体现为：其一，由于合同法允许当事人订立无名合同，在买卖、租赁等传统交易形式以外，各类新型交易形式大量出现，债法对此应作出相应调整。其二，网络化的普及导致在网络虚拟空间发生的交易行为日益增加，一些购物网站已成为众多消费者的主要交易对象。传统债法的基本规则能否适用于网络交易活动，在理论上和立法上应作出适当的回应。其三，由于以上两点原因，大陆法系的一些国家和地区如德国、日本等均于近年对债法作了大幅修订，使得现代债法具有不断更新和动态性特征。

（五）现代债法具有国际统一化的趋势

经济全球化使各类交易行为不再受国界的限制，国际贸易已成为全球经济活动的重要组成部分。在此背景下，有关债法的国际性和区域性条约大量被签订，其中重要的有：联合国国际贸易法委员会制定的《联合国国际货物销售合同公约》（CISG）、罗马国际统一私法协会制定的《国际商事合同通则》（PICC）和欧洲合同法委员会制定的《欧洲合同法原则》（PECL）等。我国1999年颁布的《合同法》在一定程度上也受到了这些公约的影响，借鉴了一些制度和规定。这表明，各国的财产交易规范因工具性特点而导致共性大于差异，现代债法具有国际统一化的趋势。

二、债法的地位

（一）债法不是部门法，而是民法的组成部分

《民法通则》第2条规定："中华人民共和国民法调整平等主体的公民之间、法人之间、公民和法人之间的财产关系和人身关系。"债法的调整对象是特定当事人之间的债权债务关系，它没有超出民法调整对象"平等主体之间的财产关系和人身关系"的范畴。因此，债法并不具有独立的调整对象，债法不是部门法，而是民法的组成部分。

（二）债法属于民法中的财产法的组成部分

民法由人身权法和财产法两大部分组成。财产法则主要包括物权法、债法和新兴的知识产权法。物权法调整因物的归属和利用而产生的民事关系（《物权法》第2条第1款），其旨在维护财产"静的安全"以及利用财产所要求的"动的安全"，其基本着眼点是权利主体对物的各种支配关系。债法调整特定当事人之间因财产流转而产生的民事关系，其基本内容是民事主体从事各种交易行为的基本规则，其着眼于交易各方之间的行为准则而非对交易财产的直接支配。由此，物权法调整的财产支配权和债法调整的因财产流转发生的请求权构成了民法领域中财产权的最基本形态。

三、债法的体系

在传统民法中，债法由债法总则、合同法、侵权法、不当得利、无因管理和单方行为之债等制度构成。在大陆法系国家和地区，债法一般被集中规定于民法典"债编"或独立的债法典中。在我国现行法体系下，合同法（1999年）和侵权责任法（2009年）以单行法形式颁布，不当得利和无因管理被规定在《民法通则》第五章"民事权利"第二节"债权"中，单方行为之债和若干法定之债被零星地规定在其他单行法中。

【学说争议：债法总则的存废】

对于我国未来民法典应否规定"债法总则"，学界存在争议。

第一种观点否定说主张取消"债权"概念和"债法总则"，理由为：其一，"债权"概念不通俗；其二，不应迷信德国民法的体系；其三，债法总则实际上是合同

法总则；其四，侵权责任不是债或者主要不是债。①

第二种观点肯定说主张民法典中有必要规定债法总则，理由为：其一，增强民法典的体系性和完整性。其二，规范各类合同关系。其三，实现债法规则的简约化。其四，对各类债的规则拾遗补缺。其五，促进民法规则和商法规则的融合。其六，保持债法体系的开放性。②

第三种观点折中说主张废除传统债法，代之以合同法与侵权行为法，但保留债权、债务的概念，理由为：其一，突出合同法在民法典中的地位，符合现实经济活动和法律生活的实际；其二，集中规定合同债权债务关系的一般规则，有利于民法体系的完善和法律上的适用；其三，摆脱传统民法体系的束缚，适应现代合同法的发展趋势；其四，便于民法教学。③

附：与本章内容有关的司考真题

一、选择题

1. 甲、乙与丙就交通事故在交管部门的主持下达成《调解协议书》，由甲、乙分别赔偿丙 5 万元，甲当即履行。乙赔了 1 万元，余下 4 万元给丙打了欠条。乙到期后未履行，丙多次催讨未果，遂持《调解协议书》与欠条向法院起诉。下列哪一表述是正确的？【2013 年司法考试卷三第 12 题】

A. 本案属侵权之债

B. 本案属合同之债

C. 如丙获得工伤补偿，乙可主张相应免责

D. 丙可要求甲继续赔偿 4 万元

2. 甲对乙说：如果你在三年内考上公务员，我愿将自己的一套住房或者一辆宝马轿车相赠。乙同意。两年后，乙考取某国家机关职位。关于甲与乙的约定，下列哪一说法是正确的？【2009 年司法考试卷三第 9 题】

A. 属于种类之债

B. 属于选择之债

C. 属于连带之债

D. 属于劳务之债

3. 甲、乙与丙签订了一份购销合同，约定丙供给甲、乙原油 3000 吨，每吨价格为 2500 元，原油运到甲、乙所在地车站后，甲和乙按 4 : 6 比例分配并按该比例付款。关于该合同之债的种类，下列哪些选项是正确的？【2008 年司法考试延期卷卷三第 54 题】

A. 多数人之债

B. 按份之债

---

① 参见梁慧星：《中国民事立法评说》，法律出版社 2010 年版，第 17～18 页。梁慧星教授并不持该观点，而是将该观点作为批评对象。

② 参见王利明：《债法总则研究》，中国人民大学出版社 2015 年版，第 144～147 页。

③ 参见余延满：《合同法原论》，武汉大学出版社 1999 年版，第 7～8 页。

C. 简单之债

D. 特定之债

4. 甲经营金山酒店，顾客爆满，相邻的银海酒店由乙经营，生意清淡。乙指使数十人进入金山酒店，2~3 人占据一桌，每桌仅消费 10 余元。前来金山酒店就餐的顾客见无空桌，遂就近转往银海酒店。如此数日，银海酒店收入大增。乙的行为应如何定性？【2005 年司法考试卷三第 5 题】

A. 构成缔约过失

B. 构成欺诈行为

C. 构成不当得利

D. 构成不正当竞争行为

5. 某演出公司与"黑胡子"四人演唱组合订立演出合同，约定由该组合在某晚会上演唱自创歌曲 2~3 首，每首酬金 2 万元。由此成立的债的关系属何种类型？【2005 年司法考试卷三第 8 题】

A. 特定之债

B. 单一之债

C. 选择之债

D. 法定之债

第二章　合同的基本问题

【知识结构图】

- 合同的基本问题
  - 合同的概念、特征
    - 合同的概念
    - 合同的特征
  - 合同法的适用范围
    - 属于《合同法》调整的范围
      - 《合同法》分则规定的有名合同
      - 其他单行法规定的有名合同
      - 无名合同
    - 不属于《合同法》调整的范围
      - 政府依法维护经济秩序的管理行为
      - 法人、其他组织的内部管理关系
      - 婚姻、收养、监护等有关身份关系的协议
      - 情谊行为
  - 合同法的基本原则
    - 合同自由原则
    - 合同严守原则
  - 合同的分类
    - 有名合同与无名合同
    - 双务合同与单务合同
    - 有偿合同与无偿合同
    - 诺成合同与实践合同
    - 要式合同与不要式合同
    - 一时的合同与继续性合同
    - 主合同与从合同
    - 为订约人自己利益订立的合同与为第三人利益订立的合同
    - 确定合同与射幸合同
    - 预约合同与本合同

第一节　合同的概念特征和合同法的适用范围

一、合同的概念

（一）两大法系对合同概念的不同认识

在历史传统上，大陆法系和英美法系对合同概念的界定存在差异。大陆法系采“协议说”（或称“合意说”），认为合同是一种协议或合意（Agreement）。例如在法国法上，合同（Contrat 或 Convention）的定义由《法国民法典》第 1101 条规定：“合同是一人或数人据以对另一人或数人负担给付、作为或不作为之债的协议。”“协议说”强调当事人意思表示一致对合同成立的决定性意义。英美法系采“允诺说”，认为合同是一种允诺（Promise）。例如最常被引用的合同（Contract）定义是美国《合同法重述》第 1 条：“合同是一种允诺或一组允诺，对于该允诺的违反，将由法律给予救济；履行该允诺，被法律以某种方式确认为一种义务。”“允诺说”着眼于合同对作为合同当事人的债务人的法律约束力。

应当指出，合同法发展到近现代以后，两大法系的合同概念呈现出逐渐融合的趋势，即对于合同本质上是一种协议的普遍认可。具体体现为：其一，英美法系在立法和学理上对“允诺说”进行反思和批判，转而采取“协议说”。英国学者阿狄亚在批评“允诺说”时指出，该说假定法律“强制履行”合同、假定协议或允诺存在于法律之外，而且忽略了合同中的交易因素。① 英美法特有的约因理论的发展和变化也在一定程度上导致了对合同认识的改变。美国《布莱克法律词典》（第 6 版）作出的合同定义是：“发生做或不做特定事情之债务的双方或多方当事人之间的合意（Agreement）。”其二，在一些由两大法系主要国家参与签订的国际条约中，对合同概念均采取“协议说”。例如 CISG 和 PICC 均是在“协议说”的基础上对合同作出界定的。

（二）最广义的合同、广义的合同、狭义的合同

最广义的合同，是指一切引起法律关系变动的合同，包括民法上的合同、行政法上的合同、劳动法上的合同、国际法上的条约等。广义的合同，是指引起民事权利义务关系变动的合同，即民事合同，包括引起物权关系变动的物权合同、引起债权债务关系变动的债权合同、引起身份关系变动的身份合同等。《德国民法典》采广义的合同概念，合同被规定于总则编，除法律有特别限定外，该概念可适用于整个民法领域。狭义的合同，是指引起债权债务关系变动的合同，即债权合同。《法国民法典》和英美法系采狭义的合同概念外延。

（三）我国现行法的合同概念

《合同法》第 2 条规定：“本法所称合同是平等主体的自然人、法人、其他组织之间设立、变更、终止民事权利义务关系的协议。婚姻、收养、监护等有关身份关系的协议，适用其他法律的规定。”依此规定，可从以下几方面理解：

---

① P. S. 阿狄亚：《合同法导论》，赵旭东等译，法律出版社 2002 年版，第 36~38 页。

1. 合同是指民事合同，但不包括身份合同。依该条第 1 款规定，合同引起“民事权利义务关系”变动，而并非仅引起“债权债务关系”变动。从文义上而言，系采广义的合同概念。但该条第 2 款将身份合同从合同概念中排除出去，可见，我国合同概念的外延小于德国法上民事合同概念外延。

2. 合同法调整的核心是债权合同。虽然现行法在表述上采广义的合同概念，但合同法调整的核心实为债权合同。具体体现为：其一，在传统民法理论中，合同是债的发生原因之一。其二，《民法通则》第 85 条合同定义规定于第五章“民事权利”第二节“债权”中，而非规定于相当于总则的部分。其三，《合同法》分则部分规定的有名合同均为债权合同。

3. 对于应否承认物权合同及合同法应否调整物权合同，尚存争议。虽然该条在文义上包含了物权合同，但物权合同概念本身在学界一直存在争议，主流观点持否定意见。从立法技术而言，该条系继承《民法通则》第 85 条的结果，不宜仅依据该条反推出我国承认物权合同的结论。但依现行法规定，确实存在一些合同可直接引起物权关系变动，例如土地承包经营权合同(《物权法》第 127 条第 1 款)、地役权合同(《物权法》第 158 条)、动产抵押合同(《物权法》第 188 条)、浮动抵押合同(《物权法》第 189 条第 1 款）等。

（四）合同与相关概念比较

1. 合同与合同书。合同书是合同的正式书面形式，除该形式外，合同形式还包括其他书面形式、口头形式和其他形式(《合同法》第 10 条第 1 款)。合同则是指订立合同的法律行为（合同行为）以及因合同行为所产生的一种民事法律关系（合同关系)。因此，合同未必一定以合同书形式订立，有合同亦未必有合同书。不能因为不存在合同书，而因此否认合同关系的存在。

2. 合同与契约。在大陆法系民法学说史上，“合同”与“契约”曾存在区别。契约是指由两个方向相反的意思表示达成一致而成立的法律行为，其性质为双方行为，如买卖、租赁等。合同又称协定行为，是指由两个以上方向相同的意思表示达成一致而成立的法律行为，其性质为共同行为，例如公司的设立、合伙合同等。我国现行法未做此种区分，以上两种行为均包含于合同概念之中。

3. 合同与经济合同。在现行《合同法》颁行之前，《经济合同法》第 2 条规定：“经济合同是法人之间为实现一定经济目的，明确相互权利义务关系的协议。”在当时，自然人之间订立的合同不属于经济合同，不适用《经济合同法》而适用《民法通则》的规定。这种立法模式带有明显的计划经济色彩。在现行法框架下，合同当事人无论是自然人、法人或其他组织，均统一适用《合同法》，经济合同作为一个历史概念已被废弃。

二、合同的特征

（一）合同是一种民事法律行为

合同以意思表示为要素，并依意思表示的内容产生相应的法律效果，为典型的民事法律行为，而非事实行为。《合同法》与《民法通则》第四章第一节“民事法律行为”的关系，为特别法与普通法的关系。《合同法》有具体规定的，适用其规定；《合同法》没有具体规定的，适用《民法通则》有关民事法律行为的规定。

（二）合同是双方或多方当事人意思表示一致的民事法律行为

合同是双方法律行为或多方法律行为，双方或多方当事人意思表示一致（合意）是合同成立的核心要件。此特征将合同与单方法律行为区别开来。应注意的是，有些行为既可以单方法律行为为之，也可以合同为之。例如赠与，如果以遗赠的方式实施赠与，为单方法律行为，仅需遗赠人单方意思表示行为即可成立；如果以赠与合同的方式实施赠与，则为双方法律行为，须赠与人的赠与意思表示和受赠人的接受赠与意思表示达成合意，行为方可成立。

（三）合同主要引起债权债务关系的变动

由于我国合同法调整的核心是债权合同，因此合同主要引起债权债务关系的变动，即设立、变更和终止债权债务关系。设立债权债务关系，是指依有效成立的合同，在当事人之间产生债权债务关系。变更债权债务关系，是指依有效成立的合同，使当事人之间既有的债权债务关系发生变化。终止债权债务关系，是指依有效成立的合同，使当事人之间既有的债权债务关系归于消灭。

（四）我国《合同法》规定的合同既包括民事合同，也包括商事合同

我国采民商合一制，没有独立的商法典单独规定商事合同，民事合同与商事合同被统一规定于《合同法》之中。在《合同法》制定过程中，在一定程度上受到 CISG 和 PICC 的影响，因这 2 个条约均以商事合同为调整对象，也导致《合同法》具有浓厚的商事合同法色彩。在分则部分规定的有名合同中，有不少典型的商事合同，例如供电合同、融资租赁合同、建设工程合同、运输合同、仓储合同、居间合同等；也有单纯的民事合同，例如赠与合同；还有些合同既可以是民事合同，也可以是商事合同，例如买卖合同、借款合同、保管合同、委托合同等。

三、合同法的适用范围

（一）属于《合同法》调整的范围

1.《合同法》分则规定的 15 种有名合同。具体包括：买卖合同（含互易合同）、供用电合同（含供用水、气、热力合同）、赠与合同、借款合同、租赁合同、融资租赁合同、承揽合同、建设工程合同、运输合同（含客运合同、货运合同、多式联运合同）、技术合同（含技术开发合同、技术转让合同、技术咨询合同和技术服务合同）、保管合同、仓储合同、委托合同、行纪合同、居间合同。

2. 其他民商事单行法规定的有名合同。其他民商事单行法也存在一些有名合同的规定，其与《合同法》为特别法与普通法的关系。民商事单行法有具体规定的，适用其规定；民商事单行法没有具体规定的，适用《合同法》的规定。这些合同具体包括：土地承包经营权合同(《物权法》第 127 条第 1 款)、建设用地使用权出让合同(《物权法》第 138 条)、地役权合同(《物权法》第 158 条)、抵押合同(《物权法》第 185 条)、质押合同(《物权法》第 210 条)、保证合同(《担保法》第 15 条)、定金合同(《担保法》第 90 条)、著作权许可使用合同(《著作权法》第 24 条)、著作权转让合同(《著作权法》第 25 条)、出版合同(《著作权法》第 30 条)、保险合同(《保险法》第 10 条）等。

3. 无名合同。未被《合同法》分则和其他民商事单行法类型化规定的无名合同，其本质仍属民事主体设立、变更、终止民事权利义务关系的协议，依据《合同法》第 124 条规定，也适用《合同法》规定。

（二）不属于《合同法》调整的范围

1. 政府依法维护经济秩序的管理行为。各类政府机关行使行政权力而实施的管理行为，虽能引起财产关系的变动，但其非属平等主体之间的行为，故不适用《合同法》的规定。例如财政拨款、征税、收费、征用等，这些行为即使被冠以“合同”或“协议”之名（如纳税包干协议），也不应适用《合同法》。

政府为协调或干预民事纠纷，而与各民事主体一起签署的“会议纪要”，是否构成民事合同关系？司法实务原则上采否定意见。有判决认为：“尽管本案双方当事人之间讼争的法律关系存在诸多民事因素，但终因双方当事人尚未形成民法所要求的平等主体关系，市政府办公会议关于优惠政策相关内容的纪要及其文件不是双方平等协商共同签订的民事合同……”① 另有民事调解书认为：“政府会议纪要是政府参与两方当事人之间经济利益的协调，对双方之间的民事行为提出的一种协调意见，并非政府行政命令或决定，亦非当事人之间的民事协议，对当事人不具有强制力。”②

但应注意，政府及有关单位实施的下列行为适用《合同法》：

（1）政府采购合同——《政府采购法》第 43 条第 1 款：“政府采购合同适用合同法。采购人和供应商之间的权利和义务，应当按照平等、自愿的原则以合同方式约定。”

（2）涉外合作开采石油合同——《对外合作开采海洋石油资源条例》第 26 条第 3 项：“‘石油合同’是指中国海洋石油总公司同外国企业为合作开采中华人民共和国海洋石油资源，依法订立的包括石油勘探、开发和生产的合同。”

（3）政府招商引资合同——最高人民法院复函（［2003］民监他字第 14 号）：“平阴镇政府于 1996 年 6 月 6 日下发的平镇政发［1996］7 号《关于在工业园内引办项目、引进资金、技术和人才的优惠政策》中第七条关于引资奖励的内容属于悬赏广告……张某作为引资人，完成了引资项目，享有奖励请求权。”

（4）财政、扶贫办等非金融行政机构为扶持企业和农户发展生产，通过签订借款合同发放支农款、扶贫金等——最高人民法院批复（法复［1993］7 号）：“如行政部门未能解决而起诉到人民法院，或一方当事人直接向人民法院起诉的，人民法院依法应予受理……”

（5）国家机关在行使职权过程中，作为平等主体与企业签订合同。有判决认为：“广电局为筹建有线电视台，与当事人公司签订《合作合同》约定：该公司提供有线电视工程及有线电视中心大楼的建设资金，广电局负责办理相关报批手续；未偿还投资前，两项

① 参见“某房地产开发有限公司与某市人民政府债务纠纷案”，载《最高人民法院公报》2007 年第 4 期。

② 参见“某工程有限公司西南公司与某市土地房屋管理局、某建筑材料开发公司土地使用权纠纷案”，载刘德权主编：《最高人民法院裁判意见精选》（上），人民法院出版社 2011 年版，第 186 页。

工程产权抵押给该公司；合作期满，有线电视中心大楼及其一切权益归广电局所有……该合同属于民事合同而非行政合同。”①

（6）在行政文件指导下签订，并经行政机关审批的债权转让协议。有判决认为：“人民银行依法撤销金融机构的行为，并不排斥金融机构为处理其债权债务而与其他民事主体设立民事行为，该民事行为也不因人民银行的督促而改变民事法律关系性质，故当事人签订的债权转让协议属于民事合同。”②

（7）高速公路管理机构向过往车辆的收费行为。有判决认为：“高速公路管理机构基于对高速公路的经营管理向过往车辆收费，与交费人之间形成民事权利义务关系，不是行政管理关系。”③

2. 法人、其他组织的内部管理关系。法人、其他组织基于内部管理实施的行为，虽能引起民事权利义务关系变动，但其不是发生在两个民事主体之间的行为，故不适用《合同法》，而适用公司法、企业法等有关法律的规定。例如制定公司章程、修改表决规则等。

3. 婚姻、收养、监护等有关身份关系的协议。这一类协议引起身份法律关系的变动，依《合同法》第2条第2款规定，其不适用《合同法》，而适用《婚姻法》、《收养法》和《民法通则》的有关规定。例如结婚、离婚、收养协议、解除收养协议、委托监护协议等。

4. 非引起民事权利义务关系变动的协议——情谊行为。情谊行为，又称好意施惠行为，是指发生在法律层面之外，不能依法产生法律后果的行为。例如好意同乘、火车到站叫醒、顺路投寄信件、邀请参加宴会等。此类行为虽在形式上系由当事人基于约定而达成协议，但当事人欠缺依该行为内容发生法律效果的意思（法效意思），不存在被法律认可的意思表示，故此类行为不是合同。情谊行为与无效合同不同，虽然两者都不能依协议内容产生法律约束力，但存在以下区别：（1）法律态度不同。情谊行为发生在法律层面之外，法律对其不予调整；无效合同仍受《合同法》调整，并产生相应的法律后果。（2）行为内容不同。情谊行为发生在感情、社交领域，其行为内容多为生活事务；无效合同主要发生在交易领域，但其行为内容违反法律强制性规定或公序良俗原则。（3）后果不同。情谊行为的违反或履行不产生违约责任或不当得利返还的后果；无效合同则产生返还财产和损害赔偿的后果。在司法实务上，对“忠诚协议”等是否为情谊行为，尚存争议。④

---

① 参见“西安某防伪新技术有限公司清算组诉某市广播电视局合作合同纠纷案”，载最高人民法院民事审判第二庭编：《民商事审判指导》2004年第1辑（总第5辑），人民法院出版社2004年版，第128页以下。

② 参见“某农村信用社与中国建设银行股份有限公司某支行债权转让合同纠纷案”，载刘德权主编：《最高人民法院裁判意见精选》（上），人民法院出版社2011年版，第189~190页。

③ 参见“江宁县某公司诉某机场高速公路管理处案”，载《最高人民法院公报》2000年第1期。

④ 参见王雷：《民法学视野中的情谊行为》，北京大学出版社2014年版，第251~255页。

第二节 合同法的基本原则

一、合同法基本原则概述

（一）合同法基本原则的概念

合同法基本原则，是指由合同法规定的，适用于合同法全部领域并体现合同法价值理念的准则。合同法基本原则不同于合同法具体原则，后者是适用于合同法某一特定领域的准则，例如合同履行的原则、违约损害赔偿的原则等。具体而言，二者区别如下：（1）适用的领域不同。前者适用于合同法全部领域；后者仅适用于合同法某一特定领域。（2）功能不同。前者体现合同法的价值理念，是合同立法、执法、守法均应遵循的准则；后者仅体现特定领域的价值理念，系针对某一类具体问题的法律规范而抽象出的一般准则。（3）表现形式不同。前者的表现形式在文义上较为抽象；后者则相对较为具体。

（二）合同法基本原则的功能

1. 合同立法的准则。在合同立法活动中，应当遵循合同法基本原则所体现的价值理念，具体法律规范的设置应当以合同法基本原则为依据。例如合同自由为合同法基本原则，故合同法应多设置任意性规范、少设置强制性规范。

2. 解释、补充合同法的准则。在合同法适用的过程中，如果具体法律规范的含义及其适用效果存在歧义需要解释时，应当以合同法基本原则为解释准则，采取符合合同法基本原则要求的理解并以其为裁判依据。在具体法律事实欠缺对应法律规范即合同法存在漏洞的场合下，合同法基本原则可作为补充适用规则以裁判案件。

3. 解释、评价合同条款的准则。在合同条款文义不明或相互矛盾的场合下，除可依据《合同法》第125条规定的解释规则对合同条款进行解释外，还应考量何种解释符合合同法基本原则的要求。在判断合同条款效力有无瑕疵时，除适用具体法律规范作为评价标准外，合同法基本原则亦应作为补充性评价标准。

4. 当事人从事合同行为的准则。当事人在订立、变更、解除合同及行使合同权利、履行合同义务时，应当遵循合同法基本原则，将其作为自己的行为准则。当然，合同法基本原则的价值理念在一些领域已被具体化为法律规范，当事人即应当遵守这些法律规范。例如《合同法》第93、94条对合同解除的规定，要求当事人解除合同时须具备法定、约定解除事由或双方合意，否则不得解除合同，该规定即为合同严守原则的具体体现。

（三）合同法基本原则的界定

《合同法》第3~8条规定了以下基本原则：平等原则、合同自由原则、公平原则、诚实信用原则、合法与公序良俗原则、合同严守原则。但在这些原则中，有些已被《民法通则》规定为民法基本原则，其虽可适用于合同法全部领域，但却非合同法特有的基本原则。本书认为，合同法基本原则为合同自由原则和合同严守原则。

【学说争议：合同法基本原则的界定】

合同法基本原则具体包括哪些原则，学界争议较大，兹举三种代表性观点：第一种观点认为，合同法基本原则有法律地位平等原则、合同自由原则、公平原则、诚实信用原则、公序良俗原则、合同神圣及合同严守原则。① 第二种观点认为，合同法基本原则有合同自由原则、合同正义原则、鼓励交易原则。② 第三种观点认为，合同法基本原则主要是合同自由原则。③ 本书认为，合同法基本原则应符合以下三个标准：(1) 具有法条依据。即《合同法》以具体条文对该原则作出了规定。观点二所主张的合同正义原则和鼓励交易原则并无法条依据，虽然确实存在一些制度和规定体现了此二原则的精神，但合同法基本原则作为一种补充性适用的裁判依据，应当以法律有明确规定为限。(2) 应为合同法的特有原则，而非民法基本原则的重复。观点一所列举的6种原则虽均有法条依据，但其中的法律地位平等原则、公平原则、诚实信用原则和公序良俗原则已被《民法通则》确立为民法基本原则，其并非仅适用于合同法领域。(3) 应适用于合同法全部领域而非特定领域。如果仅适用于合同法某一特定领域，则其应为合同法具体原则。综上，符合以上三个标准的，只有合同自由原则和合同严守原则。

二、合同自由原则

(一) 合同自由原则的概念、内容

合同自由原则，是指在不违反法律强制性规定、公序良俗的前提下，合同当事人对合同有关事项享有充分的自由。《合同法》第4条规定："当事人依法享有自愿订立合同的权利，任何单位和个人不得非法干预。"通说认为，该条规定的即为合同自由原则。④ 合同自由原则具体包括以下内容：

1. 缔约自由，即当事人可以依其意思自主决定是否与他人缔结合同。缔约自由具体包括要约自由和承诺自由：前者是指是否向他人发出要约的自由；后者是指是否接受他人提出的要约条件并作出承诺以成立合同的自由。与法律上的任何自由一样，缔约自由不是绝对的，而须受到反不正当竞争和反垄断等规则的限制。⑤

2. 选择相对人的自由，即当事人可以依其意思自主决定选择何人为相对人并与其缔结合同。除法律有特殊规定外，任何人均不负有必须与特定人缔结合同的义务。

3. 决定合同内容的自由，即当事人可以依其意思自主决定所缔结合同的类型、合同条款等内容。当事人即可选择订立法律规定的有名合同，也可基于自身特殊需要订立无名合同。对双方权利义务的分配、有关合同条款的确定，在不违反法律强制性规定的前提下，当事人亦享有自主决定的权利。

---

① 韩世远：《合同法总论》，法律出版社2011年版，第36~43页。

② 崔建远：《合同法总论》(上卷)，中国人民大学出版社2011年版，第30~48页。

③ 余延满：《合同法原论》，武汉大学出版社1999年版，第17页。

④ 少数说认为，该条规定的是合同自愿原则而非合同自由原则。参见江平等：《论新合同法中的合同自由原则与诚实信用原则》，载《政法论坛》1999年第1期。

⑤ 参见"某航运有限公司及其厦门分公司与厦门某实业发展有限公司等国际海上货运代理经营权损害赔偿纠纷再审案"，载《最高人民法院公报》2011年第10期。

4. 变更和解除合同的自由，即当事人除可依据法定条件变更和解除合同外，还可依双方合意变更和解除合同(《合同法》第 77 条第 1 款、第 93 条第 1 款)。

5. 选择合同形式的自由，即对于不要式合同，当事人可以依其意思自主选择合同的形式。除法律对合同形式有特殊要求外，当事人可任意选择口头、书面或其他形式订立合同(《合同法》第 10 条)。

6. 选择解决合同纠纷方式的自由，即当事人可以通过和解或调解解决合同争议，也可约定以仲裁或者诉讼作为解决合同纠纷的最终方式(《合同法》第 128 条)。

7. 选择适用法律的自由。在涉外合同中，当事人可以选择中国法律或者外国法律作为处理合同争议所适用的法律，但法律另有规定的除外；当事人没有选择的，适用与合同有最密切联系的国家的法律(《合同法》第 126 条第 1 款)。有判决认为："国际货物买卖合同双方当事人未约定解决合同争议所适用的法律，由于合同一方当事人是在美国注册的公司，我国和美国均是《联合国国际货物销售合同公约》的缔约国，应适用该公约的有关规定审理该案。"① 对于选择适用国际条约和法律的顺序，有判决认为："先国际条约，再国内法，再国际惯例，是我国法律对涉外民事案件法律适用顺序作出的强制性规定。当事人在协议选择涉外民事案件适用的法律时，必须符合该规定。"②

(二) 现代合同法上合同自由原则的发展——对合同自由原则的限制

合同自由原则作为近代民法最重要的原则之一，构成了私法自治原则的核心内容。它对保障当事人的意思自治和自我发展的权利发挥了重要作用，并在一定的历史时期内促进了交易规则的不断完善以及市场经济的有效发展。但是，自 20 世纪中期以来，合同自由原则在各国出现了一些新的发展趋势，其突出体现为该原则在立法和司法实务上受到越来越多来自各方面的限制。导致这些限制的原因主要有：(1) 民事主体抽象平等的非现实性。合同自由原则的有效实现建立在这样一个假设前提上：参与缔结合同的双方当事人的交易经验、经济实力、背景信息等因素大致相当，双方可以在相对公平的条件下就缔约事项进行充分协商。但事实上，不同的当事人差异巨大，尤其是垄断企业的迅猛发展使其与普通消费者之间很难建立平等的协商关系。(2) 理想竞争市场的非现实性。合同自由原则以理想化的竞争市场为基础，该市场具有下列特征：有足够多的可供选择的交易对象；每个当事人均掌握充分的交易信息；每笔交易不会危及第三人的利益；在前述条件达成的前提下实现充分竞争。但事实上，这种理想市场在现实中并不存在。(3) 立法价值理念的变化。在近代时期，由于受资产阶级革命的政治需要及自然法学说等因素影响，个人权利的保护成为首要立法目的，国家对当事人的合同行为原则上采不干预态度。进入现代以后，经济政治形势均发生显著变化，立法指导思想由"个人本位"向"社会本位"演变，国家逐渐以各种形式对当事人的合同行为进行不同程度的干预。由此，合同自由原则在各

① 参见"美国联合企业有限公司与中国某对外贸易总公司某分公司购销合同纠纷上诉案"，载最高人民法院办公厅编：《最高人民法院公布裁判文书（2000 年）》，人民法院出版社 2001 年版，第 355 页以下。

② 参见"陆某诉美国联合航空公司国际航空旅客运输损害赔偿纠纷案"，载《最高人民法院公报》2002 年第 4 期。

国立法和司法实务上受到以下几方面的限制：

1. 缔约自由的限制——强制缔约义务的出现。主要涉及两种情形：

（1）对一些垄断性企业规定强制缔约义务。由于供电、供水、供气、邮电、铁路等企业的经营活动涉及普通人的生活必需，且该类企业具有垄断性质，普通消费者除与其缔约外并无其他选择，因此对该类企业规定强制缔约义务。《合同法》第289条规定了从事公共运输的承运人的强制缔约义务。

（2）强制保险。为保护社会公共利益或实现特定立法目的，法律要求某些当事人在一些场合下必须向保险公司投保。例如法国于1958年通过法令规定了汽车驾驶人的强制保险合同。我国现行法规定的强制保险主要有：机动车交强险(《机动车交通事故责任强制保险条例》第3条)、强制旅客旅游意外保险(《旅行社管理条例》第21条)、强制船舶污染损害责任和沉船打捞责任保险(《内河交通安全管理条例》第67条)、强制污染损害责任保险(《海洋石油勘探开发环境保护管理条例》第9条)。

2. 对选择相对人的自由的限制。基于男女平等、反种族歧视等立法理念，法律规定雇主不得拒绝与特定人群订立劳动合同，否则将由法院发布禁令或判决支付赔偿金。例如英国1975年《性别歧视法》、1976年《种族关系法》规定有此类内容。

3. 对决定合同内容的自由的限制。主要体现为：

（1）强制性合同条款的增加。为确保合同条款的公平性，对某些合同条款不再允许由当事人协商确定，而必须依据法律规定的内容订入合同之中。例如在劳动合同中，工资、工时、工作条件、劳动保护等事项不得低于法定标准，以保护劳动者利益。

（2）合同义务的扩张。合同义务本由当事人约定产生，但先合同义务、后合同义务、附随义务等规则的出现，使当事人受到非依其意思所生之义务的约束。

（3）诚实信用、公序良俗、禁止权利滥用、情势变更等弹性条款被立法所确认，它既对解释、补充合同条款发挥了重要作用，也使法官获得了较大的自由裁量权，从而使合同自由受到限制。

（4）对格式条款的立法干预。格式条款的大量使用，虽极大提高了交易效率，但也使一些垄断性经营者将不公平的合同条款强加给消费者成为可能。故各国均在立法上加强了对格式条款的干预，在格式条款的解释、无效事由等方面对其进行严格规制。

4. 对选择合同形式的自由的限制。基于维护交易安全和便于政府监管等立法目的，各国法律规定某些类型的合同应当采用书面形式、公开认证或作成公证证书等形式，否则将影响合同的效力或强制履行。在有些国家，这种合同形式主义的“复兴”，与民法理论中表示主义取代意思主义的倾向也有一定关系。①

5. 对合同行为的国家干预加强。各国改变对合同行为不予干预的态度，指定或专门设立具有准司法性质的机关，对市场中的合同行为进行监督和管理，加强了对合同行为的行政干预。例如英国的公平交易办公室。《合同法》第127条规定，工商行政管理部门和其他有关行政主管部门在各自的职权范围内，对有关合同行为负有监管职责。

尽管现代合同法上的合同自由原则受到来自各方面的限制，但其基本价值理念并未被

---

① 尹田：《法国现代合同法》，法律出版社2009年版，第34页。

动摇，这些限制与其说是颠覆了合同自由原则，不如说是对该原则进行补充和修正。尤其是在市场经济建立时间不长的我国现阶段，合同自由原则对确立正常的交易规则具有不可替代的重要意义，该原则仍然是我国合同法的基本原则。

三、合同严守原则

合同严守原则，是指针对有效合同，当事人应严格遵守，除非具备法律认可的条件，否则不得擅自变更或解除合同。《合同法》第8条规定："依法成立的合同，对当事人具有法律约束力。当事人应当按照约定履行自己的义务，不得擅自变更或者解除合同。依法成立的合同，受法律保护。"合同自由原则具体包括以下内容：

1. 有效成立的合同，对合同当事人具有法律约束力，当事人应依约履行义务。合同有效成立，意味着法律对该合同持肯定性的价值判断，该合同依据当事人意思表示的内容发生法律约束力，当事人应当依据合同约定和法律规定履行合同义务。无效合同等效力存在瑕疵的合同不能依据合同约定发生法律约束力，而依据法律规定产生相应的法律后果。

2. 除非具有法律认可的事由或经双方协议，当事人不得擅自变更或解除合同。合同严守原则与合同变更或解除制度的关系是：前者是原则，是常态，适用于一般场合；后者是例外，是补充，适用于个别场合。合同法规定的变更和解除制度，是在个别场合下为平衡双方利益或实现特定立法目的对当事人权利义务关系的重新调整和分配，而非在一般场合下赋予当事人任意变更或解除合同的权利。

3. 有效成立的合同，受法律保护。如果当事人未依有效成立的合同履行义务，法律通过违约责任、合同解除等制度对守约方提供救济。这些救济制度是保障合同严守原则得以实现及保护守约方利益的必要措施，也是有效合同与自然债权、情谊行为的重要区别。

第三节　合同的分类

一、有名合同与无名合同

以法律是否赋予特定名称并设有专门规范为标准，合同可以分为有名合同与无名合同。有名合同，又称典型合同，是指法律已经赋予特定名称并设有专门规范的合同。有名合同是法律将最为常见、典型的合同予以类型化的结果。有名合同具体包括：《合同法》分则规定的买卖、租赁等15种有名合同；其他单行法规定的有名合同，例如抵押合同、保证合同、保险合同等。无名合同，又称非典型合同，是指法律没有赋予特定名称且未设专门规范的合同。无名合同可以弥补法律相对滞后性的不足，通过满足当事人特殊需要使合同自由原则得到更充分的实现。在合同法的发展过程中，随着某些无名合同在社会生活中愈加常见，这些无名合同会因法律规定而转化为有名合同，例如特许经营合同(《商业特许经营管理条例》第11条)、旅游合同(《旅行社条例》第28条）等。

对于名称和内容相互矛盾的合同，应依据合同的实际内容确定合同的类型。有判决认为："双方签订《房屋购买租赁协议书》，该名称既有买卖合同的性质，也有租赁合同的性质，认定该协议性质应当从协议约定的全部条款内容来综合分析判断。因为协议特别约定‘本协议所签房屋面积产权归乙方’，该约定显然与租赁合同不符，体现了买卖合同的性质。特别是从实际履约情况看，协议签订后，乙方给付款项，甲方出具的收款收据上均载明是房款。因此，该协议应当认定为房屋买卖合同。”① 还有判决认为：“从《淘宝店铺租赁合同》中将淘宝店‘作为 B2C 店铺’‘用于经营’‘合法合理的经营’‘甲方所拥有的货源及货源关系应妥善交接乙方’的表述以及两被告提供实体办公地点的约定来看，本案系争标的是将实体商品通过淘宝店铺予以展示，让浏览者通过各种在线支付方式进行实际购买的交易，其对象是经营业务，应认定为承包合同关系。”②

在学理上，无名合同分为以下几种情形：（1）纯粹无名合同，是指以不属于任何有名合同的事项为内容的合同。例如广告商与影星签订的有偿使用肖像的合同。（2）混合合同，是指由数个有名合同的内容相结合而构成的合同。例如甲将房屋租给乙使用，约定乙以提供劳务代替租金的支付，即为租赁合同与雇佣合同的结合。（3）准混合合同，是指一个有名合同中规定有纯粹无名合同内容的合同。例如甲为乙提供劳务，乙允许甲使用其肖像做广告以代替酬金的支付。

有名合同与无名合同的区别主要是适用的规则不同，有名合同直接适用具体法律规范，无名合同依据《合同法》第 124 条确立的规则适用：（1）适用《合同法》总则的规定。总则关于合同成立、合同效力、合同履行等规则，当然可适用于无名合同。（2）类推适用，即参照《合同法》分则或其他法律最相类似的有名合同的规定加以适用。

【拓展：合同联立】

合同联立，是指数个合同（有名或无名合同）相互结合，而各合同并不丧失其相对独立性的情形。合同联立分为三种情况：（1）单纯外观的结合，是指数个独立的合同仅因缔结合同的行为而结合，相互间不具有依存关系。例如甲将汽车交给乙修理，并向乙租用另一车。在此情形下，承揽合同和租赁合同的效力及履行应分别考察，相互不生影响。（2）具有一定依存关系的结合，是指依当事人的意思，一个合同的效力或存在依存于另一个合同的效力或存在，数个合同的结合具有一定的依存关系。例如甲出租酒店给乙，并约定由甲向乙专供啤酒。在此情形下，租赁合同和买卖合同相互依存，如果其中一个合同不成立，则另一合同亦不成立。（3）择一的结合，是指同一事实为一个合同的生效条件，并同时为另一个合同的解除条件，而使数个合同相结合的情形。例如甲乙在分期付款买卖中约定，若甲延付价款达到一定数额，则买卖合同转变为租赁合同，已支付价款转化为租金。在此情形下，视条件是否成就而分别适用买卖合同或租赁合同规则。对合同联立是否构成无名合同，有肯定说③和否

① 参见“何某与哈尔滨某贸易有限公司房屋买卖合同纠纷再审案”，载刘德权主编：《最高人民法院裁判意见精选》（上），人民法院出版社 2011 年版，第 217 页。

② 参见“张某诉童某、林某承包合同纠纷案”，载最高人民法院中国应用法学研究所编：《人民法院案例选》2015 年第 1 辑（总第 91 辑），人民法院出版社 2016 年版，第 189 页以下。

③ 韩世远：《合同法总论》，法律出版社 2011 年版，第 50 页。

定说①两种观点。本书认为，合同联立在实质上并非一个合同，而是数个仍具相对独立性的合同以各种形式相结合，故不应认定为无名合同。

二、双务合同与单务合同

以当事人双方是否互负对待给付义务为标准，合同可以分为双务合同与单务合同。双务合同，是指当事人双方互负对待给付义务的合同。例如买卖、互易、租赁等合同。所谓“对待给付义务”，并非指双方所负给付义务在客观价值上完全相等，而是指在交易中两者具有依存关系或称对价关系。单务合同，是指仅有当事人一方负给付义务的合同。例如赠与、借用、保证等合同。在单务合同中，当事人一方虽不负有给付义务，但可能负有其他不具对价意义的义务。例如借用合同中的借用人虽无支付租金义务，但仍负有妥善保管义务、返还义务等；附义务赠与合同中的受赠人虽无支付价款义务，但应依约履行所附义务(《合同法》第190条)。应注意学理上还有不完全双务合同，是指当事人双方虽各负有债务，但其债务并不构成给付与对待给付的关系。例如无偿委托合同、无偿保管合同等。在无偿委托合同中，受托人负有处理委托人事务的给付义务，委托人负有预付处理委托事务的费用的义务和偿还受托人为处理委托事务垫付必要费用的义务(《合同法》第190条)，委托人的此类义务与受托人的给付义务并非构成对价关系。不完全双务合同在性质上属于单务合同，受托人不得以委托人未支付有关费用而行使同时履行抗辩权。

双务合同与单务合同的区别：（1）是否适用有关抗辩权不同。在合同履行过程中，同时履行抗辩权、不安抗辩权等适用于双务合同，而不适用于单务合同。（2）风险负担不同。双务合同因不可归责于双方当事人的原因而不能履行时，发生风险负担问题，在不同场合下分别适用交付主义(《合同法》第142条)、违约方负担主义(《合同法》第143、146条)、合理分担主义(《合同法》第338条第1款）等。单务合同因不可归责于双方当事人的原因而不能履行时，因仅有一方负有给付义务，故不发生对待给付的风险负担问题。(3）合同解除不同。一般法定解除规则(《合同法》第94条）系主要针对双务合同而设，该规则适用于单务合同无实际意义。

三、有偿合同与无偿合同

以当事人对享有权利是否须偿付代价为标准，合同可以分为有偿合同与无偿合同。有偿合同，是指当事人享有合同权利而必须偿付一定代价的合同。例如买卖、租赁、承揽等合同。所谓“有偿”，并不限于金钱的给付，以交付实物、提供劳务、转移权利等作为偿付代价的方式亦属有偿。无偿合同，是指当事人一方享有合同权利而不必偿付任何代价的合同。例如赠与、借用等合同。借款、委托、保管等合同根据当事人是否约定利息、报酬，既可以是有偿合同，也可以是无偿合同。有偿、无偿合同的分类与双务、单务合同的分类系采不同的分类标准，前者所采标准较低，当事人偿付任何形式的代价均构成有偿；后者所采标准相对较高，当事人所负义务须与对方给付义务形成对价关系才构成双务合

---

① 王洪宇等：《非典型合同专题研究》，中国民主法制出版社2012年版，第26页。

同。双务合同必为有偿合同，单务合同一般为无偿合同，个别单务合同为有偿合同，例如附义务赠与合同。

有偿合同与无偿合同的区别：(1) 对主体行为能力要求不同。订立有偿合同的当事人原则上应具有完全民事行为能力，限制民事行为能力人未经其法定代理人同意不得订立超越其缔约能力的有偿合同。对于赠与等纯获利益的合同，限制民事行为能力人和无民事行为能力人可独立订立；但如果在无偿合同中受益方负有返还原物义务，则仍须取得法定代理人的同意，例如未成年人借用一辆汽车的合同。(2) 当事人注意义务程度不同。有偿合同的债务人所负的注意义务程度较高，无偿合同的债务人所负的注意义务程度较低。例如在无偿保管和无偿委托合同中，保管人和受托人均以重大过失标准承担损害赔偿责任(《合同法》第 374 条、第 406 条)，而有偿合同的违约损害赔偿责任则一般适用无过错责任原则。(3) 能否适用有关制度不同。有些法律制度以有偿合同为适用要件或者区分是否有偿而适用不同的条件，前者如善意取得(《物权法》第 106 条第 1 款)，后者如债权人的撤销权(《合同法》第 74 条第 1 款)。(4) 合同的解释规则不同。对于有偿合同，适用文义解释、目的解释等一般规则进行解释；对于无偿合同，在适用这些规则的基础上，对债务人之债务作从轻解释。(5) 买卖规则的准用不同。对于有偿合同，法律如无特别规定，则准用买卖合同的有关规定(《合同法》第 174 条)；无偿合同不能准用买卖合同的有关规定。

四、诺成合同与实践合同

以是否以交付标的物或完成其他给付为成立要件或生效要件为标准，合同可以分为诺成合同、实践合同。诺成合同，是指不以交付标的物或完成其他给付为成立要件或生效要件的合同。大多数合同均为诺成合同，例如买卖、租赁、委托等合同。实践合同，又称要务合同，是指除当事人合意外，还以交付标的物或完成其他给付为成立或生效要件的合同。例如自然人之间的借款合同(《合同法》第 210 条，生效要件)、保管合同(《合同法》第 367 条，成立要件)、定金合同(《担保法》第 90 条，生效要件)、借用合同（实务承认，成立要件)。实践合同使当事人在交付标的物或完成其他给付之前有机会权衡利弊，慎重决定是否完成该交易行为，故该制度具有一定警示的功能。

以下几种合同是否为实践合同，需特别注意：(1) 赠与合同。依《民法通则意见》第 128 条，赠与合同为实践合同。但《合同法》第 186 条第 1 款转变了态度，依该条规定，“权利转移”并非导致合同成立或生效，而是行使撤销权的限制条件。既然在权利转移之前赠与人可撤销赠与合同，表明此时合同已经成立且生效，因此赠与合同虽与实践合同的实际效果类似，但在性质上则属诺成合同。(2) 客运合同。《合同法》第 293 条规定：“客运合同自承运人向旅客交付客票时成立，但当事人另有约定或者另有交易习惯的除外。”该条文义似乎表明交付客票是合同的成立要件。但是，结合其他法律规定①进行体系解释，客票仅为证明客运合同的证据，而非合同的成立要件。而且，客运合同中承运人的核心给付是完成运输行为，而非交付客票，因此客运合同并非实践合同而属诺成合

① 参见《合同法》第 294 条、《民用航空法》第 111 条。

同。(3) 质押合同。《担保法》第 64 条第 2 款规定："质押合同自质物移交于质权人占有时生效。"该条将交付质物规定为质押合同的生效要件。但是，该款规定混淆了质押合同生效与质权成立两个不同的法律关系，《物权法》第 212 条对此作了修正，将交付质物规定为质权的成立要件。故《担保法》第 64 条第 2 款因与《物权法》抵触而不再适用，因此质押合同并非实践合同而属诺成合同。

诺成合同与实践合同的区别：(1) 成立要件或生效要件不同。传统民法多将交付标的物规定为实践合同的成立要件，我国现行法规定的实践合同有的以交付标的物为成立要件，有的则为生效要件。诺成合同则无此要件。(2) 交付的意义不同。在诺成合同中，债务人交付标的物是履行合同义务的行为，违反此义务产生违约责任。在实践合同中，交付标的物是合同成立要件或生效要件，当事人不交付的，产生缔约过失责任。(3) 在合同法中的地位不同。诺成合同充分体现了合意对合同成立的意义，此类合同是合同的常态。法律规定实践合同通常是为实现特殊立法目的或保护某些交易中的一方当事人。从法律发展史来看，实践合同的范围有逐渐缩小的趋势。例如《合同法》将原为实践合同性质的赠与合同改为诺成合同；将仓储合同从保管合同中分离出来，设置为诺成合同(《合同法》第 382 条) 等。

五、要式合同与不要式合同

以法律或当事人对合同形式有无特殊要求为标准，合同可以分为要式合同与不要式合同。要式合同，是指依法律规定或当事人约定必须采取特定形式的合同。例如法律规定融资租赁合同(《合同法》第 238 条第 2 款)、建设工程合同(《合同法》第 270 条) 等应当采用书面形式。不要式合同，是指是指法律没有特别规定，当事人也没有特别约定须采取特定形式的合同。例如普通买卖、赠与、租赁等合同。现行法对合同形式采取"不要式为主、要式为辅"的态度，除法律有特殊规定或当事人有特殊约定外，均为不要式合同。

要式合同与不要式合同的区别：(1) 对合同形式的要求不同。要式合同如果未采取法定或约定形式，将导致合同不成立、不生效或者不能获得有效证据；不要式合同不存在此要求。(2) 适用领域不同。在商事交易领域，出于维护交易安全的需要，对合同形式要求较高，通常要求合同采取书面形式或其他特定形式。在普通的民事领域中，尤其是当事人之间具有人身信任关系的场合下，对合同形式要求较低，通常采取不要式合同。(3) 在合同法中的地位不同。基于合同自由原则的要求，不要式合同为合同的常态。法律规定或当事人约定的不要式合同，是为了实现特殊的立法目的或满足当事人特殊需要而设。

六、一时的合同与继续性合同

以时间因素对给付的影响为标准，合同可以分为一时的合同与继续性合同。一时的合同，是指一次给付便使合同内容得以实现的合同。例如买卖、互易、赠与等合同。继续性合同，是指合同内容不是通过一次给付实现，而是通过持续的履行才得以实现的合同。例如租赁、借款、保管、委托、雇佣、合伙等合同。在继续性合同中，时间因素对债的履行具有重要意义，给付效果的实现取决于给付时间的长度。

以下两种合同的性质需特别注意：（1）分期交付合同。例如分期付款买卖合同、分批交货买卖合同等。此类合同的总给付在合同成立时即已确定，虽采分期给付的履行方式，但时间因素对给付的内容及范围并无影响。因此，分期交付合同属于一时的合同。（2）继续性供给合同。是指当事人约定一方在一定或不定期限内，向对方继续供给定量或不定量的一定种类及品质的物，而由对方按一定标准支付价款的合同。例如供电、水、气、热合同等。与租赁、雇佣等传统继续性合同不同，继续性供给合同的当事人系基于买卖或制作物供给的意思订立合同，供给方既要依约供给，还要保持随时准备交付的状态。此类合同是供给企业和用户在基本关系的框架内，随着用户每一次消费或者在各结算期内，不断形成新的债的关系。继续性供给合同的形态中还包括“框架合同”。例如甲酒店与乙超市约定，由乙向甲供应牛肉，随叫随送，价格随行就市。在此合同中，甲享有“叫货”的权利而无对应义务，如果不再叫货，即为终止合同。如果框架合同与每次订立的个别合同内容有所冲突，有判决认为：“买卖合同双方先签订框架协议，在履行过程中又签订了192份个别合同，虽然二者均具有法律效力，但二者条款发生冲突时，由于个别合同约定的更为具体，且个别合同是在框架协议之后签订的，故应以个别合同的约定作为认定双方履行的主要依据，同时参考框架协议，即个别合同的效力高于框架协议。”①

继续性供给合同与分期交付合同的区别在于：前者不存在预先确定的总给付数额，且每次给付均具有独立性，而非部分履行；后者在合同成立时即预先确定总给付，其后每一期的交付均为部分给付。例如甲乙签订牛奶买卖合同，约定乙每天送1瓶牛奶，直到甲要求停送为止，此为继续性供给合同；如果双方约定购买30瓶牛奶，每天送1瓶，则为分期交付合同。继续性供给合同与传统继续性合同均属于继续性债之关系，② 两者共性大于差异，继续性供给合同应归入继续性合同类型。

一时的合同与继续性合同的区别：（1）履行方式不同。在一时的合同中，债务人完成一次给付便使合同内容得以实现。在继续性合同中，债务人的履行呈持续状态，该状态的存续和维持影响给付效果的实现。（2）解除权不完全相同。一时的合同贯彻合同严守原则，解除事由较少。继续性合同特别重视信赖基础，当事人之间通常具有某种人身信任关系，所以当信赖基础丧失时，合同关系即难以维持，应允许当事人解除合同。例如《合同法》第410条规定的委托人和受托人的任意解除权，即为此精神的具体体现。（3）可让与性的强弱不同。在一时的合同中，其债权或债务的转让适用一般规则，其可让与性相对较强。在继续性合同中，由于信赖基础的重要性，其债权或债务的转让存在较多限制。例如承租人不得擅自转租(《合同法》第224条第2款)、保管人不得擅自将保管物转交第三人保管(《合同法》第371条)、受托人应当亲自处理委托事务(《合同法》第400

① 参见“上海某国际贸易有限公司与天津某建筑工程有限公司买卖合同纠纷案”，载最高人民法院中国应用法学研究所编：《人民法院案例选》2014年第1辑（总第87辑），人民法院出版社2014年版，第228页以下。

② ［德］迪特尔·梅迪库斯：《德国债法总论》，杜景林等译，法律出版社2004年版，第12～13页。

条）等。(4）违约救济不同。违反一时的合同，适用违约救济的一般规则。违反继续性合同，原则上应区分“个别给付”和“整个合同”予以处理：对个别给付可直接适用违约责任的有关规定；对整体合同而言，解除时不应具有溯及力。(5）合同消灭是否具有溯及力不同。一时的合同被确认无效、撤销、解除的，其效力溯及至合同成立之时，已经履行的部分应恢复原状。继续性合同消灭时，由于其性质无法恢复原状或不宜恢复原状，故学说多认为其消灭的效力仅向将来发生，已经履行的部分不受影响。

七、主合同与从合同

在两个或多个具有相互关联的合同中，根据主从关系为标准，可将其分为主合同与从合同。主合同，是指在两个或多个具有相互关联的合同中，不依赖其他合同而能够独立存在的合同。从合同，是指在两个或多个具有相互关联的合同中，以其他合同的存在为前提而存在的合同。例如甲乙签订借款 100 万元的合同，为担保该债权，丙与甲签订保证合同，其中借款合同为主合同，保证合同为从合同。

主合同与从合同的区别：(1）主从关系不同。主合同具有独立性，其成立及效力不受从合同的影响。从合同具有从属性，体现为主合同的成立、效力、移转、消灭对从合同产生相应的影响。(2）合同形式不完全相同。主合同的形式适用《合同法》对合同形式的一般规定。从合同除可以采取合同的常规形式外，还可以采取在主合同中设置担保条款、单方出具担保书或者在主合同上以担保人身份签章(《担保法解释》第 22 条）等形式。这些形式虽不具有独立合同的外观，但其包含了当事人设定担保的意思表示，应当认定为成立独立的从合同法律关系。(3）具体形态不同。《合同法》分则规定的买卖、赠与、租赁等有名合同一般为主合同，但在一些特殊交易场合下也可以从合同的性质存在。《担保法》和《物权法》规定的保证合同、定金合同、抵押合同、质押合同只能为从合同。

八、为订约人自己利益订立的合同与为第三人利益订立的合同

根据合同内容是否实质性地涉及第三人为标准，合同可以分为为订约人自己利益订立的合同与为第三人利益订立的合同。为订约人自己利益订立的合同，是指当事人为自己直接享有合同权利和直接取得利益而订立的合同，合同仅在订约当事人之间产生法律拘束力。为订约人自己利益订立的合同严格遵循合同相对性原则，合同仅在当事人之间具有约束力，绝大多数合同属于此类合同。为第三人利益订立的合同，是指当事人不是为自己的利益设定权利，而是为使第三人直接享有和取得合同利益而订立的合同。例如投保人与保险人订立保险合同，约定受益人为第三人而非投保人。此类合同具有以下特征：(1）第三人不是合同当事人，其不需要在合同上签字或盖章。(2）合同只能为第三人设定权利，而不能为第三人设定义务。(3）第三人对合同权利可以接受，也可以拒绝。如果第三人接受合同权利，可直接向债务人请求履行，且负有协助、通知等附随义务。如果第三人拒绝接受合同权利，该权利归缔约人享有或依法律规定、当事人约定确定权利归属。为第三人利益订立的合同突破了合同相对性原则，使合同约束力在一定条件下及于第三人，该制

度系为实现特定立法目的或当事人特殊需要而设置。①

为订约人自己利益订立的合同与为第三人利益订立的合同的区别：（1）订约的目的不同。前者是当事人为自己的直接利益而订立；后者是为第三人的直接利益而订立。如果当事人是为了将合同利益间接归属于第三人，且该意思并未体现于合同之中，则该合同仍属于为订约人自己利益订立的合同。例如甲从商场购买一块手表，准备作为女友的生日礼物。（2）合同的效力范围不同。前者仅对当事人具有约束力；后者在第三人选择接受合同权利的场合下，对第三人也产生一定的约束力。（3）为第三人利益订立的合同适用一些特殊规则。为平衡各方利益及防范道德风险，法律针对为第三人利益订立的合同设置了一些特殊规则。例如保险合同适用保险利益原则(《保险法》第31条）等。

九、确定合同与射幸合同

根据合同的法律效果在缔约时是否确定为标准，合同可以分为确定合同与射幸合同。确定合同，是指法律效果在缔约时已经确定的合同。绝大多数合同均属确定合同。射幸合同，是指法律效果在缔约时不能确定，而在合同成立后因偶然事由决定法律效果的合同。例如保险合同、彩票合同、有奖销售合同等。

确定合同与射幸合同的区别：（1）是否适用等价有偿原则不同。确定合同一般要求等价有偿，如果双方的权利义务过于悬殊，则会导致合同效力存在瑕疵。射幸合同不能仅从双方交付的财产是否等价来衡量合同是否公平。（2）给付义务的内容不同。在确定合同中，当事人的给付义务是交付财产或提供劳务等。在射幸合同中，一方的给付义务为负担某种风险（如保险合同）或为对方提供某种获益的机会（如彩票合同），而非直接向对方交付确定数额的财产。（3）受法律限制程度不同。射幸合同具有一定程度的赌博性质，基于公序良俗原则的要求及为了防范道德风险，法律对射幸合同设置有较多限制规则。例如禁止向未成年人出售彩票和支付奖金(《彩票发行和销售管理暂行规定》第18条)、抽奖式的有奖销售的最高奖金额不得超过5000元(《反不正当竞争法》第13条）等。

十、预约合同与本合同

根据合同义务是否为了将来订立一定合同为标准，合同可以分为预约合同与本合同。预约合同，是指当事人约定将来订立一定合同的合同。本合同，是指依据预约合同将来应当订立的合同。例如甲欲向乙借款，乙表示一个月后才有资金，双方便签订预约合同约定一个月后再订立借款的本合同。当事人之所以订立预约合同，通常是因为法律或事实上的原因，导致订立本合同的条件尚未具备，故双方先订立预约合同以确保将来本合同的订立。预约合同的给付义务是当事人将来订立本合同，双方均负有此义务的，为双务预约；仅一方负有此义务的，为单务预约。

预约合同与本合同的区别：（1）订约的目的不同。当事人订立预约合同的目的是将

---

① 《合同法》第64条规定的情形是否属于为第三人利益订立的合同，存在争议。参见崔建远：《合同法总论》（上卷），中国人民大学出版社2011年版，第74页以下。

来订立本合同，而非直接受本合同的约束。① 当事人订立本合同的目的，则是直接依据合同权利义务在当事人之间发生约束力。（2）认定标准不同。当一个合同属于预约合同抑或本合同存在疑义时，应结合当事人意思及合同内容作具体判断。如果当事人已就必要条款达成合意，已无另订合同的必要，应认定为本合同。（3）违约的后果不同。当事人违反本合同的，适用违约责任的一般规定。当事人违反预约合同的，法律对其违约责任设有特殊规定及限制。

【学说争议：预约合同的违约责任形式是否包括“继续履行”】

当事人违反预约合同的，守约方有权请求违约方承担支付违约金、损害赔偿等违约责任形式，自无疑义。但对于守约方能否请求违约方继续履行即强制违约方订立本合同，学界存在否定说和肯定说之争议。《买卖合同解释》第2条规定：“当事人签订认购书、订购书、预订书、意向书、备忘录等预约合同，约定在将来一定期限内订立买卖合同，一方不履行订立买卖合同的义务，对方请求其承担预约合同违约责任或者要求解除预约合同并主张损害赔偿的，人民法院应予支持。”该条规定的“预约合同违约责任”是否包括《合同法》第107条规定的继续履行责任形式，并不明确。最高人民法院对此的解释是：宜将该问题留给学术界进一步研究，留待审判实践进一步检验，故司法解释对该问题未作明确规定。②

本书认为，预约合同的违约责任形式不应包括继续履行。理由如下：其一，使预约合同当事人负有强制缔约义务，不符合强制缔约义务的立法本意。强制缔约义务作为一种限制合同自由原则的特殊规则，主要适用于垄断性经营和涉及社会公共利益的场合，预约合同并不符合此适用条件。其二，订立本合同的义务属于《合同法》第110条第2项规定的“债务的标的不适于强制履行”的情形。如果对当事人订立本合同的义务予以强制执行，将不适当地限制当事人的人身自由，有违民事执行制度的精神。其三，该场合下适用继续履行，不具有可操作性。预约合同并未对本合同的所有必要条款均达成合意，否则也难称预约合同。在此情形下，由于违约方缺乏缔结本合同的意愿，很难使双方就本合同必要条款形成合意从而成立本合同。其四，司法实务主流意见持此观点。有判决认为：“双方当事人签订预约合同，但在订立本约时一方当事人提出异议，属正当的磋商行为，对方当事人不得以双方已达成预约合同为由强行要求必须签订本约。”③ 还有判决认为：“预约合同的履行利益相当于本合同的信赖利益，守约方可就此损失请求对方赔偿，但不能强制对方订立本合同。”④ 另有判

---

① 对于预约合同的效力，还有“必要磋商说”、“内容决定说”、“视为本约说”等观点。参见韩强：《论预约的效力和形态》，载《华东政法学院学报》2003年第1期；林诚二：《民法债编各论（上）》，中国人民大学出版社2003年版，第32页。

② 最高人民法院民事审判第二庭编著：《最高人民法院关于买卖合同司法解释理解与适用》，人民法院出版社2012年版，第60~61页。

③ 参见“戴某诉某公司商品房订购协议定金纠纷案”，载《最高人民法院公报》2006年第8期。

④ 参见“仲某诉上海市某房地产项目开发有限公司合同纠纷案”，载《最高人民法院公报》2008年第4期。

决认为：“预约合同中约定了解约定金，且就不能签订本合同情况下公证提存款的处理作出了约定的，当事人有权拒绝签订本合同。”①

附：与本章内容有关的司考真题

一、选择题

1. 关于保管合同和仓储合同，下列哪些说法是错误的？【2010 年司法考试卷三第 61 题】

A. 二者都是有偿合同

B. 二者都是实践性合同

C. 寄存人和存货人均有权随时提取保管物或仓储物而无须承担责任

D. 因保管人保管不善造成保管物或仓储物毁损、灭失的，保管人承担严格责任

2. 甲、乙双方达成协议，约定甲将房屋无偿提供给乙居住，乙则无偿教甲的女儿学钢琴。对于该协议，下列哪些说法是正确的？【2005 年司法考试卷三第 56 题】

A. 属于无名合同

B. 属于实践合同

C. 应适用合同法总则的规定

D. 可以参照适用合同法关于租赁合同的规定

---

① 参见“海南某投资开发有限公司与张某、海口某实业有限公司、海南某置业有限公司股权转让合同纠纷案”，载最高人民法院民事审判第二庭编著：《商事审判指导》2011 年第 1 辑（总第 25 辑），人民法院出版社 2011 年版，第 255 页以下。

第三章　合同的成立

【知识结构图】

- 合同的成立
  - 合同成立的概念、意义
    - 合同成立的概念
    - 合同成立的意义
  - 合同的成立要件
    - 合同的一般成立要件
    - 合同的特殊成立要件
  - 合同成立的方法
    - 一般场合下合同成立的方式　——要约、承诺
    - 特殊场合下合同成立的方式　——交叉要约等
  - 要约
    - 要约的概念、构成要件
    - 要约与要约邀请
    - 要约的形式
    - 要约的生效时间
    - 要约的法律效力
    - 要约的撤回与撤销
    - 要约的失效
  - 承诺
    - 承诺的概念、构成要件
    - 承诺的形式
    - 承诺的生效时间
    - 承诺生效的法律效力
    - 承诺迟延与承诺撤回
  - 合同成立的时间和地点
    - 合同成立的时间
    - 合同成立的地点
  - 缔约过失责任
    - 缔约过失责任的概念、要件
    - 缔约过失责任的类型
      - 假借订立合同，恶意进行磋商
      - 故意隐瞒与订立合同有关的重要事实或提供虚假情况
      - 泄露或不正当使用商业秘密
      - 其他违背诚实信用原则的行为
    - 缔约过失责任的责任形式

第一节 合同成立概述

一、合同成立的概念

合同成立，是指当事人就必要条款达成合意而使合同关系得以设立的事实状态。与之相关的概念是合同订立，是指当事人依据一定程序作出意思表示以缔结合同的行为。合同订立与合同成立是就同一现象从不同角度观察所得出的概念，前者侧重于当事人缔结合同的行为，后者侧重于合同被缔结的结果；如果当事人就合同订立所实施的行为符合法律要求，则导致合同成立的结果。对于合同成立，可从以下几方面理解：

1. 合同成立解决的是合同是否存在的问题。合同成立即客观上有一个合同，表明法律认可合同法律关系的存在。合同成立并不涉及对合同的效力评价，在此意义上而言，合同成立是一个事实判断问题。

2. 合同成立是区分违约责任与缔约过失责任的重要标志。在合同成立之前，当事人就订立合同有关事项进行磋商尚处于缔约阶段，此时仅存在缔约过失责任的问题。在合同成立之后，如果当事人未依有效合同履行义务，则应承担违约责任。

3. 合同成立与合同生效是两个不同概念，但联系紧密。合同成立解决有无合同的问题，合同生效解决合同自何时产生现实约束力的问题，两者系不同概念。这两个概念虽在理论上区分明晰，但在实际生活中，对一个依法成立且不存在特殊情形的合同而言，两者系同时发生，这种区分并不具有实际意义。故这两个概念的差异也不宜被过分夸大。

二、合同的成立要件

（一）合同的一般成立要件

合同的一般成立要件，是指适用于任何类型合同的成立要件。

1. 缔约主体存在双方或多方当事人。合同是双方或多方法律行为，故必须有两个以上的缔约主体。对于缔约主体的资格要求，《合同法》第 9 条第 1 款规定：“当事人订立合同，应当具有相应的民事权利能力和民事行为能力。”对该款规定分析如下：

（1）关于“相应的民事权利能力”。在我国现行法语境下，民事权利能力与民事主体资格具有同一含义。① 作为民法基本原则之一的平等原则(《民法通则》第 3 条)，包含了民事主体的民事权利能力一律平等的要求，民事权利能力并不存在层级差异。故只要依法具有民事主体资格，即享有平等的民事权利能力，并不存在该能力是否“相应”的问题。不具有民事主体资格的法人或其他组织的内设机构、职能部门订立合同的，依现行法规定分别产生以下后果：①以其所属法人或其他组织视为合同当事人(《技术合同解释》第 7 条第 1 款前段)；②以其组成人员认定为合同当事人(《技术合同解释》第 7 条第 1 款后段)；③合同无效，依相对人是否知情确定责任(《担保法解释》第 18

① 相反意见参见张善斌：《权利能力论》，中国社会科学出版社 2016 年版，第 233 页以下。

条)。对于母公司以其尚未成立的子公司名义签订合同，有判决认为，应当认定母公司为合同主体。①

(2) 关于“相应的民事行为能力”。依《民法通则》第58条第1款第1、2项及《合同法》第47条规定，当事人不具有相应的民事行为能力而独立订立合同的，仅影响合同的效力但并不影响合同的成立。故是否具有相应的民事行为能力，并非合同的成立要件。因此，对《合同法》第9条第1款应作缩限解释，只要具有民事主体资格，即满足合同成立要件的要求。

2. 当事人对合同必要条款达成合意。关于合意的认定，主要涉及两个问题：

(1) 合意的判断标准是采主观标准还是客观标准？首先，现行法原则上采取表示主义，即合意是指双方当事人对合同条款在客观上意思表示达成一致。依《合同法》第32、33条规定，当事人采用合同书、确认书形式订立合同的，双方完成签字盖章时合同成立。其次，合意内容与当事人内心效果意思不一致时，不影响合同成立，而影响合同效力。依《合同法》第54条规定，在重大误解、欺诈、胁迫等情形下订立合同的，因当事人意思表示不真实而导致合同效力存在瑕疵，当事人有权撤销该合同。据此，对于合意的认定，现行法原则上采客观标准。

(2) 合意的范围是要求当事人就全部合同条款达成合意，还是仅须就部分合同条款达成部分合意？首先，一般情况下，当事人对合同必要条款达成合意，合同即可成立。依《合同法》第30、31条规定，双方对合同必要条款达成一致，即使对非必要条款尚存异议，也构成合意。其次，如果当事人特别表示对非必要条款也须达成一致，则对此类条款也须达成合意，合同才能成立。依《合同法》第31条规定，承诺对要约的内容作出非实质性变更的，要约人及时表示反对或者要约表明承诺不得对要约内容作出任何变更的，不构成有效承诺，合同不能成立。

对于不合意，可分为以下两种情况：

(1) 明显的不合意，是指当事人明知其意思不一致。在此情形下，合同当然不能成立。例如甲向乙发出要约，表示愿以500万元的价格出售一批钢材，乙回信称对这批钢材只愿出价450万元。

(2) 隐蔽的不合意，是指当事人不知其内心真实意思不一致，而自信其意思已达成一致。主要包括两种情形：一是当事人的意思表示具有多义性，且无法依合同解释确定其涵义；二是当事人经过磋商，均认为合同已经成立，但实际上双方对有关必要条款并未达成合意。对于隐蔽的不合意，由于无法通过客观解释确定当事人的意思，故应认定双方尚未达成合意，合同不能成立。

(二) 合同的特殊成立要件

合同的特殊成立要件，是指依据法律规定或当事人约定，合同成立应特别具备的要件。

1. 某些要式合同的特殊成立要件——完成特定形式。对于某些要式合同，法律规定

---

① 参见“安徽某联合公司与合肥某有限公司加工承揽合同纠纷上诉案”，载刘德权主编：《最高人民法院裁判意见精选》(上)，人民法院出版社2011年版，第215页。

或当事人约定须采用特定形式订立合同才能导致合同成立。例如当事人约定双方签字盖章后一周内须办理公证，自公证完成时合同成立。

2. 某些实践合同的特殊成立要件——交付标的物。对于某些实践合同，法律规定交付标的物为合同的特殊成立要件。例如保管合同(《合同法》第 367 条)、借用合同等。

三、合同成立的方式

(一) 一般场合下合同成立的方式——要约、承诺

《合同法》第 13 条规定："当事人订立合同，采取要约、承诺方式。"对于该条，可从以下几方面理解：

1. 当事人异地订立合同，区分要约、承诺阶段，具有重要法律意义。在罗马法时代，由于订约双方都必须亲自到场，故无必要将当事人合意的过程区分为要约和承诺。这种区分的必要性是在可信赖的邮政服务出现和远距离订立合同成为可能之后，才成为现实。① 当事人异地订立合同的场合下，由于双方作出的意思表示存在时间差，故判断何时达成合意及依据谁的意思表示内容达成合意具有重要意义。《合同法》针对要约的生效、撤回、撤销、失效以及承诺的期限、生效、撤回、迟延等问题所作的规定，实际上都是以异地订立合同为适用对象的。

2. 当事人当面订立即时清结的合同，区分要约、承诺阶段，并无实际意义。例如在路边小摊购买小吃。在此场合下，当事人当面就合同内容达成合意且立刻履行完毕，虽然在理论上将双方的意思表示区分为要约和承诺是可能的，但由于合同的成立、履行和消灭几乎是同时发生的，所以这种区分并无特别的实际意义。

3. 在特殊场合下，合同成立可不采取要约、承诺方式。虽然《合同法》第 13 条未设"但书"，但在一些特殊场合下，当事人可采用交叉要约等方式订立合同，因此对该条应作扩张解释，要约、承诺并非合同成立的唯一方式。

(二) 特殊场合下合同成立的方式

1. 依据国家下达的指令性任务或者国家订货任务订立合同。我国从 1992 年试行国家订货，其目的是在我国经济体制改革不断深入，国家指令性计划的范围和品种数量大幅度缩小的情况下，为了维护全国经济和市场的稳定，保证国防军工、重点建设以及国家战略储备的需要，对于国家还必须掌握的一些重要物资，将以国家订货方式逐步取代重要物资分配的指令性计划管理。② 据此，《合同法》第 38 条规定："国家根据需要下达指令性任务或者国家订货任务的，有关法人、其他组织之间应当依照有关法律、行政法规规定的权利和义务订立合同。"

2. 交叉要约。交叉要约，是指当事人采取非直接对话的方式，相互不约而同地向对方发出内容相互吻合的要约。例如甲向乙发出要约，表示愿以 30 万元的价格将一幅祖传古画卖给对方，该要约尚未到达乙时，恰巧乙也向甲发出以相同价格购买该幅古画的要

① ［德］海因·克茨：《欧洲合同法》(上卷)，周忠海等译，法律出版社 2001 年版，第 23 页。

② 胡康生主编：《中华人民共和国合同法释义》，法律出版社 2009 年版，第 69 页。

约。现行法对交叉要约未作规定，通说认为交叉要约可作为合同成立的特殊方式。① 如果两个要约不是同时到达对方，以后一要约的到达时间为达成合意的时间。

【学说争议：关于意思实现】

意思实现，是指依交易习惯、事件性质或要约人为要约时预先声明，承诺无须通知，在相当时期内有可认为承诺的事实时，合同成立的现象。例如要约人以实物发出要约，受要约人拆开包装使用该商品。意思实现具有以下特征：其一，承诺无须通知；其二，依交易习惯、事件性质或要约人为要约时预先声明，有可认为承诺的事实；其三，自该事实完成时，合同成立。大陆法系民法典对意思实现一般设有专门规定。②

学界对意思实现多有争议，具体争点如下：（1）意思实现的性质是否为意思表示？第一种观点认为，意思实现属于广义的意思表示。③ 第二种观点认为，自解释论的立场，意思实现至少在我国立法上是一种意思表示。④ 第三种观点认为，意思实现纯粹是一种实施行为，而不是表示行为，但此种行为虽非意思表示，但仍可构成承诺。⑤（2）意思实现与默示的承诺之关系？区别存在说认为两者存在差异，但对于该差异是否因意思实现不具有表示意思所致，亦存不同解释。区别否定说认为两者并非是截然分开的，在很多场合它们所指的是同一法律关系。⑥（3）意思实现是否为要约、承诺以外的特殊缔约方式？肯定说认为，意思实现是"要约承诺以外的方式成立合同"。否定说认为，意思实现并非是一种有别于要约与承诺的合同订立方式，只不过承诺的方式有其特殊性而已。⑦ 本书认为，依《合同法》第 22 条规定，根据交易习惯或要约表明可以通过行为作出承诺的，承诺人无须通知。该条所调整的情形符合意思实现的基本特征，应认为是对意思实现的规定。该条将意思实现界定为承诺的一种特殊方式，且并未将其与默示的承诺加以区分。

（三）关于"事实上的合同关系理论"

依传统民法，合同以当事人合意为基本要素，合同为典型的表意行为。德国学者 Haupt 对此提出批评，并于 1941 年提出"事实上的合同关系理论"（Faktische Vertragsverhältnisse）。该理论认为，在若干场合下，合同关系可因一定的事实过程而成立，当事人的意思如何在所不问，主要包括三种情形：（1）基于社会接触而成立的事实上的合同关系；（2）基于团体关系而成立的事实上的合同关系；（3）基于社会给付义务而产

① 少数说认为，由于存在要约被撤销的可能，因此交叉要约不能直接导致合同成立。参见柴振国等：《合同法研究》，警官教育出版社 1999 年版，第 74 页。

② 参见《德国民法典》第 151 条、《日本民法典》第 526 条。

③ 孙森焱：《民法债编总论》（上册），法律出版社 2006 年版，第 30 页。

④ 韩世远：《合同法总论》，法律出版社 2011 年版，第 107 页。

⑤ 张里安：《意思实现》，http：//dyndcnc. dongying. gov. cn/datalib/2003/newItem/DL/DL-461920。

⑥ 韩世远：《合同法总论》，法律出版社 2011 年版，第 107～108 页。

⑦ 余延满：《合同法原论》，武汉大学出版社 1999 年版，第 121 页。

生的事实上的合同关系。例如，就电气、电信、自来水、公交车等订立合同的场合下，合同权利义务已被详细地规定，各项给付具有社会义务的性质，提供者无正当理由不得拒绝，利用者也无讨价还价的余地，因此没有必要借助意思表示拟制法律行为的要件，而应直接承认此类事实足以成立合同。在此理论的基础上，拉伦茨教授进一步提出了"社会典型行为理论"（Die Lehre vom sozialtypischen Verhalten），认为在现代大众商业交往中依据事先确定好的条件（在大多数情况下是基于经过官署批准的"收费标准"）向大众提供运输或者生产资料供应方面的服务，而任何人都不必为了缔结合同而作出意思表示。①其后，虽然德国联邦最高法院的有关判决采纳了上述理论，但对该理论的争论一直未能平息。我国学界及司法实务的主流意见未采纳该理论。

四、合同成立的法律意义

（一）合同成立是确定合同是否有效、生效的前提

依有效合同产生相应的权利义务是当事人订立合同的本意，但合同有效、生效的前提是合同已经成立。如果因欠缺成立要件而导致合同不成立，则根本无须考察合同是否具备有效要件和生效要件。

（二）合同拘束力的发生：当事人不得擅自变更或解除合同

合同成立后，无论是否已经生效，对当事人均发生一定拘束力，体现为除非具有法定或约定事由，当事人不得擅自变更或解除合同。《合同法》第 8 条第 1 款规定："依法成立的合同，对当事人具有法律约束力……不得擅自变更或者解除合同。"第 2 款规定："依法成立的合同，受法律保护。"该条肯定了合同成立的法律拘束力。

（三）债权或期待权的发生及救济

合同成立后，若无特殊情形则同时生效，因此在当事人之间发生债权债务关系。在订立附生效条件和附始期的合同的场合下，合同成立后至条件成就或期限届至的时间段内，合同处于已经成立但未生效的状态，当事人仅享有期待权。对该期待权的侵害虽不能通过违约责任加以救济，但可通过"条件成就或不成就的拟制"规则(《合同法》第 45 条第 2 款）得到救济。

（四）附随义务的发生

合同成立后，无论是否已经生效，当事人均应当遵循诚实信用原则，根据合同的性质、目的和交易习惯履行通知、协助、保密等附随义务(《合同法》第 60 条第 2 款)。当事人违反附随义务的，即使合同尚未生效，亦可产生违约责任。

第二节　要　　约

一、要约的概念和构成要件

《合同法》第 14 条规定："要约是希望和他人订立合同的意思表示，该意思表示应当

① ［德］卡尔·拉伦茨：《德国民法通论》（下册），王晓晔等译，法律出版社 2003 年版，第 745 页。

符合下列规定：（一）内容具体确定；（二）表明经受要约人承诺，要约人即受该意思表示约束。”依据对该条的学理解释，要约是指缔约人一方以缔结合同为目的向对方当事人所作出的意思表示。在不同的交易场合下，要约也被称为发价、发盘、出盘、报价等。要约须具备以下构成要件：

（一）要约是特定人作出的意思表示

要约是一种意思表示，必须由特定人作出才具有法律意义，而且要约人必须特定，受要约人才能明确应向谁作出承诺。所谓特定人，是指能够被外界客观确定的人，包括要约人本人及其代理人。在某些场合下，明知要约为特定人作出，但不知其具体为何人，亦满足该要件的要求，例如自动售货机的设置。

（二）要约必须是向相对人所作的意思表示

1. 无相对人或向第三人所作的某种表示不构成要约。要约作为一种意思表示，必须向相对人作出且到达相对人，否则不能生效。例如甲将要约的内容写于信件上，但该信件最终未被发出，即不构成要约。又例如甲欲将旧车以 2 万元价格卖给乙但还未向乙发出要约，甲与丙闲聊时告知此事，即使丙向乙转述甲的表示，甲向丙所作表示也不构成要约。

2. 相对人可以是特定人或不特定人。向特定人作出的要约称为特定要约，例如甲公司以信函向乙公司发出要约。向不特定人作出的要约称为公众要约，例如商场标价陈列商品等。

（三）要约是以缔结合同为目的的意思表示

要约人作出要约的直接目的是与相对人订立合同，即只要相对人同意要约的内容，要约人便愿意以此与相对人成立合同关系。如果表意人作出的意思表示只是希望与相对人就缔约事项展开磋商，虽然表意人具有缔约的最终目的，但该意思表示不构成要约而构成要约邀请。

（四）要约的内容必须具体确定(《合同法》第 14 条第 1 项)

1. 要约的内容必须具体，即要约应具备合同的必要条款。要约一旦被受要约人接受，双方即应以要约内容成立合同关系，因此要约应具备成立合同最低限度的内容即必要条款。如果意思表示中含有缔约意愿但欠缺有关必要条款，则为要约邀请。要约中是否具备合同的必要条款，应结合法律规定、合同性质及当事人要求作具体判断。

2. 要约的内容必须确定。在要约具备合同必要条款的前提下，对必要条款的表述必须是确定的或者依据某种方法可以确定。例如甲给乙去信，称有一批货物愿以市价卖给乙，但该批“货物”究竟是什么货物则并未说明，且不能通过交易习惯、合同解释等方法确定，该信函因内容不确定而不构成要约。

（五）要约必须表明经受要约人承诺，要约人即受该意思表示约束(《合同法》第 14 条第 2 项)

该要件在学理上被称为“受拘束的意旨”，它是要约的核心要件之一。对于是否具有受拘束的意旨，可从以下几方面判断：

1. 要约人以明示方式表明一旦受要约人承诺，要约人即受该意思表示约束的，应认定具有受拘束的意旨。例如要约人在记载了交易条件的信函上注有“本信函为要约”、“本信函被认为对发信人具有法律约束力”等字样。

2. 要约人未采明示方式的，应依据交易习惯及意思表示解释等方法，对是否具有受拘束的意旨作出判断。现行法对意思表示的解释原则上采“表示主义”，如果表意人内心意思不具有受拘束的意旨，但依据客观标准解释具有该意旨，应以客观解释为准。

3. 要约中不能包含与愿受该意思表示约束相矛盾的内容。受拘束的意旨意味着一旦受要约人同意，双方即达成合意，要约人没有机会就缔约事项再与对方协商。因此，如果意思表示中含有“正在考虑”、“初步意向”等字样，则不构成要约。

附加保留条件的缔约建议是否构成要约？所谓保留条件，是指提出缔约建议的人对其建议采取的一种限制。这种限制可分为两种情况：第一种情况下，提出缔约建议的人保留了拒绝同自己认为不合适的任何人订立合同的权利。例如雇主发出招聘广告，对应聘条件列举了详细要求，但即使某应聘者完全符合这些条件，是否雇用他的决定权仍在雇主手中。第二种情况下，提出缔约建议的人没有权利对收到该建议的相对人进行选择，但在特定条件下他可不受该缔约建议的约束。例如甲向多人发出含有“限量供应、卖完为止”字样的信函，只要货物尚未卖完，甲就无权拒绝任何收信人的购买要求；但如果货物已经卖完，则甲有权拒绝他人的购买要求。一般认为，第一种情况由于提出缔约建议的人保留了对相对人的最终决定权，该建议不具备要约的要件，其不构成要约；第二种情况提出缔约建议的人没有对相对人的选择权且在一定范围内受到约束，该建议具备要约的要件，其构成要约。

二、要约与要约邀请

（一）要约与要约邀请的区别

《合同法》第 15 条第 1 款前段规定：“要约邀请是希望他人向自己发出要约的意思表示。”要约邀请也是发生于缔约阶段的一种意思表示，其与要约的区别如下：（1）目的不同。要约的目的是直接与相对人订立合同；要约邀请的目的是邀请对方向自己发出要约。（2）是否愿受意思表示约束不同。要约必须表明经受要约人承诺，要约人即受该意思表示约束；要约邀请不具有受拘束的意旨。（3）是否包含合同的必要条款不同。要约的内容必须具体确定，其应包含合同的必要条款；要约邀请不必包含合同的必要条款。（4）是否具有拘束力不同。要约具有法律拘束力，包括对要约人的拘束力和对受要约人的拘束力；要约邀请不具有拘束力，即使相对人应邀发出要约，要约邀请人也无必须承诺的义务。（5）法律意义不同。在一般场合下，要约是合同成立的必经程序；要约邀请不是合同成立的必经程序。

（二）要约与要约邀请的区分标准

1. 法律规定。《合同法》第 15 条第 1 款后段列举了几种典型的要约邀请，其他单行法和司法解释对要约邀请也有一些零星规定。

2. 当事人意愿。在一个缔约建议中，如果当事人以明示或默示的方式表明了对该缔约建议是否为要约的态度，应当依据当事人的意思认定该缔约建议的性质。例如在一份商业信函中，虽然详尽列举了必要条款和其他交易条件，但当事人明确表示这些内容仅作为进一步磋商的基础，该信函应认定为要约邀请。

3. 是否包含合同的必要条款。如果一个缔约建议没有包含合同的全部必要条款，只能将其认定为要约邀请；如果一个缔约建议包含了合同的全部必要条款，则还应考察它是否具备要约的其他要件来认定其是否为要约。

4. 交易习惯。依据《合同法解释（二）》第7条，交易习惯的要件如下：

（1）不违反法律、行政法规强制性规定，人民法院可以认定。该要件包含两层含义：①交易习惯的内容必须具有适法性，即不得不违反法律、行政法规强制性的规定。该条虽未提及公序良俗，但因公序良俗原则为民法基本原则且“不得违反公序良俗”是法律行为的法定有效要件(《民法通则》第55条第3项)，故应解释为交易习惯的内容也不得违反公序良俗。②有权对交易习惯作出认定的机关是人民法院。

餐饮行业内向顾客收取“开瓶费”的行业惯例是否违反法律、行政法规强制性规定？司法实务意见不一。持否定意见的判决认为：“收取开瓶费的规定违反了《合同法》中有关格式条款的规定，也违背了《民法通则》的自愿、公平、等价有偿原则，侵犯了消费者依据《消费者权益保护法》享有的自主选择权和公平交易权，不具有法律效力。”① 持肯定意见的判决认为：“被告有权按照自己的经营策略和营销方式，在法律许可的范围内，自主决定菜肴与酒水如何收费，自定具体的服务内容、服务项目和服务费标准；但被告行使这种自定服务内容和价格的经营自主权必须以充分保障消费者知情权为前提。”②

（2）可以认定交易习惯的两种客观情形：①在交易行为当地或某一领域、某一行业通常采用并为交易对方订立合同时所知道或者应当知道的做法。该情形是适用于不特定人的交易习惯。例如在某地房屋租赁市场，通行做法是订立合同时由承租人预交2个月租金作为押金，该做法人所共知且被共同遵守。②当事人双方经常使用的习惯做法。该情形是适用于特定当事人之间的交易习惯。例如甲乙两公司存在长期供货关系，每个月甲向乙出售一定数量的A4打印纸。某次乙向甲发出购买一定数量打印纸的要约，但未说明打印纸型号，因甲乙双方存在交易习惯，该要约内容应解释为A4型号打印纸。

（3）对交易习惯提出主张的一方承担举证责任。主张交易习惯的当事人一方应当举证证明存在以上可以认定交易习惯的两种客观情形之一。

（三）《合同法》规定的几种典型的要约邀请

1. 寄送的价目表。价目表包含商品的名称、价格、性能等必要条款，并且也包含价目表寄送者希望交易的意愿。在一般情况下，价目表的寄送行为是为了激发他人购买商品的欲望并因此向寄送者发出交易请求，该行为并不意味着寄送者负有必须依据价目表内容将商品出售给他人的义务。因此，价目表的寄送行为应认定为要约邀请。但是在某些场合下，如果寄送人在价目表中表明其愿受该寄送行为的约束，则该寄送行为应认定为要约。例如价目表中注明“表中商品均为现货供应，先来先买，卖完为止”等字样。

---

① 参见“曲某诉广州市某酒楼返还开瓶费、赔偿损失并赔礼道歉案”，载最高人民法院中国应用法学研究所编：《人民法院案例选》2007年第1辑（总第59辑），人民法院出版社2007年版，第79页以下。

② 参见“姜某诉某文化有限责任公司返还酒水服务费并赔礼道歉”，载最高人民法院中国应用法学研究所编：《人民法院案例选》2007年第1辑（总第59辑），人民法院出版社2007年版，第109页以下。

2. 拍卖公告。拍卖人应当于拍卖日 7 日前发布拍卖公告，拍卖公告应当载明与拍卖有关的事项，并且通过报纸或者其他新闻媒介发布。(《拍卖法》第 45~47 条) 拍卖公告的作用是宣传和介绍某项拍卖活动的基本内容，并吸引更多的竞买人参与拍卖活动向拍卖人作出竞买行为，故拍卖公告是要约邀请。对于当事人在网站发布“公开拍卖推介书”的行为，有判决认为，该行为是就公开拍卖事宜向社会不特定对象发出的要约邀请。①

3. 招标公告。招标分为公开招标和邀请招标。公开招标是指招标人以招标公告的方式邀请不特定的法人或者其他组织投标。邀请招标，是指招标人以投标邀请书的方式邀请特定的法人或者其他组织投标。(《招标投标法》第 10 条) 招标公告的作用是宣传和介绍某项招标活动的基本内容，并吸引更多的投标人参与竞标活动向招标人作出投标行为，故招标公告是要约邀请。

4. 招股说明书。发起人向社会公开募集股份，必须公告招股说明书，并制作认股书。招股说明书应当附有发起人制定的公司章程，并载明有关法定事项。(《公司法》第 85、86 条) 招股说明书的作用是宣传和介绍本次发行股票的基本情况，并吸引社会公众参与股份认购活动，故招股说明书是要约邀请。

5. 商业广告。商业广告是指商品经营者或者服务提供者承担费用，通过一定媒介和形式直接或者间接地介绍自己所推销的商品或者所提供的服务的行为。(《广告法》第 2 条第 2 款) 在一般情况下，商业广告的作用是介绍某种商品或服务，以此激发顾客的购买欲望并作出相应的购买行为，故商业广告是要约邀请。但是在某些场合下，如果商业广告的内容符合要约的要件，尤其是广告人表明愿受该商业广告约束的，则该商业广告应当认定为要约。(《合同法》第 15 条第 2 款)

关于商品房销售广告和宣传资料的性质，原则上为要约邀请，但符合下列条件的应认定为要约：（1）出卖人就商品房开发规划范围内的房屋及相关设施所作的说明和允诺“具体确定”；（2）所作说明和允诺对合同的订立以及房屋价格的确定有“重大影响”。如果某商品房销售广告和宣传资料被认定为要约，其所记载的说明和允诺即使未载入商品房买卖合同，亦应当视为合同内容，当事人违反的，应当承担违约责任。(《商品房买卖合同解释》第 3 条) 有判决认为：“商品房出卖人在与业主签订认筹意向书并由业主选择所购房屋具体位置时，提供的是商品房开发预售宣传资料及鸟瞰图，并未出示该幢楼的设计图纸。该宣传资料所反映内容，对业主选择所购房屋的具体位置及对合同订立有重大影响，该宣传资料及鸟瞰图应视为要约。”② 还有判决认为：“被告房地产公司在其广告宣传资料中对供热采暖方式作出具体说明和允诺，原告因此而与其签订了商品房买卖合同，该广告宣传资料应当视为合同内容。”③

---

① 参见“成都某实业有限公司与某县人民政府、某县鄱阳湖采砂管理工作领导小组办公室采矿权纠纷案”，载《最高人民法院公报》2010 年第 4 期。

② 参见“徐某诉西乡县某房地产开发有限公司商品房买卖合同纠纷案”，载《人民司法·案例》2009 年第 2 期，第 81 页以下。

③ 参见“荣某诉某房地产开发有限责任公司商品房买卖合同纠纷案”，载刘言浩主编：《法院审理合同案件观点集成》(上册)，中国法制出版社 2013 年版，第 68 页以下。

关于网页广告的性质，原则上为要约邀请，买受人依网络交易程序下订单的行为为要约；但如果该网页广告包含了愿受该广告约束的意思，具备要约的各项要件的，则应认定为要约。有判决认为："被告根据原告的网上定制情况向原告交付相应产品，系依约履行义务的行为，原告在未对××型笔记本电脑的宣传资料、实际配置和网络订购程序作充分了解的情况下即上网定制该产品，应由原告自行承担有关责任。"①

（四）《合同法》未规定的几种行为

1. 商品标价陈列。对于商场和超市里的商品标价陈列，大陆法系一般认为是要约，英美法系则认为原则上是要约邀请。我国通说认为，在柜台、货架上标价陈列商品，为要约；在邻街的橱窗陈列商品，如果未表明正在出售，即使附有标价，也不构成要约，其主要作用是为了招揽顾客。

2. 公交车、出租车。《合同法》第 289 条规定："从事公共运输的承运人不得拒绝旅客、托运人通常、合理的运输要求。"据此，公交车站的设置和出租车打空车牌等客的行为为要约邀请，乘客提出乘坐要求为要约，公交公司与出租车公司因负有强制缔约义务而不得拒绝乘客通常、合理的运输要求。②

3. 出版社、杂志社或其编辑部的约稿。出版社、杂志社或其编辑部向作者作出的约稿行为一般为要约邀请；作者的投稿行为为要约；出版社、杂志社或其编辑部向作者发出用稿通知为承诺，直接刊用作者稿件为意思实现。但是在某些场合下，如果出版社、杂志社或其编辑部向特定作者发出约稿，其中具备了要约的要件，甚至表示一定会采用该作者的稿件，则该约稿应认定为要约。

4. 用人单位的招聘广告。用人单位公开发布的招聘广告为要约邀请，应聘者报名为要约，用人单位发出录用通知为承诺。

5. 自动售货机。一般认为，自动售货机的设置是向不特定人发出的要约，顾客的投币行为为承诺，商品掉入取货口并被顾客取走则合同履行完毕。

6. 小贩沿街叫卖。因小贩并无强制缔约义务，故小贩沿街叫卖为要约邀请，顾客提出购买为要约，小贩同意出卖为承诺。

7. 国有土地使用权出让公告。有判决认为："国有土地使用权出让公告与拍卖公告、招标公告类似，故属于要约邀请。竞买人在竞买申请中提出报价，并按要约邀请支付保证金的行为，属于要约。"③

8. 产权交易所发布产权交易信息。有判决认为："信托公司委托联交所在其网站、交易大厅显示屏以及《中国证券报》上所发布的涉案股权转让信息公告，虽载明有挂牌转让的价格、期限和交易方式等信息内容，但实际上是向不特定主体发出的以吸引或邀请相

---

① 参见"鱼某诉某电脑有限公司买卖合同纠纷案"，载最高人民法院中国应用法学研究所编：《人民法院案例选》2008 年第 4 辑（总第 66 辑），人民法院出版社 2009 年版，第 208 页以下。

② 也有学者认为，出租车的揽客行为为要约。参见崔建远：《合同法总论》（上卷），中国人民大学出版社 2011 年版，第 132 页。

③ 参见"某房地产建设集团有限公司诉某县国土资源局国有土地使用权上诉案"，载《最高人民法院公报》2005 年第 5 期。

对方发出要约为目的的意思表示，故应认定为要约邀请。”①

9. 网络竞拍。有判决认为，在网络交易买卖合同关系中，出售人在网上提供可供出售的商品信息可视为要约邀请，竞买人竞拍的行为可视为要约，网站代出售人向竞买人发送成交通知的行为应视为出售人的承诺。②

10. 悬赏广告。悬赏广告，是指当事人以广告的形式声明对完成特定行为的人给付广告中约定报酬的意思表示行为。对于悬赏广告的性质，英美法认为是公众要约（“要约说”或“合同说”），德国法认为是单独行为（“单独行为说”）。《合同法》对悬赏广告未作规定，但司法实务上承认悬赏广告的效力，有判决认为：“完成广告规定的行为是对广告人的有效承诺。”③《合同法解释（二）》第3条对悬赏广告的性质采“合同说”，依该条规定，悬赏广告具有以下特征：

（1）悬赏广告是悬赏人以公开声明方式向不特定人发出的要约。具体表现为悬赏人在报纸、杂志、电视等媒体上向社会公众以公开声明方式发布有关悬赏信息。

（2）悬赏广告的基本效力是完成特定行为的人对悬赏人享有报酬请求权，悬赏人应当依据悬赏广告的内容支付报酬。《物权法》第112条第2款规定：“权利人悬赏寻找遗失物的，领取遗失物时应当按照承诺履行义务。”

对“完成特定行为的人”是否存在某种限制？可从以下几方面理解：①对悬赏广告是否知情，不影响报酬请求权的享有。即使行为人在完成特定行为时不知悬赏广告的存在，事后亦可依悬赏广告向悬赏人主张报酬请求权。②对于行为能力的要求，视“特定行为”的性质（事实行为、法律行为）而定。如果特定行为是事实行为（例如拾得遗失物、创作某类作品），对行为人的行为能力没有要求；如果特定行为是法律行为（例如购得某种特殊商品），则行为人应具有相应的行为能力。③负有法定义务、职务义务的人，不享有报酬请求权。例如警察不得因拾得遗失物而主张报酬请求权。④恶意行为人不享有报酬请求权。例如小偷不得依悬赏广告向失主主张报酬请求权。

（3）悬赏广告的内容受《合同法》第52条的限制。如果悬赏广告的内容具有《合同法》第52条规定情形之一的，悬赏广告无效。

三、要约的形式

（一）明示的要约

1. 对话式要约，即要约人以对话形式向相对人发出的、可即时到达相对人的要约。具体形态包括当面交谈、电话要约等。

2. 非对话式要约，即要约人非以对话形式向相对人发出的、需经过一定时间方可到

---

① 参见“周某诉某联合产权交易所、某国际信托有限责任公司股权转让纠纷案”，载《最高人民法院公报》2011年第6期。

② 参见“应某诉某网络信息服务（上海）有限公司服务合同纠纷案”，载《最高人民法院公报》2007年第3期。

③ 参见“李某诉朱某、李某某悬赏广告酬金纠纷上诉案”，载《最高人民法院公报》1995年第2期。

达相对人的要约。具体形态包括书面要约、电子邮件等。当事人通过QQ、微信、微博等网络软件发出的要约性质如何？因《合同法》第11、16条将电子数据交换归入合同的书面形式，故此类要约原则上应认定为非对话式要约，但如果当事人之间可实现实时交流，则该要约在性质上更接近对话式要约。

（二）默示的要约

要约人可以积极的默示（推定行为）形式发出要约，例如自动售货机的设置、邮寄实物要约等。消极的默示（沉默）不能作为要约的形式。

要约具体应采取何种形式，法律有特殊规定的，依其规定；无特殊规定的，要约人可自由选择要约的形式。

四、要约的生效时间

对于要约的生效时间，立法例上有发信主义（投邮主义）、到达主义（受信主义）和了解主义等不同标准。《合同法》第16条第1款规定："要约到达受要约人时生效。"该款系采到达主义。

（一）要约生效时间的具体认定

1.《合同法》第16条第1款未区分要约的形式一律采取到达主义，但通说认为对话式要约应采了解主义更为合理，① 以推定行为作出的要约应当自完成行为时生效。要约人以方言或外语向相对人发出对话式要约，要约虽立刻到达相对人，但由于相对人存在理解障碍而无法得知要约的内容，故应以相对人了解要约内容的时间点为要约的生效时间。要约人以推定行为发出要约的，根本不存在口头或书面通知，故在此场合下应以要约人完成该行为时为要约的生效时间。

2."到达"的认定标准。到达主义主要适用于非对话式要约，具体分为以下几种情形：

（1）在一般情况下，要约送达到受要约人所能控制的范围即为到达。例如邮递员将信件送至收信人的专用信箱，此时即为到达，至于收信人何时打开信箱及何时阅读信件，均不影响要约的生效。

（2）要约人向无民事行为能力人、限制民事行为能力人发出要约的，要约到达其法定代理人时生效；但无民事行为能力人、限制民事行为能力人对要约内容具有缔约能力的，或经其法定代理人同意，要约到达无民事行为能力人、限制民事行为能力人时生效。

（3）采用数据电文形式订立合同，收件人指定特定系统接收数据电文的，该数据电文进入该特定系统的时间，视为到达时间；未指定特定系统的，该数据电文进入收件人的任何系统的首次时间，视为到达时间。（《合同法》第16条第2款）对于数据电文的发送认定标准，《电子签名法》第9条规定："数据电文有下列情形之一的，视为发件人发送：①经发件人授权发送的；②发件人的信息系统自动发送的；③收件人按照发件人认可的方法对数据电文进行验证后结果相符的。当事人对前款规定的事项另有约定的，从其约定。"对于数据电文的接收认定标准，《电子签名法》第10条规定："法律、行政法规规

① 马俊驹、余延满：《民法原论》，法律出版社2010年版，第521页。

定或者当事人约定数据电文需要确认收讫的，应当确认收讫。发件人收到收件人的收讫确认时，数据电文视为已经收到。”对于数据电文的发送时间、接收时间的认定标准，《电子签名法》第11条规定：“数据电文进入发件人控制之外的某个信息系统的时间，视为该数据电文的发送时间。收件人指定特定系统接收数据电文的，数据电文进入该特定系统的时间，视为该数据电文的接收时间；未指定特定系统的，数据电文进入收件人的任何系统的首次时间，视为该数据电文的接收时间。当事人对数据电文的发送时间、接收时间另有约定的，从其约定。”

（二）要约的存续期限

1. 要约规定了承诺期限的，依其规定。（《合同法》第23条第1款）对要约所确定的承诺期限，应依据客观解释标准并结合要约人的真实意思加以认定，要约人将该期限表述为“有效期限”、“承诺期限”或“请收信人务必于某周内作出答复”等，均应认定为要约的存续期限。

2. 要约未规定承诺期限的，依下列规则认定：（《合同法》第23条第2款）

（1）对话式要约仅在发出要约的当时有效，当事人另有约定的除外。受要约人未即时作出承诺的，要约即归于失效。

（2）非对话式要约在合理期限内有效。合理期限的确定，应结合要约在途中的时间、受要约人必要的考虑时间、合同标的及交易的重要性等因素来综合判断。

五、要约生效的法律效力

（一）要约对要约人的拘束力——要约形式拘束力

要约形式拘束力，是指要约一经生效，要约人即受要约的拘束，不得撤回要约，不得随意撤销、限制、变更或扩张要约的内容。法律之所以承认要约对要约人的拘束力，目的在于保护受要约人的信赖利益，维护正常的交易安全。因为受要约人虽不负有必须承诺的义务，但其收到要约后为了决定是否承诺，通常会做一些准备工作，如果要约人可随意撤销或变更要约，则必然会对受要约人造成不当损害。但也应注意，现行法并非绝对不允许撤销已生效的要约，依《合同法》第18、19条规定，已生效的要约在一定条件下也可以被撤销。因此，现行法对要约形式拘束力的态度是在承认的基础上予以一定的限制。

（二）要约对受要约人的拘束力——要约实质拘束力（承诺适格）

要约实质拘束力，是指受要约人在要约生效后即取得依其承诺而成立合同的法律地位。具体表现为：

1. 要约生效后，只有受要约人才有资格对要约人作出承诺。受要约人以外的第三人向要约人作出的，愿以要约内容缔结合同的意思表示，不构成承诺，而是第三人向要约人发出的要约。

2. 承诺的权利是一种资格或称法律地位，故其不得作为继承的标的，也不得由受要约人转让给他人。①

---

① 相反意见参见郑玉波：《民法债编总论》，中国政法大学出版社2004年版，第45页。

3. 承诺权是否行使由受要约人决定，但负有强制缔约义务的受要约人有必须承诺的义务。

六、要约的撤回与撤销

（一）要约的撤回

要约的撤回，是指在要约生效之前，要约人欲使要约丧失法律效力而取消要约的意思表示。该规则的作用是，在要约生效时间采到达主义的前提下，允许要约人通过撤回通知来阻止已发出的要约生效。因此，撤回要约的通知先于或同时与要约到达受要约人，方可发生撤回的效果。（《合同法》第 17 条）对于对话式要约，因要约即时到达受要约人，故无法撤回要约；但对话式要约以方言或外语作出，在受要约人了解要约内容之前，可以撤回要约。以电子邮件等数据电文形式作出的要约，因数据电文的传输速度太快，在现有技术条件下很难撤回要约。对于公众要约，如果是通过报纸、广播、电视等媒体向社会公众作出，由于该要约一经作出即视为到达受要约人而生效，故无法撤回要约；如果是以商品标价陈列、自动售货机设置等推定行为作出要约，行为完成时要约即生效，也无法撤回要约。

（二）要约的撤销

要约的撤销，是指在要约生效后，要约人欲使要约丧失法律效力而取消要约的意思表示。要约的撤销针对的是已经生效的要约。该规则的作用是，不允许一方当事人让相对人承担风险而进行投机。要约人若不能撤销要约，就会受到约束，而受要约人不受约束，这会使得要约人面临着一种风险：受要约人可能在市场价格波动时进行投机。①

1. 要约撤销的条件。

（1）撤销要约的通知应当在受要约人发出承诺通知前到达受要约人。（《合同法》第 18 条）该规则适用于向特定人作出的书面要约和公众要约，自无疑义。对于对话式要约，由于要约生效后受要约人应即时作出承诺否则要约即归于失效，故撤销要约几乎不可能发生。在购物网站上以电子订单作出的要约，如果存在取消订单的环节，可通过取消订单来撤销要约；如果无法取消订单，则要约无法被撤销。

（2）有下列情形之一的，要约不得撤销：（《合同法》第 19 条）

①要约人确定了承诺期限或者以其他形式明示要约不可撤销。如果要约人在要约中确定了承诺期限，在该期限内要约人受要约拘束，无论是特定要约还是公众要约，也无论是对话式要约还是非对话式要约，该要约均不得撤销。所谓以其他形式明示要约不可撤销，是指要约中虽未确定承诺期限，但要约人通过明确的用语表达了该要约不可撤销的意思。例如要约中包含“确定的要约”、“要约将保持有效性”等用语。

②受要约人有理由认为要约是不可撤销的，并已经为履行合同作了准备工作。该规则的目的是保护受要约人对生效要约所产生的合理信赖，即要约人不得以自相矛盾的行为方式撤销要约。所谓“有理由认为要约是不可撤销的”，既可源于要约人的行为，也可源于

---

① ［美］E. 艾伦·范斯沃斯：《美国合同法》，葛云松、丁春艳译，中国政法大学出版社 2004 年版，第 156~157 页。

要约本身的性质。例如对某要约的承诺需要受要约人进行费用高昂的前期调查。所谓“已经为履行合同作了准备工作”，是指受要约人基于对要约不可撤销的信赖为履行合同作了一定的准备工作。例如为生产所做的准备、购买或租用材料设备、发生费用等，只要这些行为在有关贸易中被视为正常的或者应是要约人所能预见或知悉的，即可认定为已经为履行合同作了准备工作。①

2. 要约撤销的效力。要约人撤销要约符合法定条件的，已生效的要约丧失法律效力，对要约人和受要约人的拘束力均归于消灭。如果要约人撤销要约不符合法定条件，后果如何？分为两种情况处理：（1）承诺生效即导致合同成立的，撤销要约构成违约行为，要约人应承担违约责任。（2）承诺生效后还须完成特定形式（要式合同）或交付标的物（实践合同）才能使合同成立的，要约人撤销要约属于违反缔约义务的行为，应承担缔约过失责任。

七、要约的失效

（一）拒绝要约的通知到达要约人(《合同法》第20条第1项)

拒绝要约的通知是受要约人以明示的方式向要约人作出的不接受要约的意思表示，该通知到达要约人时生效并同时导致要约失效。该失效事由既适用于确定了承诺期限的要约，也适用于未确定承诺期限的要约。该失效事由一般仅适用于向特定人发出要约的场合，以商品标价陈列等方式向不特定人发出的要约，不因特定人表示拒绝而失效。

（二）要约人依法撤销要约(《合同法》第20条第2项)

要约人依法定条件撤销要约的，要约当然失效。

（三）承诺期限届满，受要约人未作出承诺(《合同法》第20条第3项)

结合《合同法》第23条第1款的规定，该失效事由应解释为“承诺期限届满，要约人未收到承诺”，而不应理解为受要约人在承诺期限内未发出承诺。要约中确定了承诺期限的，要约人在承诺期限内未收到承诺，承诺期限届满时要约失效。要约中未确定承诺期限的，对于对话式要约，受要约人未即时作出承诺的，要约即失效；对于非对话式要约，要约人在合理期限内未收到承诺，合理期限届满时要约失效。

（四）受要约人对要约的内容作出实质性变更(《合同法》第20条第4项)

结合《合同法》第23条第1款的规定，该失效事由应解释为“在承诺期限内，要约人收到受要约人的实质性变更通知”。因为受要约人对要约的内容作出实质性变更在性质上亦属于受要约人拒绝要约，因此唯采此解释才能与同条第1项规定保持一致。所谓“实质性变更”，是指对合同标的、数量、质量、价款或者报酬、履行期限、履行地点和方式、违约责任和解决争议方法等内容的变更(《合同法》第30条第3句)。该变更通知的性质为受要约人向原要约人发出的新要约(《合同法》第30条第2句)，该通知到达原要约人时，新要约生效且原要约失效。

---

① 参见PICC第2.1.4条评注。张玉卿主编：《国际商事合同通则2010》，中国商务出版社2012年版，第133页。

【拓展：要约人死亡或丧失行为能力是否导致要约失效】

对此问题，大陆法系的态度是原则上要约不因要约人死亡或丧失行为能力而失效，除非要约人在要约中作出了相反的意思或受要约人知悉要约人死亡或丧失行为能力。① 英美法一般认为，受要约人的承诺权因为要约人在承诺前死亡而消灭，不论受要约人是否知道死亡的事实。要约人嗣后因为法院宣告或者监护人被选任而丧失行为能力的，其效果与要约人的死亡相同。② 我国《合同法》第20条未将“要约人死亡或丧失行为能力”规定为要约的失效事由，且该条亦未设兜底条款，故可解释为要约人死亡或丧失行为能力并不导致要约失效。通说认为，要约人死亡或丧失行为能力原则上不导致要约失效，但下列情形除外：(1) 合同具有人身履行的性质；(2) 要约中含有或推定含有相反的意思；(3) 受要约人知道要约人死亡或丧失行为能力的。③

第三节　承　诺

一、承诺的概念和构成要件

《合同法》第21条规定：“承诺是受要约人同意要约的意思表示。”依据对该条的学理解释，承诺是指受要约人同意接受要约的条件以订立合同的意思表示。承诺须具备以下构成要件：

（一）承诺必须由受要约人作出

依据要约的实质拘束力，唯有受要约人才具有承诺的资格。受要约人为特定人的，承诺必须由该特定人作出；受要约人为不特定人的，承诺可由该不特定人中的任何人作出。受要约人以外的第三人向要约人作出同意要约内容的意思表示，不构成承诺，而是第三人向要约人作出的要约。学校组织课外活动，学生将春游费用直接交给旅行社是否构成承诺？有判决认为：“旅行社没有直接向每一位学生发出组团出游的要约，而学生按照学校的要求，将春游所需费用直接交给旅行社，不意味着学生对旅行社作出了承诺。”④

（二）承诺必须向要约人作出

承诺是同意要约的意思表示，该意思表示应向要约人作出才能使双方的意思表示形成合意。受要约人以口头或书面等明示形式作出承诺的，应向要约人发出承诺通知；受要约人以推定行为作出承诺的，应依据交易习惯或要约要求完成该行为。要约人死亡且要约不

---

① 参见《德国民法典》第153条；《日本民法典》第97条第2项、第525条。

② ［美］E. 艾伦·范斯沃斯：《美国合同法》，葛云松、丁春艳译，中国政法大学出版社2004年版，第159~160页。

③ 马俊驹、余延满：《民法原论》，法律出版社2010年版，第525~526页；韩世远：《合同法总论》，法律出版社2011年版，第96~97页。

④ 参见“黄某诉广州市某小学、某国际旅行社等人身损害赔偿纠纷案”，载《最高人民法院公报》2008年第9期。

因此而失效的，受要约人可以向要约人的继承人作出承诺。

（三）承诺的内容必须与要约的内容一致

承诺的内容与要约的内容一致，才表明双方就合同内容达成了合意，如果对要约的内容进行扩张、限制或变更，则不构成承诺而构成对要约的拒绝或反要约。对于承诺与要约内容一致性的程度，传统民法要求严格，以“镜像规则”（the mirror image rule）为判断标准，即不允许对要约加入任何新的因素。但如果严格遵循该规则，则未免过于极端而不利于鼓励交易，故新近立法大多对该规则进行了修正。《合同法》亦未严格采取该规则，而是采取相对宽松的标准，分为以下两种情况：

1. 受要约人对要约的内容作出实质性变更的——《合同法》第30条。

（1）为新要约。在此情形下，表明受要约人不愿按照原要约内容与要约人订立合同，并自己提出一个新的要约。

（2）有关合同标的、数量、质量、价款或报酬、履行期限、履行地点和方式、违约责任和解决争议方法等的变更，为实质性变更。因为这些内容构成一个合同区别于其他合同的核心要素，故受要约人对这些内容作出变更，表明受要约人意欲与要约人订立另一个合同。

2. 承诺对要约的内容作出非实质性变更的——《合同法》第31条。

（1）除要约人及时表示反对或者要约表明不得对要约的内容作出任何变更的以外，该承诺有效。依该条规定，承诺对要约内容作出非实质性变更的，如果要约人不同意以变更后内容订立合同，要约人应将反对的意思表示及时通知受要约人。未及时通知的，推定要约人以默示形式同意该变更，从而导致该承诺有效。但如果要约表明不得对要约内容作出任何变更，而受要约人对要约内容作出非实质性变更的，无论要约人是否将反对的意思表示及时通知受要约人，该承诺均非有效。

（2）合同的内容以承诺的内容为准。在该承诺有效的前提下，以变更后的内容作为双方当事人合意的内容。有判决认为：“一方以文函形式提出新要约，而另一方在该文函上签字或者修改后签字并让对方取回且未提出异议的行为，应认定为是对新要约的承诺。因此应当认定双方就文函所载内容达成了合意，从而对双方具有法律约束力。”①

（四）承诺应当在承诺期限内到达要约人

1. 承诺期限的法律意义。承诺期限的法律意义在于，承诺应当在该期限内到达要约人，而非仅在该期限内作出承诺。承诺期限可由要约人在要约中预先确定；要约中未确定承诺期限的，则区分对话式要约及非对话式要约分别认定。（《合同法》第23条）

2. 承诺期限的起算。（《合同法》第24条）分为以下三种情况：

（1）要约以信件或者电报作出的，承诺期限自信件载明的日期或者电报交发之日开始计算。

（2）信件未载明日期的，自投寄该信件的邮戳日期开始计算。

---

① 参见“青岛市某公司与青岛某股份有限公司啤酒买卖合同纠纷案”，载最高人民法院民事审判第二庭编：《最高人民法院商事审判指导案例1·合同卷［下］》，中国法制出版社2011年版，第633页以下。

（3）要约以电话、传真等快速通信方式作出的，承诺期限自要约到达受要约人时开始计算。应注意的是，《合同法》规定的承诺期限起算点与要约生效的时间点并不绝对一致，在有些场合下，承诺期限起算点早于要约生效的时间点。

（五）承诺必须表明受要约人决定与要约人订立合同

承诺必须以明示或默示的方式表达受要约人同意以要约条件与要约人订立合同的意思。如果受要约人向要约人所作回复中欠缺该意思或存在相反的意思，则不能构成承诺。例如回复中包含“原则上同意你方条件”、“初步同意你方条件，可在此基础上进一步磋商”等内容。

二、承诺的形式

（一）一般场合的承诺形式：通知（明示的承诺）

在一般场合下，承诺应当以通知的方式作出。（《合同法》第22条前段）通知包括口头形式通知和书面形式通知。行为人能否以公告或“广告许诺”形式作出承诺？司法实务主流意见采否定观点。①

（二）特殊场合下的承诺形式：行为（默示的承诺）

根据交易习惯或者要约表明可以通过行为作出承诺的，受要约人可以通过行为作出承诺，而无须作出通知。（《合同法》第22条后段）

1. 作为（推定行为）可以成为承诺形式。如果根据交易习惯或者要约表明受要约人可以通过某种推定行为作出承诺的，受要约人完成该推定行为即构成承诺。例如顾客往自动售货机投币、受要约人按照要约的要求直接向要约人寄送货物等。对于受要约人未通知要约人而直接备货的行为是否构成承诺，有判决认为：“相对方根据传真（要约）备货，但并未通知要约方自己要接受要约，更未实际交货，系逾期承诺，故合同并未成立。”②

2. 不作为（沉默）原则上不可以成为承诺形式，例外场合下可以成为承诺形式。在一般情况下，沉默不构成意思表示。只有在法律有规定或者当事人双方有约定的情况下，沉默才可以视为意思表示。（《民法通则意见》第66条第2句）因此，沉默原则上不构成承诺，但依法律规定、当事人约定或交易习惯沉默构成意思表示的场合下，沉默可以成为承诺形式。

（三）对承诺形式的选择

1. 要约对承诺形式有要求的。例如要约中要求受要约人以盖有公章的信函作出承诺，而受要约人未采取此形式所作的答复是否构成有效承诺？③ 有立法例规定要约对承诺形式

---

① 参见“中国人民保险公司某分公司与李某等120名购房者还本售房合同纠纷上诉案”，载最高人民法院办公厅编：《最高人民法院公布裁判文书（2002年）》，人民法院出版社2003年版，第222页以下。

② 参见“浙江黄岩某食品厂诉某进出口公司逾期违约纠纷案”，载刘言浩主编：《法院审理合同案件观点集成》（上册），中国法制出版社2013年版，第56页以下。

③ 英美法对此问题的态度参见“White v. Corlies案”，载王军：《美国合同法》，中国政法大学出版社1996年版，第57~58页。

的要求是承诺的有效要件。① 我国现行法对此问题未作明确规定，通说认为应分为以下几种情况处理：②

（1）要约中严格规定承诺必须采特定形式，则该形式是承诺的有效要件。例如要约明确限定仅接受以电报形式作出的承诺，则其他书面形式的承诺无效。这是合同自由原则在要约形式上的体现。

（2）要约虽然规定了承诺形式，但未作严格要求，则应解释为“建议形式”，承诺可采同种性质或更快捷形式。所谓“未作严格要求”，是指要约规定了承诺形式，但并没有规定这是唯一的承诺形式。在此场合下，受要约人可采取与要约的要求形式同种性质或更快捷形式作出承诺。例如要约要求以普通信函作出承诺，受要约人以挂号信或特快专递作出承诺亦为有效。但如果受要约人采取性质相异或更为迟缓的形式作出承诺，则承诺无效。

（3）要约要求以行为作出承诺的，同样适用前述规则。如果要约要求“必须”、“应当”通过行为作出承诺，即该行为是承诺的唯一形式。如果要约仅表明承诺“可以”通过行为作出，即该行为并非承诺的唯一形式，则承诺既可以通过行为作出，也可以通过更为快捷的通知形式作出。

2. 要约对承诺形式未作要求的。如果要约对承诺形式未作要求，依据《合同法》第22条，原则上应采通知形式作出承诺，例外场合下可依交易习惯以行为作出承诺。受要约人采通知形式作出承诺的，并不要求通知的具体形式与要约的形式必须一致，受要约人针对书面形式要约也可采取口头形式作出承诺。

三、承诺的生效时间

（一）明示的承诺生效时间

明示的承诺，是指以口头或书面通知形式所作的承诺。其生效时间的认定，分为以下三种情况：

1. 以书面通知作出承诺的，承诺通知到达要约人时生效。（《合同法》第26条第1款第1句）关于到达的具体认定标准，与书面形式要约的到达标准大致相同。

2. 以数据电文形式作出承诺的，承诺到达的时间适用《合同法》第16条第2款的规定。（《合同法》第26条第2款）该款规定的“采用数据电文形式订立合同”，应解释为“以数据电文形式作出承诺”。在此场合下，要约人指定特定系统接收数据电文的，该数据电文进入该特定系统的时间，视为到达时间；未指定特定系统的，该数据电文进入要约人的任何系统的首次时间，视为到达时间。

3. 以口头通知作出承诺的，承诺通知到达要约人且被其了解通知含义时生效。虽然《合同法》第26条未区分口头通知和书面通知而统一采取“到达主义”，但口头通知形式的承诺生效时间采取“了解主义”更为合理。

---

① 参见《意大利民法典》第1326条第4款。

② 胡康生主编：《中华人民共和国合同法释义》，法律出版社2009年版，第51页。

(二) 默示的承诺生效时间

默示的承诺，是指通过行为所作的承诺。其生效时间的认定，分为以下两种情况：

1. 以作为（推定行为）作出承诺的，根据交易习惯或者要约的要求作出承诺的行为时承诺生效。(《合同法》第26条第1款第2句) 受要约人作出承诺的行为是否应被要约人所知才导致承诺生效？应结合交易习惯、要约的要求及行为的性质作具体判断：

(1) 要约对承诺行为有具体要求的，依其要求判断承诺的生效时间。例如要约表明以受要约人寄送货物为承诺形式，要约可以规定受要约人“寄出”货物即构成承诺，也可以规定要约人“收到”货物才构成承诺。在前一种情形下，受要约人寄出货物承诺生效，即使要约人未收到货物也无影响；在后一种情形下，要约人收到货物时承诺生效，受要约人寄出货物但要约人未收到的，承诺不能生效。

(2) 要约对承诺行为未作具体要求的，依据交易习惯、行为的性质判断承诺的生效时间。例如要约仅表明以受要约人寄送货物为承诺形式，但未明确以“寄出”抑或“收到”货物为承诺生效时间点，依据交易习惯和该行为的性质，应解释为要约人收到货物时承诺生效。因为如果要约人未收到货物，其并不知受要约人寄送货物的事实，双方并未形成合意。又例如顾客向自动售货机投币作出承诺，依据交易习惯和该行为的性质，该承诺行为无须被要约人所知，受要约人作出承诺行为时承诺生效，而不考虑要约人是否知道承诺行为的存在。

2. 以不作为（沉默）作出承诺的，承诺期限届满时承诺生效。沉默在特殊场合下构成承诺时，因无法通过受要约人的明示意思表示和积极行为来确定承诺的生效时间，且承诺应当在承诺期限内到达要约人，因此承诺期限届满时承诺生效。如果受要约人在承诺期限内作出意思相反的通知或积极行为，则构成对要约的拒绝，该通知到达要约人或完成该行为时要约失效，受要约人丧失承诺资格。

四、承诺生效的法律效力

(一) 不存在合同特殊成立要件的情形

在不存在合同特殊成立要件的场合下，一般成立要件具备即导致合同成立。承诺生效意味着双方合意的达成，承诺生效时合同成立。(《合同法》第25条)

(二) 存在合同特殊成立要件的情形

如果依法律规定或当事人约定，合同须具备特殊成立要件才能成立，承诺生效仅导致合意的达成，而不能直接导致合同的成立。在此场合下，承诺生效的效力体现为：(1) 当事人负有缔约义务。即当事人应当依据双方所达成的合意去促使特殊成立要件的具备，以成立合同。例如当事人采取合同书形式订立合同的，在承诺生效后，要约人和承诺人均有义务在合同书上签字或盖章以导致合同成立。因此，从立法完善的角度而言，《合同法》第25条应增加但书“但法律另有规定或者当事人另有约定的除外”。① (2) 当事人违反缔约义务的，合同不成立，有过错的当事人应当承担缔约过失责任。当事人在承诺生

① 对《合同法》第25、32、33条的批评意见，参见余延满：《合同法原论》，武汉大学出版社1999年版，第162~163页。

效后又拒绝在合同书上签字或盖章以成立合同的，属于《合同法》第 42 条规定的“其他违背诚实信用原则的行为”，应当承担缔约过失责任。

五、承诺迟延和承诺的撤回

（一）承诺迟延

承诺迟延，是指承诺在承诺期限届满后才到达要约人。分为以下两种情况：

1. 必然的迟延。

（1）受要约人超过承诺期限发出承诺的，除要约人及时通知受要约人该承诺有效的以外，为新要约。（《合同法》第 28 条）受要约人超过承诺期限发出承诺，必然导致承诺无法在承诺期限内到达要约人，该迟延的承诺原则上为新要约。如果要约人收到迟延的承诺后及时通知受要约人该承诺有效，可视为要约人对承诺期限的变更或放弃承诺期限的拘束力，承诺虽已迟延但仍然有效。所谓“及时通知”，一般解释立即通知或在尽可能短的时间段内通知,① 以尽快结束法律关系的不确定状态。

（2）受要约人虽在承诺期限内发出承诺，但按照通常情形不可能在承诺期限内到达要约人的，迟延的承诺也为新要约。依《合同法》第 23 条规定，承诺应当在承诺期限内到达要约人，故受要约人虽在承诺期限内发出承诺，但该承诺在此场合下也必然无法在承诺期限内到达要约人，该迟延的承诺原则上为新要约。例如受要约人在承诺期限的最后一天以普通信函发出承诺，而居于异地的要约人不可能当天收到该承诺，该信函在承诺期限届满后到达要约人构成新要约。

2. 非正常迟延。受要约人在承诺期限内发出承诺，按照通常情形能够及时到达要约人，但因其他原因承诺到达要约人时超过承诺期限的，除要约人及时通知受要约人因承诺超过期限不接受该承诺的以外，该承诺有效。（《合同法》第 29 条）因邮政失误、互联网故障等特殊原因导致本可在承诺期限内正常到达的承诺迟延，为非正常迟延。在此场合下，受要约人原可期待承诺正常到达要约人而使合同成立，并且受要约人对该迟延事实亦不知情且无过错，故该条规定要约人有义务及时通知受要约人因承诺超过期限不接受该承诺。如果要约人怠于履行该义务，该承诺视为未迟延而仍然有效。该通知义务的性质为不真正义务。

（二）承诺的撤回

承诺的撤回，是指在承诺生效之前，承诺人阻止承诺发生法律效力的意思表示。因现行法对承诺生效时间采到达主义，故承诺人在承诺通知到达要约人之前尚有机会撤回承诺，以阻止承诺生效。因此，撤回承诺的通知必须先于或同时与承诺通知到达要约人，方可发生撤回的效果。（《合同法》第 27 条）对于口头通知形式的承诺，因承诺即时到达要约人，故无法撤回承诺；但口头承诺以方言或外语作出，在要约人了解承诺内容之前，可以撤回承诺。以电子邮件等数据电文形式作出的承诺，在现有技术条件下很难撤回。以行为作出的承诺，行为完成时或承诺期限届满时承诺生效，故也无法撤回承诺。

---

① 也有学者认为，“及时”应转换为“在合理期限内”。参见韩世远：《合同法总论》，法律出版社 2011 年版，第 100 页。

第四节　合同成立的时间和地点

一、合同成立的时间

(一) 合同成立时间的意义

确定合同成立的时间，具有以下几方面的意义：(1) 合同成立时间是区分缔约过失责任与违约责任的重要标准。在合同成立之前的缔约阶段，仅产生缔约过失责任；在合同成立之后，当事人违反合同义务则产生违约责任。(2) 合同成立时间是区分自始履行不能和嗣后履行不能的判断标准。在合同成立之前即不能履行债务的，为自始履行不能；合同成立之前能够履行，合同成立之后因事实或法律原因而不能履行债务的，为嗣后履行不能。两者适用不同的规则。(3) 在适用违约损害赔偿的可预见性规则(《合同法》第 113 条第 1 款) 时，合同成立时间 (“订立合同时”) 是判断能否预见的时间标准。

(二) 合同成立时间的具体认定

合同成立要件具备，即导致合同成立。合同成立的具体时间，应结合合同形式、合同性质及法律有无特殊规定或当事人有无特殊约定等因素加以认定。

1. 口头形式合同的成立时间。

(1) 一般场合下，承诺生效时合同成立。(《合同法》第 25 条)

(2) 法律有特殊规定或当事人有特殊约定的，依其规定或约定。例如客运合同自承运人向旅客交付客票时成立，但当事人另有约定或者另有交易习惯的除外。(《合同法》第 293 条) 又例如保管合同自保管物交付时成立，但当事人另有约定的除外。(《合同法》第 367 条)

2. 书面形式合同的成立时间。

(1) 当事人采用合同书形式订立合同的，自双方当事人签字或者盖章时合同成立。(《合同法》第 32 条) 如果双方签字或者盖章的时间不一致，自后一方完成签字或者盖章时合同成立。但在例外场合下，在签字或者盖章之前，当事人一方已经履行主要义务，对方接受的，自对方接受时合同成立。(《合同法》第 37 条)

(2) 当事人采用信件、数据电文等形式订立合同的，可以在合同成立之前要求签订确认书。签订确认书时合同成立。(《合同法》第 33 条) 如果当事人未要求签订确认书，承诺生效时合同成立。

(3) 法律、行政法规规定或者当事人约定采用书面形式订立合同，当事人未采用书面形式但一方已经履行主要义务，对方接受的，自对方接受时合同成立。(《合同法》第 36 条)

(4) 法律有特殊规定或当事人有特殊约定的，依其规定或约定。例如保管合同、借用合同等实践合同自交付标的物时合同成立，但当事人另有约定的除外。又例如当事人约定双方签字或盖章后一周内办理合同公证，自公证完成时合同成立。应注意的是，在此场合下亦可适用《合同法》第 36、37 条之规定。有判决认为：“经过双方认可的合同时间倒签，不能认定合同一方当事人具有欺诈行为。"①

3. 其他形式合同的成立时间。

（1）一般场合下，承诺生效时合同成立。（《合同法》第25条）例如以推定行为的形式订立合同的，自完成该行为时合同成立。对于医疗服务合同的成立时间，有判决认为，患者向医院提出诊查、治疗的请求，医疗机构收取患者交纳的医疗费并对患者进行治疗时，医疗服务合同成立并生效。② 对于信息服务合同的成立时间，有判决认为，网站服务条款的具体内容已作全面展示，申请人在网站注册登记时自愿点击了"我同意"的标示，视为对遵守网站服务条款的要约表示同意。网站与申请人的信息服务合同自申请人完成注册登记时成立。③

（2）法律有特殊规定或当事人有特殊约定的，依其规定或约定。

二、合同成立的地点

（一）合同成立地点的意义

1. 合同成立地点关系到案件的地域管辖。《民事诉讼法》第34条规定："合同或者其他财产权益纠纷的当事人可以书面协议选择被告住所地、合同履行地、合同签订地、原告住所地、标的物所在地等与争议有实际联系的地点的人民法院管辖，但不得违反本法对级别管辖和专属管辖的规定。"

2. 合同成立地点是处理涉外合同纠纷时适用法律的一个重要连结点。《合同法》第126条第1款规定："涉外合同的当事人可以选择处理合同争议所适用的法律，但法律另有规定的除外。涉外合同的当事人没有选择的，适用与合同有最密切联系的国家的法律。"与合同有最密切联系的法律，包括合同成立地法、合同履行地法、标的物所在地法、当事人本国法等，具体按照国际私法的有关规则确定。对于在涉外合同成立之前的缔约纠纷应适用哪国法律，有判决认为："为建立买卖关系而设定的前置性安排，不构成买卖合同。由于只有在订货环节及之后发生的争议，才涉及是否达成销售或者买卖法律关系的问题。故本案不应简单地适用《联合国国际货物销售合同公约》来处理，而应适用中国有关法律认定双方当事人之间所形成的法律关系。"④

（二）合同成立地点的具体认定

合同成立的地点，应结合合同形式、合同性质及法律有无特殊规定或当事人有无特殊约定等因素加以认定。

1. 口头形式合同的成立地点。

---

① 参见"某公司诉某影业公司影片发行权许可合同纠纷案"，载《最高人民法院公报》2004年第5期。

② 参见"郑某、陈某诉某省人民医院医疗服务合同纠纷案"，载《最高人民法院公报》2004年第8期。

③ 参见"来某诉北京某信息技术有限公司服务合同纠纷案"，载《最高人民法院公报》2002年第6期。

④ 参见"顺德市某家具有限公司诉某有限公司拖欠货款纠纷上诉案"，载刘德权主编：《最高人民法院裁判意见精选》（上），人民法院出版社2011年版，第219页。

（1）一般场合下，承诺生效的地点为合同成立的地点。（《合同法》第 34 条第 1 款）承诺生效的地点通常是承诺到达的地点。

（2）法律有特殊规定或当事人有特殊约定的，依其规定或约定。例如保管合同、借用合同等实践合同以交付标的物的地点为合同成立地点，但当事人另有约定的除外。

2. 书面形式合同的成立地点。

（1）当事人采用合同书形式订立合同的，双方当事人签字或者盖章的地点为合同成立的地点。（《合同法》第 35 条）合同没有约定签订地，双方当事人签字或者盖章不在同一地点的，应当认定最后签字或者盖章的地点为合同签订地。（《合同法解释（二）》第 4 条后段）但在例外场合下，在签字或者盖章之前，当事人一方已经履行主要义务，对方接受的，对方接受的地点为合同成立的地点。（《合同法》第 37 条）

（2）采用数据电文形式订立合同的，收件人的主营业地为合同成立的地点；没有主营业地的，其经常居住地为合同成立的地点。（《合同法》第 34 条第 2 款）

（3）当事人采用信件、数据电文等形式订立合同的，可以在合同成立之前要求签订确认书，签订确认书的地点为合同成立的地点。（《合同法》第 33 条）如果当事人未要求签订确认书，承诺生效的地点为合同成立的地点。

（4）法律、行政法规规定或者当事人约定采用书面形式订立合同，当事人未采用书面形式但一方已经履行主要义务，对方接受的，对方接受的地点为合同成立的地点。（《合同法》第 36 条）

（5）法律有特殊规定或当事人有特殊约定的，依其规定或约定。采用书面形式订立合同，合同约定的签订地与实际签字或者盖章地点不符的，人民法院应当认定约定的签订地为合同签订地。（《合同法解释（二）》第 4 条前段）

3. 其他形式合同的成立地点。

（1）一般场合下，承诺生效的地点为合同成立的地点。（《合同法》第 34 条第 1 款）例如以推定行为的形式订立合同的，以完成该行为的地点为合同成立的地点。

（2）法律有特殊规定或当事人有特殊约定的，依其规定或约定。

第五节　缔约过失责任

一、缔约过失责任的概念

缔约过失责任，是指缔约人故意或过失违反先合同义务而给对方造成损失时应依法承担的民事责任。在缔约阶段，特定当事人因缔约磋商而进入到相对法律关系，该法律关系虽因合同尚未成立而不以合同权利义务为内容，但亦不同于以不作为义务为内容的绝对法律关系。在缔约磋商的过程中，当事人为了缔结合同会进行不同程度的准备工作并产生费用，当事人也更容易接触到对方的商业秘密，因此当事人应承担比不作为义务要求更高的注意义务即先合同义务。如果当事人违反先合同义务而给对方造成信赖利益的损失，则应承担缔约过失责任。质言之，缔约过失责任制度的作用在于，在合同尚未成立的缔约阶段，对因缔约接触的当事人设置先合同义务的拘束，如果当事人故意或过失违反先合同义务而给对方造成信赖利益的损失，受损失的当事人可依据该制度得到救济。

缔约过失责任理论，是由德国法学家耶林（Rudolph von Jhering）在 140 多年前最早系统提出，被认为是法学上的伟大发现，对其后的各国立法产生了巨大影响。我国《经济合同法》（第 16 条第 1 款）和《民法通则》（第 61 条第 1 款）部分地采纳了该理论的思想，现行《合同法》（第 42、43 条）对该制度作出了一般规定。

【学说争议：缔约过失责任的性质】

对于缔约过失责任的性质，学界存在争议。第一种观点“法律行为说”认为，缔约过失责任的基础在于当事人实施的法律行为。耶林教授认为该法律行为就是当事人其后缔结的契约；但德国帝国法院认为该法律行为是当事人在缔约之际默示缔结的责任契约。第二种观点“法律规定说”认为，默示责任契约说纯属拟制，欠缺说服力。缔约过失责任是类推适用有关法律规定的结果，即因缔约上造成他人损害的，应负赔偿责任。① 第三种观点“侵权行为说”认为，缔约过失责任属于侵权法调整的范畴。该说为德国之最初学说，近年亦有我国学者支持该说。② 第四种观点“诚信原则说”认为，当事人在缔约阶段负有先合同义务及缔约过失责任的基础，均为诚信原则的要求。③ 该说为理论和实务上的通说，《合同法》第 42 条亦采该说。

二、缔约过失责任的要件

（一）缔约过失责任发生在缔约阶段和合同未生效、无效、被撤销、未被追认的场合

1. 在合同未成立的场合下，缔约过失责任发生在缔约阶段。所谓缔约阶段，是指在合同成立之前，当事人进行缔约磋商及为缔约作出各项准备工作的时间段。缔约阶段的终点为合同成立时，自无疑问。缔约阶段的起点应为要约生效时，即要约到达受要约人时。发出和收到要约邀请，一般对当事人并不产生法律拘束力，很难认为双方已进行实质性接触。要约生效对要约人和受要约人均产生法律拘束力，双方就缔约磋商进入到具有法律意义的实质性阶段，故应以要约生效时作为缔约阶段的起点。在要约生效前因一方过错行为导致另一方受损害的（例如虚假广告），可适用侵权法予以救济。对于撤回要约邀请是否产生缔约过失责任，有判决认为：“合同法对要约邀请的撤回未作条件限制，在发出要约邀请后，要约邀请人撤回要约邀请，只要没有给善意相对人造成信赖利益的损失，要约邀请人一般不承担法律责任。”④

应注意的是，产生于缔约阶段的责任是否都是缔约过失责任？例如某顾客在商场闲逛

---

① 关于缔约过失责任的理论发展和立法比较，参见王泽鉴：《民法学说与判例研究》（1），中国政法大学出版社 1998 年版，第 86 页以下。

② 马俊驹、余延满：《民法原论》，法律出版社 2010 年版，第 540～541 页；董安生：《民事法律行为》，中国人民大学出版社 2002 年版，第 116 页。

③ 胡康生主编：《中华人民共和国合同法释义》，法律出版社 2009 年版，第 72 页。

④ 参见“某房地产建设集团有限公司诉某县国土资源局国有土地使用权上诉案”，载《最高人民法院公报》2005 年第 5 期。

时因天花板坠落受伤，在此场合下，虽然在特定交易场所要约已经生效，但由于受害人明显欠缺交易意图不宜适用缔约过失责任而应适用侵权法之安全保障义务(《侵权责任法》第37条）提供救济。如果在缔约磋商过程经营者违反义务导致顾客受损害，则构成缔约过失责任与侵权责任的竞合。

2. 在合同成立但未生效、无效、被撤销、未被追认的场合下，亦可产生缔约过失责任。合同虽因具备成立要件而得以成立，但因当事人违反诚信缔约等义务而导致合同未生效、无效、被撤销、未被追认的，该当事人应向受损害的对方当事人承担赔偿责任或其他形式责任。在合同成立且有效的场合下能否产生缔约过失责任？通说对此持否定意见。①

（二）一方当事人违反了先合同义务

先合同义务，是指当事人在缔约阶段，基于诚实信用原则所负有的各项义务。涉及先合同义务的规定具体包括：

1. 《合同法》第42、43条对先合同义务所作的一般规定。该两条从正面规定了缔约过失责任的四种类型，从这四种类型中可以反推出每一种行为所违反的先合同义务类型。具体为：诚信缔约义务、告知义务、保密义务、其他先合同义务（保护义务、通知义务等)。

2. 《合同法》分则及单行法对有名合同中的先合同义务所作的具体规定。例如借款合同中借款人提供真实情况义务(《合同法》第199条)、保险合同中投保人如实告知义务和保险人说明义务(《保险法》第16、17条）等。

违反先合同义务的主体一般是合同当事人，但在有些场合下，当事人以外与合同具有一定关联的人也可能成为违反先合同义务的主体。有判决认为："保险公司与房地产公司终止《五年还本售房协议》后，有义务督促房地产公司及时向社会公告协议终止的事实，却消极地不作为，致使部分购房者仍然认为有保险公司承保，保险公司的行为导致购房者在购房时放弃采用其他法律手段担保债权难以实现……保险公司应当承担民事责任。"②

（三）另一方当事人受有损失

缔约过失责任的最主要责任形式是损害赔偿，故该责任形式的承担以另一方当事人受有损失为要件。该损失应限于实际发生的财产损失，不包括精神损害。有判决认为："没有证据证明一方当事人在订立合同的过程中有故意隐瞒或虚假陈述的行为，也没有证据证明另一方当事人在订立合同过程中因此遭受了损失，故在订立合同的过程中未发生缔约过失。"③

但也应注意，由于现行法除了规定损害赔偿责任之外，还规定某些场合下适用继续履行、合同解除等责任形式。因此，法律有特殊规定的，也可对该要件不作要求。

（四）违反先合同义务与损失之间具有因果关系

违反先合同义务与损失之间有无因果关系的判断标准，采取相当因果关系标准。

---

① 相反意见参见韩世远：《合同法总论》，法律出版社2011年版，第129~131页。

② 参见"某保险公司某市分公司与李某等120名购房者还本售房合同纠纷上诉案"，载最高人民法院办公厅编：《最高人民法院公布裁判文书（2002年）》，人民法院出版社2003年版，第222页以下。

③ 参见"吴某诉上海某银行储蓄合同纠纷案"，载《最高人民法院公报》2005年第9期。

【学说争议："违反先合同义务的一方有过错"是否为一个独立要件】

在"一方当事人违反了先合同义务"要件之外，是否还存在"违反先合同义务的一方有过错"要件？对此问题存在争议。第一种观点认为，缔约过失责任中的过错是一种客观过错，表现为当事人违反了依据诚信原则所产生的义务，因此并不存在独立的主观过错要件。① 第二种观点认为，缔约过失责任属于过错责任，"违反先合同义务者有过错"为独立要件。② 第三种观点认为，缔约过失责任宜采推定过错标准，即行为人违反了先合同义务，除能证明自己没有过错外，就推定其有过错。③ 本书认为，缔约过失责任制度的产生和基本价值理念均立足于过错责任本无疑问，但受法律发展史上过错客观化以及具体有名合同规则复杂性等因素的影响，现行法对不同类型缔约过失责任是否要求独立的主观过错要件采取了不同态度。分述如下：（1）违反先合同义务的行为中已经包含了主观过错。例如《合同法》第 42、43 条采用的"恶意"、"故意"、"不正当使用"用语，表明构成该行为本身即应具备当事人主观过错因素。（2）违反先合同义务的行为之外还须单独考察主观过错。例如《保险法》第 16 条针对投保人违反如实告知义务的行为，区分行为人主观上是故意或重大过失分别规定不同的法律后果。（3）完全不以过错为要件，而适用无过错责任标准。例如《民法通则》第 66 条和《合同法》第 48 条规定的无权代理人对相对人承担的责任，通说认为"系由法律规定直接发生的一种特别责任，不以无权代理人有故意过失为要件，属于一种无过失责任"。④

三、缔约过失责任的类型

（一）假借订立合同，恶意进行磋商(《合同法》第 42 条第 1 项)

所谓"假借订立合同"，是指没有真实的订约意图。所谓"恶意进行磋商"，是指明知自己无订约意图但为达到某种不正当目的，而进行磋商。行为人是否以直接损害对方利益为目的，不影响"恶意"的认定。该行为具体分为两种：（1）恶意开始磋商，是指行为人自始即欠缺真实的订约意图而基于恶意与对方进行磋商。例如 A 根本无意购买 B 的餐馆，但为了阻止 B 将餐馆卖给竞争对手 C，假意与 B 进行长时间谈判。当 C 买了另一家餐馆时，A 中断了谈判，B 最终以比 C 出价更低的价格将餐馆转让。A 应向 B 偿付差价。⑤（2）恶意继续磋商，是指当事人本具有真实的订约意图，但随着磋商的进展而决意不与对方订立合同，但仍继续与对方进行磋商。例如甲最初想成为乙的销售人员，但甲

---

① 参见王利明：《合同法研究》（第一卷），中国人民大学出版社 2015 年版，第 342 页。

② 参见崔建远：《合同法总论》（上卷），中国人民大学出版社 2011 年版，第 442 页。

③ 参见马俊驹、余延满：《民法原论》，法律出版社 2010 年版，第 543 页。

④ 参见梁慧星：《民法总论》，法律出版社 2011 年版，第 238~239 页。

⑤ 《国际商事合同通则》第 2. 1. 15 条评注。张玉卿主编：《国际商事合同通则 2010》，中国商务出版社 2012 年版，第 169 页。

乘车到乙处后改变主意欲成为乙的竞争对手做同种生意。为了掌握乙的生产及销售信息，甲仍继续与乙磋商并参加培训。在掌握了有关信息后，甲便终止了与乙的磋商。① 应注意的是，如果双方缔约磋商因市场变化、自身条件等因素而未能订立合同，即使当事人为磋商花费了成本，也不成立缔约过失责任。当事人不因缔约磋商行为而负有必须订立合同的义务。有判决认为："需方在正式供货合同订立、磋商阶段，根据市场变化提出相应的价格要约，是一种符合市场规律和交易常理的合理磋商行为……供方关于需方恶意磋商而违背诚实信用的主张，不予支持。"②

现行法规定的"恶意磋商"仅包括恶意开始磋商和恶意继续磋商两种情形，而不包括恶意终止磋商。但在域外立法上，恶意终止磋商也可产生缔约过失责任。在著名的霍夫曼诉红色猫头鹰商店股份公司案（Hoffman v. Red Owl Stores）中，被告向原告保证，如果原告投资18000美元并取得必要的经验，则向其授予特许经营权。此后的两年间，原告为订立该合同作了大量准备工作，且被告也一直使原告深信将会得到特许经营权。当订立合同的一切准备工作就绪时，被告通知原告必须投资更多的金钱，原告拒绝了该要求。法院认为，被告应赔偿原告为准备订立合同所产生的费用。③

（二）故意隐瞒与订立合同有关的重要事实或者提供虚假情况（《合同法》第42条第2项）

该类型为欺诈缔约产生的缔约过失责任，责任人违反了告知义务。"故意隐瞒与订立合同有关的重要事实"为消极的欺诈；"提供虚假情况"为积极的欺诈。告知义务的内容、方式如何认定？不好一概而论，大致应考虑以下几方面因素：

1. 法律有特殊规定的，依其规定。例如：

（1）《保险法》第16条对投保人如实告知义务的"重要事实"界定为"足以影响保险人决定是否同意承保或者提高保险费率"，规定履行如实告知义务的方式采"询问告知主义"。

（2）《证券虚假陈述规定》第17条第1款规定："证券市场虚假陈述，是指信息披露义务人违反证券法律规定，在证券发行或者交易过程中，对重大事件作出违背事实真相的虚假记载、误导性陈述，或者在披露信息时发生重大遗漏、不正当披露信息的行为。"该司法解释还对证券市场虚假陈述的具体认定标准作出了规定。

（3）《商品房买卖合同解释》第9条将出卖人故意隐瞒的重要事实限定为"没有取得商品房预售许可证明的事实或者提供虚假商品房预售许可证明、所售房屋已经抵押的事实、所售房屋已经出卖给第三人或者为拆迁补偿安置房屋的事实"。

2. 存在交易习惯的，依习惯。对于交易习惯的认定标准，依《合同法解释（二）》

---

① Ole Lando and Hugh Beale ed., *Principles of European Contract Law*, Parts Ⅰ and Ⅱ, (2000), Article 2: 301 Comments D, Illustration 2. 转引自韩世远：《合同法总论》，法律出版社2011年版，第126页。

② 参见"某机械有限公司与某集团电子股份有限公司缔约过失责任纠纷上诉案"，载最高人民法院民事审判第二庭编：《最高人民法院商事审判指导案例1. 合同卷（下）》，中国法制出版社2011年版，第746页以下。

③ ［美］弗里德里奇·凯斯勒等：《合同法：案例与材料》（上），屈广清等译，中国政法大学出版社2005年版，第204~205页。

第7条之规定。

3. 无上述情形的，应结合合同性质、义务性质、双方利益关系等因素作具体认定。认定时应注意以下几方面：

（1）应平衡告知义务与“买者自慎规则”之间关系。买者自慎规则，是指缔约人不负有向对方提供交易信息的一般义务，缔约人应当自己对影响缔约的相关情况尽力调查，否则应承担未履行调查义务而导致的不利后果。① 告知义务与“买者自慎规则”存在冲突，应结合合同性质、义务性质、双方利益关系等因素，采取利益衡量方法确定告知义务的内容和方式。

（2）对《合同法》第42条第2项规定的“与订立合同有关的重要事实”不能仅依文义解释为合同的必要条款，而应依据前述方法确定其含义。否则将不适当地扩大缔约过失责任的适用范围。

（三）泄露或不正当使用商业秘密(《合同法》第43条)

商业秘密，是指不为公众所知悉、能为权利人带来经济利益、具有实用性并经权利人采取保密措施的技术信息和经营信息。(《反不正当竞争法》第10条第3款）当事人在订立合同过程中知悉的商业秘密，无论合同是否成立，不得泄露或者不正当地使用。泄露或者不正当地使用该商业秘密给对方造成损失的，应当承担损害赔偿责任。

（四）其他违背诚实信用原则的行为(《合同法》第42条第3项)

1. 依法以审批或登记为生效要件的合同成立后，有义务办理手续的一方未办理。《合同法解释（二）》第8条前段规定：“依照法律、行政法规的规定经批准或者登记才能生效的合同成立后，有义务办理申请批准或者申请登记等手续的一方当事人未按照法律规定或者合同约定办理申请批准或者未申请登记的，属于合同法第四十二条第（三）项规定的‘其他违背诚实信用原则的行为’。”

2. 要约人违反有效要约导致合同不成立。包括两种情况：

（1）要约人违法撤销要约。要约人撤销要约的行为不符合法定条件而导致合同不成立，要约人应承担缔约过失责任。

（2）在承诺生效后，要约人违反缔约义务导致合同不成立。承诺生效即导致双方达成合意，要约人未依法定要求在合同书、确认书上签字或盖章(《合同法》第32、33条）导致合同不成立的，应承担缔约过失责任。

3. 承诺人违反生效承诺导致合同不成立。承诺生效即导致双方达成合意，承诺人未依法定要求在合同书、确认书上签字或盖章(《合同法》第32、33条）导致合同不成立的，应承担缔约过失责任。

4. 合同无效或被撤销。合同无效或被撤销的场合下，有过错的一方应当赔偿对方因此所受到的损失，双方都有过错的，应当各自承担相应的责任。(《合同法》第58条第2句）国家机关和以公益为目的的事业单位、社会团体违反法律规定提供担保的，担保合

① 关于“买者自慎规则”的发展和立法比较，参见曹兴权：《缔约信息义务理论之比较研究》，载《广西社会科学》2004年第10期。

同无效，有过错的担保人应承担缔约过失责任。(《担保法解释》第 3 条）有判决认为："财政局为联营双方的合作合同出具担保函，因财政局不具有保证人资格而应被确认无效，财政局应就其虚假陈述的缔约过失行为所造成的损失承担责任。"① 另应注意，如果因双方当事人恶意串通导致合同无效，则双方均无保护的必要，而产生《合同法》第 59 条规定的"没收财产或返还集体、第三人"之法律后果，该法律后果的性质并非缔约过失责任。

5. 合同未被追认。因合同未被追认导致合同无效，类推适用《合同法》第 58 条的规定，由有过错的当事人承担缔约过失责任。

6. 当事人不交付标的物导致实践合同不成立或不生效。在实践合同中，当事人不交付标的物的，对方虽不能主张给付义务，但可请求有过错方承担因合同不成立或不生效给自己造成的损失。

7. 违反强制缔约义务导致合同不成立。例如从事公共运输的承运人违反强制缔约义务，拒绝旅客、托运人通常、合理的运输要求导致合同不成立(《合同法》第 289 条)，应承担缔约过失责任。

8. 在缔约阶段未尽保护义务、协助义务等侵害对方的人身权、物权。在缔约阶段，一方因过错未尽保护义务、协助义务等先合同义务，使对方的人身权、物权遭受损害，有过错方应承担缔约过失责任。在此场合下，如果符合侵权责任的构成要件，也同时成立侵权责任，而发生两种责任的竞合。

四、缔约过失责任的责任形式

（一）损害赔偿

依据《合同法》第 42、43 条对缔约过失责任的一般规定，损害赔偿是缔约过失责任的基本责任形式，大部分场合下均可适用该责任形式。损害赔偿的范围包括两部分：

1. 信赖利益的损失。所谓信赖利益的损失，是指缔约人信赖合同有效成立，但因法定事由导致合同不成立、无效、被撤销或未被追认而造成的损失。从以下几方面说明：

（1）信赖利益的损失是指受损害方的实际损失。依据《合同法解释（二）》第 8 条后段规定，缔约过失责任的赔偿范围是"由此产生的费用和给相对人造成的实际损失"，具体包括：订约费用（为订约合理支出的交通费、住宿费、鉴定费、咨询费等）；准备履行所支出的费用（为运送标的物或受领标的物合理支出的运输费、租金等）；上述费用的利息损失。缔约人丧失与第三人订约机会的损失应否赔偿？学理上存在争议，② 现行法未将此类损失纳入到赔偿范围之中。

（2）对信赖利益的损失的赔偿原则上不得超过履行利益的损失。域外立法对此设有

① 参见"某财政局与中国某对外工程公司担保纠纷上诉案"，载最高人民法院办公厅编：《最高人民法院公布裁判文书（2001 年）》，人民法院出版社 2002 年版，第 121 页以下。

② 肯定说参见崔建远：《合同法总论》（上卷），中国人民大学出版社 2011 年版，第 448~450 页。否定说参见王利明：《合同法研究》（第一卷），中国人民大学出版社 2015 年版，第 366 页。

明确规定，① 即受损害方所获赔偿数额不应超过合同有效且得到实际履行的情况下所应获得的全部利益。现行法对此未作规定，学理及实务上对此持肯定意见。②

（3）信赖利益的损失仅限于财产损失，不包括精神损害。现行法将精神损害赔偿的适用范围仅限于人身权受侵害的侵权赔偿（《精神损害赔偿解释》第 1 条），故信赖利益的损失不包括精神损害。

（4）过失相抵规则的适用。当事人双方对造成信赖利益的损失均有过错的，应依据各自的过错程度分担损失。有判决认为："导致该《出让合同》不能签订，双方均有缔约过失。涉案竞买保证金因合同未成立，故未转为土地出让金，又因双方皆有缔约过失故该笔保证金的损失应由双方各半分担。"③

2. 固有利益的损失。④ 所谓固有利益的损失，是指缔约人在合同利益之外所享有的人身或财产利益因对方违反先合同义务所造成的损失。该损失主要产生于当事人违反保护义务、保密义务等先合同义务而侵害对方人身权、物权、知识产权等绝对权的场合下。在此场合下，往往构成缔约过失责任与侵权责任的竞合。对固有利益的损失的赔偿，不受履行利益损失范围的限制。

（二）继续履行先合同义务

依据《合同法解释（二）》第 8 条，依法以审批或登记为生效要件的合同成立后，有义务办理手续的一方未办理的，产生缔约过失责任。在此场合下，人民法院可以根据案件的具体情况和相对人的请求，判决相对人自己办理有关手续；对方当事人对由此产生的费用和给相对人造成的实际损失，应当承担损害赔偿责任。该条规定的"判决相对人自己办理有关手续"责任形式，实属首创。其本质是因义务人继续履行缺乏强制执行性而采取的一种替代责任形式。⑤

（三）解除合同

依据《保险法》第 16 条，投保人故意或者因重大过失未履行如实告知义务，足以影响保险人决定是否同意承保或者提高保险费率的，保险人有权解除合同。（第 2 款）投保人故意不履行如实告知义务的，保险人对于合同解除前发生的保险事故，不承担赔偿或者给付保险金的责任，并不退还保险费。（第 4 款）投保人因重大过失未履行如实告知义务，对保险事故的发生有严重影响的，保险人对于合同解除前发生的保险事故，不承担赔偿或者给付保险金的责任，但应当退还保险费。（第 5 款）依据《外商投资规定（一）》第 5 条，外商投资企业股权转让合同成立后，转让方和外商投资企业不履行报批义务，经

① 参见《德国民法典》第 122 条。

② 参见"某房地产公司与某县人民法院商品房预售合同纠纷申请再审案"，载刘德权主编：《最高人民法院裁判意见精选》（上），人民法院出版社 2011 年版，第 237 页。

③ 参见"浙江某房地产有限公司与某市国土资源局拍卖出让国有土地使用权纠纷上诉案"，载刘德权主编：《最高人民法院裁判意见精选》（上），人民法院出版社 2011 年版，第 234 页。

④ 也有学者将此类损失称为"维持利益的损失"或"完全性利益"。

⑤ 最高人民法院研究室编著：《最高人民法院关于合同法司法解释（二）理解与适用》，人民法院出版社 2009 年版，第 75~76 页。

受让方催告后在合理的期限内仍未履行，受让方请求解除合同并由转让方返还其已支付的转让款、赔偿因未履行报批义务而造成的实际损失的，人民法院应予支持。

附：与本章内容有关的司考真题

一、选择题

1. 甲以自己为被保险人向某保险公司投保健康险，指定其子乙为受益人，保险公司承保并出具保单。两个月后，甲突发心脏病死亡。保险公司经调查发现，甲两年前曾做过心脏搭桥手术，但在填写投保单以及回答保险公司相关询问时，甲均未如实告知。对此，下列哪一表述是正确的？【2015 年司法考试卷三第 34 题】

A. 因甲违反如实告知义务，故保险公司对甲可主张违约责任

B. 保险公司有权解除保险合同

C. 保险公司即使不解除保险合同，仍有权拒绝乙的保险金请求

D. 保险公司虽可不必支付保险金，但须退还保险费

2. 甲公司、乙公司签订的《合作开发协议》约定，合作开发的 A 区房屋归甲公司、B 区房屋归乙公司。乙公司与丙公司签订《委托书》，委托丙公司对外销售房屋。《委托书》中委托人签字盖章处有乙公司盖章和法定代表人王某签字，王某同时也是甲公司法定代表人。张某查看《合作开发协议》和《委托书》后，与丙公司签订《房屋预订合同》，约定："张某向丙公司预付房款 30 万元，购买 A 区房屋一套。待取得房屋预售许可证后，双方签订正式合同。"丙公司将房款用于项目投资，全部亏损。后王某向张某出具《承诺函》：如张某不闹事，将协调甲公司卖房给张某。但甲公司取得房屋预售许可后，将 A 区房屋全部卖与他人。张某要求甲公司、乙公司和丙公司退回房款。张某与李某签订《债权转让协议》，将该债权转让给李某，通知了甲、乙、丙三公司。因李某未按时支付债权转让款，张某又将债权转让给方某，也通知了甲、乙、丙三公司。【2015 年司法考试卷三第 86~88 题】

（1）关于《委托书》和《承诺函》，下列说法正确的是：

A. 乙公司是委托人

B. 乙公司和王某是共同委托人

C. 甲公司、乙公司和王某是共同委托人

D.《承诺函》不产生法律行为上的效果

（2）关于《房屋预订合同》，下列说法正确的是：【此题涉及第五章】

A. 无效

B. 对于甲公司而言，丙公司构成无权处分

C. 对于乙公司而言，丙公司构成有效代理

D. 对于张某而言，丙公司构成表见代理

（3）关于 30 万元预付房款，下列表述正确的是：【此题涉及第十一章】

A. 由丙公司退给李某

B. 由乙公司和丙公司退给李某

C. 由丙公司退给方某

D. 由乙公司和丙公司退给方某

3. 张某和李某采用书面形式签订一份买卖合同，双方在甲地谈妥合同的主要条款，张某于乙地在合同上签字，李某于丙地在合同上摁了手印，合同在丁地履行。关于该合同签订地，下列哪一选项是正确的？【2010 年司法考试卷三第 11 题】

A. 甲地

B. 乙地

C. 丙地

D. 丁地

4. 李某与保险代理人张某洽谈车辆保险事宜，谈妥后李某即与张某签署了盖有保险公司印章的合同并缴付了保费，但张某表示需将保费交回公司后才能签发保单。后李某发生保险事故向该保险公司索赔，保险公司称张某已离职，且其未将保险合同和保费交回公司，故保险公司不能赔偿。对此，下列哪一选项是正确的？【2008 年司法考试延期卷卷三第 31 题】

A. 保险公司应当支付保险金，保费由保险公司向张某索赔

B. 李某应当向张某索赔车辆损失

C. 李某向保险公司补缴保费后可以获得保险赔偿

D. 待保险公司找到张某追回保费后，李某可以获得赔偿

5. 甲打算卖房，问乙是否愿买，乙一向迷信，就跟甲说：“如果明天早上 7 点你家屋顶上来了喜鹊，我就出 10 万块钱买你的房子。”甲同意。乙回家后非常后悔。第二天早上 7 点差几分时，恰有一群喜鹊停在甲家的屋顶上，乙正要将喜鹊赶走，甲不知情的儿子拿起弹弓把喜鹊打跑了，至 7 点再无喜鹊飞来。关于甲乙之间的房屋买卖合同，下列哪一选项是正确的？【2008 年司法考试卷三第 6 题】

A. 合同尚未成立

B. 合同无效

C. 乙有权拒绝履行该合同

D. 乙应当履行该合同

6. 甲公司在与乙公司协商购买某种零件时提出，由于该零件的工艺要求高，只有乙公司先行制造出符合要求的样品后，才能考虑批量购买。乙公司完成样品后，甲公司因经营战略发生重大调整，遂通知乙公司：本公司已不需此种零件，终止谈判。下列哪一选项是正确的？【2007 年司法考试卷三第 4 题】

A. 甲公司构成违约，应当赔偿乙公司的损失

B. 甲公司的行为构成缔约过失，应当赔偿乙公司的损失

C. 甲公司的行为构成侵权行为，应当赔偿乙公司的损失

D. 甲公司不应赔偿乙公司的任何损失

7. 甲欠丙 800 元到期无力偿还，乙替甲还款，并对甲说：“这 800 元就算给你了。”

甲称将来一定奉还。事后甲还了乙 500 元。后二人交恶，乙要求甲偿还余款 300 元，甲则以乙已送自己 800 元为由要求乙退回 500 元。下列哪种说法是正确的？【2006 年司法考试卷三第 4 题】

A. 甲应再还 300 元

B. 乙应退回 500 元

C. 乙不必退回甲 500 元，甲也不必再还乙 300 元

D. 乙应退还甲 500 元及银行存款同期利息

第四章　合同的内容和形式

【知识结构图】

- 合同的内容和形式
  - 合同条款的种类
    - 示范性条款
    - 必要条款和非必要条款
    - 明示条款和默示条款
    - 格式条款和非格式条款
  - 合同条款的解释
    - 合同条款解释的概念、特征
    - 合同条款解释的原则
    - 合同条款解释的规则
      - 文义解释
      - 整体解释
      - 目的解释
      - 交易习惯解释
      - 诚信原则解释
  - 格式条款
    - 格式条款的概念、特征
    - 格式条款订入合同的条件
      - 内容符合公平原则
      - 提示义务
      - 说明义务
    - 无效的格式条款
      - 具有《合同法》第52、53条规定的情形
      - 格式条款提供方免除其责任、加重对方责任
      - 格式条款提供方排除对方主要权利
  - 合同的形式
    - 书面形式
      - 书面形式的概念、特征
      - 书面形式的种类
      - 法律、行政法规规定采用书面形式的合同
    - 口头形式
      - 口头形式的概念、特征
      - 口头形式的种类
    - 其他形式
      - 推定形式
      - 法律特别规定的其他形式
    - 合同形式的效力
      - 既规定、约定了形式要求，又规定、约定了形式效力
      - 仅规定、约定了形式要求，未规定、约定形式效力

第一节　合同条款的种类

一、《合同法》规定的示范性条款

《合同法》第12条规定："合同的内容由当事人约定，一般包括以下条款：（一）当事人的名称或者姓名和住所；（二）标的；（三）数量；（四）质量；（五）价款或者报酬；（六）履行期限、地点和方式；（七）违约责任；（八）解决争议的方法。当事人可以参照各类合同的示范文本订立合同。"该条规定的合同条款为示范性条款，① 其作用是为当事人拟定合同条款提供参照。该条使用"一般包括"、"可以参照"的用语，表明该条为任意性规范，当事人不得以欠缺该条所列举之示范性条款而主张合同不成立。

二、必要条款和非必要条款

根据是否影响合同成立为标准，合同条款可以分为必要条款和非必要条款。必要条款，又称主要条款，是指合同成立所必须具备的条款。依《合同法解释（二）》第1条第1款，合同的必要条款包括：当事人名称或者姓名、标的、数量；但法律另有规定或者当事人另有约定的除外。非必要条款，又称非主要条款，是指必要条款以外的其他合同条款。依《合同法解释（二）》第1条第2款，合同欠缺非必要条款，当事人达不成协议的，法院依照《合同法》第61、62、125条等有关规定予以确定。

必要条款和非必要条款的区别：（1）对合同成立的影响不同。欠缺必要条款导致合同不成立；欠缺非必要条款不影响合同成立。（2）能否通过合同解释规则来填补合同漏洞不同。欠缺必要条款的，不能通过合同解释规则来填补合同漏洞；欠缺非必要条款则反之。有判决指出："合同条款若未约定或约定不明，还可以通过其他方式予以明确化；但若双方对合同标的和数量约定不明，则系没有'内容具体确定'的要约，合同无法成立。"②

三、明示条款和默示条款

在英美法中，根据是否被明确约定于合同之中为标准，合同条款可以分为明示条款（Express Terms）和默示条款（Implied Terms）。明示条款，是指当事人以口头或书面等形式明确约定的条款。默示条款，是指合同本身虽未规定，但在纠纷发生时由法院确认的，合同中应当包括的条款。默示条款具有多种不同的目的，有的是为了解读出合同文字隐含的意思；有的是为了增加一些当事人可能想到了但没有明确表达的内容；有的是为了增加某些如果当事人注意到就可能会明确规定的条款。③ 默示条款具体分为以下种类：（1）

---

① 也有学者将其称为"提示性条款"或"倡导性条款"。

② 参见"崔某、余某诉向某、隆某房屋买卖合同纠纷案"，载刘言浩主编：《法院审理合同案件观点集成》（上册），中国法制出版社2013年版，第99页以下。

③ P. S. 阿狄亚：《合同法导论》，赵旭东等译，法律出版社2002年版，第211页。

该条款是实现合同目的及作用所必不可少的，只有推定其存在合同才能达到目的及实现其功能。(2) 该条款对于经营习惯来说是不言而喻的，即它的内容实际上是公认的商业习惯或经营习惯。(3) 该条款是合同当事人系列交易的惯有规则。(4) 该条款实际上是某种特定的行业规则，即某些明示或约定俗成的交易规矩在行业内具有不言自明的默示效力。(5) 直接根据法律规定而成为合同的默示条款。① 我国现行法未采用默示条款概念及理论，对于默示条款所针对的问题，系通过合同条款解释等规则加以解决。

四、格式条款和非格式条款

格式条款，是指当事人为了重复使用而预先拟定，并在订立合同时未与对方协商的条款。(《合同法》第 39 条第 2 款) 非格式条款，是指当事人通过个别磋商而拟定的合同条款。

第二节 合同条款的解释

一、合同条款解释的概念和特征

合同条款的解释，是指针对语义不明、内容相互矛盾等合同条款，运用一定规则加以解释，使条款内容得以明确、补充或修正的行为。合同条款的解释属于法律行为的解释之一种，其根本目的是探求当事人意思表示的内容，并以此来确定合同的内容。合同条款之所以需要解释，最根本原因在于语言文字的多义性。由于此多义性的存在，使得某些合同条款所用的字、词、句具有不同含义，非经解释不能确定其真实意思。另一方面，由于当事人文化水平和法律知识的欠缺等因素，导致某些合同条款与其他条款及法律规定相矛盾，或者本应以合同条款规定的事项未被规定而产生疏漏。在这些场合下，合同条款的解释亦成为必要。合同条款的解释具有以下几方面特征：

(一) 合同条款的解释包括狭义的解释、补充的解释和修正的解释

狭义的合同条款解释，是指针对语义不明、内容相互矛盾的合同条款进行的解释。其本质是对当事人意思表示中表示行为要素进行解释，以确定意思表示的内容。《合同法》第 125 条规定的各种解释规则，在性质上即属于狭义的合同条款解释。补充的合同条款解释，是指合同欠缺非必要条款的场合下，依据法律规定的有关规则对合同条款进行补充。例如买卖合同虽然成立，但当事人对履行地点未作约定，可依据《合同法》第 61、62 条的规定确定履行地点条款。修正的合同条款解释，是指合同条款所用语言文字虽明确具体，但如果依其原意将违反法律强制性规定或与合同目的相悖，依据一定规则修正其含义作为合同内容。修正的解释分为两个层面，第一个层面是对某些合同条款效力的否定；第二个层面是对某些合同条款无效而导致空白部分的填补。例如当事人约定造成对方人身伤害为免责条款事项，首先应依据《合同法》第 53 条第 1 项认定该条无效，其次应通过补充协议和法律规定来确定免责条款。

---

① 崔建远：《合同法总论》(上卷)，中国人民大学出版社 2011 年版，第 220~221 页。

（二）合同条款解释的主体限于法院和仲裁机构

广义的合同解释，是指任何人对合同及其相关资料进行分析和说明。发生合同纠纷，诉诸法院或仲裁机构时，法官、仲裁员、当事人、诉讼代理人、证人、鉴定人等，都从各自不同的角度解释合同；合同在鉴证、公证时，鉴证人员、公证人员、当事人也要解释合同；消费者协会等社会团体对投诉的合同纠纷，要发表对合同及其相关资料的看法；学者进行个案研究时，亦对合同及其相关资料进行解释。① 本书所谓合同条款解释，专指有权解释，即受理合同纠纷的法院或仲裁机构对存在争议的合同条款所作出的有法律效力的解释。合同条款的有权解释主体应仅限于法院和仲裁机构，理由在于：其一，合同条款的解释不等于合同条款的理解，虽然各方均可从自身角度对合同条款进行解读和阐释，但在审判活动中只能由负有司法裁判职责的法院和仲裁机构作出有权解释。其二，针对存在争议的合同条款进行解释，如果采取广义说，在各方解释发生冲突时无法确定合同的内容。其三，虽然《合同法》对合同条款的解释主体未作规定，但《保险法》第 30 条将保险合同条款解释的主体限定为法院和仲裁机构，其他合同条款的解释可类推适用。在司法实务中，有判例认为当事人可针对特定的合同条款特别约定解释机构。有判决认为：“行政管理部门统一印制的合同文本对合同条款争议解决有特别约定的，当事人对合同条款的理解发生争议时，应当按照该合同文本约定方式、由合同文本约定的解释机构对合同的争议条款依法进行解释。”②

在合同条款或相关资料中约定“一方保留最终解释权”是否有效？对此应持否定意见，理由如下：其一，《合同法》第 125 条第 1 款采用“应当”用语且未设但书“当事人另有约定的除外”，表明该条属于强制性法律规范。在合同条款需要解释的场合下，只能依据法律规定的有关规则进行解释。其二，在当事人对合同条款含义的理解存在歧义时，只有法院或仲裁机构可作出有权解释。其三，“一方保留最终解释权”的规定大多由经营者作出，应防止经营者通过该规定对条款作不公平、非正常解释，损害消费者的利益。

（三）合同条款解释的客体是语义不明、内容相互矛盾等合同条款

狭义的合同条款解释的客体，是语义不明或内容相互矛盾的合同条款。补充的合同条款解释的客体，是当事人漏订的合同条款。修正的合同条款解释的客体，是不合法的合同条款。合同条款解释的客体之载体，既包括载有合同条款的合同书，也包括被法律认定为合同内容的相关资料，例如构成要约的商品房销售广告和宣传资料(《商品房买卖合同解释》第 3 条)、保险单或其他保险凭证(《保险法》第 13 条第 2 款）等。合同条款解释的客体是仅限于存在争议的条款，还是包括所有条款？学界存在争议。③《合同法》第 125 条和《保险法》第 30 条均将合同条款解释的客体限定为存在争议的合同条款。

---

① 崔建远主编：《合同法》，法律出版社 2010 年版，第 354 页。

② 参见“浙江某房地产投资集团有限公司与姚某商品房买卖合同纠纷提审案”，载刘德权主编：《最高人民法院裁判意见精选》（上），人民法院出版社 2011 年版，第 368 页。

③ 一种观点认为，合同条款解释的客体是仅限于存在争议的条款。参见李永军：《合同法》，法律出版社 2010 年版，第 472 页。另一种观点认为，没有争议的合同条款也需要解释。参见韩世远：《合同法总论》，法律出版社 2011 年版，第 699 页。

（四）合同条款解释的效力体现为该解释是法院或仲裁机构作出裁决的重要依据之一

因合同条款解释专指有权解释，故法院或仲裁机构对有关争议条款的解释具有法律上的拘束力。该解释是法院或仲裁机构对有关争议问题通过行使审判权所作出的结论意见，是制作判决书、裁决书或调解书的重要依据。

二、合同条款解释的原则

合同条款解释的原则，是指合同条款解释所应遵循的基本价值取向和基本准则。对于合同条款解释的原则，在法律发展史上存在三种立法例：（1）主观主义。又称意思主义，认为合同条款解释的目的是发现和探求行为人的真实意思。在表示行为与内心意思不一致时，应依据行为人的真实意思对合同条款进行解释，而不应依条款的字面含义进行解释。（2）客观主义。又称表示主义，认为合同条款解释的核心是对表示行为进行解释。在表示行为与内心意思不一致时，一般应以客观的表示行为为准；解释技巧上注重以缔约过程中的各种客观情况作为主要的解释依据，以合理的客观标准作为解释标准。（3）折中主义。又称主客观结合主义，认为当表示行为与内心意思不一致时，不应绝对采取主观主义标准或客观主义标准，而应当综合两方面的因素对合同条款加以解释。折中主义又分为两种：以主观主义为主、客观主义为辅的折中主义；以客观主义为主、主观主义为辅的折中主义。

我国现行法采以客观主义为主、主观主义为辅的折中主义，表现为：（1）《合同法》第125条第1款规定的文义解释、整体解释等规则，均属客观标准。（2）《合同法》第125条第2款规定，合同各文本使用的词句不一致的场合下，根据合同目的而非当事人真实意思予以解释。这属于客观标准。（3）在质量、价款或报酬、履行地点等条款没有约定或约定不明的场合下，依《合同法》第61、62条规定，通过补充协议、合同有关条款或交易习惯、法律规定对合同条款进行补充解释。这属于主客观结合标准。

三、狭义的合同条款解释的规则

《合同法》第125条第1款规定："当事人对合同条款的理解有争议的，应当按照合同所使用的词句、合同的有关条款、合同的目的、交易习惯以及诚实信用原则，确定该条款的真实意思。"据此，狭义的合同条款解释的规则包括：文义解释、整体解释、目的解释、交易习惯解释、诚信原则解释。

（一）文义解释

文义解释，是指通过对合同所使用的文字词句的含义的解释，以确定当事人在合同条款中表达的真实意思。文义解释是合同条款解释的首要规则，对任何合同条款的解释均应以文义解释为基础。文义解释规则的具体适用，从以下几方面说明：

1. 合同条款的解释应当以合同所使用的文字词句为基础，而不能以条款以外的材料为解释基础。合同所使用的文字词句与要约邀请、要约或承诺等有关资料记载内容不一致的，原则上应当以合同所使用的文字词句作为解释的基础。当事人不能以合同条款所不可能具有的含义来主张有关合同权利。

2. 在适用顺序上，文义解释居于其他解释规则之前；只有在无法通过文义解释确定合同条款含义的情况下，才能适用其他解释规则。有判决认为："对于合同条文的解释，必须探究合同当事人内在的、真实的意思表示，而判断合同当事人真实意思表示的首要方法，是判断合同条文的字面意思表示，即文义解释的方法。只有在文义解释不能确定合同条文的准确含义时，才能运用其他的解释方法。"①

3. 合同文本采用两种以上文字订立并约定具有同等效力的，对各文本使用的词句推定具有相同含义。各文本使用的词句不一致的，应当根据合同的目的予以解释。(《合同法》第 125 条第 2 款）当事人约定某种文本具有优先效力的，依当事人的约定。

（二）整体解释

整体解释，又称体系解释，是指将全部合同条款作为一个统一的整体，依据各合同条款之间的相互关联、合同条款所处的位置以及与合同整体的关系等因素来确定合同条款的含义。整体解释规则不仅适用于狭义的合同条款解释，也适用于补充的合同条款解释。《合同法》第 61 条规定在当事人不能达成补充协议的情况下，按照"合同有关条款"确定遗漏条款的内容，即属于整体解释。有判决认为："关于《宣传营销协议书》名称中'营销'两字的理解，有参与销售和协助进行营销宣传策划两种。究竟应作何理解，应结合合同目的、合同中其他条款以及被告实质从事的法律行为的性质进行分析。"② 整体解释规则推衍出以下规则：

1. 特殊条款优先于一般概括性条款。如果合同就同一事项既有一般概括性条款规定，也有特殊条款专门规定，在两者文义发生抵触时，应以特殊条款为准。

2. 手写条款优先于打印条款。如果合同中就同一事项既有手写条款也有打印条款，且两者文义发生抵触，原则上以手写条款为准。因为手写条款为当事人真实意思表示的可能性更大，且更易辨明真伪。

3. 后变更条款优先于先变更条款。如果合同就同一事项作出过多次变更，且各变更条款同时存在于合同之中且相互间存在抵触，应以最后作出的变更条款为准。因为最后作出的变更条款是当事人最新的意思表示。例如保险人在保险单或者其他保险凭证上批注或者附贴批单以变更保险合同(《保险法》第 20 条第 2 款)，各批注或批单存在抵触的，以最新作出的为准。

（三）目的解释

目的解释，是指合同条款在文义上存在两种以上可能的含义或者两个以上的合同条款内容相互矛盾时，应采取最符合合同目的的解释。目的解释规则的功能在于，该规则可以用来印证文义解释、整体解释、交易习惯解释的结果是否正确。如果文义解释、整体解释、交易习惯解释的结果与目的解释的结果不一致，一般应以目的解释为准，因为在此场合下可认为是当事人不愿依文字的通常含义或交易习惯来确定合同条款用语的含义。目的解释规则的具体适用，从以下几方面说明：

---

① 参见"淄博某医院与某银行股份有限公司淄博博山支行、淄博某纤维有限公司、某集团有限责任公司借款担保合同纠纷管辖异议案"，载《最高人民法院公报》2007 年第 12 期。

② 参见"某省福利彩票发行中心诉北京某科技发展有限责任公司案"，载《最高人民法院公报》2009 年第 9 期。

1. 目的解释通常采客观标准。合同目的通常是指合同的典型交易目的，即当事人订立该合同所欲实现的主要法律效果，该法律效果决定了给付的法律性质及其适用的法律规范。在每一种有名合同中，均具有相同的典型交易目的，当事人订立该合同的主观动机如何对其并无影响。例如在买卖合同中，典型交易目的是买受人取得标的物所有权而出卖人获得相应的价款。确定了合同的典型交易目的，就能够确定合同的性质、种类及给付义务的内容，并由此确定适用于该合同的具体法律规范。

2. 目的解释在例外场合下采主观标准。当事人的主观目的，是指当事人订立合同的动机。主观目的通常隐藏于当事人内心而无法被他人准确知晓，故原则上不能作为解释合同条款的依据。唯在例外场合下，基于合同自由原则及其他特殊原因，满足下列情形之一的，主观目的可作为合同条款解释的依据：

（1）该主观目的被当事人双方明确约定于合同之中，即该主观目的构成双方的共同目的。

（2）该主观目的虽未被明确约定于合同之中，但对方已知或应知一方具有该主观目的，而仍以此与之签约的。① 对于适用主观标准的例外性，有判决指出：“就目的解释而言，并非只按一方当事人期待实现的合同目的进行解释，而应按照与合同无利害关系的理性第三人通常理解的当事人共同的目的进行解释，且目的解释不应导致对他人合法权益的侵犯或与法律法规相冲突。”②

（四）交易习惯解释

交易习惯解释，是指按照交易习惯确定争议合同条款的真实意思。交易习惯解释规则不仅适用于狭义的合同条款解释，也适用于补充的合同条款解释和修正的合同条款解释。在合同条款存在歧义、漏洞或无效事由时，依据交易习惯确定合同的内容，此为各国法律及国际公约通行的解释方法。交易习惯解释规则的具体适用，从以下几方面说明：

1. 必须订立合同时当事人双方均知道或应知交易习惯，才能够以交易习惯作为合同条款解释的依据。主张交易习惯存在且被双方所知或应知的一方当事人承担举证责任。（《合同法解释（二）》第7条）

2. 当事人可通过特别约定排除交易习惯解释规则的适用。交易习惯主要适用于就某一事项无法律规定和当事人约定的场合，故当事人特别约定不适用交易习惯解释规则的，依其约定。

3. 在当事人没有明确约定的情况下，交易习惯的适用顺序为：当事人之间的交易习惯优先于特别交易习惯（在特定地区或者特定行业通行的交易习惯）；特别交易习惯优先于一般交易习惯（在全国范围内通行的交易习惯）。

4. 交易习惯解释规则通常要与文义解释、目的解释等规则结合运用，才能确定合同条款的准确含义，有判决指出：“从文义表述、交易习惯等方面综合判断，可以认定《土地开发合同》关于‘办理完成市政府同意该宗土地转让给×××公司控股的或×××公

① 梁慧星：《民法学说判例与立法研究》（第2册），国家行政学院出版社1999年版，第262页。

② 参见“某矿业（集团）有限公司诉某银行股份有限公司青岛分行、青岛保税区某国际贸易有限公司联营合同纠纷案”，载《最高人民法院公报》2010年第6期。

司法定代表人控股的、在柳州新成立的公司，并给予今年或明年上半年土地开发计划指标'的约定，是指被告应履行的义务为办理政府同意将土地使用权转让给合同约定的公司和政府给予土地开发指标的手续。"①

（五）诚信原则解释

诚信原则解释，是指依据诚信原则的价值理念来确定争议合同条款的真实意思。诚信原则为民法基本原则之一，在合同条款解释场合下当然应遵循该原则，这已被各国法律及国际公约所认可。② 在我国司法实务中，诚信原则解释规则被广泛运用，有学者将其适用形态归纳为四种情形：（1）限制当事人的权利；（2）限制当事人的义务；（3）扩张当事人的义务；（4）向一般条款逃避式的适用。③ 在适用文义解释、整体解释、目的解释、交易习惯解释规则时，均应同时符合诚信原则的要求，其解释结果不应与诚信原则相悖。例如针对有关期限条款的解释，有判决认为："《房产包销合同》关于'《商品房预售许可证》颁发之日'的约定应结合该合同的全文、尊重当事人在订立合同时的意思表示以及诚信原则予以解释。不应仅凭个别用语的不同，将'签发'、'颁发'解释为'单份'《商品房预售许可证》的签发或颁发，而将'办妥'解释为整个楼盘《商品房预售许可证》的办妥。"④

第三节 格式条款

一、格式条款的概念和特征

《合同法》第39条第2款规定："格式条款是当事人为了重复使用而预先拟定，并在订立合同时未与对方协商的条款。"格式条款的普遍运用，与社会化大生产与大型企业的出现有关。在现实生活中，格式条款被普遍适用于银行、电信、运输、保险等领域。格式条款的优点在于它能够极大地提高交易效率，有效地降低交易成本，并通过将各种交易行为模式化使当事人对各类交易的可预期性得以增强。格式条款的弊端在于它限制甚至剥夺了一方当事人就合同条款进行磋商的机会，对合同自由原则构成一定的冲击，提供格式条款的一方过度强调自身利益而对条款内容作出不合理的权利义务分配。因此，法律规制格式条款的基本目的是：一方面发挥格式条款积极效用，以适应现代社会经济生活的需要；另一方面通过设置有关规则平衡双方的利益关系，以防止弱势一方当事人的权益受到侵害。格式条款具有以下几方面的特征：

---

① 参见"×××公司诉××公司等土地使用权转让合同纠纷案"，载《最高人民法院公报》2005年第7期。

② 参见《德国民法典》第157条、CISG第7条第1款。

③ 徐国栋：《民法基本原则解释——诚信原则的历史、实务、法理研究》，北京大学出版社2013年版，第247~249页。

④ 参见"厦门某设计装修工程有限公司与福建省某房地产开发有限公司商品房包销合同纠纷案"，载《最高人民法院公报》2006年第4期。

（一）制定方面的特征：为重复使用而预先拟定

与特定当事人之间为某一项交易而进行个别磋商不同，格式条款在缔约之前已由相关主体为重复使用而预先拟定完成。

1. 在一般场合下，格式条款的制定者是提供商品或服务的一方当事人；在某些场合下，格式条款的制定者是合同当事人以外的管理机关或行业协会等。在后者情形下，第三方主体是基于保障公平交易、规范行业秩序、行使国家机关管理职责等目的制定合同条款，例如商品房买卖合同、劳动合同等。虽然《合同法》第 39 条第 2 款将格式条款的制定主体表述为“当事人”，但在后者情形下，当事人双方经济地位悬殊的现实并未改变，且相对人一方同样没有机会参与合同条款内容的磋商，因此也应当认定为格式条款。

2. “为重复使用”是指以为重复使用为目的，至于事实上是否被多次使用则在所不问。预先拟定格式条款的目的固然是为了重复使用，但重复使用只是在通常情况下发生的一种结果而非格式条款的要件。因此，以下两种情形仍应认定为格式条款：（1）某条款虽为重复使用而拟定，但在首次使用时即发生纠纷；（2）某条款虽已被重复使用，但在最后一次使用时发生纠纷。

（二）适用范围方面的特征：适用于不特定相对人

与仅适用于特定当事人之间的个别磋商条款不同，提供格式条款的一方为特定主体，其与不特定相对人重复使用格式条款多次缔结合同。

1. 格式条款的要约具有广泛性、持久性。所谓广泛性，是指格式条款的要约是向不特定的社会公众发出的，或至少是向某一类有可能成为承诺人的人发出的。因此在格式条款订立之前，要约方总是特定的，而受要约人都是不特定的。所谓持久性，是指同样内容的要约一般总是在一定期限内被多次使用的。

2. 针对特定范围内的不特定相对人而预先拟定的合同条款，也可构成格式条款。例如，某食品公司针对某盛产苹果乡村的不特定村民预先拟定的收购合同，也应认定为格式条款。在此情形下，一方当事人预先拟定的合同条款虽不是针对一般社会公众，但这是由于合同内容本身所局限，而只能向特定范围内的不特定相对人作出。

（三）内容方面的特征：内容具有定型化的特点

格式条款又被称为定型化契约或定型化契约条款，其内容具有定型化的特点，而不同于个别磋商条款可通过双方协商更改。

1. 格式条款的内容具有稳定性。格式条款普遍适用于一切与格式条款提供者订立合同的不特定相对人，而不因相对人的不同而有所区别。而且格式条款的内容在一定时间和地域的范围内不会发生变化，从而达到提高交易效率、降低交易成本的目的。

2. 格式条款的内容具有不可协商性。有些格式条款是绝对不允许相对人提出任何异议的，例如电信部门、铁路交通部门提供的格式条款等，相对人对此类格式条款只能表示“要么接受，要么走开”。而在有些场合下，虽然一方提出的大部分合同条款不允许相对人提出异议，但对部分合同条款仍然允许对方提出异议并通过协商确定合同内容，例如商品房买卖合同、保险合同等。这一类允许对方协商的合同条款，并非格式条款，而属于非格式条款。应当指出的是，《合同法》第 39 条采取“未与对方协商”的表述并不准确。格式条款的根本特征是不可协商性，而“未与对方协商”并不意味着不能与对方协商，因此，《合同法》第39条“未与对方协商”之规定应解释为“不能与对方协商”。

3. 格式条款的内容具有细节性。提供格式条款的一方当事人基于长期的经营行为，对所提供格式条款内容一般都形成了技术化、细节化的模式。格式条款的细节化特征，一方面有助于提高交易效率；另一方面也造成了相对人对格式条款理解的困难。

（四）当事人关系方面的特征：相对人在缔约关系中处于附从地位

提供格式条款的一方通常是具有绝对经济优势地位的企业法人，其经营行为多具有法律上或事实上的垄断性质。法律上的垄断，是指当事人依据法律规定，对银行、铁路、电力、自来水等行业所享有的经营垄断。事实上的垄断，是指当事人虽无法律上的特殊地位，但对保险、海上运输等合同条款在事实上所具有的垄断权利。基于这种现实，作为普通消费者的相对人缺乏选择缔约伙伴的完全自由，也缺乏在缔约过程中完全自主地表达意思的自由，而与提供格式条款的一方形成某种程度的附从、依附关系，故格式条款又被称为附合合同。

值得注意的是，《合同法》关于格式条款的法律规范是仅适用于消费者订立合同的场合，还是也可适用于商事主体之间订立合同的场合？从域外立法来看，有关格式条款的法律规范是适用于消费者的特别规范。例如在德国，关于一般交易条款订入合同的规则不适用于商业合同；① 在我国台湾地区，“消费者保护法”关于定型化契约的规定仅适用于消费者合同。② 这是因为，商事主体基于长期交易惯例形成的或由有关行业组织制定的标准条款、示范条款等作为缔约的基础，在商事主体之间订立的商事合同，其条款虽然也是为了重复使用而预先拟定，但是双方具有大致均等的磋商机会，不具有消费者订立合同的附从性特征。因此不应适用格式条款的特别规范，而应适用一般的商事法律规范。《合同法》对格式条款的适用范围未作限定，从解释论而言，《合同法》关于格式条款的法律规范既适用于消费者订立合同的场合，也适用于商事主体之间订立合同的场合。③

（五）形式方面的特征：包括但不限于书面合同形式

格式条款的形式体现出多样化特征，而并非均采取正式的合同书形式。

1. 格式条款通常以书面形式订立。在一般场合下，格式条款以书面形式订立，除可采取正式的合同书形式外，还可采取通知、声明、店堂告示等各种非正式书面形式。关于网站页面上向用户展示的网站服务条款的性质，有判决认为：“被告公司所属××网在网站页面上向用户展示的网站服务条款内容，符合预先拟定并可重复使用的特征，应属于格式条款的合同。”④ 对于商家在网页上发布的有关销售商品质量的保修条件、免责事由等声明，有判决认为：“该条款是网站事先针对不特定的消费者所拟定，且对于条款的内容消费者不能进行协商，合同缔结行为在瞬间完成，作为消费者只能同意或接受，故其性质

---

① 参见《德国民法典》第310条。

② 参见我国台湾地区“消费者保护法”第2条。

③ 对此立法模式的批评意见，参见苏号朋：《格式合同条款研究》，中国人民大学出版社2004年版，第191页。

④ 参见“来某诉北京某信息技术有限公司服务合同纠纷案”，载《最高人民法院公报》2002年第6期。

仍然是格式条款。”①

2. 格式条款一般不能以口头形式订立。由于格式条款必须是为了重复使用而预先拟定，因此在性质上难以采取口头形式。②

3. 格式条款可以推定行为的形式订立。在某些场合下，格式条款可以采取积极的默示形式即推定行为形式。例如自动售货机的设置、公交车站的设置等。

4. 格式条款不能以沉默形式订立。由其性质决定，格式条款在任何场合下都不能采取消极的默示形式即沉默形式。

（六）解释方面的特征：法律规定了特殊解释规则

格式条款的含义存在争议时，除适用文义解释、整体解释等一般解释规则外，《合同法》第41条还规定了适用于格式条款的特殊解释规则。

1. 通常解释规则。（《合同法》第41条第1句）通常解释，是指依据社会普通成员的理解标准对合同条款进行解释。与通常解释相对的是专业解释，即依据特定的专业标准对合同条款进行解释。在一般场合下，普通消费者因欠缺有关专业技术知识，不知专业标准的存在及其具体内容，为防止格式条款提供方利用自身的技术优势和专业知识使得双方的利益关系失衡，对存在歧义的格式条款的解释应当以社会普通成员的理解为标准。《保险法》第30条第1句规定：“采用保险人提供的格式条款订立的保险合同，保险人与投保人、被保险人或者受益人对合同条款有争议的，应当按照通常理解予以解释。”《旅行社条例》第29条第2款前段规定：“旅行社和旅游者签订的旅游合同约定不明确或者对格式条款的理解发生争议的，应当按照通常理解予以解释。”但应注意，通常解释并非在任何场合下绝对地排除专业解释。如果合同条款明确规定采取专业标准确定条款含义，且格式条款提供方履行了提示、说明等义务，则应当采取专业解释。

2. 不利解释规则。（《合同法》第41条第2句）不利解释，是指对格式条款有两种以上解释的，应当作出不利于提供格式条款一方的解释。不利解释规则渊源于罗马法“有疑义应为表意者不利益之解释”原则，其后被各立法普遍接受，成为保护提供格式条款之相对方的重要规则。《保险法》第30条第2句规定：“对合同条款有两种以上解释的，人民法院或者仲裁机构应当作出有利于被保险人和受益人的解释。”《旅行社条例》第29条第2款中段规定：“对格式条款有两种以上解释的，应当作出有利于旅游者的解释。”适用不利解释规则应注意：（1）该规则的适用对象是具有两种以上可能含义的格式条款，而并非所有格式条款。如果某格式条款依文义具有确定唯一的含义，则不能适用该规则。有判决认为：“本案有关合同条款虽属格式条款，但按照通常的理解并不能对此条款引起不同的理解，因此不应该适用我国《合同法》有关格式条款解释的规则。”③（2）如果格

① 参见“上海某律师事务所与上海某贸易有限公司买卖合同纠纷案”，载最高人民法院中国应用法学研究所编：《人民法院案例选》2012年第2辑（总第80辑），人民法院出版社2012年版，第157页以下。

② 相反意见参见黄立：《民法债编总论》，中国政法大学出版社2002年版，第101页。

③ 参见“淄博某医院与某银行股份有限公司某支行、淄博某纤维有限公司、某集团有限责任公司借款担保合同纠纷管辖异议案”，载《最高人民法院公报》2007年第12期。

式条款的内容因约定不明而无法确定任何一种含义，由格式条款提供方承担合同不成立的不利后果。有判决认为："该格式合同条款中，就是否允许以转让的信用证付款问题的约定是不明确的。对此，格式合同的提供者应当承担合同约定不明确的责任。"① (3) 在格式条款由第三方制订的场合下，应当作出不利于优势经济地位一方的解释。格式条款并没有因形成样态的不同而发生质的差异，而且一经制定，中立公正之第三人即脱离对条款的规范状态，而由企业将条款作为格式合同的全部或一部，条款之疑义仍然要由企业负责。②

3. 非格式条款优先规则。(《合同法》第 41 条第 3 句) 非格式条款优先，是指合同中同时存在格式条款和非格式条款，且格式条款和非格式条款不一致的，应当采用非格式条款。所谓非格式条款，即个别磋商条款，是指当事人通过个别磋商而拟定的合同条款。非格式条款优先规则的理论基础是合同自由原则和整体解释规则，③ 因为当事人在格式条款之外另行磋商确定的非格式条款才反映了当事人的真实意思，且当两种条款发生抵触时，应依据整体解释规则确定合同条款的含义。《旅行社条例》第 29 条第 2 款后段规定："格式条款和非格式条款不一致的，应当采用非格式条款。"

二、格式条款订入合同的条件

《合同法》第 39 条第 1 款规定："采用格式条款订立合同的，提供格式条款的一方应当遵循公平原则确定当事人之间的权利和义务，并采取合理的方式提请对方注意免除或者限制其责任的条款，按照对方的要求，对该条款予以说明。"据此，格式条款订入合同应具备以下条件：

(一) 格式条款的内容应当符合公平原则

由于格式条款由一方预先拟定，且该方通常是居于优势经济地位的企业，格式条款提供方极易为了片面维护自身利益而拟定双方权利义务失衡的条款，因此《合同法》第 39 条第 1 款要求"提供格式条款的一方应当遵循公平原则确定当事人之间的权利和义务"，④ 以防止不公平的格式条款被订入合同之中。

(二) 提示义务

《合同法》第 39 条第 1 款要求格式条款提供方"采取合理的方式提请对方注意免除或者限制其责任的条款"，即针对有关格式条款履行提示义务。法律设置提示义务的目的在于，通过格式条款提供方履行提示义务的行为，使相对人有机会得知有关重要条款的存在并进一步决定是否订立该合同。

1. 履行提示义务的具体要求。《合同法解释（二）》第 6 条规定："提供格式条款的

---

① 参见"某 A 公司诉某公司购销合同纠纷案"，载《最高人民法院公报》2000 年第 5 期。

② 苏号朋：《格式合同条款研究》，中国人民大学出版社 2004 年版，第 239 页。

③ 有学者认为，非格式条款优先规则的理论基础是"特别规定优先于普通规定"规则。参见王利明：《合同法研究》（第一卷），中国人民大学出版社 2015 年版，第 426 页。

④ 对该规定的批评意见，参见余延满：《合同法原论》，武汉大学出版社 1999 年版，第 125 页。

一方对格式条款中免除或者限制其责任的内容，在合同订立时采用足以引起对方注意的文字、符号、字体等特别标识，并按照对方的要求对该格式条款予以说明的，人民法院应当认定符合合同法第三十九条所称‘采取合理的方式’。提供格式条款一方对已尽合理提示及说明义务承担举证责任。”据此，履行提示义务的具体要求如下：

（1）提示义务针对的对象条款：①在一般场合下，提示义务仅针对免责条款和限责条款。(《合同法解释（二）》第6条）因免责条款和限责条款导致当事人的责任被免除或受到限制，对相对人影响甚巨，故对此类条款应当提示相对人注意。对免责条款和限责条款之外的格式条款，格式条款提供方原则上不负提示义务。②特别法有特殊规定的，依其规定。例如，依《消费者权益保护法》第26条第1款规定，经营者提示义务针对的范围包括“商品或者服务的数量和质量、价款或者费用、履行期限和方式、安全注意事项和风险警示、售后服务、民事责任等与消费者有重大利害关系的内容”；依《旅行社条例》第39条第1款规定，旅行社对“可能危及旅游者人身、财产安全的事项”，应当向旅游者作出真实的说明和明确的警示。

（2）提示义务的履行时间：合同订立时。提示义务的性质为先合同义务，格式条款提供方应当在合同成立前履行提示义务，使相对人在缔约阶段确知有关合同条款的存在，以便相对人在明确有关风险的前提下决定是否订立该合同。

（3）提示义务的履行方式：采用文字、符号、字体等特别标识。依据《合同法解释（二）》第6条，提示义务的履行限于书面形式，即采用某种辨识程度较高的文字、符号、字体等特别标识来进行提示。例如将需要提示的条款采取大号黑体字、在条款下划线、将条款加框等，通过这些特别标识将此类条款与其他条款相区别，以引起相对人的注意。

（4）提示义务的程度：足以引起对方注意。对于判断是否达到该程度的认定标准，学理上有客观说和折中说两种意见。① 我国采取主客观结合的判断标准，即原则上以理智正常的社会一般人的认识水平为标准，但兼顾智力欠缺、盲人、文盲等消费者的特殊情况。② 不足以引起对方注意的常见情形包括：旅店的免责说明张贴在房间的门背后、文件夹子内页中或者旅客不容易看到的柱子侧面；停车场的免责条款张贴在司机不太容易看到的墙面上、被车挡住；保险合同上免责条款虽以黑体字标识，但标识内容太过庞杂，或者字体过小，无法让人仔细阅读等。③

（5）举证责任：格式条款提供方对已尽合理提示义务承担举证责任。在实践中，有的经营者要求消费者在书面声明上签字，表示已阅读并理解有关提示条款。对于此种书面声明，法官应依据证据规则对其进行审查。格式条款提供方不能举证证明已履行合理提示义务的，应承担举证不能的不利后果。有判决认为：“经营者在格式合同中未明确规定对

① 参见刘宗荣：《定型化契约论文专辑》，三民书局1988年版，第16页。

② 韩世远：《合同法总论》，法律出版社2011年版，第743页。

③ 最高人民法院研究室编著：《最高人民法院关于合同法司法解释（二）理解与适用》，人民法院出版社2009年版，第64页。

某项商品或服务的限制条件，且未能证明在订立合同时已将该限制条件明确告知消费者并获得消费者同意的，该限制条件对消费者不产生效力。”①

2. 违反提示义务的后果。

（1）格式条款提供方违反提示义务，导致对方没有注意到免责条款和限责条款，对方当事人有权向法院申请撤销该格式条款。（《合同法解释（二）》第9条）在此情形下，未被提示的格式条款并非当然无效，而是由对方当事人是否行使撤销权决定该条款的效力。②

（2）格式条款提供方违反提示义务，并具有《合同法》第40条规定情形之一的，人民法院应当认定该格式条款无效。（《合同法解释（二）》第10条）在此情形下，未被提示的格式条款当然无效，无论对方对该条款是否提出异议，法院均应认定该条款无效。③

（三）说明义务

说明义务，是指格式条款提供方应当向对方说明、解释有关格式条款的真实含义和法律后果。提示义务的作用在于使对方确知格式条款的存在，说明义务的作用在于使对方理解格式条款的含义，以决定是否以此订立合同。

1. 履行说明义务的具体要求。《合同法解释（二）》第6条对提示义务和说明义务一并规定，因此除法律另有规定外，履行说明义务的具体要求与提示义务大致相同。

（1）一般场合下，说明义务针对的对象条款、履行时间、履行方式、说明的程度、举证责任等方面与提示义务相同。不同之处在于，说明义务的履行以“按照对方的要求”为前提，即格式条款提供方仅对对方要求说明的条款履行说明义务，而非对有关条款负有主动说明义务；而提示义务的履行不以对方要求为前提，格式条款提供方应主动履行提示义务。

（2）特别法有特殊规定的，依其规定。依据《保险法》第17条规定，保险人对所有格式条款负有说明义务，对免责条款负有明确说明义务；保险人的说明义务应主动履行，不以投保人要求为前提。依据《旅行社条例》第29条第1款规定，旅行社的说明义务针对的是“旅游合同的具体内容”而非限于免责条款；说明义务的程度要求“真实、准确、完整”；旅行社应主动履行说明义务，不以旅游者要求为前提。

2. 违反说明义务的后果。

（1）一般场合下，违反说明义务与提示义务的后果相同。

（2）特别法有特殊规定的，依其规定。依据《保险法》第17条规定，保险人违反说明义务的后果是“该条款不产生效力”。有判决认为：“保险公司虽然在保险合同文本中以黑体字提示了免责条款，但仅能证明其尽到了提醒投保人注意的义务，不能认

---

① 参见“刘某诉中国某通信集团某分公司电信服务合同纠纷案”，最高人民法院指导案例64号。

② 对于违反提示义务的后果，该条未采“未订入合同说”和“当然无效说”的立法理由，参见最高人民法院研究室编著：《最高人民法院关于合同法司法解释（二）理解与适用》，人民法院出版社2009年版，第87页。

③ 从立法技术而言，该条没有必要存在，因为在《合同法》第40条规定的情形下，无论当事人是否履行提示义务，该格式条款均当然无效。

定保险公司已经履行了就免责条款的概念、内容及其法律后果等以书面或者口头形式向投保人或其代理人作出解释，以使投保人明了该条款的真实含义和法律后果的明确说明义务。对格式化免责条款未能尽到明确说明义务的导致该条款无效，对当事人不能产生约束力。”①

【拓展：格式之争】

格式之争，是指当事人双方（通常均为商人）在缔约过程中均使用了各自提供的格式条款，并坚持以己方提供的格式条款作为合同内容，从而引起的合同是否成立及如何确定合同条款的争议。在域外立法中，解决格式之争的传统方法是“最后用语规则”（last word doctrine）。依据该规则，每一个被采纳的表格都应被当做一个反要约，最后一个表格被看做收到者以沉默的方式接受。该规则又被称为“最后一枪规则”，意指谁最后发出反要约（最后开枪），谁就获胜（要约得到承诺）。由于在商业实践中通常由买方先发出订单，卖方最后作出确认，该规则造成实际偏向于卖方的效果。德国于20世纪70年代出现“相互击倒理论”，该理论对“最后用语规则”进行了修正。依据该理论，已互相同意的条款构成合同基础，相冲突的或追加的条款无效，留待有关法律去补充。②《美国统一商法典》也改变了之前的立法态度，放弃了“最后用语规则”。该法第2—207条（2）规定：“附加条款应被解释为对合同进行补充地建议。在商人之间，上述条款构成合同的一部分，除非（a）要约对其条款的承诺作了明示的限制；（b）上述条款实质性地更改了合同；或者（c）在收到上述条款的通知后的一段合理时间内，反对上述条款的通知已经作出。”PICC 第 2.1.22 条对格式之争作出了规定：“如果双方当事人均使用标准条款并对标准条款以外的条款达成一致，则合同应根据已达成一致的条款以及在实体内容上相同的标准条款订立，除非一方当事人已事先明确表示或事后毫不迟延地通知另一方当事人其不愿受这种合同的约束。”该条采取了“排除异意原则”（或称“剔除规则”），该规则的要义是：尽管关于要约和承诺有一般规则，但如果当事人就标准条款以外的事项达成协议，则合同应根据已达成一致的条款和实质相同的标准条款订立。③

我国现行法对格式之争未作明确规定，《合同法》第30条对更改要约内容的承诺作出了规定，但该条并非专为格式条款而设。我国对格式之争应当采取何种立法态度，学界尚存争议。④

---

① 参见“杨某诉某财产保险股份有限公司天津市某支公司保险合同纠纷案”，载《最高人民法院公报》2007年第11期。

② 王江雨：《买卖合同成立中的一般规则与国际贸易中的格式之战》，载梁慧星主编：《民商法论丛》（第8卷），法律出版社1997年版，第584页以下。

③ 参见 PICC 第 2.1.4 条评注。张玉卿主编：《国际商事合同通则 2010》，中国商务出版社 2012 年版，第193页。

④ 参见余延满：《合同法原论》，武汉大学出版社1999年版，第139页；朱广新：《论合同订立过程中的格式之战问题》，载《法学》2014年第7期。

三、无效的格式条款

格式条款虽系由一方预先拟定，但相对人不能仅以未与其协商为由而主张该条款无效。有判决指出："格式条款只有存在法律规定的无效情形时，才能被宣告无效，并非只要是格式条款就一定无效。对该合同的内容当事人在上诉中未提出不同的理解，也不解释自己为什么在其上签字，却以该合同是格式合同，内容虚假，不是自己真实意思表示主张该合同无效，该理由不能成立。"①《合同法》第40条规定了格式条款的无效事由。

1. 具有《合同法》第52条规定的情形

《合同法》第52条规定了合同的无效事由，无论是格式条款还是非格式条款均应适用。

2. 具有《合同法》第53条规定的情形

《合同法》第53条规定了免责条款的无效事由，无论是格式条款还是非格式条款均应适用。

3. 格式条款提供方免除其责任、加重对方责任

所谓免除责任，是指免除格式条款提供方在合同中的核心责任，该责任被免除将导致相对人丧失基本救济手段。例如洗衣店在洗衣须知中表示对顾客衣物污损不予赔偿。对于具体哪些责任不允许免除，现行法未作明文规定，有关地方性立法可资参考。《上海市合同格式条款监督条例》第6条规定："格式条款不得含有免除提供方下列责任的内容：①造成消费者人身伤害的责任；②因故意或者重大过失造成消费者财产损失的责任；③对提供的商品或者服务依法应当承担的保证责任；④因违约依法应当承担的违约责任；⑤依法应当承担的其他责任。"所谓加重责任，是指不合理地加重对方的责任，依法律规定或交易习惯对方不应承担此类责任。《上海市合同格式条款监督条例》第7条规定："格式条款不得含有加重消费者下列责任的内容：①违约金或者损害赔偿金超过合理数额；②承担应当由提供方承担的经营风险责任；③违反法律、法规加重消费者责任的其他内容。"

与无效的格式条款有关的司法意见：

（1）对于银行对储户的免责事由，有判决认为："不考虑储户是否存在过错，一概以'凡是通过交易密码发生的一切交易，均应视为持卡人亲自所为，银行不应承担责任'这一格式条款作为银行的免责理由进行抗辩，把一些本应由银行承担的责任也推向储户，无疑加重了储户责任，有违公平原则。"②

（2）对于以格式条款所作使用说明的效力，有判决认为："格式合同中的使用说明只是对添加合同内容的一般要求，不具有强制力，当事人未按使用说明加注的条款虽不规范，但系当事人的真实意思表示，故应认定该加注条款的效力。"③

---

① 参见"成某诉无锡某大学教学合同纠纷案"，载《最高人民法院公报》2002年第1期。

② 参见"顾某诉上海某银行储蓄合同纠纷案"，载《最高人民法院公报》2004年第4期。

③ 参见"某银行某支行与重庆某数码广告印务公司、重庆市某区水电建设总公司借款合同纠纷抗诉案"，载《中国人民检察院公报》2003年第1号。

（3）对于房屋买卖居间合同中禁止“跳单”条款的效力，有判决认为：“房屋买卖居间合同中的禁止‘跳单’格式条款，其本意是为防止买方利用中介公司提供的房源信息却‘跳’过中介公司购买房屋，从而使中介公司无法得到应得的佣金，该约定并不存在免除一方责任、加重对方责任、排除对方主要权利的情形，应认定有效。”①

（4）对于贷记信用卡“全额罚息”条款的效力，有判决认为：“‘全额罚息’是指《信用卡（个人卡）领用合约》中约定的‘持卡人未能于最后还款日前足额偿还全部到期应还款项的，不享受免息待遇，并且所有交易和应付费用改为自记账日起按透支利率计算利息’，该条款属于格式条款……该条款并未超出法律法规的许可范围，同时也是银行业为减少恶意透支及信用卡套现的一种风险防范手段。该条款并没有免除××银行责任，或加重原告责任、排除原告权利的内容，故不属于法定无效的条款。”②

（5）对高速公路通行卡“持卡须知”条款的效力，有判决认为：“通行卡背面印制‘妥善保管此卡，如有遗失或者损坏除照价（成本费30元）赔偿外并按路网最远程收费’，该内容加重对方责任，应认定无效。”③

应注意的是，依《合同法》第39条第1款规定，对免责条款予以提示、说明的则该条款订入合同之中，而第40条规定“免除其责任”的格式条款当然无效，此两条规定是否矛盾？仅从文义角度来看，此两条规定确实存在矛盾，但从解释论而言，此两条规定的“免责条款”并非同一种格式条款。《合同法》第39条第1款规定的免责条款与第40条规定的“免除其责任”条款存在以下区别：（1）免责的性质不同。前者主要指除外责任或抗辩事由，即法律或交易习惯允许当事人通过约定免除当事人在特定场合下的责任，例如保险合同中战争、被保险人故意等除外责任。后者是指合同的核心责任，免除该责任与合同的性质或目的相悖，例如不履行主给付义务的违约责任。（2）免责的法律态度不同。前者依交易习惯允许免责或法律承认属合同自由的范畴；后者为法律强行性规定所禁止。（3）免责发生的时间不同。前者是对将来可能发生的责任予以免责，免责仅具可能性；后者多要求订约时即通过约定预先免责，免责具有必然性。

4. 格式条款提供者排除对方当事人主要权利

所谓主要权利，是指当事人依法律规定、交易习惯或合同性质应当享有的权利，此类权利不能通过约定予以排除。例如格式条款约定发生合同纠纷时，对方不得提起诉讼或申请仲裁。对于主要权利的具体范围，应结合法律规定、交易习惯和合同性质予以判定，现行法未作具体列举。《上海市合同格式条款监督条例》第8条规定：“格式条款不得含有排除消费者下列主要权利的内容：①依法变更或者解除合同；②请求支付违约金或者请求损害赔偿；③行使合同解释权；④就合同争议提起诉讼的权利；⑤消费者依法享有的其他主要权利。”

---

① 参见“上海某物业顾问有限公司诉陶某居间合同纠纷案”，最高人民法院指导案例1号。

② 参见“艾某诉某银行股份有限公司信用卡纠纷案”，载刘言浩主编：《法院审理合同案件观点集成》（上册），中国法制出版社2013年版，第112页以下。

③ 参见“张某诉某高速公路发展有限公司服务合同纠纷案”，载最高人民法院中国应用法学研究所编：《人民法院案例选》2014年第1辑（总第87辑），人民法院出版社2014年版，第254页以下。

第四节 合同的形式

一、合同的形式概述

合同的形式，是指合同内容的载体形式，即合同条款以何种具体方式予以记载。从合同法的历史发展来看，对合同形式的立法态度的变迁可总结为：从严格要式主义到不要式主义（意思自由主义）。在罗马法上，基于维护交易安全的目的、证据规则的要求及法律理念等原因，合同形式采取严格要式主义，法律对合同形式设置了极为严格的要求。这种做法虽然在一定程度上维护了交易安全，但也限制了交易效率、忽视了当事人的主观意愿。进入近代自由资本主义时期以后，意思自治原则和合同自由原则得以确立，对合同形式的立法态度转为宽松，各立法多采不要式主义，即法律对合同形式一般不作要求而交由当事人协议解决。不要式主义有利于实现当事人意思自治及交易效率的提高，但对于个别合同，基于特定的立法目的法律仍须设置形式要求。

《合同法》第10条对合同形式作出了规定，分述如下：

（一）法律认可的合同形式有书面形式、口头形式和其他形式

《民法通则》第56条第1句规定："民事法律行为可以采取书面形式、口头形式或者其他形式。"《合同法》第10条第1款坚持了该规定，唯将"可以采取"改为"有"。该款规定表明，法律认可的合同形式有书面形式、口头形式和其他形式，这三种形式不强制当事人采用而仅供当事人选择，除非法律有特别规定或当事人有特别约定。

（二）合同形式分为法定形式和约定形式

《合同法》第10条第2款规定："法律、行政法规规定采用书面形式的，应当采用书面形式。当事人约定采用书面形式的，应当采用书面形式。"据此，法定形式是指法律、行政法规规定当事人订立合同必须采取的形式。例如《合同法》第270条规定："建设工程合同应当采用书面形式。"约定形式，是指对于无法定形式要求的合同，当事人约定必须采取的形式。例如当事人约定以公证形式订立合同。

（三）不要式主义为主、要式主义为辅

依据《合同法》第10条，合同形式原则上由当事人自由选择，且法律列举了可供选择的三种形式；仅在法律、行政法规规定或当事人约定应当采用书面形式的场合下，才强制要求合同形式采用书面形式。因此，现行法对合同形式的立法态度是：不要式主义为主，要式主义为辅。

二、书面形式

（一）书面形式的概念和特征

书面形式，是指以文字表现合同内容的合同形式。书面形式的优点在于记载明确、易于举证，缺点是成本较高、订约程序相对繁琐。书面形式通常适用于标的数额较大、法律关系复杂和异地订约的场合，法律对某些合同也强制规定必须采用书面形式。书面形式具有以下特征：

1. 必须有某种文字凭据。书面形式要求合同内容必须通过书面文件或其他有形载体予以记载，以便使人能够通过该载体了解合同的内容。依《合同法》第 11 条规定，书面形式具体包括合同书、信件和数据电文形式。这些形式的共同点在于，它们均属于有形载体形式，均可以有形地表现所载内容。

2. 当事人或其代理人在文字凭据上签字或盖章。当事人或其代理人在文字凭据上签字或盖章，是对文字凭据所载内容是其真实意思表示的一种确认，原则上当事人仅对自己签章的内容负责。对于签字或盖章的具体要求如下：

（1）对于签字与盖章的关系，原则上具备其一即可，不要求同时具备。依据《合同法》第 32、33 条规定，签字与盖章为或然性关系，除非法律有特别规定或当事人有特别约定。

（2）所盖印章应为能代表法人或其他组织的公章或合同专用章。当事人在合同书上捺手印的，具有与签字或盖章同等的法律效力。(《合同法解释（二）》第 5 条第 2 句)

（3）以数据电文形式订立的合同，适用《电子签名法》等特别法规定。在网络交易中，如何确认数据是否由当事人发出，涉及“电子认证”和“电子签名”等问题。由于存在于网络虚拟空间，电子签名有异于在纸面上的签字或盖章，两者适用不同的规则。依现行法规定，电子签名，是指数据电文中以电子形式所含、所附用于识别签名人身份并表明签名人认可其中内容的数据。(《电子签名法》第 2 条第 1 款）可靠的电子签名与手写签名或者盖章具有同等的法律效力。(《电子签名法》第 14 条）电子签名人应当妥善保管电子签名制作数据。电子签名人知悉电子签名制作数据已经失密或者可能已经失密时，应当及时告知有关各方，并终止使用该电子签名制作数据。(《电子签名法》第 15 条）电子签名需要第三方认证的，由依法设立的电子认证服务提供者提供认证服务。(《电子签名法》第 16 条）

3. 文字凭据上必须载有合同权利义务。作为合同书面形式的文字凭据上必须记载合同的内容，即当事人的合同权利义务，以区别于其他性质的书面文件。

与签字、盖章有关的司法意见：

①对于签字、盖章的法律意义，有判决认为：“当事人在合同书上签字、盖章的效力，是表明合同内容为签字或盖章当事人的意思表示，并据以享有合同权利、履行合同义务，尤其具有使合同相对人确信交易对方、从而确定合同当事人的作用。”①

②有法定代表人签字而没有盖章的，有判决认为：“当事人的签字，包括自然人本人或其委托代理人签字，企业法人或者其他经济组织的法定代表人、负责人或其委托代理人签字。企业的法定代表人签字的合同代表了企业的意思表示，可以产生合同成立的法律效果。”②

③当事人约定签字与盖章必须同时具备的，有判决认为：“合同中所表述的‘签字、

① 参见“河北某新型建材有限公司与某银行股份有限公司某分行、河北某股份有限公司银行承兑汇票协议纠纷案”，载《最高人民法院公报》2008 年第 1 期。

② 参见“某银行浦东分行诉某公司等借款合同纠纷案”，载《最高人民法院公报》2004 年第 7 期。

盖章’中的顿号，是并列词语之间的停顿，其前面的‘签字’与后面的‘盖章’系并列词组，它表示签字与盖章是并列关系，只有在签字与盖章均具备的条件下，该协议方可生效。”①

④当事人盖章存在瑕疵，但对方不持异议的，有判决认为：“尽管在2002年的合同上盖有当事人2003年才使用的公章，其不符合公章使用的规定，具有瑕疵，但由于当事人均不否认该公章的真实性，因此，该真实公章足以代表当事人的意思表示，该合同已实际履行，故该瑕疵亦不影响合同的效力。”②

⑤公司使用其更名前公章的，有判决认为：“当事人使用其更名前的名称及公章签订合同，虽违反《公司登记管理条例》的相关规定，但由于更名前与更名后的企业实属同一主体，且对于本案所涉债务，更名后的公司在诉讼中予以认可，故不应因当事人使用公章及名称上具有瑕疵而否定合同的效力。”③

（二）书面形式的种类

1. 合同书。合同书，是指载有合同内容并被签名或盖章的正式书面文件。在交易实践中，合同书是最为常用的书面形式之一。无论当事人对其命名为“协议书”、“合作书”或其他名称，只要其具备合同书的基本内容，即不影响其性质的认定。在一般场合下，当事人各持合同书原件一份并制作若干复印件用以备案、存档，除另有约定外，合同书原件与复印件不一致的，以原件为准。对于双方所持合同书文本内容不一致所产生的争议，有判决认为：“导致合同当事人分别持有的合同文本内容有出入的原因复杂多样，不能据此简单地认定合同某一方当事人存在故意欺诈的情形。合同一方当事人如果据此主张对方当事人恶意欺诈应当承担举证责任，提供其他证据予以证明。”④

2. 信件。在缔约磋商过程中，当事人以往来信件的方式进行要约和承诺，只要当事人就合同必要条款达成合意且该信件符合合同书面形式要求的，即使没有将合意内容记载于正式合同书上，仍可认定合同成立。在此场合下，信件即为合同的书面形式。依《担保法》第93条规定，保证合同、抵押合同、质押合同、定金合同的书面形式包括具有担保性质的信函。

关于确认书的性质。当事人采用信件、数据电文等形式订立合同的，可以在合同成立之前要求签订确认书。签订确认书时合同成立。（《合同法》第33条）在此场合下，由于

---

① 参见“深圳某银行某分行与浙江某交通集团有限公司借款合同纠纷上诉案”，载最高人民法院民事审判第一庭编：《民事审判指导与参考》2006年第3集（总第27集），法律出版社2007年版，第221页以下。

② 参见“天津某股份有限公司与甘肃某药业有限责任公司担保合同纠纷案”，载最高人民法院民事审判第二庭编：《民商事审判指导》2009年第2辑（总第18辑），人民法院出版社2009年版，第162页以下。

③ 参见“某证券有限责任公司与海南某科技发展有限公司等资产管理委托合同纠纷上诉案”，载最高人民法院民事审判第二庭编：《民商事审判指导》2006年第2辑（总第10辑），人民法院出版社2006年版，第250页以下。

④ 参见“某银行长沙市某支行与湖南某投资管理有限公司、长沙某开发建设有限公司借款担保合同纠纷案”，载《最高人民法院公报》2009年第1期。

缺乏一份正式文件记载完整的合同条款，当事人最后以确认书的形式将信件和数据电文中达成合意的合同条款统一表述出来，因此确认书构成承诺的最终组成部分。

3. 数据电文。数据电文，是指以电子、光学、磁或者类似手段生成、发送、接收或者储存的信息。(《电子签名法》第2条第2款) 数据电文具体包括电报、电传、传真、电子数据交换和电子邮件等形式。(《合同法》第11条) 电报、电传和传真是传统的数据电文形式，电子数据交换（Electronic Data Interchange，EDI）和电子邮件（E-mail）则为新型的数据电文形式。电子数据交换，是指电子计算机之间使用某种商定标准来规定信息结构的信息电子传输。① 电子邮件，是指通过电子计算机系统以及国际互联网络实现的信息传递方式。此外，在网络交易中还广泛存在“点击合同”形式，即电子形式的格式合同。几乎所有的电子商务企业和网站都会运用点击合同来规定其与消费者或用户之间的一般性权利和义务。②

4. 其他书面形式。除以上3种典型的书面形式外，其他可以有形地表现所载内容的形式也可以构成合同的书面形式。例如保险合同可以采取保险单或其他保险凭证的形式订立。(《保险法》第13条第2款)

【学说争议：公证、鉴证、审核登记的性质】

依据法律规定或当事人约定，某些合同的订立需要办理公证、鉴证或审批登记等手续。对此类手续的性质，学界存在争议。第一种观点认为，此类手续是合同的特殊书面形式，而合同书、信件和数据电文是合同的一般书面形式。③ 第二种观点认为，此类手续是合同的生效要件。因为公证、鉴证、审批登记皆为当事人各方合意以外的因素，即不属于成立要件的范畴，而属于效力评价的领域。④ 本书赞同观点一，理由如下：首先，观点二错误地将合同形式与合同的生效要件相对立，而实则两者可具兼容性。因为依据法律规定或当事人约定，合同形式的效力可以是成立要件、生效要件或其他法律后果。其次，公证、鉴证、审批登记属于《合同法》第11条规定的“等可以有形地表现所载内容的形式”，观点一在解释论上可以成立。因此，公证、鉴证、审批登记原则上为合同的特殊书面形式，法律有特殊规定或当事人有特殊约定的除外。应特别注意的是，依现行法规定，审批登记具有两种可能的性质：(1) 合同的生效要件。《合同法》第44条第2款规定：“法律、行政法规规定应当办理批准、登记等手续生效的，依照其规定。”依该款规定，法律、行政法规规定合同应当办理批准手续，或者办理批准、登记等手续才生效，在一审法庭辩论终结前当事人仍未办理批准手续的，或者仍未办理批准、登记等手续的，人民法院应当认定该合同未生效。(《合同法解释（一）》第9条第1款前段) (2) 物权变动要件，不影响合同效力。法律、行政法规规定合同应当办理登记手续，但未规定登记后生效的，当事人未

① 参见联合国国际贸易法委员会《电子商务示范法》第2条（b）项。

② 张楚主编：《电子商务法》，中国人民大学出版社2011年版，第51页。

③ 余延满：《合同法原论》，武汉大学出版社1999年版，第158页。

④ 崔建远：《合同法总论》（上卷），中国人民大学出版社2011年版，第251页。

办理登记手续不影响合同的效力，合同标的物所有权及其他物权不能转移。(《合同法解释（一）》第9条第1款后段）例如当事人订立转让不动产物权的合同，依法办理物权登记导致物权变动；未办理物权登记的，不影响合同效力。(《物权法》第9条第1款、第15条）

（三）法律、行政法规规定采用书面形式的合同

对于某些有名合同，法律、行政法规规定必须采取特定书面形式订立，而不允许当事人自由选择合同形式。其立法理由主要有：举证的需要；在无偿合同中，给义务人慎重考虑的机会；有效区分谈判阶段与订约阶段；当事人一方需要特别保护；行政管理的需要等。① 依现行法规定，应当采用书面形式的情形如下：

1. 不动产交易的合同。依《城市房地产管理法》规定，土地使用权出让合同（第15条第1款）、房地产转让合同（第41条）、房地产抵押合同（第50条）和房屋租赁合同（第54条）均应当采用书面形式。

2. 机动车、船舶、航空器等特殊动产交易的合同。例如船舶所有权转让合同(《海商法》第9条第2款)、船舶抵押合同(《海商法》第12条第2款）和民用航空器转让合同(《民用航空法》第14条第2款）等。

3. 担保合同。例如保证合同(《担保法》第13条)、抵押合同(《担保法》第38条、《物权法》第185条第1款)、质押合同(《担保法》第64条第1款、《物权法》第210条第1款）和定金合同(《担保法》第90条）等。

4. 以审批登记为特殊生效要件的合同。例如中外合资经营企业合同(《中外合资经营企业法实施条例》第14条)、中外合作经营企业合同(《中外合作经营企业法实施细则》第11条)、专利申请权转让合同和专利权转让合同(《专利法》第10条第3款）等。

5. 涉及行政监管的合同。例如建设工程合同(《合同法》第270条)、商业银行贷款合同(《商业银行法》第37条)、证券承销协议(《证券法》第12条第1款）等。

6. 劳动合同。(《劳动合同法》第10条第1款）

三、口头形式

（一）口头形式的概念和特征

口头形式，是指以直接对话的方式进行意思表示订立合同，而不用文字记载合同内容的合同形式。口头形式的优点在于交易成本低、订约程序简便易行，缺点是发生争议时不易举证。口头形式通常适用于标的数额不大、即时清结或基于人身信任关系订约的场合。口头形式具有以下特征：

1. 不存在一定的物质载体将合同内容固定下来。在口头形式合同中，当事人就合同内容以口头语言作出意思表示，不存在书面文件等有形载体记载合同内容。但应注意，口头形式合同并非不能产生任何文字凭据。例如顾客在商场购物，商场会出具发票或收据

① ［德］海因·克茨：《欧洲合同法》（上卷），周忠海等译，法律出版社2001年版，第115~117页。

等，此类文字凭据仅证明付款或收货的事实而非记载合同内容，此类文字凭据只能作为证明合同成立的证据而不能认定为合同的书面形式。对于口头形式的旅游合同，有判决认为："原告为外出旅游到被告处，根据被告提供的旅游行程分解表，双方就旅游的期限、目的地、人数、待遇等达成一致的意思表示，这一口头合同成立。法律有关国内旅游方面的规定，以及被告的旅行分解表内容，是这一口头合同中双方权利义务的书面依据。"①

2. 口头形式所表述的内容无法进行复制。口头形式合同缺乏有形的物质载体，故不存在如书面形式那样的复印件。口头形式合同的成立，只能通过当事人陈述、证人证言、录音录像等证据予以证明。对于口头形式的医疗服务合同，有判决认为："原告虽无直接证据证明双方约定采取 ISCI 治疗技术，但依据交费单据、电话录音、来往信件、治疗记录单等间接证据相互印证，可以认定原告与人民医院口头约定采取 ISCI 技术进行人工辅助生育治疗。"②

3. 口头形式表述的必须是合同内容。当事人以口头语言的方式对合同必要条款达成合意，方能导致口头形式合同成立。应将口头形式与单纯陈述区别开来，单纯陈述是指当事人对合同中有关事实的一般性陈述，主要是关于与合同有关的情况的说明。单纯陈述通常并不构成合同内容，而仅是对订约情况的背景介绍。③

（二）口头形式的种类

1. 当面对话。

2. 电话。如果当事人通过当面对话或电话订立合同，并以录音、录像等视听资料形式予以记录，这些视听资料可作为认定口头形式合同成立的证据，但其并不作为一种独立存在的合同形式。(《民法通则意见》第 65 条)

四、其他形式

（一）推定形式

推定形式，是指当事人以行为进行意思表示以订立合同的形式。在有些场合下，当事人没有采取书面或口头形式进行意思表示，而是以实施某种行为的方式达成合意使合同得以成立。例如自动售货机的设置和投币行为、邮筒的设置和投信行为等。《合同法解释（二）》第 2 条规定："当事人未以书面形式或者口头形式订立合同，但从双方从事的民事行为能够推定双方有订立合同意愿的，人民法院可以认定是以合同法第 10 条第 1 款中的'其他形式'订立的合同。但法律另有规定的除外。"关于该条的适用，从以下几方面说明：

1. 推定形式包括以作为和不作为的方式进行意思表示。该条采取"双方从事的民事行为"之表述，包含了以作为（推定行为）和不作为（沉默）进行意思表示的两种情形。

---

① 参见"王某、陈某诉某旅行社旅游合同纠纷案"，载《最高人民法院公报》2002 年第 3 期。

② 参见"郑某、陈某诉某人民医院医疗服务合同纠纷案"，载《最高人民法院公报》2004 年第 8 期。

③ 关于合同条款与单纯陈述的区分，参见王利明、崔建远：《合同法新论·总则》，中国政法大学出版社 1996 年版，第 225~226 页。

不作为的默示只有在法律有规定或者当事人双方有约定的情况下，才可以视为意思表示。(《民法通则意见》第66条)

2. 该条与《合同法》第36条的关系。《合同法》第36条规定："法律、行政法规规定或者当事人约定采用书面形式订立合同，当事人未采用书面形式但一方已经履行主要义务，对方接受的，该合同成立。"在此情形下，合同并非采取推定形式订立。因为在履行之前当事人已经就合同成立达成合意，只是欠缺书面形式，履行义务及接受行为的意义是对书面形式的补正，而并非以此行为达成合意。

3. 该条"但书"的意义。"但法律另有规定的除外"意指该条所规定的推定形式不适用于法律对合同形式有特别规定的情形，即法律规定的要式合同不能采取推定形式，但当事人约定的要式合同仍可适用该条。

（二）法律特别规定的其他形式

例如担保合同可采取下列形式订立：（1）保证合同、抵押合同、质押合同、定金合同在主合同中以担保条款形式约定。(《担保法》第93条)（2）第三人单方以书面形式向债权人出具担保书，债权人接受且未提出异议的，保证合同成立。(《担保法解释》第22条第1款)（3）主合同中虽然没有保证条款，但是，保证人在主合同上以保证人的身份签字或者盖章的，保证合同成立。(《担保法解释》第22条第2款)

关于意向书、备忘录的性质。现行法对此未作规定，应从以下几方面作出认定：（1）意向书、备忘录原则上不是合同的书面形式。在一般场合下，此类书面文件并非记载当事人达成合意的合同条款，其内容主要是当事人通过缔约磋商达成的初步意向或有关谈判内容的记载，故不构成合同内容的载体，现行法也未将其规定为合同形式。但在某些特殊情形下，当事人以备忘录形式变更合同内容的，备忘录可构成变更协议或补充协议而具有法律约束力。有判决认为："《备忘录》系合资三方在平等、自愿、协商一致的基础上达成的，其对各方出资所做的调整是必要和合理的，其内容反映了合资各方的真实意思表示，依法应当认定其合法有效，对合资各方均具有约束力。"①（2）意向书、备忘录符合预约条件的，构成预约合同。如果当事人订立意向书、备忘录，约定在将来一定期限内订立买卖合同等本合同，意向书、备忘录可认定为预约合同。(《买卖合同解释》第2条)（3）意向书、备忘录不符合预约条件且不存在其他特殊情形的，仅具有证据意义。在此情形下，此类书面文件不能证明合同已经成立，仅能证明缔约磋商事实的存在，作为当事人主张缔约过失责任的证据。

五、欠缺合同形式的后果（合同形式的效力）

对于不要式合同而言，由于法律和当事人对合同形式没有特别要求，故不存在欠缺合同形式的问题。对于要式合同而言，法律、行政法规规定或当事人约定采用书面形式，但当事人未采用书面形式的后果如何？区分为以下两类情形：

① 参见"香港某投资有限公司与山西省某医院、第三人山西某科贸有限公司中外合资经营企业合同纠纷案"，载《最高人民法院公报》2010年第12期。

（一）既规定、约定了形式要求，又规定、约定了形式效力

在此情形下，法律、行政法规或当事人对合同形式和形式效力均作出了规定或约定，合同形式的效力依据规定或约定确定。例如当事人约定合同自办理公证完毕时成立，则公证形式是该合同的成立要件。在我国原来的司法实践中，对于不符合法律规定的合同形式的合同，往往认定为无效。① 现行法一般对合同形式的效力未作明确规定，仅在个别场合下设有特殊规定。例如《合同法》第44条第2款规定审批登记为合同的生效要件；第215条规定租赁期限6个月以上的租赁合同未采书面形式的，视为不定期租赁。

（二）仅规定、约定了形式要求，未规定、约定形式效力

法律、行政法规或当事人对合同形式作出了规定或约定，但对欠缺该形式的后果未作规定或约定，区分为以下三类情形：

1. 一般场合下，合同不成立。通说认为，依据对《合同法》第36条的反面解释，当事人未采用法律、行政法规规定的书面形式或当事人约定的书面形式，也不存在一方履行主要义务且对方接受情形的，合同不成立，即书面形式是合同的成立要件。②

2. 合同形式因履行而被补正，合同成立。依《合同法》第36条规定，当事人未采用法律、行政法规规定的书面形式或当事人约定的书面形式，但一方已经履行主要义务且对方接受的，该合同成立。在此情形下，虽然欠缺法定或约定的合同形式，但由于合同主要义务已经履行完毕，基于诚实信用原则和鼓励交易的理念，该条规定合同形式因履行而被补正，合同成立。有判决认为："当事人之间虽未订立书面合同，但是双方之间发生的以施工为内容的权利义务关系是客观存在的，施工单位方直接向建设单位方报告工程进度，建设方直接向施工方支付工程进度款，双方还对施工中的一些具体问题进行协商与核定，以上事实表明施工方和建设方形成了事实上的合同关系。"③

3. 在某些场合下，存在法律认可的证据，合同成立。虽然没有当事人实际履行的事实，但存在法律认可的证据可证明合同关系的，合同成立，即书面形式仅具有证据效力且可以被其他证据所替代。具体法律规定有：（1）《民法通则意见》第50条规定："当事人之间没有书面合伙协议，又未经工商行政管理部门核准登记，但具备合伙的其他条件，又有两个以上利害关系人证明有口头合伙协议的，人民法院可以认定为合伙关系。"（2）《民法通则意见》第108条规定："公民间的口头保证，有两个以上无利害关系人证明的，也视为保证合同成立，法律另有规定的除外。"（3）《买卖合同解释》第2条规定："当事人之间没有书面合同，一方以送货单、收货单、结算单、发票等主张存在买卖合同关系

---

① 胡康生主编：《中华人民共和国合同法释义》，法律出版社2009年版，第18页。

② 另有"生效要件说"、"证据力说"等少数说。参见余延满：《合同法原论》，武汉大学出版社1999年版，第161页。

③ 参见"某高新技术产业开发区管理委员会、某高新技术产业开发区科技创业服务中心与某建筑公司、某建筑工程公司工程款结算纠纷上诉案"，载最高人民法院办公厅编：《最高人民法院公布裁判文书（2000年）》，人民法院出版社2001年版，第307页以下。

的，人民法院应当结合当事人之间的交易方式、交易习惯以及其他相关证据，对买卖合同是否成立作出认定。对账确认函、债权确认书等函件、凭证没有记载债权人名称，买卖合同当事人一方以此证明存在买卖合同关系的，人民法院应予支持，但有相反证据足以推翻的除外。”有判决认为：“一方付款后，将会开具不同种类的发票，其中增值税发票是一般纳税义务人缴税及申报抵扣的凭证。若没有其他证据佐证，仅凭增值税发票的出票和抵扣行为并不必然能证明出票人和收票人之间存在买卖合同关系，还需要考量个案的事实、交易习惯等因素来综合认定买卖合同关系是否存在。”①

附：与本章内容有关的司考真题

一、选择题

1. 根据甲公司的下列哪些《承诺（保证）函》，如乙公司未履行义务，甲公司应承担保证责任？【2015 年司法考试卷三第 57 题】

A. 承诺：“积极督促乙公司还款，努力将丙公司的损失降到最低”

B. 承诺：“乙公司向丙公司还款，如乙公司无力还款，甲公司愿代为清偿”

C. 保证：“乙公司实际投资与注册资金相符”。实际上乙公司实际投资与注册资金不符

D. 承诺：“指定乙公司与丙公司签订保证合同”。乙公司签订了保证合同但拒不承担保证责任

2. 甲向乙借款 5 万元，乙要求甲提供担保，甲分别找到友人丙、丁、戊、己，他们各自作出以下表示，其中哪些构成保证？【2008 年司法考试卷三第 53 题】

A. 丙在甲向乙出具的借据上签署“保证人丙”

B. 丁向乙出具字据称“如甲到期不向乙还款，本人愿代还 3 万元”

C. 戊向乙出具字据称“如甲到期不向乙还款，由本人负责”

D. 己向乙出具字据称“如甲到期不向乙还款，由本人以某处私房抵债”

3. 刘某提前两周以 600 元订购了海鸥航空公司全价 1000 元的六折机票，后因临时改变行程，刘某于航班起飞前一小时前往售票处办理退票手续，海鸥航空公司规定起飞前两小时内退票按机票价格收取 30%手续费。下列哪一选项是正确的？【2008 年司法考试延期卷卷三第 7 题】

A. 退票手续费的规定是无效格式条款

B. 刘某应当支付 300 元的退票手续费

C. 刘某应当支付 180 元的退票手续费

D. 航空公司只能收取退票的成本费而不能收取手续费

4. 2003 年甲向乙借款 3000 元，借据中有“借期一年，明年十月十五前还款”字样，

---

① 参见“富阳市某纸业有限公司诉宁波某文具有限公司买卖合同纠纷案”，载最高人民法院中国应用法学研究所编：《人民法院案例选》2010 年第 3 辑（总第 73 辑），人民法院出版社 2011 年版，第 262 页以下。

落款时间为“癸未年九月二十日”。后来二人就还款期限问题发生争执，法院查明“癸未年九月二十日”即公元二〇〇三年十月十五日，故认定还款期限为二〇〇四年十月十五日。法院运用了哪几种合同解释规则？【2005年司法考试卷三第54题】

A. 文义解释

B. 整体解释

C. 目的解释

D. 习惯解释

第五章　合同的效力

【知识结构图】

- 合同的效力
  - 合同效力概述
    - 合同效力的概念
    - 合同成立、有效、生效之间的关系
  - 合同的有效要件
    - 合同的一般有效要件
      - 当事人有相应缔约能力
      - 意思表示真实
      - 不违反法律或社会公共利益
    - 合同的特殊有效要件
  - 合同的生效要件
    - 合同的一般生效要件
    - 合同的特殊生效要件
      - 约定的特殊生效要件：生效条件、始期
      - 法定的特殊生效要件：审批登记等
  - 无效合同
    - 一方以欺诈、胁迫的手段订立合同，损害国家利益
    - 恶意串通，损害国家、集体或第三人利益
    - 以合法形式掩盖非法目的
    - 损害社会公共利益
    - 违反法律、行政法规的强制性规定
  - 可撤销合同
    - 重大误解
    - 显失公平
    - 一方以欺诈、胁迫的手段订立合同
    - 乘人之危
  - 效力未定合同
    - 限制民事行为能力人超越缔约能力而订立的合同
    - 无权代理人以被代理人的名义缔结的合同
    - 法人或其他组织的法定代理人、负责人超越权限订立的合同
    - 无权处分人处分他人财产的合同（有争议）
  - 合同被确认无效、被撤销、被拒绝追认的法律后果
    - 合同无效的效力范围
      - 时间效力范围
      - 内容效力范围
      - 对人的效力范围
      - 解决争议条款效力的独立性
    - 合同无效的具体后果
      - 返还财产
      - 赔偿损失
      - 归收国家所有或返还集体、第三人

第一节 合同效力概述

一、合同效力的概念

合同效力，是指依法成立的合同生效后所产生的权利义务对当事人乃至第三人的强制力。① 对于合同效力，可从以下几方面理解：

1. 合同效力的内容是合同约定的权利义务对当事人乃至第三人所具有的强制力，即债务人应当依据债权人的请求履行其合同义务。合同效力的强制力体现为当事人必须依据法律规定或当事人约定履行合同义务，否则应承担违约责任。合同效力不同于合同拘束力，合同拘束力是指除当事人合意或有法定、约定事由外，任何一方当事人不得擅自变更或解除合同。(《合同法》第8条) 合同效力着眼于合同权利义务对当事人乃至第三人的直接拘束；合同拘束力着眼于当事人对其在合同关系中所作意思表示的维持。

2. 合同效力仅有效成立的合同才有可能具有。合同效力的产生以合同有效成立为前提，该合同因被法律所认可而使当事人意思表示的内容产生法律约束力。合同效力不同于合同不成立和无效所产生的法律后果，在合同不成立和无效的场合下，虽在当事人之间也发生损害赔偿等法律后果，但该后果并非基于合同内容所产生的效力，而是法律规定在此场合下所产生的法律后果。

3. 合同效力主要发生于合同生效至合同终止的期间。合同有效成立后，因法定或约定要件不具备而尚未生效之前，合同效力尚未发生，合同权利义务尚不具有现实的强制力，债权人还不能要求债务人履行债务。合同生效后，作为合同内容的权利义务才具有现实的强制力，债务人应当依据法定和约定要求履行债务。但随着合同义务体系的扩张，在合同生效之前及终止之后，在当事人之间还存在通知、保密等附随义务及后合同义务，此类义务亦为合同效力的体现。

4. 合同效力原则上仅在当事人之间产生强制力，但在某些场合下亦可对合同关系之外的第三人产生强制力。合同效力一般是指合同内部效力，即对合同关系中的债权人和债务人的强制力。但随着现代合同法对合同相对性原则的突破，在某些场合下的合同外部效力也逐渐被各国立法所承认。例如债权人的代位权(《合同法》第73条) 和债权人的撤销权(《合同法》第74条) 制度中，债权人可以向合同关系之外的第三人行使权利。

二、合同成立、合同有效、合同生效之间的关系

(一) 合同成立与合同有效

合同成立，是指当事人就必要条款达成合意而使合同关系得以设立的事实状态。合同有效，是指法律认可依据合同之意思表示的内容具有法律效力。合同成立是合同有效的前

---

① 对合同效力的不同观点，参见赵旭东：《论合同的法律约束力与效力及合同的成立与生效》，载《中国法学》2000年第1期；崔建远：《合同法总论》（上卷)，中国人民大学出版社2011年版，第256~257页。

提，如果合同不成立，则不存在合同是否有效的问题。两者的区别如下：(1) 性质不同。合同成立表明客观上存在合同关系，为事实判断，而不涉及合同效力的评价；合同有效表明法律对该合同关系持肯定性评价态度，为价值判断。(2) 构成要件不同。合同成立要件包括当事人、合意等；合同有效要件包括当事人适格、意思表示真实、内容合法等。(3) 涉及的责任不同。在缔约阶段因当事人过错导致合同不能成立的，产生缔约过失责任；合同有效成立后，当事人违反合同义务的，产生违约责任。

(二) 合同有效与合同生效

合同生效，即产生合同效力之简称，是指合同效力因具备一定要件在某一具体时间点而产生。合同生效以合同有效成立为前提，如无特殊情形，合同有效成立时亦同时生效，此场合下区分合同成立、有效与生效并无实际意义。但在有些场合下，区分合同生效与合同成立及有效具有实益。两者的区别如下：(1) 性质不同。合同有效解决法律对合同有效性的评价问题，表明法律认可该合同具有法律效力而受保护；合同生效解决合同效力具体何时发生的时间界限问题，以及生效后合同上权利义务具有何种现实约束力等问题。① (2) 时间不一定一致。例如在附生效条件或附始期合同的场合下，在条件未成就或期限未到来时，合同虽然有效但尚未生效。(3) 对应概念不同。合同有效的对应概念是合同不有效或称合同效力存在瑕疵，即合同因欠缺有效要件而不能或不能完全被法律所认可，包括合同无效、可撤销、效力未定等情形。合同生效的对应概念是合同不生效或未生效，即合同因欠缺生效要件而处于虽有效成立但尚未生效的状态。

第二节 合同的有效要件与生效要件

一、合同的有效要件

(一) 合同的一般有效要件

合同的一般有效要件，是指适用于任何类型合同的有效要件。《合同法》对此未作规定，依据《民法通则》第55条对法律行为有效要件的规定，合同的一般有效要件如下：

1. 当事人在缔约时须有相应的缔约能力。

缔约能力，是指当事人能够通过自己的行为独立缔结合同并享有合同权利、承担合同义务的资格。对于自然人、法人和其他组织的缔约能力，法律要求有所不同，分述如下：

(1) 自然人的缔约能力。

完全民事行为能力人原则上对一般类型的合同均有缔约能力，但法律对缔约能力有特殊要求的除外。例如对于建设工程承包合同、外贸合同等，未取得相应资质的完全民事行为能力人不具有缔约能力。

限制民事行为能力人对与其年龄、智力、精神健康状况相适应的合同具有缔约能力，

---

① 虽然《合同法》第三章以“合同的效力”为标题，但除第44~46条涉及合同生效外，其余条文均为对合同有效性及其法律后果的规范。《合同法》第四章“合同的履行”所属各条才是对合同效力的具体规范。

可亲自订立；对其他合同不具有缔约能力，应由其法定代理人代理或征得其法定代理人的同意。(《民法通则》第12条第1款、第13条第2款）限制民事行为能力人是否具有缔约能力的判断标准，应考虑合同与本人生活相关联程度、本人智力及精神状态能否理解该合同以及合同标的数额等因素。(《民法通则意见》第3、4条）在实践中，能够认定限制行为能力人具有缔约能力的常见情形如下：①使其纯获得利益的合同，(《民法通则意见》第6条）例如作为受赠人订立赠与合同。②日常生活必需的合同，例如中学生购买食物、文具等。③在法定代理人确定的目的范围内利用自己财产订立的合同，例如春游的中学生用父母所给零花钱购买纪念品。④日常生活中的定型化合同，例如利用自动售货机、搭乘公交车等。

无民事行为能力人原则上对任何合同均不具有缔约能力，应由其法定代理人代理民事活动。(《民法通则》第12条第2款、第13条第1款）但例外情形有：①使其纯获得利益的合同。(《民法通则意见》第6条）②日常生活必需的标的微小的合同，例如小学生购买早点等。应注意的是，无民事行为能力人或限制民事行为能力人利用网络订立电子合同的场合下，因当事人之间互不谋面而无法考证对方是否具有相应的缔约能力，因此应推定当事人具有相应的缔约能力，当事人及其法定代理人不得以欠缺缔约能力为由而否认合同的效力。

（2）法人和其他组织的缔约能力。法人和其他组织原则上对一般类型的合同均有缔约能力，但受到以下几方面的限制：①法律对某些有名合同要求当事人具有特殊资质。例如不具有建筑施工企业资质的法人和其他组织不得作为承包人订立建设工程施工合同(《建设工程施工合同解释》第1条)；依法设立的保险公司或其他保险组织以外的法人或其他组织不得作为保险人订立保险合同(《保险法》第6条)。②法律限制某些类型的法人和其他组织订立某些有名合同。例如机关法人、以公益为目的的事业单位法人和社会团体法人、企业法人的分支机构和职能部门不得作为保证人订立保证合同(《担保法》第8~10条)。③经营范围对缔约能力的影响。企业法人和其他组织对其经营范围之外的合同是否具有缔约能力？我国立法及司法实务对此问题的态度历经变迁。《民法通则》第42条规定："企业法人应当在核准登记的经营范围内从事经营。"该条文义似乎持否定意见，但学理上存在不同解释。①《合同法解释（一）》第10条规定："当事人超越经营范围订立合同，人民法院不因此认定合同无效。但违反国家限制经营、特许经营以及法律、行政法规禁止经营规定的除外。"依此规定，经营范围原则上并不限制法人和其他组织的缔约能力，但法人和其他组织违反限制经营、特许经营和禁止经营规定订立合同的，则无缔约能力。

2. 当事人的意思表示真实

意思表示真实，是指缔约人的内心效果意思与其外部表示行为相一致的状态。该要件是意思自治原则在合同法领域的具体体现。合同作为一种表意行为，作为其构成要素的意思表示应在合意的基础上还须真实，合同的有效性才能够被法律所认可。在一般场合下，当事人表达于外部的言行是依据自己真实意愿作出的，即构成意思表示真实。但在以下几

① 参见王利明：《合同法研究》(第一卷)，中国人民大学出版社2015年版，第547~549页。

种情况下可能导致当事人意思表示不真实或称意思表示存在瑕疵：一是因对方实施胁迫、乘人之危等行为导致当事人在非自愿的状态下作出意思表示；二是因对方实施欺诈行为或己方对合同内容存在重大误解导致当事人在错误认识状态下作出意思表示；三是双方当事人恶意串通、以合法形式掩盖非法目的，在明知意思表示不真实的状态下为实现某种不法目的作出意思表示。对当事人意思表示是否真实的认定，原则上采客观标准。当事人以口头、书面等法律认可的形式作出意思表示如无特殊情形原则上应认定为真实，除非存在法律列举的可认定意思表示瑕疵的情形，否则当事人不得作出意思表示后又借口并非其真实意愿而否认合同的有效性。

在当事人利用网络订立电子合同的场合下，对当事人意思表示真实的认定应采更为严格的客观标准以保障交易安全。依《电子签名法》第 8 条规定，审查数据电文作为证据的真实性，应当考虑以下因素：①生成、储存或者传递数据电文方法的可靠性；②保持内容完整性方法的可靠性；③用以鉴别发件人方法的可靠性；④其他相关因素。

3. 不违反法律或社会公共利益

该要件是对合同内容的要求，即内容具有合法性的合同才能被法律认可其有效性。此处所称法律，是指全国人大及其常委会制定的法律以及国务院制定的行政法规，且仅指其中的强制性规定。社会公共利益是指大陆法系所称公序良俗，其要求合同内容在法律明文规定之外亦不得违反公共秩序与善良风俗。是否违反法律或社会公共利益的具体认定，应从合同的目的、标的、条件和方式等方面考察。目的违法，是指当事人缔结合同的主观目的在法律上或事实上的效果违法，例如当事人订立房屋租赁合同的目的是开设赌场。标的违法，是指标的物是禁止流通物或给付行为被法律所禁止，例如提炼毒品的加工承揽合同、卖身合同等。条件违法，是指附条件合同中所附条件违法，例如赠与合同所附条件为伤害他人人身。方式违法，是指订立合同的方式为法律所禁止，例如以不正当竞争的方式订立集体涨价的合同。

【学说争议："标的确定和可能"是否为合同有效要件】

标的确定，是指在合同成立时合同标的自始确定或依据某种方法能够确定。标的可能，是指合同义务在事实上和法律上能够被履行。反之则为标的不能，依时间标准划分又可分为自始不能与嗣后不能：前者是指在合同成立时即构成标的不能，例如古画买卖合同成立时，该古画已经被毁；后者是指合同成立时标的尚属可能，合同成立后因事实上或法律上的原因导致标的不能，例如古画买卖合同成立后古画被毁。对于嗣后不能，仅涉及违约责任的承担而不影响合同效力。对于自始不能，传统民法多有立法将其规定为合同无效的原因。①

对于"标的确定和可能"是否为合同有效要件，学界存在肯定说②和否定说③两种意见。本书认为，标的确定为合同成立要件而非有效要件，依据为《合同法解释

① 参见原《德国民法典》第 306 条。
② 参见魏振瀛主编：《民法》，北京大学出版社、高等教育出版社 2010 年版，第 156~157 页。
③ 参见马俊驹、余延满：《民法原论》，法律出版社 2010 年版，第 188~189 页。

（二）》第1条第1款之规定，应无疑义。在自始不能中的法律不能的场合，合同因违反法律强制性规定（例如买卖禁止流通物）应属无效。自始不能中的事实不能，不能当然导致合同无效，理由如下：（1）从现行法规定来看，《民法通则》第55条未规定“标的可能”是法律行为的一般有效要件，《合同法》第52条也未规定“标的可能”是合同无效事由。（2）从域外立法动向来看，曾经规定“自始不能的合同无效”的德、日等国均对此规定予以废弃或修改。PICC第3.1.3条更明确规定，自始不能的情形不影响合同的效力。（3）订约时一方明知不能履行仍签订合同，可构成欺诈。例如甲明知古画已经被毁却仍订立合同出售。在此情形下，如果并非损害国家利益，合同可以被撤销。（4）订约时双方均不知合同不能履行，如果属于对“标的物的品种、质量、规格和数量等错误认识”，使行为后果与自己的意思相悖，并造成较大损失的，可认定为重大误解。（5）如果不构成欺诈或重大误解，自始不能的合同应属有效，依据违约责任(《合同法》第107条、第110条第1项）和风险负担（《合同法》第142条）等规则处理。在司法实务上，亦有认定自始不能的合同为有效合同并依违约责任等规则处理之典型判例。①

（二）合同的特殊有效要件

合同的特殊有效要件，是指依据法律规定或当事人约定，合同有效应特别具备的要件。

1. 某些要式合同的特殊有效要件——完成特定形式。对于某些要式合同，法律规定或当事人约定须采用特定形式订立合同才能导致合同有效。例如当事人约定应将合同书办理鉴证手续，否则合同无效。

2. 法律特别规定。例如保险合同之投保人在订立合同时应当对被保险人具有保险利益，否则合同无效(《保险法》第31条第3款)；对外合作开采海洋石油资源合同经商务部批准，即为有效(《中华人民共和国对外合作开采海洋石油资源条例》第7条第2款)。

二、合同的生效要件

（一）合同的一般生效要件

合同的一般生效要件，是指适用于任何类型合同的生效要件。《合同法》第44条第1款规定：“依法成立的合同，自成立时生效。”此处的“依法成立”，是指合同成立时同时具备合同的有效要件，其有效性被法律所认可。因此依该款规定，合同的一般生效要件与一般有效要件相同。合同成立时具备一般有效要件的，如无法律特殊规定或当事人特殊约定，合同即同时生效。

（二）合同的特殊生效要件

合同的特殊生效要件，是指依据法律规定或当事人约定，合同生效应特别具备的要件。

1. 约定的特殊生效要件——生效条件成就、生效期限到来。

① 参见“南昌某实业集团公司诉某电视台不按合同约定播出上星广告违约赔偿纠纷案”，载最高人民法院中国应用法学研究所编：《人民法院案例选》1997年第1辑（总第19辑），人民法院出版社1997年版，第164页以下。

（1）附生效条件的合同。生效条件，又称延缓条件、停止条件，是指作为合同的附款，其成就导致合同生效的条件。《合同法》第45条第1款规定："当事人对合同的效力可以约定附条件。附生效条件的合同，自条件成就时生效。附解除条件的合同，自条件成就时失效。"例如甲乙约定，甲赠与一笔金钱给乙作为学费，但以乙考上研究生为生效条件。合同附生效条件的意义主要在于使当事人的动机成为合同内容，使其具有法律意义。合同所附条件应具备以下要求：

①必须是将来发生的事实。如果该事实已经发生，则视为合同未附条件，合同自有效成立时生效；如果该事实确定不能发生，则合同无效。

②必须是不确定的事实。如果该事实将来确定发生，则为期限而非条件；如果该事实将来确定不可能发生，则合同无效。

③必须是当事人约定的而非法定的条件。如果当事人将法定条件作为合同内容，该合同实际上未附条件。

④条件不得与合同主要内容相矛盾。如果条件与合同主要内容相矛盾，应认定合同无效。①

⑤条件必须合法。如果合同附不法条件，则合同无效。（《民法通则意见》第75条）在合同已经有效成立且生效条件尚未成就之前，当事人不得恶意阻止或促成条件成就。当事人为自己的利益不正当地阻止条件成就的，视为条件已成就；不正当地促成条件成就的，视为条件不成就。（《合同法》第45条第2款）

与附生效条件的合同有关的司法意见：

①附生效条件的从合同与主合同效力的关系，有判决认为："附生效条件的《补充协议》因条件没有成就而未生效，当事人提出的'即使条件没有成就，因为《补充协议》是主合同的从合同，也不影响合同效力'的理由不成立。"②

②将政府机关的合同审批权约定为条件的，有判决认为："政府机关对有关事项或合同审批的权限和职责，源于法律和行政法规规定，不属于当事人约定范围。当事人将法律和行政法规没有规定的政府机关对有关事项或合同审批权约定为条件，同样不符合合同法有关附条件合同的规定。所附'条件'不产生限制合同效力的法律效果。"③

③当事人约定以办理公证为合同生效条件的，有判决认为："卖方拒不提供合同原件，致使公证手续无法继续办理的，应根据《合同法》第45条第2款规定，认定合同已经生效。"④ 还有判决认为："双方签订《股份转让补充协议书》并约定办理公证后生效，

---

① 也有学者认为应认定合同未成立。参见王利明：《合同法研究》（第一卷），中国人民大学出版社2015年版，第559页。

② 参见"中国电子工业某总公司与某商业旅游城置业有限公司、某银行无锡市某商品房预售合同纠纷上诉案"，载刘德权主编：《最高人民法院裁判意见精选》（上），人民法院出版社2011年版，第271页。

③ 参见"某国土局与某置业公司国有土地使用权出让合同纠纷案"，载《最高人民法院公报》2007年第3期。

④ 参见"刘某与上海某房产发展有限公司买卖合同纠纷再审案"，载刘德权主编：《最高人民法院裁判意见精选》（上），人民法院出版社2011年版，第273页。

因没有办理公证未能满足协议的生效条件，虽然一方支付了部分股权转让款的利息，但不能因此认定《股份转让补充协议书》已经生效。”①

④合同约定以一方内部因素为生效条件而该方怠于履行相应义务的，有判决认为：“合同约定以一方当事人上级主管部门批准作为合同生效条件的，该方当事人即负有及时报请其上级主管部门审批、促使合同生效的义务。如果该方怠于履行上述义务，在合同业经双方当事人签字盖章成立，合同内容不违反法律禁止性规定、不损害他人利益且已部分履行的情况下，应当认定合同已经生效。”②

⑤合同约定数个生效条件，其中一个条件成就而其他条件未成就的，有判决认为：“合同约定甲乙双方签字后生效……第4.1条还约定：合同签订后20日内，乙方支付1500万元土地转让费时其生效。第4.1条是附生效条件条款，乙方实际履行了付款义务，合同已经生效。甲方未在合同上签名，只是股东在办理股权转让手续方面存在的瑕疵，该瑕疵不影响股权转让合同的效力。”③

（2）附生效期限的合同。生效期限（始期），是指作为合同的附款，其到来导致合同生效的期限。《合同法》第46条规定：“当事人对合同的效力可以约定附期限。附生效期限的合同，自期限届至时生效。附终止期限的合同，自期限届满时失效。”期限与条件的区别在于：前者为必定发生的事实；后者为发生与否不确定的事实。合同所附期限可以是确定期限，例如双方约定合同自签字盖章完成之日起1周后生效；该期限也可以是不确定期限，例如甲乙签订买卖一批雨伞的合同，约定自当地今年第一场春雨时生效。

2. 法定的特殊生效要件——法律特别规定。

（1）某些要式合同的特殊生效要件——依法办理审批、登记手续。《合同法》第44条第2款规定：“法律、行政法规规定应当办理批准、登记等手续生效的，依照其规定。”现行法规定以审批、登记为特殊生效要件的合同主要有中外合资经营企业合同(《中外合资经营企业法实施条例》第14条)、中外合作经营企业合同(《中外合作经营企业法实施细则》第11条)、专利申请权转让合同和专利权转让合同(《专利法》第10条第3款)等。在依法办理审批、登记手续之前，合同的效力状态是成立未生效，而非无效，④ 但亦有判决认为是效力待定。⑤

备案是否合同的法定特殊生效要件？现行法持否定态度。《城镇房屋租赁合同解释》

---

① 参见“陕西某贸易发展有限公司与陕西某企业集团有限责任公司股权转让协议纠纷上诉案”，载最高人民法院民事审判第二庭编：《民商事审判指导》2006年第2辑（总第10辑），人民法院出版社2006年版，第283页以下。

② 参见“某资产管理公司与某盐化工业（集团）有限责任公司借款合同纠纷案”，载《最高人民法院公报》2007年第10期。

③ 参见“彭某与梁某等股权转让纠纷案”，载《最高人民法院公报》2009年第5期。

④ 参见“广州市某房地产股份有限公司与广东某投资策划有限公司等股权转让纠纷案”，载《最高人民法院公报》2010年第8期。

⑤ 参见“某国土局与某置业公司国有土地使用权出让合同纠纷案”，载《最高人民法院公报》2007年第3期。

第 4 条规定："当事人以房屋租赁合同未按照法律、行政法规规定办理登记备案手续为由，请求确认合同无效的，人民法院不予支持。当事人约定以办理登记备案手续为房屋租赁合同生效条件的，从其约定。但当事人一方已经履行主要义务，对方接受的除外。"《商标纠纷解释》第 19 条规定："商标使用许可合同未经备案的，不影响该许可合同的效力，但当事人另有约定的除外。商标使用许可合同未在商标局备案的，不得对抗善意第三人。"依此规定，在当事人没有约定的情况下，即使法律要求某类合同应办理备案手续，办理该手续也并非合同的生效要件，而仅具有行政管理或对抗第三人的意义。

（2）某些实践合同的特殊生效要件——交付标的物。对于某些实践合同，法律规定交付标的物为合同的特殊生效要件。例如自然人之间的借款合同(《合同法》第 210 条)、定金合同(《担保法》第 90 条）等。

第三节 无效合同

一、无效合同概述

（一）无效合同的概念和特征

无效合同，是指已经成立但欠缺法定有效要件，被法律完全否认其有效性的合同。《合同法》第 52 条列举了五种情形，在这些情形下因合同严重违反法律的基本价值取向，故其被认定为无效合同。无效合同是合同无效的下位概念，因为可撤销合同被撤销、效力未定的合同被拒绝追认亦可导致合同无效。无效合同具有以下特征：

1. 严重违法性。无效合同虽然具备成立要件而使合同成立，但因内容具有严重违法性而欠缺有效要件，因此对此类合同国家予以强制干预而排除当事人意思表示的效力。无效合同主要是内容违反法律强制性规定或公序良俗的合同，与可撤销合同及效力未定的合同相比较而言，其效力瑕疵最为严重而被法律完全否认其有效性。例如买卖毒品等禁止流通物的合同。

2. 当然无效。无效合同当然不具有法律约束力，即确认无效合同不以相关当事人提出请求为前提。具体体现为：

（1）在诉讼和仲裁程序中，法院或仲裁机构一旦发现无效合同的事由即可主动依职权确认其为无效合同，而无须由当事人提出请求。即使当事人主张合同有效，法院或仲裁机构仍有权依法确认其为无效合同。有判决认为："合同的效力是法律问题而非事实问题，是法院依职权认定的内容，尽管双方均认为合同有效，法院亦可认定合同无效。"①

（2）如果对合同的有效性存在争议，合同当事人及与合同有利害关系的第三人均可提起确认之诉请求法院或仲裁机构确认其为无效合同。但税务征收机关等非民事主体不得

---

① 参见"某研究所、北京某生物新技术公司与某房地产开发公司、北京某集团有限公司、被上诉人某投资有限公司、北京某房地产有限公司合资、合作开发房地产合同纠纷上诉案"，载最高人民法院民事审判第一庭编：《民事审判指导与参考》2010 年第 4 集（总第 44 集），法律出版社 2011 年版，第 242 页以下。

作为确认合同无效之诉的适格原告。①

（3）在诉讼和仲裁程序中，当事人除有权请求确认合同无效外，还可通过行使抗辩权的方式主张合同无效，以对抗对方的履行请求权。

（4）确认合同无效不受诉讼时效期间的限制。当事人及利害关系人请求法院或仲裁机构确认合同无效，并非主张债权请求权，（《诉讼时效规定》第 1 条）故不适用诉讼时效。但合同被确认无效后，产生的返还财产请求权和赔偿损失请求权应当适用诉讼时效的规定。②

3. 自始无效。无效合同自始没有法律约束力，（《合同法》第 56 条前段）其一旦被法院或仲裁机构确认，即溯及至合同成立时起无效，原则上应将双方财产恢复至合同成立前的状态。传统民法将无效合同分为自始无效与嗣后无效：前者是指合同成立时即存在无效事由，此场合下合同无效具有溯及力不存问题；后者是指合同成立时并无无效事由，而在合同生效以前发生无效事由导致合同无效，例如附生效条件合同的标的物在条件成就前因法律修改而变为禁止流通物。应注意的是，在现行法框架下无效合同仅指自始无效，理由为：其一，《合同法》第 52 条并未列举嗣后无效的事由。其二，依《合同法》第 110 条第 1 项规定，所谓嗣后无效构成法律上的不能履行，依违约责任有关规则处理，而非导致合同无效。③

4. 确定无效。无效合同确定地不具有法律约束力，既不因债务人实际履行而使合同有效性被补正，也不因当事人的其他补正行为而转化为有效。其原因在于，因无效合同的内容具有严重违法性，故法律完全否认其有效性且不允许通过有关补正行为使其转化为有效。在此特征上，无效合同与可撤销合同及效力未定的合同有显著区别。可撤销合同可因撤销权的消灭(《合同法》第 55 条）而成为有效合同；效力未定的合同可因追认权人行使追认权而转变为有效合同。(《合同法》第 47 条等)

（二）合同不成立与合同无效

合同不成立与合同无效的共同点在于：当事人均不享有合同关系中的履行请求权，亦不能通过违约责任得到救济，且均有可能产生缔约过失责任。两者的区别如下：

1. 法律意义及判断标准不同。前者表明客观上不存在合同关系，依据合同成立要件判断；后者是在合同关系存在的前提下，合同的有效性被法律所否认，依据合同有效要件判断。

2. 法院或仲裁机构是否主动干预不同。对于合同是否成立，主要取决于当事人的意思，法院或仲裁机构原则上不作主动干预。对于无效合同，则不考虑当事人的意思，法院或仲裁机构应主动依职权确认其无效。

---

① 参见刘德权主编：《最高人民法院司法观点集成》（7），人民法院出版社 2011 年版，第 53~55 页。

② 参见“广西某集团有限责任公司与北海市某房地产开发公司等土地使用权转让合同纠纷案”，载《最高人民法院公报》2006 年第 9 期。

③ 对嗣后无效的不同观点，参见崔建远：《合同法总论》（上卷），中国人民大学出版社 2011 年版，第 304~306 页。

3. 能否依有关规则补正不同。具体体现为：(1) 对于要式合同，可通过当事人的实际履行行为补正合同的形式，并因此认定合同成立。(《合同法》第36条) 如果合同存在无效事由，则不适用上述规则。(2) 当事人就合同有关条款没有约定或约定不明，可通过达成补充协议补正合同有关内容，并因此认定合同成立。(《合同法》第61条) 如果合同存在无效事由，则不适用上述规则。(3) 当事人就合同有关条款没有约定或约定不明，可通过法律规定的有关解释规则补正合同有关内容，并因此认定合同成立。(《合同法》第62条) 如果合同存在无效事由，则不适用上述规则。

4. 法律后果不同。前者的法律后果是可能产生缔约过失责任；后者除产生民事责任外，还有可能产生行政责任和刑事责任。

二、无效合同的原因

(一) 一方以欺诈、胁迫的手段订立合同，损害国家利益(《合同法》第52条第1项)

依《民法通则》第58条第1款第3项规定，欺诈与胁迫是民事行为无效的事由。《合同法》改变了此规定，将欺诈、胁迫订立的合同区分为损害国家利益与非国家利益而规定了不同的效力：前者为无效合同；(《合同法》第52条) 后者为可撤销合同。(《合同法》第54条) 其立法理由是为了实现鼓励交易、尊重受害人的选择和维护交易安全。①

1. 欺诈。《民法通则意见》第68条规定："一方当事人故意告知对方虚假情况，或故意隐瞒真实情况，诱使对方当事人作出错误意思表示的，可以认定为欺诈行为。"一方实施欺诈行为，使对方在陷入错误认识的情形下订立合同，由于双方不是在意思表示真实的基础上达成的合意，故合同欠缺有效要件而存在效力上的瑕疵。例如假冒名牌、以次充好销售商品等行为，为典型且常见的欺诈行为。因欺诈而导致合同无效须具备以下要件：

(1) 欺诈方具有欺诈的故意。所谓欺诈的故意，是指欺诈方明知告知对方的情况是虚假的或隐瞒真实情况且会使对方陷入错误认识，而希望或放任此结果发生的心理状态。以下几种情形值得注意：①如果行为人自己对某种情况存在错误认识，并以此告知对方使对方也陷入错误，则非欺诈而可能构成重大误解。②如果行为人向对方陈述某种事实时，对其真伪性不能作出准确判断但客观上使他人陷入错误，应认定行为人具有欺诈的故意。因为在此场合下，行为人虽非明知告知的事实为虚假，但不能确定该事实为真实，构成故意隐瞒真实情况。③受第三人欺诈而订立合同，是否影响合同效力？现行法将欺诈行为的对象原则上限定为对方当事人，(《民法通则意见》第68条) 但法律有特殊规定的，受第三人欺诈而订立的合同则可能存在效力上的瑕疵。(《担保法解释》第40条)②

(2) 欺诈方实施了欺诈行为。欺诈行为分为积极的欺诈与消极的欺诈：前者是指告知对方虚假情况，例如将国产化妆品假冒进口化妆品出售；后者是指隐瞒真实情况，例如商场低价出售即将过期食品但未告知。《欺诈消费者行为处罚办法》第3条规定，经营者向消费者提供商品有下列情形之一的构成欺诈：①销售掺杂、掺假，以假充真，以次充好

① 崔建远：《合同法》，法律出版社2010年版，第22页。

② 关于第三人欺诈和胁迫的学理观点，参见薛军：《第三人欺诈与第三人胁迫》，载《法学研究》2011年第1期。

的商品的；②采取虚假或者其他不正当手段使销售的商品分量不足的；③销售“处理品”、“残次品”、“等外品”等商品而谎称是正品的；④以虚假的“清仓价”、“甩卖价”、“最低价”、“优惠价”或者其他欺骗性价格表示销售商品的；⑤以虚假的商品说明、商品标准、实物样品等方式销售商品的；⑥不以自己的真实名称和标记销售商品的；⑦采取雇佣他人等方式进行欺骗性的销售诱导的；⑧作虚假的现场演示和说明的；⑨利用广播、电视、电影、报刊等大众传播媒介对商品作虚假宣传的；⑩骗取消费者预付款的；⑪利用邮购销售骗取价款而不提供或者不按照约定条件提供商品的；⑫以虚假的“有奖销售”、“还本销售”等方式销售商品的；⑬以其他虚假或者不正当手段欺诈消费者的行为。第4条规定，经营者有下列情形之一且不能证明自己确非欺骗、误导消费者而实施此种行为的，应当承担欺诈消费者行为的法律责任：①销售失效、变质商品的；②销售侵犯他人注册商标权的商品的；③销售伪造产地、伪造或者冒用他人的企业名称或者姓名的商品的；④销售伪造或者冒用他人商品特有的名称、包装、装潢的商品的；⑤销售伪造或者冒用认证标志、名优标志等质量标志的商品的。在司法实务中，以虚构的公司名称与他人订立合同，亦被认定为欺诈行为。①

以下几种情形值得注意：①一方在缔约时明知自己无履行能力而仍与对方订立合同，是否构成欺诈？对此应区分处理。如果当事人在缔约时根本不准备履行合同，或没有为履行合同作任何准备工作，甚至将缔约作为骗取预付款、货款的，构成典型的欺诈。如果在缔约时虽无履约能力，但当事人并无隐瞒无履约能力的事实，或在缔约后积极地为合同履行作各种准备，且根据实际情况在履行期限到来时有可能具备履约能力的，则不构成欺诈。履行期限届至时当事人仍不具备履约能力的，按违约责任处理。②对无须说明的问题作虚假回答是否构成欺诈？消极的欺诈应指隐瞒当事人负有告知义务的有关事实，如果当事人对不负告知义务的事实未作如实陈述，则不构成欺诈。例如应聘者被面试官询问近期是否有计划结婚而未如实回答。

（3）被欺诈方因欺诈而陷入错误。欺诈方实施欺诈行为必须使对方对合同有关内容陷入错误认识，受欺诈方才有可能违背真实意思而订立合同。以下几种情形值得注意：①知假买假、疑假买假的性质？如果受欺诈方未因欺诈陷入错误，而是基于其他原因（例如为获得赔偿）订立合同，是否构成欺诈。对此学理上存在争议。有判决认为：“关于被告提出原告明知食品过期而购买，希望利用其错误谋求利益，不应予以十倍赔偿的主张，因……法律并未对消费者的主观购物动机作出限制性规定，故对其该项主张不予支持。”②应注意该判例仅限于经营者向消费者出售食品的场合。②被欺诈方陷入错误是否考虑其过错？如果欺诈方的骗技拙劣，正常人难以受骗，但被欺诈方却仍然陷入错误，是否影响欺诈的成立。现行法对此未作规定，但应解释为否定态度，否则将使未成年人、老年人等辨识能力较低的受害人得不到法律保护。

（4）被欺诈方因错误而作出了订立合同的意思表示。被欺诈方在陷入错误的基础上

① 参见“某公安局交通巡逻警察大队与杨某租赁合同纠纷案”，载吴宝庆主编：《权威点评最高法院合同法指导案例》，中国法制出版社2010年版，第78页以下。

② 参见“孙某诉南京某超市有限公司江宁店买卖合同纠纷案”，最高人民法院指导案例23号。

作出意思表示使合同得以成立，才存在合同无效或撤销的问题。如果被欺诈方虽陷入错误，但并未进一步作出订立合同的意思表示，则没有确认合同无效或撤销的可能。

(5) 欺诈超出了法律、道德或交易习惯所允许的限度。《反不正当竞争法》第9条第1款规定："经营者不得利用广告或者其他方法，对商品的质量、制作成分、性能、用途、生产者、有效期限、产地等作引人误解的虚假宣传。"《反不正当竞争法解释》第8条规定，经营者具有下列行为足以造成相关公众误解的，可以认定为引人误解的虚假宣传行为：①对商品作片面的宣传或者对比的；②将科学上未定论的观点、现象等当做定论的事实用于商品宣传的；③以歧义性语言或者其他引人误解的方式进行商品宣传的。以明显的夸张方式宣传商品，不足以造成相关公众误解的，不属于引人误解的虚假宣传行为。人民法院应当根据日常生活经验、相关公众一般注意力、发生误解的事实和被宣传对象的实际情况等因素，对引人误解的虚假宣传行为进行。认定经营者为推销商品，对其商品或服务的宣传多少会有一定夸大，"王婆自夸"只要不超出法律、道德或交易习惯所允许的限度是被允许的。

(6) 一方以欺诈手段订立的合同损害国家利益。

【学说争议：何为"国家利益"】

《合同法》第52条第1项规定"损害国家利益"是以欺诈手段订立合同无效的条件之一，但对于"国家利益"应作何理解，学界存在争议。第一种观点认为，国家利益是指国有企业的利益。① 第二种观点认为，国家利益是指国家经济利益、政治利益、安全利益等，而不应包括国有企业的利益。② 第三种观点认为，国家利益是指社会公共利益。③ 本书赞同观点一，④ 理由如下：首先，从立法本意来看，该项规定的目的是"为防止侵吞国有资产、避免国有资产流失"，⑤ 即对国有企业利益提供特殊保护。其次，从立法技术来看，如果将国家利益解释为社会公共利益，则由于第52条第4项可涵盖第1项使得第1项没有存在的必要，因为依据第52条第4项规定，无论是否采取欺诈手段，只要合同内容损害社会公共利益均导致合同无效。最后，对于损害国家经济利益、政治利益、安全利益的合同，无论是否以欺诈手段订立均为无效。此类合同一般可依据第52条第4项或第5项确认无效。需要注意的是，随着原国有企业股份制改造进程的深入，很多企业的股份结构趋于多元化。对于国有企业的范围应当从严界定：应限定为国有独资公司、国有控股公司、非公司制国有企业，但不包括一般国有参股公司。

与国家利益有关的司法意见：

1. 擅自改变征地用途的，有判决认为："《征地协议》改变了人民政府征地批文

---

① 王利明、崔建远主编：《合同法》，北京大学出版社2000年版，第101页。

② 王利明：《合同法研究》（第一卷），中国人民大学出版社2002年版，第643页。

③ 马俊驹、余延满：《民法原论》，法律出版社2010年版，第205页。

④ 该观点为解释论角度的观点，至于该项规定是否合理，则为立法论角度的问题。

⑤ 胡康生主编：《中华人民共和国合同法释义》，法律出版社2009年版，第89~90页。

中的征地用途，违反了我国土地管理法中有关土地用途的强制性规定，并且在没有约定取得对价的情况下，把农村集体所有的土地征为国有土地后又返还给××坡村委会，损害了国家利益和社会公共利益。”①

2. 开立信用证套取外汇的，有判决认为：“被上诉人申请开立信用证的真实意思并非为了进口货物，而是为了融资，套取国家外汇……其结果是以合法形式掩盖非法目的，并导致银行大笔资金外流，损害国家利益。”②

3. 拆借合同约定弥补头寸的，有判决认为：“商行与证券公司签订资金拆借合同后，证券公司将拆借所得资金用于合同约定的弥补头寸，并不存在利用银行资金进行证券交易的行为，未违反法律、行政法规的强制性规定，也未损害国家利益和社会公共利益，双方之间的资金拆借合同应当认定为有效。”③

4. 当事人的个人犯罪行为能否作为损害国家利益的直接证据，有判决认为：“于某利用时任××区国土局局长职务的便利条件受贿和索贿，是其个人犯罪行为……不能以此证明××区国土局与××公司签订有关国有土地使用权预约协议和出让合同时，恶意串通，损害国家利益。”④

5. 当事人签订“黑白合同”避税的，有判决认为：“原告与第三人订立的买卖合同，是为了履行原告与被告之间的转让协议，办理过户手续时订立的，双方为少缴税而将房价约定为55000元，在实际履行过程中也并非按该价格成交，该行为损害了国家利益。”⑤

综上，司法实务中对国家利益的界定并不一致。而且，很多判决是在适用恶意串通、以合法形式掩盖非法目的、违反法律强制性规定等规则时附带认定损害国家利益。对于《合同法》第52条第1项规定“损害国家利益”，尚缺乏统一意见。

2. 胁迫。《民法通则意见》第69条规定：“以给公民及其亲友生命健康、荣誉、名誉、财产等造成损害为要挟，或以给法人荣誉、名誉、财产等造成损害为要挟，迫使对方作出违背真实意思表示的，可认定为胁迫行为。”一方实施胁迫行为，使对方在受到要挟的情形下订立合同，由于受胁迫方所作出的意思表示并非自愿真实，故合同欠缺有效要件而存在效力上的瑕疵。因胁迫而导致合同无效须具备以下要件：

---

① 参见“某村村委会诉某市高新技术产业开发区东区管委会等拖欠征地款纠纷案”，载《最高人民法院公报》2005年第1期。

② 参见“某银行北京分行诉某海洋馆信用证垫款纠纷案”，载《最高人民法院公报》2005年第5期。

③ 参见“某市商业银行与某证券股份有限公司等借款担保合同纠纷案”，载《最高人民法院公报》2006年第9期。

④ 参见“某国土局与某置业公司国有土地使用权出让合同纠纷案”，载《最高人民法院公报》2007年第3期。

⑤ 参见“龚某诉上海某房地产投资咨询有限公司第八分公司等买卖合同案”，载最高人民法院中国应用法学研究所编：《人民法院案例选》2008年第4辑（总第66辑），人民法院出版社2009年版，第163页以下。

（1）胁迫方具有胁迫的故意。① 所谓胁迫的故意，是指胁迫方明知其胁迫行为会使对方陷入恐惧，并希望对方因陷入恐惧而作出订立合同意思表示的心理状态。胁迫的故意具有两方面的要求：一方面，胁迫方须意识到自己的胁迫行为将造成对方心理上的恐惧，却仍然实施该行为且希望对方陷入恐惧；另一方面，胁迫方希望对方在陷入恐惧的状态下作出订立合同的意思表示。一方以胁迫手段订立的合同在经济利益上并非一定对受胁迫方不利，但由于是在违背当事人意愿的基础上订立的，故法律不承认其有效性。如果行为人并无胁迫的故意，但其行为客观上使对方陷入恐惧并进一步作出订立合同的意思表示，则非胁迫而可能构成戏谑等其他行为。

（2）胁迫方实施了胁迫行为。胁迫行为包括威胁和强迫两种情形：前者是指以将来造成损害相要挟，例如威胁揭发对方隐私以迫使对方订立合同。后者是指以现实的侵害行为强制对方订立合同，例如持枪逼迫对方在合同书上签字。当事人主张受对方胁迫在违背真实意思的情况下订立合同的，应当就对方的胁迫行为负举证责任。② 对于胁迫行为，须从以下几方面理解：①侵害的方式。依据《民法通则意见》第 69 条规定，胁迫的方式可以对自然人的生命健康、荣誉、名誉、财产等造成损害，也可以是给法人荣誉、名誉、财产等造成损害。对于其他组织，应类推适用关于法人的规定。②侵害的对象。受胁迫人是自然人的，胁迫行为中的侵害对象可以是受胁迫人本人或其亲属朋友；受胁迫人是法人或其他组织的，侵害对象可以是法人或其他组织本身，也可以是法人或其他组织的代表人、负责人或其他组成人员。③侵害的程度。胁迫行为中的侵害行为必须具有严重性或急迫性，即此侵害行为足以使受胁迫方陷入恐惧而无其他合理选择，只有订立合同一途。判断是否具有严重性和急迫性，必须考虑个案的具体情况，以客观标准衡量。③

（3）胁迫行为具有违法性。胁迫行为的违法性，是指胁迫行为的内容或者胁迫行为的效果为法律所禁止。胁迫行为具有违法性包括以下几种情形：①手段违法。如果胁迫行为所采取的手段为法律所禁止，即使所欲实现的目的合法，该胁迫行为仍具有违法性。例如，行为人以毁损对方财物相威胁，逼迫对方以合理价格出租房屋。②目的违法。如果胁迫行为所欲实现的目的为法律所禁止，即使手段合法，该胁迫行为仍具有违法性。例如，行为人以揭发对方犯罪行为相威胁，逼迫对方将其房屋以极低价格出售。③手段与目的的结合违法。如果手段与目的单独均为合法，但两者结合在一起将迫使对方订立违背其真实意思的合同，该胁迫行为亦具有违法性。例如行为人以揭发对方犯罪行为相威胁，逼迫对方签订利息合理的借款合同。如果行为人虽使对方在违背真实意思的情形下订立合同，但其行为不具违法性，则不构成胁迫。主要有两种情形：一是为维护其合法权益而正当行使

---

① 少数说对该要件持否定意见。参见朱广新：《合同法总论》，中国人民大学出版社 2012 年版，第 258 页。

② 参见“某房地产有限责任公司与某铁路局履行协议、赔偿纠纷上诉案”，载刘德权主编：《最高人民法院裁判意见精选》（上），人民法院出版社 2011 年版，第 253~254 页。

③ 参见 PICC 第 3.2.6 条评注。张玉卿主编：《国际商事合同通则 2010》，中国商务出版社 2012 年版，第 262 页。

权利的行为。例如债权人以起诉相威胁，逼迫债务人签订还款协议。有判决认为，债权人单纯的尾随纠缠索债行为不构成胁迫。① 二是对长辈的敬畏。② 例如，行为人因其父母的干预而违心与他人订立合同。

(4) 受胁迫方因胁迫而作出了订立合同的意思表示。受胁迫方必须因胁迫行为而陷入恐惧，并因此进一步作出订立合同的意思表示，才存在合同无效或撤销的可能。如果受胁迫方并未对胁迫行为就范，或其作出订立合同的意思表示与胁迫行为之间并无因果关系，则不能以胁迫为由认定合同无效或请求撤销合同。

(5) 一方以胁迫手段订立的合同损害国家利益。

(二) 恶意串通，损害国家、集体或者第三人利益(《合同法》第52条第2项)

1. 概念和构成要件。恶意串通的合同，是指合同双方当事人为谋取非法利益相互串通，而订立的损害国家、集体或者第三人利益的合同。例如甲企业为销售劣质商品，向乙企业的采购人员行贿，并与之串通订立合同而损害了乙企业的利益。当事人的恶意串通行为具有明显的违法性，而订立合同的效果导致国家、集体或者第三人利益受到损害，故法律完全否认此类合同的有效性。恶意串通的合同须具备以下要件：

(1) 当事人出于恶意。所谓恶意，是指当事人明知或应知该合同将使国家、集体或者第三人利益受到损害，为了谋取非法利益而希望该结果发生的心理状态。此处的恶意含有加害他人的主观因素，比民法中一般所称恶意（知情或应知情）主观恶性更为严重，属于应受法律和道德谴责的一种心理状态。但由于此不良心理状态由受害人举证殊为不易，导致在司法实务中因恶意串通而确认合同无效的案例较少。对于当事人主观恶意的认定，可结合订立合同是否符合常理、是否明显违背商业规律及合同的履行情况等具体因素予以综合评判。③ 还可以从交易背景、主观认识状态以及关键人员的任职履历、管理经历及其在签约中的作用等因素加以认定。④

(2) 当事人之间相互串通。相互串通具有两方面的要求：一方面，双方当事人具有共同的意思联络，都希望通过订立该合同损害国家、集体或者第三人利益，并且以明示或默示的方式进行沟通；另一方面，当事人双方的行为在客观上相互配合或者共同实施了某种行为以促成合同的订立。如果双方缺乏意思联络，一方因缺乏经验或存在误解而被对方利用，则非恶意串通而可能构成欺诈、重大误解等其他行为。

(3) 损害国家、集体或者第三人利益。当事人恶意串通订立的合同，无论损害国家、集体或者第三人利益，均为无效。对于国家利益，与一方以欺诈手段订立合同损害国家利益的认定标准相同；集体利益是指农村集体经济组织等集体组织的利益；第三人利益是指

---

① 参见“刘某诉谢某等借款合同纠纷案”，载《人民司法·案例》2016年第20期，第68页以下。

② 参见《法国民法典》第1114条。

③ 参见“陈某、皮某诉重庆某房地产开发有限公司、夏某、重庆某置业有限公司合同纠纷案”，载《最高人民法院公报》2010年第10期。

④ 参见“日照某电子科技有限公司与山东某能源有限公司等招商合同纠纷案”，载最高人民法院民事审判第二庭编：《最高人民法院商事审判指导案例6·合同与借贷担保卷》，中国法制出版社2013年版，第42页以下。

一般的自然人、法人或其他组织的利益。有判决认为："公司高管代表公司与对方公司签订的合同中，贱卖公司的房地产、使对方公司获取不当暴利的行为，直接损害了公司的合法权益，同时间接损害了公司股东的合法权益……《合同法》第52条第2项规定的'第三人利益'包括公司股东的利益。"①

2. 恶意串通的相关法律规定

（1）代理人与第三人恶意串通。依《民法通则》第66条第3款规定，代理人和第三人串通，损害被代理人的利益的，由代理人和第三人负连带责任。有判决认为："当事人向对方当事人法定代表人许诺回购房产成功后给予该法定代表人高额回报……诱使他人与之签订不利于合同相对方的行为，应认定为恶意串通。"②

（2）房屋买卖合同的出卖人与第三人恶意串通。依《商品房买卖合同解释》第10条规定，出卖人与第三人恶意串通，另行订立商品房买卖合同并将房屋交付使用，导致在先买受人无法取得房屋的，在先买受人有权请求确认出卖人与第三人订立的商品房买卖合同无效。

（3）主合同当事人恶意串通，骗取保证担保。依《担保法》第30条第1项规定，主合同当事人双方串通，骗取保证人提供保证的，保证人不承担民事责任。有判决认为："由于债权人与债务人协商将1600万元贷款中的1000万元用于清偿债务人已到期的银行汇票票款，未将此情况告知保证人，隐瞒以新贷还贷的真实情况，依照《担保法》第30条第1项的规定，保证人对该1000万元不再承担担保责任。"③

（4）债务人与债权人恶意串通设定抵押权。依《担保法解释》第69条规定，债务人有多个普通债权人的，在清偿债务时，债务人与其中一个债权人恶意串通，将其全部或者部分财产抵押给该债权人，因此丧失了履行其他债务的能力，损害了其他债权人的合法权益，受损害的其他债权人可以请求人民法院撤销该抵押行为。

（5）当事人恶意串通，进行虚假民事诉讼。《民事诉讼法》第112条规定，当事人之间恶意串通，企图通过诉讼、调解等方式侵害他人合法权益的，人民法院应当驳回其请求，并根据情节轻重予以罚款、拘留；构成犯罪的，依法追究刑事责任。有判决认为："人民法院审理民事案件中发现存在虚假诉讼可能时，应当依职权调取相关证据，详细询问当事人，全面严格审查诉讼请求与相关证据之间是否存在矛盾，以及当事人诉讼中言行是否违背常理。经综合审查判断，当事人存在虚构事实、恶意串通、规避法律或国家政策

---

① 参见"某汽车贸易公司、某汽车修造厂与某物资集团有限责任公司等共同侵权纠纷上诉案"，载最高人民法院民事审判第一庭编：《民事审判指导与参考》2008年第1集（总第33集），法律出版社2008年版，第169页以下。

② 参见"安徽省某房地产投资（集团）有限公司与安徽某房地产开发有限责任公司合作开发房地产纠纷上诉案"，载最高人民法院民事审判第一庭编：《民事审判指导与参考》2008年第4集（总第36集），法律出版社2008年版，第160页以下。

③ 参见"某银行某分行与某证券有限公司某证券交易营业部等借款担保合同纠纷案"，载刘德权主编：《最高人民法院司法观点集成》（1），人民法院出版社2009年版，第90页。

以谋取非法利益，进行虚假民事诉讼情形的，应当依法予以制裁。”①

（三）以合法形式掩盖非法目的(《合同法》第52条第3项)

1. 概念和构成要件。以合法形式掩盖非法目的，是指当事人订立的合同在形式或外观上是合法的，但实质上缔约目的或合同内容是非法的。例如当事人订立合作开发合同变相移转划拨土地使用权。以合法形式掩盖非法目的的合同中，当事人表达于外部的意思表示并非其真实意思表示，而当事人隐藏的意思表示具有违法性及规避法律的意图，故法律完全否认此类合同的有效性。以合法形式掩盖非法目的的合同须具备以下要件：

（1）行为从外观看是合法的。当事人订立的合同虽然具有内在非法目的，但其在形式或外观上是合法的。所谓形式或外观上合法，是指不考虑当事人的真实目的和合同的实际效果，仅以合同有效要件为标准是符合要求的。如果当事人订立的合同从外观上都表现为内容违法，则应当适用《合同法》第52条第5项认定合同无效。

（2）被掩盖的行为具有违法性。当事人订立的合同虽然在形式或外观上是合法的，但其隐藏的当事人真实意思表示具有违法性，即当事人的真实意思表示为法律所不允许且无法通过正常的有效合同为法律所认可。应注意的是，如果当事人隐藏的真实意思表示不具有违法性，则应当以被隐藏的真实意思表示为准且合同有效。例如当事人以租赁合同掩盖真实的借用关系。

（3）当事人具有规避法律的故意。所谓规避法律的故意，是指当事人明知其隐藏行为与外表行为不一致，仍实施该行为意图以此达到规避法律相关规定的目的。如果当事人在过失或无过失的情形下订立此类合同，则不构成以合法形式掩盖非法目的，而应当适用《合同法》第52条第5项认定合同无效。传统民法上有规避法律的行为（脱法行为），我国现行法未采此概念，现行法规定的以合法形式掩盖非法目的的合同与规避法律的行为具有部分重合，但并不完全等同。②

2. 以合法形式掩盖非法目的的相关法律规定

（1）以联营合同掩盖非法借贷关系。依《最高人民法院关于审理联营合同纠纷案件若干问题的解答》（法〔经〕发［1990］27号）第4条第2款规定，企业法人、事业法人作为联营一方向联营体投资，但不参加共同经营，也不承担联营的风险责任，不论盈亏均按期收回本息，或者按期收取固定利润的，是明为联营，实为借贷，违反了有关金融法规，应当确认合同无效。

（2）以融资租赁规避法律。依《融资租赁合同解释》第1条第2款规定，对名为融资租赁合同，但实际不构成融资租赁法律关系的，人民法院应按照其实际构成的法律关系处理。依《最高人民法院关于审理融资租赁合同纠纷案件若干问题的规定》（法发［1996］19号，现已废止）第6条规定，以融资租赁合同形式规避国家有关法律、法规

① 参见“上海某生物科技有限公司诉辽宁某置业发展有限公司企业贷款纠纷案”，最高人民法院指导案例68号。

② 对于以合法形式掩盖非法目的与规避法律行为的关系的不同观点，参见王利明：《合同法研究》（第一卷），中国人民大学出版社2015年版，第649页；孔祥俊：《合同法教程》，中国人民公安大学出版社1999年版，第239页。

的，应认定为无效合同。

（3）建设工程合同中的黑白合同。依《建设工程施工合同解释》第21条规定，当事人就同一建设工程另行订立的建设工程施工合同与经过备案的中标合同实质性内容不一致的，应当以备案的中标合同作为结算工程价款的根据。对于“黑白合同”的效力，最高人民法院的意见是：应当以“白合同”即备案的中标合同作为结算工程价款的依据。因为法律、行政法规规定中标合同的变更必须经过法定程序，“黑合同”虽然可能是当事人真实意思表示，但由于合同形式不合法，不产生变更“白合同”的法律效力。①

与以合法形式掩盖非法目的有关的司法意见：

①名为合同款项，实为银行转嫁经济损失的，有判决认为：“该项贷款名为‘购房款’，实为银行用于内部平账、以贷堵漏、转嫁经济损失。双方签订的借款合同属于‘以合法形式掩盖非法目的’的无效民事行为。”②

②当事人申请开立信用证的目的是为了套取国家外汇的，有判决认为：“被上诉人申请开立信用证的真实意思并非为了进口货物，而是为了融资，套取国家外汇……双方签订合同的意思表示并不真实一致，其结果是以合法形式掩盖非法目的。”③

③当事人申请开立信用证的目的是为了融资还债的，有判决认为：“各开证申请人的真实意思并非为了履行真实的进出口合同并以信用证结算的方式付款，而是通过开立信用证的方式进行融资还贷，属以合法形式掩盖非法目的。因此各开证申请人的开证约定和相关的质押合同均应认定无效。”④

④以委托理财合同的形式进行企业间借贷的，有判决认为：“双方以这种方式签订合同，实质上是规避法律关于企业间禁止借贷的有关规定，系以委托理财为表现形式的借贷关系……属于以合法形式掩盖非法目的的无效合同。”⑤

⑤招标方与投标方签订“保证中标”协议的，有判决认为：“双方约定以‘保证中标’为条件收取费用，违反了招投标活动中应遵循的公开、公平、公正和诚实信用原则，属于以合法形式掩盖非法目的，应认定协议无效。”⑥

⑥签订合同只是诈骗行为的形式和手段的，有判决认为：“当事人伪造文件，虚构贷

---

① 《最高人民法院负责人就〈关于审理建设工程施工合同纠纷案件适用法律问题的解释〉答记者问》，载《解读最高人民法院司法解释·民商事卷》，人民法院出版社2006年版，第149页。

② 参见“某银行青岛市某支行诉青岛某物资发展公司等借款合同担保纠纷案”，载《最高人民法院公报》1997年第4期。

③ 参见“某银行北京分行诉某海洋馆信用证垫款纠纷案”，载《最高人民法院公报》2005年第5期。

④ 参见“某A银行某分行诉某D银行某分行等信用证垫付款质押合同纠纷案”，载最高人民法院民事审判第四庭编：《信用证纠纷典型案例》，中国民主法制出版社2006年版，第125页以下。

⑤ 参见“某证券股份有限公司与宝鸡某股份有限公司、陕西某投资担保有限公司委托理财合同纠纷上诉案”，载最高人民法院民事审判第二庭编：《民商事审判指导》2005年第1辑（总第7辑），人民法院出版社2005年版，第330页以下。

⑥ 参见“北京某建筑装饰工程有限公司诉某建设工程总公司居间合同纠纷案”，载最高人民法院中国应用法学研究所编：《人民法院案例选》2006年第2辑（总第56辑），人民法院出版社2006年版，第293页以下。

款用途，其真实目的是骗取银行信贷资产，签订涉案基本授信合同及相关贷款合同只是诈骗银行信贷资产的形式和手段。该行为属于以合法形式掩盖非法目的，应认定合同无效。"①

（四）损害社会公共利益(《合同法》第52条第4项)

1. 概念和构成要件。各国及地区立法均规定违反公序良俗的合同为无效合同。在我国现行法框架下，公序良俗一般表述为社会公共利益和社会公德(《民法通则》第7条)。损害社会公共利益的合同，是指内容违反公序良俗的合同。损害社会公共利益的合同须具备以下要件：

（1）合同内容违反公共秩序或善良风俗。在传统民法中，公共秩序是指"社会一般利益"，善良风俗是指"社会一般道德观念"。我国现行法规定的社会公共利益，系与个体利益、私人利益相对的概念，是指关系到社会整体或大多数社会成员的利益。②

与社会公共利益有关的司法意见：

①合同约定"市政府下令进城车辆必须洗车"的，有判决认为："车辆清洗站建设及经营权出让合同中，出让方承诺受让方取得建设及经营权以'市政府下令进城车辆必须洗车'为前提，损害了社会公共利益，故约定中有关'强制洗车'的内容应确认无效。"③

②合同内容违反消防安全要求的，有判决认为："变更协议改变了原合同有关通电、消防方面的约定，双方在涉案商厦未经消防验收、消防设施不符合开业条件、并存在重大火灾隐患的情况下强行开业，损害了社会公共利益，故变更协议无效。"④

③律师事务所与委托人约定限制委托人在诉讼过程中接受调解、和解的，有判决认为："律师事务所为获取自身利益最大化的可能而限制被上诉人进行调解、和解，加重了当事人的诉讼风险，侵犯了委托人在诉讼中的自主处分权，不利于促进社会和谐，违反了社会公共利益，相关合同条款亦属无效。"⑤

④彩票宣传营销协议违反行政规章的，有判决认为："××彩票中心与×××公司签订的《宣传营销协议》违反行政规章《中国福利彩票管理办法》有关规定。虽然合同效力的认定不应以行政规章的规定为依据，但该合同涉及社会公共利益保护的情形，应当以

① 参见"某银行某分行与某机场股份有限公司借款合同纠纷案"，载《最高人民法院公报》2009年第10期。本书认为，该案似应认定为欺诈较为妥当。

② 关于公共利益的文献，参见郑永流等：《中国法律中的公共利益》，北京大学出版社2014年版，第166页以下。

③ 参见"某市城市建设管理委员会等与某电脑洗车有限公司车辆清洗站及经营权出让纠纷上诉案"，载最高人民法院办公厅编：《最高人民法院公布裁判文书（2001年）》，人民法院出版社2002年版，第56页以下。

④ 参见"苏州市某供销集团公司与苏州市某开发经营公司等房屋租赁合同纠纷上诉案"，载最高人民法院民事审判第一庭编：《最高人民法院二审民事案件解析》（第3集），法律出版社2007年版，第253页以下。

⑤ 参见"上海市某律师事务所诉某工程设计研究院服务合同纠纷案"，载《最高人民法院公报》2009年第12期。

损害社会公共利益为由确认合同无效。”①

⑤注册商标专用权人垄断性使用注册商标中所涉地名的，有判决认为：“由于‘茅山’是××市风景区地名，属于公有领域中的词汇……如果允许注册商标专用权人绝对垄断地使用注册商标中的地名，必然违反社会公共利益，妨碍正当的市场竞争。因此对注册商标中含有的地名，注册商标专用权人无权禁止他人合理、正当的使用。”②

⑥就污水处理工程承包合同订立居间合同的，有判决认为：“涉诉工程为污水处理工程，属于市政公用事业，涉及社会公共利益，依法应当进行招标。从双方签订《居间合同》的目的来看，是使不符合投标资质的被告通过原告的居间行为实际取得涉诉工程，这与招标方通过公开招标方式取得工程明显存在矛盾。原审法院认定《居间合同》无效，并无不当。”③

⑦违反“限购令”订立商品房买卖合同的，有判决认为：“地方政府颁布的‘限购令’并非法律、行政法规的强制性规定，违反商品房‘限购令’的行为不宜认为损害了社会公共利益，故违反‘限购令’的商品房销售合同仍然有效。”④

（2）对该行为缺乏法律、行政法规的强制性规定。公序良俗是内涵及外延均非严格确定的概念，属于具体法律规则之外的一般条款，其重要功能是弥补具体法律规范的不足，为抽象的立法价值转化为裁判规范提供法律依据。如果合同内容直接违反法律、行政法规的强制性规定，则应当适用《合同法》第52条第5项认定合同无效。

2. 违反公序良俗行为的类型。有学者参考国内外判例学说，将违反公序良俗行为的类型化为若干种，可供参考。⑤ 具体如下：

（1）危害婚姻家庭关系。例如双方离婚时约定离婚后女方不生育、不再婚；父母子女约定断绝亲子关系。

（2）违反收养关系的规定。例如收养协议约定由收养人向送养人支付一定报酬；约定禁止收养的子女姓氏随送养人。

（3）违反性道德。例如包养协议。

（4）偿还赌债合同。

（5）损害人格尊严、限制人身自由。例如卖身葬父；在雇佣合同中约定女职员不得结婚生子。

（6）限制职业选择自由。例如在雇佣合同中约定雇员离职后不得从事任何合法职业。

---

① 参见“北京某科技发展有限责任公司与某省福利彩票发行中心营销协议纠纷案”，载《最高人民法院公报》2009年第9期。

② 参见“某卤制品厂诉柏某商标侵权纠纷案”，载《最高人民法院公报》2005年第8期。

③ 参见“张某与天津市某装饰有限公司等居间合同纠纷案”，载最高人民法院中国应用法学研究所编：《人民法院案例选》2015年第1辑（总第91辑），人民法院出版社2016年版，第116页以下。

④ 参见“俞某诉某置地（宁波）发展有限公司商品房销售合同纠纷案”，载最高人民法院中国应用法学研究所编：《人民法院案例选》2015年第3辑（总第93辑），人民法院出版社2016年版，第88页以下。

⑤ 参见梁慧星：《民法学说判例与立法研究（二）》，国家行政学院出版社1999年版，第16~18页；王利明：《合同法研究》（第一卷），中国人民大学出版社2015年版，第654~655页。

（7）违反公平竞争。例如数个大企业约定哄抬价格、操纵市场。

（8）违反劳动者保护。例如劳动合同中约定发生工伤事故雇主概不负责。

（9）诱使债务人违约。例如约定对方违反与第三人的合同，则向其支付报酬。

（10）禁止告发的合同。例如约定禁止一方告发另一方的违法行为，并由另一方支付一定报酬。

（五）违反法律、行政法规的强制性规定(《合同法》第 52 条第 5 项)

1. 概念和构成要件。违反法律、行政法规强制性规定的合同，即狭义的违法合同，是指内容违反法律、行政法规强制性规定中效力性规定的合同。例如买卖禁止流通物的合同。法律、行政法规的强制性规定划定了合同自由的适用范围，即法律、行政法规强制性规定所禁止的事项不允许当事人通过订立合同来设定相关权利义务，故法律完全否认此类合同的有效性。① 违反法律、行政法规强制性规定的合同须具备以下要件：

（1）违反的是全国人大及其常委会制定的法律或国务院制定的行政法规。在《合同法》颁布之前，《民法通则》第 58 条第 1 款第 5 项规定“违反法律或者社会公共利益的民事行为”是无效民事行为。该规定对“法律”未作任何限定，导致司法实务中大量合同被认定为无效合同，造成大量社会资源浪费且不利于鼓励交易。《合同法》将违法合同所违之“法”限定为（狭义）法律和行政法规，以改变之前的状况。《合同法解释（一）》第 4 条规定，合同法实施以后，确认合同无效应当以全国人大及其常委会制定的法律和国务院制定的行政法规为依据，不得以地方性法规、行政规章为依据。对此应作如下理解：①违法合同所违之“法”并非所有具有法律效力的规范性文件，能够作为确认合同无效依据的规范性文件限于（狭义）法律和行政法规。②地方性法规和行政规章原则上不得作为确认合同无效的依据。有判决认为：“当事人从事施工和设计的行为虽然没有依照有关部门规定取得资质证明和办理注册登记，违反了建设部和工商总局的有关行政管理规章……但不构成合同无效条件。”② ③在法律、行政法规没有规定，而行政规章涉及社会公共利益保护的情形下，可以参照适用其规定，若违反其效力性禁止性规定，可以依据《合同法》第 52 条第 4 项以损害社会公共利益为由确认合同无效。③

（2）违反的是法律、行政法规的强制性规定。所谓强制性规定，是指无论当事人意思如何而均应适用的规定，且具有强制适用的效力。强制性规定包括强制规定与禁止规定：前者是法律要求当事人应为一定行为，通常表述为“应当”、“必须”等；后者是法律要求当事人不得为一定行为，通常表述为“不得”、“禁止”等。任意性规定，是指可依据当事人意思排除其适用的规定，其仅具补充适用的效力。因任意性规定的适用与否取决于当事人意思，故不存在违反此类规定导致合同无效的可能。

---

① 对于违法合同之效力的学理观点，参见耿林：《强制性规范与合同效力——以合同法第 52 条第 5 项为中心》，中国民主法制出版社 2009 年版，第 309 页以下。

② 参见“大连某有限公司与某工程有限公司拖欠工程款纠纷上诉案”，载刘德权主编：《最高人民法院裁判意见精选》(上)，人民法院出版社 2011 年版，第 241 页。

③ 参见“北京某科技发展有限责任公司与某省福利彩票发行中心营销协议纠纷案”，载《最高人民法院公报》2009 年第 9 期。

（3）违反的是强制性规定中的效力性规定。现行法区分效力性强制性规定与管理性强制性规定，两者的违反后果并不相同。《合同法》第52条第5项规定的“强制性规定”，是指效力性强制性规定(《合同法解释（二）》第14条)，其违反后果是合同无效。违反管理性强制规定的，人民法院应当根据具体情形认定其效力(《民商事合同纠纷指导意见》第15条)，其违反后果并非当然导致合同无效。对于效力性强制性规定与管理性强制性规定的区分标准，《民商事合同纠纷指导意见》第16条规定：①人民法院应当综合法律法规的意旨，权衡相互冲突的权益，诸如权益的种类、交易安全以及其所规制的对象等，综合认定强制性规定的类型。②如果强制性规范规制的是合同行为本身即只要该合同行为发生即绝对地损害国家利益或者社会公共利益的，应当认定合同无效。③如果强制性规定规制的是当事人的“市场准入”资格而非某种类型的合同行为，或者规制的是某种合同的履行行为而非某类合同行为，人民法院对于此类合同效力的认定，应当慎重把握，必要时应当征求相关立法部门的意见或者请示上级人民法院。

与效力性强制性规定有关的司法意见：

①对于针对储蓄机构的对内管理行为、不涉及公共利益的规定，有判决认为：“《储蓄管理条例》第23条‘储蓄机构必须挂牌公告储蓄存款利率，不得擅自变动’的规定，是对金融机构关于储蓄存款利率拟定、公布、变动等的管理性规定，不是对储蓄机构对外签订、履行储蓄存款合同的效力性规定。”①

②对于国有资产转让时应当进行资产评估的规定，有判决认为：“《国有资产评估管理办法》第3条规定，国有资产占有单位进行资产转让的，应当进行评估。该规定属于强行性规定，故应认定本案所涉房地产转让合同无效。”②

③对于金融资产管理公司收购不良资产时，对超出确定的范围和额度应由国务院专项审批的规定，有判决认为：“《金融资产管理条例》关于金融资产管理公司收购不良资产时要按照国务院规定的范围和额度进行收购，超出确定的范围和额度应由国务院专项审批的规定，系行政管理规定，并不必然导致债权转让合同无效。”③

④对于金融机构违法从事拆借活动的处罚规定，有判决认为：“《金融违法行为处罚办法》第17条规定金融机构从事拆借活动，如果具有资金拆借超过最长期限、在全国统一同业拆借网络之外从事拆借业务的行为，应当受到暂停或者停止该项业务、没收违法所得等处罚。该条规定与合同效力没有关系。”④

⑤对于公司为他人提供担保的规定，有判决认为：“《公司法》第16条规定：‘公司

---

① 参见“某农村信用合作联社诉罗某储蓄合同纠纷案”，载《最高人民法院公报》2011年第1期。

② 参见“某汽车贸易公司等与某汽车技术有限公司等侵权纠纷案”，载《最高人民法院公报》2009年第2期。

③ 参见“北京某房地产开发有限责任公司与中国某资产管理公司北京办事处等借款担保合同纠纷上诉案”，载最高人民法院民事审判第二庭编：《民商事审判指导》2004年第1辑（总第5辑），人民法院出版社2004年版，第159页以下。

④ 参见“某银行与某证券股份有限公司等借款担保合同纠纷案”，载《最高人民法院公报》2006年第9期。

向其他企业投资或者为他人提供担保，依照公司章程的规定，由董事会或者股东会、股东大会决议……公司为公司股东或者实际控制人提供担保的，必须经股东会或者股东大会决议。’该条并非效力性强制性规定。”①

⑥对于纳税义务人的规定，有判决认为：“税法对于税种、税率、税额的规定是强制性的，而对于实际由谁缴纳税款没有作出强制性规定。故《补充协议》约定由纳税义务人以外的人承担转让土地使用权税费的，并不违反税收管理方面的法律法规的规定，属合法有效。”②

⑦对于限制非农村集体经济组织成员使用农村集体土地的规定，有判决认为：“原告并非村集体成员，其使用讼争房屋项下土地的行为不属于农民使用宅基地等农用情形，也非法定可以用于非农建设的情形。原被告签订的《房屋使用权转让协议》客观上将产生原告违反土地管理法强制性规定而使用农村集体土地的效果，故该协议因违反法律强制性规定而无效。”③

⑧对于违反淘宝网经营规则的，有判决认为：“淘宝网经营规则是作为交易平台经营者的淘宝网为了规范淘宝店主行为而制定的、淘宝店主亦愿意按此约束其在交易平台上经营行为的准则，该规则是淘宝网与淘宝店主达成的约定。违反该约定的合同并不当然无效。”④

2. 违法合同的类型。《合同法》第 52 条第 5 项并未表明所规范的行为具体内容，确认合同无效需要依据所违反的法律、行政法规的具体强制性规定。具体如下：

（1）违反宪法中的强制性规定。违反宪法中的强制性规定导致合同无效，主要涉及宪法有关公民基本权利的规定。在民事案件中适用宪法规范作为裁判依据，域外立法有“直接适用说”与“间接适用说”两种途径：前者直接依据宪法规范确认合同无效；后者须借助民法上的具体规定实现宪法关于基本人权的价值判断。我国对民事案件能否适用宪法规范作为裁判依据素有争议，但在相关劳动法律颁行以前，确有判例以宪法规范作为裁判依据。有判决认为：“在招工登记表中注明‘工伤概不负责’，违反宪法和有关劳动保护法规，也严重违反社会主义公德，应认定为无效。”⑤

（2）违反民法中的强制性规定。例如无效的格式条款(《合同法》第 53 条)、国家机关不得作为保证人(《担保法》第 8 条)、保险公司的业务范围(《保险法》第 95 条）等。

（3）违反刑法中的强制性规定。如果当事人订立合同的内容是实施犯罪行为，该合

---

① 参见“某集团进出口公司诉北京某经贸有限公司等进出口代理合同纠纷案”，载《最高人民法院公报》2011 年第 2 期。

② 参见“山西某房地产开发有限公司与太原某机械（集团）有限公司土地使用权转让合同纠纷案”，载《最高人民法院公报》2008 年第 3 期。

③ 参见“吴某诉厦门市某老年公寓开发建设有限公司合同纠纷案”，载最高人民法院中国应用法学研究所编：《人民法院案例选》2010 年第 1 辑（总第 71 辑），人民法院出版社 2010 年版，第 183 页以下。

④ 参见“张某诉童某、林某承包合同纠纷案”，载最高人民法院中国应用法学研究所编：《人民法院案例选》2015 年第 1 辑（总第 91 辑），人民法院出版社 2016 年版，第 189 页以下。

⑤ 参见“张连某、张国某诉张学某损害赔偿纠纷案”，载《最高人民法院公报》1989 年第 1 期。

同当然无效。例如向走私人非法收购国家禁止进口物品(《刑法》第155条)、洗钱合同(《刑法》第191条)、非法买卖增值税专用发票(《刑法》第207条)等。有判决认为:“合同标的物被确定为走私物而予以没收后,参与走私的当事人以合同主张民事权利的,不应予以支持。”①

(4)违反经济行政法的强制性规定。当事人在商事交易中订立合同应当遵守经济行政法的有关规定,例如税法、金融法、竞争法等。

第四节 可撤销合同

一、可撤销合同概述

(一)可撤销合同的概念和特征

可撤销合同,是指已经成立但欠缺法定有效要件,法律允许享有撤销权的当事人通过行使撤销权而使其自始无效的合同。可撤销合同是可撤销法律行为(《民法通则》第59条)的下位概念,《合同法》第54条规定了可撤销合同的具体事由。可撤销合同具有以下特征:

1. 可撤销合同主要是意思表示不真实的合同。可撤销合同虽然具备成立要件而使合同成立,但因重大误解、乘人之危等事由导致当事人订立合同时不具有真实意思表示,因此其欠缺法定有效要件导致合同效力存在瑕疵。法律赋予此类合同中作出不真实意思表示的当事人以撤销权,使其能够撤销其不真实的意思表示,以实现合同自由的立法价值。

2. 合同的撤销,由撤销权人行使撤销权来实现。可撤销合同并非当然无效,享有撤销权的当事人对是否行使撤销权有选择自由,其可以行使撤销权使合同无效,也可以不行使撤销权使合同仍处于有效状态。法律之所以允许由当事人选择,是因为一方面此类合同仅因当事人意思表示不真实导致合同效力瑕疵,而合同内容并不违反法律强制性规定或社会公共利益;另一方面,此类合同虽然在订立时违背当事人真实意思,但客观上未必对当事人不利,故法律将决定此类合同有效性的权利交给当事人享有。

3. 撤销权人行使撤销权的,合同自始无效;撤销权人不行使撤销权的,合同继续有效。撤销权人行使撤销权的,被撤销的合同自始没有法律约束力,(《合同法》第56条前段)即溯及至合同成立时起无效。只要撤销权人尚未行使撤销权,该合同即为有效。如果撤销权人放弃撤销权或者未在法定期间内行使撤销权,其后则不得再否认合同的有效性,合同自成立之时起确定有效。

4. 可撤销合同存在变更合同的可能。依《合同法》第54条规定,当事人有权请求法院或仲裁机构变更或撤销此类合同。该规定系继承《民法通则》第59条的结果,其立法

① 参见“中国某进出口集团公司与中国某实业总公司购销合同纠纷申请再审案”,载刘德权主编:《最高人民法院裁判意见精选》(上),人民法院出版社2011年版,第210页。

目的一般认为是鼓励交易的需要。① 所谓变更合同，即在维持合同有效性的前提下，使合同有关内容发生变化。例如在显失公平合同的场合下，将不公平的价款条款变更为公平的条款。

（二）无效合同与可撤销合同

无效合同与可撤销合同的共同点在于：两者均为合同效力存在瑕疵的合同；一旦被确认无效或被撤销，均溯及至合同成立时起无效；被确认无效或被撤销的法律后果均为返还财产、赔偿损失等。

两者的区别如下：

1. 无效的条件不同。前者为当然无效，即使当事人未主张合同无效，法院或仲裁机构亦可依职权确认合同无效；后者并非当然无效，其是否有效取决于撤销权人是否行使撤销权，撤销权人未行使撤销权的，法院或仲裁机构不得依职权确认合同无效。

2. 法定事由不同。前者的法定事由主要是合同内容违反法律强制性规定或违反公序良俗的各种情形；后者的法定事由是导致当事人意思表示不真实的各种情形。

3. 有权主张的主体不同。对于无效合同，合同当事人及与合同具有利害关系的第三人均可向法院或仲裁机构提起无效合同的确认之诉。对于可撤销合同，仅享有撤销权的合同当事人可行使撤销权，其他合同当事人和合同之外的第三人均不得主张撤销合同。

4. 有无时间限制不同。一般认为，合同当事人及第三人向法院或仲裁机构提起无效合同的确认之诉不存在时间限制，不适用诉讼时效、除斥期间等规则。撤销权人向法院或仲裁机构提起撤销合同的形成之诉，须在法定除斥期间之内提起。

二、可撤销合同的原因

（一）重大误解（《合同法》第 54 条第 1 款第 1 项）

1. 概念和构成要件。《民法通则意见》第 71 条规定：“行为人因对行为的性质、对方当事人、标的物的品种、质量、规格和数量等错误认识，使行为的后果与自己的意思相悖，并造成较大损失的，可以认定为重大误解。”例如当事人因缺乏中药知识而误将草乌当做首乌购买。当事人一方因其自身原因对合同有关内容发生错误认识，并以此为基础订立合同，因当事人意思表示存在瑕疵且涉及合同内容的重要事项，故法律赋予当事人以撤销权使其能够撤销此类合同。因重大误解订立的合同须具备以下要件：

（1）表意人对涉及合同内容的重要事项发生了误解。该要件包含两点要求：其一，必须是对合同内容本身发生误解。表意人误解的对象仅限于合同条款记载的有关事项，对不构成合同内容的事项发生误解一般不构成重大误解。对动机的误解不构成重大误解，因为动机并非合同内容而仅为当事人在合同之外所追求的某种效果。例如当事人误以为某种型号的钢材即将价格大涨，但购买后并未涨价。对法律的误解一般也不构成重大误解，因为各国立法普遍遵循“任何人不得以不知法律为由进行抗辩”之法谚。② 其二，误解的合同内容必须为重要事项。误解必须是“重大的”，即对该事项的误解会直接影响当事人

① 对该条规定的批评意见，参见余延满：《合同法原论》，武汉大学出版社 1999 年版，第 230～232 页。

② 对此问题的学理观点参见李永军：《合同法》，法律出版社 2010 年版，第 279 页以下。

是否订约或订约的基本内容。一般而言，合同必要条款（当事人、标的物等）构成重要事项；合同非必要条款是否构成重要事项，则需考察其在订约中的实际作用来做具体判断。有判决认为："当事人明知转让给他人的有奖储蓄存单包含奖金，证明其对有奖储蓄存单能够中奖一事并不存在误解，在未约定奖金归属的情况下，事后主张转让行为属于重大误解的，不能成立。"①

（2）表意人因自身原因而发生误解。所谓"因自身原因"，是指因表意人不了解交易习惯、缺乏专业知识或其他过失导致发生误解，而并非由于对方当事人的欺骗或不正当影响导致表意人发生误解。表意人的自身原因可能是表意人具有过失，即应知某种事实而不知，以致发生误解；也有可能表意人并无过失，仅因不了解交易习惯、缺乏专业知识以致发生误解。如果因对方当事人告知虚假情况或隐瞒真实情况导致表意人发生误解，则非重大误解而构成欺诈。以下几种情形值得注意：①如果一方明知对方误解并利用此误解订立合同，是否构成重大误解？对此应区别对待：如果利用方负有告知义务而就对方误解未予告知，构成消极的欺诈行为而非重大误解；如果利用方不负告知义务，则构成重大误解。②表意人因重大过失而误解，后果如何？在此情形下，表意人仍可依重大误解行使撤销权，但其应依据其过错程度向无过错方赔偿损失。(《合同法》第 58 条后段)

（3）表意人基于误解作出意思表示。该要件包含两点要求：其一，表意人必须作出意思表示。如果表意人虽发生误解但并未作出意思表示，则不存在撤销的问题。例如当事人虽误将草乌当做首乌，但未作出购买的意思表示。其二，表意人的误解与其作出意思表示具有因果关系。即表意人是否作出意思表示及意思表示的内容与表意人的误解具有相当关联性，两者之间具有法律上的因果关系。

（4）误解方受有较大损失。所谓"受有较大损失"，是指如果不撤销或变更此合同，将给误解方造成较为严重的财产上的不利益。至于该损失须达到何种程度方为"较大"，应结合合同性质、标的数额、双方利益关系等因素加以判断。

2. 重大误解的类型。依据《民法通则意见》第 71 条及有关学理意见，重大误解的具体类型如下：

（1）对行为的性质发生误解。当事人对合同性质发生误解的情形下，当事人双方的权利义务关系会产生重大变化。例如当事人误将融资租赁合同当做普通租赁合同。

（2）对对方当事人发生误解。如果对方当事人的身份对合同的订立或履行具有重要意义，即如果对方不是特定人"甲"我方就不会与之订立合同或订立如此内容的合同，那么在此情形下对对方当事人发生误解就构成重大误解。例如承揽合同（对承揽人发生误解）、雇佣合同（对受雇人发生误解）、委托合同（对委托人或受托人发生误解）等。但如果当事人的身份在合同订立过程中并不具有重要意义，则对对方当事人发生误解不构成重大误解，误解方不得撤销合同。例如当事人误将甲加油站当做乙加油站，而两者出售汽油的型号、价格、品质等并无差异。

（3）对标的物性质发生误解。标的物的性质，包括标的物的品种、质量、规格、数量等影响标的物价值的各种因素。对标的物品种的误解，例如误将大麦当做小麦；对标的

① 参见"某铝型材厂诉王某存单纠纷案"，载《最高人民法院公报》1995 年第 4 期。

物质量的误解，例如误将二等品布料当做一等品布料；对标的物规格的误解，例如对工业装修的规格发生误解；对标的物数量的误解，例如对数量单位“打”发生误解。有判决认为，当事人对标的物价值认识错误的，构成重大误解。①

（4）表示错误。表示错误，是指表意人作出的表示行为发生错误，即表意人内心并未发生错误，但在将内心意思表达于外部时发生错误。例如卖家将价格 10 万的商品误标为 1 万。在表示错误的场合，表意人因误言、误写等失误导致其内心真实意思与外部表示行为不一致，司法实务中通常以重大误解处理。

（5）传达错误。传达错误，是指因传达人或传达机关的原因，造成表意人的真实意思与传达人的表示行为不符。例如甲欲将汽车以 8.5 万元卖给丙，让乙带口信给丙，乙听错为 8 万元并以此告知丙。《民法通则意见》第 77 条规定：“意思表示由第三人义务转达，而第三人由于过失转达错误或者没有转达，使他人造成损失的，一般可由意思表示人负赔偿责任。但法律另有规定或者双方另有约定的除外。”该条对误传的适用范围、条件和后果均作出了限制性规定。PICC 第 3.2.3 条规定：“在表述或传达一项声明过程中发生的错误应视为作出该声明之人的错误。”相较而言，后者规定更为合理。

（6）计算错误。计算错误，是指对标的物的数量、价款等计算发生错误。对于计算错误，大陆法系国家通常适用订正制度，而并不否认合同的效力。② 在我国现行法未规定订正制度的情况下，计算错误适用重大误解以变更合同较为合适。

（7）共同错误。共同错误，是指当事人双方对于合同成立的某些基础事项具有共同的主观假想，或者对于决定合同订立的客观环境具有共同的错误认识。例如甲乙在某地面合作开发商品房，但订约时均不知政府准备在该地面旁边建化工厂。对于共同错误的合同当事人，国外各立法普遍给予救济，但救济方法不尽相同。在我国现行法框架下，共同错误适用情势变更原则(《合同法解释（二）》第 26 条）较为妥当。

（二）显失公平(《合同法》第 54 条第 1 款第 2 项)

《民法通则意见》第 72 条规定：“一方当事人利用优势或利用对方没有经验，致使双方权利与义务明显违反公平、等价有偿原则的，可认定为显失公平。”例如连锁经营商利用优势地位与加盟商订立条件苛刻的加盟合同。对于合同当事人的权利义务，原则上只要双方达成合意法律即承认其效力，此为合同自由的应有之义。但在某些场合下，如果双方的权利义务严重失衡且达到法律所不允许的程度，法律对该合同的有效性就不能完全认可。大陆法系的“暴利行为”规则和英美法的衡平法规则适用于此类合同。显失公平的合同须具备以下要件：

（1）客观要件：在订立合同时，双方的权利义务显著不公平。该要件包含三点要求：其一，合同当事人双方的权利义务显著不公平。在双务合同和有偿合同中，显失公平体现为双方各自所负给付义务严重违背等价有偿原则，一方的获利大大超出了正常商业利润的限度。在单务合同和射幸合同中，是否构成显失公平则需要结合合同性质、给付义务内容

① 参见“某五金矿产轻工业品进出口公司与某贸易发展有限公司购销合同纠纷案”，载《最高人民法院判案大系》（民商事卷—1999 年上卷），人民法院出版社 1999 年版，第 136~139 页。

② 参见《意大利民法典》第 1430 条。

等因素加以衡量，而不能简单地以等价有偿标准判断。对于达到何种程度方为“显著”，现行法未作规定。① 有判决认为：“应结合双方当事人权利义务是否对等、一方获得的利益或另一方所受损失是否违背法律或交易习惯等方面综合衡量。”② 其二，双方权利义务显著不公平的时间点为订立合同时。订立合同时双方权利义务显著不公平，即构成显失公平，至于其后因客观情况变化导致双方不公平的状态发生变化则并不影响当事人享有撤销权。如果订立合同时双方权利义务是公平的，在合同成立以后客观情况发生重大变化导致双方权利义务显著不公平的，则不构成显失公平的合同而应适用情势变更原则。其三，应当注意区分显失公平与商业风险的界限。如果双方的权利义务不对等而使一方受到损失，但未超出商业风险的范畴，受损失方不得以显失公平为由主张撤销合同。有判决认为：“合同双方权利义务完整真实，即使合同标的价格高于市场价格，也应属于应当预见的商业交易风险，不能认定为显失公平。”③ 当事人不能仅以存在更高出价者为由认定原合同内容显失公平。④

（2）主观要件：在订立合同时，一方具有利用优势或利用对方轻率、无经验等而与对方订立显失公平合同的故意。⑤ 所谓利用优势，是指一方利用经济上或其他方面的优势地位，使对方难以拒绝对其明显不利的合同条件。例如大企业利用其垄断地位订立不公平的格式条款，迫使消费者接受。所谓利用对方轻率、无经验，是指一方利用对方交易时的轻率态度、欠缺一般的生活经验或交易经验，使对方接受对其明显不利的合同条件。当事人通过上述途径订立的权利义务显著不公平的合同构成显失公平的合同，但如果因欺诈、胁迫、重大误解等原因导致合同权利义务显著不公平的，则不构成显失公平的合同而应适用其他相应的规则。

（三）一方以欺诈、胁迫的手段订立合同(《合同法》第 54 条第 2 款)

因为《合同法》第 52 条规定：一方以欺诈、胁迫的手段订立合同，损害国家利益的为无效合同，所以第 54 条规定的“一方以欺诈、胁迫的手段，使对方在违背真实意思的情况下订立的合同”应解释为：一方以欺诈、胁迫的手段订立合同，且不损害国家利益。包括两种情形：

（1）一方以欺诈、胁迫的手段订立合同，损害非国家利益。所谓非国家利益，是指自然人和一般法人或其他组织的利益。

---

① 《法国民法典》第 1674 条规定，不动产买卖中受到损失超过不动产价金的 7/12 时，构成显失公平。

② 参见“天津开发区某房地产营销有限公司诉天津某房地产经营有限公司特许经营合同纠纷案”，载《最高人民法院公报》2007 年第 2 期。

③ 参见“福建某集团股份有限公司与福建省泉州市某房地产发展有限公司商品房预售合同纠纷案”，载《最高人民法院公报》2006 年第 5 期。

④ 参见“秦皇岛市某起重机械厂破产清算组与山东某有限公司商标转让合同纠纷再审案”，载最高人民法院民事审判第三庭编：《知识产权审判指导》2009 年第 1 辑（总第 13 辑），人民法院出版社 2009 年版，第 188 页以下。

⑤ 少数说“单一要件说”认为显失公平的构成无须主观要件。参见韩世远：《合同法总论》，法律出版社 2011 年版，第 201 页。

（2）一方以欺诈、胁迫的手段订立合同，未损害对方利益。一方采取欺诈、胁迫的手段订立合同，可能在客观上并非对对方不利。例如甲欲以超过市场价的价格购买乙的祖传古画，乙不愿出售，于是甲采取胁迫手段迫其订约。此类合同虽未损害对方财产利益，但使对方在违背真实意思的情况下订立合同，故法律仍赋予当事人撤销权以撤销合同。

【拓展：欺诈的法律规制】

现行法对欺诈的规制分为两部分：合同法规制与侵权法规制。

欺诈的合同法规制的具体内容为：（1）一方以欺诈手段订立合同。（《民法通则》第58条第3项、《合同法》第52条第1项、第54条第2款）欺诈为影响合同有效性的事由，可能导致合同无效或可撤销。（2）欺诈构成缔约过失责任。（《合同法》第42条第2项）因《合同法》第42条的适用范围为“订立合同过程中”，而合同最终是否成立在所不问，因此应区分两种情形：一是合同未成立的，当事人仅能依据《合同法》第42条第2项主张缔约过失责任；二是合同成立的，则《合同法》第42条第2项与《合同法》第52条第1项及第54条第2款构成竞合关系，当事人既可依前者主张缔约过失责任，也可依后者主张合同无效或撤销合同。（3）欺诈适用惩罚性违约赔偿。具体情形包括：经营者欺诈消费者的惩罚性赔偿(《合同法》第113条第2款、《消费者权益保护法》第55条)、商品房买卖中的惩罚性赔偿(《商品房买卖合同解释》第9条）等。

欺诈的侵权法规制的具体内容为：（1）《侵权责任法》未将欺诈类型化为一种特殊侵权责任。（2）证券法等单行法规定了商事领域中的欺诈侵权责任，例如虚假陈述、欺诈客户(《证券法》第78、79条）等。在商事领域中，欺诈的侵权责任已经形成了相对成熟、完善的一套规则体系。（3）在民事领域中，司法解释对欺诈的侵权责任有一些零星规定。《民法通则意见》第149条规定了盗用、假冒他人名义，以函、电等方式实施的侵权行为所产生的民事责任。但该条在适用条件、侵害对象等方面尚存疑义。在学理上，对欺诈的侵权责任的相关问题存在一定争议，涉及的问题有：侵权法应采何种模式规定欺诈的侵权责任？欺诈行为受害人的何种权益受到侵害？欺诈的侵权责任与合同法救济制度的关系如何处理？

（四）乘人之危(《合同法》第54条第2款)

依《民法通则》第58条第1款第3项规定，乘人之危是民事行为无效的事由。《合同法》改变了此规定，将乘人之危规定为可撤销的事由，其立法理由主要是充分尊重当事人意愿、鼓励交易和遵循域外立法的通行做法。《民法通则意见》第70条规定：“一方当事人乘对方处于危难之机，为牟取不正当利益，迫使对方作出不真实意思表示，严重损害对方利益的，可认定为乘人之危。”乘人之危的合同不是在双方当事人自愿的基础上订立的，一方因形势所迫被迫订约，故法律赋予受害人撤销权以撤销合同。乘人之危的合同须具备以下要件：

（1）一方利用对方的危难处境或急迫需要提出苛刻条件。该要件包含两点要求：其一，受害方处于危难处境或急迫需要的状态。所谓危难处境，是指因自然原因或社会原因导致当事人处于危险或严重不利的客观状态。例如甲落水呼救，乙在岸上提出甲赠与房屋乙才施救。所谓急迫需要，是指因特殊情事导致当事人在经济上、生活上的急需满足的状态。例如甲家人因急病住院而急需医疗费，乙乘机借予高利贷。其二，对受害人的不利状态，行为人加以利用。即在正常情况下，对行为人所提缔约条件受害人依常理不会接受，但行为人利用受害人处于特定的不利状态迫使其接受。应注意的是，乘人之危与胁迫的区别在于：前者的不利状态并非由行为人造成，行为人只是对该状态加以利用以迫使对方订约；后者是由胁迫人实施胁迫行为使受害人陷入威胁与恐惧而被迫订约。有司法意见认为："趁对方公司法定代表人醉酒之际与其签订合同，不属于乘人之危导致合同可撤销的情形。"①

（2）受害人被迫作出不真实意思表示。由于受害人处于危难处境或急迫需要且对方对此加以利用，导致受害人在别无选择的情况下作出不真实意思表示，即前者与后者之间具有因果关系。如果受害人对对方的逼迫行为并未就范，未作出订约的意思表示，则不存在撤销合同的问题。

（3）受害人因接受苛刻条件而受到严重损害。此处的损害包括财产损害与非财产损害。受害人受到财产损害，是指受害人因订立该合同而导致财产上的不利后果，且该损害超出法律所允许的限度。例如通过乘人之危订立的高利贷合同。受害人受到非财产损害，是指受害人因订立该合同而导致人身损害等非财产损害。例如受害人被迫签订包含限制人身自由条款的合同。

三、撤销权

（一）撤销权的性质

1. 撤销权是形成权。一方面，撤销权人行使撤销权依据其单方意思即可行使，无须取得对方同意；另一方面，现行法要求撤销权人通过诉讼或仲裁程序行使撤销权。

2. 撤销权是从权利。可撤销合同之债权为主权利，撤销权为附属于此主权利的从权利。撤销权不得与主权利相分离而单独转让。

（二）撤销权的主体

1. 重大误解、显失公平的场合下，双方当事人均享有撤销权。《合同法》第 54 条第 1 款规定，因重大误解、显失公平订立合同的，"当事人一方"有权请求法院或仲裁机构变更或撤销合同。该款规定的"当事人一方"应解释为任何一方当事人，即双方当事人均享有撤销权。理由如下：首先，从立法用语来看，《合同法》第 54 条第 1 款规定的撤销权人为"当事人一方"，而第 2 款规定的撤销权人为"受损害方"，两者应指不同的主体。如果将"当事人一方"也解释为"受损害方"，则不符合立法用语的基本逻辑。其次，在重大误解、显失公平的场合下，虽然主要是由误解方或受害方行使撤销权，但在其未行使撤销权的情况下由其相对方行使撤销权对误解方或受害方也并无不利。如果误解方或受害方尚未意识到己方的误解或损害，或者虽然意识到但行使撤销权存在某种障碍，在

① 参见最高人民法院民事审判第一庭编：《民事审判指导与参考》2009 年第 1 集（总第 37 集），法律出版社 2009 年版，第 303 页。

此情形下承认相对方享有撤销权有利于对误解方或受害方的救济。

2. 欺诈、胁迫、乘人之危的场合下，意思表示不真实的一方享有撤销权。《合同法》第54条第2款规定，因欺诈、胁迫、乘人之危订立合同的，“受损害方”有权请求法院或仲裁机构变更或撤销合同。该款规定的“受损害方”应解释为意思表示不真实的一方。理由如下：首先，在因欺诈、胁迫订立合同的场合，受欺诈方或受胁迫方未必受有财产损害，但因其在意思表示不真实的情形下订立合同，其应当享有撤销权。其次，实施欺诈、胁迫、乘人之危的行为人，如果因订立该合同使自己受有财产损害，法律不应赋予其撤销权。否则将违背该制度保护意思表示不真实的合同当事人之立法本意。最后，该款规定“受损害方”之“损害”的实质，是受害方因受到对方欺诈、胁迫、乘人之危的不当影响而不能正常表达真实意思的不利后果。因民法上的损害概念有特定的含义，故该款规定的“受损害方”表述为“意思表示不真实的一方”更为准确。

（三）撤销权的行使

1. 行使方式

（1）请求人民法院或者仲裁机构变更或者撤销。依《合同法》第54条规定，撤销权人行使撤销权应向人民法院或者仲裁机构提出请求。该“请求”非谓撤销权为请求权，而是指撤销权人行使撤销权应采请求变更或撤销之诉或申请仲裁的方式为之。当事人行使撤销权的，应对撤销事由的存在负举证责任。当事人所举证据难以得出违背其真实意思表示的结论的，人民法院不予支持。①

在现行法框架下，撤销权人在诉讼或仲裁程序之外行使撤销权的，不具有法律效力。如果当事人双方在诉讼或仲裁程序之外就终止合同达成合意，应认定为协议解除(《合同法》第93条第1款）而非撤销权的行使。

（2）撤销权能否以抗辩的方式行使？在司法实务中，诉讼当事人在答辩时提出存在欺诈、胁迫等事由而要求撤销合同，却不单独提起撤销之诉，法院对其抗辩如何处理存在较大争议。一种观点认为，撤销权必须以反诉的形式行使。另一种观点认为，无论反诉还是抗辩都是向法院主张行使撤销权的形式，关键在于法院应审查撤销权是否存在已经消灭的情形，应当允许以抗辩的形式行使撤销权。② 本书赞同第一种观点，理由为：其一，依据《合同法》第54条的文义解释，撤销权的行使方式仅限于提起撤销之诉和申请仲裁两种方式，且该条并未设但书或兜底之规定。其二，如果允许当事人以抗辩的形式行使撤销权而不必提起撤销之诉，将使合同的有效性和当事人之间的权利义务关系处于不稳定的状态，不利于维护交易安全。

2. 变更与撤销的关系

《合同法》第54条第3款规定：“当事人请求变更的，人民法院或者仲裁机构不得撤

---

① 参见“厦门某投资有限公司与某信用合作联社等借款担保合同纠纷上诉案”，最高人民法院民事审判第一庭编：《民事审判指导与参考》2009年第4集（总第40集），法律出版社2010年版，第154页以下。

② 参见最高人民法院民事审判第二庭编：《民商事审判指导》2007年第1辑（总第11辑），人民法院出版社2007年版，第149页。

销。”该款的具体适用应注意以下几点：

（1）该款仅适用于一方当事人请求变更、另一方当事人请求撤销合同的场合。如果仅一方主张变更或双方均主张变更合同，人民法院或者仲裁机构自应根据当事人的诉讼请求裁决而无权自行撤销合同；如果仅一方主张撤销或双方均主张撤销合同，其理相同。在重大误解和显失公平的场合，由于双方当事人均享有变更权和撤销权，可能会发生一方主张变更而另一方主张撤销的情况，法院对此应依据《合同法》第 54 条第 3 款变更合同。在欺诈、胁迫、乘人之危的场合，由于仅意思表示不真实的一方享有变更权和撤销权，故不存在适用《合同法》第 54 条第 3 款的余地。

（2）变更的合同内容如何确定？如果当事人能够就变更的合同内容达成合意，依据当事人的意思变更合同的相关内容。如果当事人就变更的合同内容无法达成合意，则由人民法院或者仲裁机构依据当事人的真实意思、公平原则和交易习惯等因素对合同内容作出相应的变更。

（四）撤销权的消灭

依《合同法》第 55 条规定，撤销权因下列事由消灭：

1. 撤销权人自知道或者应当知道撤销事由之日起 1 年内没有行使撤销权。该“1 年”期间在性质上为除斥期间，为不变期间，不能适用诉讼时效中止、中断和延长等规则。

2. 撤销权人知道撤销事由后明确表示或者以自己的行为放弃撤销权。撤销权人如果放弃撤销权，在弃权之后则不得再主张撤销合同。撤销权人放弃撤销权为单方行为，无须取得对方同意，亦不必通过诉讼或仲裁程序进行。撤销权人放弃撤销权可以明示或默示的方式作出：前者是指撤销权人以口头或书面形式通知对方放弃撤销权；后者是指以推定行为放弃撤销权，例如甲得知自己是在受欺诈的情况下购买了房屋后，非但没有提起撤销之诉，反而对该房屋进行了装修并且入住。

第五节　效力未定合同

一、效力未定合同概述

（一）效力未定合同的概念和特征

效力未定合同，又称效力待定合同，是指已经成立但欠缺法定有效要件，其效力能否发生在合同成立时尚未确定，须有权人表示追认才能有效的合同。对于效力未定法律行为，《民法通则》未设一般规定，但第 12 条、第 13 条、第 16 条等条文对效力未定法律行为的具体规则作出了规定。虽然从理论上来说，效力未定合同是效力未定法律行为的下位概念，但由于婚姻、遗嘱等法律行为不能适用效力未定法律行为的规则，故效力未定法律行为主要指效力未定合同。效力未定合同具有以下特征：

1. 效力未定合同主要是一方当事人欠缺有关主体资格的合同。效力未定合同虽然具备成立要件而使合同成立，但因一方当事人欠缺代理权、代表权、处分权等主体资格而导致缔约能力不符合法律要求。法律对此类合同的有效性不完全认可，而是将合同有效性的决定权交予具有相关主体资格的人，通过其追认行为对合同效力予以补正，以实现合同自由、鼓励交易和维护交易安全等立法价值。

2. 效力未定合同成立至追认权人行使追认权之前，合同是否有效尚未确定。在此期间内，合同的有效性状态既不是有效，也不是无效，而是处于“效力待决”的状态。在此期间内，债权人不得行使合同请求权要求债务人履行债务，亦不得主张合同无效所产生的损害赔偿请求权。效力未定合同之效力未定的状态不同于附生效条件合同在条件成就前的效力状态：前者既非有效，也非无效，即“效力待决”状态；后者是确定有效而尚未生效的状态。

3. 效力未定合同最终是否有效，取决于追认权人是否追认。效力未定的状态并非永久存续而仅具暂时性。追认权人对合同予以追认的，合同溯及至成立之时起有效；追认权人拒绝追认的，合同即为无效。追认权人的追认行为之所以可以补正合同效力，乃是因为追认权人具有订立该合同的有效资格，其追认的意思表示可补足当事人主体资格的欠缺。

（二）可撤销合同与效力未定合同

可撤销合同与效力未定合同的共同点在于：两者均为有效性存在瑕疵，但并非当然无效的合同；撤销权与追认权在性质上均为形成权；行使撤销权与追认权均具有溯及力。两者的区别如下：

1. 法定事由不同。前者主要是因欺诈、胁迫等事由导致当事人意思表示不真实的合同；后者主要是当事人欠缺行为能力、代理权等主体资格导致有效性存在瑕疵的合同。

2. 立法目的不同。前者的立法目的主要在于体现合同自由和鼓励交易，以实现合同制度效益的最大化；后者的立法目的除包括上述目的外，还有保护善意相对人（例如善意相对人的撤销权规则）以实现维护交易安全的立法目的。

3. 有效性状态不同。前者在行使撤销权之前，其有效性状态是确定的，即确定有效；后者在行使追认权之前，其有效性状态是不确定的，即“效力待决”状态。

4. 行使形成权的后果不同。撤销权人行使撤销权的后果是导致合同自始无效；追认权人行使追认权对合同予以追认的，导致合同自始有效。

二、效力未定合同的原因

（一）限制民事行为能力人超越缔约能力而订立的合同(《合同法》第 47 条)

依《民法通则》第 58 条第 1 款第 2 项规定，限制民事行为能力人依法不能独立实施是民事行为无效的事由。《合同法》改变了此规定，将此类合同规定为效力未定合同，其立法理由主要是为了鼓励交易、平衡各方当事人利益以维护交易安全。① 依《合同法》第 47 条规定，限制民事行为能力人超越缔约能力而订立的合同为效力未定合同，（第 1 款前段）但纯获利益的合同或者与其年龄、智力、精神健康状况相适应而订立的合同为有效合同。(第 1 款后段)

（二）无权代理人以被代理人的名义缔结的合同(《合同法》第 48 条)

无权代理，是指行为人没有代理权、超越代理权或者代理权终止后以被代理人名义实施民事法律行为。无权代理又分为狭义无权代理和表见代理，这两种情况下所订立合同的

---

① 胡康生主编：《中华人民共和国合同法释义》，法律出版社 2009 年版，第 80~81 页。

效力，依《合同法》规定有所不同。

1. 狭义无权代理所订立合同为效力未定合同。狭义无权代理，是指行为人既无代理权，也无能使第三人确信其有代理权的理由，而以被代理人名义所为的代理行为。因行为人自始没有代理权、超越代理权或代理权已消灭，其以被代理人名义订立合同之效果不能当然归属于被代理人。在被代理人行使追认权之前，该合同之效果究竟归属于被代理人抑或行为人，处于尚未确定的状态。被代理人事后对该合同予以追认的，合同效果归属于被代理人；拒绝追认的，合同效果归属于行为人。

在司法实务中，狭义无权代理的常见情形有：公司一般业务人员未经授权，擅自签订大幅度降价协议；① 公司主要负责人明知公司已取消对其的委托授权仍以公司名义签订合同，相对人也无理由相信其有代理权②等。

2. 表见代理所订立合同为效力确定的合同。表见代理，是指行为人虽无代理权，但善意相对人客观上有理由相信行为人具有代理权而与其为法律行为，行为后果直接由被代理人承担的代理行为。在表见代理的场合，虽然行为人自始没有代理权、超越代理权或代理权已消灭，但因为存在某种客观事由使相对人有合理理由相信行为人具有代理权，为保护善意相对人及维护交易安全，该合同效果直接归属于被代理人。应注意的是，《合同法》第 49 条规定表见代理的后果"该代理行为有效"，是指该代理行为所订立合同的效果确定地归属于被代理人，而非指该合同确定有效。该合同是否有效，应依据合同有效要件加以判断。

与表见代理有关的司法意见：

（1）关于"有理由相信"的理解。《民商事合同纠纷指导意见》第 13 条规定："合同相对人主张构成表见代理的，应当承担举证责任，不仅应当举证证明代理行为存在诸如合同书、公章、印鉴等有权代理的客观表象形式要素，而且应当证明其善意且无过失地相信行为人具有代理权。"第 14 条规定："人民法院在判断合同相对人主观上是否属于善意且无过失时，应当结合合同缔结与履行过程中的各种因素综合判断合同相对人是否尽到合理注意义务，此外还要考虑合同的缔结时间、以谁的名义签字、是否盖有相关印章及印章真伪、标的物的交付方式与地点、购买的材料、租赁的器材、所借款项的用途、建筑单位是否知道项目经理的行为、是否参与合同履行等各种因素，作出综合分析判断。"依此规定，表见代理的构成要件不仅要求存在客观事由使相对人有合理理由相信行为人具有代理权，而且还要求相对人在主观上善意且无过失。在该司法解释颁布以前，司法实务亦持此意见。③

---

① 参见"山东某针织厂与某外贸化工医药保健公司购销合同纠纷案"，载刘德权主编：《最高人民法院裁判意见精选》（上），人民法院出版社 2011 年版，第 265 页。

② 参见"安徽合肥某房地产开发有限公司诉江苏某国际集团土产进出口股份有限公司债务转让、商品房预售合同纠纷案"，载最高人民法院办公厅编：《最高人民法院公布裁判文书（2002 年）》，人民法院出版社 2003 年版，第 571 页以下。

③ 参见"某银行合肥市某分理处诉安徽合肥某房地产有限责任公司借款、抵押担保合同纠纷案"，载最高人民法院办公厅编：《最高人民法院公布裁判文书（2002 年）》，人民法院出版社 2003 年版，第 297 页以下。

（2）盖章与表见代理的关系。构成表见代理的情形：①单位将业务介绍信、合同专用章或者盖有公章的空白合同书出借给个人，个人以出借单位名义签订的担保合同。但有证据证明相对人明知或应当知道行为人越权的除外。②企业承包、租赁经营合同期满后，原企业承包人、租赁人用原承包、租赁企业的公章、业务介绍信、盖有公章的空白合同书签订的担保合同。但有证据证明企业法人采取有效防范措施，相对人明知或应当知道行为人越权的除外。③单位聘用的人员利用单位对公章、业务介绍信、合同书保管不善，擅自使用单位公章、业务介绍信、盖有公章的空白合同书签订的担保合同。但有证据证明相对人明知或应当知道行为人越权的除外。④单位聘用的人员被解聘后，行为人擅自利用保留的原单位公章签订的担保合同。但有证据证明单位履行了合理通知义务，相对人明知或应当知道行为人越权的除外。⑤非本单位人员利用单位管理不善，擅自使用单位公章、业务介绍信、盖有公章的空白合同书，在单位场所签订的担保合同。

不构成表见代理的情形：①非本单位人员盗窃单位的公章、业务介绍信、盖有公章的空白合同书签订的担保合同。②非本单位人员盗用单位的公章、业务介绍信、盖有公章的空白合同书签订的担保合同。③非本单位人员私刻单位的公章签订的担保合同。④本单位聘用的人员盗窃、盗用单位的公章、业务介绍信、盖有公章的空白合同书签订的担保合同，且相对人明知或应当知道行为人没有签订该类合同授权的。① 有判决认为：“签章人为单位管理公章职责人，未经单位同意私盖公章实施担保行为，不能对抗没有过错的第三人，应认定为表见代理。”② 还有判决认为：“法人双方签订协议时，个人以一方法定代表人身份在协议书上签字，这一行为使对方有理由相信该个人有权行使签订合同事项代理权，该个人签订补充协议行为构成表见代理。”③

（3）分支机构与表见代理的关系。有判决认为：“公司取消了分支机构代理权，由于债权人并不知情，该分支机构与债权人签订合同的行为构成表见代理。”④

（4）长期交易关系与表见代理。有判决认为：“买方基于长期交易往来形成的合理信赖，依据交易习惯将剩余货款支付给卖方此前长期授权负责收款的人员，该付款行为有效，卖方应承担表见代理的后果。”⑤

---

① 最高人民法院研究室编著：《最高人民法院关于合同法司法解释（二）理解与适用》，人民法院出版社 2009 年版，第 103～105 页。

② 参见“某银行某支行与中国经济开发信托投资公司某证券业务部、武汉某旅业娱乐实业发展有限公司确认担保效力纠纷上诉案”，载最高人民法院民事审判第一庭编：《民事审判指导与参考》2000 年第 2 卷（总第 2 卷），法律出版社 2000 年版，第 281 页以下。

③ 参见“宁夏某房地产开发有限公司与宁夏某生物技术开发有限公司等合作开发房地产合同纠纷上诉案”，载最高人民法院民事审判第一庭编：《民事审判指导与参考》2008 第 3 卷（总第 35 卷），法律出版社 2008 年版，第 197 页以下。

④ 参见“某银行某分行与中国某物产集团公司等借款担保合同纠纷上诉案”，载最高人民法院民事审判第二庭编：《民商审判指导与参考》2003 年第 1 卷（总第 3 卷），法律出版社 2003 年版，第 314 页以下。

⑤ 参见“王某诉张某买卖合同纠纷案”，载最高人民法院中国应用法学研究所编：《人民法院案例选》2010 年第 1 辑（总第 71 辑），人民法院出版社 2010 年版，第 1 页以下。

(5) 无效合同中双方均有过错，不适用表见代理。有判决认为：“本案基本授信合同及相关贷款合同，均为以合法形式掩盖非法目的的无效合同，且贷款人在贷款过程具有过错，故本案不适用表见代理的规定，双方当事人应根据各自的过错程度承担相应的民事责任。”①

(6) 金融机构理财产品销售环节中的“飞单骗局”，是否构成表见代理？有判决认为：“在理财产品销售诈骗引起的纠纷中，人民法院应审查销售行为是否以金融机构的名义进行，是否具备职务行为外观以及交易相对人是否善意且无过失，综合判断销售员的行为是否构成表见代理。”②

(三) 法人或其他组织的法定代表人、负责人超越权限订立的合同(《合同法》第50条)

无权代表，是指法人或其他组织的法定代表人、负责人超越职务权限，以法人或其他组织名义实施的代表行为。对于无权代表所订立合同，以下几方面值得注意：①无权代表场合下的“超越权限”，是指超越法定代表人或负责人的职务权限，即法人或其他组织对其的内部授权权限，而非指超越法人或其他组织的目的事业范围。例如公司规定董事长对标的额100万元以下的合同享有决定权，超过100万元的须董事会决定，但董事长擅自与他人订立了标的额200万元的合同。②《合同法》第50条与《合同法解释（一）》第10条的关系。前者系解决代表权问题，即超越职务权限的代表行为对合同效力产生何种影响；后者为解决缔约能力问题，即法人或其他组织的目的事业范围与其缔约能力的关系如何。超越职务权限的无权代表行为，未必超越目的事业范围，反之亦然。两者应根据各自标准分别判断，亦可同时适用。③无权代表分为相对人善意的无权代表（表见代表）与相对人恶意的无权代表，这两种情况下所订立合同的效力有所不同：前者为效力确定的合同，后者为效力未定合同。

1. 表见代表所订立合同为效力确定的合同。表见代表，是指法人或其他组织的法定代表人、负责人超越权限，且相对人对此不知道也不应当知道的代表行为。在表见代表的场合，相对人为善意即对越权的情况并不知情，为保护善意相对人及维护交易安全，该合同效果直接归属于被代表人。《合同法》第50条规定表见代表的后果“该代表行为有效”，是指该代表行为所订立合同的效果确定地归属于法人或其他组织，而非指该合同确定有效。该合同是否有效，应依据合同有效要件加以判断。应注意的是，表见代理与表见代表的要件略有差别：前者要求存在某种客观事由使相对人有合理理由相信行为人具有代理权；后者仅要求相对人不知道也不应当知道越权的情况，既包括存在某种客观事由使相对人有合理理由相信行为人未越权，也包括虽不存在此种客观事由但相对人确不知情也不应知情的情形。

---

① 参见“某银行某分行与某机场股份有限公司借款合同纠纷上诉案”，载《最高人民法院公报》2009年第11期。

② 参见“罗某诉某银行股份有限公司广州某支行委托理财合同纠纷案”，载最高人民法院中国应用法学研究所编：《人民法院案例选》2016年第1辑（总第95辑），人民法院出版社2016年版，第147页以下。

在司法实务中，表见代表的常见情形有：公司法定代表人在对外签订合同时已经被上级单位决定停止职务，但未办理变更登记；① 公司法定代表人越权订立担保合同；② 公司总会计师在担保合同及担保财产清单上签字③等。

2. 相对人恶意的无权代表所订立合同为效力未定合同。④ 相对人恶意的无权代表，是指法人或其他组织的法定代表人、负责人超越权限，且相对人对此知道或应当知道的代表行为。在此场合下，相对人明知或应知对方实施无权代表行为，却仍与之订立合同，对该恶意相对人不宜保护。故合同的效果不能当然地归属于被代表的法人或其他组织，被代表人事后对该合同予以追认的，合同效果归属于被代表人；拒绝追认的，合同无效。有判决认为："公司的股东会或股东不能以自身的名义直接作为公司对外法律关系的参与者及后果的承受者。"⑤

（四）无权处分人处分他人财产的合同（《合同法》第 51 条）

【学说争议：无权处分所订立合同的效力】

德国法上区分处分行为与负担行为：处分行为是指直接作用于某项现存权利的法律行为，如变更、转让某项权利、在某项权利上设定负担和取消某种权利等；负担行为是指一个人相对于另一个人（或若干人）承担为或不为一定行为义务的法律行为。《合同法》第 51 条规定的"处分"他人财产的行为是否指处分行为，并不明确。

无权处分，是指无处分权人以自己名义处分他人财产，并以此订立合同的行为。在实务中，无权处分的常见情形包括：出卖他人之物、出租他人之物、以他人之物设定抵押权等。以出卖他人之物为例，依据《合同法》第 51 条该合同效力如何，对此存在争议。第一种观点认为，该合同为效力未定合同。第二种观点认为，该合同为无效合同，因为其违反《合同法》第 132 条之强制性规定。第三种观点认为，该合同为有效合同，为履行合同而实施的处分行为效力未定。⑥ 对此，《买卖合同解释》第 3 条规定："当事人一方以出卖人在缔约时对标的物没有所有权或者处分权为由主张

---

① 参见"北京某房地产有限责任公司诉北京市某房地产开发公司房地产开发合同纠纷案"，载《最高人民法院公报》2010 年第 11 期。

② 参见"汕头某（集团）股份有限公司与某银行（香港）有限公司、汕头经济特区某发展有限公司担保合同纠纷案"，载《最高人民法院公报》2005 年第 7 期。

③ 参见"某资产管理公司、河南某实业集团有限公司与某市人民政府国有资产监督管理委员会、某市食品总公司借款担保合同纠纷案"，载刘德权主编：《最高人民法院司法观点集成》（7），人民法院出版社 2011 年版，第 90 页。

④ 亦有观点认为此类合同为无效合同。参见崔建远：《合同法总论》（上卷），中国人民大学出版社 2011 年版，第 433 页。

⑤ 参见"武汉某消费电子有限公司与武汉某电子有限公司、厦门某电子股份有限公司承包经营合同纠纷案"，载刘德权主编：《最高人民法院司法观点集成》（7），人民法院出版社 2011 年版，第 91 页。

⑥ 对无权处分的学说争议，参见肖立梅：《无权处分制度研究》，山东大学出版社 2009 年版，第 29 页以下。

合同无效的，人民法院不予支持。出卖人因未取得所有权或者处分权致使标的物所有权不能转移，买受人要求出卖人承担违约责任或者要求解除合同并主张损害赔偿的，人民法院应予支持。”该司法解释的本意是采取“合同有效说”，其主要依据是物权法上的“区分原则”(《物权法》第15条)，即在区分原因行为与物权变动的前提下肯定作为原因行为的合同的效力。① 但该条规定仍存在以下疑问：一是该条仅规定无权处分的合同是有效合同，但对于为履行合同而实施的处分行为是否效力未定，该条未予明确。在适用该条的前提下，《合同法》第51条是否应解释为处分行为效力未定，尚存疑义。二是该司法解释系对买卖合同作出的规定，该规定能否适用于其他类型的有名合同，亦存疑义。本书赞同合同有效说，理由如下：首先，从法律适用的角度，只有采有效说才能使《合同法》第51条与《买卖合同解释》第3条的适用不致抵牾。其次，从维护交易安全的角度，采有效说最为有利。而另两说均在不同程度上使合同效力处于不稳定状态，不利于维护市场的交易安全。再次，从社会生活的实际状况来看，采有效说最符合现实要求。在市场交易环节中，存在大量非现货交易甚至是标的物尚不存在的交易，如果将这类合同均认定为无效或效力未定，不符合交易惯例和普通民众的认知。再次，从比较法的立法趋势来看，有效说已成为各国立法及国际条约的普遍态度。例如PICC第3.1.3条、PECL第4.102条对无权处分所订立的合同效力均采有效说。最后，无效说和效力未定说均存在难以克服的缺陷。无效说的缺陷：①《合同法》第132条不能成为支撑无效说的依据。该条虽要求出卖人对标的物享有处分权且为强制性规定，但依据《合同法解释（二）》第14条规定，违反效力性强制性规定才导致合同无效，因此该条不能推导出合同无效的结论。②诚实信用原则也不足以成为支撑无效说的依据。买卖合同产生债权债务关系，承认无权处分的合同有效不会损害真正权利人的利益。如果出卖人根本不可能取得处分权，或出卖人根本无意取得处分权，可依据欺诈处理。③对于自始不能的合同的效力，传统民法所采无效的规定已经发生变化。本章第二节对此已做介绍。效力未定说的缺陷：①该说认为买卖合同包含负担行为与处分行为，此种解读背离了该分类的本意。即使我国现行法不采纳负担行为与处分行为的分类，效力未定说也不能解决无权处分的合同与物权法之区分原则的衔接问题。②《合同法》第150条规定出卖人的权利瑕疵担保义务，如果对无权处分的合同采效力未定说，将导致相关条文在体系解释上的矛盾。

三、追认权

（一）追认权的性质

1. 追认权是形成权。追认权人依据其单方意思即可行使追认权，无须取得对方同意，

① 最高人民法院民事审判第二庭编著：《最高人民法院关于买卖合同司法解释理解与适用》，人民法院出版社2012年版，第77页。

仅须将追认的意思表示通知对方。

2. 追认权是从权利。效力未定合同之债权为主权利，追认权为附属于此主权利的从权利。追认权不得与主权利相分离而单独转让。

（二）追认权的主体

1. 限制民事行为能力人超越缔约能力订立合同的场合，限制民事行为能力人的法定代理人享有追认权。(《合同法》第47条第1款）限制民事行为能力人的法定代理人是其监护人：未成年人的监护人依《民法通则》第16条确定；精神病人的监护人依《民法通则》第17条确定。法律之所以规定限制民事行为能力人的监护人享有追认权，是因为监护人的职责包含保护被监护人的合法权益、(《民法通则》第18条第1款）代理被监护人进行民事活动(《民法通则意见》第10条）等，其最终目的是为了限制民事行为能力人的利益。有学理意见认为，在追认期限内取得或恢复行为能力的行为人也应当享有追认权。①

2. 无权代理人以被代理人的名义缔结合同的场合，被代理人享有追认权。(《合同法》第48条第1款）在委托代理中，被代理人享有追认权。在法定代理和指定代理中，因被代理人不具有完全民事行为能力，其不享有追认权，但如果在追认权有效期间内被代理人取得或恢复行为能力则享有追认权。有判决认为："新设企业承接注销企业的全部资产……新设企业因此对注销企业无权代理人的代理行为享有追认权。"②

3. 法人或其他组织的法定代表人、负责人超越权限订立合同的场合，被代表人享有追认权。对于无权代表所订立的合同由谁享有追认权，现行法未作规定，应解释为被代表的法人或其他组织享有追认权。

（三）追认权的行使

1. 行使方式

（1）追认权人行使追认权可以采明示或默示的方式。①明示的追认。明示的追认应当以通知的方式作出，即追认权人将追认的意思表示通知相对人。现行法对通知的形式未作限制，口头或书面形式均无不可。追认的意思表示自通知到达相对人时生效。(《合同法解释（二）》第11条）②默示的追认。默示的追认是指以推定行为进行追认，即追认权人虽未明确作出追认的意思表示，但依其行为可以推知其追认的意思。《合同法解释（二）》第12条规定，被代理人已经开始履行合同义务的，视为对合同的追认。此外，被代理人向相对人主张合同债权、为合同设定担保、以该合同债权主张抵销等行为亦构成默示的追认。以推定行为进行追认的，自该行为完成时追认的意思表示生效。

（2）追认的意思表示应当向相对人作出。在传统民法中，追认的意思表示既可以向行为人作出，也可以向相对人作出。③ 但依《合同法解释（二）》第11条规定，追认的

① 余延满：《合同法原论》，武汉大学出版社1999年版，第238页。

② 参见"鹰潭市某实业有限公司与付某及江西某房地产开发集团有限公司项目转让合同纠纷上诉案"，载最高人民法院民事审判第一庭编：《最高人民法院二审民事案件解析》（第5集），法律出版社2007年版，第134页以下。

③ 参见《德国民法典》第182条、《日本民法典》第113条。

意思表示自通知到达相对人时生效，故追认通知应当向相对人作出才有生效的可能。以推定行为进行追认的，为无相对人的意思表示，不存在向何人作出追认的问题。

（3）追认权人行使追认权不必通过诉讼或仲裁程序。现行法未要求必须通过诉讼或仲裁程序行使追认权，因此追认权人在诉讼外或诉讼程序中均可行使追认权。

2. 行使期间

（1）行使期间的确定。追认权的行使期间由相对人以催告确定。相对人可以催告追认权人在1个月内予以追认。（《合同法》第47条第2款、第48条第2款）该1个月为行使追认权的法定期间，适用于相对人在催告时未另行确定追认权行使期间的场合。对于该行使期间，相对人亦可依其意思另行确定，但不得短于1个月，以免追认权人无足够时间权衡是否行使追认权。如果相对人在催告时就行使期间未作表示，则应适用1个月之法定期间。

（2）行使期间的效力。该行使期间为追认权的除斥期间，行使追认权应当在该期间内进行。追认权人在该期间内未作表示的，视为拒绝追认。（《合同法》第47条第2款、第48条第2款）所谓“未作表示”，是指既未表示追认，也未表示拒绝追认，即单纯的沉默。应注意的是，《民法通则》第66条第1款规定与此不同，其规定“本人知道他人以本人名义实施民事行为而不作否认表示的，视为同意。”因《民法通则》与《合同法》为普通法与特别法关系，故合同代理应适用《合同法》第48条第2款，其他法律行为代理适用《民法通则》第66条第1款。

3. 行使追认权的效力。追认权人行使追认权具有溯及既往的效力。《合同法解释（二）》第11条规定，追认的意思表示生效导致合同自订立时起生效。此处的“生效”应解释为有效，因为行使追认权本为解决合同的有效性问题而非生效问题，而且附生效条件的合同即使被追认，在条件成就之前也尚未生效。

四、相对人的催告权与撤销权

（一）相对人的催告权

催告权，是指在追认权人行使追认权之前，相对人依其意思催促告知追认权人就是否行使追认权作出明确意思表示的权利。催告权的意义在于督促追认权人对是否行使追认权尽快作出决定，以结束合同因效力未定而一直处于不稳定的状态。善意相对人和恶意相对人均享有催告权，其行使催告权的对象应为追认权人。对无权代理人等行为人进行催告的，不发生行使催告权的效力。催告权既为权利，相对人未必行使。如果相对人一直未行使催告权，追认权人应在何种期间内行使追认权抑或行使追认权不受时间限制，现行法未作规定。

（二）善意相对人的撤销权

1. 撤销权的概念和性质。撤销权，是指善意相对人在追认权人行使追认权之前撤回其意思表示的权利。现行法虽采撤销权概念，传统民法一般将该权利称为撤回权。撤销权的意义在于使不知情的善意相对人有机会撤回订立合同的意思表示，以平衡追认权人与善意相对人之间的利益关系。撤销权为形成权和从权利。撤销权人依据其单方意思即可行使撤销权，须将撤销的意思表示通知对方。撤销权为附属于合同债权的从权利，其不得与主权利相分离而单独转让。

2. 撤销权的主体。《合同法》第47条第2款、第48条第2款规定，善意相对人享有撤销权。所谓善意相对人，是指该相对人在缔约时对限制民事行为能力人超越缔约能力、行为人无权代理等不知情。例如，限制民事行为能力人采用诈术谎称年龄与相对人订立标的额较大的合同。在无权代理的场合，相对人的善意不能是因存在某种客观事由使相对人有合理理由相信行为人具有代理权，因为此种情形构成表见代理。相对人对行为人无权代理不知情的情形，包括相对人因过失不知情、相对人无过失且不存在上述客观事由而不知情等情形。对于恶意相对人，无论其知情的原因如何，均不享有撤销权。

3. 撤销权的行使方式。行使撤销权应当以通知的方式作出。对于通知的形式，现行法未作限制，故口头或书面通知均无不可。以通知方式行使撤销权的，撤销的意思表示自通知到达追认权人时生效。

4. 撤销权的行使期间。《合同法》第47条第2款、第48条第2款规定，撤销权的行使期间是“合同被追认之前”。所谓“合同被追认之前”，应解释为追认行为生效之前，而非追认权人发出追认通知之前。因追认的意思表示自通知到达相对人时生效，(《合同法解释（二）》第11条）因此在追认通知到达相对人之前，撤销通知须到达追认权人，行使撤销权方为有效。

第六节 合同被确认无效、被撤销、被拒绝追认的法律后果

一、合同无效的效力范围

（一）时间效力范围：溯及既往的效力

该效力是指合同被确认无效、被撤销、被拒绝追认的，溯及至合同成立时起无效。《合同法》第56条规定，无效的合同或被撤销的合同自始没有法律约束力。《合同法解释（二）》第11条规定，追认的意思表示生效的，合同自成立时起生效。据此可解释为，拒绝追认的意思表示生效导致合同自成立时起无效。因合同无效具有溯及既往的效力，故合同被确认无效、被撤销、被拒绝追认所引起的返还财产、赔偿损失等后果，原则上应当以将双方财产状态恢复到合同成立时的状态为标准。

对于买卖、赠与等一时的合同，合同无效具有溯及既往的效力不存疑义，但对于雇佣、租赁等继续性合同的无效如何适用溯及既往的效力，则不无疑问。继续性合同被确认无效、被撤销、被拒绝追认的，因在此之前双方所为的给付已发生确定的给付效果，无法通过返还财产、恢复原状将双方的财产状态恢复到合同成立之时。有学理意见认为，劳动或合伙等继续性合同成立并已经部分履行的，主张其无效仅向将来发生效力。① 《城镇房屋租赁合同解释》第5条第1款规定：“房屋租赁合同无效，当事人请求参照合同约定的租金标准支付房屋占有使用费的，人民法院一般应予支持。”依该款规定，租赁合同无效不具有溯及既往的效力。据此，《合同法》第56条应解释为原则上适用于一时的合同，

① 参见王泽鉴:《民法总则》，北京大学出版社2009年版，第383页。

继续性合同因其性质，原则上不能适用。

（二）内容效力范围：全部无效、部分无效

以内容无效的范围为标准，合同无效可分为全部无效与部分无效。全部无效，是指合同内容全部不具有效性的情形。全部无效的发生场合通常是作为合同基础性内容的条款或核心条款违反法律或公序良俗而导致合同无效，例如合同具有违法目的、标的物为禁止流通物等。

部分无效，是指合同内容一部分无效，而其他部分有效的情形。合同部分无效，不影响其他部分效力的，其他部分仍然有效。（《合同法》第56条后段）例如，主合同标的额为100万元，当事人约定定金数额为30万元，则定金数额应认定为20万元，超出部分无效。（《担保法》第91条、《担保法解释》第121条）部分无效应具备以下条件：

（1）该合同具有一体性。必须是一个单一的合同，而非数个合同关系的结合，才有可能发生部分无效的情形，否则应为分别有效或无效的问题。例如在“租期”1年的“租赁合同”中约定，前半年每月租金2000元，后半年无须支付租金。该情形为租赁和借用的结合，系两个合同且均为有效，而不能认定后半年因不支付租金而导致“租赁合同”部分无效。

（2）合同内容具有可分性。所谓可分性，是指无效部分被分离出来，能够以解释或推定等方法代替无效部分而使合同仍有效存在，且合同基本目的仍可实现。可分性主要包括以下情形：

①标的物、价金、期限等事项在数量上超过法律允许的范围。例如租赁合同中约定租赁期限为30年，其中超过20年的部分无效。（《合同法》第214条第1款）有判决认为：“法律规定商业用地出让最高年限为40年，双方签订合同却自行约定50年的商业用地出让年限，超出10年的部分应属无效。”① 还有判决认为，国有土地使用权出让合同中，一部分土地依法办理了农用地转用审批手续，另一部分未办理，未办理手续的部分无效。②

②合同标的由数种不同事项组成，其中一项或数项违反法律强制性规定或公序良俗。例如买卖合同的标的物有数个，其中一种为禁止流通物而其他为流通物。

③某项合同条款违反法律强制性规定或公序良俗，而该条款无效不影响其他条款继续有效。此类条款常见的有违约责任条款、约定解除条款、担保条款等。例如联营合同中的风险条款违背联营共负盈亏、共担风险原则，该条款无效，其余条款应认定有效。③

（3）合同的核心要素不具有无效事由。如果合同标的、合同目的等核心要素具有无效事由，即使其他内容并不违反法律强制性规定或公序良俗，也将导致合同全部无效。例

① 参见“陈某等诉厦门某房地产有限公司退还地价款纠纷案”，载最高人民法院中国应用法学研究所编：《人民法院案例选》2006年第2辑（总第56辑），人民法院出版社2006年版，第187页以下。

② 参见“青岛市国土资源和房屋管理局某国土资源分局与青岛某木业有限公司土地使用权出让合同纠纷案”，载《最高人民法院公报》2008年第5期。

③ 参见最高人民法院《关于中国建设银行山西省分行直属支行与山西铁路实业总公司借款纠纷案件的答复》（［1998］法经字第345号）。

如当事人订立以合法形式掩盖非法目的合同，虽然交付标的物、支付价金的义务单独观察并不违法，但因合同具有非法目的而全部无效。

（4）无效部分被去除后，就其余的合同有效内容是能够履行的且该履行不得违反公平原则。如果无效部分被去除后，导致其余部分构成事实上或法律上不能履行，或虽可履行但履行效果违反公平原则，则不应认定为部分无效而应为全部无效。

（三）对人的效力范围：绝对无效、相对无效

以无效对人的范围为标准，合同无效可分为绝对无效与相对无效。绝对无效，是指任何人均可主张合同无效，且合同无效对任何人均发生效力的情形。法律没有特殊规定的，合同无效均为绝对无效。在绝对无效的场合下，包括由合同当事人、利害关系人和第三人主张合同无效等三种情形。在此三种情形下，主张合同无效的具体方式及效果有所不同：①合同当事人主张合同无效的，既可以提起确认无效之诉，也可以行使抗辩权以对抗对方所主张的请求权。②利害关系人主张合同无效的，一般通过行使抗辩权的方式进行，即以合同无效来对抗对方所主张的请求权。但某些利害关系人也可以提起无效之诉，请求法院或仲裁机构确认合同无效。例如恶意串通订立合同损害第三人利益的，受损害方有权提起确认无效之诉。① ③第三人主张合同无效的，一般只能通过行使抗辩权的方式进行，而不能单独提起确认无效之诉。

相对无效，是指仅特定人有权主张合同无效，且合同无效仅针对特定人发生效力的情形。相对无效以法律有特殊规定为限。相对无效一般不是因为合同内容违反法律强制性规定或公序良俗，而是为保护特定人（如善意相对人或第三人）而设。例如有域外立法规定，双方虚伪表示导致合同无效的，不得以此对抗善意第三人。② 在我国现行法中，相对无效仅有零星规定，例如《物权法》第194条第1款规定，抵押权人与抵押人协议变更抵押权顺位等内容，未经其他抵押权人书面同意的，该变更协议对其他抵押权人不当然有效。

（四）解决争议条款效力的独立性

《合同法》第57条规定："合同无效、被撤销或者终止的，不影响合同中独立存在的有关解决争议方法的条款的效力。"此类条款本为解决争议而设，故合同被确认无效、被撤销、被拒绝追认不影响此类条款的有效性。此类条款主要包括诉讼管辖条款、仲裁条款（《仲裁法》第19条）等。

二、合同无效的具体后果

（一）返还财产（《合同法》第58条前段）

1. 返还财产的适用范围。合同被确认无效、被撤销和被拒绝追认的，适用返还财产的法律后果。但合同无效的原因是恶意串通的，因发生没收财产和返还第三人的法律后果，（《合同法》第59条）故不能适用返还财产。合同因违反法律强制性规定或公序良俗

① 参见"陈某、皮某诉重庆某房地产开发有限公司、夏某、重庆某置业有限公司合同纠纷案"，载《最高人民法院公报》2010年第10期。

② 参见《日本民法典》第94条第2项。

而无效，能否适用返还财产？现行法未作规定。域外立法一般区分不同情形作分别处理，我国宜采相同解释。如果双方具有共同的非法目的或标的物为禁止流通物，不适用返还财产而应没收财产。例如双方订立“封口费”协议、买卖毒品的合同等。如果合同内容虽然违反法律强制性规定或公序良俗，但返还财产并不会产生违法效果，则应当适用返还财产。例如当事人交付的定金数额超过法定上限，对方将超出部分予以返还。

2. 返还财产的具体适用

（1）返还财产的具体方式包括返还原财产和折价补偿。①能够返还原财产的，原则上应当返还原财产。当事人取得财产的形态包括物（动产、不动产）和无形财产（专利权、商标权等）。当事人返还原物的，采取交付和变更登记的方式进行；返还无形财产的，采取变更登记等方式进行。②如果不能返还或者没有必要返还原财产，以折价补偿的方式返还财产，即一方向对方支付相当于原财产价值的金钱。所谓“不能返还”，是指在事实上无法返还原财产或在法律上返还原财产被禁止。例如标的物为消耗物已被使用而不存在。所谓“没有必要返还”，是指虽在事实上和法律上能够返还原财产，但返还成本过高或对接受方没有意义。例如交付的内衣已被使用。

（2）返还的财产是当事人基于无效、被撤销或被拒绝追认的合同实际取得的财产。所谓“实际取得”，是指当事人基于该合同的履行实际取得了对财产的占有，而并非仅指取得标的物所有权。在租赁、保管等不转移标的物所有权的合同被确认无效、被撤销或被拒绝追认后，亦存在返还财产的后果。如果合同约定一方当事人有权从对方取得一定财产，但并未实际转移占有，对该财产则不存在返还的问题。当事人基于合同实际取得的原财产应予返还，对此不存疑义。当事人在占有原财产期间所产生的孳息应否返还，则应依据物权法上孳息归属规则(《物权法》第116条）予以确定。有判决认为：“返还财产的范围为所取得的全部财产和费用，而不仅指取得财产一方现在所占有的财产和利益。”① 还有判决认为：“合同被确认无效后当事人无权请求对方返还其收取当事人暂付的损失补偿金。”②

（3）返还的主体是基于该合同实际取得财产的当事人；返还的对象是基于该合同履行了给付义务的相对人。由一方当事人基于合同实际取得财产的，由该方单方返还；双方当事人均基于实际取得财产的，双方均应返还。一方当事人实际取得财产后，又基于其他法律关系将财产移转给善意第三人的，该善意第三人不负返还义务，由转移财产的当事人向相对人折价补偿；当事人将取得的财产移转给恶意第三人构成恶意串通的，恶意第三人应负返还义务。

3. 返还财产与诉讼时效。《诉讼时效规定》第7条规定，合同被撤销后的返还财产请求权适用诉讼时效。依据最高法院的解释，该条规定的返还财产请求权仅指不能返还原物

---

① 参见“唐山市某金属屋顶成型安装有限公司与丰润县某建材大世界开发公司等建筑安装工程合同纠纷抗诉案”，载最高人民法院审判监督庭编：《审判监督指导》2005年第2辑（总第18辑），人民法院出版社2005年版，第91页以下。

② 参见“某省国土资源开发实业总公司与海南某实业投资公司合作开发地产项目合同纠纷案”，载刘德权主编：《最高人民法院裁判意见精选》（上），人民法院出版社2011年版，第251页。

的情形下"折价补偿"的请求权，该请求权的性质是不当得利返还请求权，而返还原物请求权则不适用诉讼时效。① 返还财产请求权的诉讼时效期间从合同被撤销之日起计算。

（二）赔偿损失(《合同法》第58条后段)

合同被确认无效、被撤销和被拒绝追认的，有过错的一方应当赔偿对方因此所受到的损失，双方都有过错的，应当各自承担相应的责任。对于过错的认定，有判决认为，一方当事人为专业证券公司，其对《受托国债投资管理合同》无效应当承担主要过错责任，对方当事人作为客户承担次要责任。② 该赔偿损失责任的性质为缔约过失责任，其构成要件、赔偿范围等依缔约过失责任的相关规则确定。

（三）收归国家所有或返还集体、第三人(《合同法》第59条)

1. 该后果的适用范围。依《合同法》第59条规定，该后果仅适用于当事人恶意串通损害国家、集体或第三人利益而导致合同无效的场合。在违反法律强制性规定或公序良俗而导致合同无效的某些场合（如买卖禁止流通物），亦可适用该后果。

2. 该后果的具体适用。

（1）没收或返还的财产包括当事人已经取得和约定取得的财产。《民法通则意见》第74条规定，因恶意串通导致民事行为无效而没收或返还的财产应当包括双方当事人已经取得的财产和约定取得的财产。已经取得的财产，是指当事人基于该合同接受对方给付而实际取得的财产。约定取得的财产，是指合同约定一方应向对方移转一定财产但尚未实际履行的财产。例如代理人与相对人恶意串通损害被代理人利益的合同中，约定由相对人向代理人支付一笔回扣但尚未实际支付合同即被确认无效，该笔未支付的回扣应予没收。

（2）该后果与返还财产、赔偿损失不能并用。基于恶意串通的合同而给付的财产不能在合同当事人之间予以返还，而应由国家没收或返还给合同之外的受害人。《合同法》第58条规定的赔偿损失适用于合同当事人之间，而恶意串通的合同的受害人并非该合同当事人，故无法依据该条请求合同当事人赔偿损失。受害人应依据其与合同当事人之间的法律关系另行主张违约责任或侵权责任。

（3）该后果不适用诉讼时效。该后果体现了国家强制性和对恶意当事人的惩罚性，而并非平等主体之间的债权请求权关系，故不适用诉讼时效。(《诉讼时效规定》第1条)

附：与本章内容有关的司考真题

一、选择题

1. 潘某去某地旅游，当地玉石资源丰富，且盛行"赌石"活动，买者购买原石后自行剖切，损益自负。潘某花5000元向某商家买了两块原石，切开后发现其中一块为极品玉石，市场估价上百万元。商家深觉不公，要求潘某退还该玉石或补交价款。对此，下列

---

① 参见最高人民法院民事审判第二庭编著：《最高人民法院关于民事案件诉讼时效司法解释理解与适用》，人民法院出版社2008年版，第147~152页。

② 参见"某证券股份有限公司与宝鸡某股份有限公司、陕西某投资担保有限公司委托理财合同纠纷上诉案"，载最高人民法院民事审判第二庭编：《民商事审判指导》2005年第1辑（总第7辑），人民法院出版社2005年版，第330页以下。

哪一选项是正确的？【2016年司法考试卷三第3题】

A. 商家无权要求潘某退货

B. 商家可基于公平原则要求潘某适当补偿

C. 商家可基于重大误解而主张撤销交易

D. 商家可基于显失公平而主张撤销交易

2. 甲公司员工唐某受公司委托从乙公司订购一批空气净化机，甲公司对净化机单价未作明确限定。唐某与乙公司私下商定将净化机单价比正常售价提高200元，乙公司给唐某每台100元的回扣。商定后，唐某以甲公司名义与乙公司签订了买卖合同。对此，下列哪一选项是正确的？【2016年司法考试卷三第4题】

A. 该买卖合同以合法形式掩盖非法目的，因而无效

B. 唐某的行为属无权代理，买卖合同效力待定

C. 乙公司行为构成对甲公司的欺诈，买卖合同属可变更、可撤销合同

D. 唐某与乙公司恶意串通损害甲公司的利益，应对甲公司承担连带责任

3. 烽源有限公司的章程规定，金额超过10万元的合同由董事会批准。蔡某是烽源公司的总经理。因公司业务需要车辆，蔡某便将自己的轿车租给烽源公司，并约定年租金15万元。后蔡某要求公司支付租金，股东们获知此事，一致认为租金太高，不同意支付。关于本案，下列哪一选项是正确的？【2016年司法考试卷三第28题】

A. 该租赁合同无效

B. 股东会可以解聘蔡某

C. 该章程规定对蔡某没有约束力

D. 烽源公司有权拒绝支付租金

4. 甲隐瞒了其所购别墅内曾发生恶性刑事案件的事实，以明显低于市场价的价格将其转卖给乙；乙在不知情的情况下，放弃他人以市场价出售的别墅，购买了甲的别墅。几个月后乙获悉实情，向法院申请撤销合同。关于本案，下列哪些说法是正确的？【2016年司法考试卷三第59题】

A. 乙须在得知实情后一年内申请法院撤销合同

B. 如合同被撤销，甲须赔偿乙在订立及履行合同过程当中支付的各种必要费用

C. 如合同被撤销，乙有权要求甲赔偿主张撤销时别墅价格与此前订立合同时别墅价格的差价损失

D. 合同撤销后乙须向甲支付合同撤销前别墅的使用费

5. 甲以23万元的价格将一辆机动车卖给乙。该车因里程表故障显示行驶里程为4万公里，但实际行驶了8万公里，市值为16万元。甲明知有误，却未向乙说明，乙误以为真。乙的下列哪一请求是错误的？【2015年司法考试卷三第2题】

A. 以甲欺诈为由请求法院变更合同，在此情况下法院不得判令撤销合同

B. 请求甲减少价款至16万元

C. 以重大误解为由，致函甲请求撤销合同，合同自该函到达甲时即被撤销

D. 请求甲承担缔约过失责任

6. 张某和李某设立的甲公司伪造房产证，以优惠价格与乙企业（国有）签订房屋买

卖合同，以骗取钱财。乙企业交付房款后，因甲公司不能交房而始知被骗。关于乙企业可以采取的民事救济措施，下列哪一选项是正确的？【2015年司法考试卷三第3题】

A. 以甲公司实施欺诈损害国家利益为由主张合同无效

B. 只能请求撤销合同

C. 通过乙企业的主管部门主张合同无效

D. 可以请求撤销合同，也可以不请求撤销合同而要求甲公司承担违约责任

7. 甲公司与15周岁的网络奇才陈某签订委托合同，授权陈某为甲公司购买价值不超过50万元的软件。陈某的父母知道后，明确表示反对。关于委托合同和代理权授予的效力，下列哪一表述是正确的？【2015年司法考试卷三第4题】

A. 均无效，因陈某的父母拒绝追认

B. 均有效，因委托合同仅需简单智力投入，不会损害陈某的利益，其父母是否追认并不重要

C. 是否有效，需确认陈某的真实意思，其父母拒绝追认，甲公司可向法院起诉请求确认委托合同的效力

D. 委托合同因陈某的父母不追认而无效，但代理权授予是单方法律行为，无须追认即有效

8. 甲与乙签订《协议》，由乙以自己名义代甲购房，甲全权使用房屋并获取收益。乙与开发商和银行分别签订了房屋买卖合同和贷款合同。甲把首付款和月供款给乙，乙再给开发商和银行，房屋登记在乙名下。后甲要求乙过户，乙主张是自己借款购房。下列哪一选项是正确的？【2015年司法考试卷三第5题】

A. 甲有权提出更正登记

B. 房屋登记在乙名下，甲不得请求乙过户

C.《协议》名为代购房关系，实为借款购房关系

D. 如乙将房屋过户给不知《协议》的丙，丙支付合理房款则构成善意取得

9. 甲去购买彩票，其友乙给甲10元钱让其顺便代购彩票，同时告知购买号码，并一再嘱咐甲不要改变。甲预测乙提供的号码不能中奖，便擅自更换号码为乙购买了彩票并替乙保管。开奖时，甲为乙购买的彩票中了奖，二人为奖项归属发生纠纷。下列哪一分析是正确的？【2015年司法考试卷三第9题】

A. 甲应获得该奖项，因按乙的号码无法中奖，甲、乙之间应类推适用借贷关系，由甲偿还乙10元

B. 甲、乙应平分该奖项，因乙出了钱，而甲更换了号码

C. 甲的贡献大，应获得该奖项之大部，同时按比例承担彩票购买款

D. 乙应获得该奖项，因乙是委托人

10. 某旅游地的纪念品商店出售秦始皇兵马俑的复制品，价签标名为“秦始皇兵马俑”，2800元一个。王某购买了一个，次日，王某以其购买的“秦始皇兵马俑”为复制品而非真品属于欺诈为由，要求该商店退货并赔偿。下列哪些表述是错误的？【2015年司法考试卷三第52题】

A. 商店的行为不属于欺诈，真正的“秦始皇兵马俑”属于法律规定不能买卖的禁止

流通物

B. 王某属于重大误解，可请求撤销买卖合同

C. 商店虽不构成积极欺诈，但构成消极欺诈，因其没有标明为复制品

D. 王某有权请求撤销合同，并可要求商店承担缔约过失责任

11. 顺风电器租赁公司将一台电脑出租给张某，租期为 2 年。在租赁期间内，张某谎称电脑是自己的，分别以市价与甲、乙、丙签订了三份电脑买卖合同并收取了三份价款，但张某把电脑实际交付给了乙。后乙的这台电脑被李某拾得，因暂时找不到失主，李某将电脑出租给王某获得很高收益。王某租用该电脑时出了故障，遂将电脑交给康成电脑维修公司维修。王某和李某就维修费的承担发生争执。康成公司因未收到修理费而将电脑留置，并告知王某如 7 天内不交费，将变卖电脑抵债。李某听闻后，于当日潜入康成公司偷回电脑。关于张某与甲、乙、丙的合同效力，下列选项正确的是：【2015 年司法考试卷三第 89 题】

A. 张某非电脑所有权人，其出卖为无权处分，与甲、乙、丙签订的合同无效

B. 张某是合法占有人，其与甲、乙、丙签订的合同有效

C. 乙接受了张某的交付，取得电脑所有权

D. 张某不能履行对甲、丙的合同义务，应分别承担违约责任

12. 甲公司和乙公司在前者印制的标准格式《货运代理合同》上盖章。《货运代理合同》第四条约定："乙公司法定代表人对乙公司支付货运代理费承担连带责任。"乙公司法定代表人李红在合同尾部签字。后双方发生纠纷，甲公司起诉乙公司，并要求此时乙公司的法定代表人李蓝承担连带责任。关于李蓝拒绝承担连带责任的抗辩事由，下列哪一表述能够成立？【2014 年司法考试卷三第 3 题】

A. 第四条为无效格式条款

B. 乙公司法定代表人未在第四条处签字

C. 乙公司法定代表人的签字仅代表乙公司的行为

D. 李蓝并未在合同上签字

13. 吴某是甲公司员工，持有甲公司授权委托书。吴某与温某签订了借款合同，该合同由温某签字、吴某用甲公司合同专用章盖章。后温某要求甲公司还款。下列哪些情形有助于甲公司否定吴某的行为构成表见代理？【2014 年司法考试卷三第 52 题】

A. 温某明知借款合同上的盖章是甲公司合同专用章而非甲公司公章，未表示反对

B. 温某未与甲公司核实，即将借款交给吴某

C. 吴某出示的甲公司授权委托书载明甲公司仅授权吴某参加投标活动

D. 吴某出示的甲公司空白授权委托书已届期

14. 张某、方某共同出资，分别设立甲公司和丙公司。2013 年 3 月 1 日，甲公司与乙公司签订了开发某房地产项目的《合作协议一》，约定如下："甲公司将丙公司 10%的股权转让给乙公司，乙公司在协议签订之日起三日内向甲公司支付首付款 4000 万元，尾款 1000 万元在次年 3 月 1 日之前付清。首付款用于支付丙公司从某国土部门购买 A 地块土地使用权。如协议签订之日起三个月内丙公司未能获得 A 地块土地使用权致双方合作失败，乙公司有权终止协议。"

《合作协议一》签订后，乙公司经甲公司指示向张某、方某支付了4000万元首付款。张某、方某配合甲公司将丙公司的10%的股权过户给了乙公司。

2013年5月1日，因张某、方某未将前述4000万元支付给丙公司致其未能向某国土部门及时付款，A地块土地使用权被收回挂牌卖掉。

2013年6月4日，乙公司向甲公司发函："鉴于土地使用权已被国土部门收回，故我公司终止协议，请贵公司返还4000万元。"甲公司当即回函："我公司已把股权过户到贵公司名下，贵公司无权终止协议，请贵公司依约支付1000万元尾款。"

2013年6月8日，张某、方某与乙公司签订了《合作协议二》，对继续合作开发房地产项目做了新的安排，并约定："本协议签订之日，《合作协议一》自动作废。"丁公司经甲公司指示，向乙公司送达了《承诺函》："本公司代替甲公司承担4000万元的返还义务。"乙公司对此未置可否。【2014年司法考试卷三第86~91题】

（1）关于《合作协议一》，下列表述正确的是（　　）。

A. 是无名合同

B. 对股权转让的约定构成无权处分

C. 效力待定

D. 有效

（2）关于2013年6月4日乙公司向甲公司发函，下列表述正确的是（　　）。【此题涉及第九章】

A. 行使的是约定解除权

B. 行使的是法定解除权

C. 有权要求返还4000万元

D. 无权要求返还4000万元

（3）关于2013年5月1日张某、方某未将4000万元支付给丙公司，应承担的责任，下列表述错误的是：【此题涉及第十章】

A. 向乙公司承担违约责任

B. 与甲公司一起向乙公司承担连带责任

C. 向丙公司承担违约责任

D. 向某国土部门承担违约责任

（4）关于甲公司的回函，下列表述正确的是（　　）。【此题涉及第九章】

A. 甲公司对乙公司解除合同提出了异议

B. 甲公司对乙公司提出的异议理由成立

C. 乙公司不向甲公司支付尾款构成违约

D. 乙公司可向甲公司主张不安抗辩权拒不向甲公司支付尾款

（5）关于张某、方某与乙公司签订的《合作协议二》，下列表述正确的是（　　）。

A. 有效

B. 无效

C. 可变更

D.《合作协议一》被《合作协议二》取代

（6）关于丁公司的《承诺函》，下列表述正确的是（　　）。【此题涉及第八章】

A. 构成单方允诺

B. 构成保证

C. 构成并存的债务承担

D. 构成免责的债务承担

15. 下列哪一情形下，甲对乙不构成胁迫？【2013 年司法考试卷三第 3 题】

A. 甲说，如不出借 1 万元，则举报乙犯罪。乙照办，后查实乙构成犯罪

B. 甲说，如不将藏獒卖给甲，则举报乙犯罪。乙照办，后查实乙不构成犯罪

C. 甲说，如不购甲即将报废的汽车，将公开乙的个人隐私。乙照办

D. 甲说，如不赔偿乙撞伤甲的医疗费，则举报乙醉酒驾车。乙照办，甲取得医疗费和慰问金

16. 下列哪些情形下，甲公司应承担民事责任？【2013 年司法考试卷三第 52 题】

A. 甲公司董事乙与丙公司签订保证合同，乙擅自在合同上加盖甲公司公章和法定代表人丁的印章

B. 甲公司与乙公司签订借款合同，甲公司未盖公章，但乙公司已付款，且该款用于甲公司项目建设

C. 甲公司法定代表人乙委托员工丙与丁签订合同，借用丁的存款单办理质押贷款用于经营

D. 甲公司与乙约定，乙向甲公司交纳保证金，甲公司为乙贷款购买设备提供担保。甲公司法定代表人丙以个人名义收取该保证金并转交甲公司出纳员入账

17. 甲、乙之间的下列哪些合同属于有效合同？【2013 年司法考试卷三第 53 题】

A. 甲与丙离婚期间，用夫妻共同存款向乙公司购买保险，指定自己为受益人

B. 甲将其宅基地抵押给同村外嫁他村的乙用于借款

C. 甲将房屋卖给精神病人乙，合同履行后房价上涨

D. 甲驾车将流浪精神病人撞死，因查找不到死者亲属，乙民政部门代其与甲达成赔偿协议

18. 甲用伪造的乙公司公章，以乙公司名义与不知情的丙公司签订食用油买卖合同，以次充好，将劣质食用油卖给丙公司。合同没有约定仲裁条款。关于该合同，下列哪一表述是正确的？【2013 年司法考试卷三第 4 题】

A. 如乙公司追认，则丙公司有权通知乙公司撤销

B. 如乙公司追认，则丙公司有权请求法院撤销

C. 无论乙公司是否追认，丙公司均有权通知乙公司撤销

D. 无论乙公司是否追认，丙公司均有权要求乙公司履行

19. 下列哪一情形构成重大误解，属于可变更、可撤销的民事行为？【2012 年司法考试卷三第 3 题】

A. 甲立下遗嘱，误将乙的字画分配给继承人

B. 甲装修房屋，误以为乙的地砖为自家所有，并予以使用

C. 甲入住乙宾馆，误以为乙宾馆提供的茶叶是无偿的，并予以使用

D. 甲要购买电动车，误以为精神病人乙是完全民事行为能力人，并与之签订买卖合同

20. 甲与乙教育培训机构就课外辅导达成协议，约定甲交费 5 万元，乙保证甲在接受乙的辅导后，高考分数能达到二本线。若未达到该目标，全额退费。结果甲高考成绩仅达去年二本线，与今年高考二本线尚差 20 分。关于乙的承诺，下列哪一表述是正确的?【2012 年司法考试卷三第 11 题】

A. 属于无效格式条款

B. 因显失公平而可变更

C. 因情势变更而可变更

D. 虽违背教育规律但属有效

21. 下列哪些情形属于无效合同?【2012 年司法考试卷三第 52 题】

A. 甲医院以国产假肢冒充进口假肢，高价卖给乙

B. 甲乙双方为了在办理房屋过户登记时避税，将实际成交价为 100 万元的房屋买卖合同价格写为 60 万元

C. 有妇之夫甲委托未婚女乙代孕，约定事成后甲补偿乙 50 万元

D. 甲父患癌症急需用钱，乙趁机以低价收购甲收藏的 1 幅名画，甲无奈与乙签订了买卖合同

22. 甲委托乙采购一批电脑，乙受丙诱骗高价采购了一批劣质手机。丙一直以销售劣质手机为业，甲对此知情。关于手机买卖合同，下列哪些表述是正确的?【2012 年司法考试卷三第 54 题】

A. 甲有权追认

B. 甲有权撤销

C. 乙有权以甲的名义撤销

D. 丙有权撤销

23. 甲公司在城市公园旁开发预售期房，乙、丙等近百人一次性支付了购房款，总额近 8000 万元。但甲公司迟迟未开工，按期交房无望。乙、丙等购房人多次集体去甲公司交涉无果，险些引发群体性事件。面对疯涨房价，乙、丙等购房人为另行购房，无奈与甲公司签订《退款协议书》，承诺放弃数额巨大利息、违约金的支付要求，领回原购房款。经咨询，乙、丙等购房人起诉甲公司。下列哪一说法准确体现了公平正义的有关要求?【2011 年司法考试卷三第 1 题】

A. 《退款协议书》虽是当事人真实意思表示，但为兼顾情理，法院应当依据购房人的要求变更该协议，由甲公司支付利息和违约金

B. 《退款协议书》是甲公司胁迫乙、丙等人订立的，为确保合法合理，法院应当依据购房人的要求宣告该协议无效，由甲公司支付利息和违约金

C. 《退款协议书》的订立显失公平，为保护购房人的利益，法院应当依据购房人的要求撤销该协议，由甲公司支付利息和违约金

D. 《退款协议书》损害社会公共利益，为确保利益均衡，法院应当依据购房人的要求撤销该协议，由甲公司支付利息和违约金

24. 王某是甲公司的法定代表人，以甲公司名义向乙公司发出书面要约，愿以 10 万元价格出售甲公司的一块清代翡翠。王某在函件发出后 2 小时意外死亡，乙公司回函表示愿意以该价格购买。甲公司新任法定代表人以王某死亡，且未经董事会同意为由拒绝。关于该要约，下列哪一表述是正确的？【2011 年司法考试卷三第 3 题】

A. 无效

B. 效力待定

C. 可撤销

D. 有效

25. 关于意思表示法律效力的判断，下列哪些选项是正确的？【2011 年司法考试卷三第 53 题】

A. 甲在商场购买了一台液晶电视机，回家后发现其妻乙已在另一商场以更低折扣订了一台液晶电视机。甲认为其构成重大误解，有权撤销买卖

B. 甲向乙承诺，以其外籍华人身份在婚后为乙办外国绿卡。婚后，乙发现甲是在逃通缉犯。乙有权以甲欺诈为由撤销婚姻

C. 甲向乙银行借款，乙银行要求甲提供担保。丙为帮助甲借款，以举报丁偷税漏税相要挟，迫使其为甲借款提供保证，乙银行对此不知情。丁有权以其受到胁迫为由撤销保证

D. 甲患癌症，其妻乙和医院均对甲隐瞒其病情。经与乙协商，甲投保人身保险，指定身故受益人为乙。保险公司有权以乙欺诈为由撤销合同

26. 下列甲与乙签订的哪些合同有效？【2011 年司法考试卷三第 58 题】

A. 甲与乙签订商铺租赁合同，约定待办理公证后合同生效。双方未办理合同公证，甲交付商铺后，乙支付了第 1 个月的租金

B. 甲与乙签署股权转让协议，约定甲将其对丙公司享有的 90% 股权转让给乙，乙支付 1 亿元股权受让款。但此前甲已将该股权转让给丁

C. 甲与乙签订相机买卖合同，相机尚未交付，也未付款。后甲又就出卖该相机与丙签订买卖合同

D. 甲将商铺出租给丙后，将该商铺出卖给乙，但未通知丙

27. 甲十七岁，以个人积蓄 1000 元在慈善拍卖会拍得明星乙表演用过的道具，市价约 100 元。事后，甲觉得道具价值与其价格很不相称，颇为后悔。关于这一买卖，下列哪一说法是正确的？【2010 年司法考试卷三第 2 题】

A. 买卖显失公平，甲有权要求撤销

B. 买卖存在重大误解，甲有权要求撤销

C. 买卖无效，甲为限制行为能力人

D. 买卖有效

28. 某校长甲欲将一套住房以 50 万元出售。某报记者乙找到甲，出价 40 万元，甲拒绝。乙对甲说：“我有你贪污的材料，不答应我就举报你。”甲信以为真，以 40 万元将该房卖与乙。乙实际并无甲贪污的材料。关于该房屋买卖合同的效力，下列哪一说法是正确的？【2010 年司法考试卷三第 5 题】

A. 存在欺诈行为，属可撤销合同

B. 存在胁迫行为，属可撤销合同

C. 存在乘人之危的行为，属可撤销合同

D. 存在重大误解，属可撤销合同

29. 张某到王某家聊天，王某去厕所时张某帮其接听了刘某打来的电话。刘某欲向王某订购一批货物，请张某转告，张某应允。随后张某感到有利可图，没有向王某转告订购之事，而是自己低价购进了刘某所需货物，以王某名义交货并收取了刘某货款。关于张某将货物出卖给刘某的行为的性质，下列哪些说法是正确的？【2010 年司法考试卷三第 51 题】

A. 无权代理

B. 无因管理

C. 不当得利

D. 效力待定

30. 下列哪一情形构成无权代理？【2009 年司法考试卷三第 4 题】

A. 甲冒用乙的姓名从某杂志社领取乙的论文稿酬据为己有

B. 某公司董事长超越权限以本公司名义为他人提供担保

C. 刘某受同学周某之托冒充丁某参加求职面试

D. 关某代收某推销员谎称关某的邻居李某订购的保健品并代为付款

31. 小刘从小就显示出很高的文学天赋，九岁时写了小说《隐形翅膀》，并将该小说的网络传播权转让给某网站。小刘的父母反对该转让行为。下列哪一说法是正确的？【2009 年司法考试卷三第 14 题】

A. 小刘父母享有该小说的著作权，因为小刘是无民事行为能力人

B. 小刘及其父母均不享有著作权，因为该小说未发表

C. 小刘对该小说享有著作权，但网络传播权转让合同无效

D. 小刘对该小说享有著作权，网络传播权转让合同有效

32. 乙公司以国产牛肉为样品，伪称某国进口牛肉，与甲公司签订了买卖合同，后甲公司得知这一事实。此时恰逢某国流行疯牛病，某国进口牛肉滞销，国产牛肉价格上涨。下列哪些说法是正确的？【2009 年司法考试卷三第 56 题】

A. 甲公司有权自知道样品为国产牛肉之日起一年内主张撤销该合同

B. 乙公司有权自合同订立之日起一年内主张撤销该合同

C. 甲公司有权决定履行该合同，乙公司无权拒绝履行

D. 在甲公司决定撤销该合同前，乙公司有权按约定向甲公司要求支付货款

33. 甲有一块价值一万元的玉石。甲与乙订立了买卖该玉石的合同，约定价金 11000 元。由于乙没有带钱，甲未将该玉石交付与乙，约定 3 日后乙到甲的住处付钱取玉石。随后甲又向乙提出，再借用玉石把玩几天，乙表示同意。隔天，知情的丙找到甲，提出愿以 12000 元购买该玉石，甲同意并当场将玉石交给丙。丙在回家路上遇到债主丁，向丙催要 9000 元欠款甚急，丙无奈，将玉石交付与丁抵偿债务。后丁将玉石丢失被戊拾得，戊将其转卖给己。

关于丙、丁对该玉石所有权的取得问题，下列说法正确的是？【2009年司法考试卷三第92题】

A. 甲将玉石交付给丙时，丙取得该玉石的所有权

B. 甲、丙的买卖合同成立时，丙取得该玉石的所有权

C. 丙将玉石交给丁时，丁取得该玉石的所有权

D. 丁不能取得该玉石的所有权

34. 甲、乙结婚后购得房屋一套，仅以甲的名义进行了登记。后甲、乙感情不和，甲擅自将房屋以时价出售给不知情的丙，并办理了房屋所有权变更登记手续。对此，下列哪一选项是正确的？【2008年司法考试卷三第13题】

A. 买卖合同有效，房屋所有权未转移

B. 买卖合同无效，房屋所有权已转移

C. 买卖合同有效，房屋所有权已转移

D. 买卖合同无效，房屋所有权未转移

35. 某酒店客房内备有零食、酒水供房客选用，价格明显高于市场同类商品。房客关某缺乏住店经验，又未留意标价单，误认为系酒店免费提供而饮用了一瓶洋酒。结账时酒店欲按标价收费，关某拒付。下列哪一选项是正确的？【2007年司法考试卷三第1题】

A. 关某应按标价付款

B. 关某应按市价付款

C. 关某不应付款

D. 关某应按标价的一半付款

36. 甲被乙打成重伤，支付医药费5万元。甲与乙达成如下协议："乙向甲赔偿医药费5万元，甲不得告发乙"。甲获得5万元赔偿后，向公安机关报案，后乙被判刑。下列哪一选项是正确的？【2007年司法考试卷三第2题】

A. 甲、乙之间的协议有效

B. 因甲乘人之危，乙有权撤销该协议

C. 甲、乙之间的协议无效

D. 乙无权要求甲返还该5万元赔偿费

37. 甲公司业务经理乙长期在丙餐厅签单招待客户，餐费由公司按月结清。后乙因故辞职，月底餐厅前去结账时，甲公司认为，乙当月的几次用餐都是招待私人朋友，因而拒付乙所签单的餐费。下列哪一选项是正确的？【2007年司法考试卷三第3题】

A. 甲公司应当付款

B. 甲公司应当付款，乙承担连带责任

C. 甲公司有权拒绝付款

D. 甲公司应当承担补充责任

38. 2007年4月2日，王某与丁某约定：王某将一栋房屋出售给丁某，房价20万元。丁某支付房屋价款后，王某交付了房屋，但没有办理产权移转登记。丁某接收房屋作了装修，于2007年5月20日出租给叶某，租期为2年。2007年5月29日，王某因病去世，全部遗产由其子小王继承。小王于2007年6月将该房屋卖给杜某，并办理了所有权移转

登记。关于小王和杜某间的房屋买卖，下列选项正确的是：【2007年司法考试卷三第96题】

A. 交付标的物是房屋买卖合同的有效要件

B. 小王须将所继承的房屋登记在自己的名下，才能将其所有权转移给杜某

C. 房屋所有权转移自记载于不动产登记簿时发生效力

D. 该房屋的利害关系人可以申请查询该房屋登记资料

39. A公司经销健身器材，规定每台售价为2000元，业务员按合同价5%提取奖金。业务员王某在与B公司洽谈时提出，合同定价按公司规定办，但自己按每台50元补贴B公司。B公司表示同意，遂与王某签订了订货合同，并将获得的补贴款入账。对王某的行为应如何定性？【2006年司法考试卷三第5题】

A. 属于无权代理

B. 属于滥用代理权

C. 属于不正当竞争

D. 属于合法行为

40. 房地产开发企业甲急欲销售其开发的某住宅区的最后1套别墅，遂打电话向乙、丙、丁发出售房要约，并声明该要约的有效期为1个月。要约发出后第10日，甲与乙签订买卖合同并交付该别墅，乙支付了全部房款，但未办理产权变更登记。第21日，甲与不知情的丙签订买卖合同并办理了产权变更登记。第25日，甲又与不知情的丁签订了买卖合同。第26日，该别墅被意外焚毁。【2006年司法考试卷三第91~92题】

（1）下列关于甲、乙、丙之间关系的何种表述是正确的？

A. 甲、乙之间买卖合同有效

B. 甲、丙之间买卖合同无效，因该合同损害乙的利益

C. 甲不应向丙承担不能交付房屋的违约责任，因为房屋系意外焚毁

D. 丙应负担房屋被焚毁的风险

（2）下列关于甲、丁之间买卖合同的何种表述是正确的？

A. 合同因欺诈而可撤销

B. 合同因自始履行不能而无效

C. 合同因无权处分而效力待定

D. 如果合同被撤销，则甲应向丁承担缔约过错责任

二、案例分析

1. 自然人甲与乙订立借款合同，其中约定甲将自己的一辆汽车作为担保物让与给乙。借款合同订立后，甲向乙交付了汽车并办理了车辆的登记过户手续。乙向甲提供了约定的50万元借款。

一个月后，乙与丙公司签订买卖合同，将该汽车卖给对前述事实不知情的丙公司并实际交付给了丙公司，但未办理登记过户手续，丙公司仅支付了一半购车款。某天，丙公司将该汽车停放在停车场时，该车被丁盗走。丁很快就将汽车出租给不知该车来历的自然人戊，戊在使用过程中因汽车故障送到己公司修理。己公司以戊上次来修另一辆汽车时未付修理费为由扣留该汽车。汽车扣留期间，己公司的修理人员庚偷开上路，违章驾驶撞伤行

人辛，辛为此花去医药费2000元。现丙公司不能清偿到期债务，法院已受理其破产申请。【2016年司法考试卷四第四题】

（1）甲与乙关于将汽车让与给债权人乙作为债务履行担保的约定效力如何？为什么？乙对汽车享有什么权利？

（2）甲主张乙将汽车出卖给丙公司的合同无效，该主张是否成立？为什么？

（3）丙公司请求乙将汽车登记在自己名下是否具有法律依据？为什么？

（4）丁与戊的租赁合同是否有效？为什么？丁获得的租金属于什么性质？

（5）己公司是否有权扣留汽车并享有留置权？为什么？

（6）如不考虑交强险责任，辛的2000元损失有权向谁请求损害赔偿？为什么？

（7）丙公司与乙之间的财产诉讼管辖应如何确定？法院受理丙公司破产申请后，乙能否就其债权对丙公司另行起诉并按照民事诉讼程序申请执行？

2.2月5日，甲与乙订立一份房屋买卖合同，约定乙购买甲的房屋一套（以下称01号房），价格80万元。并约定，合同签订后一周内乙先付20万元，交付房屋后付30万元，办理过户登记后付30万元。

2月8日，丙得知甲欲将该房屋出卖，表示愿意购买。甲告其已与乙签订合同的事实，丙说愿出90万元。于是，甲与丙签订了房屋买卖合同，约定合同签订后3日内丙付清全部房款，同时办理过户登记。2月11日，丙付清了全部房款，并办理了过户登记。

2月12日，当乙支付第一笔房款时，甲说：房屋已卖掉，但同小区还有一套房屋（以下称02号房），可作价100万元出卖。乙看后当即表示同意，但提出只能首付20万元，其余80万元向银行申请贷款。甲、乙在原合同文本上将房屋相关信息、价款和付款方式作了修改，其余条款未修改。

乙支付首付20万元后，恰逢国家出台房地产贷款调控政策，乙不再具备贷款资格。故乙表示仍然要买01号房，要求甲按原合同履行。甲表示01号房无法交付，并表示第二份合同已经生效，如乙不履行将要承担违约责任。乙认为甲违约在先。3月中旬，乙诉请法院确认甲丙之间的房屋买卖合同无效，甲应履行2月5日双方签订的合同，交付01号房，并承担迟延交付的违约责任。甲则要求乙继续履行购买02号房的义务。

3月20日，丙聘请不具备装修资质的A公司装修01号房。装修期间，A公司装修工张某因操作失误将水管砸坏，漏水导致邻居丁的家具等物件损坏，损失约5000元。

5月20日，丙花3000元从商场购买B公司生产的热水器，B公司派员工李某上门安装。5月30日，李某从B公司离职，但经常到B公司派驻丙所住小区的维修处门前承揽维修业务。7月24日，丙因热水器故障到该维修处要求B公司维修，碰到李某。丙对李某说：热水器是你装的，出了问题你得去修。维修处负责人因人手不够，便对李某说：那你就去帮忙修一下吧。李某便随丙去维修。李某维修过程中操作失误致热水器损毁。【2014年司法考试卷四第四题】

（1）01号房屋的物权归属应当如何确定？为什么？

（2）甲、丙之间的房屋买卖合同效力如何？考察甲、丙之间合同效力时应当考虑本案中的哪些因素？

（3）2月12日，甲、乙之间对原合同修改的行为的效力应当如何认定？为什么？【此

题涉及第八章】

（4）乙的诉讼请求是否应当得到支持？为什么？【此题涉及第八章】

（5）针对甲要求乙履行购买02号房的义务，乙可主张什么权利？为什么？

（6）邻居丁所遭受的损失应当由谁赔偿？为什么？

（7）丙热水器的毁损，应由谁承担赔偿责任？为什么？

3. 2009年1月，甲、乙、丙、丁、戊共同投资设立鑫荣新材料有限公司（以下简称鑫荣公司），从事保温隔热高新建材的研发与生产。该公司注册资本2000万元，各股东认缴的出资比例分别为44%、32%、13%、6%、5%。其中，丙将其对大都房地产开发有限公司所持股权折价成260万元作为出资方式，经验资后办理了股权转让手续。甲任鑫荣公司董事长与法定代表人，乙任公司总经理。

鑫荣公司成立后业绩不佳，股东之间的分歧日益加剧。当年12月18日，该公司召开股东会，在乙的策动下，乙、丙、丁、戊一致同意，限制甲对外签约合同金额在100万元以下，如超出100万元，甲须事先取得股东会同意。甲拒绝在决议上签字。此后公司再也没有召开股东会。

2010年12月，甲认为产品研发要想取得实质进展，必须引进隆泰公司的一项新技术。甲未与其他股东商量，即以鑫荣公司法定代表人的身份，与隆泰公司签订了金额为200万元的技术转让合同。

2011年5月，乙为资助其女赴美留学，向朋友张三借款50万元，以其对鑫荣公司的股权作为担保，并办理了股权质权登记手续。

2011年9月，大都房地产公司资金链断裂，难以继续支撑，不得不向法院提出破产申请。经审查，该公司尚有资产3000万元，但负债已高达3亿元，各股东包括丙的股权价值几乎为零。

2012年1月，鉴于鑫荣公司经营状况不佳及大股东与管理层间的矛盾，小股东丁与戊欲退出公司，以避免更大损失。【2012年司法考试卷四第四题】

（1）2009年12月18日股东大会决议的效力如何？为什么？

（2）甲以鑫荣公司名义与隆泰公司签订的技术转让合同效力如何？为什么？

（3）乙为张三设定的股权质押效力如何？为什么？

（4）大都房地产公司陷入破产，丙是否仍然对鑫荣公司享有股权？为什么？

（5）丁与戊可以通过何种途径保护自己的权益？

4. 甲公司委派业务员张某去乙公司采购大蒜，张某持盖章空白合同书以及采购大蒜授权委托书前往。

甲、乙公司于2010年3月1日签订大蒜买卖合同，约定由乙公司代办托运，货交承运人丙公司后即视为完成交付。大蒜总价款为100万元，货交丙公司后甲公司付50万元货款，货到甲公司后再付清余款50万元。双方还约定，甲公司向乙公司交付的50万元货款中包含定金20万元，如任何一方违约，需向守约方赔付违约金30万元。

张某发现乙公司尚有部分绿豆要出售，认为时值绿豆销售旺季，遂于2010年3月1日擅自决定与乙公司再签订一份绿豆买卖合同，总价款为100万元，仍由乙公司代办托运，货交丙公司后即视为完成交付。其他条款与大蒜买卖合同的约定相同。

2010年4月1日，乙公司按照约定将大蒜和绿豆交给丙公司，甲公司将50万元大蒜货款和50万元绿豆货款汇付给乙公司。按照托运合同，丙公司应在十天内将大蒜和绿豆运至甲公司。

2010年4月5日，甲、丁公司签订以120万元价格转卖大蒜的合同。4月7日因大蒜价格大涨，甲公司又以150万元价格将大蒜卖给戊公司，并指示丙公司将大蒜运交戊公司。4月8日，丙公司运送大蒜过程中，因山洪暴发大蒜全部毁损。戊公司因未收到货物拒不付款，甲公司因未收到戊公司货款拒绝支付乙公司大蒜尾款50万元。

后绿豆行情暴涨，丙公司以自己名义按130万元价格将绿豆转卖给不知情的己公司，并迅即交付，但尚未收取货款。甲公司得知后，拒绝追认丙公司行为，要求己公司返还绿豆。【2010年司法考试卷四第四题】

（1）大蒜运至丙公司时，所有权归谁？为什么？

（2）甲公司与丁、戊公司签订的转卖大蒜的合同的效力如何？为什么？

（3）大蒜在运往戊公司途中毁损的风险由谁承担？为什么？

（4）甲公司能否以未收到戊公司的大蒜货款为由，拒绝向乙公司支付尾款？为什么？

（5）乙公司未收到甲公司的大蒜尾款，可否同时要求甲公司承担定金责任和违约金责任？为什么？【此题涉及第十章】

（6）甲公司与乙公司签订的绿豆买卖合同效力如何？为什么？

（7）丙公司将绿豆转卖给己公司的行为法律效力如何？为什么？

（8）甲公司是否有权要求己公司返还绿豆？为什么？

第六章 合同的履行

【知识结构图】

- 合同的履行
  - 合同履行的原则
    - 全面履行原则
    - 协作履行原则
    - 经济合理原则
    - 情势变更原则
      - 适用条件
      - 适用效果
  - 合同履行的规则
    - 合同条款没有约定或者约定不明的履行规则
    - 合同履行过程中政府定价或政府指导价调整时的履行规则
    - 债务人向第三人履行债务规则
    - 第三人向债权人履行债务规则
    - 因债权人原因致使履行困难的履行规则
    - 债务人提前履行规则
    - 债务人部分履行规则
    - 合同当事人的某些变动不影响合同履行规则
  - 双务合同履行中的抗辩权
    - 同时履行抗辩权
      - 适用条件
      - 适用效果
    - 先履行抗辩权
      - 适用条件
      - 适用效果
    - 不安抗辩权
      - 适用条件
      - 适用效果

第一节 合同履行概述

一、合同履行的概念

合同履行，是指债务人或其辅助人完成其合同义务，使债权人的合同债权得以实现的行为。对于合同履行，可从以下几方面理解：

1. 合同履行的目的是通过债务人或其辅助人的履行行为使债权人的合同债权得以实现。合同的有效成立，仅使债权人享有对债务人的请求权，而要将该请求权转化为实际利益，则须通过债务人的履行行为完成。债务人依据债权人的请求或在未被请求的情形下主动履行其合同义务，如果履行行为符合法律和合同的要求，债权人的债权由此得以实现，双方的合同关系也因此归于消灭。如果债务人未依法律规定或合同约定履行其合同义务，或者履行行为不符合法律和合同的要求，债权人的债权无法实现，其需借助违约责任等规则获得救济。

2. 合同履行的对象是依法律规定或当事人约定由债务人所负有的合同义务。作为合同内容的主给付义务、从给付义务和附随义务能否被实际完成，取决于债务人是否实施履行行为及履行行为是否符合法律和合同的要求。根据合同义务的不同类型，履行行为的具体形态也有所不同。债务人的履行行为可以是某种积极行为，例如交付实物、提供劳务、转移权利等；也可以是某种消极行为，例如保守商业秘密。

3. 合同履行主要发生在合同生效至合同终止的期间。合同有效成立后至合同生效前的时间段内，合同效力尚未发生，合同义务还不具有现实强制力，此时尚未进入履行环节。合同生效后，合同义务具有了现实强制力，债务人应当依据法律和合同的要求完成履行行为。合同履行与合同效力密不可分，从某种意义上而言，两者是同一问题从不同角度观察的结果，合同履行正是合同效力的体现。但需注意，在合同生效之前及终止之后，当事人之间还存在通知、保密等附随义务和后合同义务，对此类义务也存在履行的问题，此为合同义务体系扩张的结果。

二、履行与受领

（一）受领的概念和性质

受领，是指债权人接受债务人履行的行为。在有些场合下，债务人单方面的履行行为并不能使债权人的债权得以实现，还须债权人予以受领才能使双方的债权债务关系归于消灭。例如承运人完成运输行为后交货为履行行为，托运人检验后收货为受领行为。债权人受领以有必要受领为限，并非所有的履行行为均需要债权人受领。例如债务人履行保密义务就不存在受领的问题。

对于受领的性质，素有“受领义务说”与“受领权利说”之争。通说认为，受领是一种不真正义务。可从以下几方面理解：

1. 债权人受领是诚实信用原则的要求。在合同履行环节中，当事人应当遵循诚实信用原则，根据合同的性质、目的和交易习惯履行协助义务。（《合同法》第 60 条第 2 款）债务人依据合同约定或应债权人请求履行合同义务，债权人本应协助债务人完成履行行为，如果债权人却拒绝受领，显然违反诚实信用原则。

2. 债权人不履行受领义务的，债务人通常不得独立诉请履行，而应通过提存、就扩大损失请求赔偿等方式获得救济。债权人不履行受领义务构成受领迟延，在性质上虽属违约行为，但债权人因此承担的责任与债务人的债务不履行责任存在差异。

3. 债权人受领应当依据法律规定及合同约定的要求进行。与债务人的履行行为应符合法律和合同的要求相同，债权人受领也应符合法律和合同的要求，否则依法律规定或合同约定产生相应的后果。例如买受人收到标的物时应当在约定或法定的检验期间内检验。买受人应当在检验期间或合理期间内将标的物的数量或者质量不符合约定的情形通知出卖人。买受人怠于通知的，视为标的物的数量或者质量符合约定。（《合

同法》第 157、158 条）

（二）拒绝受领

1. 有正当理由的拒绝受领。如果债务人的履行行为不符合法律和合同的要求，债权人有权拒绝受领。(《合同法》第 71、72、148、162 条）因为此种场合下如果仍然要求债权人受领，将导致债权人受领后又因债务人的履行行为不符合要求需将财产返还给债务人，这将产生不必要的费用并人为地增加法律关系的复杂性。债权人拒绝受领应当以明示的意思表示向债务人作出，拒绝受领的意思表示自到达债务人时生效。债权人有正当理由拒绝受领的，产生以下效力：

（1）债权人拒绝受领不构成受领迟延。债务人不得以债权人受领迟延为由要求债权人承担违约责任。

（2）拒绝受领为债权人的权利，债权人可以选择拒绝受领，也可以选择受领债务人的履行再请求债务人承担违约责任。例如债务人交付的货物存在质量瑕疵，债权人收货时检验出该质量瑕疵并及时通知了债务人，债权人有权在收货的前提下请求债务人承担修理、更换、重作、退货、减少价款的违约责任。(《合同法》第 111 条）

（3）标的物毁损、灭失的风险由债务人（出卖人）承担。因标的物质量不符合质量要求，致使不能实现合同目的的，买受人可以拒绝接受标的物或者解除合同。买受人拒绝接受标的物或者解除合同的，标的物毁损、灭失的风险由出卖人承担。(《合同法》第 148 条）

2. 无正当理由的拒绝受领。债权人无正当理由拒绝受领的，构成受领迟延，债务人可要求债权人承担违约责任或者通过提存程序了结双方的债权债务关系。

第二节　合同履行的原则

合同履行的原则，是指法律规定的在合同履行过程中当事人所应遵循的基本准则。合同履行的原则适用于各类合同的履行，且适用于合同履行的整个过程。除法律有特殊规定或当事人有特殊约定外，当事人履行合同义务不得违反合同履行原则的要求。

一、全面履行原则

全面履行原则，又称正确履行原则或适当履行原则，是指当事人应当按照合同约定和法律规定的标的以及质量、数量、履行期限、履行地点、履行方式等要求，全面完成合同义务。《合同法》第 60 条第 1 款规定："当事人应当按照约定全面履行自己的义务。"全面履行原则的具体内容如下：

1. 当事人应当全面履行各类合同义务，具体包括主给付义务、从给付义务和附随义务等。在合同关系中，债务人所负义务由主给付义务、从给付义务和附随义务等构成。这些义务能否得到全面履行，在不同程度上影响债权人之债权能否得以实现以及合同目的能否达成，故债务人或其辅助人必须全面履行各类合同义务而非仅针对某一种或某几种义务进行部分履行。例如在买卖合同中，出卖人不仅应当交付标的物以完成主给付义务，还应当履行交付单证资料的从给付义务(《合同法》第 136 条）等。

2. 当事人履行义务在各方面必须适当。当事人不仅就履行义务的种类应当全面，在履行各类义务的过程中对履行的各方面也必须适当。具体包括：履行主体适当、履行标的适当、履行期限适当、履行地点适当、履行方式适当等。当事人的适当履行行为，才符合债的本旨之要求。如果当事人履行合同义务不适当，则产生相应的违约责任。

3. 当事人无正当理由不得变更或解除合同。全面履行以实际履行为前提，如果当事人无正当理由擅自变更或解除合同，则当然无法完成全面履行。全面履行原则是合同严守原则(《合同法》第 8 条）在履行环节的体现，即要求当事人在合同履行的整个过程中严格按照合同义务的内容和各方面要求履行合同义务。

二、协作履行原则

协作履行原则，是指当事人应当尽力协助对方履行其义务，在合同履行过程中团结互助、相互协作。《合同法》第 60 条第 2 款规定："当事人应当遵循诚实信用原则，根据合同的性质、目的和交易习惯履行通知、协助、保密等义务。"协作履行原则是诚实信用原则(《合同法》第 6 条）在履行环节的体现。协作履行原则的具体内容如下：

1. 债务人履行合同义务以债权人的某种行为为必要条件的，债权人应当完成该行为以协助债务人履行义务。例如在承揽合同中，定作人应当按照约定提供材料；(《合同法》第 256 条）承揽人发现提供的图纸或技术要求不合理的，应当及时通知定作人。(《合同法》第 257 条）

2. 债权人按照法律规定或合同约定对债务人履行合同义务进行监督的，债务人应当予以配合、协助。例如在借款合同中，贷款人按照约定可以检查、监督借款的使用情况；借款人应当按照约定向贷款人定期提供有关财务会计报表等资料。(《合同法》第 202 条）

3. 债务人履行合同义务时，债权人应当适当地受领给付，以协助债权人完成履行义务的行为。债权人无正当理由拒绝受领或债权人下落不明导致债务人无法履行的，债务人可以将标的物提存，(《合同法》第 101 条）以终止其与债权人之间的债权债务关系。

4. 债务人因故不能履行或不完全履行合同义务时，债权人应当采取适当措施防止损失的扩大；没有采取适当措施致使损失扩大的，不得就扩大的损失要求赔偿。(《合同法》第 119 条第 1 款）例如在保管合同中，保管物有瑕疵或者按照保管物的性质需要采取特殊保管措施的，寄存人对此未告知致使保管人因此受到损失，保管人应当采取补救措施防止损失扩大，否则就扩大损失不能请求寄存人赔偿。(《合同法》第 370 条）

5. 在某些场合下，债权人或债务人应当履行通知、保密等义务，以协助对方行使合同权利或履行合同义务。例如在买卖合同中，买受人应当在检验期间内将标的物的数量或者质量不符合约定的情形通知出卖人。(《合同法》第 158 条）又例如在承揽合同中，承揽人应当按照定作人的要求对技术资料负保密义务。(《合同法》第 266 条）

三、经济合理原则

经济合理原则，是指当事人履行合同时，应当符合经济效益的要求，符合对方的利益和国家的利益，以实现合同效益的最大化。现行法虽无具体条文规定该原则，但对于该原则学理及实务上均予以承认。经济合理原则的具体内容如下：

1. 债权人行使合同权利应当经济合理。债权人向债务人主张合同权利时，如果就履行地点、履行期限、履行方式等方面，依据法律规定和合同约定有多种选择均被允许，债权人应采取经济合理的选择。如果债权人行使权利给债务人造成额外的负担且并无益于合同目的的实现，债务人应有权拒绝债权人此种请求，或就额外费用由债权人负担。例如在债务人提前履行的场合下，如果提前履行不损害债权人利益，则债权人不得拒绝债务人的履行行为。(《合同法》第 71 条)

2. 债务人履行合同义务应当经济合理。债务人向债权人履行合同义务时，在法律规定和合同约定的范围内，就履行地点、履行期限、履行方式等方面应采取经济合理的选择，以避免造成不必要的损失。例如在行纪合同中，委托物有瑕疵或者容易腐烂、变质的，行纪人不能和委托人及时取得联系的，行纪人可以合理处分委托物。(《合同法》第 417 条)

四、情势变更原则

(一) 情势变更原则的含义与历史沿革

情势变更原则，是指合同依法成立后，因不可归责于双方当事人的原因发生了不可预见的情势变更，致使合同的基础丧失或动摇，若继续维持合同效力则显示公平，允许当事人变更或解除合同的原则。

情势变更原则起源于 12、13 世纪《优士丁尼法学阶梯注解》中的“情事不变条款”，即假定每个合同均当然包含以下条款：缔约时作为合同基础的客观情况应继续存在，一旦该客观情况不再存在，应允许当事人变更或解除合同。1811 年《奥地利民法典》对“情事不变条款”作出了规定。其后，两次世界大战在欧洲引发物价飞涨，其导致合同履行显失公平并引起一系列社会问题，从而使情势变更问题再次受到重视。德国等大陆法系国家大多通过判例学说确立了情势变更原则。英美法系国家通过 1863 年泰勒诉考德威尔案确立“不能履行”(Impossibility) 原则、1903 年克雷尔诉亨利案确立“合同落空”(Frustration) 原则，以此来解决此类问题。PICC 规定“艰难情形”(Hardship) 规则应对此类问题，其第 6.2.1 条规定：“如果合同一方当事人履行合同的负担加重该方当事人仍应履行其义务，但需受到下列有关艰难情形的限制。”第 6.2.2 条规定：“所谓艰难情形，是指发生的事件致使一方当事人的履约成本增加，或者所获履约的价值减少，因而根本改变了合同的均衡，并且 (a) 该事件在合同订立之后发生或为受到不利影响的当事人所知悉；(b) 受到不利影响的当事人在订立合同时不能合理地预见到该事件；(c) 该事件不能为受到不利影响的当事人所控制；(d) 该事件的风险不由受到不利影响的当事人承担。”

我国《合同法》未规定情势变更原则，但在相关司法解释和司法实务中是承认该原则的。具体如下：

1. 《最高人民法院关于印发〈全国经济审判工作座谈会纪要〉的通知》(法发 [1993] 8 号)：由于不可归责于当事人双方的原因，作为合同基础的客观情况发生了非当事人所能预见的根本性变化，以致按原合同履行显失公平的，可以根据当事人的申请，按情势变更原则变更或者解除合同。

2.《最高人民法院关于审理涉及农村土地承包纠纷案件适用法律问题的解释》（法释［2005］6号）第16条：因承包方不收取流转价款或者向对方支付费用的约定产生纠纷，当事人协商变更无法达成一致，且继续履行又显失公平的，人民法院可以根据发生变更的客观情况，按照公平原则处理。

3.《合同法解释（二）》第26条：合同成立以后客观情况发生了当事人在订立合同时无法预见的、非不可抗力造成的不属于商业风险的重大变化，继续履行合同对于一方当事人明显不公平或者不能实现合同目的，当事人请求人民法院变更或者解除合同的，人民法院应当根据公平原则，并结合案件的实际情况确定是否变更或者解除。

4.《民商事合同纠纷指导意见》第1条：当前市场主体之间的产品交易、资金流转因原料价格剧烈波动、市场需求关系的变化、流动资金不足等诸多因素的影响而产生大量纠纷，对于部分当事人在诉讼中提出适用情势变更原则变更或者解除合同的请求，人民法院应当依据公平原则和情势变更原则严格审查。

5. 与情势变更原则有关的司法意见：

（1）市场价格剧烈变动与情势变更原则的适用。《最高人民法院关于武汉市煤气公司诉重庆检测仪表厂煤气表装配线技术转让合同购销煤气表散件合同纠纷一案适用法律问题的函》（法函［1992］27号）：订立合同时，铝锭的国家定价为每吨4400元至4600元，但至合同履行时铝锭价格上调到每吨16000元。本案适用情势变更原则。

（2）房地产宏观调控政策与情势变更原则的适用。有判决认为："国家对房地产开发实行宏观调控后，海南房地产开发的客观情势发生了重大变化，继续履行合同不能实现订立合同时双方当事人期待的经济利益，还可能给双方当事人造成损害。这种变化是当事人在订立合同时不能预见，且无法克服的……一审法院适用公平原则平衡双方当事人利益，判决上诉人只返还本金不返还利息，符合民法的诚信与公平原则。"① 还有判决认为："双方的《房屋转让合同书》签订于市政府出台限购政策之前，且房款已经支付，房屋已经交付，出卖人不应以签订合同之后地方政府对购房人的限制而作为其不履行合同的理由。出卖人主张依据情势变更解除合同依法无据，不予支持。"②

（3）自然环境变化与情势变更原则的适用。有判决认为："由于无法预料的自然环境变化（鄱阳湖36年未遇的罕见低水位）的影响导致合同目的无法实现，若继续履行合同则必然造成一方当事人取得全部合同收益，而另一方当事人承担全部投资损失，受损方当事人请求变更合同部分条款的，人民法院应予支持。"③

（4）房租、水电费变化与情势变更原则的适用。有判决认为："承包合同签约时，存在着一个客观的交易基础，即发包方是以一定的用水电量为基数，以此来判断并确定承包

① 参见"海南省海口市某娱乐有限公司与海南某物业公司房屋买卖合同纠纷上诉案"，载最高人民法院办公厅编：《最高人民法院公布裁判文书（2001年）》，人民法院出版社2002年版，第340页以下。

② 参见"陈某诉张某等房屋买卖合同纠纷案"，载最高人民法院中国应用法学研究所编：《人民法院案例选》2014年第4辑（总第90辑），人民法院出版社2016年版，第131页以下。

③ 参见"成都某实业有限公司与江西省某县人民政府、某县鄱阳湖采砂管理工作领导小组办公室采矿权纠纷案"，载《最高人民法院公报》2010年第4期。

数额。但随着合同的履行，用电量显著增加，发包方不仅未获得发包利益，在交纳了水电费后，还负担了亏本的风险，双方利益关系发生严重失衡，应构成情势变更。”①

（二）情势变更原则的适用条件

依据《合同法解释（二）》第26条及相关司法解释规定，适用情势变更原则应具备以下条件：

1. 须有情势变更的事实。该要件有两方面要求：

（1）所谓情势，是指作为合同成立基础的某种客观情况。并非与合同有关的任何事项发生变化均构成情势变更，情势仅指作为合同成立基础的某种客观情况，即该客观情况的变化导致当事人订立合同时的交易基础动摇甚至丧失。依据最高人民法院的意见，可认定为情势变更的情形具体包括：①物价飞涨；②汇率大幅度变化；③国家经济贸易政策变化；④合同基础丧失的其他情形。②

（2）所谓变更，是指发生重大变化。即某种客观情况所发生的变化超出了市场波动的正常范围，而达到异常程度。如果某种客观情况虽然发生一定程度变化，但尚未超出可预见的正常范围，合同的成立基础并未因此被动摇，此类变化不构成情势变更。

2. 情势变更发生在合同成立之后，履行完毕之前。如果订立合同时某种客观情况已经发生重大变化而导致双方当事人权利义务显失公平，有可能构成显失公平的合同，而不能适用情势变更原则；如不具备显失公平的要件，只能由当事人自行负担该损失。例如，订立合同时房地产宏观调控政策已经出台，则不能适用情势变更原则。有判决认为：“国家实行房产新政，当事人已预见到购房存在巨大商业风险，并在合同中对国家房贷政策变化导致按揭不能作出了自己的承诺。这种情形不属于情势变更。”③ 如果某种客观情况发生重大变化是在合同履行完毕之后，因此时合同关系已经消灭，不存在变更或解除合同的问题。

3. 情势变更是当事人在订立合同时无法预见的且不可归责于当事人。该要件有两方面要求：

（1）所谓不可预见，是指当事人在订立合同无法合理地预见情势变更的发生。对于“合理预见”的标准，《民商事合同纠纷指导意见》第3条规定应考虑以下几个因素：①是否属于市场系统固有的风险。②风险类型是否属于社会一般观念上的事先无法预见，风险程度是否远远超出正常人的合理预期。③风险是否可以防范和控制。④交易性质是否属于通常的“高风险高收益”范围。⑤结合市场的具体情况，在个案中予以判断。应注意的是，在有些场合下客观情况的变化是渐进的，但最终结果却可能导致显失公平。如果在订立合同之前该变化已经开始，那么除非变化速度在合同有效期间内急剧加快，否则因具

① 参见“河北张家口某餐饮有限公司与某饭店有限责任公司承包合同纠纷案”，载《人民司法·案例》2008年第22期，第40页以下。

② 最高人民法院研究室编著：《最高人民法院关于合同法司法解释（二）理解与适用》，人民法院出版社2009年版，第194页。

③ 参见“邓某与孔某房屋买卖合同纠纷案”，载最高人民法院中国应用法学研究所编：《人民法院案例选》2011年第2辑（总第76辑），人民法院出版社2011年版，第125页以下。

有可预见性而不构成情势变更。对于全球性金融危机和国内宏观经济形势变化是否属于情势变更，《民商事合同纠纷指导意见》第 2 条规定，该客观情况变化并非完全是一个令所有市场主体猝不及防的突变过程，而是一个逐步演变的过程。在演变过程中，市场主体应当对于市场风险存在一定程度的预见和判断。人民法院应当依法把握情势变更原则的适用条件，严格审查当事人提出的“无法预见”的主张，对于涉及石油、焦炭、有色金属等市场属性活泼、长期以来价格波动较大的大宗商品标的物以及股票、期货等风险投资型金融产品标的物的合同，更要慎重适用情势变更原则。有判决认为：“合同当事人双方约定参照上海期货交易所期货合约卖盘报价进行定价，双方均应当预见也有能力预见到有色金属这种市场属性活泼、长期以来价格波动较大的大宗商品存在投资风险。故本案要慎重适用情势变更原则。”①

（2）所谓不可归责于当事人，是指某种客观情况发生变化不是由于当事人的原因，该客观情况也不能被当事人所控制。情势变更通常由于社会事件或自然原因引起，而不能是当事人的原因所导致。例如因公司与员工劳资纠纷引起大批员工辞职，导致公司生产成本显著增加，不构成情势变更。

4. 情势变更不包括不可抗力、商业风险。《合同法解释（二）》第 26 条明确将不可抗力和商业风险排除在情势变更原则适用范围之外。② 对于情势变更与不可抗力的区别，参见本书第十章相关内容。情势变更与商业风险的区别如下：①性质不同。前者是作为合同成立基础的某种客观情况发生了异常变动；后者属于商业活动中的固有风险，某种客观情况虽然发生一定程度的变化，但未达到异常的程度，也未动摇合同成立的基础。②能否预见不同。前者是当事人无法合理预见的风险；后者属于当事人在一定范围内应当预见且能够合理预见的风险。③能否归责于当事人不同。前者不可归责于当事人，当事人尽到注意义务仍不可避免；后者所致损失通常是由于当事人未充分评估商业规律或市场风险。④后果不同。前者动摇了合同成立的基础，导致对一方明显不公平或不能实现合同目的，法律应给予救济；后者并未动摇合同成立的基础，造成的损失应由当事人自行承担。买卖房屋价格比当时当地的同类房屋交易价格有所上涨的，有判决认为属于当事人应当预见的商业风险。③ 建设工程施工合同履行过程中建筑材料价格上涨的，有判决认为：“经法院委托鉴定，当事人因材料价格上涨导致的价差损失幅度尚难以达到情势变更原则所要消除的当事人之间权利义务显失平衡的严重程度，因此不应适用情势变更原则。”④

5. 继续履行对一方明显不公平或不能实现合同目的。情势变更造成的后果并非当事

---

① 参见“上海某国际贸易有限公司与某电缆有限公司买卖合同纠纷案”，载最高人民法院民事审判第二庭编：《最高人民法院商事审判指导案例 6 · 合同与借贷担保卷》，中国法制出版社 2013 年版，第 113 页以下。

② 对于将不可抗力排除在情势变更原则适用范围之外的反对意见，参见崔建远：《合同法总论》（中卷），中国人民大学出版社 2012 年版，第 11～13 页。

③ 参见“福建某集团股份有限公司与福建省泉州市某房地产发展有限公司商品房预售合同纠纷案”，载《最高人民法院公报》2006 年第 5 期。

④ 参见“某工程有限公司建设工程施工合同纠纷上诉案”，最高人民法院民事审判第一庭编：《民事审判指导与参考》2008 年第 2 集（总第 34 集），法律出版社 2008 年版，第 162 页以下。

人不能履行合同义务，而是当事人一方依据原合同内容继续履行将导致双方利益严重失衡，即显失公平。判断是否构成显失公平，应结合双方义务的悬殊程度、双方获益的比例、一方履行是否特别困难、履行对一方是否具有利益等因素综合判断。

6. 适用情势变更原则的，应当由高级人民法院审核，必要时应报请最高人民法院审核。《最高人民法院关于正确适用〈中华人民共和国合同法〉若干问题的解释（二）服务党和国家的工作大局的通知》（法［2009］165 号）第 2 条规定，对于《合同法解释（二）》第 26 条关于情势变更原则的规定，各级人民法院务必正确理解、慎重适用。如果根据案件的特殊情况，确需在个案中适用的，应当由高级人民法院审核。必要时应报请最高人民法院审核。

（三）情势变更原则的适用效果

1. 当事人有权请求法院变更或解除合同。

（1）当事人依据情势变更原则请求变更或解除合同的，必须通过诉讼程序进行。当事人主张适用情势变更原则的，应当向法院提起形成之诉。现行法不允许当事人在诉讼外以情势变更为由向对方当事人请求变更或解除合同。对于当事人能否通过仲裁程序主张适用情势变更原则，现行法未作规定，但从情势变更原则的适用程序要求高级人民法院或最高人民法院审核的规定来看，似采否定态度。

（2）有权提起诉讼的主体，为合同当事人。该当事人是仅限于继续履行对其不利的当事人，还是双方当事人？《合同法解释（二）》第 26 条未作限制性规定，应解释为双方当事人。合同关系之外的第三人即使因情势变更遭受不利影响，该第三人也不得提起适用情势变更的形成之诉。

（3）究竟是请求变更合同还是解除合同，由当事人选择。因情势变更而导致合同成立的基础丧失后，是否继续通过变更合同内容来维持合同关系，抑或通过解除合同使合同关系归于消灭，原则上应由当事人决定。

2. 法院根据公平原则，并结合案件实际情况确定是否变更或解除合同。

（1）变更合同。如果当事人请求变更合同，而通过变更标的物数额或价款、履行期限、履行地点、履行方式等内容能够使当事人双方利益达成平衡，且对方当事人也同意变更的，法院应当变更合同。依《民商事合同纠纷指导意见》第 4 条规定，变更合同所应参酌的因素包括：①遵循侧重于保护守约方的原则；②并非简单地豁免债务人的义务而使债权人承受不利后果；③充分注意利益均衡，公平合理地调整双方利益关系。如果当事人双方就变更合同不能达成合意的，法院能否依职权变更？《民商事合同纠纷指导意见》第 4 条规定："在诉讼过程中，人民法院要积极引导当事人重新协商，改订合同；重新协商不成的，争取调解解决。"依此规定，法院不能依职权变更而只能通过引导和调解等手段去促使当事人双方达成变更协议。

（2）解除合同。法院在以下几种情形应当判决解除合同：①无法通过变更合同消除显失公平的结果，双方当事人均同意解除合同的；②无法通过变更合同消除显失公平的结果，一方当事人请求解除合同而另一方不同意解除的；③虽然能够通过变更合同消除显失公平的结果，但双方不能达成变更协议的。

3. 关于"再交涉义务"。所谓再交涉义务，是指在情势变更导致当事人双方利益严重失衡的情形下，继续履行对其不利的一方当事人可以请求对方当事人就合同内容重新协商，被请求的当事人有义务与其进行协商。再交涉义务是诚实信用原则和鼓励交易的要求，有关立法设有规定。① 从《民商事合同纠纷指导意见》第 4 条规定来看，法院只能“引导”当事人重新协商而非强制当事人重新协商，据此，现行法并未规定再交涉义务。

【学说争议：合同履行原则的界定】

合同履行原则具体包括哪些原则，学界争议较大，兹举三种代表性观点：第一种观点认为，合同履行原则有全面履行原则、适当履行原则、诚实信用原则。② 第二种观点认为，合同履行原则有全面履行原则、亲自履行原则、同时履行原则。③ 第三种观点认为，合同履行原则有实际履行原则、全面履行原则、协作履行原则、经济合理原则。④ 本书认为，合同履行原则应符合以下三个标准：（1）具有法条依据。观点二所主张的亲自履行原则、观点三所主张的实际履行原则并无法条依据。对于实际履行原则，《经济合同法》（已废止）确实将其规定为合同履行原则，但《合同法》第 107 条将其规定为承担违约责任的方式之一，而并非作为债务人履行义务的基本准则，故不应再将其认定为合同履行原则。（2）应为合同履行的特有原则，而非民法基本原则或合同法基本原则的重复。虽然《合同法》第 60 条第 2 款规定了诚实信用原则，而且在民法发展史上诚实信用原则最初就是作为债的履行原则存在，但在现行法已将诚实信用原则规定为民法基本原则的前提下，该原则适用于整个民法领域也当然适用于合同履行领域，再将其认定为合同履行原则已无意义。（3）应适用于合同履行的全部领域而非个别场合。观点二所主张的同时履行虽有法条依据，但其仅适用于没有履行顺序的双务合同而非适用于合同履行的所有场合，故不应认定为合同履行原则。综上，符合以上三个标准的，有全面履行原则、协作履行原则、情势变更原则。对于经济合理原则，虽无具体法条规定，但学理及实务上均认其为合同履行原则，且相关具体规则也体现了该原则的精神，故也应认定为合同履行原则。

第三节　合同履行的规则

一、合同条款没有约定或者约定不明的履行规则(《合同法》第 61、62 条)

（一）适用条件

1. 合同已经生效。《合同法》第 61 条规定，该规则的适用条件是“合同生效后”。因为合同生效后才产生现实拘束力而进入履行环节，此时如果因有关合同条款约定不明导

① 参见 PICC 第 6. 2. 3 条。
② 参见王利明：《合同法研究》（第二卷），中国人民大学出版社 2015 年版，第 12 页以下。
③ 参见韩世远：《合同法总论》，法律出版社 2011 年版，第 234~235 页。
④ 参见余延满：《合同法原论》，武汉大学出版社 1999 年版，第 414 页以下。

致履行障碍，则需要通过适用该规则以明确合同内容。

2. 当事人就质量、价款或报酬、履行地点等内容没有约定或约定不明。所谓没有约定，是指对合同有关内容根本未作约定。所谓约定不明，是指虽然对合同有关内容作出了约定，但依其文义无法确定其准确含义，或者数个合同条款相互矛盾导致无法确定合同有关内容。

3. 上述条款属于合同非必要条款。如果就合同必要条款没有约定或约定不明，导致合同不成立，也不可能在合同生效后进入履行环节，故不能适用该规则。《合同法解释（二）》第1条规定，当事人名称或者姓名、标的和数量为合同必要条款。此外，依据法律规定、当事人约定及合同性质，其他合同条款亦可构成必要条款。

（二）规则内容

1. 对没有约定或者约定不明的合同条款，当事人可以协议补充。即当事人双方通过再次磋商，就有关合同内容达成合意，以补充合同欠缺的条款。当事人达成的补充协议构成原合同的组成部分，与原合同具有同等的法律拘束力。

2. 不能达成补充协议的，按照合同有关条款或交易习惯确定。所谓按照合同有关条款确定，是指运用体系解释方法，依据各合同条款之间的相互关联、合同条款所处的位置以及与合同整体的关系等因素来确定内容不明的合同条款的含义。所谓按照交易习惯确定，是指运用交易习惯解释方法，按照交易习惯确定内容不明的合同条款的含义。

3. 依上述方法仍不能确定的，适用下列规则(《合同法》第62条)

（1）质量要求不明确的，按照国家标准、行业标准履行；没有国家标准、行业标准的，按照通常标准或者符合合同目的的特定标准履行。所谓按照国家标准、行业标准履行，是指有国家标准按照国家标准履行，没有国家标准按照行业标准履行。所谓通常标准，是指同等价格条件下的中等质量标准。所谓符合合同目的的特定标准，是指基于合同目的的特殊要求，合同标的所指向的特定用途的质量标准。有判决认为："原、被告在婚宴合同中未明确约定'白灼基围虾'所用的虾是何种虾，我国目前尚未就基围虾的定义、种类等制定国家标准、行业标准，因此对'白灼基围虾'菜肴应当按照通常标准或者符合合同目的的特定标准履行。根据本院对南京本地水产市场所作的调查，'沙虾（学名为南美白对虾）'与'基围虾（学名为日本对虾）'完全不同，价格也差异较大，所以原告在履行婚宴服务合同时，应当按照现实理解选用'基围虾'。"①

（2）价款或者报酬不明确的，按照订立合同时履行地的市场价格履行；依法应当执行政府定价或者政府指导价的，按照规定履行。所谓市场价格，是指同一种商品在同一市场上交易的价格。在订立合同时履行地没有市场价格的，参照同类物品的价格或者同类劳务的报酬标准履行。(《民法通则》第88条）政府定价，是指由政府主管价格部门或者其他有关部门按照定价权限和范围制定的价格。政府指导价，是指由政府价格主管部门或者有关部门按照定价权限和范围规定基准价及其浮动幅度，指导经营者定价的价格。《价格法》第18条规定，下列商品和服务价格，政府在必要时可以实行政府指导价或者政府定

① 参见南京某花园酒店有限公司诉某饮食服务公司合同案，载最高人民法院中国应用法学研究所编：《人民法院案例选》2008年第4辑（总第66辑），人民法院出版社2009年版，第214页以下。

价：①与国民经济发展和人民生活关系重大的极少数商品价格；②资源稀缺的少数商品价格；③自然垄断经营的商品价格；④重要的公用事业价格；⑤重要的公益性服务价格。

（3）履行地点不明确，给付货币的，在接受货币一方所在地履行；交付不动产的，在不动产所在地履行；其他标的，在履行义务一方所在地履行。关于履行地点，需注意以下几点：①对履行地点有法律特别规定的，适用特别规定。例如《票据法》第23条第3款规定："汇票上未记载付款地的，付款人的营业场所、住所或者经常居住地为付款地。"②某些场合下，履行地点应依据债务的性质确定。例如不作为债务的履行地点应在债权人所在地。③履行地点可以是一个，也可以是数个。在双务合同中，当事人双方的履行地点可以不一致。当事人一方为数人的，可以各自确定不同的履行地点。

（4）履行期限不明确的，债务人可以随时履行，债权人也可以随时要求履行，但应当给对方必要的准备时间。对于履行期限不明确的，适用"随时履行规则"，具体内容为：①债务人可以随时履行，但应当给债权人必要的准备时间受领。债务人在履行前应当通知债权人履行时间，如果债权人受领需要准备时间的（例如交付大批货物），应当给债权人预留必要的准备时间；如果债权人受领不需要准备时间的（例如银行转账），债务人可以通知债权人并随时履行。②债权人可以随时要求债务人履行，但应当给债务人必要的准备时间。债权人要求债务人履行的，"催告+宽限期"为必经程序。债权人首先应当向债务人提出履行请求（催告），并告知债务人履行债务的必要准备时间（宽限期）。宽限期原则上由债权人单方确定，但如果债务人对"必要的准备时间"之"必要"存在异议，则由法院根据债务数额大小、履行行为的难易程度和其他影响履行的因素加以确定。

债务人部分履行且对剩余债务履行期限未约定的，如何处理？最高人民法院认为：债权人与债务人之间未约定债权债务的履行期限，债务人持续性地部分履行债务，债权人接受，且双方未就剩余债务的履行期限另行约定的，应当认为债务人可随时向债权人履行剩余债务，债权人亦可随时要求债务人履行剩余债务，但应给予必要的履行宽限期。①

（5）履行方式不明确的，按照有利于实现合同目的的方式履行。广义上的履行方式包括履行地点、履行期限等内容。但由于现行法将履行方式与履行地点、履行期限相并列，故现行法框架下的履行方式是指履行债务的具体方法，如标的物的交付方式、价款或酬金的支付方式、运输方式等。所谓有利于实现合同目的的方式，是指履行方式存在多种选择时，债务人应当选择最有利于实现合同目的的方式。具体要求为：①对于标的物的交付方式，原则上应采一次性支付方式而不得采分期支付方式，法律另有规定或当事人另有约定的除外。②对于价款或酬金的支付方式，存在现金支付、银行转账、票据支付、支付宝转账等方式，应选择符合会计制度要求及高效安全的方式。③对于运输方式，应结合运送货物的性质、运输成本、运输时间等因素选择合理的运输方式。

（6）履行费用的负担不明确的，由履行义务一方负担。履行费用，是指为完成履行行为所支出的必要费用，包括审批登记费用、运输费用、包装费用、邮费、汇费等。如果由哪方当事人负担履行费用不明确，应当由履行义务一方当事人负担。但因符合法定条件（《合同法》第101条）债务人将标的物提存的，提存费用应由债权人负担。

---

① 刘德权主编：《最高人民法院司法观点集成》（7），人民法院出版社2011年版，第93页。

二、合同履行过程中政府定价或政府指导价调整时的履行规则(《合同法》第63条)

（一）适用条件

1. 必须是执行政府定价或政府指导价的合同。因该类合同的价款或报酬条款执行政府定价或政府指导价，而非由当事人协商确定，故当政府定价或政府指导价调整时依据何种标准确定价款或报酬，即应适用该规则。

2. 不属于即时清结的合同。合同约定的交付期限为一时间段，在该时间段内政府定价或政府指导价发生调整的，才能适用该规则。如果是即时清结的合同，则当然适用订立合同时的政府定价或政府指导价，而无须适用该规则。

3. 政府定价或政府指导价在交付期限内发生调整。《价格法》第25条规定，政府定价或政府指导价的具体适用范围、价格水平，应当根据经济运行情况，按照规定的定价权限和程序适时调整。当政府价格调整发生在交付期限以内时，即应适用该规则。如果交付期限尚未起算或已经终止，即使政府价格发生调整，也不得适用该规则。

（二）规则内容

该规则的基本精神为：侧重保护守约方，由违约方负担政府价格调整造成的不利后果。该规则的具体内容如下：

1. 政府价格在合同约定的交付期限内价格调整的，按照交付时的价格计价。在此场合下，当事人双方均未违约，无论政府价格调整导致价格上涨还是下降，均按照交付时的价格计价。

2. 交货方逾期交付标的物的，价格上涨时，按原价格执行；价格下降时，按新价格执行。在此场合下，交货方为违约方，由其负担政府价格上涨或下降造成的不利后果。

3. 收货方（付款方）逾期提货或逾期付款的，价格上涨时，按新价格执行；价格下降时，按原价格执行。在此场合下，收货方（付款方）为违约方，由其负担政府价格上涨或下降造成的不利后果。

三、债务人向第三人履行债务规则(《合同法》第64条)

（一）适用条件

1. 当事人约定由债务人向第三人履行债务。合同关系具有相对性，原则上债务人应当向债权人履行债务为当然要求。但在某些场合下，基于方便清偿、节省履行费用及实现特定的给付效果等原因，债权人与债务人可以约定债务人向第三人履行以达成清偿效果。例如，甲向乙购买100吨某型号水泥，约定乙直接向丙交货，以清偿甲对丙所负债务。又例如投保人与保险人订立保险合同，并指定第三人为受益人。该条件应注意以下两点：其一，必须是债权人与债务人达成约定。如果债权人与债务人没有约定，而仅债权人与第三人达成约定，不适用该规则。其二，该第三人不包括债权人的代理人、清算人、破产管理人、履行辅助人等，因为依法律规定或当事人约定这些人本就具有接受债务人履行的资格。有判决认为："债务人向第三人履行合同义务，应当以合同约定或债权人明确指示为限，否则应视为债务人履行不当。但如果债权人与第三人存在紧密的关联关系，并在履行时不表示反对，事后以债务人未履行为由发生争议的，法院应考虑债权人与第三人之间的关联关系，根据案情对履行行为作出认定。”①

2. 该约定不得违反法律、行政法规的强制性规定及履行行为性质的要求。如果法律、行政法规规定或者履行行为性质要求债务人必须向债权人履行，则该约定无效。例如给付扶养费之债务应当向被扶养人履行，而不得向第三人履行。

（二）规则内容

1. 债务人未向第三人履行债务或履行债务不符合约定，应当向债权人承担违约责任。当事人约定由债务人向第三人履行债务的，并不导致债权人的债权移转给第三人，因此基于债的相对性原则，违约责任仍发生在债权人与债务人之间。未得到履行或适当履行的第三人不得请求债务人承担违约责任。

2. 第三人是否享有对债务人的履行请求权？对此问题，学界存在争议。② 从《合同法》第 64 条的文义来看，并未规定第三人对债务人享有履行请求权。应区分为以下几种情形：（1）法律规定第三人对债务人享有履行请求权。例如《保险法》第 18 条规定，人身保险合同的受益人对保险人享有保险金请求权。（2）当事人约定或依据交易习惯第三人对债务人享有履行请求权。该约定不违反法律、行政法规的强制性规定，应属有效。该约定应由债权人与债务人进行，如果由债权人与第三人约定，对债务人不发生效力。（3）如果不存在上述情形，第三人对债务人不享有履行请求权。

四、第三人向债权人履行债务规则(《合同法》第 65 条)

（一）适用条件

1. 当事人约定由第三人向债权人履行债务。合同履行本以债务人亲自履行为原则，但在某些场合下，基于方便清偿、节省履行费用等原因，债权人与债务人可以约定由第三人向债权人履行以达成清偿效果。例如甲向乙购买 100 吨某型号水泥，约定由乙的供货商丙直接向甲交货。应注意的是，《合同法》第 65 条的适用范围小于代为清偿的范围，因为后者还包括第三人以赠与的意思或基于无因管理而单方自愿清偿的情形。

2. 该约定不得违反法律、行政法规的强制性规定及履行行为性质的要求。例如，建设工程合同的当事人不得约定由无法定资格的第三人来完成实际施工行为。

（二）规则内容

1. 第三人不履行债务或履行债务不符合约定，债务人应当向债权人承担违约责任。当事人约定由第三人向债权人履行债务的，并不导致债务人的债务移转给第三人，因此基于债的相对性原则，违约责任仍发生在债权人与债务人之间。未得到履行或适当履行的债权人不得请求第三人承担违约责任。有判决认为：“出卖人通知仓储单位向买受人交货，仓储单位据此通知买受人的行为属于辅助出卖人履行交付义务。买受人所接受的货物不符

① 参见“某物业管理有限责任公司与某证券有限责任公司欠款纠纷案”，载刘德权主编：《最高人民法院裁判意见精选》(上)，人民法院出版社 2011 年版，第 284 页。

② 肯定说参见余延满：《合同法原论》，武汉大学出版社 1999 年版，第 423 页；否定说参见尹田：《论涉他合同》，载《法学研究》2001 年第 1 期。

合买卖合同约定的，买受人应当向出卖人主张承担违约责任。”①

2. 债权人对第三人的履行行为有义务受领。债权人无正当理由拒绝受领第三人履行的，构成违约行为，应当向债务人承担违约责任。在债权人无正当理由拒绝受领情形下，第三人可通过提存以消灭债权债务关系。

3. 债权人是否享有对第三人的履行请求权，依据法律规定、当事人约定、第三人意思和交易习惯确定。由于第三人不是合同当事人，且合同不能为第三人设定债务，因此除非债权人与债务人约定且第三人同意债权人有权直接请求第三人履行或者有法律规定、交易习惯确定债权人有权直接请求第三人履行，否则债权人不享有对第三人的履行请求权。

五、因债权人原因致使履行困难的履行规则(《合同法》第70条)

(一) 适用条件

1. 债权人分立、合并或变更住所。所谓债权人分立、合并，是指作为债权人的法人或其他组织发生分立、合并的情形。所谓变更住所，是指作为债权人的自然人、法人或其他组织发生住所变更的情形。

2. 债权人没有将该情形通知债务人。债权人分立、合并或变更住所的，因履行对象、履行地点发生变化，故债权人对债务人负有通知义务。债权人未履行通知义务的，适用该规则。

3. 致使债务人履行债务发生困难。所谓履行债务发生困难，是指因为债权人未将分立、合并或变更住所的事实通知债务人，导致债务人无法确定履行对象和履行地点而致不能完成履行行为。债权人未履行通知义务与履行困难之间应当具有因果关系。如果债权人虽未履行通知义务，但并未因此影响债务人的履行行为或虽有影响但未达困难程度，则不能适用该规则。

(二) 规则内容

具备上述条件的，债务人可以中止履行或将标的物提存。可从以下几方面理解：

1. 中止履行，是指债务人对合同未履行部分暂时停止履行。在此情形下，债务并未消灭，合同关系也未终止，债务人仅暂时不必履行债务。在导致履行困难的原因消除时，债务人应当恢复履行。对于中止履行之前债务人已经履行的部分，仍然发生部分清偿的效果而不受影响。

2. 将标的物提存，是指债务人依据法定程序和条件向提存机关办理提存手续，以消灭债权债务关系的行为。在此情形下，债权债务关系因提存而归于消灭，债权人不得再请求债务人履行债务，而只能依据提存规则到提存领取提存物。债务人将标的物提存的，应当及时通知债权人一方，但无法通知的除外。(《合同法》第102条)

3. 对于中止履行和提存标的物，债务人有权选择。现行法对于上述两种后果未作顺序性规定，由债务人选择加以确定。债务人可以仅中止履行以待导致履行困难的原因消除

---

① 参见“某港口有限公司与上海某实业发展有限公司等买卖合同纠纷案”，载最高人民法院民事审判第二庭编：《最高人民法院商事审判指导案例》(第五卷［上］)，中国法制出版社2011年版，第167页以下。

时再恢复履行；也可以中止履行一段时间后再办理提存；还可以在具备提存条件时直接办理提存。

六、债务人提前履行规则(《合同法》第71条)

（一）适用条件

1. 履行期限尚未届至。履行期限，又称履行期，是指法律规定、合同约定或交易习惯确定的债务人履行债务的时间界限。履行期限届至，是指履行期限的起点到来。履行期限届满，是指履行期限的终点到来。如无特殊情况，债务人在履行期限内履行债务才符合全面履行原则的要求。在履行期限届满后债务人履行债务的，构成迟延履行的违约行为，债务人应当依相关规则承担违约责任。在履行期限届至前债务人履行债务的，严格而言亦构成违约，但因为提前履行未必对债权人不利，故适用该规则。

2. 在履行期限尚未届至时债务人履行债务。一般而言，债务人履行的时间越晚对其越有利。但在某些场合下，基于节省仓储费用、方便履行等目的，债务人也有可能选择提前履行。如果债务人的履行行为在标的物的质量、数量等方面均符合要求，仅在履行时间方面构成提前履行，则适用该规则。如果债务人既构成提前履行，在标的物的质量、数量等方面也不符合要求，则适用该规则的同时还应适用瑕疵给付、部分履行等相关规则。

（二）规则内容

1. 债权人可以拒绝债务人提前履行债务，但提前履行不损害债权人利益的除外。

（1）债务人提前履行债务损害债权人利益的，债权人可以拒绝受领。债务人提前履行虽然不符合履行期限的要求，但债权人并非当然有权拒绝，而仅在提前履行损害债权人利益的情形下债权人才有权拒绝受领。所谓损害债权人利益，是指提前履行给债权人造成合同约定以外的损害或给债权人造成额外的费用。例如因履行期限尚未届至，债权人未准备好仓库收货，只能高价租用第三人仓库。因债权人拒绝受领给债务人造成的损失或额外费用，由债务人负担。

（2）债务人提前履行债务不损害债权人利益的，债权人应当受领。所谓不损害债权人利益，是指提前履行不影响履行效果的实现，也未给债权人造成合同约定以外的损害或给债权人造成额外的费用。例如买方提前将货款转账给卖方。在此场合下，对债权人并未造成不利影响甚至对债权人有利，基于公平原则及诚实信用原则的要求，债权人不得拒绝债务人的履行行为。

2. 债务人提前履行债务给债权人增加的费用，由债务人负担。该后果仅发生在债务人提前履行债务损害债权人利益的情形中，在此场合下债权人有权拒绝或者接受债务人提前履行。债权人选择接受债务人提前履行的，提前履行债务给债权人增加的费用，则由债务人负担。给债权人增加的费用，包括提前履行给债权人造成的额外费用、债权人合同利益的减少、债权人的其他损害等。对于增加费用的负担，法律有特殊规定的，依其规定。例如《合同法》第208条规定，借款人提前偿还借款的，除当事人另有约定的以外，应当按照实际借款的期间计算利息。

（三）履行期限的相关规则

1. 履行期限与合同的有效期间。

合同约定履行期限的常见情形如下：①以某一时间段为履行期限。例如约定卖方于9月1日至9月10日交货。②仅约定届满的时间点。例如约定卖方在9月10日之前交货。在此场合下，履行期限为合同生效时起至届满时止。③以某期日为履行期限。例如约定卖方在9月10日交货。

合同的有效期间，是指合同自具备有效要件之时起至合同终止之时止的期间。履行期限只能存在于合同的有效期间之内。

（1）对继续性合同而言，合同的有效期间具有重要意义，因为有效期间的长短决定了当事人享有合同利益之量。应注意的是，继续性合同中的借款期限、租赁期限、保管期限等不能简单等同于合同的有效期间或履行期限。例如在借款合同中，合同约定的履行期限可以是指贷款人提供借款的期限，借款期限则存在于履行期限之后，而这些期限均发生在借款合同的有效期间之内。又例如在租赁合同中，当事人未约定履行期限和租赁期限，而仅约定合同有效期间为2013年3月1日至2014年2月28日，对此应解释为2013年3月1日之前出租人应将租赁物交付给承租人（履行期限），租赁期限为2013年3月1日至2014年2月28日。故此类期限的性质应当结合法律规定、当事人意思及其限制的对象等因素作具体判断。

（2）对一时的合同而言，合同的有效期间在一般场合下不具有显著意义。例如当事人于9月1日订立合同，约定卖方于9月10日交货，买方于9月15日付款，合同的有效期间为9月2日至10月2日。即使卖方迟至10月3日仍未履行，也并不意味着卖方的交货义务消灭或违约责任被免除，因为违约责任在其成立后不因合同的有效期间届满而消灭。但在以下情形中，一时的合同的有效期间具有重要意义：①合同附生效条件的，在合同的有效期间届满时条件仍未成就，合同失效且不存在违约责任；在合同的有效期间之内条件成就的，债务人应当履行债务，否则产生违约责任。②因不可抗力导致合同不能履行的，如果该状态一直持续到合同的有效期间届满时仍未结束，合同关系消灭且不存在违约责任；如果该状态在合同的有效期间届满之前结束的，债务人应当履行债务，否则产生违约责任。

2. 期限利益的归属。期限利益，是指依据履行期限来履行合同对当事人所产生的利益。基于合同的不同类型及债务性质，期限利益的归属有所不同。

（1）在多数场合下，期限利益归属于债务人。在履行期限届至之前，债权人不能请求债务人履行债务，债务人因此不必交付货物、支付价款或提供劳务，一般而言对债务人有利。债务人在此情形下提前履行，属于放弃己方的期限利益，如无特殊理由，债权人不得拒绝受领。但在有些场合下，虽然债务人提前履行属于放弃期限利益，但也会给债权人造成损害（例如债权人未准备好仓库收货）。对此类提前履行，债权人可以拒绝，也可以接受并由债务人负担给债权人增加的费用。

（2）在有些场合下，期限利益归属于债权人。例如在保管合同中，在履行期限届满之前保管人履行保管义务，一般而言对债权人（寄存人）有利。债务人在此情形下不得提前履行，但债权人可以放弃期限利益以请求债务人提前履行。正是基于此理由，《合同法》第376条规定，寄存人可以随时领取保管物。约定保管期间的，保管人无特别事由，不得要求寄存人提前领取保管物。

（3）在有些场合下，期限利益归属于债权人和债务人双方。在此场合下，债权人无权要求债务人提前履行，债务人也无权提前履行并要求债权人受领。

3. 履行期限届至的效力。

（1）履行期限届至，债务人履行债务在时间方面构成适当履行。履行期限届至，意味着履行期限的起点已经到来，债务人在履行期限届至之后、届满之前的时间段内履行债务，符合合同对履行行为在时间方面的要求，故构成适当履行。

（2）履行期限届至，债务人履行债务，而债权人无正当理由拒绝受领或不能受领的，构成受领迟延，债务人可适用提存规则。《合同法》第101条第1款第1项规定，债权人无正当理由拒绝受领导致债务人难以履行债务的，债务人可以将标的物提存。

（3）履行期限届至，债务人履行债务，而债权人无正当理由拒绝受领或不能受领的，构成受领迟延，债务人可请求债权人承担违约责任。债权人的受领迟延行为属于《合同法》第107条规定的“当事人一方不履行合同义务或者履行合同义务不符合约定的”违约行为，债务人可依据该条请求债权人承担违约责任。究竟是适用提存规则以消灭债权债务关系，还是在维持合同关系的前提下请求债权人承担违约责任，债务人有权选择。

4. 履行期限届满的效力。

（1）履行期限届满之前，当事人一方明确表示或以自己行为表明不履行合同义务，构成预期违约、拒绝履行。在此情形下，对方当事人有权解除合同(《合同法》第94条第2项）或请求违约方承担违约责任(《合同法》第108条)。

（2）履行期限届满，债务人未依约履行，构成迟延履行。在此情形下，对方当事人有权解除合同(《合同法》第94条第3、4项）或请求违约方承担违约责任(《合同法》第107条、第114条第3款)。

七、债务人部分履行规则(《合同法》第72条)

（一）适用条件

1. 必须债务的性质能够被部分履行。债务是交付可分物、提供某种劳务等，此类债务才有可能被部分履行。例如交付100吨水泥、粉刷5间房屋等。如果债务在性质上只能通过一次履行行为完成，则不能适用该规则。

2. 债务人的履行行为在标的数量方面不符合要求。例如交付部分货物、完成部分劳务等。部分履行从另一角度观察，即为分期履行。债务人履行债务原则上应当一次性完成，仅在法律另有规定、当事人另有约定或交易习惯允许的场合下才能分期履行。《民法通则》第108条规定，债务人暂时无力履行债务的，经债权人同意或人民法院裁决，可以由债务人分期履行。有一种情形是否属于部分履行值得探讨：债务人履行了主给付义务(例如交付机器)，但未履行从给付义务（例如交付技术资料）或附随义务（例如通知、协助)。从《合同法》第72条的本意来看，似乎采否定态度，而是将部分履行限定为标的数量不符合要求的情形。

（二）规则内容

1. 债权人可以拒绝债务人部分履行债务，但部分履行不损害债权人利益的除外。

（1）债务人部分履行债务损害债权人利益的，债权人可以拒绝受领。债务人部分履行虽然不符合标的数量的要求，但债权人并非当然有权拒绝，而仅在部分履行损害债权人利益的情形下债权人才有权拒绝受领。例如甲建筑公司向乙水泥厂购买100吨水泥，乙先交付20吨水泥，根本不能满足甲的施工需要。

（2）债务人部分履行债务不损害债权人利益的，债权人应当受领。例如甲建筑公司向乙水泥厂购买100吨水泥，乙先交付95吨水泥，已经能够满足甲的施工需要。在此场合下，对债权人并未造成不利影响，基于公平原则及诚实信用原则的要求，债权人不得拒绝债务人的履行行为。

2. 债务人部分履行债务给债权人增加的费用，由债务人负担。该后果仅发生在债务人部分履行债务损害债权人利益的情形中，在此场合下债权人有权拒绝或者接受债务人部分履行。债权人选择接受债务人部分履行的，部分履行债务给债权人增加的费用，则由债务人负担。例如因债务人部分履行导致债权人增加的租金费用，由债务人负担。

八、合同当事人的某些变动不影响合同履行规则（《合同法》第76条）

（一）适用条件

1. 合同已经生效。《合同法》第76条规定，该规则的适用条件是“合同生效后”。因为合同生效后才产生现实拘束力而进入履行环节，如果合同尚未生效，则债权人当然不能请求债务人履行债务而无须适用该规则。

2. 当事人的姓名、名称变更或者法定代表人、负责人、承办人发生变动。在该条件中，除当事人的姓名变更发生于自然人之外，其他情形如名称变更或者法定代表人、负责人、承办人发生变动均发生在合同当事人是法人或其他组织的场合下。如果合同当事人的缔约能力、住所地变更或者发生分立、合并等情形，因此类事项的变动会给合同履行造成实质性影响，故不能适用该规则。有判决认为：“当事人与××集团签订的《联合建房协议书》约定仲裁条款。其后，××集团更名为××公司，但未将更名事实告知对方。此后双方签订《补充协议》，约定将争议的解决方式变更为向法院起诉。签订《补充协议》时，××集团与××公司的法定代表人是同一人，当事人基于对合同相对人的合理信赖，可以根据与××公司签订的《补充协议》向人民法院提起诉讼。”①

（二）规则内容

具备上述条件时，当事人履行合同义务不受影响。无论是债权人一方还是债务人一方发生上述情形，均不能以此为由拒绝履行债务或拒绝受领债务。因为上述情形的发生并未导致当事人变化，也不会给履行行为造成实质性影响。

---

① 参见“大连××集团有限公司与大连某房屋开发有限公司等管辖权异议纠纷上诉案”，载最高人民法院民事审判第一庭编：《民事审判指导与参考》2006年第3集（总第27集），法律出版社2006年版，第230页以下。

第四节　双务合同履行中的抗辩权

一、同时履行抗辩权

（一）同时履行抗辩权的概念和理论依据

依《合同法》第66条规定，同时履行抗辩权是指在没有履行顺序的双务合同中，当事人双方应当同时履行，一方在对方履行之前有权拒绝其履行要求；一方在对方履行债务不符合约定时，有权拒绝其相应的履行要求。例如在租赁合同中，既未约定也不能确定履行顺序的，出租人要求承租人先支付租金，承租人有权拒绝；承租人要求出租人先交付租赁物，出租人也有权拒绝。同时履行抗辩权的理论依据可以从以下几方面理解：

1. 同时履行抗辩权是双务合同牵连性的要求。所谓双务合同的牵连性，是指在双务合同中，双方的对待给付义务具有相互依存、不可分离的关系，即两者在产生上、存续上和履行上具有牵连性。产生上的牵连性，是指双方的对待给付义务在产生上相互牵连，即一方的给付义务不产生时，相对方的给付义务也无从产生。存续上的牵连性，是指一方的给付义务因不可归责于双方当事人的事由而不能履行时，该方免除给付义务，相对方也免除对待给付义务。履行上的牵连性，是指双方履行对待给付义务的行为相互牵连、互为前提，一方不履行义务，相对方因权利未得到实现亦可不履行义务。基于双务合同的牵连性，在没有履行顺序的双务合同中，当事人双方应当同时履行，以维持双方当事人之间的利益平衡。

2. 同时履行抗辩权是诚实信用原则的要求。诚实信用原则作为同时履行抗辩权的理论依据，可以两方面理解：其一，在合同履行环节中，无论是债权人行使债权还是债务人履行债务，均应本着诚实、善意的态度进行。在没有履行顺序的双务合同中，当事人双方应当同时履行，这既是“一手交钱、一手交货”这一朴素交易规则的要求，也是诚实信用原则的当然要求。其二，同时履行抗辩权以双方的给付义务具有牵连性为前提，这防止了当事人滥用“抗辩权”，即一方因对方的轻微违约而动辄行使“抗辩权”。而这种所谓行使“抗辩权”的行为，显然也是违反诚实信用原则的。

3. 同时履行抗辩权是提高履行效率的要求。在没有履行顺序的双务合同中，如果没有同时履行规则的存在，双方当事人均可拒绝己方先履行的请求，却无法最终确定履行顺序以使债务得到履行，这无疑降低了履行效率。同时履行抗辩权一方面赋予当事人以抗辩权，用以对抗对方要求己方先履行的请求，另一方面又要求双方应当同时履行，以保障合同债务得到有效率地履行。

（二）同时履行抗辩权的适用条件

1. 须由同一双务合同产生的两项债务，且互为对价给付。

（1）同时履行抗辩权仅适用于双务合同。在买卖、互易、租赁、承揽、雇佣、有偿委托等双务合同中，适用同时履行抗辩权不存疑义。在赠与、借用、保证等单务合同中，不适用同时履行抗辩权亦不存争议。以下几种情形值得讨论：①合伙合同。对合伙人能否就出资义务相互行使同时履行抗辩权，学界存在争议。① 本书赞同否定说。因为各合伙人所负出资义务的目的是共同经营合伙事业，而非相互间交换财产。该出资义务在合伙人之间并不构成对价给付，亦难认其为《合同法》第66条规定的“互负债务”，因此合伙人不履行出资义务应适用违约责任予以救济而不能适用同时履行抗辩权。②附义务的赠与合同。受赠人未履行义务，赠与人能否行使同时履行抗辩权拒绝履行转移赠与财产的义务？对此学界存在争议。② 本书赞同否定说。因为受赠人所负义务与赠与人之转移赠与财产的义务不构成对价给付，此类合同欠缺作为同时履行抗辩权基础的双务合同的牵连性。而且在受赠人不履行义务的情形下，赠与人可通过法定撤销权得到更为有利的救济，(《合同法》第192条第1款）似无必要再赋予赠与人同时履行抗辩权。③无偿委托合同等不完全双务合同。在无偿委托合同中，受托人负有处理委托人事务的义务，委托人负有预付处理委托事务的费用的义务和偿还受托人为处理委托事务垫付必要费用的义务(《合同法》第398条)，委托人与受托人所负义务不构成对价给付，因此受托人不得以委托人未支付有关费用而行使同时履行抗辩权。

（2）双方所负债务须由同一双务合同产生。因《合同法》第66条位于“合同的履行”一章，故该条规定同时履行抗辩权的适用条件“当事人互负债务”应当解释为“当事人基于同一合同互负债务”。具体分为以下几种情形说明：①如果当事人基于不同的法律关系互负债务，应适用抵销等规则而不能适用同时履行抗辩权。②虽非合同债务，但系由同一双务合同产生的违约赔偿责任，其与相对方的给付义务是否适用同时履行抗辩权？通说对此持肯定意见。③ 例如甲以A物与乙的B物互易，因可归责于甲的原因致A物灭失，甲对此向乙负违约赔偿责任。乙对甲的该损害赔偿请求权与甲对乙的交付B物的请求权之间，适用同时履行抗辩权。③因合同无效、被撤销(《合同法》第58条）或被解除(《合同法》第97条）而产生的返还财产义务，是否适用同时履行抗辩权？通说认为，在此场合下如果双方互负的返还财产义务在合同中构成对价关系，适用同时履行抗辩权。

（3）须双方所负债务具有对价关系。所谓对价关系，是指双方当事人所为给付在主观上互为条件、互为因果的关系。对价关系无须双方给付在客观上经济价值相等，原则上只要双方当事人在主观认为等值即可。具体分为以下几种情形说明：①双方当事人的主给付义务具有对价关系。双方所负的主给付义务是合同的核心义务，其决定了合同类型和合同的基本效果，其当然具有对价关系。例如买受人的付款义务与出卖人的交货义务，即具有对价关系。②主给付义务与从给付义务原则上不具有对价关系，但如果从给付义务对实现合同目的有密切联系的，两者具有对价关系。例如有判决认为：“被上诉人已经履行了完成装修工程的主要义务，上诉人不能以对方未开具发票作为迟延履行其主要合同义务的

---

① 肯定说参见王泽鉴：《民法学说与判例研究》（6)，中国政法大学出版社1998年版，第142～144页。否定说参见余延满：《合同法原论》，武汉大学出版社1999年版，第432页。

② 肯定说参见韩世远：《合同法总论》，法律出版社2011年版，第305页。否定说参见崔建远：《合同法总论》（中卷)，中国人民大学出版社2012年版，第144～145页。

③ 参见王利明：《合同法研究》（第二卷)，中国人民大学出版社2015年版，第46页。

抗辩理由。"① 又例如，卖方已交付所卖机器，但未交付核心技术资料导致买方无法正常使用机器，买方可以卖方未履行交付核心技术资料的义务为由拒绝付款（或拒付部分款项）。③主给付义务与附随义务不具有对价关系。② 附随义务并非为实现相对人的履行利益而设，而是保护相对人的人身、财产等固有利益，其与相对人的主给付义务不具有牵连性。而且，保护、保密等附随义务为法定义务，义务人履行此类义务不以相对人履行义务为前提。

2. 须双方所负债务没有先后履行顺序。具体包括以下几种情形：

（1）合同未约定履行期限，也未约定履行顺序，根据交易习惯也不能确定履行顺序。

（2）合同约定双方的履行期限为同一期间或同一期日。例如约定买方付款与卖方交货的履行期限均为9月1日至9月10日或者均为9月15日。

（3）合同约定双方的履行期限不同，但有部分期间重合。例如买方付款的履行期限为9月1日至9月10日，卖方交货的履行期限为9月5日至9月15日。在此情形下，双方的履行顺序可以颠倒且不违反履行期限的约定，故也应认定为没有履行顺序。

3. 双方所负债务均已届履行期限。虽然《合同法》第66条对同时履行抗辩权的适用条件仅规定"当事人互负债务、没有先后履行顺序"，而对履行期限未作规定，但如果双方所负债务未届履行期限，则债权人尚不能请求债务人履行债务，故应解释为"双方所负债务均已届履行期限"亦为同时履行抗辩权的适用条件。此处的"已届履行期限"是指履行期限已届至。具体分为以下两种情形说明：

其一，在前述情形（2）中，双方履行期限届至时间相同，自该履行期限届至时起，可行使同时履行抗辩权；履行期限届满后，仍可行使。

其二，在前述情形（3）中，双方履行期限届至时间不同，自履行期限起算点在后者届至时起，可行使同时履行抗辩权；履行期限届满后，仍可行使。

履行期限届至后，债权人即有权请求债务人履行债务。如果期限利益归属于债权人，债权人在履行期限届满之前就有权请求债务人履行且债务人不得拒绝，但债务人可行使同时履行抗辩权对抗债权人之请求权。如果期限利益归属于债务人，债权人在履行期限届满之前请求债务人履行的，虽然此时债务人可以履行期限未届满为由抗辩，但因双方此时的履行行为均构成适当履行而相对方不能拒绝受领，故同时履行抗辩权仍有存在的价值。一方或双方的履行期限届满后，该方构成迟延履行的违约行为，因迟延履行所产生的违约责任虽非合同债务，但仍由同一双务合同产生且与相对方给付义务（或违约责任）具有牵连性，故仍可行使同时履行抗辩权。

4. 须对方未履行债务或者履行债务不符合约定。如果对方已经依法律规定和合同约定履行了债务，其债务因清偿而归于消灭，双务合同本来的债务对立状态已经改变，当然不能适用同时履行抗辩权。对方未履行债务或者履行债务不符合约定，却又请求我方履行

① 参见"某装饰工程有限公司与某市道路交通安全协会、某市某大酒店建设工程合同欠款纠纷上诉案"，载吴宝庆主编：《权威点评最高法院合同法指导案例》，中国法制出版社2010年版，第320页以下。

② 反对意见参见王利明：《合同法研究》（第二卷），中国人民大学出版社2015年版，第50页。

债务，我方才能以同时履行抗辩权予以对抗。未履行债务，包括拒绝履行、迟延履行等情形。履行债务不符合约定，包括部分履行、瑕疵给付等情形。以下两种情形值得注意：①对方虽未履行债务，但已向我方提出即将履行债务，我方是否还能行使同时履行抗辩权？对此应区别情况对待。如果对方提出履行债务，并且明确了具体的履行时间（与原履行期限不同）且被我方接受，该合同有可能转变为有履行顺序的双务合同，自然不能适用同时履行抗辩权。如果对方仅仅是在履行期限内单纯地表示将履行债务，但并无实际履行行为，则不影响我方行使同时履行抗辩权。②在对方履行债务不符合约定的情形下，我方并非有权拒绝履行全部债务，而是有权拒绝其相应的履行要求。

5. 须双方所负债务是可能履行的。同时履行抗辩权的性质是延缓的抗辩权，其作用仅能使行使抗辩权的当事人暂时不必履行债务，而并不能终局地解决双方的债权债务关系。当事人行使同时履行抗辩权的目的在于，一方面自己暂时不必履行债务，另一方面以此促使对方与本方同时履行债务，以消灭合同关系。因此，行使同时履行抗辩权应当以双方当事人能够履行债务为基本前提。如果我方已经构成不能履行，在对方请求我方履行时却能够行使同时履行抗辩权，显然违反诚实信用原则的要求。如果对方构成不能履行，我方应当通过违约责任、免责事由等规则终局地解决双方的债权债务关系，因为在此情形下行使同时履行抗辩权没有实际意义。

（三）同时履行抗辩权的适用效果

1. 行使同时履行抗辩权的当事人有权拒绝相对人的履行请求。此为同时履行抗辩权的基本效果，具体分为两种情形：

（1）对方未履行，我方有权拒绝履行全部债务。在此场合下，由于对方没有履行任何债务，基于双方所负债务的对价关系，我方有权拒绝履行全部债务。

（2）对方履行不符合约定，我方有权拒绝其相应的履行要求。对于《合同法》第66条规定“相应的履行要求”如何理解，应结合当事人的违约行为形态及其他相关规则予以明确其具体效果。

①部分履行。在一般场合下，如果我方受领了对方所作的部分履行，则我方应当向对方作出相应部分的对待给付；就对方未履行的部分，我方有权拒绝履行相应部分的对待给付。但在有些场合下，如果对方的部分履行不能使合同目的得到部分实现，依具体情况，我方仍有权拒绝履行全部债务或大部分债务，而不能简单以双方债务的金钱价值衡量是否“相应”。

②瑕疵给付。以买卖合同为例，出卖人交付的标的物质量不符合约定，买受人有权要求出卖人承担违约责任。如果此时买受人已经履行了付款义务，就不存在行使同时履行抗辩权的问题，而只能要求出卖人承担违约责任。如果此时买受人尚未履行付款义务，则出卖人因瑕疵给付所应承担的违约责任与买受人的付款义务之间，便存在行使同时履行抗辩权的问题。例如，买受人就出卖人的瑕疵给付请求其承担修理、更换的责任，在出卖人未承担该责任之前，买受人可就修理、更换所对应的对待给付行使同时履行抗辩权而拒绝支付部分价款。

2. 行使同时履行抗辩权的当事人不构成迟延履行。① 行使同时履行抗辩权的当事人一方虽然在履行期限内或履行期限届满后拒绝相对人的履行请求，但因其具有正当事由，相对人无权要求行使同时履行抗辩权的当事人承担迟延履行的违约责任。

3. 同时履行抗辩权对抵销的影响。在当事人双方因两个不同的法律关系而相互享有债权的场合下，一方不能以其受同时履行抗辩权限制的债权作为主动债权，向对方主张抵销。但受同时履行抗辩权限制的债权可以作为被动债权，被未受限制的普通债权抵销。

二、先履行抗辩权

（一）先履行抗辩权的概念和理论依据

依《合同法》第 67 条规定，先履行抗辩权是指在有履行顺序的双务合同中，先履行一方未履行的，后履行一方有权拒绝其履行要求；先履行一方履行不符合约定的，后履行一方有权拒绝其相应的履行要求。例如买卖合同约定出卖人交货后 1 周内买受人付款，出卖人在未交货的情形下要求买受人付款，买受人有权拒绝。

在传统大陆法系立法中，通常只有同时履行抗辩权和不安抗辩权制度，而无先履行抗辩权的概念。先履行抗辩权的适用情形被当做同时履行抗辩权的一种特殊情况，而被包含于同时履行抗辩权规则之中。《合同法》将先履行抗辩权从同时履行抗辩权规则中分离出来单独规定，一般认为是继受 PICC 第 7. 1. 3 条的结果，该条第 2 款规定："当事人各方应相继履行合同义务的，后履行的一方当事人可在应先履行的一方当事人完成履行之前暂停履行。"该条涉及的救济手段，实际上与大陆法系的不履行合同的抗辩的概念是一致的。其立法理由是诚实信用原则和公平交易原则的要求。②

（二）先履行抗辩权的适用条件

1. 须由同一双务合同产生的两项债务，且互为对价给付。该条件与同时履行抗辩权的适用条件 1 的具体内容基本相同。

2. 须双方所负债务有先后履行顺序。具体包括以下几种情形：

（1）合同约定双方的履行期限，且一前一后没有重合。又可分为 3 种情形：①双方的履行期限均为期日。例如约定卖方 9 月 1 日交货，买方 9 月 5 日付款。②双方的履行期限均为一段期间。例如约定卖方 9 月 1 日至 9 月 10 日交货，买方 9 月 15 日至 9 月 20 日付款。③一方的履行期限为期日，另一方的履行期限为一段期间。例如约定卖方 9 月 1 日交货，买方 9 月 5 日至 9 月 10 日付款。

（2）合同仅约定一方的履行期限，并约定另一方在受领后的某期日或某期间履行。例如约定卖方 9 月 1 日至 9 月 10 日交货，买方收货后 1 周内付款。

（3）合同未约定履行期限和履行顺序，但根据交易习惯能够确定履行顺序。例如乘客搭乘出租车的客运合同中，依据交易习惯，应当先完成运输行为、后支付运费。

---

① 对于同时履行抗辩权与迟延履行的关系，有"存在效果说"与"行使效果说"两种观点。参见韩世远：《合同法总论》，法律出版社 2011 年版，第 293~295 页。

② 参见 PICC 第 7. 1. 3 条评注。张玉卿主编：《国际商事合同通则 2010》，中国商务出版社 2012 年版，第 501 页。

3. 双方所负债务均已届履行期限。由于双方的履行期限不同，必须双方的履行期限均已届至，才满足该条件。在双方的履行期限均未届至的场合下，双方均可依据履行期限的约定拒绝对方要求我方提前履行的请求，而与履行顺序无关，故不存在适用先履行抗辩权的可能。在先履行一方的履行期限已届至而后履行一方的履行期限未届至的场合下，如果先履行一方请求后履行一方履行债务，后履行一方可以依据履行期限的约定拒绝对方的请求，而不考虑先履行一方是否已经履行，故也无适用先履行抗辩权的必要。在双方的履行期限均已届至的场合下，双方均有权请求对方履行债务，且双方的履行行为均构成适当履行，故在此场合下适用先履行抗辩权才有意义。

4. 须对方未履行债务或者履行债务不符合约定。该条件与同时履行抗辩权的适用条件 4 的具体内容基本相同。

5. 须双方所负债务是可能履行的。该条件与同时履行抗辩权的适用条件 5 的具体内容基本相同。

（三）先履行抗辩权的适用效果

1. 后履行一方有权拒绝先履行一方的履行请求。具体分为两种情形：

（1）先履行一方未履行的，后履行一方有权拒绝履行全部债务。在此场合下，由于先履行一方没有履行任何债务，基于双方所负债务的对价关系，后履行一方有权拒绝履行全部债务。

（2）先履行一方履行不符合约定的，后履行一方有权拒绝其相应的履行要求。对于“相应的履行要求”的理解，与《合同法》第 66 条关于同时履行抗辩权规定的理解基本相同。

后履行一方行使先履行抗辩权拒绝履行的，不构成违约行为。有判决认为：“根据双方订立的《建设项目转让合同》，先履行一方未能履行‘确保没有以本项目工地为标和对象的任何法律纠纷存在’的义务，后履行一方据此逾期付款是行使先履行抗辩权的行为，不构成违约。故先履行一方不能以此为由解除合同。”①

2. 先履行一方采取补救措施、变违约为适当履行的，后履行一方应当恢复履行。先履行抗辩权的性质是延缓的抗辩权，其作用仅能使后履行一方暂时不必履行债务，而不具有否认先履行一方债权有效性的效果。因此，如果先履行一方采取补救措施、变违约为适当履行，后履行一方行使先履行抗辩权的的条件便已丧失，后履行一方应当依据先履行一方的请求恢复履行。

3. 先履行抗辩权的行使不影响后履行一方主张违约责任。如果先履行一方已经构成迟延履行、瑕疵给付等违约行为，后履行一方一方面有权行使先履行抗辩权以拒绝履行或拒绝部分履行，另一方面可要求先履行一方承担违约责任。

4. 先履行抗辩权对抵销的影响。在当事人双方因两个不同的法律关系而相互享有债权的场合下，先履行一方不能以其受先履行抗辩权限制的债权作为主动债权，向后履行一

① 参见“大连某物业管理有限公司与大连某投资发展有限公司建设项目转让合同纠纷上诉案”，载最高人民法院民事审判第一庭编：《民事审判指导与参考》2007 年第 1 集（总第 29 集），法律出版社 2007 年版，第 238 页以下。

方主张抵销。但受先履行抗辩权限制的债权可以作为被动债权，被未受限制的普通债权抵销。

三、不安抗辩权

（一）不安抗辩权的概念和理论依据

依《合同法》第 68 条规定，不安抗辩权是指在有履行顺序的双务合同中，先履行一方有确切证据证明后履行一方在缔约后出现足以影响其对待给付的，可以中止履行并在一定条件下可解除合同的权利。例如买卖合同约定出卖人交货后 1 周内买受人付款，出卖人在交货前发现买受人资信状况恶化且无力清偿到期债务，出卖人有权暂不交货并要求买受人提供担保。

不安抗辩权是大陆法系的制度，其立法目的是保护债务人与所承担的先履行义务的对待给付、对合同相对人的资产状况的特别信赖。债务人因此有权在对待给付被提出或者先给付风险通过提供担保被排除之前拒绝所负担的给付。① 英美法系没有不安抗辩权制度，而是以预期违约规则解决相关问题。在一方当事人拒绝履行发生在履行期限之前的场合下，无过错方可以选择立即终止合同并提起损害赔偿之诉，或者选择等待合同履行期限到来以请求对方当事人履行合同。② CISG 综合了两者的内容，该公约第 71 条第 1 款规定："如果订立合同后，另一方当事人由于下列原因显然将不履行其大部分重要义务，一方当事人可以中止履行义务：（a）他履行义务的能力或他的信用有严重缺陷；或（b）他在准备履行合同或履行合同中的行为。"《合同法》吸收了大陆法系不安抗辩权与英美法系预期违约的相关规则内容，以第 68、69 条规定了不安抗辩权制度。其立法目的意在保护当事人的合法权益，维护社会经济秩序，防范合同欺诈。③ 在交易实践中，动产买卖的交易形式多采先交货后付款的方式，不安抗辩权对于保护卖方的权益具有特别重要的意义。

（二）不安抗辩权的适用条件

1. 须由同一双务合同产生的两项债务，且互为对价给付。对于不安抗辩权是否仅适用于双务合同，《合同法》虽未设明文，但不安抗辩权适用于双务合同为大陆法系立法通例，我国也应采此解释。而且，《合同法》第 68 条所采"应当先履行债务的当事人"之用语，也暗含不安抗辩权适用于双务合同的精神。对于双方所负债务的种类，既包括交付实物、金钱等，也包括提供劳务。例如甲剧院与乙歌手签订演出合同，约定先支付出场费若干，后因乙生病难以演出，甲可以此为由中止支付出场费。

2. 须双方所负债务有先后履行顺序。《合同法》第 68 条虽未明确规定双方所负债务有履行顺序，但该条采"应当先履行债务的当事人"之用语，故应采此种解释。司法实

---

① ［德］迪尔克·罗歇尔德斯：《德国债法总论》，沈小军等译，中国人民大学出版社 2014 年版，第 125 页。

② P. S. 阿狄亚：《合同法导论》，赵旭东等译，法律出版社 2002 年版，第 428 页。

③ 参见顾昂然在第九届全国代表大会第二次会议上《关于〈中华人民共和国合同法〉（草案）的说明》。

务亦认为不安抗辩权仅适用于有履行顺序的双务合同。①

3. 须先履行一方履行期限已届至，后履行一方履行期限尚未届至。如果先履行一方履行期限尚未届至，其因享有期限利益而当然不必履行债务。即使此时后履行一方发生丧失履行能力的情形，先履行一方也无行使不安抗辩权的可能，因为此时尚未进入履行环节，故不存在“中止履行”的问题。如果后履行一方履行期限已经届至而发生丧失履行能力的情形，因其构成不能履行的现实违约行为，先履行一方可直接要求其承担违约责任而无必要再行使不安抗辩权。在先履行一方履行期限已届至而后履行一方履行期限尚未届至的场合下，因后履行一方有权请求先履行一方履行债务，而先履行一方如果此时履行债务会有得不到对待给付的危险，故此时才有行使不安抗辩权的必要。

4. 须后履行一方有丧失或可能丧失履行债务能力的情形。对此，《合同法》第68条第1款列举了四项具体情形：

（1）经营状况严重恶化。其一，该情形为纯客观事由，并不考虑债务人对导致经营状况严重恶化是否具有过错。债务人具有过错（例如经营不善）抑或没有过错（例如市场原因），只要客观上经营状况严重恶化，即构成该情形。其二，经营状况严重恶化无须达到破产程度。债务人不能清偿到期债务且资产不足以清偿全部债务或者明显缺乏清偿能力的，可适用破产程序清理债务人之债务。(《破产法》第2条第1款）债务人经营状况严重恶化，尚未达到破产程度的，债权人可通过不安抗辩权获得救济。其三，债务人经营状况严重恶化须导致其丧失或部分丧失履行债务的能力。如果债务人虽然经营状况严重恶化，但其资产仍然足以履行债务，则债权人不得行使不安抗辩权。

（2）转移财产、抽逃资金，以逃避债务。该项“以逃避债务”之规定，不宜理解为债权人须证明债务人主观上具有逃避债务的故意。因为不安抗辩权制度适用于债务人资信状况恶化的场合，对债务人是否具有主观恶意并无要求。只要债务人实施转移财产、抽逃资金的行为，在客观上导致其丧失或部分丧失履行债务能力的，债权人即可行使不安抗辩权。

（3）丧失商业信誉。债务人因某种事由丧失商业信誉，导致其丧失或部分丧失履行债务能力的，债权人可行使不安抗辩权。债务人丧失商业信誉的常见原因有：因违法经营被吊销营业执照、被注销、被有关部门撤销或者处于歇业状态；作为影响重大案件的责任人被有关部门查处或被媒体曝光等。如果债务人在其他合同关系中有违约行为，一般不宜认定为丧失商业信誉。有判决认为：“原告以案外人（被告的关联公司）违约为由主张行使不安抗辩权，不符合合同相对性原则……不予支持。”②

（4）有丧失或可能丧失履行债务能力其他情形。该项为兜底规定，以涵盖上述未列举之具体情形。应注意的是，大陆法系立法对不安抗辩权的适用范围一般仅限于债务人财

---

① 参见“某投资公司诉天津市某工具公司中外合资合同纠纷上诉案”，载《最高人民法院公报》2003年第4期。

② 参见“俞某与福建某房地产有限公司、魏某商品房买卖（预约）合同纠纷案”，载《最高人民法院公报》2011年第8期。

产状况恶化的情形，① 而《合同法》第 68 条规定的不安抗辩权适用范围则较为宽泛，该条规定既包括债务人财产状况恶化的情形，也包括债务人有丧失或可能丧失履行债务能力的其他情形（例如提供劳务的能力）。

5. 须先履行一方有确切证据证明对方有丧失或可能丧失履行债务能力的情形。对于后履行一方有丧失或可能丧失履行债务能力的情形，由先履行一方予以举证。先履行一方没有确切证据中止履行的，应当承担违约责任。（《合同法》第 68 条第 2 款）有判决认为："先履行义务一方必须有确切证据证明对方有不能对待给付的法定情形，而不能根据主观臆想而断定对方不能或不会对待履行，缺乏证据证明即单方中止履行合同应承担违约责任。"②

（三）不安抗辩权的适用效果

1. 先履行一方可以中止履行。中止履行，是指对尚未履行的债务暂停履行。不安抗辩权的性质是延缓的抗辩权，其作用仅能使先履行一方暂时不必履行债务，而不具有否认对方债权有效性的效果。

（1）中止履行的对象。中止履行的对象是先履行一方尚未履行的债务。如果先履行一方行使不安抗辩权时，其全部债务均未履行，可中止履行全部债务；如果已经履行部分债务，对尚未履行的部分债务可中止履行，对已经履行的部分不得要求返还。

（2）中止履行的方式。①中止履行与拒绝履行不同，后者以对方提出请求为前提，而前者无此要求。相较于同时履行抗辩权和先履行抗辩权而言，不安抗辩权的行使对抗辩权人更为有利，即使对方未提出履行请求，抗辩权人亦可主动中止履行。②不安抗辩权的行使无须采取诉讼的方式，也无须取得对方同意。只要具备适用条件，先履行一方即可通知对方以行使不安抗辩权。

（3）中止履行时先履行一方的义务。依《合同法》第 69 条规定，先履行一方中止履行的，应负有 2 项义务：①通知义务。先履行一方行使不安抗辩权中止履行的，应当及时通知对方，使对方得知先履行一方行使不安抗辩权之情况，以防止造成其他不必要的损失。通知的内容包括中止履行的事实、理由及证据等。②对方提供适当担保时，应当恢复履行的义务。先履行一方通知对方后，如果对方提供了适当担保，先履行一方应当恢复履行，因为此时先履行一方的债权已经得到有效保障，如仍中止履行则不利于交易的完成。对于担保的方式，现行法未作要求，故采取保证、抵押、质押等方式均无不可。只要该担保关系的设定足以保障先履行一方债权的，即为适当。

2. 中止履行后，对方在合理期限内未恢复履行能力并且未提供适当担保的，中止履行的一方可以解除合同。解除合同是行使不安抗辩权的第二层效力，先履行一方行使解除权应具备以下条件：

（1）先履行一方已经中止履行。中止履行是解除合同的前提条件，先履行一方没有

① 参见《德国民法典》第 321 条。

② 参见"陕西某市场股份有限公司、陕西某投资开发有限公司与陕西某实业有限公司租赁合同纠纷申请再审案"，载刘德权主编：《最高人民法院裁判意见精选》（上），人民法院出版社 2011 年版，第 285 页。

直接解除合同的权利，因为如果允许先履行一方直接解除合同，将剥夺后履行一方通过提供适当担保以使先履行一方恢复履行的机会。

（2）后履行一方在合理期限内未恢复履行能力并且未提供适当担保。所谓“未恢复履行能力”，是指后履行一方仍然具有《合同法》第 68 条规定情形，而不具有或不完全具有履行能力。对于合理期限，应当结合合同类型、义务性质、标的额大小等因素加以判断。合理期限应当自后履行一方收到先履行一方的通知之时起算。所谓“未提供适当担保”，是指后履行一方得到先履行一方行使不安抗辩权的通知后，未提供担保或者提供的担保不适当。如果先履行一方未履行通知义务，不得以后履行一方未提供适当担保为由解除合同。

3. 推定后履行一方履行期限已到期或者加速到期。依《民商事合同纠纷指导意见》第 17 条规定，发生该效果应具备以下条件：

（1）须为先履行一方交付实物、后履行一方支付价款的合同。2008 年国际金融危机的爆发，导致国内市场出现大量合同不能履行、当事人请求变更或解除合同的现象，《民商事合同纠纷指导意见》在此背景下颁布。该司法解释将不安抗辩权的该适用效果限定于实物交易合同，系针对当时的实际情况作出的规定。

（2）先履行一方已经履行全部交付义务。大陆法系立法中，不安抗辩权仅适用于先履行一方尚未履行或尚未全部履行的场合，因为如果先履行一方已履行全部债务，就不可能发生中止履行的问题。《民商事合同纠纷指导意见》规定的该条件事实上导致不安抗辩权的适用范围被扩大，先履行一方已经履行全部交付义务的，仍可适用不安抗辩权。在此场合下，对先履行一方不发生中止履行的效果，而发生推定后履行一方履行期限已到期或者加速到期的效果。

（3）先履行一方诉请后履行一方支付未到期价款。后履行一方支付价款的义务尚未到期，但其存在丧失或部分丧失履行能力的法定情形，且先履行一方此时已经请求后履行一方履行付款义务，才能发生该适用效果。

（4）有确切证据证明付款方明确表示不履行给付价款义务，或者付款方被吊销营业执照、被注销、被有关部门撤销、处于歇业状态，或者付款方转移财产、抽逃资金以逃避债务，或者付款方丧失商业信誉，以及付款方以自己的行为表明不履行给付价款义务的其他情形的。《民商事合同纠纷指导意见》规定的该条件除包括《合同法》第 68 条规定的 4 种情形外，还列举了其他几种具体情形。对于这些情形的举证责任归属，司法解释未作规定，故仍应适用《合同法》第 68 条的规定，由先履行一方负举证责任。

（5）后履行一方未提供适当担保。

（6）人民法院可以根据《合同法》第 68 条第 1 款、第 69 条、第 94 条第 2 项、第 108 条、第 167 条等规定精神，判令付款期限已到期或者加速到期。《民商事合同纠纷指导意见》第 17 条是以“合理适用不安抗辩权规则，维护权利人合法权益”为标题作出的规定，但该条所列举的法条依据除《合同法》第 68、69 条属不安抗辩权规则以外，其他法条并非属于不安抗辩权规则。对于该司法解释的规定，应解读为在未严格区分不安抗辩权与预期违约、分期付款等规则的前提下，为因应实际需要而作出的变通规定。

【学说争议：不安抗辩权与预期违约的关系】

大陆法系的不安抗辩权与英美法系的预期违约所解决的问题类似，即在债务人之债务尚未到期但有证据表明其不欲履行或不能履行的场合下，对债权人提前提供某种救济。但两者仍存在以下区别：(1) 适用对象不同。前者适用于有履行顺序的双务合同；后者无此限制。(2) 适用条件不完全相同。前者的适用条件限于债务人财产状况恶化而丧失或部分丧失履行能力；后者的适用条件较宽，包括债务人财产状况恶化、丧失商业信誉、身体条件变化导致不能提供劳务等情形。(3) 对过错的要求不同。前者只要求债务人财产状况恶化的客观事实，而不考虑债务人对此是否具有过错；后者要求违约方主观上具有过错。(4) 适用效果不同。前者不能直接解除合同，而应先中止履行，在债务人未恢复履行能力且未提供适当担保的前提下才能解除合同；后者由债权人享有选择权，债权人既可直接解除合同，也可待债务人构成实际违约时再主张违约救济。

我国《合同法》同时规定了不安抗辩权（第 68、69 条）和预期违约（第 94 条第 2 项、第 108 条）两种制度，对此立法模式，学界存在两种意见。第一种观点“矛盾说”认为，不安抗辩权与预期违约制度具有类似或相同的功能，将二者同时加以规定，必然导致法律的重叠和矛盾。① 第二种观点“衔接说”认为，我国立法模式属混合继受。明确两制度的衔接点，界定两制度的作用域，应当尽可能地在大陆法系传统民法的概念体系内进行。② 本书认为，虽然不安抗辩权和预期违约的适用领域确有部分重合，但同时规定两种制度仍有积极意义。其一，相较于大陆法系立法而言，《合同法》第 68 条规定的适用不安抗辩权的法定事由较宽，既包括债务人财产状况恶化的情形，也包括债务人有丧失或可能丧失履行债务能力的其他情形。该规定是将预期违约的某些适用情形吸收进了不安抗辩权规则的结果，这在一定程度上弥补了大陆法系传统民法将不安抗辩权的适用仅限于债务人财产状况恶化的不足。其二，两者适用范围存在重合部分，但亦存在不重合部分。不安抗辩权仅适用于有履行顺序的双务合同；预期违约还可适用于没有履行顺序的双务合同和单务合同。在适用范围重合的场合下，构成请求权竞合，由当事人选择适用相关规则。其三，两者的法定事由也存在部分重合和部分不重合的情况。例如《合同法》第 68 条规定的“转移财产、抽逃资金，以逃避债务”同时也构成默示的预期违约行为，在此场合下，当事人可选择适用不安抗辩权或预期违约规则。而在债务人明确表示不履行主要债务即构成明示预期违约的情形下，并不符合不安抗辩权的适用情形，故只能适用预期违约规则。其四，不安抗辩权的功能侧重防御，即用以对抗对方的请求权；预期违约的功能侧重进攻，即通过解除合同了结双方的债权债务关系。当事人可结合其实际需要，对两者加以选择。

---

① 余延满：《合同法原论》，武汉大学出版社 1999 年版，第 444 页。

② 韩世远：《合同法总论》，法律出版社 2011 年版，第 316 页。

附：与本章内容有关的司考真题

一、选择题

1. 甲与乙公司签订的房屋买卖合同约定："乙公司收到首期房款后，向甲交付房屋和房屋使用说明书；收到二期房款后，将房屋过户给甲。"甲交纳首期房款后，乙公司交付房屋但未立即交付房屋使用说明书。甲以此为由行使先履行抗辩权而拒不支付二期房款。下列哪一表述是正确的？【2015年司法考试卷三第10题】

A. 甲的做法正确，因乙公司未完全履行义务

B. 甲不应行使先履行抗辩权，而应行使不安抗辩权，因乙公司有不能交付房屋使用说明书的可能性

C. 甲可主张解除合同，因乙公司未履行义务

D. 甲不能行使先履行抗辩权，因甲的付款义务与乙公司交付房屋使用说明书不形成主给付义务对应关系

2. 甲公司向乙公司购买小轿车，约定7月1日预付10万元，10月1日预付20万元，12月1日乙公司交车时付清尾款。甲公司按时预付第一笔款。乙公司于9月30日发函称因原材料价格上涨，需提高小轿车价格。甲公司于10月1日拒绝，等待乙公司答复未果后于10月3日向乙公司汇去20万元。乙公司当即拒收，并称甲公司迟延付款构成违约，要求解除合同，甲公司则要求乙公司继续履行。下列哪一表述是正确的？【2014年司法考试卷三第12题】

A. 甲公司不构成违约

B. 乙公司有权解除合同

C. 乙公司可行使先履行抗辩权

D. 乙公司可要求提高合同价格

3. 2011年5月6日，甲公司与乙公司签约，约定甲公司于6月1日付款，乙公司6月15日交付××牌自动扶梯。合同签订后10日，乙公司销售他人的××牌自动扶梯发生重大安全事故，质监局介入调查。合同签订后20日，甲、乙、丙公司三方合意，由丙公司承担付款义务。丙公司6月1日未付款。下列哪一表述是正确的？【2011年司法考试卷三第14题】

A. 甲公司有权要求乙公司交付自动扶梯

B. 丙公司有权要求乙公司交付自动扶梯

C. 丙公司有权行使不安抗辩权

D. 乙公司有权要求甲公司和丙公司承担连带债务

4. 甲、乙订立一份价款为10万元的图书买卖合同，约定甲先支付书款，乙2个月后交付图书。甲由于资金周转困难只交付5万元，答应余款尽快支付，但乙不同意。2个月后甲要求乙交付图书，遭乙拒绝。对此，下列哪一表述是正确的？【2010年司法考试卷三第13题】

A. 乙对甲享有同时履行抗辩权

B. 乙对甲享有不安抗辩权

C. 乙有权拒绝交付全部图书

D. 乙有权拒绝交付与5万元书款价值相当的部分图书

5. 甲公司与乙公司签订服装加工合同，约定乙公司支付预付款1万元，甲公司加工服装1000套，3月10日交货，乙公司3月15日支付余款9万元。3月10日，甲公司仅加工服装900套，乙公司此时因濒临破产致函甲公司表示无力履行合同。下列哪一说法是正确的？【2009年司法考试卷三第10题】

A. 因乙公司已支付预付款，甲公司无权中止履行合同

B. 乙公司有权以甲公司仅交付900套服装为由，拒绝支付任何货款

C. 甲公司有权以乙公司已不可能履行合同为由，请求乙公司承担违约责任

D. 因乙公司丧失履行能力，甲公司可行使顺序履行抗辩权

6. 某市A乡农户甲于2006年3月1日与乙公司订立合同，出售自己饲养的活鸡1万只，乙公司应在3月21日前支付5万元的首期价款，甲从4月1日起分批交付，交付完毕后乙公司付清余款。3月20日，乙公司得知该市的B乡发现了鸡瘟，即致电向甲询问。甲称，尽管B乡临近A乡，但是应当不会传播过来。乙公司表示等到事情比较明朗后再付款，甲坚持要求其按时付款，否则将不交货并追究责任。3月25日，因失火导致鸡棚倒塌，致甲所饲养的大部分鸡毁于一旦，甲当即将此事通知了乙。

2006年3月10日，甲向丙公司订购了一批饲料，约定4月10日至20日期间送货上门，甲验收后10日内付款。甲在3月26日把鸡的死亡情况通知了丙公司，要求取消交易。丙公司称：货物已经备好，不同意解约，除非甲赔偿其损失。【2007年司法考试卷三第91~93题】

请回答：

（1）关于甲与乙公司之间关系，表述正确的是：

A. 乙公司虽在3月21日没有付款，但不应承担违约责任

B. 甲3月20日电话中关于将不交货的表示构成违约

C. 甲不需要承担不能交付标的物的违约责任

D. 乙公司有权解除合同

（2）关于甲与丙公司之间关系，表述正确的是：

A. 由于甲所养殖的鸡于3月25日已经大部灭失，合同自动解除

B. 甲取消交易构成违约，应对丙承担违约责任

C. 甲有权单方解除合同，但是应赔偿丙公司的损失

D. 丙有权要求甲继续履行合同

（3）假设甲所养的鸡并未因失火导致鸡棚倒塌所灭，但当地政府为防止疫情爆发，自3月21日起对甲的养殖场实行管制，禁止鸡鸭外运，一旦发现疫情即全部扑杀，乙知情后没有支付首期价款，关于甲、乙之间关系，表述正确的是：

A. 虽然乙公司在3月21日前没有付款，也不应承担违约责任

B. 甲有权以乙未付首期价款为由拒绝履行相应的交货义务

C. 如果双方协商解除合同，甲应当适当赔偿乙公司的损失

D. 如果双方协商解除合同，乙公司应当适当赔偿甲的损失

7. 育才中学委托利达服装厂加工500套校服，约定材料由服装厂采购，学校提供样

品，取货时付款。为赶时间，利达服装厂私自委托恒发服装厂加工 100 套。育才中学按时前来取货，发现恒发服装厂加工的 100 套校服不符合样品要求，遂拒绝付款。利达服装厂则拒绝交货。下列哪些说法是正确的？【2006 年司法考试卷三第 53 题】

A. 育才中学可以利达服装厂擅自外包为由解除合同

B. 如育才中学不支付酬金，利达服装厂可拒绝交付校服

C. 如育才中学不支付酬金，利达服装厂可对样品行使留置权

D. 育才中学有权要求恒发服装厂承担违约责任

二、案例分析

1. 甲公司从某银行贷款 1200 万元，以自有房产设定抵押，并办理了抵押登记。经书面协议，乙公司以其价值 200 万元的现有的以及将有的生产设备、原材料、半成品、产品为甲公司的贷款设定抵押，没有办理抵押登记。后甲公司届期无力清偿贷款，某银行欲行使抵押权。法院拟拍卖甲公司的房产。甲公司为了留住房产，与丙公司达成备忘录，约定："由丙公司参与竞买，价款由甲公司支付，房产产权归甲公司。"丙公司依法参加竞买，以 1000 万元竞买成功。甲公司将从子公司筹得的 1000 万元交给丙公司，丙公司将这 1000 万元交给了法院。法院依据竞拍结果制作民事裁定书，甲公司据此将房产过户给丙公司。

法院裁定书下达次日，甲公司、丙公司与丁公司签约："甲公司把房产出卖给丁公司，丁公司向甲公司支付 1400 万元。合同签订后 10 日内，丁公司应先付给甲公司 400 万元，尾款待房产过户到丁公司名下之后支付。甲公司如果在合同签订之日起半年之内不能将房产过户到丁公司名下，则丁公司有权解除合同，并请求甲公司支付违约金 700 万元，甲公司和丙公司对合同的履行承担连带责任。"

在甲公司、丙公司与丁公司签订房产买卖合同的次日，丙公司与戊公司签订了房产买卖合同。丙公司以 1500 万元的价格将该房产卖给戊公司，尚未办理过户手续。丁公司见状，拒绝履行支付 400 万元首付款的义务，并请求甲公司先办理房产过户手续，将房产过户到丁公司名下。甲公司则要求丁公司按约定支付 400 万元房产购置首付款。鉴于各方僵持不下，半年后，丙公司索性把房产过户给戊公司，并拒绝向丁公司承担连带责任。经查，在甲公司、丙公司和丁公司签订合同后，当地房地产市场价格变化不大。请回答：【2011 年司法考试卷四第四题】

（1）乙公司以其现有的及将有的生产设备等动产为甲公司的贷款设立的抵押是否成立？为什么？

（2）某银行是否必须先实现甲公司的房产的抵押权，后实现乙公司的现有的及将有的生产设备等动产的抵押权？为什么？

（3）甲公司与丙公司达成的备忘录效力如何？为什么？

（4）丙公司与戊公司签订房产买卖合同效力如何？为什么？

（5）丁公司是否有权拒绝履行支付 400 万元的义务？为什么？

（6）丁公司是否有权请求甲公司在自己未支付 400 万首付款的情况下先办理房产过户手续？为什么？

(7) 丁公司能否解除房产买卖合同?为什么?

(8) 丙公司能否以自己不是合同的真正当事人为由拒绝向丁公司承担连带责任?为什么?

(9) 甲公司可否请求法院减少违约金数额?为什么?【此题涉及第十章】

2. 2007 年 2 月 10 日,甲公司与乙公司签订一份购买 1000 台 A 型微波炉的合同,约定由乙公司 3 月 10 日前办理托运手续,货到付款。乙公司如期办理了托运手续,但装货时多装了 50 台 B 型微波炉。甲公司于 3 月 13 日与丙公司签订合同,将处于运输途中的前述合同项下的 1000 台 A 型微波炉转卖给丙公司,约定货物质量检验期为货到后 10 天内。3 月 15 日,上述货物在运输途中突遇山洪暴发,致使 100 台 A 型微波炉受损报废。3 月 20 日货到丙公司。4 月 15 日丙公司以部分货物质量不符合约定为由拒付货款,并要求退货。顾客张三从丙公司处购买了一台 B 型微波炉,在正常使用过程中微波炉发生爆炸,致张三右臂受伤,花去医药费 1200 元。请回答:【2007 年司法考试卷四第四题】

(1) 如乙公司在办理完托运手续后即请求甲公司付款,甲公司应否付款?为什么?

(2) 乙公司办理完托运手续后,货物的所有权归谁?为什么?

(3) 对因山洪暴发报废的 100 台微波炉,应当由谁承担风险损失?为什么?

(4) 对于乙公司多装的 50 台 B 型微波炉,应当如何处理?为什么?【此题涉及第十一章】

(5) 丙公司能否拒付货款和要求退货?为什么?

(6) 张三可向谁提出损害赔偿请求?为什么?

第七章　合同的保全

【知识结构图】

- 合同的保全
  - 合同保全概述
    - 合同保全的概念
    - 责任财产
    - 合同保全与合同担保
  - 债权人代位权
    - 债权人代位权的概念、性质
    - 债权人代位权的成立要件
      - 债权人对债务人的债权合法、确定、已届清偿期
      - 债务人对次债务人享有到期债权
      - 债务人对次债务人怠于行使其到期债权
      - 对债权人造成损害
    - 债权人代位权的行使
    - 债权人代位权行使的效力
  - 债权人撤销权
    - 债权人撤销权的概念、性质
    - 债权人撤销权的成立要件
      - 债权人对债务人享有的债权成立于诈害行为之前且合法有效
      - 债务人实施了诈害行为
      - 对债权人造成损害
      - 主观要件
    - 债权人撤销权的行使
    - 债权人撤销权行使的效力

第一节　合同保全概述

一、合同保全的概念

合同保全，是指法律为防止债务人财产的不当减少危害债权人的债权，允许债权人代债务人之位向第三人行使债务人的权利，或者请求法院撤销债务人与第三人的法律行为的法律制度。对于合同保全，可从以下几方面理解：

1. 合同保全是债的对外效力的体现。债权是相对权，债权债务原则上仅发生于债权人与债务人之间，此为债的对内效力。债权人向债务人行使债权、债务人向债权人履行债务均为债的对内效力的体现。但在有些场合下，法律基于特定的立法目的突破“债的相对性”，赋予债权人向合同之外第三人主张的权利，此为债的对外效力的体现。债的效力原则上是指对内效力，仅在法律有特殊规定的情形下才具有对外效力，合同保全即为债的对外效力的体现之一。

2. 合同保全的目的是通过防止债务人责任财产不当减少来保障债权人债权的实现。债务人责任财产的多少，对于债权人债权能否得到实现具有重要意义。合同保全制度赋予债权人一定权利，使其能够针对债务人的某些导致责任财产减少的不当行为主张权利或否定其效力，从而达到保障债权的目的。因债权是请求权而非支配权，故债权人并不能在一般场合下干涉债务人处分自己责任财产的行为，仅在法律明文规定的情形下方有保全的权利。

3. 合同保全的基本方法是债权人的代位权与撤销权。债权人代位权是在债务人怠于行使权利并由此对债权人造成损害的场合下，由债权人向次债务人行使的权利。(《合同法》第73条）债权人撤销权是在债务人实施放弃到期债权等不当行为导致其责任财产减少的场合下，由债权人撤销该不当行为的权利。(《合同法》第74条)

4. 合同保全发生在合同有效成立期间。合同有效成立之前，债权债务尚未产生，没有适用合同保全的可能；合同终止之后，债权债务已经消灭，亦无适用合同保全的必要。虽然《合同法》将债权人的代位权和撤销权的相关条文规定于第四章“合同的履行”，但在合同有效成立后至合同生效前的时间段内，亦有可能适用合同保全规则。合同保全与诉讼法中的保全措施不同，虽然两者目的都在于保全债务人的责任财产，但后者发生于诉讼之中(《民事诉讼法》第100条）或诉讼之前(《民事诉讼法》第101条)。

二、责任财产

责任财产，是指债务人用于履行债务及承担民事责任的财产总和。一般而言，债务人的责任财产越多，债权人的债权越有保障，其理甚明。合同保全制度的目的亦在于防止债务人的责任财产不当减少，从而危害到债权的实现。对于责任财产的界定，从以下几方面说明：

1. 责任财产非指某项特定财产，而是指债务人用于履行债务及承担民事责任的财产总和。在特定物之债中，债务人的责任财产并非仅指该特定物，还包括债务人的其他财产，因为如果债务人不依约交付特定物，其他财产将用于承担违约责任。

2. 责任财产包括属于债务人的各项财产性权利，而非仅限于享有所有权之物。从以下几方面说明：(1）债务人享有的所有权属于责任财产，用益物权、担保物权和其他财产性权利是否属于责任财产依其性质能否用于履行债务及承担民事责任而定。(2）债务人享有的人格权和身份权不属于责任财产，因为此类权利依其性质不能用于履行债务及承担民事责任。(3）责任财产仅指债务人的积极财产，不包括债务人所负债务，亦非指债务人的“净财产”。法律意义上的财产通常是指积极财产和消极财产的总和，积极财产减去消极财产为净财产。因责任财产需用于履行债务及承担民事责任，故不能包括消极财产。

3. 责任财产并非固定不变，而是处于不断变化的状态。债务人因生产和生活需要，对其各类财产总是不断地用于消费、交易或发生自然损耗，故责任财产的范围是一个变量。对于债权人而言，一般情况下在债务履行期限届满时债务人的责任财产具有重要意义，因为此时债权人可现实地要求债务人履行债务，而在此之前债务人尚享有期限利益。例如 2010 年 3 月 1 日债务人甲与债权人乙成立金钱借贷之债 20 万元，此时甲的全部财产是 100 万元，该债务履行期限为 2013 年 2 月 25 日至 3 月 1 日。2013 年 3 月 1 日时，甲的财产为 50 万元。乙能够向甲主张的责任财产为 50 万元而非 100 万元。但应注意，依据合同保全规则，在债务履行期限未届满时债权人也可以就债务人的责任财产行使撤销权。

4. 责任财产限于能够强制执行的财产。为保障债务人的基本生产生活条件，法律规定某些债务人的财产不能强制执行，此类财产不能作为债务人的责任财产。例如《民法通则意见》第 44 条规定："个体工商户、农村承包经营户的债务，如以其家庭共有财产承担责任时，应当保留家庭成员的生活必需品和必要的生产工具。"《最高人民法院关于人民法院民事执行中查封、扣押、冻结财产的规定》（法释〔2004〕15 号）第 5 条规定，对被执行人的八类财产不得查封、扣押、冻结，包括"被执行人及其所扶养家属生活所必需的衣服、家具、炊具、餐具及其他家庭生活必需的物品""被执行人及其所扶养家属所必需的生活费用"等。

三、合同保全与合同担保的区别

合同担保，又称合同债的担保，有广义和狭义两种含义。广义的债的担保包括债的一般担保和债的特别担保。债的一般担保，是指担保一般债权人的担保制度，它是债的效力的当然表现。合同保全、民事责任制度均属于债的一般担保。狭义的债的担保仅指债的特别担保，是指法律为担保特定债权人利益的实现而特别规定的以第三人的信用或者特定财产保障债务人履行债务，债权人实现债权的制度。《物权法》和《担保法》规定的抵押权、质权、留置权、保证和定金即属于债的特别担保。在一般场合下，如无特别说明，合同担保是指债的特别担保。

合同保全与合同担保都具有保障债权人债权的作用，但两者存在以下区别：（1）担保的性质不同。前者属于债的一般担保，所有债权人均可适用；后者属于债的特别担保，仅特定债权人的债权受其保障。（2）效力范围不同。前者是债的对外效力的体现，是债权人向债的关系以外的第三人主张权利以保障其债权的制度；后者仍属债的对内效力，保证合同、定金合同通过合同对当事人的约束力实现对债权担保的作用。（3）发生原因不同。前者依法律规定当然发生效力，债权人行使代位权和撤销权不以合同约定为前提；后者包括约定担保和法定担保，抵押、质押、保证和定金担保须当事人订立相应的合同，留置权直接依法律规定产生。（4）担保的作用不同。前者属于债的效力范畴，不具有优先受偿的效力；后者的抵押权、质权和留置权属于担保物权，具有优先受偿的效力。（5）行使权利的条件不同。前者债权人行使代位权或撤销权未必以债务人不履行债务为必要条件，某些场合下债务尚未到期债权人即可保全债务人的责任财产；后者债权人行使抵押权、质权和留置权等担保权利，必须以债务人不履行债务为必要条件。

第二节 债权人代位权

一、债权人代位权概述

（一）债权人代位权的概念

《合同法》第 73 条第 1 款规定："因债务人怠于行使其到期债权，对债权人造成损害的，债权人可以向人民法院请求以自己的名义代位行使债务人的债权，但该债权专属于债务人自身的除外。"依据该款规定，债权人代位权是指在债务人怠于行使对次债务人的债权而对债权人造成损害的情形下，债权人为保全自己的债权，以自己的名义行使债务人对次债务人之权的权利。例如甲对乙享有 10 万元债权，乙对丙享有 10 万元债权，两债权均已到期，因乙不向丙行使债权导致自己无法向甲清偿，甲可直接向丙主张权利。

一般认为，债权人代位权起源于法国习惯法。因法国法关于强制执行的规定不太完备，故设置债权人代位权制度以弥补其缺陷。德国、瑞士等国强制执行法的相关规定较为完备，因而没有规定债权人代位权制度。我国《合同法》颁行以前，并未规定债权人代位权制度。《合同法》及以后颁布的司法解释规定该制度，与我国社会生活中企业之间难以解决的"三角债"问题有关。

（二）债权人代位权的性质

1. 债权人代位权是实体法上的权利。债权人代位权是《合同法》规定的实体权利，而非诉讼法上的权利。债权人代位权不是债权人直接申请强制执行的权利，而需要进行实体审理后，方产生强制执行的效果。

2. 债权人代位权是从权利。因债权人代位权是债权对外效力的体现，其仅为附属于债权所产生的效果，其与所属债权构成从权利与主权利的关系。债权人转让债权的，代位权随之一并转移给受让人。债权人不得将债权与代位权分别转让给不同的受让人，也不得保留债权而单独转让代位权或者保留代位权而单独转让债权。

3. 债权人代位权不是债务人将其债权移转给债权人。债权人代位权不同于保证人的代位权和保险人的代位求偿权。保证人的代位权是保证人在承担保证责任后，取代债权人的地位向债务人行使权利的权利。保险人的代位求偿权是保险人依合同向被保险人赔付保险金后，由保险人取代被保险人地位，对负有赔偿责任的第三人享有请求赔偿的权利。保证人的代位权和保险人的代位求偿权的性质均属于债权的法定移转，债权人代位权与其性质不同，债权人代位权成立后债务人仍享有对次债务人的债权。

4. 债权人代位权不是债权人代理债务人行使债权。债权人代位权是债权人自身享有的权利，而非债权人作为债务人的代理人向次债务人行使权利。债权人是以自己的名义行使代位权，而不是以债务人的名义行使。

5. 债权人代位权是形成权？管理权？债权人代位权不是固有意义上的形成权。债权人行使代位权，并不能够依自己单方意思使债务人与次债务人之间的债权债务关系发生变动，债权人的债权和债务人的债权得以受偿仍须借助次债务人的清偿行为。债权人行使代位权，是凭借自己债权的对外效力而直接向次债务人主张本应由债务人主张的债权。因此，通说认为债权人代位权是广义的管理权。①

（三）债权人代位权与类似的程序法制度

在民事诉讼法上，有两种制度具有与债权人代位权类似的功能，即协助执行措施和收取命令。

1. 协助执行措施。《民事诉讼法》第 242 条规定，被执行人未按执行通知履行法律文书确定的义务，人民法院有权向有关单位查询被执行人的存款、债券、股票、基金份额等财产情况。人民法院有权根据不同情形扣押、冻结、划拨、变价被执行人的财产。人民法院决定扣押、冻结、划拨、变价财产，应当作出裁定，并发出协助执行通知书，有关单位必须办理。《民事诉讼法》第 243 条规定，被执行人未按执行通知履行法律文书确定的义务，人民法院有权扣留、提取被执行人应当履行义务部分的收入。人民法院扣留、提取收入时，应当作出裁定，并发出协助执行通知书，被执行人所在单位、银行、信用合作社和其他有储蓄业务的单位必须办理。这两条规定的是民事诉讼法上的协助执行措施，次债务人（被执行人所在单位、银行、信用合作社及其他有关单位）接到法院的协助执行通知书后，即负有协助执行的义务。

2. 收取命令。《民诉法解释》第 501 条规定，人民法院执行被执行人对他人的到期债权，可以作出冻结债权的裁定，并通知该他人向申请执行人履行。该他人对到期债权有异议，申请执行人请求对异议部分强制执行的，人民法院不予支持。利害关系人对到期债权有异议的，人民法院应当按照执行异议的规定处理。该条规定的是收取命令制度，即执行法院以命令的形式允许申请执行人直接收取被执行人对于第三人（次债务人）的到期债权。

债权人代位权与协助执行措施、收取命令都具有使债权人向次债务人主张权利的效力，但两者存在以下区别：（1）权利性质不同。前者是实体法上的权利；后者是程序法上的制度。代位权诉讼实体审理完毕后进入执行环节的，亦有可能适用协助执行措施和收取命令，两者并非替代关系。（2）清偿效果不同。因债权人代位权仅为债权效力的体现，故债权人对次债务人的清偿从严格意义而言不具有优先受偿效力。在协助执行措施和收取命令的场合下，次债务人须直接向申请执行人（债权人）清偿，实际上具有优先受偿的效力。（3）当事人的法律地位不同。在代位权诉讼中，被告是次债务人。（《合同法解释（一）》第 16 条第 1 款）在协助执行措施和收取命令的场合下，被告是债务人，次债务人是协助执行人。

二、债权人代位权的成立要件

《合同法解释（一）》第 11 条规定：债权人依照合同法第 73 条的规定提起代位权诉讼，应当符合下列条件：（1）债权人对债务人的债权合法；（2）债务人怠于行使其到期债权，对债权人造成损害；（3）债务人的债权已到期；（4）债务人的债权不是专属于债务人自身的债权。依据该条规定并结合学理实务意见，债权人代位权的成立要

① 也有学者认为债权人代位权既不是形成权，也不是管理权，而是一种特殊的实体权利。参见王利明：《合同法研究》（第二卷），中国人民大学出版社 2015 年版，第 90~92 页。

件分述如下：

（一）债权人对债务人的债权必须合法、确定、已届清偿期

1. 债权人对债务人的债权必须合法。因债权人代位权是债权对外效力的体现，故债权人所享债权必须合法方能发生此种效力。如果债权人所享债权是自然债权（例如赌债）或不合法债权（例如买卖禁止流通物的债权），其本身不具有法律认可的效力，债权人不能以此债权主张债权人代位权。对于债权人所享合法债权的类型，现行法未作限定。金钱债权的债权人和特定物债权的债权人均可享有债权人代位权。劳务债权的债权人和不作为债权的债权人因其债权的性质不适于保全，原则上不享有债权人代位权，但如果该两种债权因债务人违约转化为损害赔偿请求权，债权人可就损害赔偿请求权享有债权人代位权。诉讼时效已届满的债权为不完全债权，但仍属合法债权，债权人原则上可以就该债权主张债权人代位权，但如果债务人在代位权诉讼中行使时效抗辩权，则导致该债权不具有强制执行效力而不能就其主张债权人代位权。

2. 债权人对债务人的债权必须确定。债权人对债务人的债权确定，是指债权人和债务人对该债权的内容和效力不存在争议。如果债权人和债务人就该债权的内容和效力尚存争议，应就该债权先进行实体审理，而不能由债权人先行主张债权人代位权。例如债权人就10万元债权主张代位权，但债务人提出自己已经抵销了其中5万元债权。《合同法解释（一）》第18条第2款规定："债务人在代位权诉讼中对债权人的债权提出异议，经审查异议成立的，人民法院应当裁定驳回债权人的起诉。"两类债权可以认定为确定的债权：一是债权人和债务人均无异议的债权；二是经司法机关生效裁决确定的债权。①

3. 债权人对债务人的债权必须已届清偿期。债权人对债务人的债权已届清偿期，是指债务人的履行期限已经届满而仍未履行，即债务人已构成迟延履行。在债务人的履行期限届满之前，债务人享有期限利益而暂时不必履行债务，此时如果允许债权人行使代位权，则构成对债务人的过分干预。如果债务人的履行期限已经届满而仍未履行，则此时债权人的债权已有不能实现的现实危险，而有保全债权的必要。

【学说争议：关于债权人的保存行为】

保存行为，是指在债务人的履行期限届满之前，债权人为保存债务人的权利而向次债务人实施的中断时效、申请登记、申报破产债权等行为。我国台湾地区通说认为，债权人行使代位权以债务人已陷入迟延为原则，但在债务人未构成迟延履行之前，例外地允许债权人行使保存行为。理由在于：行使保存行为的目的及结果在于维持债务人责任财产的现状，且该行为对债务人并无不利，符合债权人代位权的目的。② 对于应否承认债权人有权实施保存行为，我国学界存在争议。第一种观点"肯定说"认为，保存行为不同于实行行为，其行使不构成对债务人行为的干涉，而是

① 参见"中国银行股份有限公司某分行与广东某银行股份有限公司某分行等代位权纠纷案"，载《最高人民法院公报》2011年第11期。

② 参见林诚二：《民法债编总论——体系化解说》，中国人民大学出版社2003年版，第409页。

有利于债务人的行为。《合同法》虽没有明文规定，却有其解释存在的余地。① 第二种观点“否定说”认为，《合同法》及司法解释并未对债权人的保存行为作出例外规定，且代位权制度是一个崭新的制度，在具体操作时容易出现问题，因此不宜将代位权的适用扩张至债权人的保存行为。② 第三种观点“折中说”认为，对出于保存行为的需要而行使代位权，应予严格限制。如果认为任何保存行为都可以代位行使，这必然会不适当地扩大代位权的客体范围，甚至有可能使债权人不适当地干预债务人的权利。③ 本书赞同肯定说，理由为：其一，从解释论的角度来看，《合同法》及《合同法解释（一）》规定的债权人代位权的成立要件并未包括债务人迟延履行，学界和实务界乃是基于该制度的立法目的将其解释为债权人代位权的成立要件。债权人的保存行为符合债权人代位权制度的立法目的，且在解释论的适用上亦不存障碍。其二，否定说和折中说担心债权人的保存行为会扩大代位权的客体范围甚至构成对债务人不当干涉的问题，可通过限定保存行为的类型使其与现行法规定的代位权客体范围相契合，此种担心不足以成为否认保存行为的理由。其三，立法机关对肯定说持倾向性意见。④

（二）债务人对次债务人享有到期债权

1. 债务人对次债务人享有的债权必须具有金钱给付内容。债务人对次债务人所享权利，为债权人代位权的客体。《合同法》第 73 条规定为“到期债权”，《合同法解释（一）》第 13 条进一步将其限定为“具有金钱给付内容”。相较于域外立法而言，现行法规定的债权人代位权的客体范围较为狭窄，⑤ 司法实务中也不允许对代位权的客体范围作任意扩张。⑥ 其立法理由在于：便于确定代位权的客体权利内容和有利于清偿债务。⑦ 依据该规定，债权人代位权的客体仅限于金钱债权，而不包括实物债权、劳务债权、不作为债权等。该金钱债权可以是合同债权，也可以是不当得利债权、无因管理债权、违约责任请求权、侵权责任请求权、股份有限公司对股东的股款缴纳请求权等。有判决认为：“债务人与第三人订立债务转让协议，债权人不能依此对第三人行使代位权。”⑧ 如果债务人原本对次债务人享有金钱债权，其后双方又签订协议约定以代物清偿作为该金钱债权的履

① 韩世远：《合同法总论》，法律出版社 2011 年版，第 333 页。

② 李国光主编：《经济审判指导与参考》（第 2 卷），法律出版社 2000 年版，第 46 页。

③ 王利明：《合同法研究》（第二卷），中国人民大学出版社 2015 年版，第 106 页。

④ 参见胡康生主编：《中华人民共和国合同法释义》，法律出版社 2009 年版，第 122 页。

⑤ 对现行法规定的批评意见，参见崔建远：《债法总论》，法律出版社 2013 年版，第 130~131 页。

⑥ 参见最高人民法院《关于深圳发展银行与赛格（香港）有限公司、深圳赛格集团财务公司代位权纠纷一案的请示的复函》（［2005］民四他字第 31 号）。

⑦ 最高人民法院研究室编：《合同司法解释理解与适用》，法律出版社 2009 年版，第 74 页。

⑧ 参见“某银行长春市某支行与某输变电设备集团某变压器有限公司等借款合同纠纷上诉案”，载最高人民法院民事审判第二庭编：《民商审判指导与参考》2003 年第 2 卷（总第 4 卷），人民法院出版社 2004 年版，第 178 页以下。

行方式，债权人代位权是否还能成立？对此，有判决持肯定意见。①

债务人对次债务人的债权是否必须确定？最高人民法院在不同案件中的裁判意见不一。② 本书赞同肯定意见，理由为：其一，债务人对次债务人的债权是代位权的客体，也是代位权诉讼的标的，如果其尚未确定，有违民事诉讼的一般原理。其二，债权人行使代位权的范围以其债权为限(《合同法》第 73 条第 2 款)，如果债务人对次债务人的债权尚未确定，将无法判断债权人行使代位权是否超过范围。其三，从《合同法解释（一）》第 22 条规定的精神来看，应解释为代位权诉讼进行时债务人对次债务人的债权必须已经确定。

2. 债务人对次债务人享有的债权必须已到期。所谓到期，是指该债权的履行期限已届满。在履行期限未届满之前，次债务人享有期限利益而不必履行债务，债务人和债权人均不能强制次债务人作出清偿行为。而在履行期限届满后，如果次债务人仍不履行债务则构成迟延履行，债权人可通过行使代位权要求其作出清偿行为。在个别场合下，法律将未到期债权拟制为已到期的，债权人亦可就其行使代位权。例如在破产程序中，未到期的债权，在破产申请受理时视为到期。(《破产法》第 46 条第 1 款)

3. 对专属于债务人自身的债权，无论是否到期，均不得行使代位权。如果债务人对次债务人的债权依权利性质或法律规定具有行使上的专属性，则必须由债务人亲自行使，而不能由债权人代位行使。依《合同法解释（一）》第 12 条规定，专属于债务人自身的债权包括：（1）基于身份关系产生的请求权。包括基于扶养关系、抚养关系、赡养关系、继承关系产生的请求权等。（2）基于劳动关系产生的请求权。包括劳动报酬、退休金、养老金请求权等。（3）人寿保险金。（4）人身伤害赔偿请求权。（5）其他不得扣押的权利。包括抚恤金、安置费请求权等。

（三）债务人对次债务人怠于行使其到期债权

1. 债务人不以诉讼方式或者仲裁方式向次债务人主张其到期债权。所谓怠于行使，是指债务人能够行使而不行使或不恰当行使其权利。现行法对怠于行使的认定标准规定得较高，依《合同法解释（一）》第 13 条第 1 款规定，债务人能够以诉讼方式或者仲裁方式向次债务人主张权利却未主张的，认定为债务人怠于行使权利。换言之，即使债务人不断地以电话通知、催款函、律师函等方式向次债务人主张权利，但只要未提起诉讼或申请仲裁，仍构成怠于行使权利。该规定的立法理由在于：确定一种客观标准，便于法院明确地认定债务人是否向次债务人主张过权利，避免债权人代位权目的落空。③

与“怠于行使权利”判断标准有关的司法意见：

---

① 参见“某市国土资源局某分局与某房地产开发有限责任公司等代位权纠纷案”，载《最高人民法院公报》2012 年第 6 期。

② 采肯定意见的判决参见“某证券有限责任公司、某市人民政府与某集团房地产开发总公司欠款代位权纠纷案”，载最高人民法院民事审判第二庭编：《最高人民法院商事审判指导案例 1 · 合同卷（上）》，中国法制出版社 2011 年版，第 219 页以下；采否定意见的判决参见“某银行某支行诉某涤纶厂代位权纠纷案”，载《最高人民法院公报》2004 年第 4 期。

③ 最高人民法院研究室编：《合同司法解释理解与适用》，法律出版社 2009 年版，第 70 页。对该规定的批评意见参见崔建远：《合同法总论》(中卷)，中国人民大学出版社 2012 年版，第 250 页。

①债务人与次债务人签订延期还款协议的，有判决认为："债务人在其债权到期后与次债务人签订延期8年还款的协议，明显损害了债权人的合法权益，属于债务人怠于行使债权。"①

②债务人不积极要求次债务人履行生效判决的，最高人民法院认为："债务人作为胜诉方不积极要求次债务人履行生效判决的，债权人无权以债务人'怠于行使到期债权'为由请求行使代位权。"②

③对"怠于行使权利"的形态，有判决认为："'怠于行使权利'行为有千差万别的表现，客观结果应作为判断债务人怠于行使权利的决定因素。如果债务人对次债务人的债权无客观因素制约，能够实现而未实现，则可以认定为债务人怠于行使权利。"③

2. 次债务人不认为债务人有怠于行使其到期债权情况的，应当承担举证责任。(《合同法解释（一）》第13条第2款）如果次债务人能够举证证明债务人因客观原因而不能就该到期债权起诉或申请仲裁，或者证明债务人已起诉或申请申请仲裁，即使对债务人效果不佳，债权人也不能主张代位权。

（四）对债权人造成损害

对债权人造成损害，也可称为"有保全债权的必要"。因为债权人代位权突破了合同相对性，赋予债权人对第三人（次债务人）的权利，故只有在债权人的债权受到现实危险的场合下，债权人才能主张代位权，否则将导致对债务人的过分干涉。例如债权人对债务人享有10万元债权，债务人对次债务人怠于行使10万元到期债权，但债务人此时还拥有100万元，债权人不得行使代位权。对于《合同法》规定的"对债权人造成损害"，《合同法解释（一）》第13条第1款将其解释为"致使债权人的到期债权未能实现"。对"有保全债权的必要"之判断标准，一般采取"债务人无资力说"，即债务人的负债超过资产（包括信用能力）而不能清偿其债务的状态。④ 具体分析如下：

1. 对债权人造成损害，不应理解为造成严重损害。债务人怠于行使权利导致债权人的债权部分或者全部未能实现的，均有保全债权的必要。只是在部分债权未能实现的场合下，债权人代位权的行使范围受到一定限制。

---

① 参见"某银行某支行诉某涤纶厂代位权纠纷案"，载《最高人民法院公报》2004年第4期。

② 最高人民法院民事审判第一庭编：《民事审判指导与参考》2010年第4集（总第44集），法律出版社2011年版，第195页。

③ 参见"上海某（集团）有限公司与上海某区经济委员会等代位权纠纷案"，载最高人民法院中国应用法学研究所编：《人民法院案例选》2010年第4辑（总第74辑），人民法院出版社2011年版，第166页以下。

④ 有学者认为，金钱债权适用"无资力说"，而特定物债权适用"特定物债权说"。例如甲购买乙的A物，受领前便转卖给丙，若甲怠于向乙行使交付请求权，则丙的债权将无法实现，所以丙不问甲有无资力均可代位请求乙交付A物。参见崔建远：《债法总论》，法律出版社2013年版，第134页。本书认为，因现行法将代位权的客体限定为金钱债权，故在现行法框架下并无适用"特定物债权说"的可能。在该事例中，丙无权代位请求乙交付A物，只有当甲怠于行使对乙的违约赔偿请求权时，丙才可行使代位权。

2. 认定债务人有无资力时，原则上仅考察债务人实际可控制的财产。债务人的责任财产由多种形态的财产构成，有些财产虽属债权人的责任财产，但因各种原因而无法实际控制，例如未到期的债权、银行的不良资产等。如果认定债务人有无资力时不把这些财产剔除，就会导致债务人表面上的财产总量较大而被认定为没有保全债权的必要。因此，在债务人当时实际可控制的财产不能清偿债权人的债权时，即应认定为债务人无资力。

三、债权人代位权的行使

（一）行使的主体

债务人的各债权人在符合法定条件的情形下均可行使代位权。行使代位权的债权人可以是一人，也可以是数人。两个或者两个以上债权人以同一次债务人为被告提起代位权诉讼的，人民法院可以合并审理。（《合同法解释（一）》第16条第2款）在此场合下，两个或者两个以上债权人作为共同原告。

（二）行使的方式

1. 债权人应当以诉讼的方式行使代位权。现行法规定债权人行使代位权必须采取诉讼方式，而不能以诉讼外方式进行，亦未规定可采仲裁方式。

（1）诉讼当事人。在代位权诉讼中，原告为债权人，被告为次债务人。关于债务人的诉讼地位，《合同法解释（一）》第16条第1款规定："债权人以次债务人为被告向人民法院提起代位权诉讼，未将债务人列为第三人的，人民法院可以追加债务人为第三人。"

（2）诉讼管辖。债权人依照《合同法》第73条的规定提起代位权诉讼的，由被告（次债务人）住所地人民法院管辖。（《合同法解释（一）》第14条）债权人以境外当事人为被告提起的代位权诉讼，人民法院根据《民事诉讼法》第241条（即2013年起施行的《民事诉讼法》第265条）的规定确定管辖。（《合同法解释（二）》第17条）债权人向人民法院起诉债务人以后，又向同一人民法院对次债务人提起代位权诉讼，符合《合同法解释（一）》第13条的规定和《民事诉讼法》第108条（即2013年起施行的《民事诉讼法》第119条）规定的起诉条件的，应当立案受理；不符合《合同法解释（一）》第13条规定的，告知债权人向次债务人住所地人民法院另行起诉。（《合同法解释（一）》第15条第1款）受理代位权诉讼的人民法院在债权人起诉债务人的诉讼裁决发生法律效力以前，应当依照《民事诉讼法》第136条第5项（即2013年起施行的《民事诉讼法》第150条第5项）的规定中止代位权诉讼。（《合同法解释（一）》第15条第2款）

（3）诉讼中的抗辩。《合同法解释（一）》第18条第1款规定："在代位权诉讼中，次债务人对债务人的抗辩，可以向债权人主张。"依该规定，次债务人对于债务人的诉讼时效抗辩权、同时履行抗辩权等，均可向债权人主张。债务人与次债务人互负债务，次债务人能否向债权人以此主张抵销的抗辩？有判决认为："代位权诉讼中，债权人和债务人之间并无权利义务继受关系，债务人对次债务人的债务不因债权人提起代位权诉讼而产生与债权人的任何法律关系，故次债务人不能向债权人主张抵销抗辩。”①

（4）诉讼中的财产保全。《合同法解释（一）》第17条规定：“在代位权诉讼中，债权人请求人民法院对次债务人的财产采取保全措施的，应当提供相应的财产担保。”

2. 债权人应当以自己的名义行使代位权。债权人行使代位权是其行使自身享有的权利，而非以债务人的代理人或履行辅助人的身份行使权利，因此债权人应当以自己的名义行使代位权。由于现行法规定债权人行使代位权必须以诉讼方式进行，故债权人以自己的名义行使代位权体现为债权人应当以原告身份提起代位权诉讼。

3. 债权人行使代位权时应尽善良管理人的注意义务。债权人代位权的性质属于广义上的管理权，债权人行使代位权时应尽善良管理人的注意义务，以避免其行使代位权的行为给债务人造成不必要的损害。如果债权人行使代位权时未尽到善良管理人的注意义务，给债权人造成损害，则债权人应对债务人负损害赔偿责任。

（三）可代位行使的行为类型

1. 债权人行使代位权可以实施的具体行为类型，包括实行行为和保存行为。实行行为是指依据债的本旨使债权得以实现的行为，例如请求清偿、抵销等。保存行为是指不直接导致债权得以实现，仅保存债权的存在或效力的行为，例如中断时效、申报破产债权等。

2. 债权人行使代位权时，原则上不得实施处分行为。② 例如免除债务、延缓履行期限等。

（四）行使的范围

《合同法》第73条第2款规定：“代位权的行使范围以债权人的债权为限。”《合同法解释（一）》第21条规定：“在代位权诉讼中，债权人行使代位权的请求数额超过债务人所负债务额或者超过次债务人对债务人所负债务额的，对超出部分人民法院不予支持。”区分债权人所享债权的性质，分述如下：

1. 债权人的债权是金钱债权的。如果债权人的债权是金钱债权，债权人行使代位权的范围以其金钱债权数额为限，且不得超过次债务人对债务人所负债务数额。例如，债权人对债务人享有10万元债权，债务人对次债务人享有20万元债权，债权人只能就10万元债权行使代位权。又例如，债权人对债务人享有10万元债权，债务人对次债务人享有5万元债权，债权人只能就5万元债权行使代位权。

2. 债权人的债权是非金钱债权的。如果债权人的债权是实物债权等非金钱债权，债权人行使代位权的范围以其转化的金钱数额为限，或者以不履行该债权所生之违约损害赔偿、违约金的数额为限，且不得超过次债务人对债务人所负债务数额。

四、债权人代位权行使的效力

（一）债务人的处分权受到限制

在债权人行使代位权后，债务人对次债务人所享债权的处分权能即受到一定限制，债

① 参见“中国某集团公司与北京某大酒店代位权纠纷上诉案”，载最高人民法院民事审判第二庭编：《民商事审判指导》2004年第2辑（总第6辑），人民法院出版社2005年版，第344页以下。

② 相反意见参见余延满：《合同法原论》，武汉大学出版社1999年版，第452页。

务人不得实施将该债权予以转让、放弃或设质等行为。① 唯其如此，才能使债权人代位权的目的得以实现。如果在债权人行使代位权后，债务人也向次债务人主张权利，应如何处理?《合同法解释（一）》第22条规定：“债务人在代位权诉讼中，对超过债权人代位请求数额的债权部分起诉次债务人的，人民法院应当告知其向有管辖权的人民法院另行起诉。债务人的起诉符合法定条件的，人民法院应当受理；受理债务人起诉的人民法院在代位权诉讼裁决发生法律效力以前，应当依法中止。”对该条规定，可从以下两方面理解：

1. 在代位权诉讼中，就债权人代位行使的债权部分，债务人不能再向次债务人主张权利。这一部分债权虽本由债务人享有，但其怠于行使以致债权人直接向次债务人行使代位权，如果此时债务人又向次债务人主张权利，实有妨碍债权人代位权之嫌，亦有违诚实信用原则。因此，在债权人提起代位权诉讼之后，债务人即不能再向次债务人主张债权人代位行使的债权部分。但为保护债务人利益，如果债权人代位行使该部分债权时有不当行为造成不必要损害，债务人有权就该损害请求债权人予以赔偿。有判决认为：“进入代位权诉讼程序后，债务人即丧失了主动处分次债务人债权的权利。次债务人在诉讼中主动向债务人清结债权债务，属于存在逃避诉讼、规避法律的故意。”②

2. 在代位权诉讼中，就超过债权人代位行使的债权部分，债务人应当向有管辖权的人民法院另行起诉。因为债务人向次债务人所主张的该部分债权，并非代位权诉讼的标的，不应在同一诉讼中进行审理。债务人就该部分债权向有管辖权的法院起诉并被受理后，在代位权诉讼裁决发生法律效力以前，应当依法中止诉讼。代位权诉讼裁决发生法律效力后，恢复诉讼。

（二）诉讼时效中断

债权人提起代位权诉讼的，应当认定对债权人的债权和债务人的债权均发生诉讼时效中断的效力。③（《诉讼时效规定》第18条）如果债权人的债权数额小于债务人对次债务人债权的数额，债权人提起代位权诉讼的，对债务人未被代位行使的债权部分也发生诉讼时效中断的效力。（参照《诉讼时效规定》第11条）

（三）有关费用的负担

1. 债权人行使代位权的必要费用，由债务人负担。（《合同法》第73条第2款）所谓必要费用，是指债权人行使代位权所支付的律师代理费、差旅费等。（参照《合同法解释（一）》第26条）

2. 在代位权诉讼中，债权人胜诉的，诉讼费由次债务人负担，从实现的债权中优先支付。（《合同法解释（一）》第19条）

---

① 相反意见参见崔建远：《债法总论》，法律出版社2013年版，第139页。

② 参见“某银行某支行诉某涤纶厂代位权纠纷案”，载《最高人民法院公报》2004年第4期。

③ 参见“中国银行股份有限公司某分行与广东某银行股份有限公司某分行等代位权纠纷案”，载《最高人民法院公报》2011年第11期。

【学说争议：次债务人履行债务的效果归属】

对于次债务人履行债务的效果归属，学界存在较大争议。第一种观点“入库原则说”认为，行使代位权取得的财产应先加入债务人的责任财产，然后再依债的清偿规则清偿债务。第二种观点“债权人平均分配说”认为，次债务人清偿所得财产应由法院先进行保管，法院应通知各债权人申报债权，在确定所有债权人以后按照债权比例进行分配。第三种观点“代位权人优先受偿说”认为，为体现公平原则和激励因素，应当由代位权人优先受偿，即谁行使代位权，所获得财产就归属于谁。① 本书认为，仅从理论上来看，入库原则说和债权人平均分配说具有其合理性，因为代位权是债权效力的体现，基于债权平等原则难以解释代位权人何以能够取得优先受偿的权利。但该二说在实践上难以操作。如果依据入库原则说将次债务人清偿的财产先归入债务人的责任财产，再由债务人任意清偿，行使代位权的债权人完全有可能无法得到清偿而由此丧失行使代位权的动力。如果依据债权人平均分配说由法院主持所有债权人按照比例清偿，一则法院在很多场合下难以得知所有的债权人；二则未行使代位权的债权人可“免费搭车”，而行使代位权的债权人无任何额外好处而且要承担败诉的风险，实难称公平。现行法实际上采取了优先受偿说。《合同法解释（一）》第20条规定：“债权人向次债务人提起的代位权诉讼经人民法院审理后认定代位权成立的，由次债务人向债权人履行清偿义务，债权人与债务人、债务人与次债务人之间相应的债权债务关系即予消灭。”对于该条规定，可从以下两方面理解：(1) 债权人行使代位权成立的，由次债务人向债权人直接履行清偿义务，而非次债务人向债务人清偿。(2) 次债务人向债权人履行清偿义务后，债权人与债务人、债务人与次债务人之间相应的债权债务关系即予消灭。债权人无须将受偿所得财产交还给债务人。该规定事实上使行使代位权的债权人享有优先受偿的权利，其虽不符合债权平等原则的要求，但可从以下两方面解释其合理性。其一，因民事诉讼适用不告不理原则，对于未行使代位权的债权人，法院不应主动依职权追加其参加诉讼或在诉讼结束后使其受偿。行使代位权的债权人因其是诉讼当事人并获得胜诉的结果，由其直接受偿并无不妥。其二，抵销规则的适用。债权人得到次债务人清偿后，依理本应返还给债务人使该财产归入其责任财产，但因债务人对债权人负有债务尚未清偿，两者相互抵销而不必实际返还。

第三节　债权人撤销权

一、债权人撤销权概述

（一）债权人撤销权的概念

《合同法》第74条第1款规定：“因债务人放弃其到期债权或者无偿转让财产，对债

① 参见王利明：《合同法研究》（第二卷），中国人民大学出版社2015年版，第114页。

权人造成损害的，债权人可以请求人民法院撤销债务人的行为。债务人以明显不合理的低价转让财产，对债权人造成损害，并且受让人知道该情形的，债权人也可以请求人民法院撤销债务人的行为。”依据该款规定，债权人撤销权是指债权人对债务人危害债权的积极行为，可请求法院予以撤销的权利。例如甲对乙享有10万元债权，乙将唯一可供清偿的财产一套房屋赠与给丙，导致甲的债权无法实现，甲有权撤销该赠与行为。

债权人撤销权起源于罗马法，由罗马法务官保罗创设，故又被称为保罗诉权（actio pauliena）。后世大陆法系很多国家及地区都继受了该项制度，有的是将其规定于民法典中，例如法国(《法国民法典》第1167条)、日本(《日本民法典》第424条)；有的规定于特别法中，例如德国；还有的规定于破产法中，例如瑞士(《瑞士破产法》第285~292条)。我国《合同法》颁行以前，并未规定债权人撤销权制度。《合同法》首次明确规定了该项制度，以期实现对债权人更为充分的保护。另外，我国破产法亦规定有破产撤销权制度(《企业破产法》第31条)，其与债权人撤销权虽都具有保全债务人责任财产的立法目的，但在适用范围、适用条件及法律后果等方面均存在差异。

（二）债权人撤销权的性质

1. 债权人撤销权是实体法上的权利。债权人撤销权是《合同法》规定的实体权利，而非诉讼法上的权利。虽然现行法要求债权人行使撤销权应当以诉讼的方式进行，但行使该权利引起的是当事人之间实体权利义务关系的变动，故债权人撤销权是实体法上的权利。

2. 债权人撤销权是从权利。因债权人撤销权是债权对外效力的体现，其仅为附属于债权所产生的效果，其与所属债权构成从权利与主权利的关系。债权人转让债权的，撤销权随之一并转移给受让人。债权人不得将债权与撤销权分别转让给不同的受让人，也不得保留债权而单独转让撤销权或者保留撤销权而单独转让债权。

3. 债权人撤销权是形成权？请求权？抑或其他？对债权人撤销权性质的界定，将直接影响撤销之诉的性质（形成之诉或给付之诉）以及诉讼当事人的确定（被告是债务人或受益人）等。对此，学界存在争议。①（1）形成权说认为，债权人撤销权是否认诈害行为效力的形成权，其效力在于，依债权人的意思而使债务人与第三人之间的法律行为(诈害行为)的效力绝对地消灭。（2）请求权说认为，债权人撤销权是纯粹的债权请求权，是直接请求返还因诈害行为而脱离的财产的权利。撤销仅为返还请求的前提，并非对于诈害行为效力的否认。(3) 折中说认为，债权人撤销权兼具撤销和财产返还请求的性质，是撤销诈害行为、请求归还脱离财产的权利。（4）责任说认为，债权人撤销权是一种伴有“责任上的无效”效果的形成权，撤销权诉讼是一种形成之诉。我国学界通说采折中说。从现行法规定来看，撤销之诉的被告为债务人，受益人或受让人为第三人；撤销的效果既有否认诈害行为的效力，也有债权人请求返还财产的效力，也是采取的折中说。

（三）债权人撤销权与类似制度的比较

1. 债权人撤销权与债权人代位权。这两项制度的立法目的均为防止债务人责任财产不当减少，从而保护债权人债权的实现，两者共同构成了合同保全制度。但两者存在以下

① 参见韩世远：《合同法总论》，法律出版社2011年版，第345页以下。

区别：(1) 针对的对象不同。前者针对的是债务人妨害债权的积极行为，即放弃债权、无偿转让财产等；后者针对的是债务人妨害债权的消极行为，即怠于行使到期债权。(2) 构成要件不同。债权人行使撤销权的，仅要求债务人实施诈害行为前债权人对债务人的债权已有效成立，而不要求该债权已到期；债权人行使代位权的，则要求债权人对债务人的债权已到期。(3) 法律效果不完全相同。因债权人行使撤销权时其对债务人的债权可能已到期也可能尚未到期，且债务人处分的财产可能是金钱、实物或其他财产，债权人能否直接获得受益人或受让人依撤销之诉的效果向其交付的财产，应当依据不同情形分别处理。债权人行使代位权的场合下，因债权人对债务人的债权和债务人对次债务人的债权均已到期，债权人可依抵销规则直接获得次债务人向其交付的财产。

2. 债权人撤销权与可撤销合同的撤销权。这两项制度均在"撤销权"的名目下由当事人行使权利，以否认某法律行为的有效性，且都必须以诉讼的方式行使。但两者存在以下区别：(1) 在合同法体系中的地位不同。前者属于合同保全制度，《合同法》将其规定于"合同的履行"一章；后者属于效力瑕疵合同制度，《合同法》将其规定于"合同的效力"一章。(2) 权利主体不同。前者的权利主体是债权人；后者的权利主体是合同中意思表示不真实的当事人。(3) 撤销的对象不同。前者撤销的是他人（债务人与受让人或受益人）实施的法律行为，属于突破合同相对性之例外情形；后者撤销的是撤销权人自己实施的法律行为，仍属于合同相对性框架内的规则。(4) 撤销权的性质不同。前者并非纯粹的形成权，而是兼具有形成权和请求权的性质；后者性质为形成权。(5) 权利的存续期间不同。前者受《合同法》第 75 条规定的 1 年和 5 年期间的限制；后者不适用《合同法》第 75 条。

二、债权人撤销权的成立要件

（一）债权人对债务人享有的债权必须成立于诈害行为之前且合法有效

1. 债权人对债务人享有的债权必须成立于诈害行为之前。债权人撤销权的目的是防止债务人责任财产不当减少而保障债权的实现，债务人的责任财产应以债权成立时为标准。在债权人债权成立之前债务人实施的有关行为即使导致其责任财产减少，债权人也不得撤销此类行为。

2. 债权人对债务人享有的债权必须合法有效。如果债权人对债务人享有的债权是自然债权或不合法债权，债权人不能以此债权主张债权人撤销权。债权人所享合法债权的类型，一般是金钱债权或可转化为金钱债权的债权。劳务债权的债权人和不作为债权的债权人原则上不享有债权人撤销权，但如果该两种债权因债务人违约转化为损害赔偿请求权，债权人可就损害赔偿请求权行使债权人撤销权。因债务人实施的诈害行为对其责任财产危害甚大，债权人对债务人享有的债权即使尚未到期或具体数额尚未确定，债权人亦可行使撤销权，此与代位权存在差异。债权人享有以下债权，能否行使撤销权，值得讨论：

(1) 特定物债权。例如甲与乙订立买卖合同，乙将某特定物卖给甲，但尚未交付；其后乙又将该特定物卖给丙，且已经交付标的物，甲能否撤销乙丙所订合同？在这种一物数卖的场合下，如果出卖人乙未因在后买卖而导致责任财产减少，在先买受人甲不能享有债权人撤销权。原因在于：其一，虽然乙将特定物卖给丙导致乙不能履行其对甲的债务，但乙从丙处获得相应的价金，乙的责任财产总量并未减少，而只是财产形态发生了变化（实物变成金钱）。其二，依《合同法解释（二）》第15条规定，当事人一物数卖所订立的合同，只要各合同本身不具有无效事由，各合同均为有效。其三，在此场合下如果承认甲享有撤销权，将违反债权平等原则并妨碍自由竞争及交易安全。

（2）有担保的债权。①对于附有抵押权等担保物权的债权，因担保物权具有对世效力和追及效力，即使债务人的诈害行为导致责任财产减少，债权人的债权仍受担保物权的保障，因此债权人没有必要行使撤销权。但如果担保物的价值不足以清偿债务，债权人可就不足部分行使撤销权。②对于附有保证担保的债权，因保证担保仅具债权效力而不具有对世性，故债权人对债务人的诈害行为仍可行使撤销权。对保证人减少其责任财产的行为，债权人能否行使撤销权？在连带责任保证中，因保证人与主债务人承担连带责任，即使保证人能够证明主债务人具有足够的清偿能力，债权人也可就保证人的行为行使撤销权。在一般保证中，因保证人承担补充责任，因此保证人如果能够证明主债务人具有足够的清偿能力，债权人对保证人的行为不能行使撤销权。对债务人减少其责任财产的行为，保证人能否行使撤销权？保证人承担保证责任后对债务人享有追偿权，故保证人是债务人潜在的债权人。如果保证人尚未承担保证责任，因追偿权还未成立，保证人不能对债务人此时及以前的行为行使撤销权。如果在保证人承担保证责任之后债务人实施减少其责任财产的行为，因此时追偿权已经成立，保证人可以对债务人的行为行使撤销权。

（3）附条件和附期限的债权。①附生效条件的债权在条件尚未成就之前，债务人实施诈害行为，债权人能否行使撤销权？对此学界存在争议。① 因这种债权所附条件于将来能否发生并不确定，债权人此时所享债权并不具有现实性，债务人此时实施减少其责任财产的行为很难说有害于债权，而且撤销权的行使对债务人和第三人影响甚大，因此不宜承认此类债权的债权人享有撤销权。②附始期的债权在期限尚未到来之前，债务人实施诈害行为，债权人可以行使撤销权。在期限未到来之前债权人所享债权虽不具有现实性，但因期限必定会到来，债权人此时仍有保全债务人责任财产的必要。③附解除条件和附终期的债权在条件尚未成就或期限尚未到来之前，债务人实施诈害行为，债权人可以行使撤销权。因为这两种债权虽然将来有可能失效，但此时债权人享有有效的债权，故仍有保全债务人责任财产的必要。

（二）债务人实施了诈害行为

1. 无偿行为。债务人实施的无偿诈害行为包括以下几种：

（1）放弃到期债权。（《合同法》第74条第1款）该行为的性质是免除债务。因该行为导致债务人在未获得对价的情况下丧失债权，明显导致债务人责任财产减少，债权人对该行为可行使撤销权。

（2）无偿转让财产。（《合同法》第74条第1款）该行为具体包括赠与、遗赠、无息借款等。

（3）放弃未到期债权。（《合同法解释（二）》第18条）《合同法》仅规定对放弃到

---

① 肯定说参见崔建远：《债法总论》，法律出版社2013年版，第149页；否定说参见王利明：《合同法研究》（第二卷），中国人民大学出版社2015年版，第132页。

期债权的行为可以撤销，司法解释增设规定对放弃未到期债权的行为也可以撤销，因为债务人免除他人债务的行为均导致其责任财产减少，被免除的债务是否到期对此并无影响。

（4）放弃债权担保。（《合同法解释（二）》第18条）债权人放弃抵押权、质权、留置权或保证债权，虽然并未导致其责任财产直接减少，但作为其责任财产的债权效力降低而增加了其不能受偿的风险，因此债权人对此类行为可以行使撤销权。

（5）恶意延长到期债权的履行期。（《合同法解释（二）》第18条）债务人虽未放弃债权，但恶意延长到期债权的履行期，导致次债务人不必现实履行债务。该行为虽未导致债务人责任财产数额减少，但使债务人真正可供执行的责任财产非正常减少，因此债权人对此类行为可以行使撤销权。对债务人的恶意，一般由债权人负举证责任。有判决认为："主债务人与次债务人协议变更次债务人的清偿条件使得履行期限延长，如果变更行为属于二者之间的正常商业行为，债权人不能证明系恶意串通损害债权人的利益，则法院对债权人主张撤销权不能支持。"①

（6）恶意抵押。（《担保法解释》第69条）债务人有多个普通债权人的，在清偿债务时，债务人与其中一个债权人恶意串通，将其全部或者部分财产抵押给该债权人，因此丧失了履行其他债务的能力，损害了其他债权人的合法权益，受损害的其他债权人可以对该抵押行为行使撤销权。

2. 有偿行为。债务人实施的有偿诈害行为包括以下几种：

（1）以明显不合理的低价转让财产。（《合同法》第74条第1款）对于"明显不合理的低价"的判断标准，《合同法解释（二）》第19条第1、2款规定：①人民法院应当以交易当地一般经营者的判断，并参考交易当时交易地的物价部门指导价或者市场交易价，结合其他相关因素综合考虑予以确认。②转让价格低于交易时交易地的指导价或者市场交易价70%的，一般可以视为明显不合理的低价。依据该条规定，判断"明显不合理的低价"的时间基准是实施交易行为时；空间基准是交易行为地；主体基准是一般经营者。而且该条还规定了一个参考示范标准，即转让价格低于交易时交易地的指导价或者市场交易价70%的，一般可以视为明显不合理的低价。但也应注意，因为转让行为与财产性质具有复杂性，该70%的比例不能认为是唯一的、绝对的标准。例如季节性商品和时令果蔬在临近换季或保质期将届满时，往往以低于市价70%的价格甩卖；又例如在市场疲软、有价无市、资金占用利息损失巨大等情况下，以低于市价70%的价格转让财产有利于挽回经营损失等，这些情形均不宜认定为"明显不合理的低价"。② 该款规定的转让行为，包括买卖、互易、股权置换③等有偿转让行为。

（2）以明显不合理的高价收购他人财产。（《合同法解释（二）》第19条第3款）

---

① 参见"上海某雨衣染织厂与某华塑股份有限公司等撤销权纠纷案"，载万鄂湘、张军主编：《民事法律文件解读》2008年第9辑（总第45辑），人民法院出版社2009年版，第95页以下。

② 参见最高人民法院研究室编著：《最高人民法院关于合同法司法解释（二）理解与适用》，人民法院出版社2009年版，第150页。

③ 参见"国家开发银行与沈阳某开关有限责任公司等借款合同、撤销权纠纷案"，载《最高人民法院公报》2008年第12期。

对于“明显不合理的高价”的判断标准，《合同法解释（二）》第19条第2款规定，对转让价格高于当地指导价或者市场交易价30%的，一般可以视为明显不合理的高价。以明显不合理的高价收购他人财产，虽然与《合同法》第74条规定的以明显不合理的低价转让财产的行为指向相反，但两者的效果均导致债务人责任财产减少而危害债权的实现，因此司法解释规定以明显不合理的高价收购他人财产参照适用《合同法》第74条。

3. 不能撤销的行为。债务人实施的某些行为虽然可能不利于债权人债权的实现，但因行为的性质却不能撤销。

（1）事实行为。例如债务人对房屋进行装修可能导致房屋价值降低，债权人不能撤销。

（2）身份行为。例如债务人结婚、离婚、收养，虽可能影响债权的实现，但债权人不能撤销。

（3）拒绝接受赠与、拒绝他人提供担保、拒绝工作机会以获得报酬的行为。合同保全的目的在于防止债务人责任财产不当减少，而非促使债务人责任财产的增加，因此这类行为不能撤销。

（4）无偿提供劳务的行为。此类行为并未导致债务人责任财产减少，故不能撤销。

（5）以禁止扣押的财产为标的的行为。因为此类财产不能列入债务人的责任财产，不属于强制执行的财产范围，即使撤销也无意义。例如债务人转让个人生活用品的行为。

（6）不作为。例如债务人在房价巨高时未出卖房屋。当然，如果债务人的不作为构成怠于行使对次债务人的到期债权，债权人可行使代位权。

（7）准法律行为。例如催告、债权让与通知、为中断时效而作的债务承认等。债务人实施此类行为并未直接导致其责任财产减少，通说认为不能撤销。①

（8）有合理对价的转让财产行为。有判决认为：“法人将实物资产通过有偿转让变为货币资产，买受人在公平交易基础上给付对价后，法人财产仅从形态上发生了变化，但其责任财产价值总额并未减少。债权人不能就此行使撤销权。”②

债务人放弃继承权的行为能否撤销？虽有学者持否定意见，但从继承法相关规定③的精神来看，采取肯定解释为宜，司法实务也多采肯定意见。

（三）对债权人造成损害

所谓对债权人造成损害，是指债务人实施的无偿行为或有偿行为导致其责任财产减少，致使债权人的债权不能获得完全清偿的状态。是否对债权人造成损害之判断标准，通说采“债务人无资力说”，具体以“债务超过”为判断标准，④ 即如果债务人处分财产后

---

① 相反意见参见韩世远：《合同法总论》，法律出版社2011年版，第354页。

② 参见“淮北市某汽车修理改装厂与某银行某分行等撤销权纠纷案”，载最高人民法院民事审判第二庭编：《民商事审判指导》2005年第1辑（总第7辑），人民法院出版社2005年版，第230页以下。

③ 《继承法解释》第46条规定：“继承人因放弃继承权，致其不能履行法定义务的，放弃继承权的行为无效。”该条虽不能直接作为债权人行使撤销权的依据，但确实包含了对继承人弃权行为否认其效力以保全责任财产的立法精神。

④ 其他观点还有“债权不能实现说”和“支付不能说”。参见王利明：《合同法研究》（第二卷），中国人民大学出版社2015年版，第140页。

便不具有足够的财产清偿对债权人所负债务，就可认定该行为对债权人造成损害。

（四）主观要件

1. 债务人的恶意。所谓债务人的恶意，是指债务人明知或应知其处分财产的行为有害于债权的心理状态，至于债务人是否积极希望以此损害债权人之债权则在所不问。《合同法》第 74 条对债务人的恶意未作规定。通说认为，区分债务人实施的无偿行为和有偿行为，对债务人的恶意要求有所不同。

（1）无偿行为，债务人无须具有恶意。① 债务人实施无偿行为的，因必然导致其责任财产减少，只要在客观上有害于债权，债权人即可行使撤销权。② 但也存在例外情况，债务人恶意延长到期债权的履行期(《合同法解释（二）》第 18 条）和恶意抵押(《担保法解释》第 69 条）的，现行法明确要求债务人须具有恶意。

（2）有偿行为，债务人须具有恶意。判断债务人是否具有恶意的时间标准，以债务人实施行为时为准。债务人实施行为不知也不应知其行为有害于债权，其后得知的，不能认定具有恶意。诈害行为由债务人的代理人实施的，就代理人的心理状态判断恶意的有无。对于债务人恶意的证明，应采推定规则，债权人只须举证证明债务人的客观诈害行为而无须举证债务人恶意，债务人不能举证证明其无恶意的即推定其具有恶意。③

2. 受益人或受让人的恶意。受益人是指因债务人无偿行为而取得利益的人。受益人通常是债务人实施法律行为的对方当事人，但在向第三人履行的合同中，受益人是该第三人。受让人是指是指因债务人有偿行为而受让财产的人。

（1）无偿行为，受益人无须具有恶意。依《合同法》第 74 条第 1 款前段规定，债权人对债务人实施的无偿行为行使撤销权的，不以受益人知情为条件。

（2）有偿行为，受让人须具有恶意。依《合同法》第 74 条第 1 款后段规定，债权人对债务人实施的有偿行为行使撤销权的，须以受让人知情为条件。所谓受让人的恶意，是指受让人明知或应知债务人处分财产的行为有害于债权的心理状态，至于受让人是否具有损害债权人之债权的意图则在所不问。判断受让人是否具有恶意的时间标准，以债务人与受让人实施转让行为时为准，不应以受让人实际取得财产时为标准。对于受让人恶意的证明，原则上也应采推定规则。因受让人以非正常价格从债务人处取得财产，如果受让人不能举证证明其确不知情，即推定其具有恶意。应注意的是，如果债务人与受益人或受让人的行为具备恶意串通的要件，则构成请求权竞合。即债权人既可以依据《合同法》第 52 条第 2 项主张合同无效，也可以依据《合同法》第 74 条撤销该合同。④

---

① 参见“某对外公司与上海某围垦疏浚有限公司等撤销权纠纷案”，载最高人民法院民事审判第二庭编：《商事审判指导》2010 年第 3 辑（总第 23 辑），人民法院出版社 2011 年版，第 191 页以下。

② 也有观点认为对无偿行为和有偿行为，债务人的恶意均适用推定规则，即债务人可举证证明其无恶意而否认债权人的撤销权。参见韩世远：《合同法总论》，法律出版社 2011 年版，第 359 页。

③ 参见“国家开发银行与沈阳某开关有限责任公司等借款合同、撤销权纠纷案”，载《最高人民法院公报》2008 年第 12 期。

④ 参见“中国某资产管理公司某办事处诉湖北某集团有限责任公司等确认房产转让合同无效纠纷案”，载刘德权主编：《最高人民法院司法观点集成》（1），人民法院出版社 2009 年版，第 195 页。

三、债权人撤销权的行使

（一）行使的主体

债务人的各债权人在符合法定条件的情形下均可行使撤销权。行使撤销权的债权人可以是一人，也可以是数人。两个或者两个以上债权人以同一债务人为被告，就同一标的提起撤销权诉讼的，人民法院可以合并审理。（《合同法解释（一）》第 25 条第 2 款）在此场合下，两个或者两个以上债权人作为共同原告。

（二）行使的方式

1. 债权人应当以诉讼的方式行使撤销权。现行法规定债权人行使撤销权必须采取诉讼方式，而不能以诉讼外方式进行，亦未规定可采仲裁方式。撤销权诉讼兼具有形成之诉与给付之诉的性质，债权人可通过撤销权诉讼撤销债务人与受益人或受让人的行为，也可请求受益人或受让人返还有关财产。例如债务人以明显不合理的低价将一套红木家具卖给受让人，如果债务人尚未交付该动产债权人即行使撤销权，该诉讼仅发生形成之诉的效果；如果债务人已经交付，则该诉讼既发生撤销买卖合同的效果，还产生请求受益人或受让人返还该动产的效果。

（1）诉讼当事人。在撤销权诉讼中，原告为债权人，被告为债务人。关于受益人或受让人的诉讼地位，《合同法解释（一）》第 24 条规定："债权人依照合同法第七十四条的规定提起撤销权诉讼时只以债务人为被告，未将受益人或者受让人列为第三人的，人民法院可以追加该受益人或者受让人为第三人。"

（2）诉讼管辖。债权人依照合同法第 74 条的规定提起撤销权诉讼的，由被告（债务人）住所地人民法院管辖。（《合同法解释（一）》第 23 条）

2. 债权人行使撤销权的时间限制。依《合同法》第 75 条规定，债权人行使撤销权应在法定期间内进行，未在法定期间内行使的，撤销权消灭。

（1）撤销权自债权人知道或者应当知道撤销事由之日起 1 年内行使。该 1 年期间的性质为除斥期间，不适用诉讼时效中止、中断和延长规则。该 1 年期间的起算点适用主观标准，即自债权人知道或者应当知道撤销事由之日起算。

（2）自债务人的行为发生之日起 5 年内没有行使撤销权的，该撤销权消灭。该 5 年期间的性质为债权人可行使撤销权的最长法定期间，为不变期间。该 5 年期间的起算点适用客观标准，即自债务人的行为发生之日起算。法律设置该期间的目的在于限制前述 1 年除斥期间，以防止债权人于年代过于久远后行使撤销权而影响法律关系的稳定。债权人在该 5 年期间内未行使撤销权的，既丧失实体权利，也丧失程序权利。①

（三）行使的范围

《合同法》第 74 条第 2 款规定："撤销权的行使范围以债权人的债权为限。"区分债权人所撤销行为的性质和标的物性质，分述如下：

---

① 参见"深圳市某信息咨询服务有限公司与深圳市某投资管理公司等撤销权纠纷案"，载最高人民法院民事审判第二庭编：《最高人民法院商事审判指导案例 1 · 合同卷（上）》，中国法制出版社 2011 年版，第 194 页以下。

1. 所撤销行为的标的物是金钱或可分物的，应在债权人享有债权额范围内行使撤销权。例如债权人对债务人享有 50 万元债权，债务人赠与他人 100 万元，债权人只能撤销其中 50 万元的赠与。

2. 所撤销行为的标的物是不可分物的，可就整个标的物行使撤销权。虽然《合同法》规定代位权和撤销权的行使范围均"以债权人的债权为限"，但现行法对撤销权的行使范围没有如《合同法解释（一）》第 21 条之规定。这是因为现行法规定代位权的客体限于金钱债权，而债权人所撤销行为的标的物则可能是金钱、其他可分物或不可分物。在所撤销行为的标的物是不可分物的场合下，债权人可就整个标的物行使撤销权，而不必受其债权数额的限制。例如债权人对债务人享有 50 万元债权，债务人赠与他人一套价值 100 万元的房屋，债权人可就整个赠与行为予以撤销。

四、债权人撤销权行使的效力

（一）撤销权行使具有溯及力

债权人依法行使撤销权的，被撤销的行为自始无效。（《合同法解释（一）》第 25 条第 1 款）所谓自始无效，是指被撤销的行为自成立之时起不具法律效力。受益人或受让人应通过返还财产将其与债务人之间的财产状态恢复到行为成立之前的状态，以实现保全债务人责任财产的目的。

（二）诉讼时效中断

债权人提起撤销权诉讼的，应当认定对债权人的债权发生诉讼时效中断的效力；如果债务人的行为涉及对其债权的处分，债务人的债权也发生诉讼时效中断的效力。（类推适用《诉讼时效规定》第 18 条）

（三）有关费用的负担

1. 债权人行使撤销权的必要费用，由债务人负担。（《合同法》第 74 条第 2 款）所谓必要费用，是指债权人行使撤销权所支付的律师代理费、差旅费等。（《合同法解释（一）》第 26 条）

2. 第三人有过错的，应当适当分担必要费用。（《合同法解释（一）》第 26 条）第三人是指受益人或受让人。此处的过错是指受益人或受让人对诈害行为损害债权人的债权具有恶意的心理状态。是否具有恶意，依前述标准予以判断。

（四）效果的归属

撤销权诉讼所产生的形成之诉的效果，系直接导致债务人与受益人或受让人之间的行为无效，该效果不存在归属于谁的问题。但撤销权诉讼所产生的给付之诉的效果，应归属于何人，则不无疑问。对此，现行法没有明确规定。区分受益人或受让人给付财产的性质，并类推适用行使代位权效果的有关规定，从以下两方面分析：

1. 受益人或受让人给付的标的物是金钱的，债权人可以直接受领，并依抵销规则导致债权人对债务人的债权消灭。（类推适用《合同法解释（一）》第 20 条）

2. 受益人或受让人给付的标的物是实物或其他财产（例如股权、知识产权等）的，债权人原则上不能直接受领，而应由债权人依执行程序受偿。如果债权人与债务人达成代物清偿协议的，债权人可直接受领受益人或受让人给付的实物以清偿债务。债权人撤销债务人处分不动产的行为的，撤销判决生效直接引起物权变动，（《物权法》第 28 条）即由债务人恢复取得不动产物权，债权人可就该不动产通过执行程序受偿。

附：与本章内容有关的司考真题

一、选择题

1. 杜某拖欠谢某 100 万元。谢某请求杜某以登记在其名下的房屋抵债时，杜某称其已把房屋作价 90 万元卖给赖某，房屋钥匙已交，但产权尚未过户。该房屋市值为 120 万元。关于谢某权利的保护，下列哪些表述是错误的？【2014 年司法考试卷三第 54 题】

A. 谢某可请求法院撤销杜某、赖某的买卖合同

B. 因房屋尚未过户，杜某、赖某买卖合同无效

C. 如谢某能举证杜某、赖某构成恶意串通，则杜某、赖某买卖合同无效

D. 因房屋尚未过户，房屋仍属杜某所有，谢某有权直接取得房屋的所有权以实现其债权

2. 甲公司在 2011 年 6 月 1 日欠乙公司货款 500 万元，届期无力清偿。2010 年 12 月 1 日，甲公司向丙公司赠送一套价值 50 万元的机器设备。2011 年 3 月 1 日，甲公司向丁基金会捐赠 50 万元现金。2011 年 12 月 1 日，甲公司向戊希望学校捐赠价值 100 万元的电脑。甲公司的 3 项赠与行为均尚未履行。下列哪一选项是正确的？【2012 年司法考试卷三第 15 题】

A. 乙公司有权撤销甲公司对丙公司的赠与

B. 乙公司有权撤销甲公司对丁基金会的捐赠

C. 乙公司有权撤销甲公司对戊学校的捐赠

D. 甲公司有权撤销对戊学校的捐赠

3. 甲公司对乙公司享有 5 万元债权，乙公司对丙公司享有 10 万元债权。如甲公司对丙公司提起代位权诉讼，则针对甲公司，丙公司的下列哪些主张具有法律依据？【2012 年司法考试卷三第 59 题】

A. 有权主张乙公司对甲公司的抗辩

B. 有权主张丙公司对乙公司的抗辩

C. 有权主张代位权行使中对甲公司的抗辩

D. 有权要求法院追加乙公司为共同被告

4. 甲公司与乙公司签订 10 万元建材买卖合同后，乙交付建材，甲公司未付建材款。甲公司将该建材用于丙公司办公楼装修，丙公司需向甲公司支付 15 万元装修款，其中 5 万元已经支付完毕。丙公司给乙公司出具《担保函》：“本公司同意以欠甲公司的 10 万元装修款担保甲公司欠乙公司的 10 万元建材款。”乙公司对此并无异议。后，甲公司对乙公司的债务、丙公司对甲公司的债务均届期未偿，且甲公司怠于向丙公司主张债权。下列哪些表述是正确的？【2011 年司法考试卷三第 59 题】

A. 乙公司对丙公司享有应收账款质权

B. 丙公司应对乙公司承担保证责任

C. 乙公司可以对丙公司提起代位权诉讼

D. 乙公司可以要求并存债务承担人丙公司清偿债务

5. 甲对乙享有2006年8月10日到期的6万元债权，到期后乙无力清偿。乙对丙享有5万元债权，清偿期已届满7个月，但乙未对丙采取法律措施。乙对丁还享有5万元人身损害赔偿请求权。后乙去世，无其他遗产，遗嘱中将上述10万元的债权赠与戊。对此，下列哪些选项是正确的？【2010年司法考试卷三第58题】

A. 甲可向法院请求撤销乙的遗赠

B. 在乙去世前，甲可直接向法院请求丙向自己清偿

C. 在乙去世前，甲可直接向法院请求丁向自己清偿

D. 如甲行使代位权胜诉，行使代位权的诉讼费用和其他费用都应该从乙财产中支付

6. 甲公司欠乙公司货款20万元已有10个月，其资产已不足偿债。乙公司在追债过程中发现，甲公司在一年半之前作为保证人向某银行清偿了丙公司的贷款后一直没有向其追偿，同时还将自己对丁公司享有的30%的股权无偿转让给了丙公司。下列哪些选项是错误的？【2007年司法考试卷三第54题】

A. 乙公司可以对丙公司行使代位权

B. 若乙公司对丙公司提起代位权诉讼，法院应当追加甲公司为第三人

C. 乙公司可以请求法院确认甲、丙之间无偿转让股权的合同无效

D. 乙公司有权请求法院撤销甲、丙之间无偿转让股权的合同

7. 甲欠乙20万元到期无力偿还，其父病故后遗有价值15万元的住房1套，甲为唯一继承人。乙得知后与甲联系，希望以房抵债。甲便对好友丙说：“反正这房子我继承了也要拿去抵债，不如送给你算了。”二人遂订立赠与协议。下列哪些说法是错误的？【2006年司法考试卷三第51题】

A. 乙对甲的行为可行使债权人撤销权

B. 乙可主张赠与协议无效

C. 乙可代位行使甲的继承权

D. 丙无权对因受赠房屋瑕疵造成的损失请求甲赔偿

8. 甲企业借给乙企业20万元，期满未还。丙欠乙20万元货款也已到期，乙曾向丙发出催收通知书。乙、丙之间的供货合同约定，若因合同履行发生争议，由Y仲裁委员会仲裁。下列哪些选项是错误的？【2006年司法考试卷三第54题】

A. 甲对乙的20万元债权不合法，故甲不能行使债权人代位权

B. 乙曾向丙发出债务催收通知书，故甲不能行使债权人代位权

C. 甲应以乙为被告、丙为第三人提起代位权诉讼

D. 乙、丙约定的仲裁条款不影响甲对丙提起代位权诉讼

第八章　合同的变更与转让

【知识结构图】

- 合同的变更与转让
  - 合同变更
    - 合同变更的概念、类型
    - 合同变更的要件
    - 合同变更的效力
  - 债权让与
    - 债权让与的概念、意义
    - 债权让与的客体
    - 债权让与的对内效力
    - 债权让与的对外效力
  - 债务承担
    - 债务承担的概念、意义
    - 免责的债务承担
      - 概念、要件
      - 效力
    - 并存的债务承担
      - 概念、要件
      - 效力
  - 合同权利义务概括移转
    - 合同权利义务概括移转的概念
    - 合同权利义务概括移转的类型
      - 意定概括移转
      - 法定概括移转
    - 合同权利义务概括移转的效力

第一节　合 同 变 更

一、合同变更概述

（一）合同变更的概念

合同变更，有广义和狭义之分。广义的合同变更，是指合同任一要素发生变化的现象，包括合同主体的变更和合同内容的变更。合同主体的变更，是在合同内容不变的前提下，债权人或债务人发生变化的现象。合同内容的变更，是在合同当事人不变的前提下，合同内容发生变化的现象。狭义的合同变更，仅指合同内容的变更，合同主体的变更则被称为债的移转，主要包括债权让与和债务承担。在一般场合下，如无特别说明，合同变更均指狭义的合同变更。对于合同变更，可从以下几方面理解：

1. 合同变更制度是合同自由原则和公平原则的体现。合同有效成立后，当事人自身情况的变化可能导致原合同内容不再适应其需要，在此情形下应当允许当事人协商一致变更合同内容，以实现合同自由原则的要求。如果合同有效成立后因情势变更而导致当事人双方权利义务显失公平的，基于公平原则的要求，应当允许对合同内容予以变更。合同变更制度是在坚持合同严守原则的前提下，在某些特殊场合下为实现合同自由原则和公平原则的价值理念而设置的一项制度。

2. 合同变更是对合同的非要素内容予以变更。以变更内容对合同同一性是否产生影响为标准，可分为要素内容变更与非要素内容变更。要素内容变更，是指影响合同性质的重要内容发生变更，导致合同丧失同一性。因要素内容变更使合同丧失同一性，原合同关系不再存在，故不属于合同变更，而为合同更改。例如汽车租赁合同变为汽车买卖合同。非要素内容变更，是指影响合同性质的重要内容以外的内容发生变更，不导致合同丧失同一性。变更前的合同与变更后的合同仍属同一合同，仅部分内容发生变化。例如租赁合同原约定租期为 6 个月，在合同履行过程中双方协议变更租期为 1 年。

3. 合同变更仅导致合同内容发生变化，而合同主体则保持不变。如果合同内容不变，仅债权人或债务人发生变化，则为债权让与或债务承担。

（二）合同变更与合同更改

合同更改，又称合同更新，是指当事人对合同要素内容予以变更，导致原合同关系消灭并使新合同关系成立的现象。合同更改一般由当事人协议进行，合同更改后原合同关系消灭、新合同关系成立，且两者之间不具有同一性。① 是否具有同一性的判断标准，应考虑当事人的意思和通常交易观念等因素。合同更改所改变的要素内容包括：合同性质（租赁变为买卖）、当事人（债务人由甲变为乙）、标的物（买卖 A 房变为买卖 B 房）、票据的更换（支票债务到期，以新票换取旧票）等。大陆法系国家多有区分合同变更与合同更改的立法例，② 我国《合同法》未采合同更改概念，而仅规定有合同变更。但依据合同自由原则，当事人可在不违反法律强制性规定的前提下，依其意思进行合同更改。当然，《合同法》对债权让与和债务承担设有规定，应依其规定进行。

合同变更与合同更改的区别：（1）性质不同。合同变更不导致合同丧失同一性，变更前的合同与变更后的合同仍属同一合同。合同更改导致合同丧失同一性，更改前的合同与更改后的合同为两个不同的合同。对于原合同而言，合同更改是导致债的消灭原因。（2）变更的内容不同。合同变更仅限于合同内容的变化，且为合同非要素内容的变更。合同更改包括合同内容和合同主体的变化，且为合同要素内容的变更。从法律发展史的角度来看，合同更改渊源于罗马法的原因，主要是为了补救不承认债权让与和债务承担制度的缺陷。③ 在后世各民法典建立债权让与和债务承担制度后，合同更改渐有退出民法典的

---

① 也有学者认为合同更改仍是一个合同关系。参见崔建远：《合同法总论》（中卷），中国人民大学出版社 2012 年版，第 527 页。

② 参见《法国民法典》第 1271 条。

③ 参见周枏：《罗马法原论》（下册），商务印书馆 1994 年版，第 828 页。

趋势。①（3）发生原因不同。合同变更的发生原因有司法机关的裁决和当事人协议。合同更改的发生原因仅限于当事人协议。（4）法律效果不同。因合同变更不导致合同丧失同一性，变更前合同所附着的利益与限制在变更后原则上继续存在。例如主合同变更不导致保证合同当然消灭，在符合法定条件的前提下，保证合同继续担保变更后的合同债权。(《担保法》第24条、《担保法解释》第30条）而合同更改导致原合同关系消灭，原合同所附着的利益与限制在更改后归于消灭。

（三）合同变更的类型

合同变更的类型包括裁判变更和当事人协议变更。②

1. 裁判变更。是指基于法院判决或者仲裁机构裁决导致的合同变更。此类变更是当事人在法定情形下向法院或者仲裁机构提出变更合同的请求，由法院或者仲裁机构依据法律规定和案件事实作出裁决，对合同内容予以变更。裁判变更具体包括以下几种情形：

（1）因欺诈、胁迫、乘人之危、重大误解、显失公平等原因订立的合同，当事人请求变更合同(《合同法》第54条)；

（2）合同订立后发生情势变更，当事人请求变更合同(《合同法解释（二）》第26条)；

（3）债务人暂时无力偿还债务，法院可以裁决由债务人分期偿还(《民法通则》第108条)。

2. 当事人协议变更。是指合同当事人双方达成协议，对合同内容予以变更。(《合同法》第77、78条)《合同法》第五章规定的合同变更，即属于此类变更。

需要注意的是，《合同法》分则有些条文虽使用了“变更”概念，但性质并非合同变更，而是债务人违反约定擅自改变债务内容，并由此产生相应的违约责任。例如《合同法》第258条规定：“定作人中途变更承揽工作的要求，造成承揽人损失的，应当赔偿损失。”第300条规定：“承运人擅自变更运输工具而降低服务标准的，应当根据旅客的要求退票或者减收票款；提高服务标准的，不应当加收票款。”

二、合同变更的要件

（一）原合同关系有效成立

合同变更是针对既存的合同关系改变其某些合同内容，故原合同关系有效成立是合同变更的前提条件。如果合同尚未成立，此时处于缔约阶段而当然不存在合同变更的问题。无效合同自始没有法律约束力，且不能通过补正行为使其转化为有效，因此无效合同也不存在合同变更的问题。

可撤销合同可适用合同变更规则，包括两种情形：（1）当事人请求法院或者仲裁机构变更合同；(《合同法》第54条)（2）当事人在知道或者应当知道撤销事由后未行使撤

① 例如《德国民法典》和我国《合同法》即未作规定。

② 有学者认为，合同变更的类型还包括法定变更，例如债务人不能履行债务导致原债务变更为损害赔偿债务。参见韩世远：《合同法总论》，法律出版社2011年版，第453页。本书不赞同该观点，因为该情形并非合同变更，而是因债务不履行导致违约责任的发生。

销权，与对方当事人协商一致变更合同。(《合同法》第 77 条第 1 款) 因可撤销合同在未被撤销之前仍属有效，故当事人此时可以通过协商一致变更合同。在此情形下，当事人不行使撤销权而与对方当事人协商变更合同，是以自己的行为放弃撤销权，(《合同法》第 55 条第 2 项) 其后不能再撤销合同。

效力未定合同在追认权人行使追认权之前处于效力待定的状态，此时当事人可以协议变更合同，只是合同需要被追认才能有效；效力未定合同在追认权人追认之后，如果当事人协议变更合同，原则上仍须取得追认权人的追认才能发生变更的效力，否则原合同内容仍具有约束力。

已经成立但尚未生效的合同在生效要件具备之前，合同仍属有效，此时当事人可以协议变更合同，只是仍须具备生效要件时合同方能生效。

(二) 合同内容发生变化

合同内容的变化具体包括以下情形：

1. 合同标的物质量、数量的变更。标的物的质量或规格标准变更、数量的增加或减少，尚未导致变更后的合同丧失同一性，属于合同变更。如果当事人协议将标的物的种类予以变更，或者标的物品质的变更会导致合同丧失同一性，则应为合同更改而非合同变更。

2. 合同价款或报酬的变更。包括价款或报酬的增加或减少、利息的增减或利率的变更等。如果当事人变更合同价款或报酬导致有偿合同变为无偿合同或无偿合同变为有偿合同，因合同性质改变导致合同丧失同一性，则应为合同更改而非合同变更。

3. 合同履行条件的变更。包括履行期限、履行地点、履行方式、履行费用的负担、结算方式等内容的变更。

4. 合同所附条件或期限的变更。此类变更发生于附条件和附期限合同。包括条件的增加、消除或变更；期限的增加、消除或变更。

5. 合同担保的变更。如果当事人协议变更合同中的担保条款，或者变更担保合同的内容，虽不直接导致主合同的内容发生变化，但主合同所附着的担保利益产生了变更，故也属于合同变更。包括担保条款的增加或消除、担保范围的变更、担保方式的变更、担保期限的变更等。

6. 违约责任的变更。包括违约金条款的增加、消除或变更；违约损害赔偿条款的增加、消除或变更；免责事由的增加、消除或变更等。

7. 解决争议方法的变更。包括诉讼管辖条款的增加、消除或变更；仲裁条款的增加、消除或变更等。

(三) 合同变更具有合法原因

合同变更应当具备裁判变更或当事人协议变更的条件。

1. 在裁判变更的场合下，当事人向法院或仲裁机构请求变更合同应具有法定事由，法院或仲裁机构应当依据法律规定及案件事实作出是否变更及如何变更的裁决。

2. 在当事人协议变更的场合下，当事人应当达成有效的变更协议。变更协议本身即为一个合同，一般也须经过要约、承诺程序使合同成立，如果存在法定事由，亦可导致变更协议无效或被撤销。如果变更协议无效或被撤销，则不发生原合同变更的效果。

《合同法》第78条规定："当事人对合同变更的内容约定不明确的，推定为未变更。"在此情形下，因当事人就变更内容约定不明而推定为未达成变更协议，但如果当事人能够举证推翻该推定，则应认定变更协议成立。应当注意的是，该条规定的情形不能适用《合同法》第61、62条。第61、62条的适用场合是存在合同漏洞，即当事人就某些合同条款没有约定或约定不明，需要依据该两条填补合同漏洞以确定合同内容。而在第78条规定的情形下，原合同内容不存在漏洞，有关合同条款并非没有约定或约定不明，因此当事人对变更内容约定不明应发生未变更的效果，原合同内容仍具有法律约束力。

与变更协议有关的司法意见：

①一方当事人修改补充协议的，有判决认为："双方当事人经协商签订的补充协议，一方在盖章过程中对部分条款作了修改后并告知对方，对方对此没有提出书面异议，可以认定属于当事人协商一致对合同进行的变更，该补充协议有效。"①

②双方当事人基于办理登记备案目的而签订备案合同的，有判决认为："备案合同的效力仅及于登记备案，其对于双方当事人既没有变更或者取代合同的约定条款，也并未在双方当事人之间成立新的权利义务关系。"②

③建设工程合同备案后当事人变更合同的，有判决认为："当事人签订建设工程施工合同并将中标合同备案后，又签订与备案中标合同不一致的合同并实际履行时，合同变更行为无效，当事人应当以备案的中标合同作为结算的依据。"③

④约定解除条件的变更，有判决认为："合同约定的解除条件成就，双方并未及时解除合同，而是继续协商履行合同的，可以认定双方已合意变更关于合同解除条件的约定。"④

⑤双方当事人就是否变更合同的情形理解不一致的，有判决认为："合同约定工程款的计价依据是按照综合费率下浮15.2%，虽然原告在施工过程中多次按照工程总价下浮15.1%向被告报送工程预（决）算书和建设工程进度报价书，但在最终提交和审核工程结算书时双方发生争议，并未形成一致的变更合同的意思表示。应当认定合同未变更。"⑤

⑥变更协议中未约定提前履行期限的，有判决认为："双方签订的《协议书》将担保

① 参见"某冶金设备厂诉某冶金研究所加工承揽合同纠纷案"，载《最高人民法院公报》2004年第6期。

② 参见"山西某房地产开发有限公司与太原某机械（集团）有限公司土地使用权转让合同纠纷案"，载《最高人民法院公报》2008年第3期。

③ 参见"北京某城市房地产开发有限公司与北京某建设工程有限公司建设工程施工合同纠纷案"，载"北大法宝"数据库。

④ 参见"某路桥经营有限责任公司与吉林某路桥股份有限公司等合办水泥厂经营权转让协议纠纷案"，载最高人民法院民事审判第二庭编：《最高人民法院商事审判指导案例（第五卷［上］）》，中国法制出版社2011年版，第126页以下。

⑤ 参见"某建设集团有限公司与浙江某电器有限公司建设工程施工合同纠纷案"，载最高人民法院民事审判第一庭编：《民事审判指导与参考》2011年第3辑（总第47辑），人民法院出版社2011年版，第175页以下。

人为债务人提供担保与债务人向债权人提前支付价款联系起来，但未约定提前付款时间。当事人对合同变更的内容约定不明确，推定为未变更。”①

⑦当事人以实际履行方式变更合同的，有判决认为：“一方当事人主张合同变更及双方已经按变更后的内容履行完毕，而对方予以否认的，否认合同变更的一方确系按照对方主张的变更后的内容履行完毕的，可认为双方系口头协商一致变更了合同。”②

⑧当事人以实际履行方式部分变更合同的，有判决认为：“当事人以实际履行方式部分变更合同，并不能证明各方对全部合同内容变更了履行方式，就其他部分当事人应按原合同约定的履行方式继续履行。”③

⑨一方知道对方变更合同而未作表示，有判决认为：“一方当事人对合同进行变更，有证据可以推定另一方当事人知道该事实，但另一方未用语言或文字明确表示同意，亦未以其行为表示接受的，不能推定其已同意变更合同内容。”④

（四）合同变更须符合法定形式

1. 现行法对于某些类型的合同变更规定以办理审批、登记等手续为要件的，应当遵循其规定。《合同法》第 77 条第 2 款规定：“法律、行政法规规定变更合同应当办理批准、登记等手续的，依照其规定。”例如，中外合资经营企业合同(《中外合资经营企业法实施条例》第 14 条）和中外合作经营企业合同(《中外合作经营企业法实施细则》第 11 条）的变更须经审批机构批准后才产生合同变更的效力。但应注意，《合同法解释（一）》第 9 条规定，在一审法庭辩论终结前当事人仍未办理批准手续的，或者仍未办理批准、登记等手续的，人民法院应当认定该合同未生效；法律、行政法规规定合同应当办理登记手续，但未规定登记后生效的，当事人未办理登记手续不影响合同的效力。⑤ 当事人约定以办理有关审批手续为合同变更形式的，应办理有关审批手续才能导致合同变更。⑥

2. 现行法对于某些类型的合同变更规定应当采取某种特殊形式的，应当遵循其规定。例如《保险法》第 20 条第 2 款规定：“变更保险合同的，应当由保险人在保险单或者其他保险凭证上批注或者附贴批单，或者由投保人和保险人订立变更的书面协议。”

---

① 参见“某建筑木材加工总厂与某实业发展总公司房屋租赁纠纷上诉案”，载《最高人民法院公报》2002 年第 1 期。

② 参见“徐某等诉临海市某船舶制造有限公司租船合同纠纷案”，载刘言浩主编：《法院审理合同案件观点集成》（上册），中国法制出版社 2013 年版，第 254 页以下。

③ 参见“南京某房地产开发有限责任公司与某银行股份有限公司某分行等合同纠纷案”，载最高人民法院民事审判第二庭编：《最高人民法院商事审判指导案例（第五卷［上］）》，中国法制出版社 2011 年版，第 3 页以下。

④ 参见“天津市某房地产开发公司与天津市某制衣总厂返还财产纠纷申请再审案”，载刘德权主编：《最高人民法院裁判意见精选》（上），人民法院出版社 2011 年版，第 292 页。

⑤ 该条同样适用于债权让与和债务承担(《合同法》第 87 条)、合同解除(《合同法》第 96 条）等情形。

⑥ 参见“某市第二建筑工程有限责任公司与某国家粮食储备库等建设工程合同纠纷上诉案”，载“北大法宝”数据库。

三、合同变更的效力

（一）合同变更对合同权利义务的效力

1. 对合同未变更部分的效力。因合同变更仅对合同的部分内容予以改变，故未变更的部分仍具有法律约束力，该部分包含的主给付义务、从给付义务、附随义务及相关抗辩权原则上仍可主张，但与变更后的合同内容抵触的除外。

2. 对合同被变更部分的效力。被变更的合同内容部分丧失法律约束力，该部分包含的合同义务及相关抗辩权归于消灭。该部分被变更后的相应合同内容所代替，债权人和债务人应当依据变更后的合同内容行使权利和履行义务。

3. 对合同担保的效力。合同变更并不当然导致担保关系消灭，应结合担保种类、担保方式、担保范围等因素，依据法律规定和当事人约定发生相应的法律后果。以保证担保为例，如果合同变更取得保证人书面同意的，保证人对变更后的合同义务仍然承担保证责任。(《担保法》第 24 条）如果合同变更未取得保证人书面同意，分为三种情况处理：（1）主合同数量、价款、币种、利率等内容变更，如果减轻债务人的债务的，保证人对变更后的合同承担保证责任；（《担保法解释》第 30 条第 1 款前段）（2）上述主合同内容变更，如果加重债务人的债务的，保证人对加重的部分不承担保证责任，仍以变更前的债务范围承担保证责任；（《担保法解释》第 30 条第 1 款后段）（3）主合同履行期限变更，保证期间为原合同约定的或者法律规定的期间。(《担保法解释》第 30 条第 2 款）

（二）合同变更原则上无溯及力

合同变更原则上仅向将来发生效力，即无溯及力。在合同变更之前债务人已经履行的债务不因合同变更而丧失法律依据，债务人对合同变更之前已经履行的部分不得请求返还或要求恢复原状，但法律另有规定或者当事人另有约定的除外。

（三）合同变更对损害赔偿请求权的效力

合同变更原则上不影响当事人要求赔偿损失的权利。(《民法通则》第 115 条）但合同变更的不同类型及原因对当事人损害赔偿请求权的影响有所不同，具体包括以下情形：

1. 当事人依据《合同法》第 54 条就可撤销合同请求法院或者仲裁机构变更合同的，当事人享有损害赔偿请求权。在此场合下，因欺诈、胁迫等原因受到损害的当事人在合同变更后有权请求有过错的对方当事人赔偿损失。（类推适用《合同法》第 58 条第 2 句）此类损害赔偿的性质为缔约过失责任，依据相关规则确定赔偿方法和赔偿范围。

2. 当事人因情势变更请求法院变更合同的，当事人不享有损害赔偿请求权。在此场合下，并非因当事人过错或违约行为导致合同变更，当事人虽可能受有损失，但不能请求对方赔偿，而应通过合同变更的内容安排当事人损失的承担。

3. 当事人协议变更合同的，如果合同变更之前一方有违约行为，非违约方有权请求违约方进行违约损害赔偿，但变更协议另有约定的除外；如果合同变更之前双方均无违约行为，则不存在违约损害赔偿的问题。

第二节　债权让与

一、债权让与概述

（一）债权让与的概念和意义

债权让与，是指在合同内容不变的前提下，让与人与受让人通过让与合同将债权由让与人移转给受让人的现象。转让债权的债权人称为让与人，接受债权的人称为受让人。对于债权让与，可从以下几方面理解：

1. 债权让与仅导致债权人发生变化，而合同内容和债务人均保持不变。对于债权让与，现行法表述为"债权人转让合同权利"（《合同法》第79条）、"债权人转让权利"（《合同法》第80、81条）或"债权转让"（《合同法》第82、83条）。法律允许转让的债权并不仅限于合同债权，其他种类的债权如不当得利债权、无因管理债权等，未被法律禁止转让且依其性质可以转让的，亦可作为债权让与的客体。合同债权以外的债权让与准用《合同法》关于债权让与的规定。

2. 债权让与包括债权人转让全部债权和转让部分债权。（《合同法》第79条）债权人就其享有的某一项债权，既可以将其全部转让，也可以仅将其部分转让。全部转让的，由受让人取代原债权人地位成为合同关系的新债权人，原债权人丧失合同当事人地位。部分转让的，受让人加入到合同关系中与原债权人共同享有债权，在此场合下，由单一之债变为多数人之债。

3. 债权让与和债权移转不同。债权移转，是指因各种原因导致债权人发生变化的现象。债权移转具体包括：（1）基于法律规定的债权移转。例如继承、法人合并或分立、保险代位权(《保险法》第60条）等。（2）基于生效裁决的债权移转。例如《民诉法解释》第501条规定"收取命令"，被执行人的债权移转给申请执行人。（3）基于法律行为的债权移转。包括依单方行为的债权移转（例如遗赠）和双方行为的债权移转（例如债权让与合同)。由此可见，债权让与属于债权移转的情形之一，仅指当事人以合同进行债权移转的一种方式。

4. 依据所移转债权的性质划分，债权让与分为普通债权让与和特殊债权让与。普通债权让与所移转的是普通债权，其通常为指名债权或记名债权，适用《合同法》规定的债权让与规则。特殊债权让与所移转的是特别法规定的债权，适用特别法规定。例如票据权利的转让（适用《票据法》)、公司债券的转让（适用《证券法》)等。

在古罗马法和中世纪普通法中，并无债权让与制度，因为当时的法律原则坚持合同权利具有很强的私人性，因此无法将债权从债权人和债务人的关系中分离出来。但由于社会经济的现实需求，在不承认债权让与的前提下，逐渐发展出诉讼代理、债权继承等变通规则。至19世纪，债权让与制度才被大陆法系各主要国家民法典所接受。[①] 在现代社会中，

① 参见［德］海因·克茨：《欧洲合同法》（上卷），周忠海等译，法律出版社2001年版，第381~383页。

债权让与制度的意义体现为以下几方面：（1）设立担保。《物权法》第223条规定，可以出质的财产权利包括票据、债券和应收账款等债权。债务人以其有权处分的此类债权设立权利质权，为自己的债务供作担保。该权利质权的实现方式包括拍卖、变卖和折价，这些实现方式均以承认债权让与制度为前提。此外，域外立法及实务中还存在“债权让与担保”的担保形式，即让与人以担保为目的将债权暂时移转给受让人，当债务人适当履行债务后，债权又回归于让与人的一种担保方式。现行法虽未规定该担保方式，但当事人可依据合同自由原则设立这种非典型担保关系。（2）设立信托。《信托法》第7条规定，信托财产包括合法的财产权利。委托人可以其享有的债权作为信托财产设立债权信托。债权信托是委托人将债权移转给受托人，由受托人为受益人利益对该债权进行管理或处分的一种信托形式。银行、保险公司、房地产企业等商事主体通常享有较大数额债权，这些债权的管理和催收往往耗时耗力。此类商事主体可通过设立债权信托提高资金利用效率，从而改善其资产状况。但应注意的是，专以诉讼或者讨债为目的设立信托的，该信托无效。（《信托法》第11条第4项）其立法理由在于，当一些有特殊背景的个人或组织担当了“讨债公司”的角色，会引发侵害债务人和债权人权益的其他问题。①（3）债权的证券化。在商事领域中，银行、公司等主体发行可以流通的票据、债券，对于加速市场资金流转、提高资金利用效率具有重要意义。此类被证券化的债权，其重要价值即在于流通或称让与，通过频繁的债权让与实现融通资金的效果。

（二）债权让与合同与债权让与行为

1. 债权让与合同与债权让与行为的概念。

在债权让与现象中，有两个既有联系又有区别的概念应予区分，即债权让与合同与债权让与行为。债权让与合同，是指让与人与受让人就债权让与所涉权利义务所订立的协议。债权让与合同是负担行为，其在让与人和受让人之间产生移转债权的债权债务，而不直接引起债权的移转。在德国、日本及我国台湾地区的著述中，债权让与合同通常被表述为债权让与的“原因行为”或“基础行为”。当事人订立债权让与合同的意思表示，可以是买卖、互易或赠与等。该合同的成立、有效及生效，分别依据合同的具体类型判断。

债权让与行为，是指让与人将债权移转给受让人的行为。债权让与行为是债权人对债权让与合同的履行行为，其直接引起债权的移转。在承认物权行为独立性的语境下，债权让与行为是处分行为。在德国、日本及我国台湾地区的著述中，债权让与行为通常被表述为“债权让与契约”或“债权让与”，其性质为准物权行为。

【学说争议：债权让与合同和债权让与行为的性质和关系?】

争议一：是否有必要将债权让与合同与债权让与行为区分为两个行为？

对此，大陆法系存在两种不同的模式：模式一为“一体主义”，不区分债权让与合同和债权让与行为，而将两者作为一个行为的整体看待。该模式以法国为代表，在法国法中，债权让与是让与人和受让人之间的一种合同（买卖、赠与或互易等），合

① 卞耀武主编：《中华人民共和国信托法释义》，法律出版社2002年版，第69页。

同生效直接导致让与人所享有的债权移转给受让人。不存在一个独立的债权让与行为。① 模式二为“区分主义”，将原因行为（买卖、担保或赠与等）和债权让与行为区分为两个独立的行为。该模式以德国法为代表，在德国法中，债权让与领域适用不要因原则，债权让与行为的效力原则上不取决于原因行为的效力。② 我国现行《合同法》对此规定不明，学界存在争议。第一种观点主张采“一体主义”，将债权让与合同和债权让与行为作为一个整体看做一个合同关系。③ 第二种观点主张采“区分主义”，将债权让与合同和债权让与行为区分为两个独立的行为。④ 本书赞同第二种观点，理由如下：其一，《买卖合同解释》第 45 条规定，债权让与合同参照适用买卖合同的有关规定。在买卖合同关系中，合同的基本效力是使出卖人负有转移标的物所有权的义务，(《合同法》第 135 条) 而并不直接导致所有权移转，直接导致所有权移转的是交付或登记行为。(《合同法》第 133 条) 采取“区分主义”才能与该法律关系架构相一致。其二，我国虽未采纳物权行为独立性理论，但《物权法》第 15 条规定了“区分原则”，即区分作为原因行为的债权合同与直接引起物权变动的法律事实。“区分主义”与“区分原则”的立法精神相契合，两者分别适用于债权领域和物权领域。其三，虽然在有些场合下债权让与行为仅为观念上的行为，而不像买卖合同的履行行为体现为交付或登记，导致该行为不易与债权让与合同相区分。但在某些场合下，债权让与行为体现了明显的独立性，例如转让购物卡、电影票等不记名权利凭证；票据背书转让等。债权让与合同和债权让与行为的区分在实践中并非没有实益。

争议二：债权让与行为是否具有无因性？

债权让与行为的无因性，是指债权让与行为的效力取决于其自身的有效要件，而不受其原因行为即债权让与合同效力的影响。对债权让与行为是否具有无因性问题，现行法未作规定。学界对此存在争议，分为相对的无因行为说和有因行为说两种意见。⑤ 本书认为，在普通债权让与的场合下，债权让与合同和债权让与行为的关系应采有因原则。债权让与合同无效、被撤销或被解除的，债权让与行为相应丧失效力，但票据法等特别法有特殊规定的除外。理由如下：其一，《买卖合同解释》第 45 条规定，债权让与合同参照适用买卖合同的有关规定，而买卖合同与其履行行为的关系适用有因原则。其二，如果普通债权让与适用无因原则，那么也就没有必要将票据行为无因性作为一项特殊规则加以规定。现行法规定票据权利转让适用无因原则，恰可反证普通债权让与行为的有因性，而仅在票据法领域适用特殊的无因原则。其三，虽然德国等少数国家基于维护交易安全目的对债权让与行为适用无因原则，但该规则的实际意义不宜被夸大。德国法中的债权让与行为的无因性存在诸多例外情形：一方

① 参见张民安：《法国民法》，清华大学出版社 2015 年版，第 291~293 页。

② 参见［德］迪特尔·梅迪库斯：《德国债法总论》，杜景林等译，法律出版社 2004 年版，第 545 页。

③ 参见王利明：《合同法研究》（第二卷），中国人民大学出版社 2015 年版，第 194 页；申建平：《债权让与制度研究——以让与通知为中心》，法律出版社 2008 年版，第 54 页。

④ 参见崔建远：《债法总论》，法律出版社 2013 年版，第 219 页。

⑤ 参见韩世远：《合同法总论》，法律出版社 2011 年版，第 463~464 页。

面，债权让与行为的无因性可以由当事人约定排除适用；另一方面，在某些场合下原因行为无效或被撤销（例如欺诈），债权让与行为与原因行为的效力具有一体性而不再适用无因原则。① 在我国不承认债权让与行为无因性的前提下，可以通过当事人特约、债权信托等特殊规则来实现维护交易安全的目的。

2. 债权让与合同的生效。

债权让与合同的生效，应具备以下要件：

（1）所转让的债权具有可让与性。关于该要件的具体要求，详见下文“债权让与的客体”。

（2）让与人和受让人在缔约时须有相应的缔约能力。让与人和受让人是自然人的，原则上均应具有完全民事行为能力。但如果该债权让与合同是使受让人纯获利益的，受让人无须具有完全民事行为能力。让与人或受让人是法人或其他组织的，依据法律对所转让债权是否要求特殊资格判断其是否具有相应的缔约能力。

（3）让与人和受让人就转让债权达成合意且意思表示真实。该意思表示可以是有偿转让债权（买卖、互易），也可以是无偿转让债权（赠与）。如果因欺诈、胁迫、恶意串通等原因导致意思表示存在瑕疵，适用合同无效、可撤销的相关规则确定债权让与合同的效力。如果双方当事人对债权是否转让、是全部转让抑或部分转让，存在约定不明和意思表示不一致，应认定当事人未就债权转让达成合意。②

（4）合同内容不违反法律或社会公共利益。

（5）法律、行政法规规定转让债权应当办理批准、登记等手续的，依照其规定。（《合同法》第 87 条）

“所转让债权已有效成立”是否债权让与合同的生效要件？本书对此持否定意见，③因为“标的确定和可能”不是合同的一般生效要件，而且债权让与合同为负担行为，如果因所转让债权不实导致受让人不能取得该债权的，应通过违约责任解决。司法实务亦持此意见。④

债权让与合同生效的主要意义是使让与人所负有的让与债权的义务具有了现实性，即让与人应当通过实施债权让与行为以使债权移转。但因所让与债权的性质及种类不同，债权让与合同生效与债权移转的关系，可区分为以下几种情形：①所让与债权是普通债权的，债权让与合同生效原则上直接导致债权移转，不再有独立的履行行为。在此场合下，债权让与合同生效与债权让与行为完成是同时发生的。②所让与债权以购物卡、打折券、电影票、车船票等无记名权利凭证为载体形式的，债权让与合同生效不直接导致债权移

---

① 参见［德］海因·克茨：《欧洲合同法》（上卷），周忠海等译，法律出版社 2001 年版，第 386 页。

② 参见“钱某等与祝某等股东权纠纷案”，载《最高人民法院公报》2006 年第 7 期。

③ 相反意见参见崔建远：《债法总论》，法律出版社 2013 年版，第 224~225 页。

④ 参见“某证券有限责任公司与某国际租赁公司清算组等营业部转让合同、侵权赔偿纠纷上诉案”，载最高人民法院民事审判第二庭编：《民商审判指导与参考》2002 年第 2 卷（总第 2 卷），人民法院出版社 2003 年版，第 439 页以下。

转，让与人向受让人交付无记名权利凭证导致债权移转。让与人未依约定向受让人交付无记名权利凭证的，受让人有权请求让与人承担违约责任。③转让票据、债券等有价证券的，依据特别法的规定。

二、债权让与的客体

《合同法》未正面规定哪些债权可以让与，而是以第79条规定了不得让与的债权，除此以外，其他债权原则上皆可让与。依《合同法》第79条规定，不得让与的债权有以下三类：

（一）根据合同性质不得转让的债权

具体包括以下情形：

1. 债权人变更导致给付内容完全变更的债权。此类债权的给付内容与特定债权人密不可分，如果债权人变更将必然导致给付内容丧失同一性。例如要求某画家为自己画肖像的债权、要求某法学家教授自己法学知识的债权等。

2. 以人身信任关系为基础的债权。一般而言，合伙、雇佣、委托、租赁、借用等合同是以特定当事人之间的人身信任关系为基础，债务人只对特定债权人才愿意承担给付义务，故此类合同债权不得让与。

3. 以特定身份为基础的债权。此类债权的债权人是基于婚姻、亲属、劳动关系等特定身份而享有债权，受让人因不具有这种特定身份，故不能通过债权让与取得此类债权。例如配偶之间的扶养请求权、父母对成年子女的赡养请求权、退休金请求权、因人身权益受侵害而产生的精神损害赔偿请求权等。

4. 交互计算债权。交互计算，是指经常相互交易的当事人约定，以其相互交易所产生的债权债务进行定期计算，相互抵销而仅支付其差额的合同。列入交互计算的债权债务不得由当事人一方将其排除于计算之外，故此类债权在性质上不得让与。域外立法对此设有规定。① 我国现行法虽无明文规定，但应作相同解释。

5. 不作为债权。因不作为债权是专门为特定债权人利益而设，如果允许债权人让与债权，无异于为债务人新设债务，故此类债权原则上不得让与。例如保密义务所对应的债权等。但需注意，学理和实务上一般认为，竞业禁止债权可以与营业一并让与。

6. 从权利性质的债权。在一般情形下，从权利不能脱离主权利而单独让与，而只能与主权利一并让与。例如保证债权、定金债权等。但在某些场合下，从权利可与主权利分离而单独存在，该从权利则可以单独让与。例如与本金债权分离的已到期的利息债权、与股权分离的盈余分配请求权等。

债权人违反《合同法》第79条第1项转让上述债权的法律后果，依具体情形有所不同，具体后果包括：

（1）债权让与合同无效（例如转让扶养费请求权）；

（2）债权人构成违约，债务人有权解除合同或请求债权人承担违约责任（例如擅自转租）；

---

① 参见《意大利民法典》第1823条。

(3) 法律规定或当事人约定的其他后果。

(二) 按照当事人约定不得转让的债权

基于合同自由原则，在不违反法律强制性规定和公序良俗的前提下，当事人可以约定某债权不得让与。① 该约定的方式，可以是原合同中的合同条款，也可以是原合同之外的单独协议。当事人可以约定某债权的全部不得让与，也可以约定仅就一定部分不得让与。当事人可以约定在某债权的整个存续期间内均不得让与，也可以约定仅在一定期间内不得让与。《合同法》对约定的形式未作限定，原则上书面形式或口头形式均无不可。

债权人违反禁止转让的约定而让与债权的法律后果如何？对此现行法未作规定，学理上存在争议。本书认为，该后果应从两方面分析：

1. 债权人（让与人）与债务人之间的后果。债权人转让债权的行为构成违约，债务人有权依据法律规定或当事人约定请求债权人承担违约责任。

2. 债权人（让与人）、债务人与受让人之间的后果。

(1) 债权人与受让人之间订立的债权让与合同仍为有效。理由在于，禁止转让约定的效力是使债权人所享债权的处分权能受到限制，而债权让与合同为负担行为，债权人欠缺处分权不影响该合同的效力。

(2) 债权让与行为的效力，应区分受让人是否善意有所不同。此处受让人的善意，是指受让人就债权人对所转让债权无处分权不知情且无过失。如果受让人为善意，债权让与行为有效，债务人不能以禁止转让约定对抗受让人，受让人有权以新债权人的身份请求债务人清偿。某些域外立法对此设有明确规定。② 我国现行法虽未规定，亦应采此解释。在此情形下，类似于物权法中善意取得制度对善意第三人的保护。如果受让人为恶意，债权让与行为效力未定，该行为效力取决于债务人是否追认。债务人追认的，债权让与行为有效，在债权人与受让人之间发生债权移转的效果；债务人拒绝追认的，债权让与行为无效，不发生债权移转的效果，债务人仍应向原债权人履行债务。

(三) 依照法律规定不得转让的债权

基于特定的立法政策和立法目的，法律规定某些债权不得成为债权让与的客体。与此有关的现行法规定及司法实务意见如下：

1.《担保法》第 61 条规定，最高额抵押担保的主合同债权不得转让。其立法理由在于，由于该债权处于经常变更的不稳定状态，如果允许该债权转让会导致最高额抵押权的归属和行使存在疑问，因此为保障信贷和交易安全，法律规定该债权不得转让。③ 但因该条在实务适用中产生诸多问题，已被其后颁行的《物权法》废止。

2.《保险法》第 34 条第 2 款规定，按照以死亡为给付保险金条件的合同所签发的保

① 也有某些立法及国际条约规定就某特定种类的债权不得约定禁止让与条款。参见《美国统一商法典》第 9—406（d）(1)（2）条、第 9—408（a）(2）条；《联合国国际贸易应收账款转让公约》第 9 条。

② 参见《日本民法典》第 466 条第 2 项。

③ 参见全国人大常委会法工委民法室编著：《中华人民共和国担保法释义》，法律出版社 1995 年版，第 78 页。

险单，未经被保险人书面同意的不得转让。其立法理由在于，此类保险合同关系到被保险人的生命安全，该保险单的转让可能会增加被保险人遭受道德风险的几率，因此规定该条以保护被保险人的利益。①

3. 建设工程合同中请求支付工程款的权利能否转让？有判决认为："虽然《合同法》第272条规定在建设工程合同中禁止承包人转包和以分包的名义进行转包，但已经取得的请求支付相应工程款的权利不属于法律规定不得转让的债权。"②

4. 集资建房的权利能否转让？司法实务意见不一。持肯定意见的判决认为："如果集资房转让人在签订《房屋转让协议》时并未取得该集资房屋的所有权，其对集资房的权利属于资格权利，属债权范畴，此法律没有禁止性规定的情况下，可依法转让。"③ 持否定意见的判决认为："原告与单位集资建房合同关系的性质是关于解决无房户和住房困难户的保障性住房的合同关系，该合同对主体资格有特别限制，因此该合同依据性质是不得转让的合同……根据建设部《经济适用住房管理办法》规定，被告不具有集资建房的主体资格，因此当事人双方所订立的转让集资建房资格的合同不具有法律效力。"④

债权人违反《合同法》第79条第3项转让债权的，依据《合同法》第52条第5项规定，应当认定债权让与合同无效，法律另有规定的除外。

三、债权让与的对内效力

债权让与的对内效力是指债权让与合同生效及债权让与行为完成后，在让与人和受让人之间产生的法律后果。

（一）债权由让与人移转给受让人

债权让与行为完成后，债权由让与人移转给受让人。在让与人转让全部债权的场合下，受让人完全取代让与人的债权人地位，让与人脱离原合同关系。在让与人转让部分债权的场合下，受让人加入到原合同关系之中，与让与人共同对债务人享有债权，让与人和受让人享有债权的份额依据债权让与合同确定。

（二）与债权有关的从权利移转给受让人

基于从随主的基本规则，作为主权利的债权被转让的，相关从权利原则上一并移转给受让人。（《合同法》第81条）依据从权利的具体类型，分析如下：

1. 担保权。即为担保债权而设立的抵押权、质权、留置权、保证债权、定金债权等。对于抵押权和保证债权随主债权一并移转给受让人，现行法设有明文规定。《物权法》第192条规定，债权转让的，担保该债权的抵押权一并转让，但法律另有规定或者当事人另

---

① 参见最高人民法院保险法司法解释起草小组编著：《〈中华人民共和国保险法〉保险合同章条文理解与适用》，中国法制出版社2010年版，第231页。

② 参见"陕西某有限公司与中建三局某工程有限公司等建设工程施工合同纠纷案"，载《最高人民法院公报》2007年第12期。

③ 参见"李某、赵某诉张某集资房买卖合同纠纷案"，载最高人民法院中国应用法学研究所编：《人民法院案例选》2008年第4辑（总第66辑），人民法院出版社2009年版，第154页以下。

④ 参见"李某与常某债权转让合同纠纷上诉案"，载法律出版社法规中心编：《中华人民共和国合同法注释全书（总则部分）》，法律出版社2012年版，第307页以下。

有约定的除外。《担保法》第22条规定，债权人将主债权转让给第三人的，保证人在原保证担保的范围内继续承担保证责任，保证合同另有约定的除外。对于质权和定金债权是否随主债权一并移转，现行法没有明确规定，但学理和实务上均持肯定意见。当然，因质权以占有质物为成立要件，让与人须将质物交付给受让人才能导致质权移转。唯应注意因留置权是法定担保物权，留置权人对留置物丧失占有导致留置权消灭，故即使债权人（留置权人）转让债权时将留置物交付给受让人，受让人也不能取得留置权。（《物权法》第240条）

2. 利息债权、射幸孳息债权等。此类从权利的标的物是所转让债权的法定孳息，原则上归属于债权人享有。尚未到期的利息债权，因不具有独立性而不能与主债权分离，只能随主债权一并移转；已到期的利息债权，具有一定独立性，既可随主债权一并移转，也可依当事人约定另行处理。有判决认为："银行利息作为主债权的收益，属于法定孳息，除法律有特别规定或者当事人有特别约定外，取得孳息的权利随着主债权的移转而移转。"① 中奖请求权等射幸孳息债权，除当事人另有约定外，随主债权一并移转给受让人。有判决认为："如果债权（存单）自愿转让，且转让时未对获奖权利作出任何约定，则受让人凭债权凭证（存单）向债务人提示履行义务，从而实现了对奖金的完全占有，符合法律规定。出让人从自愿转让存单起，已经不能再主张存单上的财产权利。"②

3. 违约金请求权、损害赔偿请求权等。此类从权利是债务人未依法律规定或合同约定履行债务而产生的违约责任请求权。此类从权利的基本功能是债权人的债权因债务人违约而未得以实现时对债权人的损害予以填补，故债权人让与债权时原则上此类从权利也一并移转。

4. 形成权。依据形成权与债权的关系为标准，形成权可分为以下两类：（1）其功能是使债权得以实现的形成权，例如选择权、催告权等。此类形成权因其功能与债权密不可分而随债权一并移转。（2）其功能是使债权归于消灭的形成权，例如撤销权、解除权等。此类形成权不能当然随债权一并移转。在可撤销合同中，如果撤销权人明知存在撤销事由而不行使撤销权并将其债权让与给他人，构成"以自己的行为放弃撤销权"（《合同法》第55条第2项）；如果撤销权人在不知存在撤销事由的情形下将其债权让与给他人，因撤销权人主要是意思表示不真实的受害人(《合同法》第54条第1、2款)，因此不宜认为受让人在取得债权后可以行使撤销权。对于解除权而言，因存在约定解除与法定解除、违约解除与非违约解除的区别，应当结合解除权的性质、功能、法律规定及当事人约定等因素判断解除权是否随债权一并移转。

5. 请求债务人履行从给付义务和附随义务的权利。让与人将主给付请求权转让给受让人的，与该主给付请求权相关的请求债务人履行从给付义务和附随义务的权利也一并移转。

6. 专属于让与人自身的从权利。此类从权利不能随债权一并移转给受让人。（《合同

① 参见"某商贸大厦筹备处与福建某投资发展有限公司借款纠纷案"，载《最高人民法院公报》2006年第7期。

② 参见"王某与某型材厂有奖储蓄存单纠纷再审案"，载《最高人民法院公报》1995年第4期。

法》第 81 条后段）此类从权利是依据法律规定或当事人约定只能由原债权人享有的权利，故其不能随债权一并移转。例如保证合同约定仅为特定债权人设定的保证担保，该保证债权与该债权人不可分离，则主债权转让时保证债权不随之转让。(《担保法解释》第 28 条）在债权被让与后，此类从权利通常归于消灭。

（三）让与人的从给付义务和附随义务

债权让与合同生效后，让与人除应履行将债权移转给受让人之主给付义务外，还应履行有关从给付义务和附随义务。

1. 让与人的从给付义务。让与人应当向受让人交付债权证明文件及其他有关单证和资料(《合同法》第 136 条)，包括合同书、借据、账簿等。须注意的是，除票据、债券和其他广义上的证券（购物卡、车船票等）以外，普通债权让与的场合下即使让与人未将有关单证和资料交付给受让人的，亦不影响债权的移转。让与人未交付有关单证和资料的行为，构成违反从给付义务的违约行为，受让人可请求让与人承担相应的违约责任。此外，让与人原本占有的质物、押金等担保物，也应交付给受让人。

2. 让与人的附随义务。让与人和受让人应当遵循诚实信用原则，根据债权让与合同的性质、目的和交易习惯履行通知、协助、保密等义务。(《合同法》第 60 条第 2 款）例如让与人应告知受让人行使债权所需要了解的有关情况，包括债务人的住所、履行期限、履行地点、履行方式、债权担保等信息。

（四）让与人对所让与债权的瑕疵担保义务

该义务是指让与人就所让与债权，负有保证第三人不向受让人主张任何权利的义务。该义务的性质为权利瑕疵担保义务。该义务的作用是保障受让人从让与人处取得的债权是真实、合法、有效且完整的，除非债权让与合同另有约定。债权让与合同包括有偿和无偿两种情形，让与人所负该义务的具体标准分别参照适用《合同法》150 条（买卖）和第 191 条（赠与)。另须注意，让与人的担保义务原则上仅及于所让与债权的“真实性”而不及于该债权的“信用性”，即让与人只担保所让与债权是真实有效的，并不担保受让人取得该债权后一定会得到债务人的清偿，除非当事人另有约定。域外立法对此多有明文规定,① 我国现行法虽无规定，也应采相同解释。

四、债权让与的对外效力

债权让与的对外效力是指债权让与合同生效及债权让与行为完成后，对债务人和第三人产生的法律后果。

（一）对债务人的债权让与通知

在普通债权让与的场合下，债权让与合同生效与债权移转同时发生，因债权移转不具有公示性而可能债务人对债权让与的事实并不知情，因此如果债权让与合同生效也对债务人直接发生效力显然不公平。为保护债务人利益，《民法通则》第 91 条规定债权让与应取得债务人同意，而《合同法》第 80 条第 1 款改变了《民法通则》的做法，规定债权让与应当通知债务人。

---

① 参见《法国民法典》第 1694 条。

1. 通知的主体和对象。依《合同法》第80条第1款前段规定，通知人是债权人（让与人），包括债权人本人、代理人及履行辅助人等。依学理意见，该款规定通知人的范围过窄，应扩张解释为受让人也可以成为有效的通知人。在受让人通知的场合下，受让人必须向债务人提供取得债权的证据，否则不发生通知的效力。

通知的对象是债务人，包括债务人本人、代理人及履行辅助人等。在债务人为多数人的场合下，无论其为按份债务还是连带债务，均应向全体债务人通知。在债务存在保证、抵押等担保的场合下，无须通知保证人或抵押人，只要向主债务人作了通知，对保证人或抵押人即发生债权让与的效力。

2. 通知的形式和期限。现行法对债权让与通知的形式未作限定，故头口形式或书面形式通知均无不可。因债权让与通知的性质为事实通知，故其生效时间准用意思表示的生效标准，即原则上自该通知到达债务人时生效。在司法实务上，还有两种通知形式也被认可：①让与人和受让人共同就债权让与事实在公开广泛发行的报纸上登报通知债务人及担保人；[①] ②债权人以公告形式通知债权让与事实，债务人没有异议的。[②]

对于债权让与通知的期限，现行法未作规定，应解释为让与人和受让人签订债权让与合同后即应当及时通知债务人。通知时债务是否已届至或届满在所不问，但此时债务履行期限是否已届满所产生的法律后果有所不同。通知能否在债权让与之前作出？有判决认为："在债权转让之前债权人对债务人进行通知，转让未超出通知范围的，债权转让对债务人有约束力。"[③]

3. 通知的效力。让与人或受让人依法定要求对债务人进行通知的，债权让与行为所产生的效果对债务人发生法律约束力。具体分析如下：

（1）通知生效于债务履行期限届至之前且债务人尚未履行的，债务人在通知生效后不得再向让与人作出提前履行行为。债务人仍向让与人提前履行的，不发生清偿效果，债务人对受让人所负债务并未消灭。债务人向受让人提前履行的，可依据提前履行规则（《合同法》第71条）发生清偿效果。通知一旦生效，债权让与行为即对债务人发生效力，让与人不得再以自己名义向债务人主张合同权利。[④]

（2）通知生效于债务履行期限届至之后、届满之前且债务人尚未履行的，债务人在通知生效后不得再向让与人作出履行行为。债务人仍向让与人履行的，不发生清偿效果，债务人对受让人所负债务并未消灭。债务人向受让人履行的，可发生清偿效果。如果债务人向受让人履行但受让人无正当理由拒绝受领或不能受领的，可适用提存(《合同法》第101条第1款第1项)、受领迟延(《合同法》第107条）等规则使债务人得到救济。

---

① 参见"何某诉某公司等清偿债务纠纷案"，载《最高人民法院公报》2004年第4期。

② 参见"重庆某股份有限公司与西南经济区协作大厦某股份有限公司等借款纠纷上诉案"，载最高人民法院民事审判第二庭编：《民商审判指导与参考》2003年第2卷（总第4卷），人民法院出版社2004年版，第161页以下。

③ 参见"安徽某地产有限公司与中国某资产管理公司合肥办事处等借款合同纠纷案"，载刘德权主编：《最高人民法院裁判意见精选》（上），人民法院出版社2011年版，第291页。

④ 参见"大连某房屋开发有限公司与辽宁某房屋实业公司等国有土地使用权转让合同纠纷案"，载《最高人民法院公报》2006年第12期。

（3）通知生效于债务履行期限届满之后且债务人尚未履行的，债务人应向受让人承担迟延履行的违约责任。债务人仍向让与人履行的，不发生清偿效果，债务人对受让人所负迟延履行责任并未消灭。

（4）债务人在收到通知之前向让与人作出履行行为，其后才收到通知的，发生清偿效果，受让人无权再请求债务人履行债务或承担违约责任。债务人在向让与人作出履行行为时，无论让与人或受让人是否已经发出通知，均发生此清偿效果。如果让与人接受债务人履行之后又向债务人发出通知，因该通知不能对债务人发生效力导致受让人无法向债务人行使权利，让与人的行为构成对债权让与合同的违约行为，受让人可通过向让与人主张违约责任获得救济。

4. 未通知的效力。《合同法》第 80 条第 1 款规定，未通知的后果是“该转让对债务人不发生效力”。具体分析如下：

（1）未通知不影响债权让与合同的效力以及债权让与行为在让与人和受让人之间的效力。通知的意义是使债务人得知债权让与的事实，并由此对债务人产生法律约束力，故是否通知并不影响让与人和受让人之间的债权让与合同和债权让与行为的效力。学理和实务上均持此意见。① 因未通知导致受让人无法向债务人行使权利，如果债权让与合同约定由让与人负通知义务而让与人未依约定通知的，受让人有权请求让与人承担违约责任；如果债权让与合同约定由受让人负通知义务而受让人未依约定通知的，受让人应自负其责，并不能免除受让人依债权让与合同应向让与人所进行的给付；如果债权让与合同未约定由何人负通知义务，应推定由让与人负通知义务。

（2）未通知发生在债务履行期限届至之前的，债务人向让与人提前履行的，可依据提前履行规则发生清偿效果。受让人无权以债权人身份要求债务人提前履行。

（3）未通知发生在债务履行期限届至之后、届满之前的，债务人向让与人履行的，发生清偿效果。受让人无权以债权人身份要求债务人履行。如果债务人向让与人履行但让与人无正当理由拒绝受领或不能受领的，可适用提存、受领迟延等规则使债务人得到救济。

（4）未通知发生在债务履行期限届满之后且债务人尚未履行的，债务人应向让与人承担迟延履行的违约责任。受让人无权以债权人身份要求债务人承担迟延履行的违约责任。

5. 通知的撤销。《合同法》第 80 条第 2 款规定：“债权人转让权利的通知不得撤销，但经受让人同意的除外。”依此规定，让与人原则上不得撤销债权让与通知，但受让人同意撤销的，让与人可以撤销。② 因该款未对撤销的具体方式和条件作出规定，可类推适用“要约撤销规则”（《合同法》第 18、19 条）：撤销债权让与通知的通知应当在债务人发出履行通知或作出履行行为之前到达债务人。有下列情形之一的，让与人不得撤销：①让与

① 参见“佛山市顺德区某投资管理有限公司与广东某集团有限公司债权转让合同纠纷案”，载《最高人民法院公报》2005 年第 12 期。

② 对该款的批评意见参见朱广新：《合同法总则》，中国人民大学出版社 2012 年版，第 412~413 页。

人明示债权让与通知不可撤销；②债务人有理由认为债权让与通知是不可撤销的，并已经为履行债务作了准备工作。

6. 通知的例外。《合同法》第 80 条规定的债权让与通知主要适用于普通债权让与的场合，在下列情形中通知规则的适用存在例外：

（1）转让票据、债券等有价证券的，依据特别法的规定。

（2）转让购物卡、打折券、电影票、车船票等无记名权利凭证的，受让人持该无记名权利凭证即可向债务人行使权利。

（3）当事人约定某债权不得转让，且受让人对此知情或应当知情的，让与人转让该债权须取得债务人同意。

【拓展：表见债权让与】

虽然让与人将债权让与事实通知债务人，但债权让与行为并未实施或债权让与合同无效，债务人基于对债权让与通知的信赖而向受让人履行的，仍然发生清偿效果。该现象被称为表见债权让与。域外立法对此多设有明确规定，例如我国台湾地区“民法”第 298 条规定：“让与人已将债权之让与通知债务人者，纵未为让与或让与无效，债务人仍得以其对抗受让人之事由，对抗让与人。前项通知，非经受让人之同意，不得撤销。”① 其立法理由在于：让与人既将债权让与之事实通知债务人，债务人自然相信受让人已取得债权，并对之清偿，纵然让与未成立或因其他原因而无效，非债务人所能知悉，债务人自应受到保护。② 应注意的是，表见债权让与制度在保护债务人时，不以其善意为要件，换言之，即使债务人明知让与通知或证书不正确，仍受保护。③ 此与表见代理规则不同，对债务人提供更为便利的保护。

表见债权让与属于债权让与制度中的特殊规则，现行法对此未作规定，构成法律漏洞。

（二）抗辩的援用

《合同法》第 82 条规定：“债务人接到债权转让通知后，债务人对让与人的抗辩，可以向受让人主张。”因债权让与仅导致合同主体变更而合同内容并不改变，故债务人所享有的合同权利不因债权让与而有所改变。债务人原本享有的用以对抗让与人的有关权利，当然也能用以对抗受让人，此为“债务人不因债权让与而受有不利益”精神的体现。

1. 援用抗辩的时间。《合同法》第 82 条规定，债务人有权援用抗辩的时间是“债务人接到债权转让通知后”，即通知生效使债权让与对债务人发生效力之后。在债务人接到债权转让通知以前，因债权让与对债务人不发生效力，受让人如果向债务人请求履行，债务人可依据合同相对性予以拒绝，该拒绝理由并非基于债务人对让与人的抗辩。

---

① 另参见《德国民法典》第 409 条。

② 黄立：《民法债编总论》，中国政法大学出版社 2002 年版，第 621 页。

③ 参见［德］迪特尔·梅迪库斯：《德国债法总论》，杜景林等译，法律出版社 2004 年版，第 561 页。

2. 援用的抗辩或抗辩权的种类。债务人所能援用的既包括法律规定的抗辩权，也包括实体法和程序法上的有关抗辩。具体如下：

（1）债权未发生的抗辩。例如主张合同不成立、无效、被撤销、被拒绝追认等。

（2）债权已消灭的抗辩。例如主张债权因清偿、抵销、免除、提存等原因已经消灭。

（3）拒绝履行抗辩权。例如主张同时履行抗辩权、先履行抗辩权、不安抗辩权、诉讼时效抗辩权、先诉抗辩权等。

（4）程序法上的抗辩。例如仲裁条款抗辩、协议管辖抗辩等。

上述抗辩事由必须在债务人接到债权让与通知时已经存在，债务人才能援用并以其对抗受让人。如果在债务人接到债权让与通知后才产生对让与人的抗辩事由，债务人不得援用。

（三）抵销的援用

《合同法》第83条规定："债务人接到债权转让通知时，债务人对让与人享有债权，并且债务人的债权先于转让的债权到期或者同时到期的，债务人可以向受让人主张抵销。"其理由在于，在债权让与发生之前债务人对让与人享有到期债权，债务人本可凭借该债权与让与人享有的债权相抵销，如果因债权让与导致债务人丧失抵销权，对债务人显非公平。

1. 援用抵销的条件。

（1）债务人接到债权让与通知时，债务人对让与人享有债权。债务人对让与人享有的该债权只要是成立于债务人接到债权让与通知之前即可，其具体成立于债权让与合同订立以前或以后则在所不问。

（2）债务人接到债权让与通知时，债务人对让与人的抵销权已经成立或本可成立。具体包括以下情形：①债务人接到债权让与通知时，债务人和让与人的债权均已到期。在此情形下，无论债务人和让与人的债权哪一个先到期，债务人接到债权让与通知时均已经享有对让与人的抵销权。（《合同法》第99条第1款）②债务人接到债权让与通知时，债务人的债权已到期，而让与人的债权未到期。在此情形下，虽然让与人的债权尚未到期，但债务人可通过放弃期限利益直接行使抵销权。此时债务人对让与人的抵销权也已经成立。③债务人接到债权让与通知时，债务人和让与人的债权均未到期，且债务人的债权先于转让的债权到期或者同时到期。此情形即为《合同法》第83条规定的情形。此时债务人对让与人的抵销权虽未成立，但如果不发生债权让与则债务人因其债权到期在前或同时到期而本可成立对让与人的抵销权。为保护债务人利益，使其不因债权让与而导致权益减损，故规定债务人在债权让与发生后仍然享有该抵销权。

（3）债务人行使的抵销权原则上限于法定抵销。虽然《合同法》第83条对债务人主张的抵销类型未作限定，但应将该条缩限解释为仅限于法定抵销，即必须债务人和让与人所负债务的标的物种类、品质相同。（《合同法》第99条第1款）如果债务人和让与人所负债务的标的物种类、品质不相同，依《合同法》第100条规定，须债务人和让与人达成抵销合意方能抵销。因此，债务人依据《合同法》第83条主张抵销的，在法定抵销的场合当然可以适用；在合意抵销的场合，仅在债务人接到债权让与通知以前债务人和让与人已达成抵销合意的情形下才能适用。

2. 援用抵销的效力。

（1）债务人有权在抵销的范围内拒绝受让人的履行请求，并不承担债务不履行的责任。

（2）债务人和让与人互负债务在抵销的范围内归于消灭。债权让与合同和债权让与行为的效力不受影响，所让与债权在抵销的范围内构成不能履行。

（3）受让人因不能在抵销的范围内行使债权而受有的损失，可依据债权让与合同的约定及法律规定向让与人主张瑕疵担保责任。如果债权让与合同为有偿，让与人应当将被抵销债权的对价返还给受让人，并承担相应的违约责任。

（四）诉讼时效中断

《诉讼时效规定》第 19 条第 1 款规定："债权转让的，应当认定诉讼时效从债权转让通知到达债务人之日起中断。"对于该款的适用效果，分析如下：

1. 债权让与发生前后，诉讼时效期间统一计算。债权让与并未产生新的债权，被让与债权在转让前后具有同一性，因此债权让与并不导致此前诉讼时效计算的失效，而是统一计算。所谓统一计算，一是指债权适用的诉讼时效期间不变，原来适用普通诉讼时效期间或特殊诉讼时效期间的，仍然予以适用；二是指在债权让与发生以前的起算、中止、中断等事实在债权让与发生以后仍然有效。

2. 债权让与引起诉讼时效中断。债权让与虽非债权人直接主张权利，但亦可引起诉讼时效中断。立法理由在于："债权人通知债务人债权转让，意味着其不放弃债权，明确和维持债权的存在，而且在司法实务中，债权转让通知多含有主张权利的意思表示。因此一般而言，债权人向债务人发出债权转让通知的，符合诉讼时效中断制度明确和维持权利存在的要件，应具有诉讼时效中断的效力。"①

3. 诉讼时效中断的时间是债权让与通知到达债务人之日。债权让与通知到达债务人之时即该通知生效之时，此时诉讼时效中断，并重新起算诉讼时效期间。

第三节 债务承担

一、债务承担概述

（一）债务承担的概念和意义

债务承担，是指在不改变合同内容的前提下，债权人或债务人通过与第三人订立转让债务的协议，将债务全部或部分地移转给第三人的现象。转让债务的人称为原债务人，接受债务的人称为承担人。对于债务承担，可从以下几方面理解：

1. 债务承担仅导致债务人发生变化，而合同内容和债权人均保持不变。对于债务承担，现行法表述为"债务人转移合同义务"（《合同法》第 84 条）、"债务人转移义务"（《合同法》第 85、86 条）。法律允许转让的债务并不仅限于合同债务，合同债务以外的

① 最高人民法院民事审判第二庭编著：《最高人民法院关于民事案件诉讼时效司法解释理解与适用》，人民法院出版社 2008 年版，第 335 页。

债务承担准用《合同法》关于债务承担的规定。

2. 债务承担包括原债务人转让全部债务和转让部分债务。(《合同法》第 84 条) 原债务人就其负有的某一项债务，既可以将其全部转让，也可以仅将其部分转让。全部转让的，由承担人取代原债务人地位成为合同关系的新债务人，原债务人丧失合同当事人地位。部分转让的，原债务人和承担人按照各自的份额对债权人负有债务，在此场合下，由单一之债变为多数人之债。

3. 债务承担与债务移转不同。债务移转，是指因各种原因导致债务人发生变化的现象。债务移转的原因包括：法律规定（例如法人合并或分立）、法律行为（债务承担合同）、生效裁决等。可见，债务承担是债务移转的下位概念。

4. 债务承担在学理上分为免责的债务承担和并存的债务承担。《合同法》第 84 条规定了免责的债务承担，对此不存疑义，但该条规定是否包含了并存的债务承担，则尚存疑义。转让普通债务的，适用《合同法》规定的债务承担规则；转让票据、公司债券等特殊债务的，适用特别法规定。

债务承担制度具有以下意义：(1) 方便清偿。例如甲对乙负有 100 万元债务，乙向丙购买价值 100 万元的钢材而负有付款义务，乙将该付款义务移转给甲而由甲向丙支付 100 万元，可以简化三方的清偿关系而提高清偿效率。(2) 并存的债务承担具有一定的担保功能。虽然《担保法》未将债务承担列为担保的形式之一，但如果并存的债务承担中承担人负连带清偿责任，则实际上扩大了债权人受偿的责任财产范围，该承担人取得与保证人类似的法律地位。

（二）债务承担合同与债务承担行为

与债权让与的法律构造类似，债务承担现象中也存在债务承担合同与债务承担行为之分。债务承担合同，是指债权人或原债务人与承担人订立的，就债务承担所涉权利义务所订立的协议。债务承担合同是负担行为，其在原债务人和承担人之间产生移转债务的债权债务，而不直接引起债务的移转。在德国和我国台湾地区，债务承担合同通常被表述为债务承担的“原因行为”或“基础行为”。债务承担行为，是指原债务人将债务移转给承担人的行为。债务承担行为是原债务人对债务承担合同的履行行为，其直接引起债务移转。在承认物权行为独立性的德国和我国台湾地区，债务承担行为通常被表述为“债务承担契约”或“债务承担”，其性质为准物权行为。

债务承担合同与债务承担行为的关系，与债权让与合同和债权让与行为的关系具有相当程度的类似性，体现为：(1) 债务承担合同与债务承担行为的关系适用有因原则，债务承担合同的效力直接影响债务承担行为的效力。(2) 债务承担合同的履行行为在绝大多数情形下是观念性的，而不像动产交付或不动产登记那样能够被客观感知。债务承担合同的生效与债务承担行为的完成通常是同时发生的。

但债务承担合同与债务承担行为的关系，与债权让与合同和债权让与行为的关系在某些方面也存在差异性，体现为：(1) 在债权让与中，是否通知债务人不影响债权让与合同的效力，而仅影响债权让与是否对债务人发生效力；在债务承担中，如果是由原债务人与承担人订立债务承担合同，债权人同意是债务承担合同的生效要件。(2) 相较于债权让与行为而言，债务承担行为（即债务承担合同的履行行为）具有更彻底的观念性。在债权让与的某些场合下，还存在交付无记名权利凭证、票据、债券等客观行为；而在债务承担的现象中，并不存在这些行为。

（三）债务承担与代为清偿

代为清偿，是指由债务人以外的第三人向债权人清偿，使债务人的债务消灭的现象。债务承担与代为清偿的类似点在于：二者都是由原债务人以外的人向债权人履行债务，并且发生清偿效果。债务承担与代为清偿存在以下区别：（1）性质不同。前者属于债的移转，债务由原债务人转让给承担人；后者不属于债的移转，第三人履行的债务仍为债务人的债务。（2）发生原因不同。前者的发生是基于原债务人或债权人与第三人达成协议；后者的发生是基于债务人与第三人达成协议或第三人的单方行为。（3）第三人的法律地位不同。在前者场合下，承担人是新的债务人，其为债权债务关系的当事人；在后者场合下，第三人并非债务人，其不是债权债务关系的当事人。（4）责任的承担不同。在前者场合下，如果承担人不履行债务或履行债务不符合约定，债权人有权请求其承担违约责任；在后者场合下，如果第三人不履行债务或履行债务不符合约定，债权人不能请求其承担违约责任，而只能请求债务人承担违约责任。

区分债务承担与代为清偿的司法意见：

①商事实践中第三人承诺“代替”债务人履行债务，至少具有三重含义，即第三人代为履行、债务加入或者债务转移。何种含义为当事人的真实意思表示，须结合债权人表态、当事人事后实际履行债务的情况等因素，并以保护债权人利益为原则，进行综合判断。① 有判决认为：“第三人与债权人签订意向书，约定第三人代替债务人向债权人清偿债务，但‘代替’一词不能说明债务已转移……债权人先后两次向债务人送达催款函，更进一步说明债权人并不认可债务已转移。故原审判决认定第三人对清偿款项构成债务加入，第三人应与债务人共同向债权人偿还债务，并无不当。”②

②第三人将归属于自己的物权过户至债权人名下偿还债务人所负债务的，有判决认为：“债务人致函房地产公司，要求将登记在房地产公司名下的房产随时过户至债权人名下。房地产公司以《确认书》的形式对债权人承诺，称自愿将债务人已购买的房产随时过户至债权人。其后，房地产公司与债权人签订《委托售楼合同》约定，房地产公司有义务将约定房产销售或回购，并将款项交付债权人。应当认定房地产公司愿意通过售楼或回购清偿债务人对债权人的债务，房地产公司与债权人之间形成债务承担合同关系。”③

③第三人基于委托付款作出债务清偿承诺的，有判决认为：“第三人基于与债务人之间的委托付款关系，承诺向债权人承担债务清偿责任，在第三人未明确表示承担保证责任，及第三人未就债务部分移转与债权人或债务人意思表示一致的情况下，不应认定为保

① 向玗：《债务加入法律实务问题研究——最高人民法院裁判规则总结》，载《人民司法·案例》2015年第18期（总第725期），第47页。

② 参见“某投资有限责任公司等与北京某投资发展有限公司等股权转让纠纷申请再审案”，载最高人民法院民事审判第二庭编：《商事审判指导》2010年第2辑（总第22辑），人民法院出版社2010年版，第88页以下。

③ 参见“某轻工业有限公司等与某投资有限公司所有权纠纷上诉案”，载《人民司法·案例》2010年第14期（总第601期），第8页以下。

证和债务加入，而仅为代为清偿。"①

二、免责的债务承担

（一）免责的债务承担的概念

免责的债务承担，是指原债务人将某项债务全部转让给承担人，由承担人取代原债务人地位，使原债务人脱离债的关系。所谓"免责"，意指该债务承担发生后，原债务人便不再负有债务和承担相应的责任。免责的债务承担可以由原债务人与承担人订立债务承担合同，也可以由债权人与承担人订立债务承担合同。

（二）免责的债务承担的要件

1. 原债务人与承担人订立债务承担合同。《合同法》第 84 条规定"债务人将合同的义务全部转移给第三人"，即指此种情形。该债务承担合同的生效，应具备以下要件：

（1）所移转的债务成立且有效。该要件与债权让与的要件不同：在债权让与中，通知债务人并非债权让与合同的生效要件，而仅影响是否对债务人发生债权让与的效力，故即使债权尚不存在也不影响债权让与合同的效力；而在债务承担中，取得债权人同意是债务承担合同的生效要件，如果债务尚未成立，因债务内容和债权人均未确定，而无法具备"债权人同意"之要件，故债务承担合同订立时所移转的债务必须已经成立。如果所移转的债务是无效合同债务、自然债务等，因其本身不被法律保护，就其订立的债务承担合同不能产生法律认可的合同效力。

（2）所移转的债务具有可移转性。作为债务承担客体的债务，应当是非专属于原债务人的债务，即该债务由原债务人以外的第三人（承担人）也可以通过履行实现清偿效果，例如金钱给付债务等。可移转的债务不限于合同债务，其他类型的债务如侵权之债、不当得利之债、无因管理之债等符合条件的，也可以成为债务承担的客体。《合同法》虽未规定哪些债务不具有可移转性，但学理和实务通常认为下列债务不具有可移转性：

①根据性质不得转让的债务。此类债务主要是具有人身专属性债务和不作为债务等。例如演出合同中约定由特定演员完成演出行为的债务；雇佣合同中约定雇员负有的竞业禁止义务等。因债权和债务是合同内容的两个方面，根据性质不得转让债务的具体类别可以参照前述"根据合同性质不得转让的债权"的具体类别加以判断。如果债权人同意原债务人转让此类债务且不违反法律强制性规定，则原债务人可以转让该债务，但严格来说该转让行为是合同更改而非债务承担，因为该转让行为已导致原债务与新债务不具有同一性。

②按照当事人约定不得转让的债务。依据合同自由原则，双方当事人就不具有人身专属性的某项债务也可以约定不得转让。通说将此类债务也作为不具有可移转性的一类债务。但应注意，因《合同法》第 84 条规定债务承担应当经债权人同意，故无论当事人是否约定某项债务能否转让，原债务人都不能在未取得债权人同意的情形下转让其债务，因此将此类债务作为不具有可移转性的债务并无特别意义。实务中当事人事先特别约定某项

① 参见"云南某商贸有限公司诉云南省某建筑工程有限公司等建设工程施工协议纠纷案"，载《人民司法·案例》2015 年第 18 期（总第 725 期），第 40 页以下。

债务不得转让，其实际意义有二：一是在法律已有规定的基础上再特别警醒原债务人不得未经债权人同意而转让该债务；二是就原债务人违反该约定的违约行为事先约定违约责任的内容和方式（如违约金），以明确原债务人的责任及方便债权人行使权利。

③依照法律规定不得转让的债务。基于特定的立法目的，法律明确规定某些债务不能作为债务承担的客体。例如承揽合同中承揽人完成主要工作的义务(《合同法》第253条第1款)、建设工程合同中承包人完成建设工程主体结构的施工义务(《合同法》第272条第2款)、委托合同中受托人处理委托事务的义务(《合同法》第400条）等。除非法律允许当事人另行约定，否则债务人不得转让此类债务。

（3）原债务人和承担人在缔约时须有相应的缔约能力。原债务人和承担人是自然人的，原则上均应具有完全民事行为能力。原债务人和承担人是法人或其他组织的，依据法律对所转让债务是否要求特殊资格判断其是否具有相应的缔约能力。

（4）原债务人和承担人就转让债务达成合意且意思表示真实。现行法对债务承担是否有偿未作限定，因此该意思表示可以是有偿转让债务，也可以是无偿转让债务。

（5）合同内容不违反法律或社会公共利益。

（6）应当经债权人同意。因债权人并未参与该合同的订立，为避免债权人因新债务人资力不足或信用不佳而受到损害，因此须取得债权人同意该合同方能生效。此为各国立法通例，《合同法》第84条亦采此规定。对债权人同意或不同意的方式，现行法未作规定，应解释为明示或默示均可。债权人可以书面、口头等明示方式作出同意或不同意的意思表示，该意思表示一般自到达原债务人或承担人时生效。如果债权人未以明示方式作出意思表示，而是直接向承担人请求履行或受领承担人的履行，其行为构成默示的同意。为督促债权人尽快作出同意或不同意的意思表示，原债务人或承担人可以催告债权人在合理期间内作出是否同意的意思表示，债权人未作表示的，视为不同意。（类推适用《合同法》第48条第2款）在债权人作出是否同意的意思表示之前，债务承担合同为效力未定。与债权人同意有关的司法意见：

①债务人单方出具承诺书，债权人未明确表态的，有判决认为："债务人出具承诺书，表示将所负债务全部或部分转移给第三人，债权人未予接受，亦未在债务人与第三人签订的债务转移协议书上加盖公章的，应认定债权人不同意债务转让。"①

②债权人未明确表示同意，但诉请当事人履行债务的，有判决认为："当事人作出自愿履行债务的意思表示，债权人虽未明确对该意思表示同意，但其在一审期间，以当事人为被告，并以其构成债务承担为由诉请其承担本案债务的行为表明，其对当事人债务承担的意思表示予以接受。"②

③债权人未明确表示同意，但申请参加诉讼的，有判决认为："债务人与第三人达成

① 参见"某银行股份有限公司某支行与某铝业股份有限公司等借款担保合同纠纷案"，载《最高人民法院公报》2008年第11期。

② 参见"某贸易总公司与某省汽车工业贸易集团股份有限公司拖欠货款纠纷上诉案"，载最高人民法院民事审判第二庭编：《商事审判指导》2010年第1辑（总第21辑），人民法院出版社2010年版，第204页以下。

债务转移协议，债权人未对此提出异议并申请参加本案诉讼，并以该协议主张权利的情况下，应认定为债权人对于债务转移的同意。”①

④信托改制案件中，债务人以登报公告方式通知的，有判决认为：“信托公司在《中国证券报》上以公告的形式刊登其分业后的债权债务分配方案，履行了对债权人的告知义务，债权人未在公告记载的异议期内提出异议，应视为对上述债权债务分配方案的认可。”②

（7）法律、行政法规规定转让债务应当办理批准、登记等手续的，依照其规定。（《合同法》第87条）

2. 债权人与承担人订立债务承担合同。《合同法》未规定该情形，但学理和实务均认为债权人与承担人订立债务承担合同亦可产生移转债务的效果。该债务承担合同的生效要件与前述“原债务人与承担人订立债务承担合同”的生效要件（1）、（2）、（5）、（7）基本相同，要件（3）、（4）除当事人变化外，内容亦相同，仅要件（6）存在差异。对于债权人与承担人订立债务承担合同是否须以“原债务人同意”为生效要件，现行法未作规定，学界存在争议。③ 本书认为，该合同性质是为第三人利益订立的合同，合同的成立及生效原则上不以原债务人同意为要件。但存在下列例外情形：

（1）债权人与原债务人事先约定不得转让债务的，应当取得原债务人同意。在此情形下，债权人将债务移转给承担人的行为，违反了债权人与原债务人事先之约定，该行为系无权处分行为。在原债务人同意（追认）之前，债务承担合同为效力未定。

（2）债务承担有可能给原债务人造成损害或增加风险的，应当取得原债务人同意。例如债权人甲与债务人乙互负债务，乙本可行使抵销权使其债务消灭，而甲与承担人丙订立债务承担合同将乙之债务移转给丙，丙向甲清偿后，导致存在乙得不到甲清偿的风险。在此情形下，甲与丙订立债务承担合同应取得乙同意。

（3）承担人是无利害关系的第三人，其不得违反原债务人的意思进行清偿。对此，域外立法有明确规定，④ 我国在现行法无规定的前提下可采相同解释。是否违反原债务人的意思，应当以债务承担合同订立时为时间标准，并采取通常、合理的标准予以判断。

在一般场合下，债权人与承担人订立的债务承担合同虽不必经原债务人同意即可生效，但应当通知原债务人，以免原债务人在不知情的情形下仍向债权人履行而造成不必要的损失。未通知原债务人的，债务承担对原债务人不发生效力，而仅在债权人与承担人之间发生效力。原债务人在未收到通知之前向债权人履行债务的，发生清偿的效果。

---

① 参见“上海某实业投资有限公司与长春某集团有限公司股权转让纠纷案”，载最高人民法院民事审判第二庭编：《最高人民法院商事审判指导案例·公司卷》，中国法制出版社2011年版，第223页以下。

② 参见“某银行某支行诉某证券有限责任公司等借款担保合同纠纷案”，载最高人民法院民事审判第二庭编：《民商事审判指导》2004年第2辑（总第6辑），人民法院出版社2004年版，第212页以下。

③ 肯定说参见王利明：《合同法研究》（第二卷），中国人民大学出版社2015年版，第228页；否定说参见余延满：《合同法原论》，武汉大学出版社1999年版，第472页。

④ 参见《日本民法典》第474条第2项。

免责的债务承担之认定标准的司法意见：

①对于当事人约定原债务人“退出”债的关系的效力，有判决认为：“当事人明确约定或表示原债务人退出原债权债务法律关系，或者根据合同约定可以确切推断原债务人退出原债权债务关系，方可认定成立免责的债务承担。”①

②当事人约定将原债务人“更改”为第三人的，有判决认为：“债权人与第三人约定其他内容保持不变，只将原债务人改为第三人，虽然当事人没有签订以债务承担为内容的协议，但应认定第三人以其行为作出了承担债务的意思表示，该第三人应承担原债务人应履行的债务。”②

③第三人未明确向债权人表示免除原债务人债务的，有判决认为：“第三人仅向债权人承诺归还原债务人的欠款，未明确向债权人表示免除原债务人的债务，而债权人也未明确表示同意免除原债务人的债务的，在第三人与原债务人之间不构成免责的债务承担。”③

（三）免责的债务承担的效力

1. 债务由原债务人移转给承担人。债务承担合同生效后，承担人即取得债务人地位，原债务人丧失债务人地位。承担人应当向债权人履行债务，并承担债务不履行的责任。债权人无权要求原债务人履行债务，原债务人对承担人的清偿能力也不负担保义务。

2. 抗辩的援用。

（1）原债务人对债权人的抗辩。承担人既然取代了原债务人的地位，原债务人所能向债权人主张的抗辩事由，承担人也可以援用。《合同法》第85条规定：“债务人转移义务的，新债务人可以主张原债务人对债权人的抗辩。”此类抗辩事由是基于债权人与原债务人之间的法律关系所产生，具体包括：债权未发生的抗辩（如合同无效）、拒绝履行抗辩权（如同时履行抗辩权、诉讼时效抗辩权等）、程序法上的抗辩（如仲裁条款抗辩）等。最高人民法院认为：“债务合法转让给第三人后，债务人与债权人又签订合同约定免除第三人债务，此种免除第三人债务的合同应对第三人产生效力。”④

但应注意，因原债务人与债权人互负债务而享有的抵销权，承担人不得援用，因为债务承担仅导致债务移转给承担人而承担人并未取得对债权人之债权。如果允许承担人援用原债务人享有的抵销权，则无异于承认承担人可处分原债务人的债权。

（2）承担人对原债务人的抗辩。如果原债务人与承担人订立的债务承担合同存在欺诈、胁迫等无效或可撤销事由，承担人能否援引此类抗辩事由拒绝债权人的履行请求？现

① 参见“某证券有限责任公司与海南某科技发展有限公司等资产管理委托合同纠纷上诉案”，载最高人民法院民事审判第二庭编：《民商事审判指导》2006年第2辑（总第10辑），人民法院出版社2006年版，第250页以下。

② 参见“东莞某木业制品有限公司与某贸易开发总公司转口贸易纠纷抗诉案”，载刘德权主编：《最高人民法院裁判意见精选》（上），人民法院出版社2011年版，第309~310页。

③ 参见“A公司诉B公司等合资、合作开发房地产合同纠纷案”，载最高人民法院中国应用法学研究所编：《人民法院案例选》2011年第3辑（总第77辑），人民法院出版社2012年版，第155页以下。

④ 参见《最高人民法院关于中国农业银行汝州市支行与中国建设银行汝州市支行债券兑付纠纷案的复函》（最高人民法院［1998］民他字第29号）。

行法对此未作规定。在德国，债务承担行为的性质是准物权行为，其与债务承担合同的关系适用无因原则，因此承担人不得援用此类抗辩事由。① 但在我国学理和实务上，通说认为债务承担合同与债务承担行为的关系适用有因原则，故承担人可以援用此类抗辩事由。

3. 与主债务有关的从债务移转给承担人。基于从随主规则，主债务被转让的，相关从债务原则上一并移转给承担人。(《合同法》第 86 条前段）依据从债务的具体类型，分析如下：

（1）利息债务。尚未到期的利息债务，因不具有独立性而不能与主债务分离，只能随主债务一并移转；已到期的利息债务，具有一定独立性，既可随主债务一并移转，也可依当事人约定另行处理。

（2）违约金债务。如果债务承担合同生效时原债务人尚未实施违约行为，即违约金债务尚未发生，违约金条款不因债务承担而失效。承担人在移转债务后实施违约行为的，债权人可依据违约金条款请求其支付违约金。如果债务承担合同生效前原债务人已经实施了违约行为，即违约金债务已经发生，则因该违约金债务具有独立性，其是否移转给承担人应视当事人意思而定。该违约金无论是赔偿性违约金还是惩罚性违约金，原则上并不当然移转给承担人，除非当事人另有约定。

（3）从给付义务和附随义务。主债务移转的，与其有关的从给付义务（如交付有关单证的义务）和附随义务（如协助、通知义务）也一并移转给承担人。

（4）专属于原债务人自身的从债务。此类从债务不能随债务一并移转给承担人。(《合同法》第 86 条后段）此类从债务是依据法律规定或当事人约定只能由原债务人履行的债务，故其不能随主债务一并移转。

4. 对担保关系的影响

（1）对保证关系的影响。保证期间内，债权人许可原债务人转让债务的，应当取得保证人书面同意，保证人对未经其同意转让的债务，不再承担保证责任。(《担保法》第 23 条）其理在于，保证人为某项债务设定保证担保时，系以特定债务人的信用为基础，而承担人与原债务人的信用状况存在差异，因此债务由原债务人移转给承担人后，除非保证人同意继续提供担保，否则保证关系归于消灭。

（2）对抵押、质押关系的影响。第三人提供抵押的，债权人许可原债务人转让债务未经抵押人书面同意的，抵押人对未经其同意转让的债务，不再承担担保责任。(《担保法解释》第 72 条第 2 款第 2 句）其理与保证关系相同。原债务人自己提供抵押的，推定原债务人具有继续提供担保的意思，该抵押权对移转给承担人的债务继续提供担保。(《担保法解释》第 72 条第 2 款第 2 句反面解释）对于债务承担对质押关系的影响，现行法未作规定，应类推适用关于抵押权的上述规定。

（3）对留置权的影响。留置权为法定担保物权，其设定并非依据债权人与原债务人的意思，且债务承担并不影响债权人对留置物的占有，因此债务承担发生后债权人仍然享有留置权。

（4）对定金关系的影响。定金债务为从债务，其原则上随主债务一并移转。如果债

① 参见《德国民法典》第 417 条第 2 款。

务承担合同生效时原债务人尚未向债权人交付定金，定金合同不因债务承担而失效。债权人在债务承担合同生效后可依据定金合同向承担人请求支付定金，但当事人另有约定的除外。如果债务承担合同生效时原债务人已经向债权人交付定金且双方均无违约行为，在债务移转后债权人实施违约行为的，承担人可依据定金罚则请求债权人双倍返还定金。如果债务承担合同生效前原债务人已经向债权人交付定金且债权人已实施了违约行为，即双倍返还定金请求权已经发生，则因该请求权具有独立性，其是否移转给承担人应视当事人意思而定。

5. 诉讼时效中断。《诉讼时效规定》第19条第2款规定："债务承担情形下，构成原债务人对债务承认的，应当认定诉讼时效从债务承担意思表示到达债权人之日起中断。"对于该款的适用效果，分析如下：

（1）债务承担发生前后，诉讼时效期间统一计算。免责的债务承担并未产生新的债务，被转让的债务在被移转前后具有同一性，因此该债务承担并不导致此前诉讼时效计算的失效，而是统一计算。

（2）债务承担引起诉讼时效中断。债务承担虽非债务人直接同意履行义务，但亦可引起诉讼时效中断。立法理由在于："在征得债权人同意的过程中，无论原债务人及新债务人均对所负债务予以确认，同意履行债务，故应认定在该意思表示到达权利人时，诉讼时效期间中断。"①

（3）诉讼时效中断的时间是债务承担意思表示到达债权人之日。债务承担意思表示到达债权人之时原债务人同意履行义务的意思表示生效，此时诉讼时效中断，并重新起算诉讼时效期间。

三、并存的债务承担

（一）并存的债务承担的概念

并存的债务承担，又称债务加入、重叠的债务承担，是指原债务人并不脱离债的关系，而由第三人加入到债的关系之中，与原债务人共同承担债务。所谓"并存"，意指原债务人并不脱离债的关系，而与承担人均具有债务人的地位。

【学说争议：并存的债务承担中原债务人与承担人的关系？】

现行法对此未作规定，学界存在争议。第一种观点认为，原债务人与承担人之间成立连带关系，他们共为连带债务人。② 第二种观点认为，原债务人与承担人之间成立不真正连带债务关系。③ 第三种观点认为，当事人可以约定原债务人与承担人之间成立按份债务关系；无约定的，成立连带债务关系或者不真正连带债务关系。④ 本书

① 最高人民法院民事审判第二庭编著：《最高人民法院关于民事案件诉讼时效司法解释理解与适用》，人民法院出版社2008年版，第335页。

② 参见余延满：《合同法原论》，武汉大学出版社1999年版，第474页。

③ 参见韩世远：《合同法总论》，法律出版社2011年版，第495页。

④ 参见崔建远：《合同法总论》（中卷），中国人民大学出版社2012年版，第498~499页。

赞同观点三，理由如下：首先，基于合同自由原则，应承认当事人成立按份债务关系之约定的效力。并不存在承担人必须承担连带清偿责任的特别理由。其次，主张原债务人与承担人之间成立连带关系者，多以我国台湾地区“民法”第305条第2款为依据，但该款系对因概括承受所生并存的债务承担的规定①，其适用范围与《合同法》第90条的适用范围类似，而并不适用于因当事人订立协议发生的并存的债务承担。再次，依《合同法》第84条规定，原债务人可以将某项债务部分移转给承担人。在此情形下，承担人仅就移转的部分债务负清偿责任，原债务人就未移转的部分债务负清偿责任。最后，司法实务主流意见认为，当事人可以约定排除承担人的连带清偿责任。②

1. 免责的债务承担与并存的债务承担。二者的相同点在于：均为债务承担的类型；均以债权人或债务人与第三人订立债务承担协议的方式实施；均使承担人取得新债务人的地位。二者存在以下区别：（1）对原债务人的影响不同。前者之原债务人脱离债的关系，由承担人完全取代原债务人的地位；后者之原债务人并不脱离债的关系，而是与承担人共同向债权人履行债务。（2）承担人负担的债务范围不同。前者之承担人负担的债务范围与原债务人所负担的债务范围完全相同；后者之承担人依约定与原债务人共同负连带债务或按份债务。（3）生效要件不同。在前者情形下，债务人与承担人订立债务承担合同的，应当经债权人同意。在后者情形下，债务人与承担人订立债务承担合同的，如果承担人负按份清偿责任，应当经债权人同意；如果承担人负连带清偿责任，无须经债权人同意。（4）是否产生新债务不同。前者之承担人承担是原债务人所负债务，并未产生新债务；后者之承担人如果负连带清偿责任，其所负债务是新产生的债务，而非原债务人所负之债务。

2. 并存的债务承担与保证。并存的债务承担中承担人负连带清偿责任的，由于债权人能够向原债务人和承担人主张连带清偿责任，使债权人受偿的责任财产范围被扩大，导致此种债务承担与保证担保在效果上十分类似。二者存在以下区别：（1）债务是否具有从属性不同。保证债务是从债务，其与所担保债务的关系适用从随主规则。承担人无论负按份清偿责任还是连带清偿责任，其所负债务与原债务人所负债务之间并不构成主从关系。（2）先诉抗辩权的适用不同。在一般保证中，保证人享有先诉抗辩权，其仅在主债务人不能履行的情形下才承担保证责任。承担人无论负按份清偿责任还是连带清偿责任，均不得以原债务人具有履行能力为由要求债权人先向原债务人请求履行。（3）追偿权的适用不同。保证人承担保证责任后，有权向主债务人追偿。（《担保法》第31条）承担人履行债务后能否向原债务人追偿，依据债务承担合同的约定及当事人之间法律关系的性质而定。（4）保证期间的适用不同。债权人未在约定或法定保证期间内向保证人主张保证责任的，保证人免除保证责任。（《担保法》第25、26条）承担人履行债务不受保证期间

---

① 参见黄立：《民法债编总论》，中国政法大学出版社2002年版，第638页。

② 参见江苏省高级人民法院《关于适用〈中华人民共和国合同法〉若干问题的讨论纪要（一）》（苏高发审委［2005］16号）第19条。该纪要首次使用“债务加入”概念，其后被司法实务普遍接受。

的限制。

（二）并存的债务承担的要件

并存的债务承担可以由原债务人与承担人订立债务承担合同，也可以由债权人与承担人订立债务承担合同。

1. 原债务人与承担人订立债务承担合同。该债务承担合同的生效要件与免责的债务承担中原债务人与承担人订立债务承担合同的生效要件基本相同，唯要件（6）“应当经债权人同意”存在差异。债务承担合同约定原债务人将某项债务部分转移给承担人，即原债务人与承担人对该项债务承担按份清偿责任的，应当经债权人同意。（《合同法》第84条）债务承担合同约定原债务人与承担人对该项债务承担连带清偿责任的，现行法未作规定，通说认为无须经债权人同意。因为在此情形下，原债务人与债权人之间的债务清偿关系并未发生变化，承担人加入到债的关系中使债权人受偿的可能性增大对债权人有利，因此该债务承担合同无须债权人同意即可生效。如果债务承担合同未约定原债务人与承担人承担按份清偿责任还是连带清偿责任，推定为连带清偿责任。

2. 债权人与承担人订立债务承担合同。该债务承担合同的生效要件与免责的债务承担中原债权人与承担人订立债务承担合同的生效要件基本相同。该债务承担合同是为第三人利益订立的合同，其成立及生效原则上不以原债务人同意为要件。该债务承担合同可以约定承担人承担按份清偿责任或者连带清偿责任，未约定责任性质的，推定为连带清偿责任。

并存的债务承担之认定标准的司法意见：

①转让部分债务不能确定具体份额的，有判决认为：“当债务承担数额的约定有明显争议时，实际上又没有履行行为的，此时要看具体债务的多寡、债务人的具体偿还能力及其自认的态度来认定债务人应承担的债务额度。”①

②对于并存的债务承担与保证的区分，有判决认为：“如第三人承担债务的意思表示中有较为明显的保证含义，可以认定为保证；如果没有，则应当从保护债权人利益的立法目的出发，认定为并存的债务承担。本案中，根据承诺书的具体内容以及向当事人的催收通知中的担保人身份的注明，对保证人身份有较为明确的表示，故应认定为保证人。”②

③第三人在合同上签字确认但并未约定承担的还款比例，事后债务人、第三人分别向债权人偿还部分债务的，有判决认为：“第三人的法定代表人在债务人《还款计划》上签名，是第三人自愿加入到债权债务关系的真实意思表示。同时，第三人的实际偿还行为证实其所负连带还款责任客观存在。因第三人与债务人未约定各自还款的比例，故第三人构成债务加入。”③

---

① 参见“中国某资产管理公司成都办事处诉成都某工业集团公司等借款合同纠纷上诉案”，载最高人民法院民事审判第二庭编：《最高人民法院商事审判裁判规范与案例指导》（2010年卷），法律出版社2010年版，第146页以下。

② 参见“某公司石家庄办事处与某公司等借款担保合同纠纷案”，载《最高人民法院公报》2006年第3期。

③ 参见“××公司诉香港某公司等拖欠海运费、港杂费纠纷案”，载《最高人民法院公报》2002年第11期。

④第三人向债权人出具还款承诺书的，有判决认为："第三人向债权人出具还款承诺书，自愿承担债务人的债务，法院应认定该承诺属于债务加入。在债权人未作出免除原债务人债务的明确意思表示下，债权人有权请求原债务人与第三人一同承担还款责任。"①

⑤第三人不是合同当事人，但多次参与履行行为的，有判决认为："第三人系建设工程业主，其虽不是建设工程施工合同的缔约人，但多次参与会议纪要的签署，并分4次直接向施工方支付工程款，且向施工方出具书面承诺：工程款支付事宜，凡业主公司未能及时到位，施工总承包方又不能按合同支付工程进度款的，由业主公司负责给付。由此说明业主公司已加入到施工方与总承包方的合同关系之中，业主公司应按其承诺的内容承担连带清偿责任。"②

（三）并存的债务承担的效力

1. 承担人取得债务人地位，原债务人也不丧失债务人地位，二者共同对债权人负清偿责任。原债务人与承担人依债务承担合同约定承担按份清偿责任或者连带清偿责任，未约定责任性质的，推定为连带清偿责任。

2. 抗辩的援用。原债务人对债权人的抗辩，承担人也可主张。承担人援用此类抗辩事由的，不影响原债务人对该抗辩事由的援用。原债务人与承担人订立债务承担合同产生的抗辩事由，承担人不得以此来对抗债权人。债权人与承担人订立债务承担合同产生的抗辩事由，承担人可以此来对抗债权人，但原债务人不得援用。

3. 与主债务有关的从债务是否移转给承担人。原债务人与承担人承担按份清偿责任的，仅与移转部分主债务有关的从债务移转给承担人。原债务人与承担人承担连带清偿责任的，承担人对与主债务有关的从债务也负连带清偿责任。但在此情形下，并非原债务人将从债务移转给承担人，因为原债务人对该从债务仍负清偿责任。

4. 对担保关系的影响。原债务人与承担人承担按份清偿责任的，保证、抵押、质押对原债务人未移转部分债务继续提供担保并无疑义；对移转给承担人的部分债务是否继续提供担保，应视是否取得保证人或物上保证人书面同意而定，但如果抵押、质押是由原债务人提供，推定原债务人具有继续提供担保的意思。原债务人与承担人承担连带清偿责任的，保证、抵押、质押对原债务人所负债务继续提供担保，对承担人所负债务不负担保责任，当事人另有约定的除外。债权人享有留置权的，无论原债务人与承担人承担按份清偿责任或连带清偿责任，留置权均不受影响，债权人仍可就留置物价值优先受偿。

5. 诉讼时效中断。原债务人与承担人承担按份清偿责任的，原债务人向承担人部分移转债务构成原债务人对债务承认，应当认定诉讼时效从债务承担意思表示到达债权人之日起中断。（《诉讼时效规定》第19条第2款）原债务人与承担人承担连带清偿责任的，对于连带债务人中的一人发生诉讼时效中断效力的事由，应当认定对其他连带债务人也发

① 参见"叶某诉马某等收购协议纠纷案"，载《人民司法·案例》2015年第18期（总第725期），第36页以下。

② 参见"杭州某大酒店有限公司等与浙江某建工集团有限公司建设工程施工合同纠纷上诉案"，载最高人民法院民事审判第一庭编：《民事审判指导与参考》2003年第2卷（总第14卷），法律出版社2003年版，第379页以下。

生诉讼时效中断的效力。(《诉讼时效规定》第 17 条第 2 款)

第四节　合同权利义务的概括移转

一、合同权利义务概括移转的概念

合同权利义务的概括移转，是指原合同当事人一方将合同权利义务一并移转给第三人，由第三人概括继受权利义务的现象。转让权利义务的一方称为让与人，接受权利义务的一方称为承受人。例如甲与乙订立买卖合同，其后甲将交货请求权和付款义务一并移转给丙。对于合同权利义务的概括移转，可从以下几方面理解：

1. 合同权利义务的概括移转的发生原因，包括当事人之间的法律行为和法律规定。前者称为意定概括移转，后者称为法定概括移转。意定概括移转的发生系基于当事人的意思，其为合同自由原则的体现，往往为商事交易行为。法定概括移转的发生基于企业的分立、合并等法定原因，其通常是因主体地位的变化而发生。

2. 合同权利义务的概括移转，可以是某合同的全部权利义务由让与人移转给承受人，也可以是某合同的部分权利义务由让与人移转给承受人。在全部移转的情形下，承受人取代让与人的合同当事人地位，成为新的当事人，让与人完全退出合同关系。在部分移转的情形下，承受人加入到合同关系之中，让与人未退出合同关系，二者依约定或法律规定共同享有权利和承担义务。

3. 合同权利义务的概括移转虽不导致给付内容的变化，但清偿方式有可能发生变化。合同权利义务的概括移转包含了债权让与和债务承担两方面的内容，债权和债务本身并无变化，这在全部移转的情形下并无疑义。但在部分移转的情形下，虽然债权和债务的内容仍然不变，但由单一之债变为多数人之债，由让与人和承受人负按份或连带清偿责任。

二、合同权利义务概括移转的类型

（一）意定概括移转

意定概括移转，又称约定合同承受，是指让与人与承受人通过合同承受协议将合同权利义务由让与人移转给受让人的现象。《合同法》第 88 条规定：“当事人一方经对方同意，可以将自己在合同中的权利和义务一并转让给第三人。”该条即为对意定概括移转的规定。合同承受协议的生效，应具备以下要件：

1. 所移转的合同权利义务成立且有效。因合同权利义务的概括移转包含了债权让与和债务承担两方面的内容，故能够适用概括移转的合同主要是双务合同。如果合同未成立或已经消灭，自不能发生概括移转的效果。如果合同无效或被撤销，也不能发生概括移转的效果。合同有效成立但尚未生效、可撤销合同未被撤销的，可以适用概括移转。

2. 所移转的合同权利义务具有可让与性。所移转的债权和债务是否具有可让与性的具体标准，参照债权让与和债务承担的标准。

3. 让与人和承受人在缔约时须有相应的缔约能力。让与人和承受人是自然人的，原则上均应具有完全民事行为能力。让与人和承受人是法人或其他组织的，依据法律对所转让债务是否要求特殊资格判断其是否具有相应的缔约能力。

4. 让与人和承受人就合同权利义务概括移转达成合意且意思表示真实。现行法对合同权利义务的概括移转是否有偿未作限定，因此该意思表示可以是有偿转让，也可以是无偿转让。

5. 合同内容不违反法律或社会公共利益。当事人以概括移转的方式间接转让国有土地使用权的，有判决认为："原告将《国有土地使用权出让合同》的权利和义务一并转让给被告，即通过概括移转的方式间接转让国有土地使用权。如果受让方符合国有土地使用权转让的实质要求，该间接转让国有土地使用权的行为应当认定有效。"①

6. 应当经对方当事人同意。因合同权利义务的概括移转包含了债务承担的内容，故其应当经对方当事人同意。(《合同法》第 88 条)

7. 法律、行政法规规定转让权利或义务应当办理批准、登记等手续的，依照其规定。(《合同法》第 87 条）境外当事人将合同债权债务一并转移给境内当事人的，有判决认为：原境外形成的 A 公司与香港 B 公司的债权债务关系改变为 C 公司与浙江 D 公司两家境内机构之间的债权债务关系，这种债权债务关系不属于《外债管理暂行办法》第 2 条规定的'外债'，也不属于第 43 条'未经外债管理部门批准，境外中资企业不得将其自身承担的风险和偿债责任转移境内'的情形。"②

（二）法定概括移转

法定概括移转，是指依据法律规定导致合同权利义务概括移转的现象。具体包括以下情形：

1. 企业合并、分立。《民法通则》第 44 条第 2 款规定："企业法人分立、合并，它的权利和义务由变更后的法人享有和承担。"《合同法》第 90 条继承了该款的基本精神，并做了更为具体的规定："当事人订立合同后合并的，由合并后的法人或者其他组织行使合同权利，履行合同义务。当事人订立合同后分立的，除债权人和债务人另有约定的以外，由分立的法人或者其他组织对合同的权利和义务享有连带债权，承担连带债务。"对该条的具体解读如下：

（1）当事人订立合同后合并的，合并前各方当事人的合同权利义务概括移转给合并后的企业（法人或者其他组织），由合并后的企业行使合同权利、履行合同义务。在此情形下，无论合并前各方当事人的合同权利义务是否已被部分履行，只要尚未履行完毕，即发生概括移转的效果。

---

① 参见"贵阳某有限责任公司诉某化工股份有限公司某支公司土地使用权转让纠纷案"，载最高人民法院中国应用法学研究所编：《人民法院案例选》2008 年第 4 辑（总第 66 辑），人民法院出版社 2012 年版，第 330 页以下。

② 参见"浙江某房地产开发有限公司与某电力燃料有限公司债务转让合同纠纷案"，载最高人民法院民事审判第二庭编：《最高人民法院商事审判指导案例·合同卷》（上），中国法制出版社 2011 年版，第 420 页以下。

（2）当事人订立合同后分立的，原则上由分立的各企业（法人或者其他组织）对合同的权利和义务享有连带债权，承担连带债务。在此情形下，分立前企业的合同权利义务概括移转给分立的各企业，且各企业成立连带债权债务关系。

（3）当事人订立合同后分立的，合同当事人可以约定分立前企业的合同权利义务由分立的各企业按照一定份额享有债权和承担债务。但应注意，《合同法》第 90 条规定“债权人和债务人另有约定”应解释为分立前企业或分立的各企业作为一方当事人与对方当事人达成约定。如果是分立的各企业约定按照一定份额享有债权和承担债务，分立的各企业不得以此约定对抗对方当事人。在此情形下，分立的各企业对对方当事人仍应成立连带债权债务关系，但其约定的份额具有内部效力，可作为内部追偿的依据。

（4）企业合并、分立导致的原企业权利义务的概括移转，系直接依据法律规定发生，因此无须取得对方当事人的同意。企业合并、分立的通知或公告生效，即导致合同权利义务的概括移转。

2. 买卖不破租赁。《合同法》第 229 条规定：“租赁物在租赁期间发生所有权变动的，不影响租赁合同的效力。”《城镇房屋租赁合同解释》第 20 条第 1 款规定：“租赁房屋在租赁期间发生所有权变动，承租人请求房屋受让人继续履行原租赁合同的，人民法院应予支持。”这两条都是对买卖不破租赁规则的规定。在租赁合同的租赁期间之内，租赁物所有权发生变动的，租赁合同不因此失效，而是将租赁合同的权利义务由原出租人概括移转给租赁物的受让人（新所有权人）。在此情形下，租赁合同权利义务的概括移转并非基于当事人的意思，而是为实现特定立法目的基于法律的直接规定而发生。

3. 继承。被继承人死亡后，其生前所订合同尚未履行完毕且该合同不具有人身专属性的，该合同权利义务概括移转给其继承人。继承人所继承遗产应当用于清偿被继承人的债务，清偿债务以遗产的实际价值为限。继承人放弃继承的，对被继承人的债务可以不负清偿责任。（《继承法》第 33 条）

4. 营业转让。营业转让，是指以作为组织的统一体的营业财产为标的所实施的转让行为。营业转让导致原企业的财产和经营整体转让给受让人，受让人须概括承受原企业的债权和债务。域外立法对此设有明文规定。① 现行法对于营业转让的规定主要集中在国有企业改制领域，《最高人民法院关于审理与企业改制相关的民事纠纷案件若干问题的规定》（法释［2003］1 号）第 24~26 条规定，企业售出后，买受人将所购企业资产纳入本企业或者将所购企业变更为所属分支机构的、买受人将所购企业资产作价入股与他人重新组建新公司并将所购企业法人予以注销的，所购企业的债务由买受人承担；企业售出后，买受人将所购企业重新注册为新的企业法人，所购企业法人被注销的，所购企业出售前的债务应当由新注册的企业法人承担。该规定虽然仅涉及债务承担的内容，但应解释为所购企业的债权和债务概括移转给买受人或新注册的企业法人。

5. 其他法定事由。例如《城市房地产管理法》第 42 条规定：“房地产转让时，土地使用权出让合同载明的权利、义务随之转移。”

① 参见《瑞士债法典》第 181 条。

三、合同权利义务概括移转的效力

（一）意定概括移转的效力

对于意定概括移转的效力，依《合同法》第 89 条规定，涉及债权让与的部分适用债权让与的有关规定(《合同法》第 79、81~83 条)，涉及债务承担的部分适用债务承担的有关规定(《合同法》第 85~87 条)。

（二）法定概括移转的效力

对于法定概括移转的效力，类推适用《合同法》第 89 条，即分别适用债权让与和债务承担的有关规定。法律对法定概括移转的效力有特殊规定的，依照其规定。

附：与本章内容有关的司考真题

一、选择题

1. 甲、乙双方于 2013 年 5 月 6 日签订水泥供应合同，乙以自己的土地使用权为其价款支付提供了最高额抵押，约定 2014 年 5 月 5 日为债权确定日，并办理了登记。丙为担保乙的债务，也于 2013 年 5 月 6 日与甲订立最高额保证合同，保证期间为 1 年，自债权确定日开始计算。甲在 2013 年 11 月将自己对乙已取得的债权全部转让给丁。下列说法正确的是：【2016 年司法考试卷三第 90 题】

A. 甲的行为将导致其最高额抵押权消灭

B. 甲将上述债权转让给丁后，丁取得最高额抵押权

C. 甲将上述债权转让给丁后，最高额抵押权不随之转让

D. 2014 年 5 月 5 日前，甲对乙的任何债权均不得转让

2. 甲、乙两公司签订协议，约定甲公司向乙公司采购面包券。双方交割完毕，面包券上载明“不记名、不挂失，凭券提货”。甲公司将面包券转让给张某，后张某因未付款等原因被判处合同诈骗罪。面包券全部流入市场。关于协议和面包券的法律性质，下列哪一表述是正确的？【2015 年司法考试卷三第 12 题】

A. 面包券是一种物权凭证

B. 甲公司有权解除与乙公司的协议

C. 如甲公司通知乙公司停止兑付面包券，乙公司应停止兑付

D. 如某顾客以合理价格从张某处受让面包券，该顾客有权请求乙公司兑付

3. 甲公司与乙公司达成还款计划书，约定在 2012 年 7 月 30 日归还 100 万元，8 月 30 日归还 200 万元，9 月 30 日归还 300 万元。丙公司对三笔还款提供保证，未约定保证方式和保证期间。后甲公司同意乙公司将三笔还款均顺延 3 个月，丙公司对此不知情。乙公司一直未还款，甲公司仅于 2013 年 3 月 15 日要求丙公司承担保证责任。关于丙公司保证责任，下列哪一表述是正确的？【2014 年司法考试卷三第 10 题】

A. 丙公司保证担保的主债权为 300 万元

B. 丙公司保证担保的主债权为 500 万元

C. 丙公司保证担保的主债权为 600 万元

D. 因延长还款期限未经保证人同意，丙公司不再承担保证责任

4. 债的法定移转指依法使债权债务由原债权债务人转移给新的债权债务人。下列哪些选项属于债的法定移转的情形?【2013 年司法考试卷三第 59 题】

A. 保险人对第三人的代位求偿权

B. 企业发生合并或者分立时对原债权债务的承担

C. 继承人在继承遗产范围内对被继承人生前债务的清偿

D. 根据买卖不破租赁规则，租赁物的受让人对原租赁合同的承受

5. 材料①：2012 年 2 月，甲公司与其全资子公司乙公司签订了《协议一》，约定甲公司将其建设用地使用权用于抵偿其欠乙公司的 2000 万元债务，并约定了仲裁条款。但甲公司未依约将该用地使用权过户到乙公司名下，而是将之抵押给不知情的银行以获贷款，办理了抵押登记。

材料②：同年 4 月，甲公司、丙公司与丁公司签订了《协议二》，约定甲公司欠丁公司的 5000 万元债务由丙公司承担，且甲公司法定代表人张某为该笔债务提供保证，但未约定保证方式和期间。曾为该 5000 万元负债提供房产抵押担保的李某对《协议二》并不知情。同年 5 月，丁公司债权到期。

材料③：同年 6 月，丙公司丧失偿债能力。丁公司查知乙公司作为丙公司的股东(非发起人)，对丙公司出资不实，尚有 3000 万元未注入丙公司。同年 8 月，乙公司既不承担出资不实的赔偿责任，又怠于向甲公司主张权利。

材料④：同年 10 月，甲公司股东戊公司与己公司签订了《协议三》，约定戊公司将其对甲公司享有的 60% 股权低价转让给己公司，戊公司承担甲公司此前的所有负债。【2013 年司法考试卷三第 86~91 题】

(1) 根据材料①，关于甲公司、乙公司与银行的法律关系，下列表述正确的是：

A. 甲公司欠乙公司 2000 万元债务没有消灭

B. 甲公司抵押建设用地使用权的行为属于无权处分

C. 银行因善意取得而享有抵押权

D. 甲公司用建设用地使用权抵偿债务的行为属于代为清偿

(2) 根据材料②，如丁公司主张债权，下列表述正确的是：

A. 丁公司有权向张某主张

B. 丁公司有权向李某主张

C. 丁公司有权向甲公司主张

D. 丁公司有权向丙公司主张

(3) 关于《协议二》中张某的保证期间和保证债务诉讼时效，下列表述正确的是：

A. 保证期间为 2012 年 5 月起 6 个月

B. 保证期间为 2012 年 5 月起 2 年

C. 保证债务诉讼时效从 2012 年 5 月起算

D. 保证债务诉讼时效从 2012 年 11 月起算

(4) 根据材料②和材料③，关于乙公司、丙公司与丁公司的法律关系，下列表述正确的是：

A. 乙公司应对丙公司对丁公司的债务承担无限责任

B. 乙公司应对丙公司对丁公司的债务承担连带责任

C. 乙公司应对丙公司对丁公司的债务承担全部责任

D. 乙公司应对丙公司对丁公司的债务在未出资本息范围内承担补充责任

（5）根据材料①、材料②和材料③，如丁公司向甲公司提起3000万元代位权诉讼，甲公司认为丁公司不能提起代位权之诉的下列抗辩理由中不能成立的是：

A. 甲公司对乙公司的债务是过户建设用地使用权，而非金钱债务

B.《协议一》有仲裁条款

C. 乙公司多次发函给甲公司要求清偿债务

D.《协议一》的2000万元数额低于乙公司出资不实的3000万元

（6）根据材料④，关于《协议三》中债务承担的法律效力，下列表述正确的是：

A. 如未通知甲公司债权人，对甲公司债权人不发生效力

B. 如未经甲公司债权人同意，对甲公司债权人不发生效力

C. 因戊公司、己公司恶意串通而无效

D. 对戊公司、己公司有效

6. 甲将其对乙享有的10万元货款债权转让给丙，丙再转让给丁，乙均不知情。乙将债务转让给戊，得到了甲的同意。丁要求乙履行债务，乙以其不知情为由抗辩。下列哪一表述是正确的？【2012年司法考试卷三第13题】

A. 甲将债权转让给丙的行为无效

B. 丙将债权转让给丁的行为无效

C. 乙将债务转让给戊的行为无效

D. 如乙清偿10万元债务，则享有对戊的求偿权

7. 甲公司对乙公司享有10万元债权，乙公司对丙公司享有20万元债权。甲公司将其债权转让给丁公司并通知了乙公司，丙公司未经乙公司同意，将其债务转移给戊公司。如丁公司对戊公司提起代位权诉讼，戊公司下列哪一抗辩理由能够成立？【2011年司法考试卷三第12题】

A. 甲公司转让债权未获乙公司同意

B. 丙公司转移债务未经乙公司同意

C. 乙公司已经要求戊公司偿还债务

D. 乙公司、丙公司之间的债务纠纷有仲裁条款约束

8. 梁某与甲旅游公司签订合同，约定梁某参加甲公司组织的旅游团赴某地旅游。旅游出发前15日，梁某因出差通知甲公司，由韩某替代跟团旅游。旅游行程一半，甲公司不顾韩某反对，将其旅游业务转给乙公司。乙公司组织游客参观某森林公园，该公园所属观光小火车司机操作失误致火车脱轨，韩某遭受重大损害。下列哪些表述是正确的？【2011年司法考试卷三第60题】

A. 即使甲公司不同意，梁某仍有权将旅游合同转让给韩某

B. 韩某有权请求甲公司和乙公司承担连带责任

C. 韩某有权请求某森林公园承担赔偿责任

D. 韩某有权请求小火车司机承担赔偿责任

9. 甲向乙借款300万元于2008年12月30日到期，丁提供保证担保，丁仅对乙承担保证责任。后乙从甲处购买价值50万元的货物，双方约定2009年1月1日付款。2008年10月1日，乙将债权让与丙，并于同月15日通知甲，但未告知丁。对此，下列哪些选项是正确的？【2010年司法考试卷三第57题】

A. 2008年10月1日债权让与在乙丙之间生效

B. 2008年10月15日债权让与对甲生效

C. 2008年10月15日甲可向丙主张抵销50万元

D. 2008年10月15日后丁的保证债务继续有效

10. 甲公司分立为乙丙两公司，约定由乙公司承担甲公司全部债务的清偿责任，丙公司继受甲公司全部债权。关于该协议的效力，下列哪一选项是正确的？【2009年司法考试卷三第3题】

A. 该协议仅对乙丙两公司具有约束力，对甲公司的债权人并非当然有效

B. 该协议无效，应当由乙丙两公司对甲公司的债务承担连带清偿责任

C. 该协议有效，甲公司的债权人只能请求乙公司对甲公司的债务承担清偿责任

D. 该协议效力待定，应当由甲公司的债权人选择分立后的公司清偿债务

第九章　合同的权利义务终止

【知识结构图】

- 合同的权利义务终止
  - 清偿
    - 清偿的概念、性质
    - 代为清偿
    - 清偿抵充
  - 合同解除
    - 合同解除的概念、种类、适用范围
    - 合同解除的要件
      - 法定解除的要件
      - 约定解除的要件
      - 协议解除的要件
    - 合同解除的效力
  - 抵销
    - 抵销的概念、意义
    - 法定抵销的要件、方式、效力
    - 合意抵销
  - 提存
    - 提存的概念、意义
    - 提存的要件、方式、效力
  - 免除
    - 免除的概念、性质
    - 免除的要件、方式、效力
  - 混同
    - 混同的概念、性质
    - 混同的原因、效力

第一节　合同权利义务终止概述

一、合同权利义务终止的概念

合同权利义务终止，是指合同权利或合同义务因一定法律事实而消灭的现象。与其密切相关的概念是“债的消灭”，意指因法定或约定事由的发生而导致债的关系不复存在。债的消灭是合同权利义务终止的上位概念，其包含合同之债的消灭和非合同之债的消灭。《合同法》第六章以“合同的权利义务终止”为标题似有欠严谨，因为本章的规定除合同解除和混同导致合同关系消灭以外，其他事由如清偿、抵销和免除等仅导致债务消灭而非导致债权消灭或合同关系整体消灭。因现行法尚无民法典“债法总则”，故不当得利、无因管理等非合同之债的消灭准用《合同法》第六章的规定（合同解除除外）。对于合同的权利义务终止，可从以下几方面理解：

1. 合同权利义务终止是在债权人和债务人不变的前提下，合同权利或合同义务归于消灭。广义的债的消灭包括绝对消灭和相对消灭。债的绝对消灭，是指债的关系对任何人而言都不复存在，债权或债务终局地归于消灭。债的相对消灭，是指债的关系仅在特定当事人之间不复存在，例如债的移转。《合同法》第六章规定的“合同的权利义务终止”仅指债的绝对消灭。

2. 合同权利义务终止包括单项债务消灭和合同关系整体消灭两种情形。《合同法》第六章规定的终止事由既有导致单项债务消灭的情形，也有导致合同关系整体消灭的情形。在前者情形下，属于狭义债的关系消灭；在后者情形下，属于广义债的关系消灭。

3. 合同权利义务终止主要导致给付义务的消灭，但后合同义务仍然存在。无论是狭义债的关系消灭还是广义债的关系消灭，其主要后果均为债务人的主给付义务和从给付义务消灭。但基于诚实信用原则的要求，债务人在债的关系消灭后仍负有后合同义务，以保护债权人的维持利益。《合同法》第92条规定：“合同的权利义务终止后，当事人应当遵循诚实信用原则，根据交易习惯履行通知、协助、保密等义务。”一方违反后合同义务给对方当事人造成实际损失的，违反后合同义务的一方应承担赔偿责任。（《合同法解释（二）》第22条）

二、《合同法》第六章列举的合同权利义务终止的事由

《合同法》第91条规定，合同权利义务终止的事由包括：清偿（第1项）、合同解除（第2项）、抵销（第3项）、提存（第4项）、免除（第5项）、混同（第6项）。

三、《合同法》第六章未列举的合同权利义务终止的事由

《合同法》第91条除明确列举合同权利义务终止的6种事由外，其第7项还规定兜底条款“法律规定或者当事人约定终止的其他情形”。合同权利义务终止的其他事由如下：

（一）附条件合同之解除条件成就

附解除条件合同在条件成就以前，合同已经成立生效，但自条件成就时合同失效（《合同法》第45条第1款第3句），导致合同权利义务终止。

（二）附期限合同之终止期限届满

附终止期限合同在期限届满以前，合同已经成立生效，但自期限届满时合同失效（《合同法》第46条第3句），导致合同权利义务终止。

（三）合同被撤销

可撤销合同在被撤销以前，合同已经有效成立，但被撤销合同自始没有法律约束力（《合同法》第56条第1句），导致合同权利义务终止。

（四）当事人死亡

合同具有人身专属性或人身履行性的，当事人死亡导致合同权利义务终止。例如演出合同、雇佣合同、委托合同等。但法律另有规定，依照其规定。（例如《合同法》第411条之“但书”）

（五）债的目的达成

债的目的达成，是指非因给付或替代给付而导致达成债的目的。在此情形下，因债的目的已经达成而没有必要再进行给付行为，因此导致合同权利义务终止。例如患者为治疗某种疾病而与医院签订手术合同，但在手术前患者自行康复。

第二节　清　　偿

一、清偿的概念和性质

清偿，是指债务人一方依债的本旨，正确、适当地履行了债务，从而使债权人的债权得以实现并使债务归于消灭的现象。与清偿密切相关的概念是“履行”，二者系对同一现象作不同角度的观察所得出概念。履行是从合同效力的角度着眼，强调债务人应依据合同效力完成履行行为，并由此设置履行期限、履行地点、履行方式等具体规则。清偿是从债的消灭的角度着眼，强调适当的清偿能够导致债的消灭之结果。

对于清偿的性质，学界存在争议，有法律行为说、非法律行为说、折中说等观点。① 本书认为，对于清偿的性质，应结合清偿的内容、有关规则的衔接等因素加以判断。具体分析如下：

1. 清偿的内容是创作行为、提供劳务、不作为的，清偿为事实行为。在技术开发合同、约稿合同、雇佣合同、保密合同等合同中，债务人清偿行为的内容体现为创作行为、提供劳务、不作为等事实行为。此类清偿不以意思表示为要素，且对债务人的民事行为能力不作要求。

2. 清偿的内容是代订合同、完成交易的，清偿为法律行为。在委托合同、行纪合同等合同中，债务人清偿行为的内容体现为代订合同、完成交易等法律行为。例如委托人委托受托人从第三人处购买一套房屋。此类清偿要求债务人实施一个或若干个法律行为，其以意思表示为要素，且要求清偿人具有相应的民事行为能力。

3. 清偿的内容是交付货物、支付价款的，清偿性质的界定与是否采用物权行为理论相关。在买卖合同、互易合同、赠与合同等合同中，债务人清偿行为的内容体现为交付货物、支付价款。在采用物权行为理论的语境下，此类移转动产占有的行为是独立的法律行为，对意思表示、民事行为能力均有相应的要求。在不采用物权行为理论的语境下，此类行为是事实行为。因现行法及主流学理意见均不主张采用物权行为理论，故此类清偿应认定为事实行为。

二、代为清偿

（一）代为清偿的概念和意义

代为清偿，是指由债务人以外的第三人向债权人清偿，使债务人的债务消灭的现象。

---

① 参见孙森焱：《民法债编总论》（下册），法律出版社 2006 年版，第 833～835 页；王洪亮：《债法总论》，北京大学出版社 2016 年版，第 163～166 页。

清偿行为虽原则上应由债务人实施，但在某些场合下，亦可由债务人以外的第三人实施。例如甲乙订立买卖合同，甲应向乙支付100万元价款，丙对甲负有100万元到期债务，丙向乙直接支付100万元，可发生甲对乙所负债务被清偿的效果。代为清偿制度主要具有两方面意义：（1）方便履行。在上述事例中，通过丙的代为清偿简化了履行环节，节省了履行费用，有利于提高履行的效率。（2）赠与的实现。在上述事例中，即使丙对甲不负有债务，丙亦可基于对甲赠与的意思而代为清偿甲的债务。

（二）代为清偿的条件

1. 依债务的性质，由第三人代为清偿可以实现清偿效果。某些清偿行为由何人作出并不影响实现清偿效果，此类清偿行为可以适用代为清偿。例如支付价款、交付货物等。但如果依据债务性质必须由特定债务人作出清偿行为才能实现清偿效果，则这种清偿行为不能适用代为清偿。此类债务主要是具有人身专属性债务和不作为债务。例如以债务人的特别技能为内容的债务、以特殊信任关系为前提的债务、竞业禁止义务等。另外，法律规定不得转让的债务也应类推适用于代为清偿。例如《合同法》第253条第1款规定，承揽合同中承揽人完成主要工作的义务不得转让，该义务也不得代为清偿。

2. 债权人与债务人没有约定不得由第三人代为清偿。即使某项债务不属于必须由特定债务人作出清偿行为才能实现清偿效果的债务，当事人亦可依据合同自由原则约定该债务不得由第三人代为清偿。如果当事人事先有此约定的，该债务不得适用于代为清偿。

3. 债权人没有拒绝代为清偿的正当理由，债务人也无提出异议的正当理由。对该要件可从以下两方面理解：

（1）债权人与债务人未约定代为清偿，不构成正当理由。如果债权人与债务人事先并未约定可适用代为清偿，债权人以此拒绝代为清偿或债务人以此提出异议的，不能构成正当理由。因为只要债务在性质上适于代为清偿且当事人事先未作出排除适用约定的，原则上均可适用代为清偿。

（2）代为清偿影响合同目的实现或对债权人、债务人有实质性影响的，构成正当理由。所谓“实质性影响”，是指代为清偿虽可实现清偿效果，但给债权人或债务人造成了某种形式的不利益或增加了其他风险。例如甲和乙互负债务，甲本可通过抵销使自己所负债务消灭，但丙代为清偿乙对甲的债务，导致甲还须花费成本向乙实际作出清偿行为，甲有权拒绝丙的代为清偿。

4. 代为清偿的第三人必须具有为债务人清偿的意思。所谓“具有为债务人清偿的意思”，是指第三人在主观上明知自己是在清偿债务人的债务，并希望以此清偿行为使债务人的债务归于消灭。如果第三人误以为是自己的债务而履行了本属他人的债务，不发生代为清偿的效果，第三人可依据不当得利规则请求债权人返还财产。

三、清偿抵充

（一）清偿抵充的概念和意义

清偿抵充，是指债务人对债权人负担数宗同种类债务，而债务人的履行不足以清偿全部债务时，决定该履行抵充某宗或某几宗债务的现象。例如甲公司对银行负有3项债务，分别为500万元、300万元和100万元，甲公司向银行一次性偿还了200万元，但未说明是清偿哪项债务。此种情形下便需要适用清偿抵充规则加以解决。在债务人对债权人负担数宗同种类债务的场合下，如果债务人的履行不足以清偿全部债务，由于各项债务利息的有无及高低、担保的有无及范围、履行期限、违约责任等方面存在差异，该履行被用于抵充哪项债务对当事人的利益影响重大，清偿抵充规则即为解决该问题而设。

（二）清偿抵充的条件

1. 必须是债务人对同一债权人负担数宗债务。该数宗债务可以是同时成立，也可以是先后成立。其履行期限是否相同、是否存在担保、是否存在利息及利率的高低，均在所不问。

2. 必须数宗债务的种类相同。该数宗债务为性质相同的种类物之债，才能适用清偿抵充规则。如果数宗债务均为特定物之债或虽为种类物之债但种类物的性质不同，则不存在清偿抵充的问题。例如甲对乙负有3项债务，分别为交付一幅古画、交付价值10万元的大米、交付价值10万元的布匹，甲向乙交付大米时，不存在清偿抵充的问题。

3. 必须债务人的履行不足以清偿全部数宗债务。债务人的履行是否须至少足以清偿某一宗债务？本书持否定意见。① 理由如下：其一，《合同法解释（二）》第20条规定，清偿抵充的适用条件是“债务人的给付不足以清偿其对同一债权人所负的数笔相同种类的全部债务”，并未要求债务人的履行必须至少足以清偿某一宗债务。其二，如果债务人的履行不足以清偿某一宗债务，该履行行为对数宗债务均构成部分履行，在部分履行不损害债权人利益的前提下，债权人不得拒绝债务人的部分履行。（《合同法》第72条第1款）在此情形下，同样存在清偿抵充的问题。

（三）清偿抵充的方式

清偿抵充的方式适用下列顺序：

1. 约定抵充。债权人与债务人对清偿的债务或者清偿抵充顺序有约定的，依其约定。（《合同法解释（二）》第20条第2句）该约定可以在合同成立时或清偿时进行。

2. 指定抵充。如果债权人与债务人就抵充未作约定，清偿人有权单方面指定其给付系清偿何宗债务。该指定行为是行使形成权的行为，无须取得债权人同意。该指定行为应在清偿时作出。

3. 法定抵充。如果没有约定抵充和指定抵充，则应适用法定抵充规则。依《合同法解释（二）》第20、21条规定，法定抵充规则的具体内容如下：

（1）应当优先抵充已到期的债务；

（2）几项债务均到期的，优先抵充对债权人缺乏担保或者担保数额最少的债务；

（3）担保数额相同的，优先抵充债务负担较重的债务；负担相同的，按照债务到期的先后顺序抵充；到期时间相同的，按比例抵充。

（4）债务人除主债务之外还应当支付利息和费用，当其给付不足以清偿全部债务时，并且当事人没有约定的，应当按照下列顺序抵充：①实现债权的有关费用；②利息；③主债务。

---

① 相反意见参见崔建远：《债法总论》，法律出版社2013年版，第266页。

【拓展：代物清偿和新物清偿】

代物清偿，是指当事人约定由债务人以他种给付代替原定给付，债权人予以受领后使债的关系归于消灭的现象。例如甲对乙负有100万元金钱债务，双方约定甲将一套房屋过户给乙，以清偿该债务。代物清偿的意义在于：一是在清偿领域贯彻合同自由原则，尊重当事人对给付方式的意思；二是在债务人就原定给付发生履行困难时，增加债权人实现债权的选择机会。对于代物清偿，域外立法多设有明文规定。① 债权人与债务人就代物清偿事宜达成的协议，为代物清偿协议。对于代物清偿协议的性质，学理上存在争议，有变更债务协议说、债务更新协议说、要物合同说等观点。② 如果债务人对代物清偿协议未实际履行，债权人应就何种给付主张权利？依上述各说所得结论并不相同，一般认为此时债权人应就原定给付主张权利。我国现行法对代物清偿未作规定，但最高人民法院公报案例肯定代物清偿协议的效力，并认为该协议系实践合同。③

新债清偿，又称新债抵旧或间接给付，是指债务人以清偿旧债务为目的而负担新债务，并通过履行新债务使旧债务归于消灭的现象。例如甲对乙负有100万元债务已届清偿期，为清偿该债务，甲向乙出立金额为100万元的汇票。新债清偿的意义在于保障债权人受偿的可能，并使债务人暂时脱离因不能清偿旧债务而被强制执行的风险。对于新债清偿，某些域外立法设有明文规定。④ 在新债清偿的场合下，债务人负担新债务是履行旧债务的方法，新旧债务虽同时并存，但新债务被履行后，旧债务同步消灭。如果债务人不履行新债务，旧债务仍不消灭，但当事人另有约定的除外。我国现行法对新债清偿未作规定。应注意的是，我国实务中常有以新还旧的现象，例如甲对乙银行负有100万元债务已届清偿期，甲又向乙银行借款200万元，其中100万元用于清偿旧债务。该现象并非新债清偿，而是以新债务所得财产用以清偿旧债务的行为。现行法对以新还旧中担保关系的处理设有规定。(《担保法解释》第39条)

第三节　合同解除

一、合同解除概述

(一) 合同解除的概念

合同解除，是指合同有效成立后，当具备合同解除条件时，因当事人一方或双方的意

① 参见《德国民法典》第364、365条；《日本民法典》第482条；《葡萄牙民法典》第837~840条。

② 参见王利明：《债法总则研究》，中国人民大学出版社2015年版，第675~676页。

③ 参见“某市国土资源局某分局与某房地产开发有限责任公司等代位权纠纷案”，载《最高人民法院公报》2012年第6期。

④ 参见《葡萄牙民法典》第840条第2款。

思表示使合同关系归于消灭的现象。合同解除是合同之债的消灭事由，非合同之债不存在解除的问题。对于合同解除，可从以下几方面理解：

1. 合同解除体现了对合同严守原则的变通和合同自由原则。合同有效成立后，对当事人具有法律约束力，当事人不得擅自解除合同，此为合同严守原则的当然要求。(《合同法》第 8 条）但在合同有效成立后的某些场合下，因客观情况变化或对方当事人严重违约，导致合同履行成为不可能或不必要，使得当事人订立合同时所追求的合同目的无法实现，此时通过合同解除使当事人从合同关系中解脱出来即成为必要。还有些场合下，在合同有效成立后双方当事人的意愿发生变化，均不欲继续维持合同关系，此时也应允许当事人双方达成合意使合同关系归于消灭。

2. 合同解除的对象是有效成立的合同。合同不成立、无效、被撤销、被拒绝追认的，不存在解除的问题。合同解除并非因为合同内容违反法律强制性规定或当事人意思表示有瑕疵，而是因为发生了合同订立时所未有的特殊情况，法律允许当事人从该合同关系中解脱出来。

3. 合同解除必须具备解除条件。因合同解除是在特殊场合下对合同严守原则的变通，故必须存在特定事由即解除条件时当事人才有权解除合同。解除条件分为法定解除条件和约定解除条件，前者由法律规定（例如《合同法》第 94 条)，后者由当事人约定。如果不存在此两类解除条件，但当事人协商一致，也可以解除合同。(《合同法》第 93 条第 1 款)

4. 合同解除必须有当事人的解除行为。现行法未采当然解除主义，具备解除条件仅为合同解除的前提，即意味着此时当事人有权解除合同。欲使合同被解除，还必须有当事人的解除行为，法院或仲裁机构不得在当事人未行使解除权或未达成解除协议的情形下，主动依职权解除合同。

5. 合同解除的后果是使合同关系归于消灭。合同被解除后，债权人不能再依合同约定请求债务人履行给付义务，但债务人仍须履行附随义务。合同解除虽导致合同关系归于消灭，但并非使当事人之间不存在任何权利义务关系，而是依据法律规定或当事人约定发生相关法律后果，包括：当事人可以要求恢复原状、采取其他补救措施，并有权要求赔偿损失(《合同法》第 97 条)；合同中结算和清理条款的适用(《合同法》第 98 条）等。

（二）合同解除的种类

1. 单方解除（法定解除、约定解除）与协议解除。

（1）单方解除，是指在解除条件具备时，解除权人行使解除权解除合同。解除权人解除合同的行为是行使形成权的单方行为，无须取得对方当事人同意。合同被单方解除的，依法律规定发生相关法律后果，并适用合同中结算和清理条款，以了结双方的权利义务关系。单方解除包括法定解除和约定解除。

法定解除，是指法律规定的解除条件具备时，解除权人行使解除权解除合同。《合同法》第 94 条规定的是一般场合下的法定解除，《合同法》分则和某些单行法还规定了仅适用于某些有名合同的法定解除。《合同法》总则和分则规定的解除条件构成一般与特殊的关系，当同一情形就总则和分则的规定均可适用时，应当优先适用分则的规定。① 现行法规定的解除条件主要包括三种情形：

①一方当事人有严重违约行为，其中主要是根本违约行为；②因客观原因不能履行并由此导致与根本违约类似的后果；③某些特殊合同中当事人的任意解除权。

约定解除，是指当事人约定的解除条件具备时，解除权人行使解除权解除合同。《合同法》第 93 条第 2 款规定的即为约定解除。约定解除具有以下特征：

①解除条件由当事人在合同中约定。当事人可以在订立合同时约定，也可以其后以补充协议约定，但应在该事由实际发生之前约定。

②解除条件可以是当事人一方或双方的某种违约行为，也可以是其他情形（如解约定金），但不得约定违法事由。

（2）协议解除，又称合意解除，是指当事人通过订立解除协议使合同关系归于消灭。《合同法》第 93 条第 1 款规定："当事人协商一致，可以解除合同。"此即为协议解除。协议解除是合同自由原则在合同解除领域的体现，其赋予当事人在并无特殊事由的情形下以双方合意解除合同的权利。② 协议解除具有以下特征：

①协议解除是通过订立一个新的合同而解除原合同。解除协议本身是一个独立的合同，适用合同法关于合同成立、效力、履行等具体规则。解除协议生效导致原合同归于消灭，双方的权利义务依据解除协议的内容发生变动。

②协议解除只须双方协商一致，无须存在解除条件。协议解除的本质是双方当事人就合同解除事宜达成合意，以订立解除协议的方式使合同关系归于消灭。解除协议是双方行为，不同于法定解除和约定解除中行使解除权的单方行为。即使存在法定或约定解除条件，但当事人不欲行使解除权，而仍与对方订立解除协议亦可。在此情形下，当事人是以自己的行为放弃了解除权。

③协议解除的法律后果可以由当事人约定。当事人可以就合同解除的法律后果在解除协议中进行约定（如是否返还财产、赔偿损失等），以了结双方在合同关系消灭后的权利义务。

约定解除与协议解除均在一定程度上体现了合同自由原则，但二者存在以下区别：①性质不同。约定解除是单方行为，即解除权人单方行使解除权的行为；协议解除是双方行为，须双方当事人订立解除协议。②是否须具有解除条件不同。约定解除必须具备当事人约定的解除条件，即某种特殊事由；协议解除无须具备此种解除条件，而仅须双方就解除合同达成合意。③效果依据不同。约定解除可依据法律规定产生相应的法律效果；协议解除的法律效果依据解除协议的约定确定。④后果不同。约定解除导致合同关系归于消灭；协议解除是以一个新的合同代替原合同，当事人仍须受解除协议的约束。

---

① 参见"青岛某织造有限公司与青岛市某街道办事处某社区居民委员会房屋买卖合同纠纷申请再审案"，载刘德权主编：《最高人民法院裁判意见精选》（上），人民法院出版社 2011 年版，第 323 页。

② 现行法将协议解除规定为合同解除的类型，对此的批评意见，参见余延满：《合同法原论》，武汉大学出版社 1999 年版，第 480 页。

2. 任意解除与非任意解除。

（1）任意解除，是指无须法定或约定解除条件及双方达成协议，凭当事人单方意思解除合同。任意解除是合同解除中的一种特殊现象，是法律基于某种特殊立法目的而赋予当事人任意解除权来解除合同。现行法规定的任意解除主要包括下列情形：

①以双方的人身信任为基础的某些合同，法律规定当事人享有任意解除权。例如《合同法》第 410 条第 1 句规定："委托人或者受托人可以随时解除委托合同。"因为在委托合同中，委托或接受委托均以双方的人身信任为基础，一旦该基础发生变化，应允许当事人从该合同关系中解脱出来。

②为保护合同关系中弱势一方，法律规定该方享有任意解除权。例如《保险法》第 15 条规定，除本法另有规定或合同另有约定外，保险合同成立后，投保人可以解除合同，保险人不得解除合同。在保险合同中，投保人与保险人相比，在经济实力、专业知识等方面均处于弱势地位，为平衡双方的力量关系，法律采取"向投保人倾斜"的立法政策，赋予投保人任意解除权。

③合同关系的建立以一方需要为前提，法律规定该方享有任意解除权。例如《合同法》第 268 条规定："定作人可以随时解除承揽合同，造成承揽人损失的，应当赔偿损失。"在承揽合同中，完成工作成果是为了满足定作人的需要，某些场合下甚至仅对定作人有意义，如果因情况变化使定作人不再有此需要，却仍要定作人接受该工作成果，则显非妥当。因此立法通例规定定作人享有任意解除权，但须赔偿承揽人由此所受的损失。又例如《土地承包法》第 29 条第 1 句规定：" 承包期内，承包方可以自愿将承包地交回发包方。"该条规定承包方享有任意解除权。

（2）非任意解除，是指必须具备解除条件或双方达成协议，才能解除合同。除任意解除外，其他的合同解除均为非任意解除，非任意解除是合同解除的常态。

任意解除与非任意解除的区别：①适用对象不同。前者仅适用于法律有特殊规定的个别有名合同，且多为继续性合同（如委托、保险、土地承包）；后者适用于大多数类型的合同。②适用条件不同。前者无须具备任何解除事由，仅凭解除权人单方意思即可解除合同；后者须具备解除条件或双方达成协议。③解除方式不同。前者为单方解除；后者可以是单方解除也可以是协议解除。④解除权人不同。前者的解除权人是信任基础丧失后值得保护的一方及弱势一方等；后者无此限制。

3. 全部解除与部分解除。

全部解除，是指解除的效果及于全部合同关系，其导致整个合同关系归于消灭。在使用合同解除概念时，如无特别说明，均指全部解除。《合同法》第六章规定的合同解除规则也是立足于全部解除而设置。

部分解除，是指解除的效果仅及于部分合同关系，其导致部分合同内容丧失效力，但合同关系仍然存在。《合同法》第六章未规定部分解除，但《合同法》分则部分第 164～166 条规定了买卖合同中涉及主物与从物、一物与数物、分批交付标的物等场合下的部分解除规则。部分解除仅适用于法律有明确规定的场合，否则当事人行使解除权的效果应及于整个合同关系。构成合同主要内容的条款不能被单独解除。① 如果在合同成立后，当事人通过协议使部分合同条款失效，应认定为变更合同，而非部分解除。在银行不良金融债权以资产包形式整体转让的场合下，有判决认为："资产包整体买进后，如需解除合同，必须整体解除，将资产包整体返还。银行不良金融债权的受让人在将资产包中相对优质的债权变卖获益后，又通过诉讼请求部分解除合同，将资产包中其他债权返还的，人民法院不予支持。"②

(三) 合同解除的适用范围

对于协议解除而言，无论合同的种类及效力状态如何，均可适用。对于约定解除而言，只要约定解除事由具有法律认可的效力，无论合同的种类及效力状态如何，也均可适用。对于法定解除而言，有效成立且已生效的合同无论是否已开始履行，只要未履行完毕均可适用；可撤销合同被撤销之前、效力未定合同被追认之后也可以适用；一时的合同和继续性合同均可适用，此与某些域外立法规定仅一时的合同可适用合同解除有所不同。

下列几种情况应予注意：

1. 法律规定不得解除的合同。基于特定的立法目的，法律规定某些合同在特定场合下不得解除或者某一方当事人不得解除。例如保险合同成立后，保险人不得解除合同，保险法另有规定或者保险合同另有约定除外。(《保险法》第 15 条) 货物运输保险合同和运输工具航程保险合同，保险责任开始后，合同当事人不得解除合同。(《保险法》第 50 条) 其立法理由在于，如果允许当事人在保险责任开始后解除合同，容易诱发道德风险。③ 又例如，委托人与律师订立委托合同，律师接受委托后，无正当理由的，不得拒绝辩护或者代理（即不得解除合同）。但委托事项违法、委托人利用律师提供的服务从事违法活动或者委托人故意隐瞒与案件有关的重要事实的除外。(《律师法》第 32 条第 2 款) 委托合同的当事人双方本都享有任意解除权，但律师利用自身专业知识为委托人处理法律事务对委托人影响重大，因此法律规定律师在接受委托后原则上不得解除合同。

2. 单务合同是否适用合同解除？协议解除和约定解除均可适用于单务合同，并无疑义。但对法定解除能否适用于单务合同，多有立法持否定态度。④ 我国《合同法》对此未作明确规定，学理上存在争议。⑤ 本书赞同肯定说，理由为：其一，现行法规定的违约解除事由(《合同法》第 94 条第 2~4 项) 虽然对双务合同更具意义，但在某些场合下单务合同也有适用的必要。例如借用合同的借用人明确表示将不归还借用物或违反约定将借用物出租，应允许出借人解除合同。其二，现行法规定因不可抗力致使不能实现合同目的

① 参见"董某与朱某等股权转让合同纠纷上诉案"，载最高人民法院民事审判第一庭编：《民事审判指导与参考》2010 年第 3 集（总第 43 集），法律出版社 2011 年版，第 188 页以下。

② 参见"沈阳某投资管理有限公司与中国某资产管理公司沈阳办事处债权转让合同纠纷案"，载《最高人民法院公报》2010 年第 5 期。

③ 参见最高人民法院保险法司法解释起草小组编著：《〈中华人民共和国保险法〉保险合同章条文理解与适用》，中国法制出版社 2010 年版，第 333 页。

④ 参见《德国民法典》第 323、324 条；《法国民法典》第 1184 条。

⑤ 肯定说参见崔建远：《合同法总论》（中卷），中国人民大学出版社 2012 年版，第 549 页以下；否定说参见韩世远：《合同法总论》，法律出版社 2011 年版，第 508 页以下。

(《合同法》第94条第1项)，该事由对双务合同和单务合同均有适用意义。例如因地震导致无偿保管人不再具有保管条件，应允许保管人解除合同。其三，虽然某些单务合同规则（如《合同法》第186条规定的赠与人任意撤销权、第410条规定的委托合同任意解除权）因行使条件更便利致使当事人享有的法定解除权不具实际意义，但该现象并非单务合同所独有，双务合同同样存在此问题。例如保险合同中投保人的任意解除权、有偿委托合同中当事人的任意解除权等。在此情形下，应允许当事人选择行使法定解除权或其他权利。

（四）合同解除与相关概念的比较

1. 合同解除与合同终止。

有立法例区分合同解除与合同终止，前者适用于一时的合同，后者适用于继续性合同。① 一时的合同被解除的，具有溯及效力，即在当事人之间发生返还财产、恢复原状的法律后果。继续性合同终止的，不具有溯及效力而仅向将来发生效力。

我国《合同法》规定的合同解除包括德国法中的解除与终止，既适用于一时的合同也适用于继续性合同，并依据履行情况和合同性质发生溯及效力或不发生溯及效力。(《合同法》第97条）而且，《合同法》第六章标题采“合同的权利义务终止”，将终止作为解除的上位概念，使解除作为终止的原因之一。

2. 合同解除与合同撤销。

合同解除与合同撤销均为合同权利义务的终止事由，且解除权与撤销权的性质都是形成权。两者的区别如下：(1）适用对象不同。前者的适用对象是有效成立的合同，当事人订立合同时意思表示是真实的；后者的适用对象是效力存在瑕疵的合同，当事人订立合同时意思表示因欺诈、胁迫等事由而不真实或不自愿。(2）适用条件不同。前者的适用条件包括法定解除条件、约定解除条件和当事人达成协议等三种情形；后者的适用条件只能是法律规定的(《合同法》第54条)。(3）适用领域不同。前者只能适用于合同关系；后者是法律行为撤销的下位概念，还可适用于婚姻等法律行为。(4）行使方式不同。行使解除权以通知对方的方式进行，而无须通过诉讼或仲裁程序，对方有异议，可请求法院或仲裁机构确认(《合同法》第96条)；行使撤销权应当通过诉讼或仲裁程序进行(《合同法》第54条)。(5）效力不同。前者依据履行情况和合同性质发生溯及效力或不发生溯及效力；后者具有溯及效力。

3. 合同解除与附解除条件合同。

合同解除与附解除条件合同之条件成就均为合同权利义务的终止事由，且两者均采取“解除”概念。两者的区别如下：(1）是否要求解除行为不同。前者须有当事人的解除行为，即在发生法定或约定解除条件的情形下，还须当事人行使解除权才能导致合同被解除；后者无须当事人的解除行为，解除条件成就当然导致合同关系归于消灭。(2）适用条件不同。前者的适用条件包括法定解除条件、约定解除条件和当事人达成协议等三种情形；后者的解除条件只能是由当事人约定的。(3）适用领域不同。前者只能适用于合同关系；后者是附解除条件法律行为的下位概念，还可适用于遗嘱等法律行为。(4）效力

① 参见《德国民法典》第346条以下。

不同。前者依据履行情况和合同性质发生溯及效力或不发生溯及效力；后者原则上不发生溯及效力，除非当事人另有约定。

二、合同解除的要件

（一）法定解除的要件

1. 须具备法定解除条件。《合同法》第94条规定了法定解除条件：

（1）因不可抗力致使不能实现合同目的。（《合同法》第94条第1项）该项规定因不可抗力而产生的合同解除权，适用条件如下：

①必须有不可抗力发生。不可抗力，是指不能预见、不能避免并不能克服的客观情况。（《合同法》第117条第2款）不可抗力作为一种当事人意志以外的客观原因，导致合同不能履行，在此情形下如果仍将当事人束缚于合同关系中，显然违背公平原则，因此法律赋予当事人以合同解除权。应注意的是，有域外立法采自动解除主义，即如果一方当事人因完全的和永久的障碍而免责，则合同于该障碍产生时起自动解除而无须通知。① 我国现行法与此不同，法律赋予当事人以合同解除权，当事人须行使解除权才能导致合同关系消灭。

②必须不可抗力的效果致使不能实现合同目的。不可抗力对当事人履行合同义务的影响在不同情形下有大小之分，如果不可抗力的效果导致当事人完全不能履行合同义务，致使合同目的无法实现，当事人享有解除权；如果不可抗力的效果导致当事人部分不能履行合同义务，应视合同目的能否实现决定当事人是否享有解除权；如果不可抗力的效果对当事人履行合同义务无影响或影响轻微，不影响合同目的的实现，则当事人不享有解除权。

③当事人依据该项解除合同，不影响不可抗力作为免责事由(《合同法》第117条）和风险负担规则(《合同法》第142条等）的适用。该项的意义在于确认当事人可因不可抗力享有合同解除权，如果该不可抗力还涉及违约免责和标的物风险负担的问题，相关规则可并行适用。

《汶川地震适用法律意见（二）》关于地震与合同解除的规定：

A. 买受人要求出卖人按照房屋买卖合同的约定继续履行交房义务的，人民法院应予支持，但是因地震不能实际履行或者实际履行费用过高的除外；因地震造成房屋不能交付或者不符合约定的交付条件，买受人要求解除房屋买卖合同的，人民法院应予支持。(《汶川地震适用法律意见（二）》第1条)

B. 因地震灾害致使在合理期限内出卖人迟延交付房屋或者买受人迟延支付购房款，当事人一方请求解除合同的，人民法院不予支持，但当事人另有约定的除外。(《汶川地震适用法律意见（二）》第4条)

C. 商品房买卖合同约定买受人以担保贷款方式付款，因地震导致未能订立商品房担保贷款合同并致使商品房买卖合同不能继续履行的，当事人可以请求解除合同，出卖人应当将收受的购房款本金及其利息或者定金返还买受人。(《汶川地震适用法律意见（二）》第5条)

---

① 参见PECL第9：303条第4款。

D. 出租人因自住房垮塌或者经鉴定成为危房无法居住，起诉到人民法院要求解除房屋租赁合同收回自住的，人民法院应予支持，但要给承租人合理期限腾退房屋。(《汶川地震适用法律意见（二）》第6条)

E. 承租人因承租房已经垮塌或者经鉴定成为危房需加固或拆除，导致房屋无法正常使用，起诉要求解除租赁合同的，人民法院应予支持。(《汶川地震适用法律意见（二）》第7条)

F. 租赁经营期间，因地震灾害造成租赁经营的厂房、设备以及经营场所严重受损无法恢复正常经营，当事人起诉要求解除租赁经营合同的，人民法院应予支持。(《汶川地震适用法律意见（二）》第11条)

G. 当事人以地震造成所处地域的消费水平降低、经济不景气等经营环境改变为理由，主张预期经营目的不能实现，承租人要求减少租金的，人民法院可以根据案件具体情况，适用公平原则处理。要求解除租赁合同的，人民法院不予支持。(《汶川地震适用法律意见（二）》第12条)

（2）在履行期限届满之前，当事人一方明确表示或者以自己的行为表明不履行主要债务。(《合同法》第94条第2项）该项规定因拒绝履行而产生的合同解除权，适用条件如下：

①必须债务人有拒绝履行行为。该项包括预期违约和实际违约两种情形，两者均为拒绝履行的表现形式。履行期限届满之前包括：一是履行期限届至之前，在此期间内当事人一方明确表示或者以自己的行为表明不履行主要债务的，构成预期违约；二是履行期限届至后至届满前，在此期间内当事人一方明确表示或者以自己的行为表明不履行主要债务的，构成实际违约。明确表示不履行主要债务的，为明示拒绝履行；以自己的行为表明不履行主要债务的，为默示拒绝履行。

②必须是未履行主要债务。应注意该项规定的拒绝履行与《合同法》第108条规定的拒绝履行范围有所不同：因债务人应当全面履行合同义务，故其对任何合同义务拒绝履行的，债权人均可依据《合同法》第108条要求其承担违约责任；而债务人对主要债务拒绝履行的，债权人才能依据《合同法》第94条第2项解除合同，即债务人拒绝履行对合同关系影响重大的情形下债权人才享有合同解除权。有判决认为："被告已将作为出资的设备和房产交合资公司实际使用，只有少部分房产未办理过户手续，其履行了主要债务，因此不符合合同法第94条对预期违约的规定。"①

对于是否构成主要债务的判断标准：主给付义务当然为主要债务；从给付义务和附随义务多数场合下不构成主要债务，但如果在某些场合下此类义务的履行对债权人债权的实现具有重要意义，也可构成主要债务。但不应以"实现合同目的"为标准来判断是否为主要债务，否则该项会被同条第4项所吸收而无独立规范意义。

③无须经过催告程序。债务人拒绝履行是严重的违约行为，其以明示或默示的意思表示表明将不履行合同主要债务，因此法律未要求债权人对其再进行催告，而赋予债权人直

① 参见"某投资公司诉天津市某工具公司中外合资公司纠纷上诉案"，载《最高人民法院公报》2003年第4期。

接解除合同的权利。有关司法解释亦坚持这一立场。(《建设工程施工合同解释》第8条第1项)

(3)当事人一方迟延履行主要债务，经催告后在合理期限内仍未履行。(《合同法》第94条第3项)该项规定因迟延履行而产生的合同解除权，适用条件如下：

①必须债务人有迟延履行行为。迟延履行，是债务人违反履行期限的违约行为，即债务人于履行期限届满时仍未履行但也未以明示或默示的方式表示不履行债务。迟延履行是一种常见的违约行为，例如迟延交货、拖欠货款等。债务人迟延履行可以适用该项自无疑义，但债权人迟延受领的，债务人能否依据该项解除合同则不无疑问。因该项规定迟延履行的对象是主要债务，而债权人的受领义务通常被认为是一种不真正义务，因此应解释为该项不适用于受领迟延为宜。

②必须是迟延履行主要债务。主要债务的判断标准，与前述第2项之主要债务的判断标准相同。如果债务人就全部债务均构成迟延履行，则无须对主要债务作出认定，当然可以适用该项解除合同；如果债务人仅就部分债务构成迟延履行，则应视该部分债务是否构成主要债务以决定债权人能否依据该项享有合同解除权。

③该项适用于履行期限对实现合同目的无重大影响的情形。例如普通买卖、委托、居间等合同关系中，债务人虽有迟延履行行为，但并不妨碍合同目的的实现。如果履行期限对合同关系具有重要意义，即债务人迟延履行致使不能实现合同目的，则应当适用同条第4项解除合同。

④必须经过催告程序。所谓催告，是指在履行期限届满后债权人催促告知债务人履行债务，并给债务人设置一个合理宽限期。当事人依据该项解除合同的，催告程序是必经程序，而不允许未经催告直接解除合同，此与同条第4项的解除条件差异明显。有权催告的当事人仅限于非违约方，违约方即使对非违约方享有债权也不享有基于催告而产生的合同解除权。①

如果合同的履行期限不明且依照《合同法》第61条仍不能确定的，则须经过2次催告：第一次是债权人依据《合同法》第62条第4项进行催告以确定履行期限；第二次是前者履行期限届满后债务人构成迟延履行的，债权人依据《合同法》第94条第3项进行催告以解除合同。

⑤必须催告后债务人在合理期限内仍未履行。该合理期限分为两种情形：一是债权人依其意思单方设置的合理宽限期；二是在债权人未设置宽限期的情形下，由法院认定的合理宽限期。当事人双方对宽限期是否合理存在争议的，法院应结合标的数额、债务性质、影响履行行为的其他因素等加以认定。

(4)当事人一方迟延履行债务或者有其他违约行为致使不能实现合同目的。(《合同法》第94条第4项)该项规定因根本违约而产生的合同解除权，② 适用条件如下：

①必须债务人有违约行为。该项虽然包含“迟延履行”字样，但并非专门适用于迟

① 参见“A公司诉B公司等合作开发协议纠纷案”，载《最高人民法院公报》2005年第3期。

② 少数说认为该项规定的是“债务人的过错造成不能实现合同目的”，参见崔建远：《合同法总论》(中卷)，中国人民大学出版社2012年版，第614页。

延履行，因其还有“其他违约行为”之表述，原则上该项可适用于任何形态的违约行为。如果因不可抗力导致债务人不能履行的，应适用同条第 1 项解除合同；如果债务人拒绝履行的，应适用同条第 2 项解除合同。

②必须致使不能实现合同目的。通说认为，该项系借鉴 CISG 之根本违约规则，但与其亦存在一定程度差异。① 域外立法通例的态度是并非任何违约行为均产生合同解除权，而仅针对达到严重程度的违约行为即根本违约才允许当事人解除合同，而对非根本违约行为则适用违约责任等规则予以救济。我国现行法亦遵循这一意见，故该项“不能实现合同目的”之表述应解释为违约行为须达到根本违约的程度。

迟延履行构成根本违约的情形主要有②：第一，双方在合同中约定履行期限届满后，债权人有权不接受履行的。如果双方有此约定，表明依据当事人的意思履行期限具有重要意义，故迟延履行构成根本违约。双方既可以约定一经迟延即可解除合同，也可以约定迟延达到某一期限即可解除合同。有判决认为：“合同约定受让人延期付款超过 6 个月的，出让人有权解除合同，未约定出让人在解除合同前要进行催告，故出让人可无须催告直接解除合同。”③ 第二，基于合同标的性质，履行期限与实现合同目的具有直接关联。例如月饼、粽子等特定节日商品，迟延交付构成根本违约。第三，迟延履行后，债权人能够证明继续履行无任何利益。例如债务人迟延交付的货物虽非特定节日商品，但债权人在迟延履行后已从他处购买了该批货物。如果履行期限与实现合同目的不具有直接关联，迟延造成的后果也不严重，迟延履行并未导致合同目的落空，则该迟延履行不构成根本违约，不应适用该项解除合同，而应适用同条第 3 项通过催告程序解除合同。

其他违约行为（瑕疵给付、部分履行等）构成根本违约的标准：债务人瑕疵给付的，如果瑕疵严重致使不能实现合同目的，可解除合同；如果瑕疵不严重且不影响合同目的实现，不能解除合同，而应适用减价、修理等方式予以救济。债务人部分履行的，应结合违约部分金额与整个合同金额的比例、违约部分与合同目标实现的关系等因素，判断该部分履行行为是否致使不能实现合同目的以决定能否解除合同。

③无须经过催告程序。当事人一方的违约行为构成根本违约的，对方当事人可无须经过催告直接解除合同。

【学说争议：“合同目的”如何理解？】

何为“合同目的”，现行法未作解释，学界对此存在争议。第一种观点认为，合同目的是指“订立合同所期望的经济利益”。④ 第二种观点认为，合同目的是指当事

① 参见王利明：《合同法研究》（第二卷），中国人民大学出版社 2015 年版，第 341~342 页；韩世远：《合同法总论》，法律出版社 2011 年版，第 518~519 页。

② 有学者认为，《合同法》第 94 条第 4 项适用于定期债务，第 3 项适用于非定期债务。参见朱广新：《合同法总论》，中国人民大学出版社 2012 年版，第 516 页。但从这两项的文义来看，并不能解释出该结论。

③ 参见“某市国土资源和房屋管理局某分局与某木业有限公司土地使用权出让合同纠纷案”，载《最高人民法院公报》2008 年第 5 期。

④ 崔建远：《合同法总论》（中卷），中国人民大学出版社 2012 年版，第 614 页。

人订立合同时所追求的目标和基本利益。① 第三种观点认为，合同目的包括经济利益、精神权利和精神享受的实现，即双方当事人通过合同的订立和履行，期望最终得到的东西、结果或者达到的状态。②

本书认为，合同目的应从以下几方面理解：首先，合同目的是当事人基于合同权利所欲实现的基本利益、核心利益，其主要通过主给付义务实现。例如买卖的合同目的是取得标的物所有权和价金。虽然合同目的大多与经济利益有关，但亦有合同目的不涉及经济利益者（如演出合同）。须结合合同类型和主给付义务性质对合同目的加以判断。其次，在现行法语境下，就违约解除而言，合同目的是根本违约的反面表达。现行法未采域外立法之根本违约概念，而是以“不能实现合同目的”作为违约解除的标准，即违约行为须达到不能实现合同目的的严重程度才能产生法定解除权。在违约解除的场合下，“不能实现合同目的”即为根本违约的变相表达。再次，在现行法语境下，“不能实现合同目的”是根本违约的上位概念。与某些域外立法以根本违约为法定解除的标准不同，现行法除规定根本违约产生法定解除权(《合同法》第94条第4项）以外，还规定因不可抗力(《合同法》第94条第1项)、情势变更(《合同法解释（二）》第26条）致使不能实现合同目的亦可产生法定解除权。这表明在违约解除以外的场合下，如果因不可抗力、情势变更等客观原因造成与根本违约相同的严重后果的，当事人亦可解除合同。因此，现行法语境下的“不能实现合同目的”非仅指根本违约而言，其也是判断不可抗力、情势变更等客观原因能否产生法定解除权的标准。最后，合同目的原则上不包括合同动机。合同动机，是指促使当事人订立合同的内心起因。因动机通常不是合同内容，故当事人原则上不得以动机未能实现为由主张解除合同。例如甲为准备女友生日礼物而购买金项链，但因卖方迟延履行而使甲错过生日派对，甲不得以此为由直接解除合同。但如果当事人将动机记载于合同条款，则因动机已成为合同内容使之构成合同目的的一部分。有判决认为：“卖方在履行合同过程中虽然迟延履行，但买方提出购买目的是作为‘夫妻相识十周年纪念礼物’，在签约时未告知卖方，因而该合同目的无法约束卖方……故卖方的迟延履行不构成根本违约。”③

与根本违约有关的司法意见：

A. 部分履行所占比例较小的，有判决认为：“卖方少交及质量不符约定的货物价值约占合同总金额的8%，并未因此剥夺买方再次转售从而获取利润的机会，不影响合同目的的实现……其违约行为仅构成一般违约，不构成根本违约。”④

---

① 王利明：《合同法研究》（第二卷），中国人民大学出版社2015年版，第343页。

② 马忠法：《“合同目的”的案例解析》，载《法商研究》2006年第3期。

③ 参见“霍某诉某汽车销售公司买卖合同纠纷案”，载吴宝庆主编：《最高人民法院专家法官阐释民商裁判疑难问题（合同裁判精要卷）》，中国法制出版社2011年版，第10页。

④ 参见“某商贸有限公司与某棉花加工有限公司买卖合同纠纷案”，载《最高人民法院公报》2006年第11期。

B. 合同履行殆尽且涉及第三人利益保护的，有判决认为："受让人虽逾期支付土地转让款构成违约，但其支付款项已达合同总额的98.1%，已履行了绝大部分合同义务。且受让人已将其兴建的别墅区出售给诸多第三人，解除合同将会损害第三人的合法权益。故对出让人解除合同的主张，不予支持。"①

C. 一方当事人持续违约的，有判决认为："当事人双方签订以取得项目转让款为目的的合同，因受让方违约行为持续多年，致使涉案项目长期无法完成，转让方通过该项目转让合同所享有的利益无法实现，故转让方有权解除合同。"②

D. 产品质量不符合国家规定与合同约定标准的，有判决认为："卖方已交付的35400台产品上市后就出现了严重的批量性质量问题，且经过多次整改维修后送样检测仍不合格，致使买方在销售中多次被退货，从而订立合同预期的经济目的无法实现的情况下，买方有权解除合同。"③

E. 当事人就出现质量问题的产品依约定更换后达到合格标准的，有判决认为："合同虽约定产品有质量问题可以解除合同，但卖方按合同约定对出现质量问题的产品已修复和更换，该行为符合双方关于对出现质量问题进行修复和更换的约定。买方主张合同目的不能实现，要求解除合同的诉讼请求不予支持。"④

F. 买方未支付大部分价款且有其他违约行为的，有判决认为："买方的主要义务是向卖方分期及时付清1482万元的总价款，但买方迄至本案诉讼发生时仅支付478万元，且买方存在其他违约行为，如未按约定办理抵押手续等，致使卖方订立合同的目的不能实现，买方的上述违约行为已构成根本违约。"⑤

G. 药酒买卖合同的卖方不能提供毒理学安全性评价报告的，有判决认为："双方当初合作的目的是共同开发某保健药酒，酒厂（卖方）对于其生产的原料酒具有保健功能亦做了大量宣传，因此买方购买原料酒就是为了取得保健食品批准证书并将该酒推向市场销售的目的具有事实基础。根据《保健食品管理办法》规定，申请保健食品批准证书，必

---

① 参见"北京某房地产有限责任公司与北京某房地产开发有限公司建设用地使用权转让合同纠纷案"，载最高人民法院民事审判第一庭编：《民事审判指导与参考》2011年第2辑（总第46辑），人民法院出版社2011年版，第140页以下。对此亦有相反裁判意见，在对方已支付总价款95%的情形下仍然支持当事人解除合同的诉讼请求。参见"北海某房地产开发有限公司与某房地产开发公司土地使用权转让纠纷申请再审案"，载刘德权主编：《最高人民法院裁判意见精选》（上），人民法院出版社2011年版，第320页。

② 参见"武汉某综合开发有限公司与湖北某房地产开发有限公司项目转让合同纠纷申请再审案"，载刘德权主编：《最高人民法院裁判意见精选》（上），人民法院出版社2011年版，第322页。

③ 参见"某通信（苏州）有限公司与南京某通信发展有限公司等买卖合同纠纷案"，载最高人民法院民事审判第二庭编：《最高人民法院商事审判指导案例1·合同卷（下）》，中国法制出版社2011年版，第480页以下。

④ 参见"某水务有限责任公司与本溪某铸管股份有限公司买卖合同纠纷案"，载最高人民法院民事审判第二庭编：《最高人民法院商事审判指导案例1·合同卷（下）》，中国法制出版社2011年版，第496页以下。

⑤ 参见"青岛某织造有限公司与青岛市某街道办事处某社区居民委员会房屋买卖合同纠纷申请再审案"，载刘德权主编：《最高人民法院裁判意见精选》（上），人民法院出版社2011年版，第323页。

须提交毒理学安全性评价报告，而酒厂生产的原料酒无法通过毒理学安全性评价试验是客观存在的事实，因此买方有权解除合同。”①

H. 以物抵债协议的债务人不办理产权证的，有判决认为：“《以物抵债协议书》约定债务人在签约之日起18个月内办理有关产权过户手续，但债务人在签约后4年里虽经多次催告仍未将房屋过户，导致债权人的合同目的未能实现，债权人有权解除合同。”②

I. 合伙合同履行过程中，当事人故意违约，恶意排除对方合同权利的，有判决认为：“被告未征得原告同意，在本案合伙纠纷未经裁决前，擅自将批发市场的经营管理权移交给第三人，并由第三人重新与租户签订租赁合同，其行为严重违反合同约定，是导致合同不能履行的根本原因，构成根本违约行为。”③

J. 供电合同的供电人针对用电人短期拖欠电费行为停止供电的，有判决认为：“供电局利用强势地位随意对用电人拖欠不到1个月电费的违约行为直接采取了最严厉的停止供电措施，故供电局停止供电行为对用电人构成根本违约。”④

（5）法律规定的其他情形。（《合同法》第94条第5项）该项是法定解除条件的兜底规定，主要包括以下情形：

①因情势变更产生的合同解除权；（《合同法解释（二）》第26条）

②因不安抗辩权产生的合同解除权；（《合同法》第69条）

③法律规定的任意解除权；（《合同法》第268、410条、《保险法》第15条等）

④《合同法》分则规定的适用于有名合同的解除权；（《合同法》第167、203、224条等）

⑤其他单行法规定的合同解除权。（《消费者权益保护法》第54条等）

2. 须享有解除权的当事人行使解除权。

（1）解除权人。依《合同法》第94条之表述，解除权人是“当事人”，但实则在不同场合下享有解除权的当事人范围并不相同。

因不可抗力解除合同的，双方当事人均享有解除权。（《合同法》第94条第1项）不可抗力为不可归责于任何一方的客观原因，双方当事人均有权解除合同。

因当事人一方的违约行为解除合同的，非违约方享有解除权。（《合同法》第94条第2~4项）法定解除主要作为一种违约救济方式，由非违约方享有解除权为当然之理，如果赋予违约方享有解除权，则无异于承认违约方一方面实施违约行为而另一方面可通过解

---

① 参见“大庆市某投资有限公司与河南某酒厂买卖合同纠纷案”，载刘德权主编：《最高人民法院裁判意见精选》（上），人民法院出版社2011年版，第319页。

② 参见“重庆某工程公司与中国某资产管理公司重庆办事处等借款合同纠纷上诉案”，载最高人民法院民事审判第二庭编：《民商事审判指导》2005年第1辑（总第7辑），人民法院出版社2005年版，第260页以下。

③ 参见“阮某与赤峰市某商厦、李某等合伙协议纠纷申诉案”，载《人民司法·案例》2008年第22期，第4页以下。

④ 参见“某电业局与某铁业有限公司供电合同纠纷案”，载最高人民法院民事审判第二庭编：《最高人民法院商事审判指导案例1·合同卷（下）》，中国法制出版社2011年版，第529页以下。

除合同从合同关系中解脱出来，显然有悖于违约救济的基本理念。① 但有最高人民法院公报案例认为："违约方请求解除合同，非违约方要求继续履行合同，当违约方继续履约所需的财力、物力超过合同双方基于合同履行所能获得的利益……可以允许违约方解除合同，但必须由违约方向对方承担赔偿责任，以保证对方当事人的现实既得利益不因合同解除而减少。"②

因法律规定的其他情形解除合同的，由法律规定的解除权人享有解除权。(《合同法》第 94 条第 5 项）例如行使不安抗辩权的当事人(《合同法》第 69 条)、借款合同中的贷款人(《合同法》第 203 条)、保险合同中的投保人(《保险法》第 15 条）等。

（2）行使解除权的程序。

①应当以通知的方式行使解除权，合同自通知到达对方时解除。(《合同法》第 96 条第 1 款第 1、2 句）因解除权为形成权，当事人行使解除权无须取得对方同意，而仅依其单方意思表示即可产生解除合同的效果。现行法对通知的方式未作限定，原则上口头或书面通知均无不可。通知到达对方时发生解除的效力。当事人行使解除权无须提起诉讼或申请仲裁，但如果因对方有异议而提起诉讼或申请仲裁且法院确认解除有效的，解除的效力仍发生于通知到达时而非裁决生效时，因为该裁决是对合同解除的确认而不是基于形成之诉作出的裁决。③

享有解除权的一方有数人的，须全体解除权人形成一致意思解除合同，学理上称为解除权的不可分性。例如全体共有人出卖共有物而对方违约，须全体共有人形成一致意见才能解除合同。其理由在于避免法律关系的复杂化，并保护当事人的意思自由。

与解除通知有关的司法意见：

A. 对于通知内容的明确程度，有判决认为："解除权人通过一定的形式（电话、复函）向对方当事人表达了解除合同的意思表示且该意思表示为对方所知悉，即可发生解除合同的效力，并非采取书面通知的方式，更无须被通知人的同意。"④

B. 当事人以起诉的方式行使解除权的，有判决认为："享有解除权的当事人以提起诉讼的方式行使合同解除权的，起诉状副本送达是合同解除的通知方式。该合同自对方当事人签收起诉状副本之日解除。"⑤

C. 当事人与第三人签订含有解除意思的协议，并送达给相对人的，有判决认为：

---

① 相反意见参见马春元：《违约方解除权的法理分析和现状评述》，载《南都学坛》（人文社会科学学报）2011 年第 5 期。

② 参见"某公司诉某商铺买卖合同纠纷案"，载《最高人民法院公报》2006 年第 6 期。

③ 也有判决认为该诉讼是形成之诉。参见"某国土局与某置业公司国有土地使用权出让合同纠纷案"，载《最高人民法院公报》2007 年第 3 期。

④ 参见"佛山市顺德区某电厂有限公司与广东某石油有限公司等买卖合同纠纷案"，载最高人民法院民事审判第二庭编：《最高人民法院商事审判指导案例 1 · 合同卷（下）》，中国法制出版社 2011 年版，第 506 页以下。

⑤ 参见"上诉人某酒店有限公司诉被上诉人徐某案"，载《人民司法 · 案例》2009 年第 6 期，第 38 页以下。

"合同解除以解除权人的相关解除文件送达到相对方之时作为开始发生法律效力的依据。"①

②对方有异议的，可以请求法院或者仲裁机构确认合同解除的效力。(《合同法》第96条第1款第3句) 如果对方就当事人行使解除权存在异议，其可以提起诉讼或申请仲裁，请求法院或者仲裁机构确认合同解除的效力，由法院审查异议是否成立并作出相应的裁决。该诉讼的性质为确认之诉。为避免法律关系长期悬而未决，对方如有异议应当在一定期限内提出。有约定异议期限的，应在该期限内提出异议并向法院起诉；无约定异议期限的，应在解除通知到达之日起3个月内提出异议并向法院起诉。(《合同法解释（二）》第24条)

为防止无解除权的当事人尤其是违约方恶意利用异议期限规则使其脱责，如果经法院审查，发出解除通知的当事人不享有解除权，则对方当事人起诉不受上述异议期限的限制。②

③应当在除斥期间内行使解除权。(《合同法》第95条) 法律规定的解除权行使期限为法定除斥期间，例如投保人违反告知义务，保险人自知道有解除事由之日起30日内有权解除合同；(《保险法》第16条第3款) 当事人约定的解除权行使期限为约定除斥期间。解除权人未在法定或约定除斥期间内行使解除权的，解除权消灭。

如果没有法定或约定除斥期间，解除权人应当在对方催告后的合理期限内行使解除权，否则解除权消灭。(《合同法》第95条第2款) 此处的催告，是指解除权人的对方催促告知解除权人作出是否行使解除权意思表示的行为。合理期限可以由对方依催告确定，如果当事人双方对该期限是否合理存在争议，由法院予以审查认定。对方仅催告但未确定合理期限的，由法院结合合同的具体情形确定该合理期限。有司法解释对某些场合下的合理期限作出明确规定，例如《商品房买卖合同解释》第15条第2款规定，没有法定或约定除斥期间，经对方当事人催告后，解除权行使的合理期限为3个月。对方当事人没有催告的，解除权应当在解除权发生之日起1年内行使；逾期不行使的，解除权消灭。在一般场合下，如果对方一直未催告，解除权人应在何种期间内行使解除权？现行法对此未作规定。如果对方一直未催告，不能以此解释为解除权一直（或永久）存在，而应由法院判断解除权人是否在合理期限内行使解除权。有判决认为："在无催告的情形下，解除权人在逾期近一倍的时间后才行使解除权的，可认定其解除权已超过'合理期限'而消灭。"③

相对人有正当理由信赖解除权人不再行使解除权的，有判决认为："被告未按约定期

---

① 参见"深圳某实业有限公司与深圳市某股份合作公司等合作开发房地产合同纠纷上诉案"，载最高人民法院民事审判第一庭编：《民事审判指导与参考》2011年第4辑（总第48辑），人民法院出版社2011年版，第190页以下。

② 参见"上海某生活购物有限公司与上海某置业有限公司合同纠纷案"，载《人民司法·案例》2011年第22期，第25页以下。

③ 参见"中建二局某建筑工程有限公司与天津某律师事务所委托合同纠纷案"，载最高人民法院中国应用法学研究所编：《人民法院案例选》2015年第4辑（总第94辑），人民法院出版社2016年版，第144页以下。

间履行付款义务，原告本享有合同解除权，但原告其后即与第三人共同成为目标公司的股东，并多次召开股东会商讨公司经营事宜，却从未与被告及第三人交涉支付转让金事宜达5年之久，令被告及第三人产生了合理信赖，认为原告已不行使解除权。现原告主张解除合同并返还股权，有违诚实信用原则，予以驳回。"①

④法律、行政法规规定解除合同应当办理批准、登记等手续的，依照其规定。(《合同法》第96条第2款)

(二) 约定解除的要件

1. 须具备约定解除条件。约定解除条件由当事人双方约定，反映了依据双方意思表示以何者作为合同解除条件。约定解除条件具有以下特征：

(1) 当事人可将具体违约行为或其他事由约定为解除条件。当事人将具体违约行为约定为解除条件的，约定解除即具有违约救济的性质，即当事人约定在哪些违约行为发生时可适用合同解除予以救济。例如约定卖方迟延交货3天或买方迟延付款3天以上的，对方有权解除合同。如果当事人将非违约事由约定为解除条件，则该约定解除与违约救济无关，而是当事人基于合同自由原则进行的某种利益安排。例如约定如果交货前标的物市价上涨10%的，买方有权解除合同。

(2) 约定解除条件不得违反法律、行政法规强制性规定和公序良俗原则。虽然当事人可依据合同自由原则对解除条件进行任意约定，但亦受到一定限制，即该条件不得违反法律、行政法规强制性规定和公序良俗原则，否则该解除条件无效。(《合同法》第52条第4、5项) 例如约定如果对方就合同纠纷起诉的，本方有权解除合同，该解除条件因剥夺对方法律规定的诉权而应认定无效。在此情形下，仅包含约定解除条件的合同条款无效，即部分无效而合同其他部分仍然有效。(《合同法》第56条)

(3) 约定解除条件原则上优先于法定解除条件适用。因约定解除条件反映了当事人双方对适用合同解除的意思，故基于合同自由原则，在约定解除条件与法定解除条件并无抵触的前提下原则上应当优先适用约定解除条件。

当事人约定了解除条件，还能否同时适用《合同法》第94条之法定解除条件？应区分为以下几种情形：

①两种解除条件适用范围不重合的，两者均可适用。法定解除条件主要规定的是根本违约行为，如果当事人将某些非根本违约行为约定为解除条件，实则降低了合同解除的门槛且亦不违反法定解除条件的规定，因此两种解除条件均可适用。例如，当事人约定轻微的部分履行（非根本违约）亦可产生解除权，在此情形下，如果当事人实施严重的部分履行（根本违约），对方仍可依据《合同法》第94条第4项行使解除权。

②约定解除条件是对法定解除条件具体化的，应适用约定解除条件。例如当事人约定卖方迟延交货经催告后10日内仍不履行的，买方有权解除合同。该约定解除条件中的"10日"实际上是对《合同法》第94条第3项"合理期限"的具体化。在此情形下，当事人就法定解除条件中的某些内容通过约定使之更为清晰明确，且亦不违背法定解除条件

---

① 参见"山东某生物工程股份有限公司与谢某合同解除纠纷案"，载《人民司法·案例》2011年第12期，第33页以下。

的基本精神，因此应适用约定解除条件。由于法定解除条件的内容已被当事人约定所限定，故当事人不能在适用约定解除条件的同时再行主张适用相应的法定解除条件，但未被约定解除条件限定的其他法定解除条件仍可适用。

③约定解除条件排除法定解除条件适用范围的，约定解除条件无效，应适用法定解除条件。例如当事人约定根本违约不得解除合同，仅非根本违约才能解除合同，该约定因违反法定解除救济根本违约的基本精神而无效。在此情形下，因约定解除条件无效而只能适用法定解除条件。该情形与情形①的区别在于，后者虽也约定非根本违约可产生解除权，但其并未排除根本违约的解除条件，其扩大了解除条件范围而并未与法定解除条件相抵触。

2. 须享有解除权的当事人行使解除权。

（1）解除权人。《合同法》第 93 条第 2 款对约定解除的解除权人未作规定，原则上通过当事人约定由一方或双方享有解除权。当事人将非违约事由约定为解除条件的，约定解除权由一方或双方享有均无不可。当事人将具体违约行为约定为解除条件的，合同通常约定由非违约方享有解除权，此情形自无疑义。但如果合同约定违约方也享有解除权或仅违约方享有解除权，该约定是否有效，则不无疑问。基于此情形下的约定解除具有违约救济之属性，应解释为该约定无效为宜，仅非违约方享有解除权。①

（2）行使解除权的程序。行使约定解除权的程序与行使法定解除权的程序基本相同。(《合同法》第 96 条)

对于约定解除权的放弃，有判决认为："约定解除条件成就后，解除权人应当就解除合同还是继续履行合同择一行使。若解除权人又要求相对方继续履行合同，应视为其以自己的行为放弃解除权，该解除权消灭。"②

（三）协议解除的要件

1. 当事人双方订立解除协议，且该协议有效成立。解除协议本身为一个独立的合同，当事人双方应当遵循合同订立的程序并具备合同有效要件。解除协议可以附条件或期限。解除协议生效时原合同被解除。如果解除协议因存在欺诈、胁迫、违反强制性规定等事由而被确认无效或被撤销，则不能发生原合同解除的效果。当事人双方恶意解除合同，损害第三人利益的，解除协议无效。③

2. 无须提起诉讼或申请仲裁。《合同法》第 93 条第 1 款并未要求当事人以诉讼或仲裁的方式进行协议解除，故当事人在诉讼外或诉讼程序之中实施协议解除均无不可。有判决认为："一方起诉请求解除合同，另一方反诉亦请求解除合同，即双方解除合同的意思

---

① 相反意见参见石银山：《违约方主张解除合同如何处置》，载《中国审判》2012 年第 9 期。

② 参见"某商业银行股份有限公司诉某电子商务软件系统（上海）有限公司买卖合同纠纷案"，载最高人民法院中国应用法学研究所编：《人民法院案例选》2011 年第 4 辑（总第 78 辑），人民法院出版社 2012 年版，第 154 页以下。

③ 参见："某证券有限责任公司与天津某房地产有限公司等侵权纠纷上诉案"，载最高人民法院民事审判第一庭编：《民事审判指导与参考》2003 年第 5 辑（总第 16 辑），法律出版社 2004 年版，第 241 页以下。

表示一致，属于协议解除的情形。”①

三、合同解除的效力

协议解除的效力由当事人在解除协议中约定。约定解除的效力亦可由当事人约定，无约定的，准用法定解除的效力。以下讨论法定解除的效力。

（一）合同解除的溯及力

合同解除导致合同关系归于消灭，但该效力是溯及至合同成立之时起，抑或仅向将来发生，则不无疑问。如果承认合同解除有溯及力，已经履行的部分应予返还，原则上应将双方的财产状态恢复到合同成立之前的状态；如果不承认合同解除有溯及力，已经履行的部分因未丧失合法依据而不必返还，未履行的债务归于消灭。现行法对此未作明确规定，学界存在争议。② 较为有力的学说认为，应区分继续性合同与非继续性合同而有所不同：非继续性合同解除原则上有溯及力；继续性合同解除原则上没有溯及力。③

1. 非继续性合同解除原则上有溯及力。理由在于：

（1）《合同法》第 97 条规定，合同解除后，“已经履行的，根据履行情况和合同性质，当事人可以要求恢复原状”。依其文义，如果根据履行情况和合同性质在客观上能够将双方财产状态恢复到合同成立之前的状态，则当事人有权要求恢复原状。此处的恢复原状，是指通过返还原物、折价补偿、变更登记等方式恢复当事人的财产状态。合同解除后，买卖动产且已交付的，卖方可要求买方返还该动产，该动产（如消耗物）不存在的，可要求折价补偿；买卖不动产且已过户登记的，卖方可要求买方返还该不动产并再行办理过户登记；转让无形财产权（如商标权）的，转让方可要求受让方办理变更登记以恢复该权利的归属。以上这些情形下合同解除均具有溯及力。但在少数场合下，非继续性合同解除亦有可能因无法恢复原状而不具溯及力。例如技术转让合同被解除后，即使转让方恢复了技术的归属，因受让方已了解掌握该技术而无法真正地恢复原状，则应采取由受让方支付解除前的技术使用费等方式予以补救。

（2）非违约方已履行债务时，合同解除具有溯及力对保护非违约方有利。如果非违约方已经履行全部或部分债务，而违约方未依约定作出对待给付，在此情形下承认合同解除具有溯及力意味着非违约方有权请求违约方将受领的给付予以返还，从而使非违约方的利益得到保护。如果在此情形下不承认合同解除具有溯及力，非违约方作出了给付却未得到对待给付，非违约方只能以此要求违约方返还不当得利，而不当得利请求权的效力一般弱于返还原物请求权的效力。

（3）违约方已履行债务时，合同解除具有溯及力对非违约方也并无不利。如果非违

① 参见“唐山某房地产开发公司与某房地产开发公司合作开发合同纠纷提审案”，载最高人民法院民事审判第一庭编：《民事审判指导与参考》2011 年第 2 辑（总第 46 辑），人民法院出版社 2011 年版，第 128 页以下。

② 参见崔建远：《合同法总论》（中卷），中国人民大学出版社 2012 年版，第 684 页以下；韩世远：《合同法总论》，法律出版社 2011 年版，第 523 页以下。

③ 相反意见参见蔡立东：《论合同解除制度的重构》，载《法制与社会发展》2001 年第 5 期。

约方已经履行债务，因其存在违约行为，意味着其作出的给付存在质量瑕疵或数量瑕疵等。在此情形下承认合同解除具有溯及力，非违约方即有权要求返还该不符合约定的给付，因返还而增加的相关费用可要求违约方予以赔偿。

2. 继续性合同解除原则上没有溯及力。理由在于：

（1）对《合同法》第97条“已经履行的，根据履行情况和合同性质，当事人可以要求恢复原状”作反面解释，即如果根据履行情况和合同性质在客观上不能将双方财产状态恢复到合同成立之前的状态，则当事人无权要求恢复原状。租赁、保管、雇佣等继续性合同解除后，虽然租赁物、保管物、劳动报酬在性质上可以返还，但承租人、寄存人、雇主在合同解除前已经享有的利益在性质上无法返还，故根据履行情况和合同性质，当事人无权就该利益要求恢复原状，而合同解除的效力仅向将来发生。但在少数场合下，继续性合同解除亦有可能就部分给付适用恢复原状。例如《城镇房屋租赁合同解释》第10条：“承租人经出租人同意装饰装修，租赁期间届满或者合同解除时，除当事人另有约定外，未形成附合的装饰装修物，可由承租人拆除。因拆除造成房屋毁损的，承租人应当恢复原状。”

（2）继续性合同解除不具有溯及力对非违约方并无不利。以租赁合同解除为例，如果承租人违约，出租人就合同解除前所支付的租金不必返还，否则承租人将因自己违约而免费使用租赁物；如果出租人违约，其也不必将合同解除前所支付的租金返还给承租人，因为承租人虽未违约但其在合同解除前的期间内占有、使用了租赁物，应支付该期间的相应租金方符合公平原则。因此，无论是哪方违约，就相关利益不适用恢复原状并非为了惩罚违约方，也不是为了救济非违约方，而是因给付性质在客观上无法返还而基于公平原则所作的处理。

（3）继续性合同解除给当事人造成损失的，可通过其他补救措施、赔偿损失予以救济。如果根据履行情况和合同性质不能适用恢复原状且当事人因此受有损失，可依据《合同法》第97条规定的“采取其他补救措施，并有权要求赔偿”予以救济。

（二）合同解除的具体后果

1. 尚未履行的，终止履行。（《合同法》第97条前段）合同解除导致合同权利义务终止，因此合同解除后尚未履行的债务归于消灭，债权人无权要求债务人履行该债务。

2. 已经履行的，根据履行情况和合同性质，当事人可要求恢复原状、采取其他补救措施。（《合同法》第97条中段）对该后果可从以下几方面理解：

（1）所谓根据履行情况，是指应依据已经履行的内容是否适合恢复原状以决定当事人是否享有恢复原状请求权。所谓根据合同性质，是指应区分继续性和与非继续性合同以决定适用恢复原状抑或采取其他补救措施。即如前文所述，根据履行情况和合同性质以决定合同解除是否具有溯及力。有判决认为：“恢复原状不仅要考虑合同履行前的权利状况，还要考虑当事人的真实意愿且尊重客观事实，从利于判决执行、案结事了的角度选择法定解除权行使的结果。”①

（2）有权提出请求的当事人，包括非违约方和违约方。恢复原状、采取其他补救措

① 参见“青岛某织造有限公司与青岛市某街道办事处某社区居民委员会房屋买卖合同纠纷申请再审案”，载刘德权主编：《最高人民法院裁判意见精选》（上），人民法院出版社2011年版，第323页。

施的后果并非在合同解除后当然发生，法院或仲裁机构亦不得主动依职权作出此类裁决，而应由当事人提出相应诉讼请求。非违约方有权提出恢复原状、采取其他补救措施的请求，自无疑问。《合同法》第 97 条规定有权提出此类请求的当事人亦包括违约方，如果因违约方的此类请求给非违约方增加了额外的费用或造成损失，非违约方有权要求违约方予以赔偿。应注意的是，非违约方仅能请求恢复原状而无权要求采取其他补救措施。其理在于，在合同解除具有溯及力的情形下，合同自成立之时起消灭，故非违约方和违约方作为合同当事人均有权请求恢复原状，而其他补救措施系专为救济非违约方而设，故违约方无权主张。

（3）对于恢复原状、采取其他补救措施，当事人既可以择一行使，也可以同时主张。当事人可基于合同履行的具体情况选择行使一个或多个请求权，但其主张的利益不得超过其所受损失的范围。

（4）关于恢复原状的性质。①《合同法》第 97 条规定的恢复原状与《民法通则》第 134 条第 1 款第 5 项规定的恢复原状有所不同：前者为较广义的恢复原状，包括返还原物、折价补偿、变更登记、恢复物理形态等具体方式；后者为狭义的恢复原状，其与返还财产(《民法通则》第 134 条第 1 款第 4 项）为并列关系而非包含关系。因我国现行法未采物权行为无因性理论，合同解除后已交付标的物的所有权未发生转移，因此当事人依据《合同法》第 97 条要求返还原物的，该请求权为物权请求权。如果因不能返还原物而要求折价补偿的，则该请求权为债权请求权。

3. 合同解除不影响当事人要求赔偿损失的权利。(《合同法》第 97 条后段、《民法通则》第 115 条)

【学说争议：合同解除后赔偿损失的性质和范围】

现行法虽然规定合同解除与赔偿损失可以并用，但对赔偿损失的性质和范围未作明确规定。学界对此存在争议。第一种观点履行利益说认为，合同解除后的赔偿损失为违约赔偿，赔偿范围为履行利益，包括：订约支出的必要费用、因相信合同能履行而支出的必要费用和可得利益损失等。② 其理由又区分为不同学说。有学者认为，合同解除并未使合同关系溯及既往地根本消灭，只是发生终止尚未履行的合同义务，发生返还性债务关系的效果，所以违约方应当对其违约行为承担赔偿损失责任。(间接效果说)③ 还有学者认为，合同因解除而消灭，不影响既成的违约损害赔偿的存续。合同债务与违约损害债务之间具有同一性，是由二者之间内在的、实质的转换、变形或承继所决定的，并非以合同存在为前提。(直接效果说)④ 还有学者认为，恢复原状并没有涵盖履行利益，为周全保护解除权人，还须赔偿其履行利益。合同解除场合

① 关于恢复原状性质的学理意见，参见韩世远：《合同法总论》，法律出版社 2011 年版，第 531～533 页。

② 参见杨立新：《合同责任研究》，载《河南省政法管理干部学院学报》2000 年第 2 期；

③ 参见朱广新：《合同法总则》，中国人民大学出版社 2012 年版，第 530 页。

④ 参见崔建远：《合同法总论》（中卷），中国人民大学出版社 2012 年版，第 770 页。

的损害赔偿依然是违约赔偿，以履行利益为主，只要不重复填补，也可以包括信赖利益和固有利益的赔偿。(折中说)① 第二种观点信赖利益说认为，合同解除后的赔偿损失为缔约过失赔偿，赔偿范围应限于信赖利益。其理由又区分为不同学说。有学者认为，合同解除的效力是使合同恢复到订立前的状态，既然当事人选择解除合同，就说明不愿意继续履行合同，非违约方就不应得到合同在完全履行情况下所应得的利益，因此不应赔偿可得利益。(直接效果说)② 还有学者认为，如果信赖利益大于期待利益，说明该交易是亏本的，即假如对方不违约，非违约方获得合同履行也是亏本的。假如在信赖利益赔偿中，使被告的赔偿额大于期待利益，无疑等于将原告在一宗交易的亏损转嫁给被告。(经济分析说)③

对于该问题，司法裁判意见较为混乱，有判决否认合同解除与违约责任可以并存；④ 也有判决支持解除合同的非违约方获得可得利益赔偿；⑤ 还有判决认为合同解除后的预期可得利益损失不予赔偿，但违约期间给非违约方造成的可得利益损失应予赔偿。⑥

本书赞同履行利益说。理由如下：其一，法定解除主要作为一种违约救济手段，解除后的赔偿适用违约赔偿标准方符合该制度的基本价值。其二，在合同解除具有溯及力的情形下，如何解释合同关系恢复到成立之前的状态与赔偿可得利益何以并存，为理论上的难点。现有学说从各种角度给出了有价值的解释，但亦非没有理论缺陷。问题的关键在于，法定解除对非违约方应救济到何种程度，有两种思路可供选择：一是将双方财产状态恢复到合同成立之前的状态；二是在承认前者的前提下，对非违约方本可实现的可得利益也予赔偿，即使得非违约方不因合同解除而丧失本应获得的履行利益。从法定解除作为一种违约救济制度的性质来看，应采后者较为妥当。其三，从利益衡量的角度来看，如果采履行利益说，保护了非违约方在合同正常履行情况下的可得利益，而违约方在合同关系消灭的前提下还须作出超过信赖利益的赔偿（但须受可预见性规则的限制），且理论上的合规性稍有欠缺；如果采信赖利益说，保护了违约方不作超过信赖利益的赔偿，且维护了理论上的合规性，但非违约方无法通过法定解除得到充分救济，且有可能引发道德风险（如违约方恶意违约使自己仅负较

① 参见韩世远：《合同法总论》，法律出版社 2011 年版，第 538~539 页。

② 参见王利明：《合同法研究》（第二卷），中国人民大学出版社 2003 年版，第 307 页。但王利明教授其后改变了前述观点。参见王利明：《合同法研究》（第二卷），中国人民大学出版社 2015 年版，第 367 页。

③ 参见李永军：《合同法》，法律出版社 2010 年版，第 554 页。

④ 参见“广西某电力股份有限公司与广西某房地产开发有限公司房屋买卖合同纠纷案”，载《最高人民法院公报》2010 年第 5 期。

⑤ 参见“阮某与赤峰市某商厦、李某等合伙协议纠纷申诉案”，载《人民司法 · 案例》2008 年第 22 期，第 4 页以下。

⑥ 参见“某市某汽车客运服务有限责任公司与某市人民政府投资合同纠纷案”，载最高人民法院民事审判第二庭编：《商事审判指导》2009 年第 3 辑（总第 19 辑），人民法院出版社 2010 年版，第 217 页以下。

小赔偿责任)。相较而言，采履行利益说较妥。其四，现行法承认合同解除与违约金可以并用，却不承认合同解除与违约赔偿可以并用，于理不通。

应当注意，合同解除与赔偿损失在下列场合不能并用：

①协议解除的，当事人不得在解除协议达成后，再另行主张赔偿损失，但另有约定的除外。当事人协议解除合同的，已就有关损失的赔偿或分担在解除协议中作出了约定，因此当事人不得在履行解除协议之外又要求赔偿损失，除非解除协议中另有约定。如果解除协议未就损失的赔偿或分担作出约定，应结合当事人的过错并根据公平原则由当事人双方分担损失。①

②因不可抗力解除合同的，如果双方对解除均无过错，则双方都不负赔偿损失责任。不可抗力是当事人意志以外的客观原因，因其致使不能实现合同目的而解除合同的，当事人双方均不具有可归责性，故应各自负担自身损失，不得要求对方赔偿。有判决认为："因国家政策及政府命令致使彩票发行合作合同解除，无须承担违约责任。"② 但如果在发生不可抗力的情形下，一方本可采取相关措施防止给对方造成损失或防止对方的损失扩大却未采取该措施，受损失方就该损失或损失扩大部分可要求予以赔偿。

③非违约方解除合同后，未采取合理措施防止损失发生或扩大的，其无权就该部分损失要求违约方赔偿。有判决认为："一方当事人提出解除合同后，在未与对方协商一致的情况下，拒绝对方提出减少其损失的建议，坚持要求对方承担解除合同的全部损失并放弃履行合同，致使损害结果发生，应自行承担责任。"③

④非违约方通过终止履行、恢复原状或采取其他补救措施足以保护其利益的，则不应适用赔偿损失。赔偿损失只能适用于在采取了前述措施而非违约方仍有损失未得到填补的情形。

4. 合同解除不影响原合同中结算、清理条款的效力。(《合同法》第 98 条)

结算条款，是指约定结算方式、结算期限等与结算有关内容的合同条款。清理条款，是指约定就合同权利义务予以清除或处理的主体、范围、期限、方式等事项的合同条款。应注意的是，《合同法》第 98 条规定的结算、清理条款不同于《合同法》第 57 条规定的"独立存在的有关解决争议方法的条款"，后者主要指诉讼管辖条款、仲裁条款等。

违约金条款是否属于结算、清理条款？现行法持肯定意见。《民商事合同纠纷指导意见》第 8 条第 3 句规定："合同解除后，当事人主张违约金条款继续有效的，人民法院可以根据合同法第 98 条的规定进行处理。"

对于合同已不能履行的情况下当事人达成的清理、补偿协议，有判决认为："该清理、补偿协议的效力具有独立性，与违约金性质不同，不能适用违约金数额调整规则。该

---

① 参见"某市经济贸易实业发展公司与某市农业石油公司等财产租赁合同纠纷案"，载刘德权主编：《最高人民法院裁判意见精选》(上)，人民法院出版社 2011 年版，第 324 页。

② 参见"某电脑有限公司等与某省体育局合作合同纠纷案"，载最高人民法院民事审判第二庭编：《最高人民法院商事审判指导案例 1 · 合同卷（上）》，中国法制出版社 2011 年版，第 250 页以下。

③ 参见"孟某诉某旅行社旅游合同纠纷案"，载《最高人民法院公报》2005 年第 2 期。

协议形成新的债权债务关系，当事人双方均应依约履行。”①

5. 合同解除对担保关系的影响。《担保法解释》第 10 条规定：“主合同解除后，担保人对债务人应当承担的民事责任仍应承担担保责任。但是，担保合同另有约定的除外。”对该后果可从以下几方面理解：

（1）主合同解除后，担保人的担保责任原则上并不消灭。该条规定担保人继续承担担保责任，相当于担保合同在主合同解除后仍然有效，担保合同独立于主合同。② 该条对担保的类型未作限定，原则上可适用于保证、抵押等各类担保关系。

（2）担保人担保的对象是“债务人应当承担的民事责任”。担保关系设立之初，本为担保债务人之债务，但合同解除后债务归于消灭，因此担保对象转化为债务人恢复原状、采取其他补救措施、赔偿损失等后果。债务人未依法定或约定要求进行恢复原状、采取其他补救措施、赔偿损失的，担保人应承担担保责任。

（3）担保人的担保责任范围仍受担保合同中约定担保范围的限制。例如合同解除后，违约方应赔偿非违约方 100 万元，但保证合同约定的担保范围是 50 万元，保证人在 50 万元范围内承担保证责任。

（4）担保合同就合同解除对担保关系影响另有约定的，依其约定。依该条“但书”，担保合同可以就合同解除后担保关系的处理另行约定不同于上述内容的后果，在该约定不违反强制性规定的前提下，适用该约定。

第四节　抵　　销

一、抵销的概念和意义

抵销，是指在双方互负债务的场合下，依一方或双方的意思表示，使双方债务全部或部分归于消灭的现象。例如甲对乙负有 500 万元借款债务，乙对甲负有 100 万元咨询费债务，两债务均已到期，甲可通过行使抵销权，仅对乙实际偿还 400 万元。

抵销有狭义和广义之分。狭义的抵销仅指法定抵销，是指符合法律规定的要件时，依一方当事人的意思表示使双方所负债务全部或部分归于消灭的现象。（《合同法》第 99 条）在法定抵销中，抵销人享有并用以抵销的债权，称为主动债权或抵销债权；相对人享有的被抵销债权，称为被动债权或受动债权。广义的抵销包括法定抵销和合意抵销。合意抵销，是指依据双方当事人的合意订立抵销合同，使双方所负债务全部或部分归于消灭的现象。（《合同法》第 100 条）

法定抵销与合意抵销的区别：（1）性质不同。前者是抵销权人行使抵销权的单方行

---

① 参见“北京市某村村民委员会与某实业（福建）集团有限公司等债权纠纷案”，载最高人民法院民事审判第二庭编：《商事审判指导案例 6 · 合同与借贷担保卷》，中国法制出版社 2013 年版，第 187 页以下。

② 曹士兵：《中国担保制度与担保方法——根据物权法修订》，中国法制出版社 2008 年版，第 99 页。

为，无须对方同意；后者是双方订立抵销合同的双方行为，须双方就抵销事宜达成合意。(2) 适用条件不同。法定抵销的适用条件由法律规定，仅适用于双方互负债务的标的物种类、品质相同的场合；合意抵销的适用条件较为宽松，无论是否具备法定抵销的条件，只要当事人双方达成抵销合意即可适用。(3) 抵销的效力可能不同。法定抵销的抵销权人行使抵销权的，只能使双方对等数额的债务归于消灭，不允许以自己较大债务抵销对方较小债务。合意抵销中，只要双方达成合意，可以将双方数额不对等的债务进行抵销。(4) 立法价值不完全相同。二者虽均具有方便清偿、提高履行效率的功能，但法定抵销更多地体现公平原则，而合意抵销更多地体现意思自治原则。

抵销制度主要具有以下几方面意义：(1) 方便清偿、提高履行效率。抵销制度的运用，使双方当事人不必各自作出实际履行行为即可达到清偿效果，节省了履行费用，有利于提高履行效率。(2) 在履行领域中实现公平原则。在双方互负到期债务的场合下，如果没有抵销制度，遵守诚信的一方应当向对方履行债务，而无论对方在客观上是否有履行能力或主观上是否诚信，这显然有悖于公平原则的要求。在此场合下，同时履行抗辩权、不安抗辩权等规则因其适用条件的局限，可能无法对当事人提供救济，而抵销的适用条件相对宽松，能够保障在履行领域中公平原则得到实现。(3) 抵销具有一定的担保功能。《担保法》规定的担保方式中虽无抵销，但在某些场合下，抵销规则的适用客观上能够达到担保特定债权人之债权的效果。例如甲乙互负 100 万元到期债务，此外还有 A 和 B 也是乙的债权人但债权尚未到期，甲行使抵销权使甲乙双方债务均归消灭。甲的抵销行为实质上是从乙的责任财产中优先于 A 和 B 获得清偿，故抵销使甲的债权事实上得到担保的利益。抵销制度的担保功能对于保障抵销权人的债权虽然有利，但另一方面，因抵销行为缺乏公示性，对善意第三人（其他债权人）可能造成损害，故法律在某些场合下限制抵销权的适用。例如《企业破产法》第 40 条规定，有下列情形之一的，债权人不得抵销：①债务人的债务人在破产申请受理后取得他人对债务人的债权的；②债权人已知债务人有不能清偿到期债务或者破产申请的事实，对债务人负担债务的；但是，债权人因为法律规定或者有破产申请一年前所发生的原因而负担债务的除外；③债务人的债务人已知债务人有不能清偿到期债务或者破产申请的事实，对债务人取得债权的；但是，债务人的债务人因为法律规定或者有破产申请 1 年前所发生的原因而取得债权的除外。

二、法定抵销

（一）法定抵销的要件

1. 须双方当事人互负有效存在的债务。在适用抵销的场合下，双方当事人相互负有有效存在的债务，即双方互享债权、互负债务。对于未成立或无效的债务，不能适用抵销，自不待言。对于效力存在特殊情形的债务能否适用抵销，分为以下几种情形讨论：

(1) 附条件和附期限的债权。附生效条件的债权在条件成就前因尚未生效，不得作为主动债权；但该债权可作为被动债权，抵销权人的抵销行为实质上是放弃了附条件的期待利益，故即使其后条件一直未成就也不影响抵销的效力。附解除条件的债权在条件成就前已经生效，可以作为主动债权，因条件成就无溯及力，故即使其后条件成就也不影响抵销的效力；该债权也可作为被动债权，抵销权人的抵销行为实质上是放弃了附条件的期待利益，故即使其后条件成就也不影响抵销的效力。附始期债权与附生效条件的债权类似，附终期债权与附解除条件的债权类似，只是附期限债权所发生的抵销效力更为确定。

（2）附有同时履行抗辩权、先履行抗辩权或不安抗辩权的债权。该债权是指其债权人行使债权时，债务人享有对抗该债权的上述抗辩权。该债权不得作为主动债权，否则将剥夺相对人的抗辩权。但该债权可作为被动债权，抵销权人的抵销行为实质上是放弃了抗辩利益。

（3）诉讼时效期间届满的债权。因诉讼时效期间届满的后果是由债务人取得时效抗辩权，（《诉讼时效规定》第1条）因此学界通说认为该债权不得作为主动债权，但可作为被动债权。但有域外立法规定，只要抵销权产生时债权的诉讼时效未完成，在诉讼时效完成后抵销权就仍可行使，故该债权可以作为主动债权。① 理由在于，该规则是基于抵销权性质所设的特别规则，即时效虽然具有导致债权消灭的溯及效力，但该规则的适用构成例外情形。设定这样的例外是为了保护对立债权的两当事人在产生可抵销状态时，无须特别的意思表示而当然可以清算的信赖。②对于该问题，我国司法实务意见不一。③ 本书认为，域外立法规定更为合理。

（4）第三人的债权。当事人并不享有第三人的债权处分权能，原则上不能以第三人的债权作为主动债权用于抵销。但存在以下例外：①在保证担保的场合下，主债务人对债权人享有债权的，保证人有权以该债权主张抵销。该规则的目的是为了避免保证人承担保证责任后向主债务人求偿困难并简化法律关系。域外立法对此设有明确规定，④ 我国现行法虽无规定，但应作相同解释。②在连带债务的场合下，连带债务人以其他连带债务人对债权人享有的债权，就其应分担的债务部分为限，有权主张抵销。另外，在债权让与的场合下，债务人对原债权人享有债权的，可依法定条件向新债权人主张抵销。（《合同法》第83条）但该情形是当事人（债务人）以自己对第三人（原债权人）享有的债权用于抵销，与前述两种情形并不相同。

2. 须主动债权已届清偿期。债权清偿期届至的，债权人才有权现实地请求债务人履行债务，如果主动债权清偿期尚未届至也允许用于抵销，将不恰当地剥夺债务人的期限利益。虽然《合同法》第99条第1款规定“当事人互负到期债务”，即主动债权和被动债权都应到期，但在被动债权未到期的情形下，当事人可放弃期限利益以实施抵销行为。因此，《合同法》第99条第1款应缩限解释为主动债权已到期即可。

如果就主动债权的清偿期没有约定或约定不明的，应通过补充协议、交易习惯、必要

---

① 参见《德国民法典》第215条、《日本民法典》第508条。

② 参见［日］我妻荣：《我妻荣民法讲义Ⅰ新订民法总则》，于敏译，中国法制出版社2008年版，第410页；［日］我妻荣：《我妻荣民法讲义Ⅳ新订债权总则》，王燚译，中国法制出版社2008年版，第288~289页。

③ 采肯定意见的判决参见“某银行某分行营业部诉某食品有限公司侵权纠纷案”，载《人民司法·案例》2011年第4期，第32页以下；采否定意见的判决参见“钟某诉某农村商业银行股份有限公司合作支行合同纠纷案”，载《人民司法·案例》2012年第22期，第74页以下。

④ 参见《法国民法典》第1294条第1款、《日本民法典》第457条第2项。

的准备时间等方法确定清偿期，(《合同法》第61条、第62条第4项）该期限届满即可抵销。在特殊场合下，法律将某些未到期债权拟制为已到期，允许用于抵销。例如《企业破产法》第46条规定：“未到期的债权，在破产申请受理时视为到期。”

3. 须双方当事人互负债务的标的物种类、品质相同。该要件可从以下几方面理解：

（1）可用于抵销的仅为种类物之债。《合同法》第99条第1款将可适用抵销的债务限定为“标的物种类、品质相同”，特定物之债则不符合该要求。其理在于，如果标的物种类、品质不同，因不同标的物具有不同的经济价值和经济目的，抵销可能使之落空而有违公平原则。所谓标的物种类相同，是指主动债权和被动债权的标的物均为同一种类物。例如均为金钱给付之债。所谓标的物品质相同，只是主动债权和被动债权的标的物不仅均为同一种类物，而且品质、规格、等级等标准相同，否则不可适用于抵销。例如双方所负债务标的物均为某地所产棉花，但分别为一等品和二等品，原则上不得抵销。

（2）标的物种类、品质不同的债务即使价值相同，也不得抵销。例如市价100万元的木材和市价100万元的钢材不得抵销，因为二者虽市价相同，但其销路、利润等因素均存在差异。

（3）履行地点、履行方式等因素存在差异的，不影响抵销。现行法仅要求标的物种类、品质相同，对涉及履行的其他因素未作要求。例如双方互负给付50吨93号汽油的债务，二者虽履行地点不同，亦可抵销；双方互负给付50万元的金钱债务，履行方式分别为现金支付和银行转账，亦可抵销。

4. 须双方当事人互负债务非不得抵销的债务。此为抵销的消极要件，《合同法》第99条第1款后段及司法解释对此作出了规定。

（1）依照法律规定不得抵销的债务。基于特定立法目的，法律规定某些债务不得适用于抵销。例如《合伙企业法》第41条规定，合伙人发生与合伙企业无关的债务，相关债权人不得以其债权抵销其对合伙企业的债务。《信托法》第18条规定，受托人管理运用、处分信托财产所产生的债权，不得与其固有财产产生的债务相抵销。受托人管理运用、处分不同委托人的信托财产所产生的债权债务，不得相互抵销。《企业破产法》第40条规定了在破产程序中不得抵销的情形。当事人违反此类规定抵销的，抵销行为无效，主动债权与被动债权仍然存在。

（2）依照性质不得抵销的债务。所谓依照性质不得抵销，是指此类债务如果允许其抵销，将有悖于成立该债务的本旨。此类债务包括：①不作为债务，例如竞业禁止债务、保密债务等。②提供劳务的债务。③因故意侵权行为产生的损害赔偿债务。因为该债务的本旨是对受害人的损害予以填补，且侵权行为人（债务人）主观恶意较大，如果允许该债务适用于抵销，将导致侵权行为人脱责甚至可能诱发侵权行为。例如甲欠乙1万元未还，乙多次催要未果，愤懑之下故意打伤甲，并主张以该1万元债权抵销甲对其享有的医药费债权。通说认为，乙不得以此主张抵销，但甲（受害人）主张抵销的，应予支持。

（3）当事人约定不得抵销的债务。《合同法解释（二）》第23条规定，对于双方互负标的物种类、品质相同的债务，当事人约定不得抵销的，该约定有效。该规定是合同自由原则在抵销领域的体现，故当事人应受该约定的拘束。在实践中，银行经常直接扣划客户账户中的款项以抵销客户因借款合同产生的债务。如果客户希望限制银行的抵销权，可在借款合同中约定该债务不得与其账户中的其他资金抵销，该约定对银行具有约束力。

禁止抵销的约定是否对第三人（尤其是善意第三人）产生效力，不无疑问。例如甲对乙享有A债权，双方约定该债权不得用于抵销，其后甲将A债权转让给丙，而乙对丙享有B债权，丙欲以A债权抵销B债权，乙能否以其与甲的约定对抗丙。有域外立法规定，该约定不得用以对抗善意第三人，① 即如果丙对该约定不知情，则乙不得以该约定对抗丙，丙有权抵销。我国现行法对此未作规定，但应作相同解释。

（二）法定抵销的方式

1. 抵销权人。依《合同法》第99条第1款规定，抵销权人是“任何一方”，即互负债务的双方当事人之任何一方。

2. 应当以通知的方式行使抵销权，通知自到达对方时生效。（《合同法》第99条第2款第1、2句）因抵销权为形成权，当事人行使抵销权无须取得对方同意，而仅依其单方意思表示即可产生抵销的效力。现行法对通知的方式未作限定，原则上口头或书面通知均无不可。通知自到达对方本人或代理人时生效，并同时发生抵销的效力。

3. 抵销不得附条件或者附期限。（《合同法》第99条第2款第3句）抵销制度的价值本为简化法律关系、提高履行效率，如果允许当事人的抵销行为附条件或者附期限，反而导致法律关系更为复杂、双方的权利义务处于不确定的状态。而且因抵销行为是单方行为，所附条件或者期限为当事人之单方意思，以此约束相对人并使其处于法律关系不确定的状态，也有违公平原则。②

4. 对方有异议的，可以请求法院确认抵销的效力。有约定异议期限的，应在该期限内提出异议并向法院起诉；无约定异议期限的，应在抵销通知到达之日起3个月内提出异议并向法院起诉。（《合同法解释（二）》第24条）

（三）法定抵销的效力

1. 双方当事人互负的债务依抵销数额消灭。双方当事人互负债务数额相同的，两项债务均归于消灭。双方当事人互负债务数额不同的，数额少的债务归于消灭，数额多的债务仅依抵销数额消灭而余额不消灭。

2. 抵销的溯及力。抵销的溯及力，是指抵销行为的效力溯及至符合抵销要件的最初之时发生。例如双方互负债务于5月1日符合抵销要件，但当事人于8月1日才行使抵销权，则抵销效力溯及至5月1日起发生，其后的利息不予计算。对于抵销的溯及力，域外立法多有明文规定。③ 其理由在于，因双方当事人在具备抵销要件时往往认为可随时抵销，于是常怠于为抵销的意思表示，所以仅使抵销的意思表示向将来发生效力，就容易产

① 参见《日本民法典》第505条第2项等。

② 相反意见参见崔建远：《债法总论》，法律出版社2013年版，第271页。

③ 参见《德国民法典》第389条、《日本民法典》第506条第2项。

生不公平的结果。① 我国现行法对抵销的溯及力未作规定，但学界对其一般持肯定意见。

3. 诉讼时效中断。如果双方当事人互负数额相同债务因抵销而均归于消灭，不存在诉讼时效中断的问题。但如果双方当事人互负债务数额不同，则残存债务的诉讼时效发生中断。如果数额多的债务人行使抵销权，其抵销行为构成“部分履行”，故引起诉讼时效中断；（《诉讼时效规定》第16条）如果数额少的债务人行使抵销权，其抵销行为构成“对部分债权主张权利”，诉讼时效中断的效力及于剩余债权。（《诉讼时效规定》第11条）

4. 抵销具有一定的优先受偿效力。抵销权的性质虽非担保物权，但对于主动债权人而言，其行使抵销权可优先于被动债权人的其他普通债权人受到清偿。

三、合意抵销

（一）合意抵销的要件

1. 须双方当事人互负有效存在的债务。《合同法》第100条规定合意抵销适用于“当事人互负债务”，故该要件与法定抵销的要件1基本相同。与法定抵销不同的是，如果多个当事人之间存在循环债务，亦可通过多方当事人的意思表示进行合意抵销。例如甲欠乙100万元、乙欠丙100万元、丙欠甲100万元的场合下，虽不可适用法定抵销，但可以合意抵销。

2. 双方当事人互负的债务是否到期对适用合意抵销没有影响。《合同法》第100条对适用合意抵销的债务是否已届清偿期未作要求。双方当事人互负的债务已届清偿期，可以适用合意抵销自无疑问。一方或双方债务未届清偿期的，亦可适用合意抵销，因为未届清偿期的债务人可依其意思放弃期限利益。

3. 双方当事人互负债务的标的物种类、品质可以不相同。无论双方互负债务的标的物种类、品质是否相同，均可适用合意抵销。如果双方互负债务的标的物种类、品质相同，当事人本可单方行使抵销权，但其却与对方订立抵销合同，这是当事人以行为放弃了抵销权，故订立抵销合同后不得再主张行使抵销权。前述法定抵销要件4“不得抵销的债务”中，除依照法律规定不得抵销的债务外，其他两类债务亦可适用于合意抵销。

（二）合意抵销的方式

当事人合意抵销的，应当订立抵销合同。当事人在抵销合同中约定涉及抵销的有关事项。抵销合同适用合同的一般成立要件、有效要件及生效要件，抵销合同生效时发生抵销的效力。抵销合同是双务、诺成、不要式合同，可适用此类合同的相关规则。与法定抵销不同的是，抵销合同可以附条件或附期限，因为抵销合同依据双方的意思订立，故附条件或附期限不会造成单方面强制对方接受的不公平结果。

（三）合意抵销的效力

抵销合同生效时发生抵销的效力，双方债务消灭的数额、是否具有溯及力等具体后果

① 参见崔建远：《债法总论》，法律出版社2013年版，第272页。但抵销的溯及力在法律政策上是有争议的，有学者从教义学的视角指出，溯及效力并不是从“抵销的本质”中必然得出的。参见［德］迪尔克·罗歇尔德斯：《德国债法总论》，沈小军等译，中国人民大学出版社2014年版，第150页。

由抵销合同约定。双方当事人合意抵销部分债务的，残存债务的诉讼时效中断，此与法定抵销类似。合意抵销亦可使一方或双方的债权获得优先受偿的效力，此也与法定抵销类似。

第五节 提 存

一、提存的概念和意义

提存有广义和狭义之分。狭义的提存仅指清偿提存，是指债务人由于债权人原因而无法履行债务，将标的物提交提存部门而消灭债权债务关系的制度。《合同法》第101~104条规定的即为清偿提存。广义的提存包括清偿提存和担保提存。担保提存，是指为维持债权人的担保利益而办理的提存。例如《担保法》第70条规定的质权人将拍卖或变卖质物所得价款予以提存，即为担保提存。本节仅讨论清偿提存，即《合同法》第91条第4项规定的作为合同权利义务终止原因之一的提存。作为提存标的物的财产称为“提存物”，向提存部门提交提存物的当事人称为“提存人”（债务人），应当从提存部门领取提存物的当事人称为“被提存人”（债权人、提存受领人）。

提存制度的意义在于，在因债权人原因而导致债务人无法正常履行债务的场合下，通过提存使债务人从债权债务关系中解脱出来，从而保护无过错债务人的利益。在多数场合下，债务人履行债务须有债权人的受领行为才能完成。如果债权人无正当理由拒绝受领或因其他原因不能受领，债权人虽应承担受领迟延的责任，但债务人的债务并未消灭。如果仍然要求债务人随时准备履行，甚至在债务人陷于迟延履行后要求其承担责任，对债务人而言甚不公平。各国立法均规定提存制度，以解决在此场合下的债务人保护问题。

提存涉及三方主体，即提存人、提存部门和被提存人。提存人与被提存人之间的债权债务关系为私法关系，不存疑义。提存人与提存部门之间的关系、被提存人与提存部门之间的关系性质如何，则不无疑问。提存人将提存物提交给提存部门保管，形式上类似保管合同（私法关系）。但是依据《提存公证规则》第10条规定，对于提存人符合法定要求的提存申请，提存部门应当受理，不予受理的适用复议程序（公法关系）。这表明提存人与提存部门之间的法律关系并不适用民法领域的平等、自愿等基本原则。被提存人与提存部门之间的关系同样存在定性的困扰。如果将提存人与提存部门的关系界定为保管合同，则被提存人从提存部门领取提存物时提存部门居于履行辅助人的地位（私法关系）。但是依据《提存公证规则》第28条第1款规定，符合法定或当事人约定的给付条件，提存部门拒绝给付的，由其主管的司法行政机关责令限期给付（公法关系）。由此，学界一直存在私法关系说①和公法关系说②之争，主流意见以往采公法关系说，但近年来私法关系说

① 参见韩世远：《合同法总论》，法律出版社2011年版，第561页。
② 参见崔建远：《债法总论》，法律出版社2013年版，第273页。

渐有占优的趋势，还有学者主张该法律关系兼有私法关系和公法关系的双重性质。①

二、提存的要件

（一）须有合法的提存原因，且该原因导致债务人难以履行债务

依《合同法》第101条第1款，提存的原因包括以下4种：

1. 债权人无正当理由拒绝受领。债务人依法定或约定要求向债权人履行债务时，如果债权人无正当理由拒绝受领，将导致债务人无法完成履行行为，故债务人在此情形下可予以提存。该提存原因可从以下几方面理解：

（1）该提存原因仅适用于须债权人受领给付的场合。例如债务人的债务是交付货物、办理权属变更登记等。如果债务人的债务在性质上无须债权人受领，则不能适用该提存原因，例如竞业禁止义务、保密义务等。此类债务的性质通常也不适于提存。

（2）所谓无正当理由拒绝受领，包括2种情况：①履行期限已经届至，债务人向债权人履行债务，债权人拒绝受领。②履行期限尚未届至，债务人提前履行债务但不损害债权人利益的，债权人拒绝受领。（《合同法》第71条第1款）在此情形下，期限利益由债务人享有，债权人以履行行为不符合履行期限为由拒绝受领不构成正当理由。②

（3）如果债权人拒绝受领存在正当理由，债务人不得提存。例如债务人提前履行损害债权人利益、债务人部分履行损害债权人利益、瑕疵给付等。在此情形下，债务人的履行行为不符合法定或约定要求，债权人可要求其承担违约责任，故债权人的拒绝受领具有正当理由。

2. 债权人下落不明。如果债务人不能依正常方法确知债权人之所在，债务人当然无法完成履行行为，故债务人在此情形下可予以提存。所谓下落不明，是指债务人不能依正常方法确知债权人的住所，或者虽知道债权人的住所但债权人处于无音讯的状态而无法联系债权人。具体包括：①债权人分立、合并或者变更住所没有通知债务人。（《合同法》第70条）②债权人失踪。（《提存公证规则》第5条第3项）应注意的是，作为提存原因的“失踪”，并不需要达到法律上宣告失踪的条件（《民法通则》第20条），而是指处于无音讯的状态且无法与之联系。

在赴偿债务的场合下，债权人下落不明导致债务人难以履行债务的，债务人可予以提存，不存疑义。在往取债务的场合下，债务已届清偿期而债权人没有往取，债务人是否可以立即予以提存？《提存公证规则》第5条第1项规定，“债权人延迟受领债之标的”才构成提存原因。因此，必须清偿期届满后债权人迟延受领的，债务人才可以提存。而且，该项规定并不仅限于“债权人下落不明”的情形，而是只要债权人受领迟延均构成提存原因。如果债权人对往取债务受领迟延，并且债务人此时也无法确知债权人下落，则同时也具备《合同法》第101条第1款第2项之提存原因。

---

① 参见王利明：《合同法研究》（第二卷），中国人民大学出版社2015年版，第293~294页；王洪亮：《债法总论》，北京大学出版社2016年版，第184页。

② 相反意见参见张谷：《论提存》，载许章润主编：《清华法学》（第2辑），清华大学出版社2003年版。

3. 债权人死亡未确定继承人或丧失民事行为能力未确定监护人。因债权人死亡未确定继承人或丧失民事行为能力而无法受领给付，导致债务人不能确知何人为新债权人或代理人，故债务人在此情形下可予以提存。《提存公证规则》第5条第3项对该提存原因表述为“债权人死亡（消灭）其继承人不清，或无行为能力其法定代理人不清”。

4. 法律规定的其他情形。此处的“法律”应解释为所有具有法律效力的规范性文件，故《提存公证规则》（部门规章）亦包括在内。例如《提存公证规则》第5条规定的提存原因还包括：债权人延迟受领债之标的；债权人不在债务履行地又不能到履行地受领；债权人不清、地址不详等。

（二）须标的物适于提存

1. 适于提存的标的物。所谓标的物适于提存，是指标的物的性质适合于由提存部门保管且保管费用不至于过高的。《提存公证规则》第7条规定，下列标的物可以提存：①货币；②有价证券、票据、提单、权利证书；③贵重物品；④担保物（金）或其替代物；⑤其他适于提存的标的物。在实践中，货币的提存最为常见。

2. 不适于提存的标的物。标的物不适于提存或者提存费用过高的，债务人依法可以拍卖或者变卖标的物，提存所得的价款。（《合同法》第101条第2款）具体情形包括：①体积过大或具有特殊危险的物品。例如100吨钢材、10公斤火药等。②易于毁损灭失的物品。例如鲜鱼、瓜果等。③需采取特殊保管方法且保管费用过高的物品。例如1匹名马。至于劳务债务、不作为债务等不存在标的物的债务，则既不能直接适用提存，也不能通过拍卖或者变卖提存所得价款。

不动产是否适于提存？学界存在争议。①《合同法》对此未作规定，但《提存公证规则》对此持肯定意见。《提存公证规则》第14条规定，对不能提交公证处的提存物，公证处应当派公证员到现场实地验收。经验收的提存标的物，公证处应当采用封存、委托代管等必要的保管措施。《提存公证规则》第15条规定，对提存的不动产的价值难以确定的，公证处可以聘请专业机构或人员进行估价。《提存公证规则》第22条第4款规定，提存的不动产的收益，除用于维护费用外剩余部分应当存入提存账户。

三、提存的方式

（一）提存人与提存部门

《合同法》第101条规定，提存人是债务人，对此应解释为债务人一方。具体包括：债务人、债务人的代理人、代为清偿的第三人。

提存部门，是国家设立的办理提存相关事务的机构。在现行法体系下，提存部门主要是公证机关。当事人提存，须到公证机关办理提存公证。提存公证是公证处依照法定条件和程序，对债务人或担保人为债权人的利益而交付的债之标的物或担保物（含担保物的替代物）进行寄托、保管，并在条件成就时交付债权人的活动。（《提存公证规则》第2条第1款）提存公证由债务履行地的公证处管辖。（《提存公证规则》第4条第1款）

---

① 肯定说参见韩世远：《合同法总论》，法律出版社2011年版，第565页；否定说参见张广兴：《债法总论》，法律出版社1997年版，第276页。

（二）提存的程序

1. 提存人向提存部门提出提存申请。《提存公证规则》第 9 条规定，提存申请人应当填写公证申请表，并提交下列材料：①申请人的身份证明；法人应提交法人资格证明和法定代表人身份证明，法定代理人应提交与被代理人关系的证明，委托代理人应提交授权委托书；②合同（协议）、担保书、赠与书、司法文书、行政决定等据以履行义务的依据；③存在法定提存原因的有关证明材料；④提存受领人姓名（名称）、地址、邮编、联系电话等；⑤提存标的物种类、质量、数量、价值的明细表；⑥公证员认为应当提交的其他材料。

2. 提存部门受理提存申请。《提存公证规则》第 10 条规定，符合下列条件的申请，公证处应当受理：①申请人对提存受领人负有清偿或担保义务；②具有本规则第 5 条或第 6 条规定的情况；③申请事项属于本公证处管辖；④本规则第 9 条规定的材料基本齐全。公证处应在收到申请之日起 3 日内作出受理或不予受理的决定。不予受理的，公证处应当告知申请人对不予受理不服的复议程序。

3. 提存部门审查提存申请。《提存公证规则》第 12 条规定，公证员依法审查下列内容：①本规则第 9 条所列材料是否齐全，内容是否属实；②提存人的行为能力和清偿依据；③申请提存之债的真实性、合法性；④请求提存的原因和事实是否属实；⑤提存标的物与债的标的是否相符，是否适宜提存；⑥提存标的物是否需要采取特殊的处理或保管措施。

4. 提存部门办理提存或拒绝办理提存。《提存公证规则》第 13 条规定，符合下列条件的，公证处应当予以提存：①提存人具有行为能力，意思表示真实；②提存之债真实、合法；③符合本规则第 5 条或第 6 条以及第 7 条规定条件；④提存标的与债的标的相符。提存标的与债的标的不符或在提存时难以判明两者是否相符的，公证处应告知提存人如提存受领人因此原因拒绝受领提存物则不能产生提存的效力。提存人仍要求提存的，公证处可以办理提存公证，并记载上述条件。不符合上述规定的，公证处应当拒绝办理提存公证，并告知申请人对拒绝公证不服的复议程序。

（三）提存的成立

因提存规则的本质是债务人将标的物交给第三人（提存部门）保管，故原则上自标的物交付时提存关系成立。《合同法解释（二）》第 25 条第 1 款规定，债务人将合同标的物或者标的物拍卖、变卖所得价款交付提存部门时，人民法院应当认定提存成立。提存部门应当从提存之日起 3 日内出具提存公证书。（《提存公证规则》第 17 条）

（四）提存后的通知义务

标的物提存后，除债权人下落不明的以外，债务人应当及时通知债权人或者债权人的继承人、监护人。（《合同法》第 102 条）以清偿为目的的提存或提存人通知有困难的，公证处应自提存之日起 7 日内，以书面形式通知提存受领人，告知其领取提存物的时间、期限、地点、方法。（《提存公证规则》第 18 条第 2 款）提存受领人不清或下落不明、地址不详无法送达通知的，公证处应自提存之日起 60 日内，以公告方式通知。公告应刊登在国家或债权人在国内住所地的法制报刊上，公告应在 1 个月内在同一报刊刊登 3 次。（《提存公证规则》第 18 条第 3 款）

四、提存的效力

（一）债务人的债务消灭

《合同法》第91条第4项规定提存是合同权利义务终止的原因之一，对此应解释为提存导致债务人的债务消灭，而并不导致债权人的债权消灭。《合同法解释（二）》第25条第2款规定："提存成立的，视为债务人在其提存范围内已经履行债务。"该款是将提存拟制产生清偿的效果，但该效果仅作用于债务人一方，而不能由此推导出债权人的债权亦归于消灭的结论。

（二）提存部门的保管义务

1. 保管义务的性质和履行标准。提存部门的保管义务在性质上属法定义务。《提存公证规则》第19条规定，公证处有保管提存标的物的权利和义务。公证处应当采取适当的方法妥善保管提存标的，以防毁损、变质或灭失。对不宜保存的、提存受领人到期不领取或超过保管期限的提存物品，公证处可以拍卖，保存其价款。

2. 保管期限。《提存公证规则》第20条规定，下列物品的保管期限为6个月：①不适于长期保管或长期保管将损害其价值的；②6个月的保管费用超过物品价值5%的。超过保管期限的，提存部门可将提存物予以拍卖，保存其价款。

3. 违反保管义务的后果。《提存公证规则》第27条第1、2款规定，公证处不得挪用提存标的。公证处或公证人员挪用提存标的的，除应负相应的赔偿责任外，对直接责任人员要追究行政或刑事责任。提存期间，因公证处过错造成毁损、灭失的，公证处负有赔偿责任。

（三）债权人的提存物领取请求权

1. 提存物领取请求权的性质。该请求权是债权人享有的原债权的转化形式，其虽非向债务人主张，但其权利内容、效力及所受限制均取决于原债权，故该请求权并非独立于原债权以外的新请求权。① 提存物领取请求权的性质是物权请求权，还是债权请求权？学界存在争议。② 本书认为，该请求权的性质取决于提存物所有权是否移转给提存部门：提存物（如货币）所有权移转给提存部门的，该请求权为物权请求权；提存物（如特定物）所有权不移转给提存部门的，该请求权为债权请求权。

2. 提存物领取请求权的主体。对于提存物领取请求权的主体，《合同法》表述为"债权人"，对此应解释为债权人一方；《提存公证规则》表述为"提存受领人"。提存物领取请求权的主体包括：债权人及其代理人、继承人；因债权让与等法律关系取得债权的新债权人。

3. 提存物领取请求权的行使。

（1）债权人可以随时领取提存物。（《合同法》第104条第1款前段）债权人收到提

① 相反意见参见张谷：《论提存》，载许章润主编：《清华法学》（第2辑），清华大学出版社2003年版。

② 物权请求权说，参见王利明：《债法总则研究》，中国人民大学出版社2015年版，第721页；债权请求权说参见韩世远：《合同法总论》，法律出版社2011年版，第568页。

存通知后，可在提存部门正常工作时间的任意时间点领取提存物，但不得超过法定最长时间限制。提存受领人领取提存标的物时，应提供身份证明、提存通知书或公告，以及有关债权的证明，并承担因提存所支出的费用。委托他人代领的，还应提供有效的授权委托书。由其继承人领取的，应当提交继承公证书或其他有效的法律文书。(《提存公证规则》第 23 条第 2 款) 因债权的转让、抵销等原因需要由第三人领取提存标的物的，该第三人应当提供已取得提存之债债权的有效法律文书。(《提存公证规则》第 24 条)

(2) 债权人对债务人负有到期债务的，在债权人未履行债务或者提供担保之前，提存部门根据债务人的要求应当拒绝其领取提存物。(《合同法》第 104 条第 1 款后段) 如果债权人的债权受到同时履行抗辩权或先履行抗辩权的限制，债权人须履行自己的债务后才能领取提存物。以对待给付为条件的提存，在提存受领人未为对待给付之前，公证处不得给付提存标的物。(《提存公证规则》第 23 条第 1 款第 2 句) 提存受领人负有对待给付义务的，应提供履行对待给付义务的证明。(《提存公证规则》第 23 条第 2 款第 2 句)

(3) 提存部门应当按照当事人约定或法定的条件给付提存物。(《提存公证规则》第 23 条第 1 款第 1 句) 符合法定或当事人约定的给付条件，提存部门拒绝给付的，由其主管的司法行政机关责令限期给付；给当事人造成损失的，提存部门负有赔偿责任。根据人民法院、仲裁机构的裁决或司法行政机关决定给付的，由此产生的法律后果由作出决定的机构承担。(《提存公证规则》第 28 条)

(4) 债权人有权领取提存物在提存期间所产生的孳息。提存期间，标的物的孳息归债权人所有。(《合同法》第 103 条第 2 句) 提存的存款单、有价证券、奖券需要领息、承兑、领奖的，公证处应当代为承兑或领取，所获得的本金和孳息在不改变用途的前提下，按不损害提存受领人利益的原则处理。无法按原用途使用的，应以货币形式存入提存账户。(《提存公证规则》第 22 条第 2 款) 定期存款到期的，原则上按原来期限将本金和利息一并转存。股息红利除用于支付有关的费用外，剩余部分应当存入提存专用账户。(《提存公证规则》第 22 条第 3 款) 提存的不动产或其他物品的收益，除用于维护费用外剩余部分应当存入提存账户。(《提存公证规则》第 22 条第 4 款)

(5) 提存费用由债权人负担，(《合同法》第 103 条第 3 句) 当事人另有约定的除外。(《提存公证规则》第 25 条第 1 款) 提存费用包括：提存公证费、公告费、邮电费、保管费、评估鉴定费、代管费、拍卖变卖费、保险费，以及为保管、处理、运输提存标的物所支出的其他费用。(《提存公证规则》第 25 条第 2 款) 提存受领人未支付提存费用前，公证处有权留置价值相当的提存标的物。(《提存公证规则》第 25 条第 3 款)

4. 提存物领取请求权的时间限制。债权人领取提存物的权利，自提存之日起 5 年内不行使而消灭，提存物扣除提存费用后归国家所有。(《合同法》第 104 条第 2 款) 依《合同法解释（一）》第 8 条规定，该 5 年期间为不变期间，不适用诉讼时效中止、中断或延长的规定。

(四) 提存物所有权的移转

提存的成立是否导致提存物所有权发生移转，区分提存物的性质而有所不同。

1. 提存物是货币或其他种类物。如果提存物是货币或其他种类物，提存人将提存物交付给提存部门时起，提存物的所有权移转给提存部门。债权人有权从提存部门领取相同种类、数量的货币或其他种类物。例外情形是，提存人依当事人约定以封金等方式将货币特定化，并交付给提存部门的，该特定化货币所有权未移转给提存部门，而是直接移转给债权人，故债权人可基于物权请求权要求提存部门移交该特定化货币。

2. 提存物是特定物。

（1）提存物是特定动产的，提存人向提存部门交付提存物时，提存物所有权移转给债权人。在此情形下，提存人的行为构成对债权人的指示交付，即《物权法》第26条规定“动产物权设立和转让前，第三人依法占有该动产的，负有交付义务的人可以通过转让请求第三人返还原物的权利代替交付。”提存人的指示交付行为通过向债权人履行通知义务的方式完成。(《合同法》第102条）提存人一经通知债权人，即完成指示交付行为，动产所有权由此移转给债权人。债权人可基于物权请求权要求提存部门移交提存物。

（2）提存物是特定不动产的，提存成立不导致提存物所有权发生移转。不动产物权的转让须经依法登记才发生效力。(《物权法》第9条第1款）提存成立后，并不对提存物所有权进行变更登记，而是对其采取验收、封存、委托代管等措施，(《提存公证规则》第14条）因此提存物所有权不发生移转。债权人须依法办理不动产物权变更登记，才能取得提存物所有权。

（五）提存物的风险负担

依现行法规定，在提存期间，提存物毁损、灭失的风险由债权人负担。(《合同法》第103条第1句、《提存公证规则》第27条第2款前段）所谓由债权人负担该风险，是指如果提存物在提存部门毁损、灭失且不可归责于提存部门，不仅债务人的债务仍归于消灭，而且债权人仍须对债务人负有对待给付义务。例如甲乙买卖一幅名画，甲依法将名画提存，但在提存期间名画因火灾意外烧毁，则甲的债务消灭而乙仍须向甲支付价金。该风险负担规则可从以下几方面理解：

1. 该风险负担规则仅适用于提存物非货币的情形。如果提存物是货币，因债权人仅享有请求提存部门交付相同种类、数量货币的权利（特定化货币除外），且提存部门保管货币的方式是将其置入提存账户，因此不存在适用风险负担规则的可能。如果提存物是其他种类物，因该提存物在提存部门保管期间仍有意外毁损、灭失的风险，故适用该风险负担规则。

2. 该风险负担规则的适用不以债权人违约为前提。无论债权人是否构成违约，在提存的场合下均可适用该风险负担规则。如果债权人构成违约（例如受领迟延），依《合同法》第143条规定，债权人应当自违约之日起承担标的物毁损、灭失的风险，而不考虑债务人是否予以提存。如果债权人不构成违约，债务人基于其他提存原因予以提存，债权人负担提存期间内提存物毁损、灭失的风险。因此，《合同法》第103条第1句规定的该风险负担规则对于债权人违约以外的其他提存原因更具有适用意义。

（六）提存人对提存物的取回权

1. 提存人取回权的原因。《提存公证规则》第26条第1、2款规定，具备下列情形之一的，提存人有权从提存部门取回提存物。

（1）提存人凭人民法院生效的判决、裁定。如果人民法院生效的判决、裁定确定提存物归提存人所有，提存人可凭该判决、裁定行使取回权。

（2）提存人凭提存之债已经清偿的公证证明。如果提存人在提存程序之外向债权人清偿了债务，提存人可凭有关公证证明行使取回权。

（3）债权人以书面形式向提存部门表示抛弃提存受领权的。债权人的此行为构成对债务人的免除行为，故债务人有权向提存部门行使取回权。

2. 行使取回权的效力。《提存公证规则》第 26 条第 3 款规定，提存人取回提存物的，视为未提存。因此产生的费用由提存人承担。提存人未支付提存费用前，提存部门有权留置价值相当的提存标的。

第六节　免　　除

一、免除的概念和性质

免除，是指债权人实施抛弃债权的单方行为，使债务人的债务归于消灭的现象。对债权人而言，免除是债权人对债权的抛弃行为；对债务人而言，免除是导致债务人所负债务归于消灭的原因。《合同法》第 105 条规定："债权人免除债务人部分或者全部债务的，合同的权利义务部分或者全部终止。"对于免除行为的性质，可从以下几方面理解：

1. 免除是单方行为。免除是双方行为还是单方行为？域外立法态度不一。① 我国通说认为《合同法》第 105 条系采单方行为说，即免除行为的成立仅需债权人作出抛弃债权的意思表示，而无须债务人作出就此同意的意思表示。其理由在于：（1）免除使债务人享受利益，因此没有必要征得其同意。（2）如果免除一定要债务人同意，则债务人不同意的，等于限制了债权人对权利的处分。② 此外，基于合同自由原则，债权人与债务人也可以订立债务免除合同。在此情形下，债权人是以自己的行为放弃或限制了债权的处分权能。

应注意区分免除与债权赠与行为。前者是单方行为，后者是双方行为，须赠与人与受赠人达成合意；前者意思表示的内容是使债权消灭，后者意思表示的内容是无偿转让债权；两种虽均须通知债务人，但前者通知是免除的行为方式，后者通知是对债务人发生效力的条件。

2. 免除是处分行为。免除是债权人抛弃债权的处分行为，其直接导致债权人的债权和债务人的债务消灭，故免除以"债权人对债权有处分权"为有效要件。债权人以外的第三人不享有对债权的处分权，其实施免除行为的，不发生免除的效力。债权人享有债权但其处分权受到限制的，其实施的免除行为亦不发生免除的效力。例如《企业破产法》第 31 条规定，人民法院受理破产申请前 1 年内，债务人放弃债权的，管理人有权请求人民法院予以撤销。

3. 免除是无偿行为。债权人实施免除行为，债务人无须支付任何代价，免除为典型

---

① 采双方行为说的立法例参见《德国民法典》第 397 条；采单方行为说的立法例参见《日本民法典》第 519 条。

② 参见胡康生主编：《中华人民共和国合同法释义》，法律出版社 2009 年版，第 175 页。

的无偿行为。免除本身是无偿行为，但其原因可以是有偿或无偿。

4. 免除是不要式行为。对于免除行为的形式，现行法未作特定要求。债权人以口头或书面形式作出免除之意思表示的，均无不可。在某些场合下，债权人也可以默示形式作出免除之意思表示。

5. 免除是无因行为。债权人实施免除行为的原因，可能是和解、赠与或其他原因。通说认为，免除是无因行为，即其原因的效力不影响免除行为的效力。例如甲和乙之间存在 A、B 两个合同均未履行产生纠纷，二人达成和解协议：变更 A 合同以减轻甲的债务；作为代价，甲免除乙在 B 合同中所负债务。甲依约免除后，和解协议被确认无效，免除行为仍然有效，甲的损失可通过和解协议无效的法律后果及不当得利请求权得以弥补。

二、免除的要件

（一）免除行为人须对债权享有处分权

如果免除行为人不享有债权或虽享有债权但处分权受到限制，免除行为不发生免除的效力。在此情形下，免除行为是否当然无效？应区分不同情况：（1）有些场合下，法律规定相关当事人有权撤销行为人的免除行为，例如《合同法》第 74 条规定的债权人的撤销权、《企业破产法》第 31 条规定的破产撤销权等。（2）法律未作特殊规定的，类推适用《合同法》第 51 条规定，免除行为效力未定。

（二）免除行为人须具有相应的民事行为能力

免除行为人是自然人的，应具有完全民事行为能力。因免除行为单方面导致债权人财产减少，故作为债权人的无民事行为能力人和限制民事行为能力人不得实施，其监护人也不得实施，但为被监护人的利益除外。(《民法通则》第 18 条第 1 款）免除行为人是法人或其他组织的，不得存在法律禁止该组织实施免除行为的情形，且该组织应依法定程序作出相关决议。(《公司法》第 37 条、《合伙企业法》第 31 条)

（三）免除行为人须向债务人作出免除其债务的意思表示，且意思表示真实

免除是单方行为，必须以免除行为人作出免除之意思表示为要件。该意思表示是有相对人的意思表示，自到达债务人时起生效。该意思表示应由免除行为人自愿、真实地作出，如果存在欺诈、胁迫、重大误解等情形，免除行为无效或可撤销。(《民法通则》第 58、59 条）该意思表示应当包含免除债务人债务的内容，其未必直接出现“免除”字眼，但应具有债权人抛弃债权、债务人的债务消灭等内容。

（四）免除不得损害第三人的合法权益

免除的效力虽然直接导致债权人和债务人之间的权利义务发生变动，但如果免除行为涉及第三人的利益，在某些场合下也受到限制。例如甲对乙享有 A 债权，甲以 A 债权为标的设立权利质权以担保丙之 B 债权，甲如果对乙免除 A 债权，将损害丙的利益，故在此场合下不得免除。

三、免除的方式

（一）免除应以明示或者默示的意思表示作出

1. 免除的意思表示通常以明示形式作出，但某些场合下也可以默示形式作出。因免

除是不要式行为，故免除的意思表示形式并无特定要求。行为人以明示形式实施免除行为的，通常表现为向债务人发出书面或口头通知。行为人以默示形式实施免除行为的，表现为其实施某种积极行为，该行为中包含有免除的意思。① 例如债务履行期限届满时，债权人当面向债务人销毁债权证书。单纯的沉默原则上不能作为免除的意思表示形式。

2. 免除的意思表示须由债权人向债务人作出。作出免除意思表示的主体应为对债权享有处分权的债权人或其代理人。免除的意思表示应向债务人或其代理人作出，该意思表示自到达债务人或其代理人时起生效。

（二）免除可以附条件或附期限

因免除是行为人单方面处分自己权利的法律行为，故可以附条件或附期限，以实现行为人的某种特殊动机。例如债权人向债务人表示，如果能提前 1 个月还款，部分利息予以免除。基于免除行为的性质，其所附条件或期限可以是生效条件、解除条件和始期，但不能是终期。

四、免除的效力

（一）被免除的债务消灭

《合同法》第 105 条规定，债权人可以免除债务人部分或者全部债务。该规定系指就某一特定债务，债权人可以部分或全部予以免除。债权人部分免除的，该债务部分消灭；债权人全部免除的，该债务整体消灭。对债权人而言，其所享债权也发生部分或全部消灭。

（二）被免除债务的从债务消灭

从债务原则上因主债务被免除而消灭，包括利息债务、担保债务、违约金债务等。但债权人明确表示从债务不消灭，且依从债务的性质可以独立存在的，则该从债务不消灭。例如债权人表示债务人迟延履行的债务予以免除，但因该迟延履行所产生的违约金仍须支付。

（三）债务人可请求债权人返还债权凭证

债务因免除而消灭的，债务人有权请求债权人返还债权证书、欠条等债权凭证。

第七节 混 同

一、混同的概念和性质

混同有广义和狭义之分。狭义的混同仅指债法领域的混同，是指债权和债务同归于一人，致使债权债务消灭的现象。《合同法》第 106 条规定的即为狭义的混同。广义的混同包括债法领域的混同和物权法领域的混同。物权法领域的混同，是指所有权与他物权同归于一人，致使他物权消灭的现象。例如质权人占有质物期间，因其他法律关系取得质物所

① 相反意见认为，免除的意思表示必须采明示形式。参见王利明：《债法总则研究》，中国人民大学出版社 2015 年版，第 728 页。

有权，质权因混同而消灭。本节仅讨论狭义的混同，即《合同法》第 91 条第 6 项规定的作为合同权利义务终止原因之一的混同。

混同作为一种导致债权债务消灭的法律事实，性质上属于事件，而非行为。在债务人受让债权的场合下，虽存在债权让与行为，但混同并非指该行为，而是指因债权让与导致债权和债务同归于一人的结果事实。

二、混同的原因

《合同法》第 106 条规定，混同的原因是“债权和债务同归于一人”。具体包括以下两类情形：

（一）概括承受

概括承受，是指因债权人和债务人的主体存续发生变化，而导致一方的权利义务全部由另一方承受的现象。具体包括：企业合并、债权人继承债务人财产、债务人继承债权人财产等。

（二）特定承受

特定承受，是指就某一特定债权，债权人和债务人的身份归于一人。具体包括：债权人将债权转让给债务人、债务人将债务转让给债权人等。

三、混同的效力

（一）债权债务消灭

《合同法》第 106 条规定，混同的效力是“合同的权利义务终止”，该规定亦可适用于不当得利、无因管理等非合同之债。因混同而消灭的债务，既包括主债务，也包括利息债务、担保债务等从债务。在保证人取得主债权的场合下，保证债权因混同而消灭，但主债权不消灭。

（二）涉及第三人利益的，债权债务不因混同而消灭

如果债权债务不涉及第三人利益，该债权债务因混同而发生绝对消灭的效力。但如果债权债务涉及第三人利益，为保护第三人合法权益，该债权债务不因混同而消灭。具体包括以下两类情形：

1. 债权是第三人权利的标的。例如甲公司对乙公司享有 A 债权，甲以 A 债权为标的设立权利质权以担保丙之 B 债权，其后甲乙两公司合并，为保护丙的担保利益，A 债权不因混同而消灭，丙仍有权主张就 A 债权优先受偿。

2. 具有流通性的证券化债权。例如在票据权利转让的场合下，票据背书转让给前手票据债务人（出票人、承兑人等），票据权利不因混同而消灭，可以继续流通。又例如公司取得本公司发行的公司债券，债券权利不因混同而消灭，可以继续流通。

附：与本章内容有关的司考真题

一、选择题

1. 王某向丁某借款 100 万元，后无力清偿，遂提出以自己所有的一幅古画抵债，双方约定第二天交付。对此，下列哪些说法是正确的？【2016 年司法考试卷三第 56 题】

A. 双方约定以古画抵债，等同于签订了另一份买卖合同，原借款合同失效，王某只能以交付古画履行债务

B. 双方交付古画的行为属于履行借款合同义务

C. 王某有权在交付古画前反悔，提出继续以现金偿付借款本息方式履行债务

D. 古画交付后，如果被鉴定为赝品，则王某应承担瑕疵担保责任

2. 胡某于2006年3月10日向李某借款100万元，期限3年。2009年3月30日，双方商议再借100万元，期限3年。两笔借款均先后由王某保证，未约定保证方式和保证期间。李某未向胡某和王某催讨。胡某仅于2010年2月归还借款100万元。关于胡某归还的100万元，下列哪一表述是正确的？【2014年司法考试卷三第13题】

A. 因2006年的借款已到期，故归还的是该笔借款

B. 因2006年的借款无担保，故归还的是该笔借款

C. 因2006年和2009年的借款数额相同，故按比例归还该两笔借款

D. 因2006年和2009年的借款均有担保，故按比例归还该两笔借款

3. 张某从甲银行分支机构乙支行借款20万元，李某提供保证担保。李某和甲银行又特别约定，如保证人不履行保证责任，债权人有权直接从保证人在甲银行及其支行处开立的任何账户内扣收。届期，张某、李某均未还款，甲银行直接从李某在甲银行下属的丙支行账户内扣划了18万元存款用于偿还张某的借款。下列哪一表述是正确的？【2014年司法考试卷三第15题】

A. 李某与甲银行关于直接在账户内扣划款项的约定无效

B. 李某无须承担保证责任

C. 乙支行收回20万元全部借款本金和利息之前，李某不得向张某追偿

D. 乙支行应以自己的名义向张某行使追索权

4. 甲公司对乙公司负有交付葡萄酒的合同义务。丙公司和乙公司约定，由丙公司代甲公司履行，甲公司对此全不知情。下列哪一表述是正确的？【2012年司法考试卷三第12题】

A. 虽然甲公司不知情，丙公司的履行仍然有法律效力

B. 因甲公司不知情，故丙公司代为履行后对甲公司不得追偿代为履行的必要费用

C. 虽然甲公司不知情，但如丙公司履行有瑕疵的，甲公司需就此对乙公司承担违约责任

D. 虽然甲公司不知情，但如丙公司履行有瑕疵从而承担违约责任的，丙公司可就该违约赔偿金向甲公司追偿

5. 乙在甲提存机构办好提存手续并通知债权人丙后，将2台专业相机、2台天文望远镜交甲提存。后乙另行向丙履行了提存之债，要求取回提存物。但甲机构工作人员在检修自来水管道时因操作不当引起大水，致乙交存的物品严重毁损。下列哪一选项是错误的？【2012年司法考试卷三第14题】

A. 甲机构构成违约行为

B. 甲机构应承担赔偿责任

C. 乙有权主张赔偿财产损失

D. 丙有权主张赔偿财产损失

6. 甲公司与乙公司签订并购协议：“甲公司以 1 亿元收购乙公司在丙公司中 51%的股权。若股权过户后，甲公司未支付收购款，则乙公司有权解除并购协议。”后乙公司依约履行，甲公司却分文未付。乙公司向甲公司发送一份经过公证的《通知》：“鉴于你公司严重违约，建议双方终止协议，贵方向我方支付违约金；或者由贵方提出解决方案。”3 日后，乙公司又向甲公司发送《通报》：“鉴于你公司严重违约，我方现终止协议，要求你方依约支付违约金。”下列哪一选项是正确的？【2011 年司法考试卷三第 13 题】

A.《通知》送达后，并购协议解除

B.《通报》送达后，并购协议解除

C. 甲公司对乙公司解除并购协议的权利不得提出异议

D. 乙公司不能既要求终止协议，又要求甲公司支付违约金

7. 关于合同解除的表述，下列哪一选项是正确的？【2009 年司法考试卷三第 11 题】

A. 赠与合同的赠与人享有任意解除权

B. 承揽合同的承揽人享有任意解除权

C. 没有约定保管期间保管合同的保管人享有任意解除权

D. 居间合同的居间人享有任意解除权

8. 甲公司向某银行贷款 100 万元，乙公司以其所有的一栋房屋作抵押担保，并完成了抵押登记。现乙公司拟将房屋出售给丙公司，通知了银行并向丙公司告知了该房屋已经抵押的事实。乙、丙订立书面买卖合同后到房屋管理部门办理过户手续。下列哪些说法是正确的？【2009 年司法考试卷三第 55 题】

A. 不论银行是否同意转让，房屋管理部门应当准予过户，但银行仍然对该房屋享有抵押权

B. 如丙公司代为清偿了甲公司的银行债务，则不论银行是否同意转让，房屋管理部门均应当准予过户

C. 如丙公司向银行承诺代为清偿甲公司的银行债务，则不论银行是否同意转让，房屋管理部门均应当准予过户

D. 如甲公司清偿了银行债务，则不论银行是否同意，房屋管理部门均应当准予过户

9. 何某死后留下一间价值六万元的房屋和四万元现金。何某立有遗嘱，四万元现金由四个子女平分，房屋的归属未作处理。何某女儿主动提出放弃对房屋的继承权，于是三个儿子将房屋变卖，每人分得两万元。现债权人主张何某生前曾向其借款 12 万元，并有借据为证。下列哪些说法是错误的？【2009 年司法考试卷三第 67 题】

A. 何某已死，债权债务关系消灭

B. 四个子女平均分担，每人偿还三万元

C. 四个子女各自以继承所得用于清偿债务，剩下两万元由四人平均分担

D. 四个子女各自以继承所得用于清偿债务，剩下两万元四人可以不予清偿

10. 甲和乙之间有借贷关系，后二人结婚。此时，甲、乙之间的债权债务可以因下列哪一情形消灭？【2008 年司法考试延期卷卷三第 8 题】

A. 因混同而消灭

B. 因混合而消灭

C. 因结婚而消灭

D. 因免除而消灭

11. 喜好网球和游泳的赵某从宏大公司购买某小区商品房一套，交房时发现购房时宏大公司售楼部所展示的该小区模型中的网球场和游泳池并不存在。经查，该小区设计中并无网球场和游泳池。下列哪些选项是正确的？【2008 年司法考试卷三第 54 题】

A. 赵某有权要求退房

B. 赵某如要求退房，有权请求宏大公司承担缔约过错责任

C. 赵某如要求退房，有权请求宏大公司双倍返还购房款

D. 赵某如不要求退房，有权请求宏大公司承担违约责任

12. 王某因多年未育前往某医院就医，经医院介绍 A 和 B 两种人工辅助生育技术后，王某选定了 A 技术并交纳了相应的费用，但医院实际按照 B 技术进行治疗。后治疗失败，王某要求医院返还全部医疗费用。下列哪一选项是正确的？【2007 年司法考试卷三第 5 题】

A. 医院应当返还所收取的全部医疗费

B. 医院应当返还所收取的医疗费，但可以扣除 B 技术的收费额

C. 王某无权请求医院返还医疗费或赔偿损失

D. 王某无权请求医院返还医疗费，但是有权请求医院赔偿损失

13. 乙买甲一套房屋，已经支付 1/3 价款，双方约定余款待过户手续办理完毕后付清。后甲反悔，要求解除合同，乙不同意，起诉要求甲继续履行合同，转移房屋所有权。下列哪一选项是正确的？【2007 年司法考试卷三第 6 题】

A. 合同尚未生效，甲应返还所受领的价款并承担缔约过失责任

B. 合同无效，甲应返还所受领的价款

C. 合同有效，甲应继续履行合同

D. 合同有效，法院应当判决解除合同、甲赔偿乙的损失

14. 下列关于合同解除的哪些说法是正确的？【2006 年司法考试卷三第 52 题】

A. 委托人或者受托人都可以随时解除委托合同

B. 不定期租赁合同的双方当事人可以随时解除合同

C. 承揽合同中的定作人可以随时解除合同

D. 在承运人将货物交付收货人之前，托运人可以解除运输合同

15. 甲对乙享有 10 万元到期债权，乙对丙也享有 10 万元到期债权，三方书面约定，由丙直接向甲清偿。下列哪些说法是正确的？【2006 年司法考试卷三第 57 题】

A. 丙可以向甲主张其对乙享有的抗辩权

B. 丙可以向甲主张乙对甲享有的抗辩权

C. 若丙不对甲清偿，甲可以要求乙清偿

D. 若乙对甲清偿，则构成代为清偿

第十章 违约责任

【知识结构图】

- 违约责任
  - 违约责任概述
    - 违约责任的概念、特征
    - 违约责任与相关概念
    - 违约行为的形态
  - 违约责任的归责原则
    - 违约责任归责原则的概念、意义
    - 一般场合：无过错责任原则
    - 例外：过错责任
  - 违约责任的形式
    - 违约金
      - 违约金的种类
      - 违约金责任的构成要件
      - 违约金数额调整规则
    - 损害赔偿
      - 违约金与损害赔偿的关系
      - 损害赔偿责任的构成要件
      - 损害赔偿责任范围确定的原则
      - 完全赔偿原则的限制规则
    - 强制实际履行
    - 标的物瑕疵的补正
    - 减价
    - 定金
  - 违约责任的免责事由
    - 法定免责事由
      - 一般事由：不可抗力
      - 特殊事由：债权人过错等
    - 约定免责事由（免责条款）

第一节 违约责任概述

一、违约责任的概念和特征

违约责任，是指合同当事人不履行合同义务或其履行不符合约定或法律规定时，对另一方当事人所应承担的民事责任。《民法通则》第六章第二节标题采“违反合同的民事责任”，《合同法》第七章标题采“违约责任”。大陆法系传统民法通常采用“债务不履行责任”概念，违约责任是债务不履行责任的下位概念，债务不履行责任除包括违约责任外，还包括不履行非合同债务产生的责任。违约责任与违约救济为不同概念，前者为后者的下位概念。违约救济除包括违约责任外，还包括合同解除、不安抗辩权等制度。违约责任具有以下几方面特征：

（一）违约责任以有效合同的存在为前提

合同不成立、无效或被撤销的，虽也能产生返还财产、赔偿损失等后果，但其性质并非违约责任。原告在诉讼中主张被告承担违约责任，意味着原告承认合同已有效成立，故原告不得同时再主张确认合同无效或撤销合同。违约责任的产生时间是合同有效成立之后：合同有效成立但尚未生效，当事人违反附随义务的，（《合同法》第60条第2款）可产生违约责任；合同生效后，当事人违反给付义务所产生的违约责任是违约责任的最常见形态；合同权利义务终止后，当事人违反后合同义务的，（《合同法》第92条）亦可产生违约责任。

（二）违约责任是合同当事人违反合同义务所产生的民事责任

1. 当事人违反的合同义务包括约定义务和法定义务。如果当事人违反不当得利返还义务、无因管理支付费用等非合同义务，当然不产生违约责任，而是产生其他的债务不履行责任。虽然合同义务大多为约定义务，系由当事人在合同中约定，但其也包括一些法定义务。例如出卖人交付有关单证和资料的义务(《合同法》第136条)、托运人提交有关文件的义务(《合同法》第305条）等。因法律要求合同当事人全面履行各项合同义务，(《合同法》第60条第1款）故无论当事人违反主给付义务、从给付义务或附随义务，均可产生违约责任。

2. 当事人违反合同义务的行为形态包括不履行、履行不符合约定或法律规定。当事人违反合同义务的行为即为违约行为，其形态可大致分为两类：不履行、履行不符合约定或法律规定。不履行是指当事人完全未履行其合同义务的行为，例如拒绝履行、不能履行等。履行不符合约定或法律规定是指当事人虽有履行其合同义务的行为，但其履行行为在履行期限、标的物数量、标的物质量等方面不符合约定或法律规定，例如迟延履行、部分履行、瑕疵给付等。

3. 违约责任是民事责任，不同于行政责任、刑事责任及民事制裁方式。当事人实施某些具有严重违法性的违约行为，可产生行政责任或刑事责任，由有关行政主管部门负责处理或者由司法机关予以追究。(《民法通则》第110条、《合同法》第127条）此类法律责任的性质并非违约责任，而是与违约责任并存的其他部门法上的法律责任。《民法通则》第134条第3款规定的民事制裁方式（训诫、责令具结悔过、收缴进行非法活动的财物和非法所得、罚款、拘留)，其性质亦非违约责任，而是适用于当事人某些违法行为的制裁措施。此类民事制裁方式与违约责任可在符合法律规定的前提下予以并用。

（三）违约责任具有相对性

1. 违约当事人应对自己的违约行为承担违约责任。承担违约责任的主体只能是合同当事人，合同关系以外的第三人因不负有合同义务，不能成为承担违约责任的主体。违约责任是自己责任，即合同当事人对本人及其代理人、履行辅助人的违约行为承担责任。

2. 因第三人原因造成当事人违约的，该当事人仍应承担违约责任。违约责任被局限于在合同当事人之间发生，如果基于第三人的原因造成当事人一方违约，承担违约责任的主体仍为该当事人而非第三人。《民法通则》第 116 条和《合同法》第 121 条规定，当事人一方由于上级机关或其他第三人的原因违约的，该当事人应当向对方承担违约责任，再由上级机关对其因此受到的损失负责处理，或者该当事人和第三人之间的纠纷依照法律规定或按照约定解决。《合同法》第 64 条规定的债务人向第三人履行债务规则和第 65 条规定的第三人向债权人履行债务规则，也都体现了违约责任的相对性。

3. 违约当事人向对方当事人承担违约责任，而非向国家或第三人承担。承担违约责任的对象是合同关系中的对方当事人，而非有关国家机关或第三人，此与行政责任和刑事责任存在明显差异。

（四）违约责任主要具有补偿性

违约责任的主要功能是补偿非违约方因违约方的违约行为给其造成的损失，通过违约责任的承担使非违约方的财产达到未发生违约行为时的状态。因此，违约金、违约损害赔偿等责任的承担，原则上均应以填补非违约方的损失为基本标准。违约方承担违约责任的范围主要取决于其违约行为给非违约方造成损失的大小，而与违约方主观恶意的大小没有必然联系。但在某些特殊场合下，基于特定的立法目的，法律规定适用惩罚性赔偿或惩罚性违约金。这些规则的功能着眼于对违约方实施违约行为的惩罚，而非对非违约方损失的填补，只能在有明确法律规定或可由当事人约定的场合下方能适用。

对于非违约方违约损失的补偿方法有两种：一是（广义的）恢复原状，是指责任人实施一定行为使非违约方的财产状态恢复到损失发生之前的状态。具体的责任形式包括强制实际履行、标的物瑕疵补正（修理、更换、重作）等。二是金钱赔偿，是指按照损失的程度，由责任人向非违约方赔偿相同价值的金钱。具体的责任形式包括损害赔偿、赔偿性违约金等。

（五）违约责任的内容、形式可以由当事人事先约定

与行政责任、刑事责任及民事责任中的侵权责任的一个重要区别是，违约责任可由当事人事先约定责任内容和责任形式。所谓事先约定，是指在违约行为尚未发生时，当事人可在合同中就违约责任的有关事宜予以约定。例如约定违约金条款、违约损害赔偿的计算方法等。因合同关系是相对法律关系，基于合同自由原则允许当事人就违约行为所导致的权利义务变动依据当事人意思作出安排，以此约束当事人的行为并使非违约方由此获得救济。另一方面，此类约定须受到有关规则的限制，例如违约金数额调整规则(《合同法》第 114 条第 2 款)、定金数额上限规则(《担保法》第 91 条）等，以防止当事人的约定过分偏离违约责任制度的功能。

（六）违约责任是财产责任

违约责任形式限于违约金、损害赔偿等财产责任形式，不包括赔礼道歉等非财产责任形式。《合同法》第七章规定的违约责任形式包括：违约金、损害赔偿、强制实际履行、标的物瑕疵的补正等，均为财产责任形式。对于赔礼道歉、消除影响、恢复名誉(《民法通则》第 134 条第 1 款第 9、10 项）等非财产责任形式，通说认为主要适用于侵害人身权

的侵权责任，而不适用于违约责任。其理由在于，合同之债是一种财产法律关系，当事人的违约行为给非违约方造成的损失体现为财产权益的丧失或减少，须适用财产责任形式才能对非违约方起到补偿作用，而赔礼道歉等非财产责任形式在性质上不能实现违约责任的补偿功能。

二、违约责任与相关概念的区别

（一）合同债务与违约责任

在罗马法上，未区分债务与责任，二者都被称为“法锁”（Obligatio），意指一个或数个主体有义务履行某种给付或者以自己的财产对不履行情况负责。① 在此语境下，责任是不履行债务的当然结果，责任被债务所包含。一般认为，严格区分债务与责任是日耳曼法的贡献。债务是法律规定或合同约定的当事人应作出的某种行为，是“法律的当为”。责任是违反“当为”的法律后果，即当事人不履行或不适当履行债务时由法律强制发生的法律责任。我国现行法严格区分合同债务与违约责任，有关合同债务的履行规则由《合同法》第四章“合同的履行”规定，有关违约责任的规则由《合同法》第七章“违约责任”规定。

合同债务与违约责任的区别：（1）法律意义不同。合同债务是当事人当为的行为内容，即作出某种给付；违约责任是当事人违反合同债务的法律后果。（2）表现形式不同。合同债务包括给付义务和附随义务，给付义务表现为交付标的物、提供劳务、转移权利等，附随义务表现为通知、协助、保密、保护等。违约责任的内容虽然也是一定财产的转移，但其表现形式是支付违约金、损害赔偿、标的物瑕疵的补正等。（3）相互关系不同。存在合同债务不一定产生违约责任，因为当事人按照法律规定或合同约定履行了合同债务便不存在违约的问题。产生违约责任必须以违反合同债务为前提，原告诉请对方承担违约责任须证明对方实施了违约行为。（4）强制力不同。合同债务虽对当事人具有拘束力，但并不直接体现为国家强制力，债权人只能请求债务人履行合同债务。违约责任直接体现国家强制力，可通过强制执行措施保障违约责任的承担。

（二）合同责任与违约责任

合同责任在学理上有广义和狭义之分。广义的合同责任，是指合同法上的民事责任，包括违约责任和缔约过失责任。广义的合同责任是违约责任的上位概念。狭义的合同责任，是指违反合同债务的民事责任，即违约责任。② 狭义的合同责任与违约责任为等同概念。《民法通则》第六章第二节标题“违反合同的民事责任”即采狭义的合同责任概念，将合同责任等同于违约责任。为便于区分违约责任与缔约过失责任，避免语义上的混乱，本书采广义的合同责任概念，故合同责任包括违约责任和缔约过失责任。

---

① ［意］彼得罗·彭梵得：《罗马法教科书》，黄风译，中国政法大学出版社 1992 年版，第 283 页。

② 也有观点认为狭义的合同责任除包括违约责任外，还包括：（1）变更、解除合同所产生的责任；（2）保证责任；（3）非违约方未尽到防止或减轻损害的义务产生的责任。但不包括缔约过失责任。参见王利明：《合同法研究》（第二卷），中国人民大学出版社 2015 年版，第 409~410 页。

（三）缔约过失责任与违约责任

缔约过失责任与违约责任均为产生于合同法领域的民事责任，两者的责任形式都包括损害赔偿。缔约过失责任与违约责任的区别：（1）产生的前提条件不同。前者不以存在有效合同为前提，发生于缔约阶段及合同无效、被撤销的场合；后者以存在有效合同为前提。（2）违反的义务不同。前者是违反先合同义务的后果，先合同义务是法定义务，包括诚信缔约义务、告知义务、保密义务等；后者是违反合同义务的后果，合同义务多为约定义务，包括主给付义务、从给付义务、附随义务等。（3）归责原则不同。前者适用过错责任原则；后者适用无过错责任原则。（4）责任形式不同。前者责任形式较为单一，主要是损害赔偿，在法律规定的特殊情形下才可适用继续履行先合同义务等其他责任形式；后者责任形式较为多样，包括违约金、损害赔偿、标的物瑕疵的补正、强制实际履行、定金责任等。（5）损害赔偿范围不同。缔约过失责任赔偿无过错方的信赖利益损失；违约责任赔偿非违约方的履行利益损失。

三、违约行为

（一）违约行为的概念和特征

违约行为，是指合同当事人违反合同义务的行为。现行法一般将违约行为表述为“当事人一方不履行合同义务或者履行合同义务不符合约定”（《合同法》第107条、《民法通则》第111条）违约行为具有以下特征：

1. 违约行为的主体是合同当事人。基于合同相对性，合同关系之外的第三人的行为导致合同义务无法正常履行的，第三人并非违约行为人。合同当事人的代理人、履行辅助人实际实施违约行为的，违约行为的主体仍为该方当事人，由该方当事人承担违约责任。在通常场合下，违约行为的主体是债务人；在受领迟延的场合下，违约行为的主体是债权人。

2. 违约行为是违反合同义务的行为。违反合同义务的行为既包括完全不履行合同义务，也包括虽有履行行为但其不符合法律规定或合同约定。基于全面履行原则，当事人应当全面履行各类合同义务，故当事人违反主给付义务、从给付义务或附随义务均构成违约行为。

3. 违约行为具有客观违法性。在民法领域中，违法行为是指违反各类民事义务的行为，最常见的是违约行为和侵权行为。应注意的是，违约行为具有客观违法性仅意味着违约行为在客观上违反了合同义务及导致债权人的债权未能实现，而不涉及违约方主观是否具有过错的问题。

4. 违约行为是违约责任的构成要件之一。无论何种违约责任形式，均必须以违约行为为构成要件。但有违约行为并非绝对导致违约责任发生，如果不具备其他构成要件或存在违约免责事由，则虽有违约行为但不发生违约责任。

（二）违约行为的形态

1. 不能履行。[①] 不能履行，又称给付不能，是指债务人在客观上已经没有履行能力，

① 有学者认为，不能履行不是一种独立的违约形态。参见王利明：《合同法研究》（第二卷），中国人民大学出版社2015年版，第461页以下。

或者法律禁止合同义务的履行。例如卖方在交付特定物之前该特定物灭失而无法交付；受雇人因事故致残而无法向雇主提供劳务；商标权转让合同中，在转让方转让之前商标权被国家机关依法撤销等。不能履行分为事实上的不能履行和法律上的不能履行：前者是指因自然原因导致的不能履行（如标的物灭失）；后者是指因法律规定导致的不能履行（如标的物虽在但为禁止流通物）。不能履行还可以分为自始不能履行和嗣后不能履行：前者是指合同成立时即构成不能履行（如买卖不存在之物）；后者是指合同成立时能够履行，其后因自然原因或法律规定导致不能履行（如合同成立后至交付前标的物灭失）。如果构成自始的法律上的不能履行，因合同成立时给付即为法律所禁止，故合同无效(《合同法》第52条第5项)，而不存在违约的问题。其他的学理分类还包括：全部不能履行和部分不能履行、永久不能履行和一时不能履行等。

不能履行的要件为：(1) 债务人因自然原因或法律规定而不能履行全部或部分合同义务。(2) 不能履行的时间是履行期限届至时。就事实上的不能履行而言，只要履行期限届至时不能履行即满足该要件，在履行期限届至以前是否能够履行在所不问。就法律上的不能履行而言，合同成立时能够履行而履行期限届至时不能履行才满足该要件；如果合同成立时即被法律禁止履行则导致合同无效。(3) 必须是非金钱债务。金钱债务不存在不能履行的问题，理由在于：其一，货币是典型的种类物，具有可替代性。即使本准备用于清偿债务的货币灭失，市场上还存在大量同种类货币。其二，债务人暂时经济困难而不能履行金钱债务的，构成迟延履行而非不能履行。

2. 拒绝履行。拒绝履行，是指债务人对债权人表示不履行合同义务。拒绝履行分为期前拒绝履行（预期违约）和期后拒绝履行：前者是指在履行期限届至以前债务人对债权人表示不履行合同义务；后者是指在履行期限届至以后债务人对债权人表示不履行合同义务。拒绝履行还可以分为明示拒绝履行和默示拒绝履行：前者是指债务人向债权人明确表示不履行合同义务（如通知债权人将不会如约去办理房屋过户手续）；后者是指债务人以自己的行为表明不履行合同义务（如债务人将特定物卖给第三人并已交付）。

拒绝履行的要件为：(1) 债务人向债权人作出不履行合同义务的意思表示，且该意思表示已生效。该意思表示可以口头、书面等明示形式作出，也可以行为即默示形式作出。(2) 拒绝履行的时间可以是履行期限届至以前，也可以是履行期限届至以后。期前拒绝履行为预期违约，非违约方可以在履行期限届满之前要求违约方承担违约责任(《合同法》第108条) 或解除合同(《合同法》第94条第2项)。期后拒绝履行为实际违约，非违约方依据实际违约规则要求违约方承担违约责任。(3) 债务人具有履行能力。如果债务人因自然原因或法律规定不具有履行能力，则构成不能履行。(4) 债务人拒绝履行不具有正当理由。如果债务人基于正当理由有权拒绝债权人的履行请求，则不构成拒绝履行，例如存在同时履行抗辩权、不安抗辩权、诉讼时效抗辩权、先诉抗辩权、生效条件未成就、始期未到来等。

3. 迟延履行。

(1) 债务人迟延（给付迟延）。债务人迟延，是指债务人能够履行，但在履行期限届满时却未履行。在一般场合下，如无特别说明，迟延履行通常是指债务人迟延。

债务人迟延的要件为：①债务人未履行合同义务，但也未作出不履行的意思表示。②

履行期限已届满。判断迟延履行的时间标准是履行期限届满，在此之前债务人享有期限利益而尚不构成迟延。对于定期债务，履行期限届满时债务人未履行即可构成迟延，而无须经过催告程序。对于未定期债务，债务人在债权人催告后，在必要的准备时间届满后仍未履行的，才构成迟延。(《合同法》第 62 条第 4 项）③债务人具有履行能力。④债务人迟延不具有正当理由。如果债务人基于正当理由有权在履行期限届满后不履行，则不构成债务人迟延，例如存在同时履行抗辩权、不安抗辩权等。

（2）债权人迟延（受领迟延）。债权人迟延，是指债权人对债务人的履行应当受领而拒绝受领或不能受领。基于协作履行原则，债权人应当在债务人履行合同义务时提供必要的协助，以达到顺利实现给付效果的目的。债权人受领给付是不真正义务，故债权人受领迟延亦构成违约行为。受领迟延除可产生违约责任外，还可适用提存规则。(《合同法》第 101 条)

债权人迟延的要件为：①债务人履行合同义务需要债权人的协助。如果债务人无须债权人协助即可完成履行行为，则不存在受领迟延的问题，例如债务人银行转账。②履行期限已届至。因履行期限届至意味着债务人履行合同义务在时间方面构成适当履行，故判断受领迟延的时间标准是履行期限届至。③债务人依法律规定和合同约定提供了履行。④债权人拒绝受领或不能受领。所谓拒绝受领，是指对债务人已提供的给付，债权人明确表示拒绝接受或领取。所谓不能受领，是指债权人客观上不能为债务人履行提供必要协助的状态，至于债权人主观上有无拒绝受领的意思则在所不问。例如债权人变更住所后因疏忽未通知债务人。⑤债权人迟延不具有正当理由。

4. 不完全履行。不完全履行，又称不完全给付或不适当履行，是指债务人虽然履行了合同义务，但其履行不符合法律规定或合同约定的要求。① 不完全履行是一类违约行为的统称，包括履行行为在数量、质量、履行方式等各方面不符合要求的违约行为。

（1）部分履行。是指债务人的履行行为在标的数量方面不符合要求。例如支付部分价款、完成部分劳务等。依《合同法》第 72 条规定的部分履行规则，无论债权人是否有权拒绝债务人的部分履行行为，部分履行均构成违约行为。应注意的是，部分履行与迟延履行会发生重合。例如债务人在履行期限届满前交付一半货物，该行为固然为部分履行，但从另一角度观察也构成对未履行部分的迟延履行。

（2）瑕疵给付。是指债务人的履行行为在标的质量方面不符合要求，以致减少或丧失该履行本身所应具有的利益。例如债务人交付的热水器不能正常加热、提供的劳务不符合约定的要求等。该违约行为是因给付存在瑕疵导致债权人的履行利益不能实现，但并未侵害债权人的固有利益。瑕疵给付最常用的救济途径是瑕疵担保责任规则(《合同法》第 155 条等)，债权人可据此请求债务人承担相应责任。

（3）加害给付。是指因债务人履行行为在标的质量方面不符合要求，造成债权人履行利益损失以外的其他损失。例如债务人交付的热水器漏电致人伤亡。该违约行为不仅导致债权人在合同关系中的履行利益不能实现，还导致债权人合同关系之外的其他利益

① 对不完全履行的学理意见，参见李新天：《违约形态比较研究》，武汉大学出版社 2005 年版，第 202 页以下。

(通常为固有利益）受有损失。《合同法》第370条规定，寄存人交付的保管物有瑕疵或者按照保管物的性质需要采取特殊保管措施，寄存人未将有关情况告知保管人，保管人因此受损失的，寄存人应当承担损害赔偿责任。寄存人的行为即构成加害给付，其赔偿范围包括保管人的履行利益损失和固有利益损失。应注意的是，加害给付一般会引起违约责任和侵权责任的竞合，债权人可选择行使违约请求权或侵权请求权。(《合同法》第122条)

(4) 履行方式不当。是指债务人履行合同义务的方式不符合法律规定或合同约定的要求。例如合同约定以现金支付价款，但债务人交付支票。履行方式不当的违约责任除可适用《合同法》第107条规定的继续履行、采取补救措施或者赔偿损失等一般责任形式以外，在某些场合下法律还规定了特殊责任形式。例如《合同法》第300条规定："承运人擅自变更运输工具而降低服务标准的，应当根据旅客的要求退票或者减收票款；提高服务标准的，不应当加收票款。"

(5) 违反附随义务。是指债务人未根据合同的性质、目的和交易习惯履行通知、协助、保密等附随义务。

与违反附随义务有关的司法意见：

①当事人自愿将附随义务上升为合同主义务的，有判决认为："宾馆向旅客承诺'24小时的保安巡视，确保您的人身安全'，是自愿将合同的附随义务上升为合同的主义务……事实证明，宾馆履行义务不符合合同的约定，致使旅客王某陷入危险的环境，应当承担违约责任。"①

②犯罪分子使用隐蔽爆炸物导致顾客伤亡的，有判决认为："经营者必须根据本行业的性质、特点和条件，随时、谨慎地注意保护消费者的人身财产安全。对顾客带进餐厅的酒类产品，根据我国目前的社会环境，还没有必要、也没有条件要求经营者采取类似机场安检的严格措施。由于该爆炸物的外包装酷似真酒，一般人凭肉眼难以识别。餐厅通过合理的谨慎注意义务，不可能识别伪装成酒的爆炸物，因此不存在违约行为。"②

③航空公司对机场标识不清的，有判决认为："上海有虹桥、浦东两大机场，确为上海公民皆知，但两机场的专用代号SHA、PVG，却并非上海公民均能通晓。航空公司在机票上仅以'上海PVG'来标识浦东机场，以致原告因不能识别而未在约定时间乘坐上约定的航空工具，航空公司应承担履行附随义务不当的违约责任。"③

④经营者提供的游泳环境不符合安全标准的，有判决认为："由于被告提供的游泳环境不符合安全标准，事故发生时救生人员又未在高台观察游泳池动态，以致没有发现受害人溺水，使受害人丧失了获得及时救助的机会。受害人被拖上岸后，救生人员虽打了求救电话并按医生的指示施救，但已于事无补。被告未尽保障游泳者人身安全的合同附随义务，应当承担违约责任。"④

---

① 参见"王某、张某诉上海某宾馆赔偿纠纷案"，载《最高人民法院公报》2001年第2期。

② 参见"李某、龚某诉某公司人身伤害赔偿纠纷案"，载《最高人民法院公报》2002年第2期。

③ 参见"杨某诉某航空公司等客运合同纠纷案"，载《最高人民法院公报》2003年第5期。

④ 参见"谢某、赖某诉某游泳池有限公司服务合同纠纷案"，载《最高人民法院公报》2003年第6期。

⑤犯罪分子在自助银行门禁系统上安装盗码器，窃取储户信息和密码的，有判决认为："银行应当根据自助银行和 ATM 机在被各种犯罪活动攻击后暴露出来的弱点，随时对其进行改进。在新的改进方法尚未出台时，还可以通过采取不断巡查、明示使用自助银行和 ATM 机时的注意事项、向储户通知犯罪手段，甚至是暂停使用等方法，来履行防范犯罪的义务。"①

⑥消费者在网吧上网期间车辆丢失的，有判决认为："经营者负有保证消费者人身财产安全的义务，该义务应严格限定在其经营场所范围内，不能任意延伸到经营场所和服务范围以外。原告的停车地点在被告的经营场地以外，不属被告的控制范围，不应将合同的附随义务扩大至保证消费人员车辆的安全。"②

（6）其他行为。例如合同当事人擅自变更合同内容。有判决认为："履行医疗服务合同时，在非紧急情况下，医院在未经过患者或其代理人同意的情况下，擅自改变双方约定的医疗方案，属于合同法第 107 条规定的履行合同义务不符合约定的行为。"③

第二节　违约责任的归责原则

一、违约责任归责原则的概念和意义

违约责任的归责原则，是指据以确定违约责任由责任人承担的最终决定性标准。违约责任的归责原则体现了违约责任制度的基本价值取向，并直接影响违约责任具体规则的内容，其在违约责任制度中居于重要地位。

违约责任归责原则的意义体现为以下几方面：

1. 归责原则决定违约责任的构成要件。适用不同的归责原则，违约责任的构成要件必然也不相同。如果适用过错责任原则，过错是违约责任的构成要件之一；如果适用无过错责任原则，则过错不是违约责任的构成要件。

2. 归责原则影响举证责任的内容。原被告双方在诉讼中就有关诉讼请求进行举证，在很大程度上受到适用何种归责原则的影响。如果适用过错责任原则，一般采取过错推定规则，违约方须举证证明自己没有过错，否则认定其具有过错；如果适用无过错责任原则，在违约责任是否成立的问题上，双方均无须举证证明违约方具有过错。

3. 归责原则影响免责事由。如果适用过错责任原则，违约方可通过证明自己没有过错予以免责；如果适用无过错责任原则，违约方不能通过证明自己没有过错予以免责，而只能通过证明存在法定、约定免责事由予以免责。

4. 归责原则影响损害赔偿的范围。在适用过错责任原则的模式下，损害赔偿的范围

---

①　参见"顾某诉上海某银行储蓄合同纠纷案"，载《最高人民法院公报》2005 年第 4 期。

②　参见"于某诉宁波市镇海区某网吧财产损害赔偿纠纷案"，载最高人民法院中国应用法学研究所编：《人民法院案例选》2008 年第 2 辑（总第 64 辑），人民法院出版社 2009 年版，第 169 页以下。

③　参见"郑某、陈某诉某省人民医院医疗服务合同纠纷案"，载《最高人民法院公报》2004 年第 8 期。

主要取决于非违约方的损失，但如果违约方与非违约方均有过错，双方的过错程度会影响损害赔偿的范围。在适用无过错责任原则的模式下，损害赔偿范围的确定更多地受到合理分配损害、最高赔偿限额等因素的影响。

二、一般场合下的归责原则：无过错责任原则

《合同法》第107条规定："当事人一方不履行合同义务或者履行合同义务不符合约定的，应当承担继续履行、采取补救措施或者赔偿损失等违约责任。"该条是对违约责任的基本规定。在该条中，没有出现"过错"和"当事人能够证明自己没有过错的除外"字样，因此一般认为违约责任的归责原则是无过错责任原则。对于无过错责任原则，可从以下几方面理解：

1. 不以违约方的主观过错为违约责任的构成要件。所谓无过错责任，并非是指要求违约方无过错，而是说不以过错为要件，即无论违约方是否有过错均不影响违约责任的成立。违约方故意违约或过失违约的（有过错）固然要承担违约责任，但即使违约方在主观上没有故意或过失（无过错），只要不存在免责事由，违约方也要承担违约责任。对违约方而言，无过错责任是一种比过错责任更为严格苛刻的责任，故其又称严格责任，其能够更有力地约束违约方的行为，更好地防范违约行为的发生。对非违约方而言，无过错责任能提供更有力的违约救济，更为有效地保护非违约方的合法权益。

2. 非违约方主张违约方承担违约责任时，无须举证证明违约方有过错。违约方也不能通过举证证明自己没有过错予以免责。法院在认定违约责任是否成立时，也无须对违约方是否具有过错作出判定。

3. 无过错责任并非绝对责任，违约方有权依法定、约定免责事由主张免责。虽然无过错责任不允许违约方以自己无过错为由予以免责，但无过错责任不是绝对责任或结果责任，违约方有权依不可抗力等法定、约定免责事由予以免责。

4. 虽然违约方过错不是违约责任的构成要件，但违约方和非违约方的过错影响损害赔偿的范围。现行法虽然确立了无过错责任原则是违约责任的归责原则，但其内涵主要是指违约责任的成立不考虑违约方是否具有过错，而并非意味着当事人双方的过错对责任的承担不产生任何影响。现行法在规定无过错责任原则的同时，还规定了减轻损失规则（《合同法》第119条）和过失相抵规则(《合同法》第120条)。这两个规则的适用，意味着在确定损害赔偿的范围时，双方当事人的过错是需要考虑的重要因素。

【学说争议：违约责任采取无过错责任原则是否合理？】

对于现行法将无过错责任原则规定为违约责任的归责原则是否合理，学界存在争议。

第一种观点肯定说赞同该规定的合理性，理由为：其一，该规定符合合同法的发展趋势。CISG和PICC均采类似规定，原本采取过错责任原则的德国在债法改革后也改采无过错责任原则。其二，合同法的商事化对提高交易效率和便捷提出了更高要求。其三，否定说区分"手段债务"和"结果债务"的论证方法不能成立。其四，无过错责任原则已被主流学说和司法实务接受，除非过错责任原则有实质性的优越

性，否则不应改变现有立法。①

第二种观点否定说质疑或否定该规定的合理性，理由为：其一，《合同法》第107条等规定并不能推导出无过错责任原则。其二，无过错责任只能适用于迟延履行金钱之债等个别情形，而不能完全取代过错责任原则。其三，医疗服务合同的债务是“手段债务”，区别于其他类型合同的“结果债务”，此类合同适用无过错责任原则会造成各种问题。其四，无过错责任原则不利于惩罚有过错的行为和实现合同正义。②

第三种观点折中说认为，大陆法系所采的过错责任原则与英美法系所采的无过错责任原则的实际运作结果并不存在显著差异。因为当事人可以在既有规则下通过合同自由作出相应的对策性约定，确保其实际需要。所谓无过错责任原则与过错责任原则以及相应的规则体系，只不过是两套不同的选择可能性，而具体的选择由当事人自己决定。③

三、归责原则的例外：过错责任

虽然在一般场合下适用无过错责任原则作为违约责任的归责原则，但基于特定立法目的及有名合同规则的延续性，《合同法》分则也规定了若干过错责任，具体包括：承租人违反保管义务的违约责任(《合同法》第222条)、承揽人违反保管义务的违约责任(《合同法》第265条)、保管人违反保管义务的违约责任(《合同法》第374条）等。这些规定中所说的“保管不善”，即是对违约方过错的另一种形式的表述。依据此类规定，如果违约方没有过错，则虽有违约行为也不承担违约责任。应当注意的是，《合同法》规定的这些过错责任属于在例外场合下适用的特殊规定，其并没有被上升为归责原则，其与无过错责任原则不构成并列关系。

第三节 违约责任的形式

一、违约金

（一）违约金的概念和特征

违约金，是指合同约定或法律规定的，当事人一方违约时应支付给对方的一定数量的金钱。违约金具有以下特征：

---

① 参见梁慧星：《从过错责任到严格责任》，载梁慧星主编：《民商法论丛》第8卷，法律出版社1997年版；齐晓琨：《德国新、旧债法比较研究——观念的转变和立法技术的提升》，法律出版社2006年版，第8页以下；谢亘：《我国合同拘束力理论的重构》，载《法学研究》2011年第2期。

② 参见朱广新：《合同法总论》，中国人民大学出版社2012年版，第552页以下；李永军：《合同法》，法律出版社2010年版，第505页；韩世远：《医疗服务合同的不完全履行及其救济》，载《法学研究》2005年第6期。

③ 参见韩世远：《合同法总论》，法律出版社2011年版，第593页；王洪亮：《履行障碍风险分配规则——兼评我国〈合同法〉上的客观责任体系》，载《中国法学》2007年第5期。

1. 违约金是违约责任的形式之一。在现行《合同法》颁布以前，对于违约金是担保方式还是违约责任方式，学界存在较大争议。《合同法》明确将违约金规定为违约责任的形式之一，《担保法》也未将违约金规定为担保方式，故其性质是违约责任的形式已无疑义。当然，违约金也具有广义上的担保功能，表现为当事人为避免支付违约金会有更多的动力去履行合同义务。但此种广义上的担保功能并非违约金独有，违约责任的其他责任形式及合同保全规则也都具有该担保功能。

2. 违约金的客体通常是金钱。有域外立法规定，当事人约定以金钱以外的其他给付作为违约金客体的，为准违约金，准用违约金的规定。① 我国现行法对此虽无规定，但基于合同自由原则，应作相同解释。

3. 支付违约金的时间是在违约行为发生之后。违约金与定金、押金的支付时间不同：前者是在违约行为发生之后支付；后者在合同成立时即应支付，此时尚未发生违约行为。在实践中，当事人常约定各种类型的履约保证金，以实现预付、备用、担保等目的。履约保证金通常是在合同成立时支付，合同终止后予以返还或抵充有关费用，其性质也非违约金。违约金作为违约责任的形式，只能在发生违约行为后支付。针对何种形态的违约行为当事人须支付违约金，依据法律规定或当事人约定予以确定。

4. 违约金的数额受到法律的限制。就约定违约金而言，虽然违约金的数额由当事人约定，但如果该数额与非违约方的损失过于悬殊或具备其他法定条件，则适用“违约金数额的调整规则”(《合同法》第 114 条第 2 款)。这表明当事人的意思虽可决定违约金的数额，但仍须受到法律的限制。

5. 违约金条款具有从属性和相对独立性。违约金条款的从属性体现为：无论该条款约定于主合同、补充协议或以单独的从合同约定，其相对于主合同义务均具有从属性。主合同不成立、无效或被撤销的，违约金条款相应地丧失效力。违约金条款的相对独立性体现为：合同解除的场合下，违约金条款并不当然失效，而是作为结算、清理条款可以继续有效。(《民商事合同纠纷指导意见》第 8 条第 3 句)

(二) 违约金的种类

1. 惩罚性违约金与赔偿性违约金。

惩罚性违约金，又称固有意义上的违约金，是指违约方除须支付违约金外，其因违约所应承担的损害赔偿、强制实际履行等责任不受影响。惩罚性违约金的功能是对违约方进行惩罚和制裁，而非对非违约方的损害进行填补。赔偿性违约金，是指违约金只是当事人双方预先估计的损害赔偿总额，非违约方不能就违约金与强制实际履行等责任双重请求。赔偿性违约金的功能是对非违约方的损害进行填补，违约金的数额是当事人事先对违约行为造成损害的预估。

如果法律未明确规定或合同未明确约定违约金的性质，如何判断其为惩罚性违约金还是赔偿性违约金？(1) 依据违约金的效果是否影响强制实际履行等责任，来判断违约金的性质。如果支付违约金的效果不影响强制实际履行等责任，为惩罚性违约金，反之则为赔偿性违约金。例如《电信条例》第 34 条第 1 款规定：“电信用户逾期不交

① 参见《德国民法典》第 342 条。

纳电信费用的，电信业务经营者有权要求补交电信费用，并可以按照所欠费用每日加收3‰的违约金。”该款规定的违约金为惩罚性违约金。又例如合同约定：“违约方支付100万元违约金后，相对方不得再要求违约方交付货物及赔偿损失。”该款约定的违约金为赔偿性违约金。（2）如果无法依据上述方法确定违约金的性质，应推定为赔偿性违约金。由于违约责任的主要功能是补偿功能，在违约金性质存在疑义时，原则上应解释为赔偿性违约金。只有在对违约金性质或效果有明确法律规定或合同约定的场合下，才能将违约金认定为惩罚性违约金。《合同法》第114、116条涉及违约金的规定，虽未明确表述，但基本上是以赔偿性违约金为立足点设置的规则内容。《民商事合同纠纷指导意见》第6条规定“坚持以补偿性为主、以惩罚性为辅的违约金性质”，也体现了该立法精神。①

《合同法》第114条第3款规定：“当事人就迟延履行约定违约金的，违约方支付违约金后，还应当履行债务。”该款规定的违约金是否惩罚性违约金？学界对此存在争议。②本书认为，虽然该款规定的迟延违约金与强制实际履行责任可以并用，但该款规定的“还应当履行债务”系针对迟延的合同义务而言，而对于迟延之后所产生的损失（利息、利润等）是否还应赔偿则并不明确。因此迟延违约金的性质应分为两种情形：一是如果迟延违约金是对迟延损失的预先约定，应为赔偿性违约金；二是如果支付迟延违约金不影响违约方就迟延损失主张权利，则为惩罚性违约金。如果对迟延违约金与迟延损失的关系法律规定不明或合同约定不明，应推定为赔偿性违约金。

2. 法定违约金与约定违约金。

法定违约金，是指法律针对某些有名合同中的违约行为规定的违约金。法定违约金体现了法律对违约行为的直接干预和调整，其通常不考虑当事人的意思而强制适用，现行法仅有零星规定。约定违约金，是指由当事人约定的违约金。约定违约金是合同自由原则在违约责任领域中的体现，实践中，绝大多数违约金为约定违约金。

依现行法规定，法定违约金主要包括以下几种情形：（1）法律直接规定违约金的数额。例如《铁路货物运输合同实施细则》第18条第1款规定，承运人由于法定原因未按货物运输合同履行，按车向托运人偿付违约金50元。（2）法律规定违约金的计算比例。例如《电信条例》第34条第1款规定的电信用户逾期不交纳电信费用的，按照所欠费用每日加收3‰的违约金。（3）法律规定违约金的比例幅度，具体计算比例由当事人在此幅度内约定。例如《电力供应与使用条例》第39条规定：“逾期未交付电费的，供电企业可以从逾期之日起，每日按照电费总额的1‰至3‰加收违约金，具体比例由供用电双方在供用电合同中约定。”如果当事人未依此类规定就违约金作出约定，则不能适用此类法

① 对该问题的学理意见参见韩世远：《违约金的理论问题——以合同法第114条为中心的解释论》，载《法学研究》2003年第4期；罗昆：《违约金的性质反思与类型重构——一种功能主义的视角》，载《法商研究》2015年第5期。

② 肯定说参见王利明：《合同法研究》（第二卷），中国人民大学出版社2015年版，第705页；否定说参见韩世远：《合同法总论》，法律出版社2011年版，第658页。

定违约金。①

（三）违约金责任的构成要件

1. 存在有效的合同关系。当事人主张对方承担违约金责任的，以合同有效成立为前提。合同不成立、无效或被撤销的，当事人不能主张违约金责任。合同有效成立但尚未生效的，给付义务虽不必履行但附随义务仍须履行，故有可能成立违约金责任。合同被依法解除的，因违约金条款作为结算、清理条款并不失效，故可以成立违约金责任。

2. 合同约定有违约金条款或者具备适用法定违约金的情形。《合同法》第114条第1款规定，当事人约定违约金的数额有两种方式：一是直接约定一个固定金额，例如违约金20万元；二是约定一个违约金的计算方法，例如约定“迟延付款1至30天的，每天违约金按迟延金额的0.1%计算，迟延付款30天以上的，每天违约金按迟延金额的0.2%计算”。

3. 有违约行为存在。违约方实施何种违约行为时非违约方可主张违约金责任？应依据法律规定或当事人约定予以确定。如果违约金条款未就违约行为的形态作出约定，且依据合同解释的方法也无法确定违约金系针对何种形态的违约行为，原则上违约方实施任何形态的违约行为均应承担违约金责任。

与违约金条款有关的司法意见：

①合同既就违约金作一般性约定，又针对特定形态违约行为约定违约金的，有判决认为：“双方除了约定违约应按转让费总价格50%向对方交纳违约金外，还约定如逾期付款按每逾1日按已付款数的3%向对方支付违约金。该约定实为对违约金的重复约定，只能认定其中一种约定有效。由于50%违约金实际上包括每日3%违约金，因此认定按转让费总价格50%的约定为有效条款。”②

②合同约定在一定数量幅度内交付标的物，而违约方不完全履行的，有判决认为：“当事人买卖钢坯总量的约定为6~10万吨。卖方在履行期限前生产的钢坯总量只有11000吨，应以年产6万吨钢坯的总贷款的5%计算违约金……买方要求按照10万吨钢坯的总贷款的5%计算违约金的损失请求不予支持。”③

③合同约定逾期利息的计算方法违反央行规定的，有判决认为：“贷款合同中逾期利息约定违反了中国人民银行关于逾期还贷单独计付罚息，不能将期内利息和逾期罚息同时并用的规定，应按中国人民银行不同时期逾期还贷标准分段计付。”④

---

① 参见“某棉纺织公司与某热电股份有限公司供用电合同纠纷案”，载最高人民法院民事审判第二庭编：《最高人民法院商事审判指导案例1·合同卷（下）》，中国法制出版社2011年版，第601页以下。

② 参见“某省总工会诉某市卫生防疫站房地产转让合同纠纷案”，载《最高人民法院公报》1993年第4期。

③ 参见“某钢铁有限公司与马鞍山市某贸易有限公司其他买卖合同纠纷案”，载最高人民法院民事审判第二庭编：《最高人民法院商事审判指导案例1·合同卷（下）》，中国法制出版社2011年版，第543页以下。

④ 参见“中国某实业有限公司等与山东省某信托投资公司借款担保合同纠纷上诉案”，载最高人民法院办公厅编：《最高人民法院公布裁判文书（2003年）》，人民法院出版社2004年版，第201页以下。

④合同约定迟延履行违约金按支付款项的一定比例按月递增的，有判决认为："合同约定一方如不按期支付土地转让费，每迟延1个月应向对方支付该季度转让款的10%作为罚金并按月递增，最长不得超过3个月。一审判决将3个月罚金的比例分别认定为10%、20%、40%的比例成倍增长缺乏依据。根据合同约定，3个月罚金的比例应为10%、20%、30%。"①

4. 是否以损害的存在为要件？

（1）就惩罚性违约金而言，因其功能并非填补非违约方损害，故不以损害的存在为要件。

（2）赔偿性违约金是否以损害的存在为要件，易生争议。如果仅从逻辑上而言，因赔偿性违约金的功能是填补非违约方损害，似乎应得出以损害为要件的结论。但是，赔偿性违约金是事先对损害的预估，当事人约定该违约金的目的本来就是为了避免日后证明损害的繁琐，如果当事人主张违约金责任时还须对损害举证，则这种预估将失去意义。因此，赔偿性违约金原则上也不以损害的存在为要件，但当事人明确约定违约金责任以损害为要件的除外。

（四）违约金数额调整规则

就约定违约金而言，违约金的数额依据当事人的意思予以确定，法律一般不作干预，此为合同自由原则的当然要求。但是，法律对违约金的数额并非完全持放任态度，《合同法》第114条第2款规定："约定的违约金低于造成的损失的，当事人可以请求人民法院或者仲裁机构予以增加；约定的违约金过分高于造成的损失的，当事人可以请求人民法院或者仲裁机构予以适当减少。"该规则的立法目的在于，防止违约金条款成为一方压榨另一方和获取暴利的工具，避免违约金数额与违约损失额差异悬殊，以实现公平原则的要求。②

1. 规则的内容。

（1）约定的违约金低于造成的损失的，当事人可以请求人民法院或者仲裁机构予以增加。（《合同法》第114条第2款前段）就赔偿性违约金而言，如果约定的违约金数额低于违约造成的损失，因该数额不足以填补非违约方的损失，故当事人有权请求增加违约金的数额。对于增加违约金数额的具体方法，《合同法解释（二）》第28条规定：

①增加后的违约金数额以不超过实际损失为限。应注意的是，《合同法》第114条第2款所采"损失"概念，就赔偿性违约金而言应解释为履行利益损失（包括实际损失、可得利益损失）。虽然《合同法解释（二）》第28条采"实际损失"而未采"损失"概念，但也应将其解释为履行利益损失即违约损失。理由为：其一，该条是对《合同法》第114条第2款的解释，其对损失范围的界定应与后者保持一致。其二，如果单纯依文义

① 参见"成都某实业有限公司与成都某房地产开发有限公司土地使用权转让纠纷上诉案"，载最高人民法院民事审判第一庭编：《民事审判指导与参考》2001年第2卷（总第6卷），人民法院出版社2001年版，第138页以下。

② 参见最高人民法院研究室编著：《最高人民法院关于合同法司法解释（二）理解与适用》，人民法院出版社2009年版，第212页。

理解为实际损失，对可得利益损失部分不予考虑，有悖于赔偿性违约金填补非违约方损害的功能。因此，增加后的违约金数额原则上应当等于非违约方的实际损失+可得利益损失。

②增加违约金以后，当事人又请求对方赔偿损失的，人民法院不予支持。因增加后的违约金数额已经能够完全填补非违约方损害，因此非违约方不能在增加违约金以后又请求对方赔偿损失。

（2）约定的违约金过分高于造成的损失的，当事人可以请求人民法院或者仲裁机构予以适当减少。（《合同法》第114条第2款后段）就赔偿性违约金而言，如果约定的违约金数额过分高于违约造成的损失，高出损失的违约金并非用于填补非违约方损害，故当事人有权请求减少违约金的数额。对于减少违约金数额的具体方法，《合同法解释（二）》第29条规定：

①当事人主张约定的违约金过高请求予以适当减少的，人民法院应当以实际损失为基础，兼顾合同的履行情况、当事人的过错程度以及预期利益等综合因素，根据公平原则和诚实信用原则予以衡量，并作出裁决。对于该规定，可从以下几方面理解：其一，该规定的适用条件是约定的违约金“过分高于”违约损失，即约定的违约金数额与违约损失过于悬殊。此适用条件与增加违约金数额规则的适用条件有所不同，后者并未要求“过分低于”，只要约定的违约金低于违约损失即可请求增加违约金数额。因为约定违约金是对违约损失的预估，法律并不要求此预估与实际发生的违约损失绝对一致，如果约定违约金只是略高于违约损失而未达到“过分高于”的程度，则不能请求减少违约金数额。其二，当事人只能请求将违约金数额予以“适当减少”，而非减少至与违约损失完全一致。减少后的违约金数额超出违约损失的部分，具有惩罚性违约金的性质。其三，人民法院就适当减少违约金数额作出裁决时，应以违约损失为基础。该条虽采“实际损失”概念，但应当解释为履行利益损失即违约损失，理由如前所述。《民商事合同纠纷指导意见》第7条表述为“违约造成的损失”，更为准确。其四，人民法院就适当减少违约金数额作出裁决时，还应当兼顾合同的履行情况、当事人的过错程度以及预期利益等综合因素，根据公平原则和诚实信用原则予以衡量。该规定赋予法官以较大的自由裁量权，基于多种因素的考量就适当减少违约金数额作出裁决。《民商事合同纠纷指导意见》第7条规定，法院在作出裁决时，应当根据案件的具体情形，以违约造成的损失为基准，综合衡量合同履行程度、当事人的过错、预期利益、当事人缔约地位强弱、是否适用格式合同或条款等多项因素，根据公平原则和诚实信用原则予以综合权衡，避免简单地采用固定比例等“一刀切”的做法，防止机械司法而可能造成的实质不公平。

②“过分高于”的一般标准：当事人约定的违约金超过造成损失的30%的，一般可以认定为“过分高于造成的损失”。该规定是继承《商品房买卖合同解释》第16条的结果。该标准是适用于商品房买卖合同的硬性标准，而在合同法总则中适用于各类合同时只能作为一般标准。在不存在特殊情形的一般场合下，30%可作为判断是否“过分高于”的标准；但如果合同的性质、履行情况、交易习惯等因素存在特殊情形，也可以高于或低于30%的数额作为判断标准。

2. 规则的适用范围。

(1)《合同法》第114条第2款适用于赔偿性违约金，不存疑义。而且，《合同法》及司法解释对该规则内容的设置和条文的表述似乎也是以赔偿性违约金为立足点。该规则能否适用于惩罚性违约金？学理及实务上甚有疑问。《民商事合同纠纷指导意见》第5条对此持肯定意见，其规定“极具惩罚性的违约金”适用违约金数额调整规则。依该条规定，在惩罚性违约金数额过高即达到“极具惩罚性”的场合下，可适用违约金数额调整规则。但对于何谓“极具惩罚性”？其是否也适用赔偿性违约金的“过分高于”标准？该条未作明确规定，而仅抽象地规定“合理调整、公平解决”。本书认为，在承认惩罚性违约金适用违约金数额调整规则的前提下，适用该规则应注意以下几方面：

①“极具惩罚性”的标准不应适用30%之标准。理由为：其一，法律之所以规定赔偿性违约金适用30%之标准，是因为赔偿性违约金是当事人对违约损失的预估，而预估与实际发生的违约损失很难完全一致，故法律规定一个二者偏差的幅度，只要偏差未超过该幅度（即30%），法律就仍然认可该预估的效力。惩罚性违约金并非对违约损失的预估，因此不应受30%之标准的限制。其二，赔偿性违约金适用30%之标准时，须以确定实际发生的违约损失为前提，而惩罚性违约金的适用并不以实际发生违约损失为条件，因此有些场合下也就无从确定30%以何者作为基数。

②法院就违约金数额调整作出裁决时，除应当采取公平原则、诚实信用原则等一般性标准外，还应当着重考虑2个因素：当事人的过错、当事人缔约地位的强弱。因惩罚性违约金的功能是惩罚和制裁违约方，故一般而言，违约方主观过错越严重，其就应支付越多的违约金；而主观过错轻微或没有过错的违约方，则应支付较少数额的违约金。当事人缔约地位的强弱也是应着重考虑的因素：如果一方是经营者、另一方是消费者，因经营者居于强势的缔约地位，故经营者违约应支付更多的违约金；如果双方的缔约地位并无强弱之分，因违约金数额是当事人意思自治的结果，故应更加侧重尊重当事人的真实意思。

③有司法意见认为，惩罚性违约金不得超过合同的履行利益或合同本身的金额，可资参考。例如有判决认为：“双方当事人约定每日5‰的惩罚性违约金，折合年利率为182.5%，相当于同期银行贷款利率的30倍，该约定明显过高……酌情将违约金调整为总额不超过应偿还的本金。”① 还有判决认为：“合同约定‘逾期5天以上，需方有权终止合同，并要求供方退还已收货款并承担已收货款5倍以上的违约金。’违约金超过合同未履行部分则违约金的惩罚性过重，所以将‘不超过合同未履行部分’作为违约金调整的上限。”②

(2) 依《合同法》第114条第2款和司法解释规定，违约金数额调整规则仅适用于约定违约金，不适用于法定违约金。

(3) 依《买卖合同解释》第26条规定，买卖合同因违约而解除后，守约方主张继续适用违约金条款的，人民法院应予支持；但约定的违约金过分高于造成的损失的，人民法

① 参见“某黄金开采有限公司等与广东某投资公司合同纠纷申请再审案”，载刘德权主编：《最高人民法院裁判意见精选》（上），人民法院出版社2011年版，第342页。

② 参见“浙江省某生物技术有限公司与四川某风机有限公司合同纠纷案”，载《人民司法·案例》2007年第3期，第52页以下。

院可以参照《合同法》第 114 条第 2 款规定的违约金数额调整规则处理。

3. 规则的适用方式。

（1）有权主张适用该规则的主体是当事人，法院或仲裁机构不得主动依职权适用。① 现行法规定，有权主张适用违约金数额调整规则的主体是当事人，包括违约方和非违约方。在实践中，请求增加违约金的当事人多为非违约方，请求减少违约金的当事人多为违约方。

（2）法院可以就该规则的适用向当事人释明。《民商事合同纠纷指导意见》第 8 条第 1 句规定，为减轻当事人诉累，妥当解决违约金纠纷，违约方以合同不成立、合同未生效、合同无效或者不构成违约进行免责抗辩而未提出违约金调整请求的，人民法院可以就当事人是否需要主张违约金过高问题进行释明。该规定虽未提及仲裁机构，但在仲裁程序中应作相同解释。有判决认为："违约方并未主张违约金过高，仅主张其未违约，应当视为其认为违约金过高。法院可以主动酌减其违约金。"②

（3）举证责任。《民商事合同纠纷指导意见》第 8 条第 2 句规定，违约方对于违约金约定过高的主张承担举证责任，非违约方主张违约金约定合理的，亦应提供相应的证据。该条对约定的违约金低于违约损失的情形未作规定。依据"谁主张，谁举证"的举证规则，当事人（一般为非违约方）主张约定的违约金低于违约损失的，应承担举证责任；当事人（一般为违约方）主张违约金约定合理的，也应承担举证责任。

与违约金数额调整规则有关的司法意见：

①约定迟延利息过分高于央行同期逾期付款利率标准的，有判决认为："一审法院基于当事人的请求，针对双方约定的违约金标准过分高于逾期付款利息损失的实际情况，判令违约方按照中国人民银行同期逾期付款利率标准，向对方支付 123 万元违约金，是根据当事人的请求依法对约定违约金过分高于造成的损失进行调整的行为，并无不妥。"③

②一方违反以房抵债协议，并主张约定违约金过高的，有判决认为："当事人约定按照每日万分之五计算违约金……债务人拖欠债务多年，因其用以偿债的房屋不能按期交付，在近年来房屋市场价格迅速上扬的情况下，造成债权人不能如期取得经营效益。另与银行关于贷款利息、逾期罚息的计算比例、方法相比较，双方约定的违约金比例不属于过分地高于损失。"④

③当事人主张法院适用 30%标准办案的，有判决认为："被告虽存在迟延付款的情形，但考虑到其仅迟延付款 1 个多月的实际情况，一审判决认定约定支付双倍违约金过

---

① 参见"山西某房地产开发有限公司与太原某机械厂（集团）有限公司土地使用权转让合同纠纷案"，载《最高人民法院公报》2008 年第 3 期。

② 参见"天津某实业发展有限公司与某纺织有限责任公司建设工程施工合同纠纷再审案"，载最高人民法院民事审判第一庭编：《民事审判指导与参考》2010 年第 1 集（总第 41 集），法律出版社 2010 年版，第 254 页以下。

③ 参见"西安市某村村民委员会与某高新技术产业开发区东区管委会等拖欠征地款纠纷案"，载《最高人民法院公报》2005 年第 1 期。

④ 参见"北京某房地产开发有限公司与黑龙江省某控股有限公司欠款纠纷案"，载最高人民法院民事审判第二庭编：《最高人民法院商事审判指导案例 1 · 合同卷（下）》，中国法制出版社 2011 年版，第 584 页以下。

高，按照迟延付款数额的30%计算违约金，实际上已经对案件的具体情况、原告的实际损失及被告的过错程度进行了综合分析，在适用法律方面并无错误之处。”①

④恶意违约方不能证明约定违约金过分高于造成损失的，有判决认为：“被告存在恶意拖延乃至拒绝履行的嫌疑，加之没有证据能够证明日万分之四的违约金属于过高情形，因此合同约定日万分之四的违约金不能被认为过高。”②

⑤双方当事人均未提供违约损失具体数额的，有判决认为：“因双方当事人均未能提供违约损失的具体数额，所以无法根据实际损失与违约金的差额作出违约金是否过高的判断……从合同履行的情况来看，债务人向债权人实际支付了股权转让款1000万元，而其向债权人主张的违约金达1500万元，原审法院据此认为违约金过高，并按照公平原则将违约金调整为协议约定数额的一半，原审判决并无不当，依法应予维持。”③

⑥违约损失的计算存在业内交易习惯的，有判决认为：“原审法院将违约金的计算方式变更为：比照业内交易习惯采用的以长江市场现货均价为基础每吨下浮20元……经原审法院调整后，违约方实际承担违约金数额比合同约定数额少了1.57亿元。该计算方式具有充分的客观依据，反映了非违约方在本案中的实际损失情况。”④

二、损害赔偿

（一）损害赔偿的概念和特征

损害赔偿，是指违约方因违约行为给对方造成损失，依法律规定或合同约定应承担赔偿对方当事人所受损失的责任。现行法采“赔偿损失”概念（《合同法》第107、113等条）。损害赔偿适用于民法的多个领域，如违约责任、侵权责任和缔约过失责任等，本节仅讨论违约损害赔偿的问题。损害赔偿责任具有以下特征：

1. 损害赔偿是以金钱赔偿的方式填补非违约方的损失。损害赔偿与（广义的）恢复原状责任不同，后者是使非违约方的财产状态在物理形态上恢复到损失发生之前的状态，而损害赔偿只是通过金钱这种一般等价物对非违约方的损失进行价值上的填补。损害赔偿作为一种金钱赔偿的责任形式，优点是对于各类损害均能适用，简便易行且适用成本较低；缺点是对各类损害的计算可能有失精准，且仅为间接填补而非直接排除损害，可能会与补偿目的有所出入。

2. 损害赔偿以补偿性为原则，以惩罚性为例外。损害赔偿的主要功能是填补非违约方的损失，因此损害赔偿的数额原则上应当等于因违约行为给非违约方造成损失的总和。

---

① 参见“韶关市某企业有限公司与某省环境工程装备总公司、某省环境保护工程研究设计院合同纠纷案”，载《最高人民法院公报》2011年第9期。

② 参见“史某与甘肃某酿造（集团）有限责任公司等互易合同纠纷案”，载《最高人民法院公报》2008年第7期。

③ 参见“冯某等与陕西某投资集团有限公司撤销权纠纷案”，载最高人民法院民事审判第二庭编：《最高人民法院商事审判指导案例（第五卷·上）》，中国法制出版社2011年版，第102页以下。

④ 参见“太原某铝业有限公司与北京某有限公司加工承揽合同纠纷案”，载最高人民法院民事审判第二庭编：《最高人民法院商事审判指导案例6·合同与借贷担保卷》，中国法制出版社2013年版，第201页以下。

仅在某些特殊场合下，基于特定的立法目的且有明确法律规定的，才能适用惩罚性赔偿，对违约方课以高于违约损失的赔偿数额。

3. 损害赔偿与合同债权债务是否具有同一性？在大陆法系传统民法语境中，损害赔偿是一种债的关系即损害赔偿之债，其与原合同债权或给付请求权具有同一性。所谓同一性，是指二者在担保关系、双务合同抗辩权及诉讼时效等方面的适用是相同和一致的。在我国现行法框架下，严格区分债务与责任，故损害赔偿并非债的关系而是民事责任的具体形式。但依现行法规定，在担保关系和双务合同抗辩权等规则的适用上，损害赔偿与合同债权债务仍具有一定程度的同一性。例如《担保法》第 21、46、67 条规定，无论人的担保还是物的担保，担保范围均包括主债权及利息和损害赔偿金。

（二）违约金与损害赔偿的关系

1. 违约金与损害赔偿的相同点。

（1）二者均为金钱赔偿，区别于（广义的）恢复原状责任形式。违约金与损害赔偿均表现为由违约方向非违约方支付一定数额的金钱，而以此对非违约方的损失进行价值上的填补。

（2）就赔偿性违约金而言，其本为当事人对违约损失的预估，其功能和数额的计算与损害赔偿没有本质差异。

2. 违约金与损害赔偿的区别。

（1）构成要件不同。违约金责任一般不以损害为要件，非违约方无须证明自己的损害，但如果当事人能够证明违约金低于或过分高于违约损失的，可请求法院或仲裁机构调整违约金数额。损害赔偿责任以损害的存在为要件，非违约方须证明因违约方的违约行为给其造成了损害以及损害的大小。

（2）数额的确定不同。违约金数额主要由当事人在订立合同时事先约定，法律并不要求违约金数额与日后实际发生的违约损失完全一致，但须受违约金数额调整规则的限制。损害赔偿的数额不能事先约定，只能在发生违约行为后针对造成的损失加以计算方能确定。

（3）法律对惩罚功能的态度不同。法律允许当事人约定惩罚性违约金，除“极具惩罚性”违约金可适用违约金数额调整规则外，惩罚性违约金条款对当事人具有约束力。而且，惩罚性违约金的适用范围不存在法律限制，其可适用于各种类型合同。现行法对惩罚性赔偿持谨慎态度，仅在消费者保护、食品安全等特殊领域，法律规定可适用惩罚性赔偿制度。

3. 违约金与损害赔偿能否并用？学界对此存在争议，① 司法实务亦意见不一。② 本书

---

① 肯定说参见王利明：《合同法研究》（第二卷），中国人民大学出版社 2015 年版，第 708～709 页；否定说参见余延满：《合同法原论》，武汉大学出版社 1999 年版，第 551 页。

② 采肯定意见的判决参见“雷某与鞠某等股权转让纠纷再审案”，载最高人民法院民事审判第二庭编：《商事审判指导》2010 年第 1 辑（总第 21 辑），人民法院出版社 2010 年版，第 122 页以下；采否定意见的判决参见“枞阳县某供销合作社与魏某房屋买卖合同案”，载最高人民法院中国应用法学研究所编：《人民法院案例选》2010 年第 4 辑（总第 74 辑），人民法院出版社 2011 年版，第 147 页以下。

认为，应区分违约金的性质及所针对的违约行为作分别考查。

（1）惩罚性违约金与损害赔偿责任可以并用。因惩罚性违约金的功能并非填补非违约方的违约损失，其可与损害赔偿并用应不存疑义。

（2）赔偿性违约金与损害赔偿能否并用分为以下两种情形：

①赔偿性违约金与损害赔偿系针对同一损害的，二者不能并用。在此情形下，违约金与损害赔偿的功能均为填补同一损害，如果二者并用将导致重复赔偿。例如针对违约方的瑕疵给付，合同约定了违约金10万元，非违约方在主张违约金的同时不得又要求违约方就该违约行为进行损害赔偿。应注意的是，如果违约金数额低于非违约方的违约损失，非违约方可请求法院或仲裁机构增加违约金数额以填补该差额，而无权另行主张损害赔偿。（《合同法解释（二）》第28条）

②赔偿性违约金与损害赔偿针对的损害不是同一损害，二者可以并用。如果赔偿性违约金与损害赔偿分别针对不同违约行为造成的不同损害，二者并用不会导致重复赔偿的结果，而且二者必须并用才能达到完全填补违约损失的效果。例如合同就瑕疵给付约定10万元违约金，现违约方有瑕疵给付和迟延履行2个违约行为，非违约方有权主张10万元违约金并同时要求违约方就迟延履行进行损害赔偿。在此情形下，因违约金系专门针对瑕疵给付这一违约行为作出的约定，当违约方还有别的违约行为时，不能通过适用违约金数额调整规则来填补另一类型损害，因此非违约方有权另行主张损害赔偿以填补该损害。

（三）损害赔偿责任的构成要件

1. 有违约行为存在。损害赔偿作为一种被应用得最广泛的违约责任形式，可适用于各种形态的违约行为，包括不能履行、拒绝履行、迟延履行、不完全履行等。换言之，违约方不履行或不按要求履行任何合同义务（主给付义务、从给付义务、附随义务等），均有可能产生损害赔偿责任。但如果违约方违反不真正义务的，仅导致违约方遭受权利减损或不利益的后果，非违约方不得单独就该违约行为主张损害赔偿。

2. 非违约方受有损害。对该要件可从以下几方面理解：

（1）对于损害的概念，大陆法系的传统通说采差额说（利益说）。该说最早由德国学者蒙森（Mommsen）提出，其后经温德沙伊德（Windscheid）等学者阐发而逐渐完善。该说认为，损害是指受害人对该特定损害事实的利害关系，即因为某项特定损害事实的发生使其丧失了一定的利益，事实发生后的利益状态与发生前的利益状态的差额，即受害人所遭受的损害。差额说具有以下特点：①以受害人总财产的变动来衡量损害是否存在及其大小；②损害事故本身所造成的“损害”并无独立的地位；③所谓“利益”即受害人对该损害事故的利害关系；④以主观标准判断损害。[①]

在多数场合下，差额说能够得出较为公正的结论并作为损害赔偿的依据，但在下列情形该说则暴露出其弊端：①前后不存在差额。例如甲面包店与乙食品加工厂订立合同，约定甲每日供给乙100斤面粉由乙烤制成一定数量的面包。乙每日私自克扣5斤面粉，交付的面包数量符合约定但面包略小，面包店在不知情的情况下按原价出售仍销售一空。依据差额说，甲没有损害。②损害较小却需计算前后财产总额。例如甲乙双

① 林诚二：《民法债编总论——体系化解说》，中国人民大学出版社2003年版，第269页。

方买卖一个书包发生违约纠纷，按照差额说需计算当事人违约前后的所有财产总额（包括不动产、银行存款、股票等）再计算差额，这显然既无必要，也有悖生活常识。③主观利益与客观利益不一致。例如甲将一批木材以每公斤100元卖给乙但尚未交付，乙又将该批木材以每公斤120元转卖给丙。其后该种木材市场价格上涨为每公斤130元。依据差额说，如果甲违约不向乙交货，乙的损害按照主观标准即每公斤120元计算，在此情形下甲违约对自身反而有利，似有鼓励违约之嫌。④损益相抵的问题。例如甲是集邮发烧友，其花费积攒多年的压岁钱2000元从无良商人乙处购得珍邮一枚，后经鉴定为赝品，甲伤心欲绝。该事被媒体报道后，有诸多好心人赠与甲各类邮票100多枚，其中包括其本欲购买的邮票5枚。依据差额说，甲的财产总额在乙违约后未减反增，故乙对甲不负损害赔偿责任。①

为修正差额说的弊端，学理上产生了组织说。该说认为，损害是加害行为给受害人造成的一种不利益状态，要根据受害人受法律保护的利益遭受侵害以后，客观上遭受的损失予以确定。组织说虽着眼于修补差额说的暴露的各种弊端，但该说本身也未臻完美，且该说内部又细分为真实损害说、直接损害说、法律保护目的说等多种观点不一而足。在比较法上，多数国家仍采差额说，并逐渐发展完善可预见性规则、损益相抵规则等对差额说的弊端给予一定程度的修正。我国现行法对损害的概念未作规定，《合同法》第113条第1款规定“损失赔偿额应当相当于因违约所造成的损失”，并且还规定了可预见性规则、损益相抵规则等。

（2）损害主要是指财产损害。在学理上，损害分为财产损害和非财产损害。财产损害，又称财产损失、有形损害，是指因违约行为造成非违约方经济上的损失。非财产损害，又称无形损害，是指受害人遭受的财产损害以外的损害。非财产损害包括人身伤亡和精神损害。在违约损害赔偿领域内，损害主要是指财产损害或财产损失，而不涉及非财产损害，但在侵权责任与违约责任竞合的场合下有可能发生非财产损害赔偿的问题。

【学说争议：应否承认违约精神损害赔偿?】

依现行法，精神损害赔偿只能适用于侵权之诉而不能适用于违约之诉。（《侵权责任法》第22条、《精神损害赔偿解释》第1条以下、《旅游纠纷规定》第21条）仅在侵权责任与违约责任竞合的场合下，受害人可依据侵权责任主张精神损害赔偿。

在立法论层面，对于应否承认违约精神损害赔偿，学界存在争议。否定说的理由为：其一，是否赔偿精神损害，是违约责任和侵权责任的区别之一。其二，合同的本质是一种交易关系，遵循等价交换原则，赔偿精神损害会使双方利益失衡。其三，赔偿精神损害违反可预见性规则，因精神损害是违约方缔约时不可预见的，违约精神损害赔偿将会给当事人订约造成极大的风险，不利于鼓励交易。其四，精神损害赔偿赋予法官过大的自由裁量权。其五，违约精神损害赔偿可能会造成人格的商品化与当事

① 对差额说的批评意见及上述事例的原型，参见曾世雄：《损害赔偿法原理》，中国政法大学出版社2001年版，第120~123页。

人对权利的滥用。① 肯定说的理由为：其一，违约精神损害赔偿属立法政策问题，并非违约责任与侵权责任的根本区别。其二，合同并非都遵循等价交换原则，违约救济同样如此。其三，违约与侵权竞合的场合下，提起违约之诉主张精神损害赔偿，可能比提起侵权之诉更具实益。其四，违约与侵权都存在精神损害赔偿裁量权过大的问题。其五，违约精神损害往往可以在缔约时预见，尤其是合同目的为愉悦、享受等情形。其六，侵权精神损害赔偿不会造成人格商品化，同理违约精神损害同样不会贬低人格。②

本书认为，因大部分合同关系为财产交换关系，故原则上不应承认违约精神损害赔偿，但在某些场合下应当例外地承认。在英国判例法上，违约精神损害赔偿主要适用于三种情形：①合同目的就是提供安宁的享受。例如旅行社给游客安排了一趟糟糕透顶的度假。②合同目的就是解除痛苦和烦恼。例如原告请被告（一名律师）采取可靠的法律手段阻止原告的前男友骚扰她，被告向法院申请取得一项不得恶意骚扰的禁令，但因被告的疏忽，申请禁令时程序错误导致禁令无效。其后原告又被前男友骚扰，造成精神痛苦。③生活不便直接造成的精神痛苦。例如原告想购买房屋用于周末度假，请被告调查房屋的情况并特别要求说明飞机噪音的情况。被告提交报告称不会受到飞机噪音干扰，原告于是购买了该房屋并出资装修。但实际上房屋位于飞机航线下，被告的周末几乎在飞机噪音下度过。③ 对此我国可资借鉴。在我国现实生活中，旅游合同、婚庆服务合同等以精神愉悦为合同目的的合同已十分常见，此类合同的当事人对违约造成精神损害完全是可以预见的。如果依据现有做法，仅在侵权责任与违约责任竞合的场合下（例如旅游过程中游客受伤），受害人才能依据侵权责任主张精神损害赔偿，而在单纯违约责任的场合下（例如仅旅游行程糟糕或购物点安排过多）不能主张精神损害赔偿，显然与此类合同的合同目的相悖。

（3）损害包括实际损失和可得利益损失。实际损失，又称积极损失，是指现有财产的直接减少。例如因卖方交付的货物质量不合格导致的价值差额。可得利益损失，又称消极损失，是指本应当获得的利益而实际未能获得。例如因卖方迟延交房造成买方的租金损失。《合同法》第 113 条第 1 款规定，损害赔偿的范围包括实际损失和可得利益损失。应注意的是，实际损失和可得利益损失的划分与直接损失和间接损失的划分不同。直接损失，是指与违约行为因果关系较近，由违约行为直接引起的损失。间接损失，是指不是由违约行为直接引起的，而由于其他媒介因素介入所引起的损失。这两种划分不具有对应关系，直接损失既有可能是实际损失，也有可能是可得利益损失，间接损失亦同。一般而言，直接损失应予赔偿，间接损失原则上不予赔偿，但在可预见范围内的间接损

① 参见王利明：《侵权责任法与合同法的界分》，载《中国法学》2011 年第 3 期；陈帆：《我国违约精神损害赔偿争论之我见》，载《理论学刊》2005 年第 4 期。

② 参见崔建远：《精神损害赔偿绝非侵权法所独有》，载《法学杂志》2012 年第 8 期；陆青：《违约精神损害赔偿问题研究》，载《清华法学》2011 年第 5 期。

③ 参见何宝玉：《合同法原理与判例》，中国法制出版社 2013 年版，第 507~510 页。

失应予赔偿。

3. 违约行为与非违约方所受损害之间具有因果关系。对该要件可从以下几方面理解：

（1）在合同法领域，着重考察的是责任范围的因果关系。民法中因果关系可分为两个层次：第一个层次是责任成立的因果关系，是指被告可归责的行为与原告权益受损害的事实之间是否具有客观上的联系。第二个层次是责任范围的因果关系，是指被告行为与原告诉称的损害项目之间的联系。在合同法和侵权法两个领域中，考察因果关系的侧重点有所不同。在合同法领域，着重考察的是责任范围的因果关系；而在侵权法领域，更加侧重于考察责任成立的因果关系。原因在于：其一，合同是特定当事人之间的相对法律关系，合同权利义务依约定或规定清晰明了，故违约责任成立的判断通常较为简单；而侵权行为通常是侵害受害人的绝对权，加害人与受害人一般不存在合同约定其权利义务的情形，这导致侵权责任的成立往往易生分歧。其二，违约损害赔偿的对象是履行利益，其构成具有复杂多样性；而侵权损害赔偿的对象是固有利益，其范围的判断相对简单。

（2）对于因果关系的判断标准，通说采相当因果关系说。① 该说认为，某一原因仅在现实发生某结果，还不能确定有因果关系，须依一般观念，在有同一原因存在通常就能发生同一结果，才能认定具有因果关系。依据该说，因果关系必须符合两项要件：一是该事件是损害发生“不可欠缺的条件”（条件关系）；二是该事件实质上增加了损害发生的客观可能性（相当性）。相当因果关系说具有以下特点：①立足于法律上真实，强调法律上的价值判断，否认因果关系是单纯的事实判断问题；②避免因果关系链条过长；③有利于减轻受害人的举证负担；④该说的难点在于，“相当性”仅提供了一个抽象标准，其具体标准仍存在争议。②

（3）损害赔偿责任范围确定的原则（完全赔偿原则）及其限制规则（可预见性规则等）事实上发挥着认定责任范围的因果关系的作用。完全赔偿原则首先划定可以认定与违约行为有因果关系的损害的总体范围，然后由可预见性规则等结合可预见性、非违约方过错（原因力）、违约收益等因素对赔偿范围作出具体限定。

（四）损害赔偿责任范围确定的原则

1. 完全赔偿原则。完全赔偿原则，是指因违约方的违约行为使非违约方产生的全部损失都应当由违约方负赔偿责任。《合同法》第 113 条第 1 款前段规定：“当事人一方不履行合同义务或者履行合同义务不符合约定，给对方造成损失的，损失赔偿额应当相当于因违约所造成的损失，包括合同履行后可以获得的利益。”该款规定的即为完全赔偿原则。完全赔偿原则包含两层基本含义：其一，损害赔偿的数额不应少于违约损失，否则不能实现对非违约方的充分补偿。该原则是违约责任补偿功能的当然要求，适用该原则才能实现对非违约方违约损失的充分填补。其二，损害赔偿的数额原则上也不应多于违约损失，否则超出违约损失的部分将构成非违约方的不当得利。（禁止得利）法谚云：“损害赔偿不是六合彩。”损害赔偿仅能填补非违约方的损失，而不应成

① 对于因果关系的各种学说及发展，参见韩强：《法律因果关系理论研究——以学说史为素材》，北京大学出版社 2008 年版，第 19 页以下。

② 参见曾世雄：《损害赔偿法原理》，中国政法大学出版社 2001 年版，第 104~109 页。

为使非违约方获利的工具。

依据完全赔偿原则，损害赔偿的范围主要包括两类损失：

（1）实际损失，即因违约行为造成非违约方现有财产的直接减少。包括：订约费用的支出因违约得不到补偿、非违约方履行合同义务而未获得对价、因标的物瑕疵造成的损失、因迟延履行造成的利息损失等。

违约导致非违约方对第三人承担违约责任的，非违约方承担责任的费用能否要求违约方赔偿？司法实务意见不一。采肯定意见的判决认为："非违约方因违约方违约而导致其对第三人违约而应该对第三人承担的违约赔偿数额，应该认定为其损失之一。在认定非违约方的损失时，不管非违约方是否已经支付该笔费用，都应该计算该笔违约赔偿数额。"① 采否定意见的判决认为："因供货方未能按照合同约定提供合格的产品，致使购货方不能向其下家供货而对其下家双倍返还定金的责任，因供货方在订立合同时无法预见，不应由其赔偿。"② 本书认为，如果违约方在订约时已预见或应当预见违约行为会给非违约方造成此类损失，其对此类损失应予赔偿；如果违约方在订约时未预见也不应预见到此类损失，则不应赔偿。

（2）可得利益损失，即因违约行为造成非违约方本应当获得的利益而实际未能获得。包括各类利润，例如差价利润、租金利润等。应注意的是，各类利润应具备确定性、可预见性等条件才能要求赔偿。

与可得利益有关的司法意见：

①政府文件与可得利益的关系，有判决认为："合资公司是否盈利取决于诸多因素，故原告仅依据政府文件认定其应当获得人民币1000万元的可得利益赔偿依据不足，本院对此不予支持。"③

②迟延履行期间内国家税率调整造成当事人损失的，有判决认为："原告诉请的损失是在被告迟延履行期间内因退税率的变动而减少的退税款，双方当事人事先均无法预见，不属于保护的范围。"④

③因市场风险给非违约方造成损失的，有判决认为："原审判决认定的原告损失不仅包括了棉花减等的差价损失，亦包括在此期间因市场行情下跌所造成的收益损失。该部分收益损失显属市场风险造成的，非为双方当事人所能预见……原审判决将原告在市场行情低迷时基于转售关系形成的销售价格与本案行情高涨时形成的购买价格之差作为原告的损

---

① 参见"武汉某建筑有限公司与武汉某置业有限责任公司建筑安装工程施工合同纠纷上诉案"，载最高人民法院民事审判第一庭编：《民事审判指导与参考》2007年第2辑（总第30辑），法律出版社2007年版，第175页以下。

② 参见"某丝绸进出口公司与广东省揭阳市某工贸有限公司等购销合同纠纷案"，载刘德权主编：《最高人民法院裁判意见精选》（上），人民法院出版社2011年版，第400页。

③ 参见"香港某投资有限公司与某医院等中外合资经营企业合同纠纷案"，载《最高人民法院公报》2010年第12期。

④ 参见"宁波市某进出口有限公司与宁波某国际物流有限公司货运代理合同违约赔偿纠纷案"，载最高人民法院中国应用法学研究所编：《人民法院案例选》2009年第1辑（总第67辑），人民法院出版社2009年版，第434页以下。

失显属不当。"①

④卖方违反预约合同导致买方丧失优先认购机会的，有判决认为："卖房方未按约履行通知义务，导致买房方丧失优先认购商铺的机会，双方亦无法按意向书约定继续履行，应当承担相应的违约责任。因预约合同与本合同存在法律性质差异，对买房方主张的赔偿金额不能完全支持。"②

⑤买方预期违约时对可得利益的认定，有判决认为："违约损失的计算以合同约定的年供货量或以双方最后一次交易利润作为确定可得利益的依据不符合法律规定。以双方实际履行的年供货数量为依据计算对方履行合同可能获得的利益，更符合本案基本事实。"③

⑥先后系列买卖合同中转售利润的性质，有判决认为："原告通过经销合同买进被告代理的奶粉，后将奶粉卖与消费者赚取差价，因被告交付的奶粉不符合合同以及法律标准的规定，导致原告获得转售利润，该损失属于可得利益损失。"④

⑦情势变更因素消除后违约的，有判决认为："虽然发生了因经济政策调整造成合同一时无法履行的客观情况，但双方当事人未明示解除合同，合同并不当然解除，在合同具备履行条件后，一方要求继续履行，另一方拒不履行的应承担违约责任，在确定可得利益赔偿额中应扣减因情势变更造成的不可预见的损失。"⑤

2. 完全赔偿原则的例外——惩罚性赔偿。在某些场合下，法律规定违约方的损害赔偿数额大于非违约方的违约损失，超出违约损失的赔偿数额体现了对违约方的惩罚和制裁。现行法规定的惩罚性赔偿主要包括以下情形：

（1）经营者欺诈消费者。《合同法》第 113 条第 2 款规定，经营者对消费者提供商品或者服务有欺诈行为的，依照《消费者权益保护法》的规定承担损害赔偿责任。《消费者权益保护法》第 55 条规定了经营者欺诈消费者的惩罚性赔偿规则，该条第 1 款规定："经营者提供商品或者服务有欺诈行为的，应当按照消费者的要求增加赔偿其受到的损失，增加赔偿的金额为消费者购买商品的价款或者接受服务的费用的 3 倍；增加赔偿的金额不足 500 元的，为 500 元。法律另有规定的，依照其规定。"第 2 款规定："经营者明知商品或者服务存在缺陷，仍然向消费者提供，造成消费者或者其他受害人死亡或者健康严重损害的，受害人有权要求经营者依照本法第 49 条、第 51 条等法律规定赔偿损失，并有

① 参见"某商贸有限公司与某棉花加工有限公司买卖合同纠纷案"，载《最高人民法院公报》2006 年第 11 期。

② 参见"仲某诉上海市某房地产项目开发有限公司合同纠纷案"，载《最高人民法院公报》2008 年第 4 期。

③ 参见"邹城市某物资贸易有限责任公司与某水泥（山东）有限公司购销合同纠纷案"，载刘德权主编：《最高人民法院裁判意见精选》（上），人民法院出版社 2011 年版，第 333 页。

④ 参见"宜昌市某贸易有限公司诉宁波保税区某婴幼儿食品有限公司等买卖合同纠纷案"，载最高人民法院中国应用法学研究所编：《人民法院案例选》2015 年第 1 辑（总第 91 辑），人民法院出版社 2016 年版，第 75 页以下。

⑤ 参见"陕西某集团某轧钢有限公司诉陕西某化工有限公司供气合同纠纷案"，载最高人民法院中国应用法学研究所编：《人民法院案例选》2014 年第 2 辑（总第 88 辑），人民法院出版社 2015 年版，第 127 页以下。

权要求所受损失2倍以下的惩罚性赔偿。”

经营者作出高于法定赔偿标准的意思表示是否有效？有判决认为：“经营者‘假一罚十’的承诺是向消费者作出的单方允诺。根据诚实信用原则，经营者应当向消费者履行自己的单方允诺。经营者出售的货物确为假冒伪劣产品的，应当按照其作出的单方允诺的内容，按照消费者购买价格的10倍进行赔偿。”①

（2）商品房买卖合同中的若干情形。《商品房买卖合同解释》第8条规定：“具有下列情形之一，导致商品房买卖合同目的不能实现的，无法取得房屋的买受人可以请求解除合同、返还已付购房款及利息、赔偿损失，并可以请求出卖人承担不超过已付购房款一倍的赔偿责任：①商品房买卖合同订立后，出卖人未告知买受人又将该房屋抵押给第三人；②商品房买卖合同订立后，出卖人又将该房屋出卖给第三人。”《商品房买卖合同解释》第9条规定：“出卖人订立商品房买卖合同时，具有下列情形之一，导致合同无效或者被撤销、解除的，买受人可以请求返还已付购房款及利息、赔偿损失，并可以请求出卖人承担不超过已付购房款一倍的赔偿责任：①故意隐瞒没有取得商品房预售许可证明的事实或者提供虚假商品房预售许可证明；②故意隐瞒所售房屋已经抵押的事实；③故意隐瞒所售房屋已经出卖给第三人或者为拆迁补偿安置房屋的事实。”

（3）生产不符合安全标准的食品或者销售明知是不符合安全标准的食品。《食品安全法》第148条第2款规定：“生产不符合食品安全标准的食品或者经营明知是不符合食品安全标准的食品，消费者除要求赔偿损失外，还可以向生产者或者经营者要求支付价款10倍或者损失3倍的赔偿金；增加赔偿的金额不足1000元的，为1000元。”《最高人民法院关于审理食品药品纠纷案件适用法律若干问题的规定 》第15条规定：“生产不符合安全标准的食品或者销售明知是不符合安全标准的食品，消费者除要求赔偿损失外，向生产者、销售者主张支付价款10倍赔偿金或者依照法律规定的其他赔偿标准要求赔偿的，人民法院应予支持。”

（4）旅游经营者违反旅游合同义务。《旅游法》第70条第1款规定：“旅行社不履行包价旅游合同义务或者履行合同义务不符合约定的，应当依法承担继续履行、采取补救措施或者赔偿损失等违约责任；造成旅游者人身损害、财产损失的，应当依法承担赔偿责任。旅行社具备履行条件，经旅游者要求仍拒绝履行合同，造成旅游者人身损害、滞留等严重后果的，旅游者还可以要求旅行社支付旅游费用1倍以上3倍以下的赔偿金。”《旅游纠纷规定》第17条第2款规定：“旅游经营者提供服务时有欺诈行为，旅游者请求旅游经营者双倍赔偿其遭受的损失的，人民法院应予支持。”

（五）完全赔偿原则的限制规则

完全赔偿原则是确定损害赔偿责任范围的最基本标准，其适用时还须受到下列规则的限制：

1. 可预见性规则。可预见性规则，是指损失赔偿额不得超过违反合同一方订立合同时预见到或者应当预见到的因违反合同可能造成的损失。（《合同法》第113条第1款后

① 参见“郭某诉北京某商贸有限公司手机买卖纠纷案”，载刘言浩主编：《法院审理合同案件观点集成》（上册），中国法制出版社2013年版，第393页以下。

段）该规则的作用在于，防止赔偿范围被拉伸至因果关系链条上的过远端，避免违约方就无法预测的损害承担赔偿责任。例如借款人迟延偿还10万元借款1个月，贷款人主张该款在此1个月内用于购买股票本可赚取30万元利润，依据可预见性规则，贷款人不得就此超出借款人预见范围的利润要求赔偿。

（1）预见的主体是违约方。《合同法》第113条第1款规定，预见的主体是“违反合同一方”即违约方。应注意的是，该规定不应被解释为对预见的主体完全采主观标准。应采主客观相结合的折中标准，即结合违约方的身份、违约方的预见能力、与预见有关的客观情况等因素判断可预见的范围。具体分析如下：①如果违约方负有法律、操作规程规定的特定注意义务，应采该客观标准。例如律师未依据当事人委托在法定期间内上诉，其应当预见到丧失上诉权等结果。②一般场合下采“理性人”之客观标准。在大多数案件中，法院应依据抽象的“理性人”标准判断违约方对该损害是否具有可预见性。③在个别场合下以违约方“自身情况”等主观因素作为补充标准。例如雇主雇佣一个初入城市、从未使用过电脑的姑娘做保姆，其打扫卫生时误拔电源，导致雇主正在传输的重要数据丢失。保姆对数据丢失的损害不具有可预见性。

（2）预见的时间是订立合同时。当事人双方订立合同时，基于当时的各种信息对日后可能发生的各种风险（包括损害）作出一定的评估，并基于此评估对合同权利义务作出具体安排。如果发生的损害在此评估之外，当事人并未就该损害在订约时将其作为约定权利义务需考虑的因素，要求当事人对此类损害承担赔偿责任显然是不公平的。

（3）预见的内容是损害的类型和种类。对于预见的内容是仅限于损害的类型和种类，还是也包括损害的具体程度，现行法未作规定。PICC第7.4.4条规定：“不履行方仅对在订立合同时他已经预见到的或应当合理预见到的、因其不履行可能产生的损害承担责任。”该条注释的解释是：可预见性和损害的性质或类型有关，但和损害的程度无关，除非该程度足以改变损害类型。① 我国应作相同解释。

（4）可预见性规则的适用效果：违约方对不具有可预见性的损害不予赔偿。

2. 减轻损失规则。减轻损失规则，是指当事人一方违约后，对方应当采取适当措施防止损失的扩大；没有采取适当措施致使损失扩大的，不得就扩大的损失要求赔偿。（《合同法》第119条第1款）非违约方应当采取适当措施防止损失扩大的义务被称为减损义务，其性质为不真正义务。该规则是协作履行原则和诚实信用原则的要求，其功能是防止非违约方在违约行为发生时消极应对以造成不必要的损失。

（1）负有减损义务的主体是非违约方。《合同法》第119条第1款规定，负有减损义务的主体是“违约当事人的对方”即非违约方。依特别法规定，某些有名合同中的当事人不是非违约方的，也负有减损义务。例如在保险合同中，保险事故发生时，被保险人应当尽力采取必要的措施，防止或减少损失。被保险人违反减损义务所造成的扩大的损失，保险人不负赔偿责任。（《保险法》第57条第1款、《海商法》第236条）

（2）适当措施的具体要求。非违约方为履行减损义务而采取的适当措施，应符合以下要求：①“合理性”标准。非违约方应采取合理的适当措施以尽量减少损失。其采取

① 张玉卿主编：《国际商事合同通则2010》，中国商务出版社2012年版，第591页。

的措施是否合理，应结合其主观心理状态和客观效果等两个方面加以判断。非违约方采取措施时应尽到谨慎的注意义务对采取的措施加以选择，该措施应是一个“理性人”在当时的场合下所作的合理选择。对该措施的实际效果不应过分苛责，只要非违约方采取的措施在客观上确实是减少损失的较佳选择，即使因其他原因实际上未能防止损失扩大，其仍可就全部损失要求赔偿。②适当措施的具体形态应结合合同性质、损害的性质、客观情况等因素加以选择。例如在保管合同中，寄存人交付的保管物有瑕疵或者按照保管物的性质需要采取特殊保管措施但寄存人未告知保管人，导致保管人因此受损失的，保管人应针对保管物的瑕疵或性质采取合理的补救措施以防止损失扩大。(《合同法》第370条）又例如在保险合同中，在发生火灾保险事故时，被保险人应采取切断电源、阻隔火路、组织救火等措施以防止损失扩大。(《保险法》第57条）有学理意见将减损措施类型化为四种：停止工作、替代安排、变更合同和继续履行。① 该意见可资参考。

（3）当事人因防止损失扩大而支出的合理费用，由违约方承担。(《合同法》第119条第2款）其理在于：其一，减损义务本因违约方的违约行为所引起。其二，非违约方履行减损义务以防止损失扩大对违约方亦有利。其三，由违约方承担履行减损义务的成本有利于鼓励非违约方积极履行减损义务。特别法规定在某些有名合同中，承担履行减损义务合理费用的主体是履行减损义务的相对方，虽然其不是违约方。例如在保险合同中，保险事故发生后，被保险人为防止或者减少保险标的的损失所支付的必要的、合理的费用，由保险人承担。(《保险法》第57条第2款）

（4）减轻损失规则的适用效果：非违约方履行了减损义务的，其就违约损失享有的损害赔偿请求权不受影响；非违约方未履行减损义务的，其不得就扩大的损失要求赔偿。

3. 过失相抵规则。过失相抵规则，又称与有过失规则，是指在非违约方对损失的发生或扩大也有过错时，可以减轻或免除违约方的赔偿责任。该规则是公平原则和诚实信用原则在损害赔偿领域的体现，其功能在于因多种原因造成损失的情形下合理确定违约方的赔偿数额。《合同法》第120条规定：“当事人双方都违反合同的，应当各自承担相应的责任。”该条系继承《民法通则》第113条的结果，但对于该条规定是否为过失相抵规则，尚存争议。②《买卖合同解释》第30条则明确规定了过失相抵规则：“买卖合同当事人一方违约造成对方损失，对方对损失的发生也有过错，违约方主张扣减相应的损失赔偿额的，人民法院应予支持。”因其他有偿合同可参照买卖合同的规定，(《合同法》第174条）故该条规定的过失相抵规则亦可适用于其他有偿合同。

（1）过失相抵规则的适用条件：

①损失的同一性。当事人双方的行为对同一损失均具有原因力，才能适用该规则。例如甲将汽车交给修车行修理，未准确说明故障的部位及表现，修车行修理时亦未审慎检查导致车辆故障加重。如果双方的行为各自给对方造成两个不同的损失，其性质为两个独立的违约行为，不能适用过失相抵规则。例如卖方瑕疵给付给买方造成货物的价差损失，买

① 参见韩世远：《合同法总论》，法律出版社2011年版，第646~647页。

② 肯定说参见朱广新：《合同法总论》，中国人民大学出版社2012年版，第598页；否定说参见梁慧星：《合同法的成功与不足（下）》，载《中外法学》2000年第1期。

方迟延付款给卖方造成利息损失。

②非违约方对损失的发生有过错。非违约方的过错是指非违约方对其行为造成或扩大损失具有可归责性。非违约方的行为可以是作为，也可以是不作为；可以是非违约方本人的行为，也可以是其代理人或履行辅助人的行为。应注意的是，在违约责任适用无过错责任原则的框架下，过失相抵规则并非如其文义所表述的将双方的过失或过错相抵，而是将双方行为对损失所具有的原因力相抵。因此，非违约方的过错未必表现为其主观上有故意或过失，而是指其行为具有可归责性。有判决认为："由于被告未能以法律规定及《租赁合同》约定向原告提供酒店经营所必需的消防许可证，酒店被当地消防部门处以罚款和责令停止使用的处罚。原告虽存在逾期支付租金的违约行为，但该违约行为不是导致《租赁合同》不能履行的根本原因，故认定被告应当承担《租赁合同》不能履行的主要责任。"①

（2）过失相抵规则的适用方式。对于该规则的适用是应由当事人提出还是法院或仲裁机构也可依职权主动适用，《合同法》第 120 条规定不明。依《买卖合同解释》第 30 条规定，过失相抵规则的适用方式是"违约方主张"，故法院或仲裁机构不得主动依职权适用该规则。②

（3）过失相抵规则的适用效果：

①在一般场合下，违约方减轻其赔偿责任，减少的数额依据非违约方的过错（原因力）确定。《买卖合同解释》第 30 条表述为"扣减相应的损失赔偿额"。有判决认为："由于双方当事人在签约时，应当预见该合同可能因第三人行使优先权而终止，但没有预见，造成合同终止履行，对此双方具有过错。原告因准备合同履行及实际履行中产生的损失应由双方当事人各自承担 50%。"③ 还有判决认为："因储户未妥善保管银行卡和密码，银行对取款人提供的身份证件未尽充分审查义务，致存款被冒领的，综合储户与银行双方过错及原因力的大小，被冒领的 13 万元存款按储户与银行 6∶4 的比例承担责任。"④

②法律有特殊规定的，违约方免除赔偿责任。例如《合同法》第 302 条第 1 款规定："承运人应当对运输过程中旅客的伤亡承担损害赔偿责任，但伤亡是旅客自身健康原因造成的或者承运人证明伤亡是旅客故意、重大过失造成的除外。"《合同法》第 311 条规定："承运人对运输过程中货物的毁损、灭失承担损害赔偿责任，但承运人证明货物的毁损、灭失是因不可抗力、货物本身的自然性质或者合理损耗以及托运人、收货人的过错造成的，不承担损害赔偿责任。"

4. 损益相抵规则。损益相抵规则，又称损益同销规则，是指非违约方基于导致损

---

① 参见"深圳某酒店有限公司与丽江某房地产开发有限公司等租赁合同纠纷上诉案"，载最高人民法院民事审判第一庭编：《民事审判指导与参考》2011 年第 4 辑（总第 48 辑），人民法院出版社 2012 年版，第 127 页以下。

② 相反意见参见韩世远：《合同法总论》，法律出版社 2011 年版，第 639 页。

③ 参见"北京某公司诉某公司股权转让合同纠纷案"，载《最高人民法院公报》2005 年第 2 期。

④ 参见"刘某诉某银行股份有限公司某支行等储蓄存款损失赔偿纠纷案"，载最高人民法院中国应用法学研究所编：《人民法院案例选》2014 年第 2 辑（总第 88 辑），人民法院出版社 2015 年版，第 138 页以下。

失的同一原因而获得利益时，应将所得利益从损害赔偿额中予以扣除。《合同法》对该规则未作规定。《买卖合同解释》第31条规定了损益相抵规则："买卖合同当事人一方因对方违约而获有利益，违约方主张从损失赔偿额中扣除该部分利益的，人民法院应予支持。"该规则是禁止得利精神的体现，其功能是防止非违约方因违约行为既有损失又得到利益的情形下，单纯只计算损失而违反完全赔偿原则。例如乙以100万元向甲购买一批建筑用钢材，但甲向乙交付的钢材因质量严重不合格不能用于合同约定的建设施工，乙遂将该批钢材以残次品的市场价格出售得到30万元，乙向甲要求赔偿的数额应扣除这30万元。

（1）损益相抵规则的适用条件：

①非违约方受有利益。非违约方得到的利益包括积极利益和消极利益。前者是指非违约方现有财产的增加，后者是指本应减少的财产未减少。应注意的是，非违约方得到的利益仅限于财产利益而不包括精神利益。例如甲公司向乙商场出售一批不合格空调，乙售出一部分后发现空调存在质量问题，遂采取措施追回已售空调并向顾客积极善后，经媒体报道后工商部门授予乙"诚实守信单位"称号。乙要求甲赔偿时不得扣除该荣誉称号利益。

②所受利益与违约损失之间具有因果关系。非违约方得到的利益与违约损失应当基于同一原因即违约行为而发生。违约行为与所受利益之因果关系应采何种判断标准，殊有疑问。一般认为，原则上应采相当因果关系说标准，但在某些场合下应结合法规目的作从宽认定，以避免不合理地缩小损益相抵规则的适用范围。① 例如在赛马时，骑手为求获胜而违反惯例鞭打马匹致马死亡，马主因马死亡受有损失，但亦因此获得奖金，鞭打马匹与获得奖金之间虽不具有相当因果关系，但该项奖金之利益应从赔偿额中扣除。

（2）应予扣除的利益：

①标的物的残余价值。例如卖方交付的标的物质量有瑕疵，在被买方受领的情形下，买方请求卖方损害赔偿时应扣除标的物的实际残余价值。又例如在保管、运输等合同中，保管人或承运人违约导致保管物或运送货物毁损且将标的物返还给寄存人或托运人的，寄存人或托运人请求保管人或承运人损害赔偿时应扣除标的物的残余价值。

②财产保险金。因财产保险以损失填补为目的，为避免重复填补，非违约方（被保险人）不得取得保险金后又请求违约方赔偿全部违约损失。非违约方（被保险人）在保险事故发生后已从保险人处得到保险金的，其请求违约方损害赔偿时应扣除保险金。保险人给付保险金后，取得对违约方的保险代位权。（《保险法》第60条）至于人身保险，因其不以损失填补为目的，非违约方（被保险人）有权请求保险人和违约方双重给付，而不存在损益相抵和保险代位权的问题。（《保险法》第46条）

③因违约而节省的费用。该费用是指非违约方本应支付，但因违约方的违约行为导致未实际支出的费用。例如因卖方迟延交货导致买方停工一周，在计算违约损失时应扣除该期间节省的水电费用。

④税金。对于交易税和营业税，因违约方的违约行为导致非违约方未缴纳的，在计算

---

① 参见曾世雄：《损害赔偿法原理》，中国政法大学出版社2001年版，第243~244页。

违约损失时应予扣除。对于所得税应否扣除，学理上存在争议，实务上多采不扣除说。①

（3）不应扣除的利益：

①非违约方因赠与、继承所得利益。非违约方因违约方的违约行为而从第三人处得到赠与、继承的利益，在计算损害赔偿额时不应扣除。例如前述受赠邮票之事例。理由在于：其一，造成利益者具有不得扣减的意思。赠与人或被继承人基于同情心、帮助当事人渡过难关等动机而实施赠与或遗嘱行为，其目的在于使因违约受损的当事人因受赠或继承而免受困厄。如果将此类利益从赔偿额中扣除，显然有悖于赠与人或被继承人的意思。其二，此类利益与违约行为之间不具有相当因果关系，难谓此类利益和违约损失是由同一原因所造成。

②非违约方的法定利益。例如非违约方享有的法定退休金、抚恤金等。法律规定当事人享有此类利益的目的是使当事人得到一定标准的保障，而并非使违约方因此减少赔偿数额，故此类利益不应从赔偿额中扣除。

③依客观标准计算损失的场合。在此场合下，损失的计算单纯依据客观标准，而不考虑非违约方的个人因素及其所处环境的影响，故不应适用损益相抵规则。例如甲欠乙100万元迟延数月未还，乙因资金周转困难而不得已出售所持股票，出售2天后该项股票大跌，乙因此得利。在此情形下，甲迟延还款所应支付利息应按客观标准计算，不得扣除乙因抛售股票所得利益。

（4）损益相抵规则的适用方式。依《买卖合同解释》第31条规定，损益相抵规则的适用方式是“违约方主张”，故法院或仲裁机构不得主动依职权适用该规则。

（5）损益相抵规则的适用效果：违约方的赔偿额扣除非违约方所受利益。如果非违约方所受利益是金钱的，直接从赔偿额中予以扣除。如果非违约方所受利益是实物（如标的物残余价值）的，非违约方有两种选择：一是将该实物以合理价格出售，再将所得金钱从赔偿额中扣除；二是将该实物交付给违约方，并要求违约方赔偿全部违约损失。该选择权由非违约方享有，违约方不得直接向非违约方赔偿全部违约损失与实物价值的差额。理由在于，第一种选择存在不能顺利卖出实物的风险，而该风险系由违约方引起，故该风险不应由非违约方负担。

三、强制实际履行

（一）强制实际履行的概念和性质

强制实际履行，又称强制履行或依约履行，是指违约方不履行合同义务时，相对方有权请求法院强制违约方按合同约定的标的履行义务，而不得以支付违约金或赔偿金的方式代替履行。现行法采“继续履行”概念。（《合同法》第107条）《合同法》第109条规定了金钱债务的强制实际履行，第110条规定了非金钱债务的强制实际履行。

对于强制实际履行的性质，我国现行法将其规定为违约责任的形式，而大陆法系传统民法通常将其称为第二次给付义务。虽然从行为外观来看，强制实际履行仍然是要求债务

① 关于扣除说和不扣除说的学理意见，参见曾隆兴：《详解损害赔偿法》，中国政法大学出版社2004年版，第447~448页。

人按合同约定的标的履行义务，但其适用是发生在债务人违约之后，是非违约方借助国家公权力强制债务人作出某种行为，故债务人的行为已不是单纯履行合同义务而是承担民事责任。在我国现行法框架下，作为违约责任形式的强制实际履行规定在实体法即《合同法》中，但其与程序法中的强制执行措施具有密切联系。强制执行措施包括直接强制和代替执行。直接强制，是指强制债务人（被执行人）作出与履行债务相同的行为，例如交付标的物、支付金钱、办理过户手续等。《民事诉讼法》第249~251条对交付财物或者票证、强制迁出房屋或者强制退出土地、办理有关财产权证照转移手续等情形的直接强制措施作出了规定。代替执行，是指由债权人或第三人代替债务人（被执行人）履行义务，使债权得以实现，相关费用由债务人负担。例如由债权人自己修缮房屋，由债务人负担修缮费用。《民事诉讼法》第252条对代替执行措施作出了规定，依该条规定，代替执行适用于执行标的是行为的场合。①

（二）强制实际履行的构成要件

1. 有违约行为存在。当事人一方未支付价款或者报酬(《合同法》第109条)、当事人一方不履行非金钱债务或者履行非金钱债务不符合约定的(《合同法》第110条)，均可适用强制实际履行。强制实际履行通常适用的违约行为形态包括：拒绝履行、迟延履行、部分履行等。不能履行的场合下不适用强制实际履行。当事人违反附随义务的情形下，通常是当事人未履行通知、协助、保密、保护等义务给相对方已经造成损害，故发生损害赔偿责任而不适用强制实际履行。当事人违反减损义务等不真正义务的，发生使当事人遭受权利减损或不利益的后果，也不适用强制实际履行。

2. 非违约方请求违约方继续履行合同义务。现行法未将实际履行原则规定为合同履行的原则，而是赋予非违约方请求违约方继续履行的违约责任请求权。《合同法》第109、110条均表述为"对方可以要求"，故非违约方对是否要求违约方继续履行合同义务享有选择的权利，法院或仲裁机构不得主动依职权裁决违约方继续履行合同义务。

3. 违约方具有履行合同义务的能力。如果由于自然原因或法律规定违约方构成不能履行，则非违约方不能请求违约方继续履行合同义务，而只能请求其承担损害赔偿、支付违约金等违约责任。

（三）不适用强制实际履行的情形

金钱债务不存在不能履行的问题，故金钱债务总能适用强制实际履行的责任形式。对于非金钱债务，《合同法》第110条规定下列情形不适用强制实际履行：

1. 法律上或者事实上不能履行。如果违约方构成法律上的不能履行或事实上的不能履行，非违约方请求其继续履行合同义务是没有意义的，因此在此情形下非违约方只能主张其他的违约责任形式。《汶川地震适用法律意见（二）》第1条前段规定："买受人要求出卖人按照房屋买卖合同的约定继续履行交房义务的，人民法院应予支持，但是因地震不能实际履行或者实际履行费用过高的除外。"

2. 债务的标的不适于强制履行或者履行费用过高。

① 应注意的是，《民事诉讼法》第249~252条规定的执行措施并不仅适用于强制实际履行，对于侵权责任、物权请求权及亲属、继承领域亦可适用。

（1）债务的标的不适于强制履行，是指依据债务标的性质不宜强制债务人实际履行合同义务。例如委托合同中受托人处理受托事务的义务、演出合同中表演人的表演义务、技术开发合同中开发人的研究开发义务等因具有人身专属性，不适于直接强制债务人继续履行，也不能由他人代替履行。此类债务如果适用强制实际履行，将有悖于保护人格尊严、人身自由的基本法律理念，而且也无法产生良好的履行效果。

（2）履行费用过高，是指虽然债务标的适于强制履行，但因履行费用过高而导致债务人产生不合理的负担，以致适用强制实际履行将违背诚实信用原则和公平交易的一般原则。例如一艘油轮因暴风雨沉入海中，尽管打捞该游轮是可能的，但打捞费用远远超过所运石油的价值，托运人不能要求承运人实际履行运输合同。判断履行费用是否过高的标准，关键要看是否给债务人造成不合理的负担，而不能仅看履行费用是否增加。如果卖方违约未交付货物，而该货物在市场上大量存在，即使因价格上涨使卖方会花费更高的履约成本，买方也有权要求卖方依约交付货物，因为市场价格变动并不构成不合理的负担。有判决认为，如果违约方继续履约所需的财力、物力超过合同双方基于合同履行所能获得的利益，则非违约方要求继续履行合同的诉讼请求不应支持。①

3. 债权人在合理期限内未要求履行。

（1）该“合理期限”不是诉讼时效期间或除斥期间。无论何种形式的违约责任请求权原则上均应适用诉讼时效，故该条的合理期限不应解释为诉讼时效期间，该合理期限不适用中止、中断、延长规则。除斥期间的适用对象是形成权，而债权人要求债务人继续履行的权利是请求权而非形成权。一般认为，该合理期限是权利失效期间。债权人未在该期间内要求债务人继续履行的，即丧失请求债务人继续履行的权利，而只能请求债务人承担损害赔偿或支付违约金等责任形式。法律设置该合理期限的理由在于，债务人履行义务往往需要特别的准备，如果债权人在得知债务人违约后长时间未请求债务人继续履行，债务人有合理理由相信债权人不再主张继续履行，故如果债权人希望债务人继续履行应在其得知违约事实后的合理期限内尽快主张。该合理期限与违约请求权诉讼时效期间的关系是：如果债权人在合理期限内要求债务人继续履行，从完成该请求之时起，该合理期限丧失效用，起算诉讼时效期间；如果债权人在合理期限未要求债务人继续履行，继续履行请求权消灭，而不存在该请求权诉讼时效期间计算的问题。

（2）合理期限的长短，应结合合同的种类、义务的性质、双方所在地的距离、交易习惯等因素综合判断。例如标的物是月饼、粽子等季节性商品，合理期限应与特定节日具有对应性；货物存放于仓库且有库存期限，应考虑库存期限是否到期等。如果标的物是市场上流通的易得种类物，例如 93 号汽油、某种型号的钢材等，该合理期限应从宽认定，因为债务人履行此类义务所作的准备工作相对较为简单。合理期限的长度不应超过诉讼时效期间，因为诉讼时效期间届满而债权人未行使权利的，债务人当然享有时效抗辩权。

（3）“债权人未要求履行”是指债权人未以提起诉讼、申请仲裁或其他方式向债务人主张继续履行请求权。《合同法》第 110 条对债权人要求履行的方式未作限定，因此应解释为债权人未通过诉讼、仲裁或其他任何方式向债务人要求继续履行。

① 参见“某公司诉冯某商铺买卖合同纠纷案”，载《最高人民法院公报》2006 年第 6 期。

四、标的物瑕疵的补正

（一）标的物瑕疵的补正的概念和性质

标的物瑕疵的补正，是指标的物有瑕疵的，非违约方有权合理选择要求违约方承担修理、更换、重做等形式的责任。《合同法》第 111 条规定的责任形式包括修理、更换、重作、退货、减少价款或者报酬。“退货”是指解除合同，“减少价款或者报酬”是指减价，此两者为另外两种独立的违约救济措施。修理，是指针对标的物瑕疵进行修理，以消除该瑕疵并使标的物具有合同约定的使用价值。例如对不能正常制冷的空调进行修理。更换，是指将已交付的标的物替换为种类相同且质量符合合同约定的物。例如将存在印刷错漏的书籍予以更换。重作，是指在承揽、建设工程等合同中，债务人交付的工作成果不合格，由债务人重新制作工作成果。例如裁缝店交付的西服不符合约定款式，裁缝店依约定款式重新制衣。

在现行法框架下，《合同法》第 107、112 条规定违约责任形式分为三类：继续履行、采取补救措施和赔偿损失（以及与其性质类似的违约金、定金等以金钱填补违约损失的责任形式）。继续履行适用于违约方不履行合同义务（如拒绝履行、迟延履行等）的场合；采取补救措施适用于违约方履行合同义务不符合约定的场合（如瑕疵给付）；赔偿损失普遍适用于各类违约行为。在此框架下，采取补救措施主要是指以修理、更换、重作等方式来填补违约损失，故标的物瑕疵的补正的责任形式属于采取补救措施的范畴。应注意的是，现行法对标的物瑕疵的补正的定位与 PICC 有所不同：其一，PICC 第 7. 2. 3 条规定，标的物瑕疵的补正是强制实际履行的具体情形之一，两者是包含关系而非并列关系。《合同法》规定标的物瑕疵的补正和强制实际履行是两种并列的责任形式。其二，对该责任形式适用于何种违约行为，PICC 未作限定，而《合同法》第 111 条规定该责任形式适用于“质量不符合约定”的情形。其三，对该责任形式的具体内容，PICC 仅列举了修理、更换，而《合同法》第 111 条还规定了重作。①

（二）标的物瑕疵的补正的构成要件

1. 标的物存在瑕疵。《合同法》第 111 条规定标的物瑕疵的补正适用于“质量不符合约定”的情形，该条之“质量不符合约定”，应解释为标的物存在瑕疵。以买卖合同为例，当事人约定质量标准的，出卖人应当按照约定的质量要求交付标的物。出卖人提供有关标的物质量说明的，交付的标的物应当符合该说明的质量要求。（《合同法》第 153 条）当事人对标的物的质量要求没有约定或者约定不明确，依照《合同法》第 61 条的规定仍不能确定的，适用《合同法》第 62 条第 1 项的规定。（《合同法》第 154 条）出卖人交付的标的物不符合质量要求的，买受人可以依照《合同法》第 111 条的规定要求承担违约责任。（《合同法》第 155 条）因此，标的物瑕疵的补正主要适用于瑕疵给付的场合，而不适用于拒绝履行、迟延履行等违约形态。适用瑕疵补正的标的物不仅限于动产，也包括房屋等不动产。有判决认为：“房屋出卖人应当保证房屋质量符合工程建设强制性标准以

---

① 相反意见认为，在我国现行法框架下，仍应解释为标的物瑕疵的补正属于强制实际履行的范畴。参见朱广新：《合同法总论》，中国人民大学出版社 2012 年版，第 561~562 页。

及合同的约定，房屋买受人以房屋存在质量缺陷为由向出卖人主张修复等民事责任的，人民法院应予支持。”①

2. 对该违约责任没有约定或者约定不明确，依照《合同法》第61条的规定仍不能确定。如果对该违约责任合同有明确约定（如违约金），或者能够通过补充协议、合同有关条款或交易习惯确定该违约责任，应当优先适用这些违约救济措施。

3. 违约方已将标的物交付给非违约方。在违约方交付的标的物存在瑕疵的情形下，非违约方有两种选择：一是可以拒绝接受标的物或者解除合同(《合同法》第148条)；二是接受标的物并要求对方承担违约责任。在前者情形下，因非违约方尚未取得标的物的占有，不存在适用标的物瑕疵的补正的问题；在后者情形下，因非违约方已接受存在瑕疵的标的物，则可以适用修理、更换、重作的方式来补正标的物的瑕疵。

4. 非违约方应合理选择补正方式。所谓合理选择，是指非违约方应根据标的的性质以及损失的大小在修理、更换、重作中选择最合适的补正方式。例如轿车仅存在轻微瑕疵(一小块油漆破损)，买方有权要求卖方修理，而要求更换则是不合理的。又例如电视遥控器存在瑕疵，买方要求更换遥控器是合理的，而要求更换并无瑕疵的电视主机则是不合理的。就重作而言，该补正方式只能适用于承揽、建设工程等存在交付工作成果的合同，而对于其他类型的合同则不能适用。

5. 不存在《合同法》第110条规定的情形。PICC将标的物瑕疵的补正定位为强制实际履行的具体情形之一，故其第7.2.2条规定的强制实际履行的除外情形也适用于标的物瑕疵的补正。对于《合同法》第110条能否适用于标的物瑕疵的补正，现行法未作规定，但基于该条的功能及立法目的，应作与PICC相同的解释。因此，下列情形不适用标的物瑕疵的补正：法律上或者事实上不能补正；债务的标的不适于补正或者补正费用过高；债权人在合理期限内未要求补正。

五、减价

（一）减价的概念和性质

减价，即“减少价款或者报酬”的简称，是指债务人交付的标的物有瑕疵的，非违约方有权选择在接受不完全履行的基础上，减少己方价款或报酬。例如卖方交付的家具稍有破损，买方同意接收但以约定价款的九折付款。《合同法》第111条将减价与标的物瑕疵的补正规定于同一条之中，将二者均定位为采取补救措施的范畴。《合同法》第262条规定了承揽合同中的减价责任，《合同法》第280条和《建设工程施工合同解释》第11条规定了建设工程合同中的减价责任。《买卖合同解释》第44条规定了买受人主张减价的效力。

【学说争议：减价权是形成权还是请求权？】

非违约方要求减价的权利称为减价权，对于减价权的性质，学界存在争议。第

① 参见“杨某诉东台市某房地产开发有限公司商品房销售合同纠纷案”，载《最高人民法院公报》2010年第11期。

一种观点形成权说认为，减价权是一种单纯的形成权，是依单方意思表示减少价款或者报酬的权利。减价数额并未由减价权人任意决定，而是依据公平原则“按质论价”。在减价权人的“形成意思”中，纵有减价数额的提示，该数额仅为减价权人对“质”的评价而未必准确，此时可类推适用《合同法》第 96 条第 1 款后段，对方有异议的，可以请求人民法院或仲裁机构确认减价的效力。如果没有异议，则按照减价权人的形成意思赋予效果。① 第二种观点请求权说认为，减价权是一种变更合同的请求权，应重视当事人的合意和司法机关的介入作用。在我国，一方面，买卖合同领域的损害赔偿奉行无过错原则，减价难觅特殊的制度功能；另一方面，由于并非奠定在解除权行使条件的基础上，减价权作为形成权来构造也缺少了关键性条件。②

本书认为，在我国现行法框架下，减价权为请求权。理由如下：其一，从现行法对减价的定位来看，《合同法》第 111 条将减价与标的物瑕疵的补正置于一条，且表述为“可以要求对方承担……违约责任”。在现行法框架下，违约责任均须以请求权的方式主张。其二，《买卖合同解释》第 44 条规定，出卖人履行交付义务后诉请买受人支付价款，买受人以出卖人违约在先为由提出异议，并主张出卖人应当采取减少价款等补救措施的，属于提出抗辩。该条规定买受人行使减价权具有抗辩的效力，而并未赋予买受人依其单方意思予以减价的权利。其三，对于如何防止减价权人单方任意决定减价数额的问题，形成权说主张类推适用《合同法》第 96 条第 1 款后段。该观点虽为解决问题的一种思路，但缺乏现有法律依据。其四，在德国法上减价权之所以是形成权，是因为《德国民法典》第 441 条将减价权定位为解除权的替代方式。该条规定的减价权仅适用于买卖合同，而非所有类型合同的一般规则。为了能够减少价金，买方必须首先形成解除合同的前提，一般通过确定重新履行期间的方式。无须确定履行期间的例外情况与解除合同时关于例外情况的规定一样，即在主张减少价金之前，买方应首先主张重新履行。③ 我国现行法对减价权的定位及其与解除权的关系显然与德国法存在较大差异。

（二）减价的构成要件

1. 标的物存在瑕疵。《合同法》第 111 条规定减价适用于“质量不符合约定”的情形，故该要件与标的物瑕疵的补正的要件 1 相同。

2. 对该违约责任没有约定或者约定不明确，依照《合同法》第 61 条的规定仍不能确定。该要件与标的物瑕疵的补正的要件 2 相同。

3. 非违约方同意接受违约方的不完全履行。减价责任的适用以非违约方同意接受违约方的不完全履行为前提，如果非违约方拒绝接受标的物或者解除合同(《合同法》第 148

① 参见韩世远：《合同法总论》，法律出版社 2011 年版，第 683 页；杜景林：《我国合同法上减价制度的不足与完善》，载《法学》2008 年第 4 期。

② 参见武腾：《减价实现方式的重思与重构》，载《北方法学》2014 年第 3 期。

③ 参见朱岩编译：《德国新债法条文及官方解释》，法律出版社 2003 年版，第 238 页。

条），则不存在减价的问题。非违约方同意接受违约方的不完全履行的意思表示生效即满足该要件，至于是否已完成交付标的物则在所不问。

4. 非违约方应当提出合理的减价要求。该要件有两层含义：一是非违约方应根据标的的性质以及损失的大小在减价、标的物瑕疵的补正和解除合同（退货）中作出合理选择。《合同法》第 111 条将减价、标的物瑕疵的补正和解除合同均规定为“合理选择”的备选项，且这三个选项不存在适用顺序要求。非违约方应根据标的性质、损失大小等因素选择合理的违约救济措施。例如电视遥控器存在瑕疵，选择更换既方便又经济，非违约方强行要求减价则是不合理的。又例如卖方交付的机器无法正常运转，导致合同目的不能实现，非违约方可选择解除合同，而要求减价则既无意义也不合理。二是非违约方要求减少的价款或报酬数额应当合理。减价数额也应当根据标的性质、损失大小等因素确定，其应与标的物瑕疵所造成的损害具有对应性。双方当事人不能就减价数额达成合意的，由法院或仲裁机构依据上述因素作出裁决。

5. 价款或报酬是否已支付在所不问。无论价款或报酬是否已支付，均不影响非违约方减价权的行使。价款或报酬尚未支付，非违约方要求减价且对方同意或生效裁决支持减价要求的，非违约方按照减价后的数额实际支付价款或报酬。价款或报酬已经支付，非违约方要求减价且对方同意或生效裁决支持减价要求的，非违约方按照减价后的差额实际支付或由违约方退还差额。

六、定金

（一）定金的概念和特征

定金，是指为担保债权实现或基于其他目的，一方当事人在合同履行前向对方当事人给付一定数额的金钱。《担保法》将定金规定为债的担保方式之一。《担保法》第 89 条规定：“当事人可以约定一方向对方给付定金作为债权的担保。债务人履行债务后，定金应当抵作价款或者收回。给付定金的一方不履行约定的债务的，无权要求返还定金；收受定金的一方不履行约定的债务的，应当双倍返还定金。”定金具有以下特征：

1. 定金既是一种债的担保方式，也是一种违约责任形式。《合同法》第 115 条第 1 句规定，当事人可以依照《担保法》约定一方向对方给付定金作为债权的担保。因该条规定于第七章“违约责任”，故现行法系将定金定位为既是一种担保方式，也是一种违约责任形式。定金作为一种违约责任形式，主要体现为定金罚则的适用。定金罚则，是指给付定金的一方不履行约定的债务的，无权要求返还定金；收受定金的一方不履行约定的债务的，应当双倍返还定金。（《担保法》第 89 条第 3 句、《合同法》第 115 条第 3 句）例如买方向卖方交付 50 万元定金后，如果买方表示将不支付余款，其丧失要求卖方返还定金的权利；如果卖方未依约交付货物，其应向买方返还 100 万元。

2. 定金合同是从合同、要式合同、实践合同。当事人就定金事宜达成的协议为定金合同。相对于受担保合同而言，定金合同是从合同，二者在成立、效力、消灭等方面应遵循从随主规则。定金合同是要式合同，应当以书面形式订立。（《担保法》第 90 条第 1 句）定金合同可以是单独订立的书面合同，包括当事人之间的具有担保性质的信函、传真等，也可以是主合同中的定金条款。（《担保法》第 93 条）定金合同是实践合同，从实

际交付定金之日起生效。(《担保法》第 90 条第 3 句)

3. 定金的数额由当事人约定，但受到法律限制。定金的数额由当事人在定金合同中约定，但不得超过主合同标的额的 20%。(《担保法》第 91 条) 当事人约定的定金数额超过主合同标的额 20%的，超过的部分不具有定金的效力。(《担保法解释》第 121 条) 有判决认为："原告向被告预付定金 1500 万元，合同总价款为 4999.5 万元，故原告支付的 1500 万元中不超过合同价款 20%的部分，即 999.9 万元作为定金，其余款项 500.1 万元应作为预付货款。"① 应注意的是，现行法规定定金数额超过主合同标的额 20%的部分不具有定金的效力，但如果当事人约定其具有其他效力的，则该约定并非当然无效。例如合同约定买方支付定金是卖方交货的前提条件，即使定金数额超过主合同标的额 20%，买方也应依据约定数额支付定金后才能要求卖方交货。买方不能依据《担保法》第 91 条规定拒绝按照约定数额支付定金。当然，在买方按照约定数额支付定金后，如果有当事人违约，则按照主合同标的额 20%适用定金罚则。②

4. 当事人基于担保或其他目的向对方预先交付一定数额金钱的，不能一概简单认定为定金。在实践中，当事人往往基于担保或其他目的，以订金、保证金等名义向对方预先交付一定数额金钱。在此情形下，当事人之间必须具有将该笔金钱作为定金的明确意思，才能成立定金担保关系。依《担保法解释》第 118 条规定，当事人交付的金钱在两种情形下可以认定为定金：(1) 合同明确采用"定金"字样表述所交付的金钱。在此情形下，无论是否约定该金钱适用定金罚则，在具备法定或约定条件时均可适用定金罚则。(2) 当事人以"留置金、担保金、保证金、订约金、押金或者订金"的名义交付金钱，且明确约定该金钱适用定金罚则。在此情形下，虽然合同未直接采用"定金"字样而是采取其他名义，但合同明确约定该金钱适用定金罚则，表明当事人具有将该金钱作为定金的意思，因此也应当认定为定金。如果当事人以上述名义交付金钱，且未明确约定该金钱适用定金罚则，则不应认定为定金，而应依据交付该金钱的目的、作用并结合其他合同条款确定该金钱的性质。有判决认为："该 2000 万元在《挂牌出让公告》中载明为'保证金'，双方并未约定为定金。原告所引用政府令将保证金作为定金处理的规定，既不符合当事人约定，也不符合法律规定，该政府令不能作为本案认定 2000 万元保证金为定金的法律依据。"③

(二) 定金的种类

虽然《担保法》第 89 条将定金界定为债的担保方式之一，但基于合同自由原则，当事人还可以基于其他目的订立定金合同。不同种类的定金具有不同的功能和作用。定金的

① 参见"某银行等与某银行个人业务部代销合同纠纷上诉案"，载最高人民法院民事审判第二庭编：《民商事审判指导》2007 年第 2 辑 (总第 12 辑)，人民法院出版社 2008 年版，第 225 页以下。

② 参见"厦门某进出口贸易有限公司诉福建某贸易有限公司买卖合同纠纷案"，载《中国指导案例》编委会编：《人民法院指导案例裁判要旨汇览 (合同卷)》，中国法制出版社 2013 年版，第 99 页以下。

③ 参见"某集团公司诉某县国土局土地使用权出让合同纠纷案"，载《最高人民法院公报》2005 年第 5 期。

种类大致包括以下几种：①

1. 订约定金。是指为订立主合同而交付的定金。订约定金的担保对象是双方当事人订立主合同的行为，如果当事人未依约订立主合同，则适用定金罚则。《担保法解释》第115条规定："当事人约定以交付定金作为订立主合同担保的，给付定金的一方拒绝订立主合同的，无权要求返还定金；收受定金的一方拒绝订立合同的，应当双倍返还定金。"《汶川地震适用法律意见（二）》第2条规定："出卖人通过认购、订购、预订等方式向买受人收受定金作为订立商品房买卖合同担保的，如果因当事人一方原因未能订立商品房买卖合同，应当按照法律关于定金的规定处理；因地震导致商品房买卖合同未能订立的，出卖人应当将定金返还买受人。"

2. 成约定金。是指以交付定金作为主合同的成立要件或生效要件。《担保法解释》第116条规定："当事人约定以交付定金作为主合同成立或者生效要件的，给付定金的一方未支付定金，但主合同已经履行或者已经履行主要部分的，不影响主合同的成立或者生效。"该条规定当事人未依约交付成约定金的情形下，合同的成立或生效可因当事人的履行行为而被补正。

3. 解约定金。是指以丧失定金或双倍返还定金作为解除主合同的代价。《担保法解释》第117条规定："定金交付后，交付定金的一方可以按照合同的约定以丧失定金为代价而解除主合同，收受定金的一方可以双倍返还定金为代价而解除主合同。对解除主合同后责任的处理，适用《中华人民共和国合同法》的规定。"解约定金的本质是当事人将丧失定金或双倍返还定金约定为合同解除条件，其适用约定解除的相关规则。

4. 违约定金。是指以适用定金罚则作为承担违约责任的形式。因《合同法》第115、116条位于"违约责任"一章，因此这两条规定的定金应解释为违约定金。因《担保法》将定金定位为债的担保方式之一，故如无特别规定，现行法关于定金所设规则均是立足于违约定金而言。如果当事人对定金的种类未作约定或约定不明，应认定为违约定金。② 基于合同自由原则，当事人可将违约定金约定为惩罚性定金或赔偿性定金。惩罚性定金，是指违约方除适用定金罚则外，其因违约所应承担的损害赔偿、强制实际履行等责任不受影响。赔偿性定金，是指定金罚则的适用是对违约损害赔偿的替代，非违约方不能就适用定金罚则与强制实际履行等责任双重请求。《买卖合同解释》第28条规定："买卖合同约定的定金不足以弥补一方违约造成的损失，对方请求赔偿超过定金部分的损失的，人民法院可以并处，但定金和损失赔偿的数额总和不应高于因违约造成的损失。"该条系针对赔偿性定金的规定。如果当事人对违约定金究属惩罚性定金还是赔偿性定金未作约定或约定不明，应认定为赔偿性定金。

（三）定金责任的构成要件

1. 定金合同已生效，且为违约定金。如果因当事人未实际交付定金或其他原因导致

① 有学者认为证约定金是定金的种类之一。参见高圣平：《担保法论》，法律出版社2009年版，第591页。本书不赞同该观点，因为任何类型的定金在交付后均具有证明主合同成立的效力即证约效力，并不存在仅以证约为目的而交付的定金。

② 相反意见认为应解释为解约定金。参见郭明瑞：《担保法》，法律出版社2004年版，第282~283页。

定金合同未生效，不能适用定金罚则。实际交付的定金数额多于或者少于约定数额，视为变更定金合同；收受定金一方提出异议并拒绝接受定金的，定金合同不生效。(《担保法解释》第 119 条) 只有违约定金适用定金罚则才是承担违约责任的形式，虽然其他种类的定金也存在当事人丧失定金或双倍返还定金的问题，但其系基于其他目的而与违约责任无关。

在定金合同无效的情况下，有过错的当事人如何承担责任？有判决认为："单位职工私刻单位公章以单位名义进行担保，单位有过错的，应对担保合同无效承担相应的民事赔偿责任。因双倍返还定金规则的适用主体只能限于收取定金的当事人，故担保人赔偿范围应限于定金本金，而不应包括定金加倍部分。"①

就"包租商铺"订立预约，但最终未订立本约的，是否适用定金罚则？有判决认为："'包租商铺'买卖较一般商品房买卖存在特殊性，租金收益（如投资回报率、投资回报期等）内容应为'包租商铺'买卖合同的主要条款，如预约合同中未就该内容作出约定，双方无法达成一致导致本约合同无法订立的，应认定为不可归责于双方当事人的原因，不适用定金罚则。"②

2. 有违约行为存在。违约方实施何种形态的违约行为时非违约方可主张定金责任，应依据定金合同的约定予以确定。当事人既可以约定定金责任仅适用于某一种形态的违约行为（例如约定定金责任专门适用于瑕疵给付），也可以约定定金责任适用于任何形态的违约行为。如果定金合同未就违约行为的形态作出约定，且依据合同解释的方法也无法确定定金系针对何种形态的违约行为，原则上违约方实施任何形态的违约行为均应承担定金责任。

违约行为的轻重程度对定金罚则的适用有无影响？例如买方向卖方交付了 50 万元定金，卖方交付的货物中仅个别标的物存在轻微瑕疵，买方是否有权要求卖方全额双倍返还 100 万元定金。依据《担保法解释》第 120 条规定，分为两种情形处理：(1) 因当事人一方迟延履行或者其他违约行为，致使合同目的不能实现，可以适用定金罚则。但法律另有规定或者当事人另有约定的除外。(第 1 款) 违约方实施任何形态的违约行为，如果构成根本违约的，非违约方有权要求按照全额标准适用定金罚则。但该款性质为任意性规定，允许当事人另行约定。如果非违约方以对方根本违约为由解除合同(《合同法》第 94 条第 4 项)，是否还有权主张定金责任？本书持肯定意见，在此情形下，可类推适用《民商事合同纠纷指导意见》第 8 条第 3 句，将定金的约定视为结算、清理条款，因为在此情形下违约定金与违约金具有类似的性质和功能。(2) 当事人一方不完全履行合同的，应当按照未履行部分所占合同约定内容的比例，适用定金罚则。(第 2 款) 该款系针对不完全履

---

① 参见"某银行某支行与安徽省某油厂等购销进口毛豆油、担保合同纠纷案"，载刘德权主编：《最高人民法院裁判意见精选》(上)，人民法院出版社 2011 年版，第 329 页。

② 参见"邹某诉无锡某商业有限公司商品房预约合同纠纷案"，载最高人民法院中国应用法学研究所编：《人民法院案例选》2015 年第 1 辑 (总第 91 辑)，人民法院出版社 2016 年版，第 82 页以下。

行的非根本违约行为作出的规定。违约方实施不完全履行行为且未达到根本违约的程度，非违约方只能按照违约所占应履行合同义务的比例，部分适用定金罚则。例如买方向卖方交付了100万元定金，卖方交付了80%的货物，买方有权主张100万元×20%＝20万元的双倍返还，即由卖方返还40万元。应当注意的是，以上分析均是针对赔偿性定金而言，如果当事人约定的是惩罚性定金，则违约方应依约定适用定金罚则，而与违约行为的程度并无必然关联。

（四）定金与违约金的关系

《合同法》第116条规定："当事人既约定违约金，又约定定金的，一方违约时，对方可以选择适用违约金或者定金条款。"对于该条规定，应从以下几方面理解：

1. 该条适用于违约定金与违约金，二者原则上不能并用。如果违约定金与违约金均以填补违约损失为目的或均以惩罚违约方为目的，因二者功能具有一致性，故原则上不能并用。但存在以下例外情形：

（1）赔偿性定金与惩罚性违约金可以并用，反之亦然。赔偿性定金的功能是填补非违约方的违约损失，而惩罚性违约金的功能是对违约方进行惩罚和制裁，而非填补违约损失，因此二者可以并用。同理，惩罚性定金与赔偿性违约金也可以并用。

（2）赔偿性定金与赔偿性违约金针对不同违约行为的，二者可以并用。例如当事人约定赔偿性定金适用于瑕疵给付，而赔偿性违约金适用于迟延履行，因二者系填补不同的违约损失，故可以并用。

（3）惩罚性定金与惩罚性违约金针对不同违约行为的，二者可以并用。例如当事人约定惩罚性定金适用于迟延履行，而惩罚性违约金适用于瑕疵给付，因二者的制裁对象是两种不同形态的违约行为，故可以并用。

2. 解约定金与违约金可以并用。当事人依解约定金的约定解除合同的，违约金条款作为结算、清理条款仍可适用。（《民商事合同纠纷指导意见》第8条第3句）应注意的是，《买卖合同解释》第26条规定，买卖合同因违约而解除后，守约方有权主张适用违约金条款；但违约金过分高于造成的损失的，人民法院可以参照违约金数额调整规则处理。如果是非违约方解除合同，其行使解除权的依据是《合同法》第94条第2~4项，而无需借助解约定金的约定。如果是违约方依解约定金的约定解除合同，在判断违约金是否过高时，不应将违约方丧失的或双倍返还的解约定金计算在内，因为该定金是当事人行使解除权的代价而与违约损失无关。

3. 订约定金、成约定金与违约金可以并用。因订约定金、成约定金的功能与违约无关，因此无论是赔偿性违约金还是惩罚性违约金均可与其并用。

第四节　违约责任的免责事由

违约责任的免责事由，是指法律规定或合同约定的，违约方可减轻或免除其违约责任的事由。违约责任的免责事由分为法定免责事由和约定免责事由。

一、法定免责事由

(一) 一般适用的法定免责事由：不可抗力

1. 不可抗力的概念和要素。

不可抗力，是指不能预见、不能避免并不能克服的客观情况。(《民法通则》第 153 条、《合同法》第 117 条第 2 款)① 不可抗力是一般适用的法定免责事由，即因不可抗力导致当事人违约的，根据不可抗力的影响，部分或者全部免除违约方的责任，但法律另有规定的除外。(《合同法》第 117 条第 1 款第 1 句) 例如因地震导致建设工程合同的施工人不能依约完成施工行为，施工人的违约责任被免除。不可抗力须具备以下要素：

(1) 不能预见。是指当事人在订约时不能合理预见到该客观情况的发生。对于合理预见的判断，应以客观标准为主、兼采主观标准。在一般场合下，应以一个理性人在现有技术条件下为标准判断其能否合理预见；在某些特殊场合下，违约方具有或应当具有较高预见能力的，应以该较高标准判断其能否合理预见。例如现有技术还不能准确预报地震，地震是典型的不可抗力不存疑义。如果依据现有技术条件能够对某些客观情况作出某种程度的预见（例如台风），但对该客观情况发生的时间、强度、可能造成的损害等尚不能准确预见，则仍应认定该客观情况具备“不能预见”的要素。有判决认为：“9711 号台风来临后，虽然国家海洋局预报中心已对强海潮作了预报，但预报称 16：50 时的潮高将达到 5. 30 米，而实际到 15：54 时，潮高已达 5. 59 米，超出预报水位 29 厘米。正是由于风暴潮、天文大潮和海浪三种自然力量的结合，使潮灾加重，海水涌上码头，以致原告的货物被浸湿。这种灾情，连专业的国家海洋局预报中心都没有预见，被告更无法预见。”②

(2) 不能避免。是指该客观情况的发生具有必然性，无法以人力避免其发生。当事人不能阻止该客观情况发生的原因包括自然原因和社会原因：前者例如地震、海啸等自然灾害；后者例如社会骚乱等。

(3) 不能克服。是指当事人尽到最大努力仍不能防止该客观情况造成损害，无法不受该客观情况影响而正常履行合同义务。例如即使偶然预测了某次地震，当事人亦无法完全不受其影响而履行合同义务。应注意的是，随着科学技术条件的进步，针对某些客观情况，当事人可以采取措施减轻其造成的损害即部分克服该客观情况的影响，在此情形下，仍应认定该客观情况具备“不能克服”的要素。

(4) 客观情况。是指独立存在于人的行为之外，既非当事人的行为所派生，也不受当事人意志影响的客观事实。该客观情况不能是因债务人自身原因造成违约的情形，例如债务人因患急病而无法履行合同义务。该客观情况也不包括债务人之外的一人或数人的行为，如果一人或数人的行为导致当事人违约，应适用《合同法》第 121 条关于“因第三人原因造成违约”的规定，而不构成不可抗力。有判决认为：“货物被盗是可以预见，可

---

① 对于不可抗力的性质，学理上有主观说、客观说、折中说之争。参见王利明：《合同法研究》(第二卷)，中国人民大学出版社 2015 年版，第 534~535 页。现行法对不可抗力的界定，系采折中说。

② 参见“某进出口公司诉天津港某港埠有限公司港口作业合同纠纷案”，载《最高人民法院公报》2000 年第 5 期。

以避免并可以克服的事件，不属于不可抗力。”① 如果是大规模人群统一实施某一类行为(如骚乱)，则该事实已不属于一人或数人行为的范畴，而具备“客观情况”的要素。

《合同法》第117条第2款是对不可抗力的理论抽象，一般而言，不可抗力应同时具备上述四个要素。但在司法实务中，通常结合客观情况的类型、影响程度、立法政策和经验法则等因素对是否构成不可抗力作出认定。

2. 不可抗力的类型。

(1) 自然灾害。如台风、海啸、地震、火山爆发、泥石流、龙卷风等自然灾害，均为典型的不可抗力。但应注意，并非所有的自然灾害均构成不可抗力，必须是具备上述“三个不能”要素的自然灾害才能认定为不可抗力，因为这些程度严重的自然灾害才构成债务人违约的决定性原因力。不具备“三个不能”要素的自然灾害，虽然可能会导致债务人一定程度的履行困难或增加其履行成本，但此类自然灾害尚不构成债务人违约的决定性原因力，故不能作为免责事由。例如因连降大雨导致债务人交货困难。

(2) 国家行为。② 国家行使立法、行政、司法等公权力导致债务人违约的，如果该国家行为具备上述“三个不能”要素，其也构成不可抗力。例如政府发布对某国的禁运命令，导致涉及与该国公司订立的货运合同不能履行。《海商法》第51条第1款第5项规定“政府或者主管部门的行为、检疫限制或者司法扣押”为承运人的免责事由。在司法实务中，因执行国务院及国家经贸委的文件而停止履行合同③、政府政策性拆迁导致合同不能履行④等情形亦被认定为不可抗力。

(3) 社会异常事件。如战争、武装冲突、恐怖袭击、骚乱等。该社会异常事件既不是自然灾害，也不是国家行为，而是基于各种不同原因发生非正常事件。因这类事件导致正常的社会生活遭受严重影响，如仍苛责债务人依约履行合同义务，显然不近情理。因此，如果这类事件具备上述“三个不能”要素，其也构成不可抗力。

“非典”等公共卫生事件是否构成不可抗力？应依据该事件对履行行为的影响程度是否达到“三个不能”为标准判断，在不同场合下，该事件能否作为免责事由有所不同。有判决认为：“鉴于履行合同期间，在销售区域内发生了‘非典’疫情，其对销售行为的影响，符合不可抗力的构成条件……‘非典’疫情对于众多行业的经营活动均存在负面影响，原审关于代理方免于承担违约责任的认定应属妥当。”⑤ 另有判决认为：“当时我

---

① 参见“某医疗卫生器材公司与广州市某裘皮制品厂购销合同纠纷申请再审案”，载刘德权主编：《最高人民法院裁判意见精选》(上)，人民法院出版社2011年版，第356页。

② 相反意见参见刘凯湘等：《论不可抗力》，载《法学研究》2000年第6期。

③ 参见“某能源总公司与某电力开发公司等买用电权合同纠纷案”，载最高人民法院民事审判第二庭编：《最高人民法院商事审判指导案例·第五卷（上）》，中国法制出版社2011年版，第115页以下。

④ 参见“杭州某实业有限公司与杭州某养殖总场合作协议纠纷上诉案”，载最高人民法院民事审判第二庭编：《民商审判指导与参考》2003年第2卷（总第4卷），人民法院出版社2004年版，第147页以下。

⑤ 参见“济南某制药厂与吉林某药业集团有限责任公司代理销售合同纠纷案”，载最高人民法院民事审判第二庭编：《民商事审判指导》2004年第2辑（总第6辑），人民法院出版社2005年版，第227页以下。

国虽然出现了‘非典’病例，但疫情范围很小，不构成对普通公众的日常生活形成危害，即旅游者不能以当时‘非典’疫情的出现作为免责解除合同的依据。”①

意外事件是否违约责任免责事由？意外事件，是指非因当事人的故意或过失而偶然发生的事件。例如停水停电、交通事故等。此类事件也会造成债务人一定程度的履行困难甚至不能履行。现行法未将意外事件规定为一般适用的法定免责事由，因为意外事件虽然具有一定程度的不能预见性，但其并非不能避免和不能克服，其尚未构成债务人违约的决定性原因力。但在某些特殊领域，法律规定意外事件是特定违约责任的免责事由。例如《担保法解释》第122条规定，因不可抗力、意外事件致使主合同不能履行的，不适用定金罚则。另外，当事人可依据合同自由原则将意外事件约定为免责事由。

3. 不可抗力与情势变更。不可抗力与情势变更均为当事人订约时不可预见的某种客观情况，二者均构成债务人履行合同义务的障碍。现行法严格区分不可抗力与情势变更（《合同法解释（二）》第26条），二者区别如下：（1）对履行行为的影响程度不同。不可抗力导致债务人不能履行合同义务；情势变更导致债务人履行成本显著增加，达到显失公平的程度，而并非不能履行合同义务。（2）理论依据不同。不可抗力作为免责事由的理论依据是该客观情况构成债务人违约的决定性原因力；情势变更的理论依据是因合同的基础丧失或动摇而对当事人给予救济。（3）类型不同。不可抗力的类型既包括自然灾害，也包括国家行为和社会异常事件；情势变更的类型主要是社会经济形势发生重大变化。（4）法律效力不同。不可抗力的效力是违约方全部或部分免责；情势变更的效力是当事人有权请求法院变更或解除合同。（5）适用领域不同。不可抗力既是违约免责事由，也是侵权免责事由（《侵权责任法》第29条）；情势变更仅适用于合同法领域。

4. 不可抗力的效力。

（1）因不可抗力不能履行合同的，根据不可抗力的影响，部分或者全部免除责任，但法律另有规定的除外。（《合同法》第117条第1款第1句）该款规定的“不能履行合同”，应作广义解释，即债务人不能依规定或约定履行合同义务（包括不能履行、迟延履行、不完全履行等），而非仅指不能履行而言。不可抗力并非当然导致违约方全部免责，而应根据其对违约的影响，发生部分或全部免责的效果。具体分为以下几种情形：

①不可抗力构成违约行为的决定性原因力，且违约方不能采取措施减少违约损失的，违约方全部免除违约责任。

②不可抗力构成违约行为的决定性原因力，但违约方能够采取措施减少违约损失的，违约方部分免除违约责任。违约方就本可采取措施减少的违约损失，不能免责。有判决认为：“台风过境造成的影响是能够减小到最低程度的。被告完全有条件在台风登陆前停止生产，疏散人员，或者安排工人到相对安全的地点工作。但是在台风登陆的当日，被告还组织工人到工棚工作，最终导致工棚倒塌一死六伤惨剧的发生。因此，被告关于本案事故发生系因不可抗力的抗辩理由，没有事实根据和法律依据，不予支持。”② 还有判决认为：“雷击属于不可抗力，但其具有一定可防范性。库房出租方有

① 参见“孟某诉某旅行社旅游合同纠纷案”，载《最高人民法院公报》2005年第2期。

② 参见“罗某诉某公司人身损害赔偿纠纷案”，载《最高人民法院公报》2007年第7期。

义务安装避雷针而没有安装，从而使出租的库房从根本上丧失了避免雷击的可能性。在遭雷击后引发火灾，造成库存货物全部被烧毁的，不能依照有关不可抗力的规定免除其民事责任。”①

③不可抗力构成违约行为的部分原因力，违约方依据原因力的范围部分免除违约责任。在此情形下，不可抗力与违约方自身原因共同造成违约损失，违约方就自身原因部分造成的损失不能免责。例如因承建方原因房屋质量本身存在瑕疵，其后发生地震导致房屋倒塌的损失进一步扩大。在此情形下，承建方不能完全免责。

（2）主张免责的当事人负有及时通知义务、提供证明义务。（《合同法》第118条）

①通知义务。当事人一方因不可抗力不能履行合同的，应当及时通知对方，以减轻可能给对方造成的损失。所谓及时通知，是指应基于客观情形以最快的速度通知，实践中亦可在合同中约定具体的通知期限。履行通知义务的目的是使相对方尽早知道发生不可抗力而导致本方违约的事实，以使相对方能够采取措施尽可能地减少自身损失。有判决认为："当不可抗力造成航班延误，致使航空公司不能将换乘其他航班的旅客按时运抵目的地时，航空公司有义务及时向换乘的旅客明确告知到达目的地后是否提供转签服务，以及在不能提供转签服务时旅客如何办理旅行手续。航空公司未履行该项义务，给换乘旅客造成损失的，应当承担赔偿责任。”②

②提供证明义务。主张免责的当事人应当在合理期限内提供发生不可抗力的证明。该证明应由有权出具相关证明的机构作出，例如气象部门、公安机关、公证机关等。③ 所谓合理期限，应结合不可抗力的影响、取得证明的时间、双方当事人所在地的远近等因素确定。对于影响巨大、社会公众均已知或应知的不可抗力（如汶川地震等），当事人免负提供证明义务，但仍应及时通知对方该不可抗力对履行行为的影响程度及违约损失的大致范围。

（3）不可抗力免责的例外情形：法律另有规定的除外。（《合同法》第117条第1款第1句之“但书”）现行法规定不可抗力不作为免责事由的情形如下：

①金钱债务不因不可抗力免责。《合同法》第109条规定：“当事人一方未支付价款或者报酬的，对方可以要求其支付价款或者报酬。”金钱债务不存在不能履行的问题，而且债务人的金钱通常存于银行或其他金融机构，不可抗力几无可能对其造成损害，故当事人不能以不可抗力为由免除金钱债务的违约责任。

②当事人迟延履行后发生不可抗力的，不能免除责任。（《合同法》第117条第1款第2句）如果当事人已经构成迟延履行，其后发生的不可抗力与迟延履行之间当然不存在因果关系，故当事人不能以不可抗力为由免责。当事人迟延履行后发生不可抗力，有可

---

① 参见“某经贸有限公司与某生产资料公司损害赔偿纠纷案”，载刘德权主编：《最高人民法院裁判意见精选》（上），人民法院出版社2011年版，第362页。

② 参见“阿卜杜勒·瓦希德诉中国某航空股份有限公司航空旅客运输合同纠纷案”，最高人民法院指导案例51号。

③ 参见“某制衣纺织（中山）有限公司与广东某建设集团有限公司建设工程施工合同纠纷抗诉案”，载刘德权主编：《最高人民法院裁判意见精选》（上），人民法院出版社2011年版，第361~362页。

能导致违约损失的扩大，就该扩大的违约损失违约方也不能免责。因为就该损失而言，违约方迟延履行的违约行为构成主要的原因力，此其一；《合同法》第143条规定："因买受人的原因致使标的物不能按照约定的期限交付的，买受人应当自违反约定之日起承担标的物毁损、灭失的风险。"由违约方对该损失承担责任才与该规定相一致，此其二。迟延履行之外的其他形态违约行为能否类推适用《合同法》第117条第1款第2句的规定？本书持肯定意见。有判决认为："在不可抗力发生之前，已经存在一方当事人的违约情形，则该方当事人仍应向对方承担违约责任。"①

③单行法规定不可抗力全部或部分不构成免责事由。例如《民用航空法》第124条规定，因发生在民用航空器上或者在旅客上、下民用航空器过程中的事件，造成旅客人身伤亡的，承运人的免责事由是"旅客的人身伤亡完全是由于旅客本人的健康状况造成"。因不可抗力（如雷击、强台风等）造成旅客人身伤亡的，承运人不能免责。《民用航空法》第125条规定，因发生在民用航空器上或者在旅客上、下民用航空器过程中的事件，造成旅客随身携带物品毁灭、遗失或者损坏的，承运人能够作为免责事由的不可抗力仅包括"战争或者武装冲突"、"政府有关部门实施的与货物入境、出境或者过境有关的行为"等两项。因其他不可抗力造成行李毁损的，承运人不能免责。

【拓展：不可抗力条款】

不可抗力条款，是指当事人在合同中就不可抗力有关事宜约定的合同条款。较为常见的约定方式为："本合同所称不可抗力，包括以下事项：……"该条款约定的不可抗力的范围与法律规定未必完全一致，应如何认定此类条款的效力？基于合同自由原则，应当允许当事人在合同中约定不可抗力条款。通说认为，不可抗力条款的作用表现在：其一，补充法律对不可抗力的免责事由规定的不足；其二，减轻并合理分配风险；其三，正确认定责任。② 对于不可抗力条款的内容，应依据法律规定和不可抗力规则的立法本意认定其效力。首先，不可抗力条款可以将不可抗力的法定范围进一步具体化。在不同类型的合同中，各种类型的不可抗力具有不同的适用意义，当事人可依据合同性质划定不可抗力的具体范围。例如涉外货运合同中，可将政府禁运、（几级以上）风暴潮等列举为不可抗力的具体事项。其次，当事人将不可抗力法定范围之外的事项列入不可抗力条款的，应由法院根据具体情况判断该条款是否有效。例如当事人将某些意外事件（如停水、停电）约定为不可抗力，可认定有效。但当事人将第三人过错约定为不可抗力，因违反违约责任相对性的规定(《合同法》第121条)，应认定无效。如果当事人约定的事项有效，则当事人约定的事项和不可抗力的法定事项（即使在不可抗力条款中未列举）均可作为违约责任的免责事由。再次，当事人将不可抗力法定范围内的事项排除在外的，应为无效。有判决认为："台风和

---

① 参见"杭州某实业有限公司与杭州某养殖总场合作协议纠纷上诉案"，载最高人民法院民事审判第二庭编：《民商审判指导与参考》2003年第2卷（总第4卷），人民法院出版社2004年版，第147页以下。

② 参见王利明：《合同法研究》（第二卷），中国人民大学出版社2015年版，第539~540页。

暴雨属于施工中的不可抗力事件……当事人将不可抗力排除在免责事由之外的约定无效。”① 在此情形下，当事人仍可依据不可抗力的法定事项主张免责。质言之，对于不可抗力条款的效力，应在尊重当事人真实意思的基础上结合有关规则从严认定。

（二）适用于有名合同的特殊法定免责事由

《合同法》分则和单行法规定的特殊法定免责事由包括但不限于以下情形：

1. 适用于客运合同的免责事由。

《合同法》第 302 条第 1 款规定，“旅客自身健康原因”和“旅客的故意、重大过失”是承运人对旅客伤亡承担损害赔偿责任的免责事由。

《民用航空法》第 124 条规定，“旅客的人身伤亡完全是由于旅客本人的健康状况造成”是承运人对旅客人身伤亡承担损害赔偿责任的免责事由。

2. 适用于货运（包括行李）合同的免责事由。

《合同法》第 311 条规定，“货物本身的自然性质或者合理损耗”和“收货人的过错”是承运人对货物毁损、灭失承担损害赔偿责任的免责事由。

《民用航空法》第 125 条第 2 款规定，“行李本身的自然属性、质量或者缺陷”是承运人对旅客行李毁灭、遗失或者损坏承担责任的免责事由。

《民用航空法》第 125 条第 4 款规定，承运人对货物毁灭、遗失或者损坏承担责任的免责事由包括：①货物本身的自然属性、质量或者缺陷；②承运人或者其受雇人、代理人以外的人包装货物的，货物包装不良；③战争或者武装冲突；④政府有关部门实施的与货物入境、出境或者过境有关的行为。

3. 适用于保管合同的免责事由。

《合同法》第 370 条规定，“寄存人未将保管物需要采取特殊保管措施的情况告知保管人”是保管人对保管物受损承担损害赔偿责任的免责事由。

《合同法》第 374 条规定，在无偿保管合同中，“保管人没有重大过失”是保管人对保管物毁损、灭失承担损害赔偿责任的免责事由。

4. 适用于保险合同的免责事由。②

《保险法》第 16 条第 4、5 款规定，“投保人未履行如实告知义务”是保险人承担赔偿或者给付保险金责任的免责事由。

《保险法》第 27 条第 2、3 款规定，“投保人、被保险人故意制造保险事故”和“投保人、被保险人或者受益人编造虚假的事故原因或者夸大损失程度”是保险人承担赔偿或者给付保险金责任的免责事由。

《保险法》第 43 条第 1 款规定，“投保人故意造成被保险人死亡、伤残或者疾病”是保险人承担给付保险金责任的免责事由。

---

① 参见“某制衣纺织（中山）有限公司与广东某建设集团有限公司建设工程施工合同纠纷抗诉案”，载刘德权主编：《最高人民法院裁判意见精选》（上），人民法院出版社 2011 年版，第 361 页。

② 严格来说，保险人给付保险金是合同义务而非违约责任，但理论和实务上习惯以“赔偿或者给付保险金的责任”表述。

《保险法》第45条规定，“因被保险人故意犯罪或者抗拒依法采取的刑事强制措施导致其伤残或者死亡”是保险人承担给付保险金责任的免责事由。

二、约定免责事由（免责条款）

（一）免责条款的概念和特征

免责条款，是指当事人在合同中事先约定的，旨在限制或免除其将来的违约责任的条款。基于合同自由原则，当事人可以在不违反法律强制性规定的前提下，通过合同条款约定违约责任的免责事由。免责条款具有以下特征：

1. 免责条款是一种合同条款，其构成合同的组成部分。免责条款无论是以正式合同条款、补充协议或其他形式订立，双方当事人须就其内容已达成合意。如果免责条款是以格式条款形式订立，应符合格式条款订入合同的条件。（《合同法》第39条）如果就违约方能否依据该免责条款减轻或免除违约责任存在争议，违约方首先应证明该条款已构成合同的组成部分。

2. 免责条款由当事人事先约定。所谓事先约定，是指免责条款是就将来可能发生的免责事由作出的约定，就免责条款作出约定时该免责事由必须尚未发生。如果某客观情况已经发生并导致当事人违约，双方当事人通过达成和解协议的方式减轻或免除违约方责任，该和解协议并非免责条款。

3. 免责条款旨在限制或免除当事人将来的违约责任。该特征将免责条款与合同中的其他条款区别开来。大多数合同条款是就双方当事人在合同关系中权利义务作出的约定，而免责条款是就违约责任的减免事由作出的约定。

（二）免责条款的分类

1. 完全免责的条款和限制责任的条款。完全免责的条款，是指该条款约定的事由发生时，导致违约方的责任完全被免除。例如条款约定如果因政府命令导致卖方不能按期交货，卖方支付违约金的责任完全被免除。限制责任的条款，是指仅使违约方的责任被部分免除的条款。例如条款约定卖方的赔偿数额最高不超过货款的总额；借款人迟延还款的利息按日计算，但最长不超过12个月等。一般而言，因完全免责的条款导致违约方责任完全被免除，对非违约方影响甚巨，故对此类条款应从严审查，以保护非违约方的利益。而限制责任的条款通常是当事人对赔偿项目、赔偿限额的约定，其内容只要不违反法律强制性规定，应尽量尊重当事人的意思。

2. 消费性的免责条款和商业性的免责条款。消费性的免责条款，是指消费者与经营者订立的消费性合同中的免责条款。例如旅游经营者与游客订立的旅游合同中的免责条款。此类免责条款绝大部分是由经营者单方拟定的格式条款，其适用《合同法》关于格式条款的规定。另外，因此类免责条款存在于消费性合同之中，故其还应适用《消费者权益保护法》关于合同条款和免责条款的规定。（如《消费者权益保护法》第16、23、26条等）由于此类免责条款存在于缔约能力严重不对等的经营者和消费之间，且消费者缺乏对此类条款表达意见的有效手段，因此在此类免责条款的效力存在争议时，应立足于对消费者提供特别保护的精神采严格标准认定。商业性的免责条款，是指商事主体之间订立的商事合同中的免责条款。例如海商法领域中，定期租船合同的免责条款。此类免责条款很多是在长期商事活动中逐渐形成，并在特定商事领域（如海商、证券、建设工程等）内被普遍认可的条款。因此类免责条款存在于商事主体之间，双方当事人的经济地位、专业知识、交涉能力等大体相当，故不存在对哪一方提供特别保护的问题。在此类免责条款的效力存在争议时，应依据法律规定、交易习惯、当事人意思等因素作出合理认定。

（三）免责条款的无效事由

基于合同自由原则，免责条款的内容主要由当事人约定。但因为免责条款对合同关系及非违约方的权益有重大影响，法律基于公序良俗、某些权利的特别保护等立法政策对免责条款的内容设有若干限制。免责条款的无效事由具体如下：

1. 具有《合同法》第 52 条规定的事由。《合同法》第 52 条规定的合同无效的法定事由，适用于所有的合同条款。如果免责条款具有《合同法》第 52 条规定的事由之一，可导致该条款无效，合同其他内容仍可有效。（《合同法》第 56 条第 2 句）

2. 造成对方人身伤害的。（《合同法》第 53 条第 1 项）该项规定的“人身伤害”，应解释为也包括造成对方死亡的情形。例如客运合同约定，在运输期间旅客发生人身伤亡，如果承运人没有过错则不承担赔偿责任。现行法规定此类免责条款无效的理由在于，生命健康权是自然人最基本、最重要的民事权利，法律给予特殊保护。如果允许免除一方当事人对另一方当事人人身伤害的责任，则无异于纵容当事人利用合同对另一方当事人的生命进行摧残，这与保护公民人身权利的宪法原则相违背。而且在实践中，此类免责条款一般都与另一方当事人的真实意思相违背，因此法律对此类免责条款加以禁止。① 对于此类无效事由，以下两点值得注意：

（1）该无效事由不考虑违约方是否有过错。免责条款约定免除人身伤害赔偿责任的，无论是否以违约方故意、重大过失或一般过失为条件，该免责条款均为无效。此与《合同法》第 53 条第 2 项规定的无效事由存在差异。现行法的基本态度是，在合同履行过程给对方造成人身伤害的，除非具备法定免责事由（例如《合同法》第 302 条第 1 款），违约方必须承担责任，不存在当事人就该事由约定的余地。

（2）该无效事由适用于一般场合的正当性不存疑义，但在某些特殊领域中，适用该无效事由是否合适值得探讨。例如医院与患者订立的以截肢为内容的手术合同。如果适用该无效事由，即使患者同意实施手术，医院也不能免除造成对方人身伤害的赔偿责任，显非妥当。又例如，登山协会组织攀登珠峰活动，其与登山者订立合同约定对登山者在活动过程中的人身伤亡不承担责任。如果适用该无效事由，该条款亦为无效，但实际上在登山领域内此类条款被普遍运用。因此，就立法技术而言，《合同法》第 53 条应增设“但书”即“法律另有规定的除外”，给医疗、高危体育运动（如拳击、登山、攀岩）、探险等具有特殊危险性的领域留有法律另设规定的空间。

3. 因故意或者重大过失造成对方财产损失的。（《合同法》第 53 条第 2 项）《买卖合同解释》第 32 条规定：“合同约定减轻或者免除出卖人对标的物的瑕疵担保责任，但出卖人故意或者因重大过失不告知买受人标的物的瑕疵，出卖人主张依约减轻或者免除瑕疵担保责任的，人民法院不予支持。”例如买卖合同约定，卖方交付货物后对买方的任何损

① 参见胡康生：《中华人民共和国合同法释义》，法律出版社 2009 年版，第 94 页。

失概不负责。“故意或重大过失责任不得免除”规则源于罗马法，被大陆法系国家普遍继受，我国现行法亦采纳该规则。该规则的理由在于，因行为人的故意或重大过失造成对方财产损失的，行为人的主观过错严重，其行为悖离了法律的基本价值而应受法律的谴责，故对此类责任不得免除。虽然现行法对违约责任归责原则采取无过错责任原则，但仍应对过错严重的违约行为持否定态度，该规则与无过错责任原则并不矛盾。

应注意的是，该无效事由要求违约方必须具有故意或者重大过失，而对于因违约方的一般过失、轻微过失或无过失造成对方财产损失的，允许当事人依据免责条款免责。

4. 以格式条款形式订立免责条款，提供格式条款一方免除其责任、加重对方责任、排除对方主要权利的。(《合同法》第 40 条）参见本书第四章第三节相关内容。

附：与本章内容有关的司考真题

一、选择题

1. 居民甲将房屋出租给乙，乙经甲同意对承租房进行了装修并转租给丙。丙擅自更改房屋承重结构，导致房屋受损。对此，下列哪些选项是正确的？【2016 年司法考试卷三第 60 题】

A. 无论有无约定，乙均有权于租赁期满时请求甲补偿装修费用

B. 甲可请求丙承担违约责任

C. 甲可请求丙承担侵权责任

D. 甲可请求乙承担违约责任

2. 甲向某银行贷款，甲、乙和银行三方签订抵押协议，由乙提供房产抵押担保。乙把房本交给银行，因登记部门原因导致银行无法办理抵押物登记。乙向登记部门申请挂失房本后换得新房本，将房屋卖给知情的丙并办理了过户手续。甲届期未还款，关于贷款、房屋抵押和买卖，下列哪些说法是正确的？【2015 年司法考试卷三第 53 题】

A. 乙应向银行承担违约责任

B. 丙应代为向银行还款

C. 如丙代为向银行还款，可向甲主张相应款项

D. 因登记部门原因未办理抵押登记，但银行占有房本，故取得抵押权

3. 张某与李某共有一台机器，各占 50%份额。双方共同将机器转卖获得 10 万元，约定张某和李某分别享有 6 万元和 4 万元。同时约定该 10 万元暂存李某账户，由其在 3 个月后返还给张某 6 万元。后该账户全部款项均被李某债权人王某申请法院查封并执行，致李某不能按期返还张某款项。下列哪一表述是正确的？【2014 年司法考试卷三第 6 题】

A. 李某构成违约，张某可请求李某返还 5 万元

B. 李某构成违约，张某可请求李某返还 6 万元

C. 李某构成侵权，张某可请求李某返还 5 万元

D. 李某构成侵权，张某可请求李某返还 6 万元

4. 方某为送汤某生日礼物，特向余某定做一件玉器。订货单上，方某指示余某将玉器交给汤某，并将订货情况告知汤某。玉器制好后，余某委托朱某将玉器交给汤某，朱某不慎将玉器碰坏。下列哪一表述是正确的？【2014 年司法考试卷三第 11 题】

A. 汤某有权要求余某承担违约责任

B. 汤某有权要求朱某承担侵权责任

C. 方某有权要求朱某承担侵权责任

D. 方某有权要求余某承担违约责任

5. 甲房产开发公司在交给购房人张某的某小区平面图和项目说明书中都标明有一个健身馆。张某看中小区健身方便，决定购买一套商品房并与甲公司签订了购房合同。张某收房时发现小区没有健身馆。下列哪些表述是正确的？【2014 年司法考试卷三第 51 题】

A. 甲公司不守诚信，构成根本违约，张某有权退房

B. 甲公司构成欺诈，张某有权请求甲公司承担缔约过失责任

C. 甲公司恶意误导，张某有权请求甲公司双倍返还购房款

D. 张某不能滥用权利，在退房和要求甲公司承担违约责任之间只能选择一种

6. 甲乙签订一份买卖合同，约定违约方应向对方支付 18 万元违约金。后甲违约，给乙造成损失 15 万元。下列哪一表述是正确的？【2013 年司法考试卷三第 14 题】

A. 甲应向乙支付违约金 18 万元，不再支付其他费用或者赔偿损失

B. 甲应向乙赔偿损失 15 万元，不再支付其他费用或者赔偿损失

C. 甲应向乙赔偿损失 15 万元并支付违约金 18 万元，共计 33 万元

D. 甲应向乙赔偿损失 15 万元及其利息

7. 甲向乙借款，丙与乙约定以自有房屋担保该笔借款。丙仅将房本交给乙，未按约定办理抵押登记。借款到期后甲无力清偿，丙的房屋被法院另行查封。下列哪些表述是正确的？【2013 年司法考试卷三第 57 题】

A. 乙有权要求丙继续履行担保合同，办理房屋抵押登记

B. 乙有权要求丙以自身全部财产承担担保义务

C. 乙有权要求丙以房屋价值为限承担担保义务

D. 乙有权要求丙承担损害赔偿责任

8. 甲乙约定卖方甲负责将所卖货物运送至买方乙指定的仓库。甲如约交货，乙验收收货，但甲未将产品合格证和原产地证明文件交给乙。乙已经支付 80%的货款。交货当晚，因山洪暴发，乙仓库内的货物全部毁损。下列哪些表述是正确的？【2013 年司法考试卷三第 61 题】

A. 乙应当支付剩余 20%的货款

B. 甲未交付产品合格证与原产地证明，构成违约，但货物损失由乙承担

C. 乙有权要求解除合同，并要求甲返还已支付的 80%货款

D. 甲有权要求乙支付剩余的 20%货款，但应补交已经毁损的货物

9. 甲公司未取得商铺预售许可证，便与李某签订了《商铺认购书》，约定李某支付认购金即可取得商铺优先认购权，商铺正式认购时甲公司应优先通知李某选购。双方还约定了认购面积和房价，但对楼号、房型未作约定。李某依约支付了认购金。甲公司取得预售许可后，未通知李某前来认购，将商铺售罄。关于《商铺认购书》，下列哪一表述是正确的？【2012 年司法考试卷三第 10 题】

A. 无效，因甲公司未取得预售许可证即对外销售

B. 不成立，因合同内容不完整

C. 甲公司未履行通知义务，构成根本违约

D. 甲公司须承担继续履行的违约责任

10. 甲公司与乙公司签订商品房包销合同，约定甲公司将其开发的10套房屋交由乙公司包销。甲公司将其中1套房屋卖给丙，丙向甲公司支付了首付款20万元。后因国家出台房地产调控政策，丙不具备购房资格，甲公司与丙之间的房屋买卖合同不能继续履行。下列哪些表述是正确的？【2012年司法考试卷三第60题】

A. 甲公司将房屋出卖给丙的行为属于无权处分

B. 乙公司有权请求甲公司承担违约责任

C. 丙有权请求解除合同

D. 甲公司只需将20万元本金返还给丙

11. 甲、乙约定：甲将100吨汽油卖给乙，合同签订后3天交货，交货后10天内付货款。还约定，合同签订后乙应向甲支付10万元定金，合同在支付定金时生效。合同订立后，乙未交付定金，甲按期向乙交付了货物，乙到期未付款。对此，下列哪一表述是正确的？【2010年司法考试卷三第14题】

A. 甲可请求乙支付定金

B. 乙未支付定金不影响买卖合同的效力

C. 甲交付汽油使得定金合同生效

D. 甲无权请求乙支付价款

12. 甲公司与乙公司签订了一份手机买卖合同，约定：甲公司供给乙公司某型号手机1000部，每部单价1000元，乙公司支付定金30万元，任何一方违约应向对方支付合同总价款30%的违约金。合同签订后，乙公司向甲公司支付了30万元定金，并将该批手机转售给丙公司，每部单价1100元，指明由甲公司直接交付给丙公司。但甲公司未按约定期间交货。【2010年司法考试卷三第91—93题】

请回答：

（1）关于返还定金和支付违约金，乙公司向甲公司提出请求，下列表述正确的是：

A. 请求甲公司双倍返还定金60万元并支付违约金30万元

B. 请求甲公司双倍返还定金40万元并支付违约金30万元

C. 请求甲公司双倍返还定金60万元或者支付违约金30万元

D. 请求甲公司双倍返还定金40万元或者支付违约金30万元

（2）关于甲公司违约时继续履行债务，下列表述错误的是：

A. 乙公司在请求甲公司支付违约金以后，就不能请求其继续履行债务

B. 乙公司在请求甲公司支付违约金的同时，还可请求其继续履行债务

C. 乙公司在请求甲公司继续履行债务以后，就不能请求其支付违约金

D. 乙公司可选择请求甲公司支付违约金，或请求其继续履行债务

（3）关于甲、乙、丙公司间违约责任的承担，下列表述正确的是：

A. 如乙公司未向丙公司承担违约责任，则丙公司有权请求甲公司向自己承担违约责

B. 如乙公司未向丙公司承担违约责任，则丙公司无权请求甲公司向自己承担违约责任

C. 如甲公司迟延向丙公司交货，则丙公司有权请求乙公司承担迟延交货的违约责任

D. 如甲公司迟延向丙公司交货，则丙公司无权请求乙公司承担迟延交货的违约责任

13. 孙女士于2004年5月1日从某商场购买一套化妆品，使用后皮肤红肿出疹，就医不愈花费巨大。2005年4月，孙女士多次交涉无果将商场诉至法院。下列哪些说法是正确的？【2009年司法考试卷三第57题】

A. 孙女士可以要求商场承担违约责任

B. 孙女士可以要求商场承担侵权责任

C. 孙女士可以要求商场承担缔约过失责任

D. 孙女士可以要求撤销合同

14. 某房地产开发公司在销售中被查出大量欺诈消费者的事实。下列哪些情形中，买受人可以请求该公司返还已付购房款及利息、赔偿损失，并可以请求该公司承担不超过已付购房款1倍的赔偿责任？【2009年司法考试卷三第58题】

A. 该公司故意隐瞒没有取得商品房预售许可证明的事实

B. 该公司故意隐瞒所售房屋已经抵押的事实

C. 该公司故意隐瞒所售房屋已经出卖给第三人的事实

D. 该公司故意隐瞒所售房屋存在严重质量问题的事实

15. 某热电厂从某煤矿购煤200吨，约定交货期限为2007年9月30日，付款期限为2007年10月31日。9月底，煤矿交付200吨煤，热电厂经检验发现煤的含硫量远远超过约定标准，根据政府规定不能在该厂区燃烧。基于上述情况，热电厂的哪些主张有法律依据？【2008年司法考试卷三第57题】

A. 行使顺序履行抗辩权

B. 要求煤矿承担违约责任

C. 行使不安抗辩权

D. 解除合同

16. 甲公司通过电视发布广告，称其有100辆某型号汽车，每辆价格15万元，广告有效期10天。乙公司于该则广告发布后第5天自带汇票去甲公司买车，但此时车已全部售完，无货可供。下列哪一选项是正确的？【2007年司法考试卷三第8题】

A. 甲构成违约

B. 甲应承担缔约过失责任

C. 甲应承担侵权责任

D. 甲不应承担民事责任

二、案例分析

1. 大学生李某要去A市某会计师事务所实习。此前，李某通过某租房网站租房，明确租房位置和有淋浴热水器两个条件。张某承租了王某一套二居室，租赁合同中有允许张某转租的条款。张某与李某联系，说明该房屋的位置及房屋里配有高端热水器。李某同意承租张某的房屋，并通过网上银行预付了租金。

李某入住后发现，房屋的位置不错，卫生间也较大，但热水器老旧不堪，不能正常使用，屋内也没有空调。另外，李某了解到张某已拖欠王某1个月的租金，王某已表示，依

租赁合同的约定要解除与张某的租赁合同。

李某要求张某修理热水器，修了几次都无法使用。再找张某，张某避而不见。李某只能用冷水洗澡并因此感冒，花了一笔医疗费。无奈之下，李某去B公司购买了全新电热水器，B公司派其员工郝某去安装。在安装过程中，找不到登高用的梯子，李某将张某存放在储藏室的一只木箱搬进卫生间，供郝某安装时使用。安装后郝某因有急事未按要求试用便离开，走前向李某保证该热水器可以正常使用。李某仅将该木箱挪至墙边而未搬出卫生间。李某电话告知张某，热水器已买来装好，张某未置可否。

另外，因暑热难当，李某经张某同意，买了一部空调安装在卧室。

当晚，同学黄某来A市探访李某。黄某去卫生间洗澡，按新装的热水器上的提示刚打开热水器，该热水器的接口处迸裂，热水喷溅不止，黄某受到惊吓，摔倒在地受伤，经鉴定为一级伤残。另外，木箱内装的贵重衣物，也被热水器喷出的水流浸泡毁损。【2013年司法考试卷四第四题】

（1）由于张某拖欠租金，王某要解除与张某的租赁合同，李某想继续租用该房屋，可以采取什么措施以抗辩王某的合同解除权？

（2）李某的医疗费应当由谁承担？为什么？

（3）李某是否可以更换热水器？李某更换热水器的费用应当由谁承担？为什么？

（4）李某购买空调的费用应当由谁承担？为什么？

（5）对于黄某的损失，李某、张某是否应当承担赔偿责任？为什么？

（6）对于黄某的损失，郝某、B公司是否应当承担赔偿责任？为什么？

（7）对于张某木箱内衣物浸泡受损，李某、B公司是否应当承担赔偿责任？为什么？

2. 信用卡在现代社会的运用越来越广泛。设甲为信用卡的持卡人，乙为发出信用卡的银行，丙为接受银行信用卡消费的百货公司。甲可以凭信用卡到丙处持卡消费，但应于下个月的15日前将其消费的款项支付给乙；丙应当接受甲的持卡消费，并于每月的20日请求乙支付甲消费的款项，丙不得请求甲支付其消费的款项。

2012年3月，甲消费了5万元，无力向乙还款。甲与乙达成协议，约定3个月内还款，甲将其1间铺面房抵押给乙，并作了抵押登记。应乙的要求，甲为抵押的铺面房向丁保险公司投了火灾险，并将其对保险公司的保险赔偿请求权转让给了己。

2012年4月，甲与张某签订借款意向书，约定甲以铺面房再作抵押向张某借款5万元，用于向乙还款。后因甲未办理抵押登记，张某拒绝提供借款。

2012年7月，因甲与邻居戊有矛盾，戊放火烧毁了甲的铺面房。在保险公司理赔期间，己的债权人庚向法院申请冻结了保险赔偿请求权。【2012年司法考试卷四第三题】

（1）2012年3月之前，甲与乙之间存在什么法律关系？乙与丙之间存在什么法律关系？甲与丙之间存在什么法律关系？

（2）丙有权请求乙支付甲消费的款项但不得请求甲支付其消费的款项，其法律含义是什么？乙可否以甲不支付其消费的款项为理由，拒绝向丙付款？为什么？

（3）如甲不向乙支付其消费的款项，乙可以主张什么权利？如乙不向丙支付甲消费的款项，丙可以主张什么权利？

（4）如丙拒绝接受甲持卡消费，应由谁主张权利？可以主张什么权利？为什么？

（5）张某拒绝向甲提供借款是否构成违约？为什么？

（6）甲的抵押铺面房被烧毁之后，届期无力还款，乙可以主张什么权利？

（7）甲将保险赔偿请求权转让给己，己的债权人庚向法院申请冻结该保险赔偿请求权，对乙的抵押权有什么影响？为什么？

3. A 房地产公司（下称 A 公司）与 B 建筑公司（下称 B 公司）达成一项协议，由 B 公司为 A 公司承建一栋商品房。合同约定，标的总额 6000 万元，8 个月交工，任何一方违约，按合同总标的额 20% 支付违约金。合同签订后，为筹集工程建设资金，A 公司用其建设用地使用权作抵押向甲银行贷款 3000 万元，乙公司为此笔贷款承担保证责任，但对保证方式未作约定。

B 公司未经 A 公司同意，将部分施工任务交给丙建筑公司施工，该公司由张、李、王三人合伙出资组成。施工中，工人刘某不慎掉落手中的砖头，将路过工地的行人陈某砸成重伤，花去医药费 5000 元。

A 公司在施工开始后即进行商品房预售。丁某购买了 1 号楼 101 号房屋，预交了 5 万元房款，约定该笔款项作为定金。但不久，A 公司又与汪某签订了一份合同，将上述房屋卖给了汪某，并在房屋竣工后将该房的产权证办理给了汪某。汪某不知该房已经卖给丁某的事实。

汪某入住后，全家人出现皮肤瘙痒、流泪、头晕目眩等不适。经检测，发现室内甲醛等化学指标严重超标。但购房合同中未对化学指标作明确约定。

因 A 公司不能偿还甲银行贷款，甲银行欲对 A 公司开发的商品房行使抵押权。【2008 年司法考试卷四第四题】

问题：

（1）若 B 公司延期交付工程半个月，A 公司以此提起仲裁，要求支付合同总标的额 20% 即 1200 万元违约金，你作为 B 公司的律师，拟提出何种请求以维护 B 公司的利益？依据是什么？

（2）对于陈某的损失，应由谁承担责任？如何承担责任？为什么？

（3）对于陈某的赔偿，应当适用何种归责原则？依据是什么？

（4）对于乙公司的保证责任，其性质应如何认定？理由是什么？

（5）若甲银行行使抵押权，其权利标的是什么？甲银行如何实现自己的抵押权？

（6）丁某在得知房屋卖给汪某后，向法院提起诉讼，要求 A 公司履行合同交付房屋，其主张应否得到支持？为什么？

（7）汪某现欲退还房屋，要回房款。你作为汪某的代理人，拟提出何种请求维护汪某的利益？依据是什么？

（8）如果 A 公司不能向 B 公司支付工程款，B 公司可对 A 公司提出什么请求？

第十一章　不当得利

【知识结构图】

- 不当得利
  - 不当得利概述
    - 不当得利的概念、性质
    - 不当得利制度的功能
  - 不当得利的构成要件
    - 一方获得利益
    - 他方受到损失
    - 受益和受损之间具有因果关系
    - 没有合法根据
  - 不当得利的类型
    - 给付型不当得利
    - 非给付型不当得利
  - 不当得利之债的效力
    - 不当得利之债的主体
    - 不当得利之债的客体
    - 不当得利之债的内容

第一节　不当得利概述

一、不当得利的概念和性质

不当得利，是指没有合法根据，使他人受损失而自己获得利益的法律事实。《民法通则》第92条规定："没有合法根据，取得不当利益，造成他人损失的，应当将取得的不当利益返还受损失的人。"取得不当利益的人称为受益人或得利人；受到损失的人称为受损人或受害人。因不当得利产生的债权债务关系为不当得利之债，受损人是债权人，受益人是债务人，受益人负有向受损人返还不当得利的债务。

对于不当得利的性质，学说上存在行为说和事件说之争。① 本书采事件说。不当得利制度的关注重点不是形成不当得利的过程，而是当事人保有利益的正当性。应当区分导致不当得利发生的原因与不当得利这两个不同的法律事实。不当得利这一法律事实系指后者，即受益人在没有合法根据的前提下取得利益。该得利事实本身不以当事人的意志为要

① 参见马俊驹、余延满：《民法原论》，法律出版社2010年版，第769~770页。

素，故其性质为事件。导致不当得利发生的原因形态各异，包括：受益人的行为（如承租人擅自转租获得租金差价）、受损人的行为（如银行误将储户存款多加1个0）、第三人的行为（如甲捡到乙的羊误还给丙）、自然事件（如甲的羊误入乙的羊圈）等。虽然导致不当得利发生的原因可以是行为，但此类行为并非得利事实本身，故不能因此认定不当得利的性质是行为。

【学说争议：不当得利的理论基础】

在不当得利之债的法律关系构造中，一方受益并致他方受损，对于无法律上之原因应如何判断，学说上存在争议。

第一种观点"统一说"认为，一切不当得利的基础有其统一的概念，因而所谓无法律上的原因，也应有其统一的意义，能够对任何情形的不当得利作统一的说明。但对于该统一理论基础究竟为何，则存在分歧，有"公平说"、"正义说"、"债权说"、"权利说"等不同观点。①

第二种观点"非统一说"认为，各种不当得利各有其基础，不能作统一说明，因而对不当得利的构成要件也应就各种不当得利作分别判断。应在建立不当得利类型化的基础上，认定各类型不当得利的构成要件，及呈现其所涉及的利益衡量与价值判断。②

从我国现行法来看，《民法通则》第92条对不当得利的概念作统一界定，似采统一说。对于不当得利的构成要件，学理上大多也作统一界定。但近年来，也有学者受非统一说思考方法的影响，在区分给付型不当得利和非给付型不当得利的基础上，对两种类型不当得利的构成要件分别予以界定。③

二、不当得利制度的功能

（一）矫正欠缺合法原因的财产移转

在民法领域，无论何种财产（物权、债权、知识产权等）的移转都必须具有合法原因才能得到法律的认可和保护。受益人在欠缺合法原因的情形下取得利益，有悖于法律对财产移转的基本要求，故法律设置不当得利等制度予以调整。不当得利制度的基本功能在于矫正欠缺合法原因的财产移转，而非对受益人进行制裁，故其不以受益人具有过错为要件，此与一般侵权责任差异显著。因此，在因自然事件、受损人的行为、第三人的行为等原因导致受益人取得利益的情形下，虽然受益人并无过错且亦未实施违法行为，也仍须适用不当得利制度以实现其矫正功能。该矫正功能的理论依据，统一说从公平、正义等角度予以说明，非统一说则区分不同类型的不当得利予以分别阐释。

---

① 参见郑玉波：《民法债编总论》，中国政法大学出版社2004年版，第95~97页。

② 参见王泽鉴：《不当得利》，北京大学出版社2009年版，第22~25页。

③ 参见王利明：《债法总则研究》，中国人民大学出版社2015年版，第438页以下；崔建远：《债法总论》，法律出版社2013年版，第285页以下。

（二）保护财产权益的合法归属

某些不当得利的发生，是由于受益人实施了侵权行为或违约行为所致。例如行为人未取得他人同意而将其肖像用于商业广告；保管人违反合同约定将保管物出租以赚取租金。在此类场合下，受益人是侵权人或违约方，受损人是被侵权人或非违约方，受益人向受损人返还不当得利具有保护合法权益的功能。

（三）辅助其他规则的适用

在法国，对于不当得利的功能通说采辅助性理论，即必须没有合同请求权、侵权请求权等其他请求权时，才能适用不当得利制度。在此立法模式下，不当得利制度与合同、侵权等制度不是平行关系，而是作为后者的补充，仅在后者欠缺相关救济规则时才能作为辅助性制度予以适用。但是，近年来在法国司法实务上辅助性理论出现了缓和趋势，学界及实务界对不当得利制度的功能和立法定位正予以重新审视。

在德国，因采取物权行为无因性理论，当事人为履行债权合同交付的动产系基于物权行为而发生所有权移转，而不受债权合同不成立、无效或被撤销的影响。在此立法模式下，取得所有权的当事人虽不因债权合同的效力瑕疵而丧失所有权，但其取得所有权这一得利事实仍欠缺合法原因，须适用不当得利制度予以矫正。因此，在此立法模式下，不当得利返还规则具有调节物权行为无因性而发生财产变动的特殊功能。

我国现行法虽未采取法国的辅助性理论和德国的物权行为无因性理论，不存在上述的辅助功能，但是由于合同法和侵权法规则的有限性，不当得利制度在某些场合下也具有补充作用。如果案件事实同时具备不当得利请求权和违约责任、侵权责任的构成要件，则构成请求权竞合，对受损人的救济亦非不利。

第二节　不当得利的构成要件和类型

一、不当得利的构成要件

（一）一方获得利益

1. 利益的类型。该要件中的利益可分为积极利益和消极利益，且该利益仅指财产利益而不包括精神利益。

（1）积极利益。是指受益人的财产被直接增加。具体情形包括：取得财产权利（所有权、他物权、债权、知识产权等）；财产权利的效力或范围扩张（如抵押权顺位被提前、抵押权的担保范围被扩大）；取得财产权利以外的利益（如占有）。

（2）消极利益。是指受益人的财产本应减少而未减少。具体情形包括：应支出的费用而未支出（如因计算错误而少交水电费）；应负担的债务而未负担（如抚养他人子女，使该他人本应负担的抚养义务未负担）；物权应受限制而未受限制（如某房屋上本应设定抵押权而未设定）；债务消灭（如债务被免除但原因行为无效）。

2. 获得利益的方式。对于受益人获得利益的方式，有域外立法规定为两种情形：因他人给付获得利益、以其他方式获得利益。① 我国现行法对此未作规定，故受益人获得利益的方式不存在法律上的限制。只要是因一定的法律事实而使受益人获得利益，均可满足该要件。获得利益的方式包括当事人的法律行为、事实行为、自然事件等，某些公法上的行为（如多收税款）亦可成为获得利益的方式。

（二）他方受到损失

1. 损失的类型。与利益分为积极利益和消极利益类似，该要件中的损失可分为积极损失和消极损失。积极损失，是指受损人现有财产的直接减少（如甲的羊误入乙的羊圈）。此类损失既包括财产权利或利益的丧失，也包括财产权利或利益在某方面受到限制（如效力减弱或范围缩小）。消极损失，是指本应增加的财产未增加（如自己的房屋被他人擅自出租）。此类损失中本应增加的财产，不以必然增加为条件，只要通常可增加或者增加该财产属受损人的权利内容即可。②

2. 该要件中的损失与损害赔偿责任中的损害的区别。（1）法律意义不同。不当得利制度的基本功能是矫正欠缺合法原因的财产移转，故其关注重点是受益人获得的利益，以此作为返还的基本标准。损失对于不当得利之债的成立具有意义，但该损失与受益人返还的利益并不完全一致。损害赔偿责任的功能是填补受害人因违约行为或侵权行为所受到的损害，故损害是该制度的关注重点，无论是责任构成还是赔偿范围均以损害为基本出发点。（2）性质不完全相同。不当得利制度中的损失仅限于财产损失，不涉及非财产损害。侵权损害赔偿责任中的损害不仅包括财产损害，还包括精神损害等非财产损害。（3）发生原因不同。不当得利制度中的损失的发生原因包括法律行为、事实行为、自然原因等。损害赔偿责任中的损害则是由对方当事人的违法行为（侵权行为、违约行为）所导致。

（三）受益和受损之间具有因果关系

该要件要求受损人受到损失是由于受益人受益造成的，即一方受损与另一方受益具有法律上的关联性。对于该因果关系的判断标准，学界素有争议，大致可分为两派意见。③

第一派意见“统一说”主张对不当得利因果关系作统一的解释，具体包括直接因果关系说和非直接因果关系说等两种观点。直接因果关系说认为，受益和受损之间须具有直接因果关系，即受益和受损系基于同一原因事实而发生。如果受益和受损是由两个不同的原因事实造成，即使二者之间有牵连关系，也不构成因果关系。例如乙向甲购买水泥修缮丙的房屋，当乙无资力支付价款时，甲不得请求丙返还不当得利。在此情形下，丙受益和甲受损系基于两个不同的原因事实：甲已将水泥所有权移转给乙，丙受益是因为乙的财产与丙的财产附合所致；甲受损是因为乙违约所致。非直接因果关系说认为，受益和受损之间不以有直接因果关系为限，即使受益和受损是基于两个不同的原因事实所致，但如果社

---

① 参见《德国民法典》第812条第1款。

② 对于损失的判断标准，学说上有“财产利益差额说”和“权益归属侵害说”两种观点。参见林诚二：《民法债编总论——体系化解说》，中国人民大学出版社2003年版，第124～125页。本书采权益归属侵害说。

③ 关于该因果关系的各学说，参见刘言浩：《不当得利法的形成与展开》，法律出版社2013年版，第268页以下。

会观念认为二者有牵连关系，则应认定二者之间具有因果关系。依该说，在上例中丙受益和甲受损具有因果关系。

第二派意见“非统一说”（类型化说）与不当得利之类型化学说相联系，主张应根据给付型不当得利与非给付型不当得利的基本分类，对各种类型不当得利的因果关系作个别判断。

从《民法通则》第92条的文义来看，并未要求受益和受损必须基于同一原因事实而发生，学理上也大多采非直接因果关系说。①

（四）没有合法根据

该要件要求受益人获得利益欠缺合法根据，即得利没有法律上的原因。在民法领域中，民事主体取得任何利益必须具有合法根据才能被法律所认可。合法根据可以是直接依据法律规定，也可以是依据法律行为（当事人的意思表示）等。如果当事人取得一定利益但不存在任何被法律认可的原因，该得利即具有不正当性，须适用不当得利等制度予以矫正。没有合法根据的时间标准应为受损人行使不当得利返还请求权时。受益人取得利益时没有合法根据，且其后也未具备合法根据的，当然满足该要件；受益人取得利益时没有合法根据，但其后具备合法根据的，不满足该要件；受益人取得利益时有合法根据，但其后丧失合法根据的，满足该要件。

二、不当得利的类型

（一）给付型不当得利

给付型不当得利，是指给付人在欠缺给付原因的情形下实施给付行为，导致受益人无法律上的原因而获得利益。此处的给付，是指基于给付人的自愿，以增加受益人财产为目的的财产转移行为。一方以财产移转为目的而实施给付行为，如果具有合法根据（法律上的原因），则具有法律所认可的效力（如清偿），不构成不当得利；如果不具有合法根据，虽然给付人具有移转财产的意思，亦可构成不当得利。给付型不当得利具体包括以下情形：

1. 给付目的自始不存在。是指一方为履行自己的义务而向受益人作出给付行为，但该义务自始就不存在。主要包括两种情形：

（1）非债清偿（狭义）。是指没有任何法律上的债务而以清偿为目的向不享有债权的人作出的给付行为。非债清偿是一种古老的不当得利类型，在罗马法上其即已成为不当得利的主要形态。引起非债清偿的原因很多，可能是基于给付人的误解，也可能是给付人有意为之，其都有可能构成不当得利。例如，甲向乙定作一套高级红木家具，价款80万元，约定一年后交货。订立合同后甲向乙支付了10万元预付款。一年后乙依约向甲交货，甲忘记已支付10万元预付款，遂向乙支付80万元。有判决认为：“《集成电路卡应用和收费管理办法》规定，补卡应按工本费收取费用。根据金融企业出示的证据，集成电路卡的制卡成本为30.80元，而该行规定补卡收费的价格是每张100元。对规定多收的69.20

① 参见魏振瀛：《民法》，北京大学出版社、高等教育出版社2010年版，第569页；王利明：《债法总则研究》，中国人民大学出版社2015年版，第429页。

元，金融企业不能出示合法依据，该69.20元属不当得利，应当由收款人返还交款人。”①

（2）基于不成立、无效或被撤销的合同作出给付。不成立、无效或被撤销的合同不能产生合同义务，当事人误以为合同已有效成立而作出相应的清偿，因欠缺合法根据而构成不当得利。例如甲乙订立买卖合同后，甲依约向乙支付了20万元价款，在乙交货之前，该合同被确认自始无效。因金钱为一般等价物，甲向乙支付的20万元已由乙取得所有权，甲只能请求乙返还同等数额的金钱。应注意的是，因我国未采物权行为理论，如果甲向乙交付的是金钱以外的动产，合同被确认不成立或无效后乙不能取得该动产所有权，而仅取得该动产的占有利益。

2. 给付目的嗣后不存在。是指当事人实施给付行为时具备合法根据，但其后该合法根据丧失，受益人因给付而获得的财产构成不当得利。主要包括两种几种情形：

（1）作出给付后合同被解除。在合同解除有溯及力的场合下，当事人在合同解除前作出的给付因合同解除而丧失合法根据，接受给付的一方获得的利益有可能构成不当得利。例如专利权转让合同解除后，专利权已变更登记在受让人名下的，受让人应协助转让人将专利权变更登记到转让人名下。在合同解除没有溯及力的场合下（如租赁合同），当事人因给付而取得的财产（如租金）不构成不当得利。

（2）作出给付后合同被撤销。可撤销合同在被撤销前已经有效成立，当事人在合同被撤销前作出的给付因合同被撤销而丧失合法根据，接受给付的一方获得的利益有可能构成不当得利。例如当事人依据定金合同向对方交付10万元定金，其后定金合同因存在胁迫事由而被当事人撤销。

（3）附解除条件的合同中，作出给付后解除条件成就。例如甲赠与乙5万元作为读研的学费，并约定如果2年内乙不能考上研究生则赠与失效，结果乙未能考上。

3. 给付目的未达成。是指当事人为实现将来的某种目的而作出给付行为，但其后该目的并未达成，受益人因给付而获得的财产构成不当得利。例如附生效条件的合同中，债务人预计条件将成就而履行合同义务，结果条件并未成就。又例如债权人以受清偿为目的向债务人交付付款收据，但其后债务人并未清偿债务。有判决认为：“双方给付聘金是有前提条件的，即必须成就婚姻，因此聘金是附条件的赠与物。当事人没有登记结婚，不存在婚姻关系，赠与所附条件未成就，接受聘金一方应当将聘金返还。”②

应当注意的是，在下列情形下，当事人在无给付义务的前提下作出给付行为或基于其他原因，接受给付的一方虽然获得利益但不构成不当得利：

（1）为履行道德义务而作出给付。例如在收养关系成立后，养子女对其生父母不负有法定赡养义务。如果养子女为尽道德义务仍向其生父母支付赡养费，对于已支付的费用，不得以不当得利为由请求返还。

（2）为履行未到期债务而作出给付。债务人在履行期限届至之前享有期限利益而不必履行债务，但如果债务人此时主动提前作出给付，且债权人接受，亦可达成清偿效果。（《合同法》第71条）在此情形下，因债权人接受给付具有合法根据，故其因给付获得的

---

① 参见“喻某诉工行某支行等不当得利纠纷案”，载《最高人民法院公报》2005年第6期。

② 参见“杨某诉周某等返还聘金纠纷案”，载《最高人民法院公报》2002年第3期。

利益不构成不当得利。

（3）明知无给付义务而作出给付。一方明知自己无给付义务而向对方交付财产，可解释为其具有赠与的意思；如果对方接受该财产，可解释为其具有受赠的意思，故双方就赠与合同达成合意，该情形是当事人双方以行为订立了赠与合同。（《合同法》第185条）

（4）基于不法原因而作出给付。一方基于不法原因而向对方作出给付的，给付人不负有法律上的给付义务，接受给付的一方也不享有得到财产的权利。在此情形下，接受给付的一方获得的利益不具有合法根据，但给付人不得以不当得利为由请求返还，而是发生没收、收缴违法所得等行政责任或刑事责任。此类利益典型如为清偿赌债而交付的财产、已支付的嫖资等。

（5）享有阻却给付义务的抗辩权，却仍作出给付。例如债务人就诉讼时效期间届满的债务向债权人作出给付。严格而言，此情形下的债务人并非不负给付义务，而是债务人享有的时效抗辩权可发生阻却债权人请求权的效力。债务人自愿履行此类债务的，构成对时效抗辩权的弃权，故不得再以不当得利为由请求返还。（《民法通则》第138条、《诉讼时效规定》第22条）

（6）基于合法根据给付财产，对该财产可能产生的孳息归属未作约定。有判决认为："单位将其购买的有奖储蓄存单等值顶替工资发放给职工，在发放时未对中奖权利进行约定，说明其已将中奖权利一同转移。存单所获奖金一万元应归该职工所有，不构成不当得利。"①

（7）一方因侵占原对方财产而予以退款，退款额大于刑事判决认定的赃款数额。有判决认为："刑事判决认定的赃款数额并非等同于作案造成损失的范围，刑事案件与民事案件的证明标准不同，不应以刑事案件的高标准取代民事证明标准……本案原告所举证据不足以证明其侵占被告财产的损失低于其退款额，其主张存在不当得利缺乏法律和事实依据，法院不予采纳。"②

（二）非给付型不当得利

非给付型不当得利，是指受益人基于给付以外的原因获得利益。这种类型的不当得利不是基于给付人的意思和给付行为而发生，具体包括以下情形：

1. 基于受益人行为而发生的不当得利。此类不当得利是因受益人侵害他人的合法权益而发生，受益人的行为通常构成侵权行为或违约行为。例如擅自使用他人肖像获得广告收益；承租人未取得出租人同意擅自转租，赚取租金差价。

2. 基于受损人行为而发生的不当得利。此类不当得利是在受损人不具有给付意思的情形下实施某种行为，而使受益人获得利益。例如误将他人的牲畜当做自己的牲畜予以饲养。

3. 基于第三人行为而发生的不当得利。例如甲向乙借钱为丙装修房屋，其后甲无力还款。有判决认为："A公司、B公司受让第三方的补偿土地权益之后，共同对市政府享

---

① 参见"王某与某型材厂有奖储蓄存单纠纷再审案"，载《最高人民法院公报》1995年第3期。

② 参见"孙某与南通某面粉有限公司不当得利纠纷案"，载《最高人民法院公报》2015年第7期。

有债权。市政府仅依据A公司的申请，将已经部分履行并应办理到B公司名下的部分土地，变更到A公司名下，A公司取得这部分土地已经构成不当得利，A公司应当将该部分土地权益返还权益人B公司。”①

4. 基于自然事件而发生的不当得利。例如甲乙鸡舍相邻，甲鸡在乙鸡舍串门时偶然下蛋2枚。

5. 基于法律规定而发生的不当得利。例如在添附的场合下，一方可基于法律规定取得添附物的所有权，对于另一方因此受到的损失，取得所有权的一方如果没有获得利益的合法根据，应通过折价等形式将所得利益返还给另一方。(《民法通则意见》第86条)

第三节 不当得利之债的效力

一、不当得利之债的主体

不当得利之债的主要效力是在当事人之间产生返还财产的关系。在一般场合下，债权人是受损人，债务人是受益人。在某些场合下，转得人也负有返还不当得利的义务。转得人，是指自受益人处受让利益的第三人。如果转得人从受益人处无偿取得其所得利益，且受益人因此而免负返还义务，则转得人对受损人负有返还义务。例如甲的羊误入乙的羊圈，乙将该羊赠与给丙，丙对甲负有返还义务。对此，域外立法多设明文规定。② 我国现行法对此虽未作规定，但应作相同解释。

二、不当得利之债的客体

不当得利之债的客体是债务人应当向债权人作出的给付行为。该给付行为是返还一定的财产利益，其具体方式如下：

（一）返还原财产

返还不当得利的方式以返还原财产为原则。受益人因给付或非给付获得的利益包括动产的占有、不动产的登记、债权的取得、知识产权的登记等。返还原财产的具体方式应按照利益的属性及其权利变动的要求，将该财产移转给受损人（债权人）。对于动产的占有，应以交付的方式返还；对于不动产的登记，应以变更登记的方式返还；对于债权的取得，应以交付债权凭证或其他方式（如票据背书）返还；对于知识产权的登记，应以变更登记的方式返还；对于用益物权或担保物权的取得或效力扩张，应以注销登记或变更登记等方式返还。受益人所得利益是金钱的，原则上应返还同等数额的货币；以封金等形式将金钱予以特定化设定担保的，应返还该特定化金钱。

（二）折价返还

1. 折价返还的适用条件。返还不当得利的方式在不能或不宜采取返还原财产的情形

① 参见“北海市人民政府与北海A房地产开发有限公司、北海B房地产开发有限公司补偿合同纠纷上诉案”，载最高人民法院民事审判第二庭编：《民商事审判指导》2004年第2辑（总第6辑），人民法院出版社2004年版，第156页以下。

② 参见《德国民法典》第822条。

下适用折价返还。具体包括以下情形：

（1）受益人获得的利益在性质上不能适用返还原财产。例如所得利益是劳务、物（非消耗物）的使用、物（消耗物）的消费、侵害他人人格权（姓名、肖像等）而获利等。此外，如果所得利益本可返还，但因标的物灭失（如花瓶打碎）、被盗或遗失而不能返还原财产的，也可以折价返还。

（2）受益人获得的利益在法律上不能适用返还原财产。例如受益人将所得财产以买卖、互易等方式转让给第三人，第三人依据善意取得等制度合法取得该财产所有权的，受损人不能请求受益人或第三人返还原财产，而只能请求受益人折价返还。

（3）受益人获得的利益不宜或没有必要适用返还原财产。例如所得利益是牙刷、内衣等个人专用物品，受益人已将其使用的。

2. 折价数额的计算。折价数额原则上应当依据客观的交易价格予以确定。例如受益人所得利益是一部手机，该手机的市场价格是2000元。受益人将该手机卖给第三人而不能返还原财产时，如果出售价格低于2000元，受益人应返还2000元；如果出售价格高于2000元，因受益人对高出市场价格的收益也不存在合法根据，故应返还全部价款。

对于折价数额计算的时间标准，应当以折价返还请求权成立时为准。[①] 在所得利益依其性质不能或不宜返还的场合下，不当得利之债的成立时间与折价返还请求权的成立时间一致，不存在时间标准问题；在原财产因出售、灭失等原因而不能返还的场合下，应以该事由发生时作为计算折价数额的时间标准。

三、不当得利之债的内容

（一）受益人负有返还不当得利的义务

受益人履行该义务的方式，包括返还原财产和折价返还，已如前述。对于不当得利的返还范围，域外立法通常区分善意受益人和恶意受益人而适用不同的规则。[②] 善意受益人，是指该受益人在取得利益时不知道也不应当知道其取得利益没有合法根据。对于善意受益人，域外立法一般规定其返还范围以实际所得利益为限；如果该利益已不存在，则无须予以返还。恶意受益人，是指该受益人在取得利益时知道或者应当知道其取得利益没有合法根据。对于恶意受益人，域外立法一般规定其承担较重的返还义务：①自始恶意，即受益人在取得利益时即知道没有合法根据。受益人应将全部利益予以返还，而不论返还时该利益是否仍然存在。如果返还全部利益后受损人还有损失，受益人还应承担损害赔偿责任。②嗣后恶意，即受益人在取得利益时不知道没有合法根据，经过一段时间后才知道没有合法根据。如果在受益人知情之前所得利益已不存在，受益人不再负返还义务；如果受益人知情后该利益仍然存在，其应当返还自其知情之时起的现存利益。自受益人知情之时起给受损人造成的其他损失，受益人应承担损害赔偿责任。

我国现行法对此规定得较为简略，《民法通则意见》第131条规定："返还的不当利

① 其他观点参见崔建远：《债法总论》，法律出版社2013年版，第299~300页。

② 参见《法国民法典》第1378~1381条；《日本民法典》第704~707条；《德国民法典》第819条。

益，应当包括原物和原物所生的孳息。利用不当得利所取得的其他利益，扣除劳务管理费用后，应当予以收缴。”对于该条规定，可从以下几方面理解：

1. 该条未区分受益人善意或恶意。与域外立法通例不同，我国现行法没有区分善意受益人和恶意受益人设置不同的返还规则，《民法通则意见》第131条适用于所有受益人，而不考虑其主观上为善意或恶意。学界对此多持批评意见，而主张采取域外立法的通行做法。①

2. 返还的不当利益包括原物和原物所生的孳息。例如受益人占有奶牛期间产下小牛，应将二牛一并返还。

3. 利用不当得利所取得的其他利益，扣除劳务管理费用后，应当予以收缴。所谓其他利益，是指天然孳息和法定孳息以外的，由受益人利用原所得利益所产生的财产利益。例如原所得利益是一批棉花，受益人利用自己的销售渠道，将该批棉花卖给外地急需棉花作为生产原料的厂家，获得了比本地棉花市场高出2倍的收益。该收益并非原财产的孳息，而是受益人通过自身的营销能力利用原财产而取得的收益，即其他利益。其他利益并非返还给受损人，而是从其中扣除劳务管理费用给受益人后，由国家收缴。域外立法未见有与此规定类似者，该规定是否合理，值得商榷。

（二）受损人享有不当得利返还请求权

对受损人而言，不当得利之债的主要效力是其享有不当得利返还请求权。对于不当得利返还请求权，可从以下几方面理解：

1. 不当得利返还请求权是债权请求权。受损人可依据所得利益的性质请求受益人返还原财产或折价返还。该请求权适用债权请求权的一般规则，如债的保全、债的担保、债权让与、诉讼时效等。返还不当得利请求权的诉讼时效期间，从当事人一方知道或者应当知道不当得利事实及对方当事人之日起计算。(《诉讼时效规定》第8条)

2. 不当得利返还请求权与其他请求权可发生竞合。

（1）不当得利返还请求权与合同法上请求权的竞合。具体情形包括：①不当得利返还请求权与违约责任请求权的竞合。例如保管人擅自出租保管物获得租金。如果违约行为并未使违约方获得利益（如瑕疵给付），则仅产生违约责任请求权而不产生不当得利返还请求权。②不当得利返还请求权与缔约过失责任请求权的竞合。例如一方依约向对方提供劳务，对方尚未支付报酬，其后合同被确认不成立、无效或被撤销。③不当得利返还请求权与合同解除后恢复原状请求权的竞合。例如买受人向出卖人支付300万元购买一幢别墅，约定1年后交房，履行期限届满前因发生地震导致合同被解除。

（2）不当得利返还请求权与侵权责任请求权的竞合。在受益人侵害他人权益而获得利益的场合下，两种请求权可发生竞合。例如受益人擅自使用他人的商标权获得利益。

（3）不当得利返还请求权与物权法上请求权的竞合。具体情形包括：①不当得利返还请求权与物权请求权的竞合。受益人无权占有他人不动产或动产，或者基于无效、被撤销合同取得他人不动产之登记利益或动产之占有利益，物权人既可依据物权请求权请求返

---

① 参见王利明：《债法总则研究》，中国人民大学出版社2015年版，第482~488页；洪学军：《不当得利制度研究》，中国检察出版社2004年版，第349页。

还原物、排除妨害(《物权法》第34、35条)，也可以行使不当得利返还请求权。②不当得利返还请求权与占有回复请求权的竞合。《物权法》第243条规定："不动产或者动产被占有人占有的，权利人可以请求返还原物及其孳息，但应当支付善意占有人因维护该不动产或者动产支出的必要费用。"《物权法》第244条规定："占有的不动产或者动产毁损、灭失，该不动产或者动产的权利人请求赔偿的，占有人应当将因毁损、灭失取得的保险金、赔偿金或者补偿金等返还给权利人；权利人的损害未得到足够弥补的，恶意占有人还应当赔偿损失。"这两条规定的情形亦有可能成立不当得利返还请求权。

附：与本章内容有关的司考真题

一、选择题

1. 方某、李某、刘某和张某签订借款合同，约定："方某向李某借款100万元，刘某提供房屋抵押，张某提供保证。"除李某外其他人都签了字。刘某先把房本交给了李某，承诺过几天再作抵押登记。李某交付100万元后，方某到期未还款。下列哪一选项是正确的?【2015年司法考试卷三第13题】

A. 借款合同不成立

B. 方某应返还不当得利

C. 张某应承担保证责任

D. 刘某无义务办理房屋抵押登记

2. 甲遗失其为乙保管的迪亚手表，为偿还乙，甲窃取丙的美茄手表和4000元现金。甲将美茄手表交乙，因美茄手表比迪亚手表便宜1000元，甲又从4000元中补偿乙1000元。乙不知甲盗窃情节。乙将美茄手表赠与丁，又用该1000元的一半支付某自来水公司水费，另一半购得某商场一件衬衣。下列哪些说法是正确的?【2015年司法考试卷三第61题】

A. 丙可请求丁返还手表

B. 丙可请求甲返还3000元、请求自来水公司和商场各返还500元

C. 丙可请求乙返还1000元不当得利

D. 丙可请求甲返还4000元不当得利

3. 张某拾得王某的一只小羊拒不归还，李某将小羊从张某羊圈中抱走交给王某。下列哪一表述是正确的?【2014年司法考试卷三第9题】

A. 张某拾得小羊后因占有而取得所有权

B. 张某有权要求王某返还占有

C. 张某有权要求李某返还占有

D. 李某侵犯了张某的占有

4. 下列哪一情形产生了不当得利之债?【2013年司法考试卷三第20题】

A. 甲欠乙款超过诉讼时效后，甲向乙还款

B. 甲欠乙款，提前支付全部利息后又在借期届满前提前还款

C. 甲向乙支付因前晚打麻将输掉的2000元现金

D. 甲在乙银行的存款账户因银行电脑故障多出1万元

5. 甲将某物出售于乙，乙转售于丙，甲应乙的要求，将该物直接交付于丙。下列哪一说法是错误的？【2012 年司法考试卷三第 20 题】

A. 如仅甲、乙间买卖合同无效，则甲有权向乙主张不当得利返还请求权

B. 如仅乙、丙间买卖合同无效，则乙有权向丙主张不当得利返还请求权

C. 如甲、乙间以及乙、丙间买卖合同均无效，甲无权向丙主张不当得利返还请求权

D. 如甲、乙间以及乙、丙间买卖合同均无效，甲有权向乙、乙有权向丙主张不当得利返还请求权

6. 下列哪一情形不产生不当得利之债？【2011 年司法考试卷三第 19 题】

A. 甲向乙借款 10 万元，1 年后根据约定偿还本息 15 万元

B. 甲不知诉讼时效已过，向债权人乙清偿债务

C. 甲久别归家，误把乙的鸡当成自家的吃掉

D. 甲雇用的装修工人，误把邻居乙的装修材料用于甲的房屋装修

7. 一日清晨，甲发现一头牛趴在自家门前，便将其拴在自家院内，打探失主未果。时值春耕，甲用该牛耕种自家田地。期间该牛因劳累过度得病，甲花费 300 元将其治好。两年后，牛的主人乙寻牛来到甲处，要求甲返还，甲拒绝返还。下列哪一说法是正确的？【2009 年司法考试卷三第 13 题】

A. 甲应返还牛，但有权要求乙支付 300 元

B. 甲应返还牛，但无权要求乙支付 300 元

C. 甲不应返还牛，但乙有权要求甲赔偿损失

D. 甲不应返还牛，无权要求乙支付 300 元

8. 任某门前公路上有一泥沟。某日，一货车经过泥沟，由于颠簸掉落货物一件，被任某拾得据为已有。任某发现有利可图，遂将泥沟挖深半尺。次日，果然又拾得两袋车上颠落的货包。关于任某行为的性质，下列哪一选项是正确的？【2008 年司法考试四川延考卷卷三第 5 题】

A. 无因管理和侵权行为

B. 不当得利

C. 无因管理和不当得利

D. 不当得利和侵权行为

9. 张某发现自己的工资卡上多出 2 万元，便将其中 1 万元借给郭某，约定利息 500 元；另外 1 万元投入股市。张某单位查账发现此事，原因在于财务人员工作失误，遂要求张某返还。经查，张某借给郭某的 1 万元到期未还，投入股市的 1 万元已获利 2000 元。下列哪一选项是正确的？【2007 年司法考试卷三第 7 题】

A. 张某应返还给单位 2 万元

B. 张某应返还给单位 2. 2 万元

C. 张某应返还给单位 2. 25 万元

D. 张某应返还给单位 2 万元及其孳息

第十二章　无因管理

【知识结构图】

- 无因管理
  - 无因管理概述
    - 无因管理的概念、性质
    - 无因管理制度的功能
  - 无因管理的构成要件
    - 管理他人事务
    - 管理人具有为他人利益而管理的意思
    - 管理人没有法定或约定义务
  - 无因管理之债的效力
    - 无因管理之债的主体
    - 无因管理之债的客体
    - 无因管理之债的内容

第一节　无因管理概述

一、无因管理的概念和性质

无因管理，是指没有法定或约定的义务，为了他人的利益，自愿管理他人的事务或为他人提供服务的行为。《民法通则》第93条规定："没有法定的或者约定的义务，为避免他人利益受损失进行管理或者服务的，有权要求受益人偿付由此而支付的必要费用。"进行管理或者服务，称为管理事务。管理他人事务的人称为管理人；事务被管理的人称为本人或受益人。因无因管理产生的债权债务关系为无因管理之债，管理人负有适当管理等义务，本人负有向管理人偿付必要费用的义务。

无因管理的性质是事实行为。可从以下几方面理解：

1. 无因管理的发生与人的意志有关，故其属于行为，而非事件。

2. 无因管理的法律后果系依据法律规定发生，而非依据当事人的意思发生，故其为事实行为，而非法律行为。虽然无因管理的成立要求管理人具有管理的意思，但该意思是要求管理人对管理事务本身具有某种程度的认知，而非依据该意思发生法律约束力，故其与作为合同要素的意思表示显然有别。而且，管理人实施管理行为时无论主观是否具有产生债权债务关系的意思表示，只要具备法定要件，均在当事人之间产生相应的债权债务关系，因此无因管理是事实行为。在某些无因管理中，管理人实施的管理行为可能是法律行为（如为维修他人房屋而购买木材），但该行为是管理事务的具体内容，而不能等同于无因管理行为本身。

3. 无因管理包括适法的无因管理和不适法的无因管理。适法的无因管理，是指管理事务的方法符合本人明示或推定的意思，管理的效果也符合本人的利益。对于适法的无因管理，适用无因管理的一般规则，管理人有权请求本人偿付管理事务所需的必要费用。不适法的无因管理，又称不当无因管理，是指管理人虽有为本人管理事务的意思，但管理事务的方法违背本人明示或推定的意思，管理的效果也不符合本人的利益，即所谓“好心办坏事”的情形。例如甲在屋前草地上种植了若干株珍稀草药。在甲外出期间，邻居乙见甲门前杂草丛生，出于好意为其修剪，但因不认识草药而将其也误作杂草清除。对于不适法的无因管理，法律通常加重管理人的责任、限制管理人对本人的请求权甚至规定管理人对本人负有损害赔偿责任。

二、无因管理制度的功能

（一）鼓励善行

在现代社会生活中，个人事务原则上由自己处理而禁止他人干预，但在某些场合下，因各种原因本人无法处理自己的事务而面临财产或人身受损的危险，此时他人施以援手对本人事务加以管理，其行为既符合本人的利益，也合乎道德准则的要求。无因管理制度赋予管理人向本人请求偿付必要费用的请求权，有利于鼓励此类帮助他人的善行。

（二）平衡本人与管理人之间的利益关系

管理人为本人管理事务，使本人获得财产或人身上的利益，管理人为实施管理行为支出一定费用而受有损失。本人虽可以未向管理人授权为由排除委托代理规则的适用，但在具备一定条件的前提下仍有必要由法律作适当干预，以平衡双方之间的利益关系。另一方面，无因管理在客观上有利于提高财产的利用效率、促进社会整体财富的增加，法律赋予管理人以债权人地位对社会整体利益具有裨益。

（三）对意思自治原则的补充功能

依据意思自治原则，民事主体的个人事务和权利义务的变动，应当依据民事主体的自主意思加以决定。如果民事主体对个人事务不能亲自处理而需要交由他人处理，一般需要通过适用代理、委托合同等制度予以完成。但在某些场合下，如果严格遵循意思自治原则而不允许在未经授权的情况下主动处理他人事务，会导致他人的财产或人身利益受到损失。无因管理制度可以在一定程度上弥补意思自治原则的不足，据此，有学者将无因管理理解为一种兜底条款式的制度，从而发挥补充委托或类似制度的作用，并且在委托关系无法适用的情况下也能发挥作用。①

三、无因管理与相关制度的区别

（一）无因管理与不当得利

无因管理与不当得利均为非合同之债的发生原因，构成大陆法系传统债法体系的组成部分。在某些场合下，当事人有选择适用不当得利或无因管理的可能。例如甲将房屋出卖

① 参见王利明：《债法总则研究》，中国人民大学出版社 2015 年版，第 509 页。

给乙，甲未缴纳增值税，乙代其缴纳税款。乙的行为构成无因管理，乙也可向甲主张返还不当得利。另外，无因管理和不当得利也有可能发生转化。例如在拾得遗失物的场合下，拾得人为管理他人事务而保有拾得物，拾得人可依据无因管理请求权请求本人支付相关必要费用（如耕牛饲养费用）。但如果拾得人在得知失主后拒绝返还拾得物（如耕牛），则可构成不当得利。①

两者区别如下：（1）制度功能不同。无因管理制度的功能主要是鼓励善行、弘扬义举；不当得利制度的功能主要是矫正欠缺合法原因的财产移转。（2）性质不同。无因管理属于事实行为；不当得利属于事件。（3）主观要件不同。无因管理的管理人应具有为他人管理事务的意思，因此其应具有意思能力；不当得利无此要求，且不当得利某些类型的发生原因是自然原因或第三人行为，而与当事人的意思无关。（4）法律效果不同。在无因管理中，权利义务是双向的，即管理人负有适当管理等义务，本人负有偿付必要费用的义务；在不当得利中，权利义务是单向的，由受益人向受损人返还不当得利。

（二）无因管理与无权代理

无因管理与无权代理都是在没有取得他人授权的前提下，处理他人事务的行为。在某些场合下，无因管理中的管理行为亦可构成无权代理。例如甲因急事外出 1 个月，邻居乙见甲的瓜田里很多西瓜已经熟透，便将这些西瓜摘下放在甲屋前空地上。数日后为防止西瓜烂掉，乙以甲的名义将西瓜低价出售。乙的行为可同时符合无因管理和无权代理的要件。

两者区别如下：（1）行为性质不完全相同。无因管理是事实行为，管理事务的行为本身可以是法律行为或其他行为；无权代理中，代理人实施的主要是法律行为。（2）对行为人的行为能力要求不同。由于无因管理是事实行为，并不必然要求管理人具有完全民事行为能力（管理行为是法律行为的除外）；无权代理人一般应具有完全民事行为能力。（3）是否以本人名义不同。无因管理的成立不要求管理人以本人名义实施管理行为；无权代理的成立要求无权代理人以本人名义实施代理行为。（4）法律后果不同。无因管理是债的发生原因，在管理人与本人之间产生相应的债权债务关系；无权代理的法律后果是导致无权代理人实施的法律行为效力未定，由本人行使追认权以决定该行为的效力。（5）是否要求对本人有利不同。在无因管理中，管理的效果必须符合本人的利益才构成适法的无因管理，否则为不适法的无因管理；在无权代理中，无权代理行为的效果是否对本人有利不影响无权代理的成立。

（三）无因管理与见义勇为

在域外立法上，多将见义勇为作为无因管理的一种类型予以规范，② 但我国现行法针对无因管理与见义勇为分别规定了不同的请求权基础。《民法通则》第 93 条规定无因管理是一种债的发生原因；《民法通则》第 109 条、《侵权责任法》第 23 条规定见义勇为产

---

① 参见“林某因饲养拾到的家畜被认领诉林某给付必要费用案”，载最高人民法院中国应用法学研究所编：《人民法院案例选》1998 年第 1 辑（总第 23 辑），时事出版社 1998 年版，第 67 页以下。

② 参见《德国民法典》第 677 条、《意大利民法典》第 2031 条。例如在德国法上，“见义勇为型”无因管理是无因管理的案型之一。参见吴从周：《见义勇为与无因管理》，载詹森林、朱晓喆主编：《比较民法与判例研究》（第二卷），法律出版社 2016 年版，第 15 页。

生法定补偿义务。① 《民法通则》第109条规定："因防止、制止国家的、集体的财产或者他人的财产、人身遭受侵害而使自己受到损害的，由侵害人承担赔偿责任，受益人也可以给予适当的补偿。"对于见义勇为的请求权基础，司法实务上态度不一，② 学理上也存在争议。③

在某些场合下，无因管理与见义勇为可发生重合。本书认为，在现行法框架下区分二者的核心标准是：无因管理之债着眼于对管理事务的费用成本的偿付义务；见义勇为的法定补偿义务则着眼于行为人因见义勇为而所受损害的补偿，该损害未必是实施见义勇为行为的费用成本。例如甲营救落水的陌生人，如果甲自身不会游泳，而租用他人小船、雇佣数个民夫加以营救，其行为构成无因管理，因为其行为引起民事权利义务的变动、所支出的费用为管理事务的必要费用；但如果甲自己跳入水中救人，导致身上财物灭失、身体受伤等损害，其行为构成见义勇为，因为该行为本身不以民事权利义务变动为内容、此类损害也非实施该行为的成本。

两者区别如下：(1) 法律依据不同。无因管理规定于《民法通则》第五章（民事权利）第二节（债权）第109条；见义勇为规定于《民法通则》第六章（民事责任）第一节（一般规定）第109条。(2) 性质不同。无因管理是债的发生原因；对于见义勇为产生的补偿义务的性质，学界存在争议，本书采法定补偿义务说。(3) 行为内容不同。无因管理的行为内容是管理他人事务；见义勇为的行为内容是针对不法侵害、自然灾害、意外事件等情形下的受害人予以救助。(4) 给付范围不同。在无因管理中，本人应当向管理人偿付管理事务的必要费用；在见义勇为中，受益人在受益范围内负有适当补偿义务（《人身损害赔偿解释》第15条）。(5) 履行方式不同。在无因管理中，由本人直接向管理人偿付管理事务的必要费用；在针对第三人不法侵害实施见义勇为的场合下，首先应由侵害人承担赔偿责任，如果侵害人逃逸或无力承担责任的，由受益人承担补充责任(《侵权责任法》第23条)。

第二节　无因管理的构成要件

一、管理他人事务

（一）管理

所谓管理，是指处理事务的行为，包括处理、管领、保存、利用、改良及提供各种帮

---

① 参见本书第一章第二节相关内容。

② 针对见义勇为行为适用《民法通则》第93条的判例参见"徐某等因其亲属为他人关闭泄漏的煤气时煤气爆炸身亡诉杨某等赔偿案"，载最高人民法院中国应用法学研究所编：《人民法院案例选》2001年第3辑（总第37辑），人民法院出版社2002年版，第123页以下；适用《民法通则》第109条的判例参见"周某等因其子在救助他人中死亡诉被救助人李某补偿案"，载最高人民法院中国应用法学研究所编：《人民法院案例选》2001年第1辑（总第35辑），人民法院出版社2001年版，第94页以下。

③ 参见王雷：《见义勇为行为中受益人补偿义务的体系效应》，载詹森林、朱晓喆主编：《比较民法与判例研究》（第二卷），法律出版社2016年版，第115页以下。

助、服务等。管理行为本身可以是事实行为，例如拾得他人耕牛予以照看、饲养；也可以是法律行为，例如购买材料、雇佣民工修缮他人房屋。在一般场合下，管理人管理他人事务时不能擅自处分他人财产，而应将行为限于管理、保存等行为样态，以防止借无因管理之名侵害他人合法权益。在某些特殊场合下，如果为维护本人利益，对本人财产予以处分是必需的，则管理人处分本人财产亦可构成适法的无因管理，但该处分财产的行为应以必要为限。例如为防止他人西瓜腐烂变质而低价出售。

（二）他人事务

所谓事务，是指有关人们生活利益且适于为债务目的的一切事项，包括财产性事务和非财产性事务。事务应当是能够引起法律关系变动的、且性质上适于管理的有关事项，如果是法律调整对象之外的事项或依性质不适于由他人管理的事务，则不满足该要件。据此，管理下列事务的，不构成无因管理：（1）纯粹道德上、生活上的事务，例如接待邻居的访客。（2）违法的或违反公序良俗的事务，例如主动为小偷看管赃物。（3）单纯的不作为。（4）须本人亲自实施的人身性事务，例如结婚、离婚等。

管理人所管理的事务是否为他人事务，应结合客观标准和主观标准综合判断。如果事务在客观上即属于他人事务（如管理的房屋属于他人所有），管理人无须证明即可认定该事务为他人事务。如果事务在性质上是中性事务（如管理人购买木材时并未说明是为修缮他人房屋还是为修缮自己房屋），管理人若主张成立无因管理，其应举证证明其行为是为管理他人事务而实施，否则应推定管理人是管理自己事务。

二、管理人具有为他人利益而管理的意思

（一）管理意思

所谓管理意思，是指管理人主观上确有为他人谋取利益、避免损失的意思。该管理意思不同于合同等法律行为中的意思表示：后者作为法律行为的要素，其内容指向当事人的具体权利义务；管理意思本身并不包含无因管理之债的内容，而仅要求为他人利益的主观认识。

（二）为他人利益

1. 管理人是否为他人利益实施管理行为，可从主客观两方面予以考察。在主观上，管理人应具有为他人谋取利益、避免损失的意图，而非单纯为自己的利益或具有其他目的。在客观上，管理人应将实施管理行为所得的财产或利益归属于本人，而非由管理人自己享有。在一般场合下，管理人应负举证责任，以证明实施管理行为系为他人利益。

2. 客观上是他人事务，管理人主观上误认为自己事务而管理，是否成立无因管理？例如甲误将乙的牛当做自己的牛加以饲养。在此情形下，因行为人不具有为他人利益的意思，不构成无因管理。对他人因此所获的利益，行为人可依据不当得利请求返还。

3. 管理人主观上既有为他人利益的目的，同时也有为自己利益的目的，客观上自己也因管理行为而受益，是否成立无因管理？例如为防止邻居房屋倒塌危及自己的房屋，而对邻居房屋予以修缮。在此情形下，管理人兼有为他人利益和为自己利益的主观意思，仍可成立无因管理。但如果管理人单纯为自己利益而管理他人事务，即使本人因管理行为而受益，也不构成无因管理。

4. 管理人为他人利益实施管理行为，但不知本人具体为何人或对本人存在误解，均不影响无因管理的成立。例如甲发现他人房屋起火，但并不知房主是谁，而雇佣人员奋力扑救，可成立无因管理。又例如甲发现他人房屋起火，误以为该房屋是好友乙所有，而奋力救火，但实际上该房屋是丙（跟甲有仇）所有，仍成立无因管理。

三、管理人没有法定或约定义务

无因管理之“无因”，是指管理人对本人没有法定或约定义务。如果基于法律规定或合同约定管理人对他人负有一定义务，管理人为履行该义务而管理他人事务，由于并非“无因”，故不构成无因管理。据此，管理人的下列行为不构成无因管理：（1）管理人负有法定义务而实施管理行为。例如监护人管理被监护人的事务(《民法通则》第 18 条第 1 款)、被宣告失踪人的财产代管人管理失踪人的事务(《民法通则》第 21 条)、公安机关指导企事业单位的治安保卫工作(《中华人民共和国警察法》第 6 条第 13 项）等。(2) 管理人负有约定义务而实施管理行为。例如受托人依据委托合同管理委托人的事务、行纪人依据行纪合同管理委托人的事务等。负有法定义务或约定义务的管理人管理他人事务的，不能依据无因管理要求本人偿付必要费用，而应依据法律规定或合同约定由相关当事人负担管理行为所支出的费用。

管理人是否负有法定或约定义务的时间标准，应以管理人着手实施管理行为时为准。管理人原负有法定或约定义务，但在实施管理行为时该义务消灭的，自该义务消灭之时起可成立无因管理；管理人原不负有法定或约定义务，但在着手实施管理行为时负有义务的，不能成立无因管理。有判决认为，女方在离婚后护理受伤的前夫，并垫付医疗费和其他费用的，构成无因管理。① 还有判决认为，医疗服务合同结束后，父母拒绝接回患儿，医院对患儿继续护理、照管并支付有关费用的，构成无因管理。②

第三节　无因管理之债的效力

一、无因管理之债的主体

无因管理之债的主体是管理人和本人。与不当得利之债的主体具有单向性不同，无因管理之债中的管理人和本人各自既享有债权也负有债务。管理人对本人享有费用偿付请求权，负有适当管理、通知、报告与计算等义务；本人享有请求管理人适当管理、交还管理所得利益等权利，负有偿付必要费用的义务。

如果管理人实施管理行为是履行自己的义务，但第三人对该事务也负有管理义务，管

---

① 参见“白某因离婚后护理受伤的原夫诉刘某偿付必要费用案”，载最高人民法院中国应用法学研究所编：《人民法院案例选》2000 年第 3 辑（总第 33 辑），人民法院出版社 1998 年版，第 99 页以下。

② 参见“某医院因在接生中过失伤害婴儿予以治疗后通知父母接回被拒诉王某等接回治愈的婴儿和给付必要费用案”，载最高人民法院中国应用法学研究所编：《人民法院案例选》2003 年第 3 辑（总第 45 辑），人民法院出版社 2004 年版，第 143 页以下。

理人能否依无因管理请求第三人偿付费用？例如甲公司施工将渣土遗撒于公共道路，环卫部门清扫了这些渣土。在此情形下，环卫部门的清扫行为是履行自己的义务，同时因为甲公司对这些渣土负有清扫义务，环卫部门的行为也构成对甲公司事务的管理。环卫部门能否依无因管理请求甲公司偿付清扫费用？在德国法上，主流观点对此持肯定意见，但亦存在反对意见。① 我国现行法对此无明文规定。本书认为，在此情形下不能适用无因管理制度，而应依据公法规范确定环卫部门等管理人能否及依何种标准向甲公司请求偿付费用。

二、无因管理之债的客体

无因管理之债的客体是管理人应当向本人（或本人应当向管理人）作出的给付行为。依据债务的不同性质，该给付行为的形态亦不相同，具体包括：支付金钱（偿付必要费用义务）、交付实物或移转权利（报告及计算义务）、提供劳务（适当管理义务）等。

三、无因管理之债的内容

1. 管理人的义务。

（1）适当管理义务。所谓适当管理义务，是指管理人应不违反本人的意思，并依有利于本人的方法而实施管理行为。

①本人的意思包括明示的意思和推定的意思。例如本人明确表示要修缮有安全隐患的房屋，在本人外出且台风即将登陆导致房屋有倒塌危险时，管理人对房屋予以修缮的行为符合本人的意思。又例如瓜农甲以卖瓜为生，在甲外出时，乙为防止熟瓜腐烂造成损失而将其出售。虽然甲并未明示这批瓜用于出售，但乙的管理行为符合甲的推定意思。应注意的是，如果本人的真实意思与依常理所推定的意思相反，管理人依据推定意思实施管理行为构成适当管理。例如将自杀者送医院抢救、为本欲逃税者代缴税款等。在此情形下，因本人的真实意思与法律、道德伦理相悖，且与本人的根本利益不相一致，故管理人不应依据本人的真实意思而为管理行为。

②有利于本人的方法，是指管理事务的方式、管理的结果有利于本人，而不损害本人的利益。管理方法是否有利于本人，应依据管理人实施管理行为时的具体情形以客观标准判断，而不能以管理人或本人的主观意愿为标准。管理人自认为管理方法有利于本人，但客观上不利于本人，甚或其管理方法造成本人损失的，该管理行为构成不适当管理。如果本人主观上认为管理人所采管理方法不利于本人，但客观上该管理方法对本人有利，该管理行为构成适当管理。例如甲因心脏病发作昏迷，乙将其送往大医院救治，但甲脱险后认为将自己送往小诊所即可。在此情形下，依客观标准判断，乙所采的管理方法是适当的。

管理人违反适当管理义务的后果，是管理人应向本人承担债务不履行责任。该责任是过错责任还是无过错责任？现行法未作规定。通说认为，为鼓励人们进行无因管理，避免对实施善行的管理人过于严苛，该责任应为过错责任。即管理人因过错违反适当管理义务给本人造成损失的，才成立债务不履行责任。对于判断管理人过错的标准，应采一般债务

① 参见［德］迪特尔·梅迪库斯：《德国债法分论》，杜景林等译，法律出版社 2007 年版，第 510~511 页。

人所负之注意义务标准，即善良管理人标准。① 对于管理人在紧急情况下实施的管理行为，即如果不迅速处理就会使本人遭受损失的，域外立法多规定管理人仅在故意或重大过失的情形下才成立不适当管理的责任。② 我国亦应作相同解释。此外，管理人在管理过程因过错侵害本人民事权益的，也可产生侵权责任。在此情形下，发生债务不履行责任与侵权责任的竞合，本人可选择行使请求权之一以获得救济。本人因不当无因管理行为产生的赔偿损失请求权的诉讼时效期间，从其知道或者应当知道管理人及损害事实之日起计算。(《诉讼时效规定》第9条第2款)

（2）通知义务。管理人开始实施管理行为时，应将开始管理的事实通知本人。管理人履行通知义务以能够通知和有必要通知为前提。如果根据事务性质及当时情形，客观上无法通知本人（如不知本人是谁、不知本人通信方式等），管理人可不负通知义务，本人不得以管理人未通知为由否认无因管理的效力。本人收到通知后，分为以下几种情形：①本人同意管理的，自同意的意思表示生效时起，管理人与本人之间转化为委托合同关系。同意之前的管理行为也因本人同意而被追认为委托合同关系，管理人和本人的权利义务依委托合同确定。有判决认为："原告在对被告没有法定义务和合同关系情况下，为被告继承其父遗产之事，帮助办理了一些事项，被告确有受益之效果。因此，在被告签署《协议书》之前，原告的行为应视为无因管理。但在被告签署《协议书》之后，原告的行为性质发生变化。被告在协议书所表示的意思，实质上是认可了原告在没有被授权情况下所进行的有益于被告的行为，即原告的行为属于一种被被代理人事后追认的代理行为。"③ ②本人不同意管理的，自同意的意思表示生效时起，管理人不得再实施管理行为，否则可成立侵权责任。同意之前的管理行为仍构成无因管理。③本人就是否同意未作表示的，管理人应暂停管理行为，等待本人作出是否同意的意思表示以决定是否有权继续管理行为。但在此期间内，管理人因紧急情况为避免本人损失而实施管理行为的，仍构成无因管理。

管理人违反通知义务的后果，是管理人应向本人承担债务不履行责任。该通知义务为附随义务，管理人承担责任的条件及后果依据违反附随义务的债务不履行责任确定。

（3）报告与计算义务。所谓报告与计算义务，是指管理人应将管理的有关情况及时报告本人，并将因管理事务所得利益予以计算后移转给本人。

①报告义务。管理人应将实施管理行为后的有关情况及时报告本人，使本人能够及时了解自己事务被处理的最新状况。管理人履行报告义务以能够报告和有必要报告为前提。在管理行为结束时，管理人应向本人报告管理事务的过程及结果。

②计算义务。管理人应将因管理事务所得利益予以计算后移转给本人，该利益包括金钱、实物及其孳息、财产权利等。管理人将该利益移转给本人的时间，一般为管理行为结

① 相反意见认为，管理人应尽与处理自己事务同样的注意，并以此判断管理人有无过错。参见魏振瀛主编：《民法》，北京大学出版社、高等教育出版社2010年版，第564页。

② 参见《德国民法典》第680条等。

③ 参见"陈某诉周某给付虽签名但反悔的协议中约定的代理费案"，载最高人民法院中国应用法学研究所编：《人民法院案例选》1997年第4辑（总第22辑），人民法院出版社1998年版，第103页以下。

束时，但如果在管理过程即能够移转且此时移转对本人有利，则管理人在管理行为结束之前也应将该利益移转给本人。

管理人违反报告与计算义务的后果，是管理人应向本人承担债务不履行责任。因管理人违反该义务给本人造成损失的，本人有权请求管理人予以赔偿。管理人为自己的利益而使用本应交付给本人的金钱、实物的，应自使用之日起计付利息或使用费。

2. 管理人的权利。

从本人的角度而言，管理人的权利就是本人的义务。在无因管理之债中，管理人的权利主要是对本人享有的费用偿付请求权。《民法通则》第 93 条规定，管理人“有权要求受益人（本人）偿付由此而支付的必要费用”。对于必要费用的具体范围，《民法通则意见》第 132 条规定，该必要费用“包括在管理或者服务活动中直接支出的费用，以及在该活动中受到的实际损失”。对必要费用的具体范围，可从以下几方面理解：

（1）必要费用包括：①管理人为实施管理行为而直接支出的费用。例如为本人代缴的水电费、为保管本人财物而支付的保管费用等。如果支出此类费用对管理事务而言是必要的，本人应予偿付；对超出必要限度的费用，本人不负偿付义务。判断是否必要的标准，应依据管理事务当时的具体情形，以社会通常观念予以确定。②管理人为实施管理行为而受到的实际损失。例如管理人因实施管理行为受伤而支出的医疗费、因实施管理行为造成的误工费等。但应注意，此类实际损失并非当然全部由本人负偿付义务。如果管理人对造成损失具有过错（如因违反操作规程而受伤），应依据管理人的过错程度和原因力大小适当减轻本人的偿付义务。如果管理人对造成损失没有过错，且该损失大于本人因管理行为所受利益，应依据公平原则由管理人和本人分担损失；如果该损失小于本人因管理行为所受利益，本人应全额负担该损失。

（2）关于负债清偿请求权。所谓负债清偿请求权，是指管理人在管理事务过程中以自己的名义负担债务的，其有权要求本人直接向债权人清偿。例如甲以自己的名义租用丙的房屋，用以存放乙的财物但尚未支付租金，甲有权请求乙直接向丙支付租金。对于管理人享有负债清偿请求权，域外立法多设有规定。① 我国现行法对此未作规定，但应作相同解释。当然，基于《民法通则意见》第 132 条的精神，该负债也应以必要为限。

（3）在不适法的无因管理的场合下，管理人是否享有上述费用偿付请求权和负债清偿请求权？我国台湾地区“民法”第 177 条第 1 款规定，在不适法的无因管理的场合下，管理人仍享有费用偿付请求权和负债清偿请求权，但以本人所得之利益为限。现行法对此未作规定，但应作相同解释。②

（4）管理人对本人不享有报酬请求权。对于管理人是否有权以无因管理为由请求本人支付一定报酬，多数立法对此未作明文规定，在学理上亦存在争议。我国现行法未规定管理人享有报酬请求权。

本人违反费用偿付等义务的后果，是本人应向管理人承担债务不履行责任。管理人因

① 参见《日本民法典》第 702 条第 2 款。

② 有学者认为，在不适法无因管理的场合下，本人可主张不适用无因管理制度，而有权依据不当得利请求返还利益。参见崔建远：《债法总论》，法律出版社 2013 年版，第 330 页。

无因管理行为产生的给付必要管理费用、赔偿损失请求权的诉讼时效期间，从无因管理行为结束并且管理人知道或者应当知道本人之日起计算。(《诉讼时效规定》第9条第1款)

附：与本章内容有关的司考真题

一、选择题

1. 甲的房屋与乙的房屋相邻。乙把房屋出租给丙居住，并为该房屋在A公司买了火灾保险。某日甲见乙的房屋起火，唯恐大火蔓延自家受损，遂率家人救火，火势得到及时控制，但甲被烧伤住院治疗。下列哪一表述是正确的?【2014年司法考试卷三第20题】

A. 甲主观上为避免自家房屋受损，不构成无因管理，应自行承担医疗费用

B. 甲依据无因管理只能向乙主张医疗费赔偿，因乙是房屋所有人

C. 甲依据无因管理只能向丙主张医疗费赔偿，因丙是房屋实际使用人

D. 甲依据无因管理不能向A公司主张医疗费赔偿，因甲欠缺为A公司的利益实施管理的主观意思

2. 下列哪一情形会引起无因管理之债?【2013年司法考试卷三第21题】

A. 甲向乙借款，丙在明知诉讼时效已过后擅自代甲向乙还本付息

B. 甲在自家门口扫雪，顺便将邻居乙的小轿车上的积雪清扫干净

C. 甲与乙结婚后，乙生育一子丙，甲抚养丙5年后才得知丙是乙和丁所生

D. 甲拾得乙遗失的牛，寻找失主未果后牵回暂养。因地震致屋塌牛死，甲出卖牛皮、牛肉获价款若干

3. 甲聘请乙负责照看小孩，丙聘请丁做家务。甲和丙为邻居，乙和丁为好友。一日，甲突生急病昏迷不醒，乙联系不上甲的亲属，急将甲送往医院，并将甲的小孩委托给丁临时照看。丁疏于照看，致甲的小孩在玩耍中受伤。下列哪一说法是正确的?【2012年司法考试卷三第21题】

A. 乙将甲送往医院的行为属于无因管理

B. 丁照看小孩的行为属于无因管理，不构成侵权行为

C. 丙应当承担甲小孩的医疗费

D. 乙和丁对甲小孩的医疗费承担连带责任

4. 刘某承包西瓜园，收获季节突然病故。好友刁某因联系不上刘某家人，便主动为刘某办理后事和照看西瓜园，并将西瓜卖出，获益5万元。其中，办理后事花费1万元、摘卖西瓜雇工费以及其他必要费用共5000元。刁某认为自己应得劳务费5000元。关于刁某的行为，下列哪一说法是正确的?【2011年司法考试卷三第20题】

A. 5万元属于不当得利

B. 应向刘某家人给付3万元

C. 应向刘某家人给付4万元

D. 应向刘某家人给付3.5万元

5. 甲公司与乙公司约定，由甲公司向乙公司交付1吨药材，乙公司付款100万元。乙公司将药材转卖给丙公司，并约定由甲公司向丙公司交付，丙公司收货后3日内应向乙支付价款120万元。

张某以自有汽车为乙公司的债权提供抵押担保，未办理抵押登记。抵押合同约定："在丙公司不付款时，乙公司有权就出卖该汽车的价款清偿自己的债权。"李某为这笔货款出具担保函："在丙公司不付款时，由李某承担保证责任"。丙公司收到药材后未依约向乙公司支付120万元，乙公司向张某主张实现抵押权，同时要求李某承担保证责任。

张某见状，便将其汽车赠与刘某。刘某将该汽车作为出资，与钱某设立丁酒店有限责任公司，并办理完出资手续。

丁公司员工方某驾驶该车接送酒店客人时，为躲避一辆逆行摩托车，将行人赵某撞伤。方某自行决定以丁公司名义将该车放在戊公司维修，为获得维修费的八折优惠，方某以其名义在与戊公司相关的庚公司为该车购买一套全新座垫。汽车修好后，方某将车取走交丁公司投入运营。戊公司要求丁公司支付维修费，否则对汽车行使留置权，丁公司回函请宽限一周。庚公司要求丁公司支付座垫费，丁公司拒绝。请回答以下问题。【2011年司法考试卷三第86~91】

（1）关于乙公司与丙公司签订合同的效力，下列表述正确的是（　　）。【此题涉及第五章】

A. 效力待定

B. 为甲公司设定义务的约定无效

C. 有效

D. 无效

（2）关于乙公司要求担保人承担责任，下列表述正确的是（　　）。【此题涉及第六章】

A. 乙公司不得向丙公司和李某一并提起诉讼

B. 李某对乙公司享有先诉抗辩权

C. 乙公司应先向张某主张实现抵押权

D. 乙公司可以选择向张某主张实现抵押权或者向李某主张保证责任

（3）在刘某办理出资手续后，关于汽车所有权人，下列选项正确的是（　　）。

A. 乙公司

B. 张某

C. 刘某

D. 丁公司

（4）关于对赵某的损害应承担侵权责任的主体，下列选项正确的是（　　）。

A. 方某

B. 钱某和刘某

C. 丁公司

D. 摩托车主

（5）关于汽车维修合同，下列表述正确的是（　　）。

A. 方某构成无因管理

B. 方某构成无权代理

C. 方某构成无权处分

D. 方某构成表见代理

(6) 关于座垫费和维修费，下列表述正确的是（　　）。

A. 方某应向庚公司支付座垫费

B. 丁公司应向庚公司支付座垫费

C. 丁公司应向戊公司支付维修费

D. 戊公司有权将汽车留置

6. 张某外出，台风将至。邻居李某担心张某年久失修的房子被风刮倒，祸及自家，就雇人用几根木料支撑住张某的房子，但张某的房子仍然不敌台风，倒塌之际压死了李某养的数只鸡。下列哪一说法是正确的？【2009 年司法考试卷三第 12 题】

A. 李某初衷是为自己，故不构成无因管理

B. 房屋最终倒塌，未达管理效果，故无因管理不成立

C. 李某的行为构成无因管理

D. 张某不需支付李某固房费用，但应赔偿房屋倒塌给李某造成的损失

7. 下列行为中，哪些构成无因管理？【2008 年司法考试卷三第 55 题】

A. 甲错把他人的牛当成自家的而饲养

B. 乙见邻居家中失火恐殃及自己家，遂用自备的灭火器救火

C. 丙（15 岁）租车将在体育课上昏倒的同学送往医院救治

D. 丁见门前马路下水道井盖被盗致路人跌伤，遂自购一井盖铺上

8. 甲正在市场卖鱼，突闻其父病危，急忙离去，邻摊菜贩乙见状遂自作主张代为叫卖，以比甲原每斤 10 元高出 5 元的价格卖出鲜鱼 200 斤，并将多卖的 1000 元收入自己囊中，后乙因急赴喜宴将余下的 100 斤鱼以每斤 3 元卖出。下列哪些选项是正确的？【2007 年司法考试卷三第 53 题】

A. 乙的行为构成无因管理

B. 乙收取多卖 1000 元构成不当得利

C. 乙低价销售 100 斤鱼构成不当管理，应承担赔偿责任

D. 乙可以要求甲支付一定报酬

9. 陈某外出期间家中失火，邻居家 10 岁的女儿刘某呼叫邻居救火，并取自家衣物参与扑火。在救火过程中，刘某手部烧伤，花去医疗费 200 元，衣物损失 100 元。下列哪种说法是正确的？【2006 年司法考试卷三第 12 题】

A. 陈某应偿付刘某 100 元

B. 陈某应偿付刘某 200 元

C. 陈某应偿付刘某 300 元

D. 陈某无须补偿刘某

二、案例分析

1. 2005 年 1 月 1 日，甲与乙口头约定，甲承租乙的一套别墅，租期为五年，租金一次付清，交付租金后即可入住。洽谈时，乙告诉甲屋顶有漏水现象。为了尽快与女友丙结婚共同生活，甲对此未置可否，付清租金后与丙入住并办理了结婚登记。

入住后不久别墅屋顶果然漏水，甲要求乙进行维修，乙认为在订立合同时已对漏水问

题提前作了告知，甲当时并无异议，仍同意承租，故现在乙不应承担维修义务。于是，甲自购了一批瓦片，找到朋友开的丁装修公司免费维修。丁公司派工人更换了漏水的旧瓦片，同时按照甲的意思对别墅进行了较大装修。更换瓦片大约花了10天时间，装修则用了一个月，乙不知情。更换瓦片时，一名工人不慎摔伤，花去医药费数千元。

2005年6月，由于新换瓦片质量问题，别墅屋顶出现大面积漏水，造成甲一万余元财产损失。

2006年4月，甲遇车祸去世，丙回娘家居住。半年后丙返回别墅，发现戊已占用别墅。原来，2004年12月甲曾向戊借款10万元，并亲笔写了借条，借条中承诺在不能还款时该别墅由戊使用。在戊向乙出示了甲的亲笔承诺后，乙同意戊使用该别墅，将房屋的备用钥匙交付于戊。【2009年司法考试卷四案例第四题】

问题：

（1）甲乙之间租赁合同的期限如何确定？理由是什么？如乙欲解除与甲的租赁合同，应如何行使权利？

（2）别墅维修及费用负担问题应如何处理？理由是什么？

（3）甲丁之间存有什么法律关系？其内容和适用规则如何？摔伤工人的医药费用、损失应如何处理？理由是什么？

（4）别墅装修问题应如何处理？理由是什么？

（5）甲是否有权请求乙赔偿因2005年6月屋顶漏水所受损失？理由是什么？

（6）丙可否行使对别墅的承租使用权？理由是什么？

（7）丙应如何向戊主张自己的权利？理由是什么？

2. 2007年1月，甲不慎遗失其手袋，内有其名贵玉镯一只。乙拾得后，按照手袋内的名片所示积极寻找失主，与甲取得了联系，将玉镯归还给了甲。

2007年5月，甲与丙结婚。甲、丙合计开设一家茶馆，茶馆办理工商登记注明的开办人为甲。因急需资金，甲持玉镯到信达典当行典当，经商议，玉镯出典，获资金8万元，约定3个月后赎回。

因缺乏经验，茶馆惨淡经营，终致难以为继，2008年8月甲、丙决定关闭茶馆。此时茶馆对外负债2万元。

同年9月，甲、丙自觉缘分已尽，协议离婚。【2008年司法考试延考卷卷四第四题】

问题：

（1）设，在乙向甲交还玉镯之前，乙不慎将玉镯摔裂，乙是否应当承担赔偿责任？为什么？

（2）设，甲在丢失玉镯后焦急万分，遂在遗失场所张贴数份启事，称若有人能够找到玉镯并送还，愿以现金5000元酬谢。乙依此启事要求甲支付5000元时，甲提出，由于此玉是祖传，丢失之际一时心急才张贴启事，实非内心真实意愿，故请乙给予谅解，不能支付该笔酬金。在此情况下，乙的请求应否得到支持？为什么？

（3）设，甲并未张贴上述启事，乙寻找到甲，将玉镯奉还，但要求甲承担其为寻找失主所花费的电话费、车费、工时费320元。在此情况下，乙的行为性质应如何认定？为什么？其请求应否得到支持？

(4) 设，乙拾得玉镯后将其以 5 万元卖给不知情的第三人丁，甲 3 年后得知此事，可否请求丁返还？为什么？丁如何保护自己的权益？

(5) 甲将玉镯典给典当行，形成什么性质的法律关系？若 3 个月后甲未去赎回玉镯，将产生什么样的法律后果？

(6) 甲、丙离婚时茶馆对外所欠 2 万元债务仍未清偿。在此情况下，债权人如何主张自己的权益？

附：参考答案

第一章 债 法 概 述

一、选择题

1	2	3	4	5
B	B	ABC	D	B

第二章 合同的基本问题

一、选择题

1	2
ABCD	ACD

第三章 合 同 成 立

一、选择题

1	2（1）	2（2）	2（3）	3	4	5	6	7
B	AD	B	A	C	A	C	D	A

第四章 合同内容和形式

一、选择题

1	2	3	4
BC	ABC	C	AB

第五章　合同的效力

一、选择题

1	2	3	4	5	6	7	8	9	10
A	D	D	ABCD	C	D	D	A	D	BCD
11	12	13	14(1)	14(2)	14(3)	14(4)	14(5)	14(6)	15
BCD	D	CD	ABD	AC	ABCD	A	A	AC	D
16	17	18	19	20	21	22	23	24	25
ABCD	AD	B	C	D	BC	ABC	C	D	CD
26	27	28	29	30	31	32	33	34	35
ACD	D	B	AD	D	C	ABD	C	B	A
36	37	38	39	40(1)	40(2)				
D	A	BCD	D	A	ACD				

二、案例分析

1.

（1）有效。因为我国物权法虽然没有规定这种让与担保方式，但并无禁止性规定。通过合同约定，再转移所有权的方式达到担保目的，是不违反法律的，也符合合同自由、鼓励交易的立法目的。对于乙对汽车享有什么权利，答案一：乙享有的不是所有权，而是以所有权人的名义享有担保权。答案二：由于办理了过户登记手续，乙享有所有权。

（2）不能成立。答案一：乙对汽车享有所有权，其有权处分该汽车。没有导致合同无效的其他因素。答案二：虽然乙将汽车出卖给丙公司的行为属于无权处分，对甲也是违约行为，但无权处分不影响合同效力，法律并不要求出卖人在订立买卖合同时对标的物享有所有权或者处分权。

（3）有法律依据。因根据物权法的规定，汽车属于特殊动产，交付即转移所有权，登记只是产生对外的效力，不登记不具有对抗第三人的效力。本案中因为汽车已经交付，丙公司已取得汽车所有权。

（4）有效，因为尽管丁不享有所有权或处分权，但是并不影响租赁合同效力。其所得的租金属于不当得利。

（5）己公司无权扣留汽车并享有留置权。《物权法》第231条规定，债权人留置的动产与债权应该属于同一法律关系。而在本案中，债权与汽车无牵连关系。

（6）辛有权向戊、己公司、庚请求赔偿，因为戊系承租人，系汽车的使用权人；庚是己公司的雇员，庚的行为属于职务行为，己应当承担雇用人（或雇主）责任；庚系肇事人（或者答直接侵权行为人）。

（7）丙公司与乙之间的财产诉讼应该由破产案件受理的人民法院管辖。法院受理丙公司破产申请后，乙应当申报债权，如果对于债权有争议，可以向受理破产申请的人民法院提起诉讼，但不能按照民事诉讼程序申请执行。

2.

（1）甲、丙基于合法有效的买卖合同于2月11日办理了过户登记手续，即完成了不动产物权的公示行为。不动产物权发生变动，即由原所有权人甲变更为丙。

（2）甲、丙之间于2月8日形成的房屋买卖合同，该合同为有效合同。尽管甲已就该房与乙签订了合同，但甲丙的行为不属于违背公序良俗的行为，也不违反法律、行政法规的强制性规定，不存在无效的因素。丙的行为仅为单纯的知情，甲、丙之间的合同不属于恶意串通行为，因其不以损害乙的权利为目的。

（3）2月12日，甲、乙之间修改合同的行为，该行为有效，其性质属于双方变更合同。双方受变更后的合同的约束。

（4）乙与甲通过协商变更了合同，且甲、丙之间的合同有效且已经办理了物权变动的手续，故乙关于确认甲、丙之间合同无效、由甲交付01号房的请求不能得到支持。但是，乙可以请求甲承担违约责任，乙同意变更合同不等于放弃追索甲在01号房屋买卖合同项下的违约责任。

（5）乙可请求解除合同，甲应将收受的购房款本金及其利息返还给乙。因政策限购属于当事人无法预见的情形，且合同出现了履行不能的情形，乙有权解除合同，且无须承担责任。

（6）应当由丙和A公司承担。张某是受雇人，其执行职务的行为，由A公司承担侵权赔偿责任。丙聘请没有装修资质的A公司进屋装修，具有过错，也应对丁的损失承担赔偿责任。

（7）B公司承担。李某维修行为，构成表见代理，其行为后果由B公司承担（合同上的赔偿责任）。或者李某虽然离职，但经维修处负责人指派，仍为执行工作任务，应由B公司承担（侵权责任）。

3.

（1）该股东会决议有效。股东会有权就董事长的职权行使作出限制，且表决权过半数的股东已在决议上签字。

（2）合同有效。尽管公司对董事长的职权行使有限制，甲超越了限制，但根据合同法第50条规定，亦即越权行为有效规则，公司对外签订的合同依然是有效的。

（3）股权质押有效，张三享有质权。因为已经按照规定办理了股权质押登记。

（4）丙仍然享有股权。因为丙已经办理了股权转让手续，且丙以其对大都房地产公司的股权出资时，大都房地产公司并未陷入破产，也不存在虚假出资。

（5）丁、戊可以通过向其他股东或第三人转让股权的途径退出公司，或联合提起诉讼，请求法院强制解散公司的途径保护自己的权益。

4.

（1）甲公司。因为大蒜是动产，除合同有特别约定外，以交付作为其所有权转移的标志。甲公司和乙公司约定，大蒜交给丙公司时视为完成交付，故此时甲公司是大蒜所有权人。

（2）有效。大蒜在交付之前，甲公司仍有所有权，享有处分权，出卖人就同一标的物订立的多重买卖合同，合同的效力相互之间是不排斥的。

（3）戊公司承担。在途货物的买卖，自买卖合同签订之日起，标的物意外毁损灭失的风险由买方承担。故大蒜毁损灭失的风险由买方戊公司承担。

（4）不能。因为合同具有相对性，甲乙公司是大蒜购销合同的当事人，甲公司不能因为第三人戊公司的原因拒付尾款。

（5）不能。因为甲公司和乙公司大蒜购销合同中既约定定金又约定违约金，乙公司只能选择适用违约金或者定金。

（6）有效。因为甲公司通过向乙公司支付50万元绿豆货款的行为，表示其已对张某无权代理行为进行了追认。

（7）无效。丙公司的转卖行为属无权处分（效力待定）行为，因为甲公司拒绝追认丙公司行为。

（8）无权。因为已公司构成善意取得。

第六章 合同履行

一、选择题

1	2	3	4	5	6（1）	6（2）	6（3）	7
D	A	C	D	C	CD	BD	AB	ABC

二、案例分析

1.

（1）成立。因为根据《物权法》规定，经当事人书面协议，乙公司可以现有的以及将有的生产设备、原材料、半成品、产品设定抵押，无须以登记为设立要件。

（2）不是。因为甲公司房产抵押与乙公司现有的及将有的生产设备等动产的抵押没有明确约定抵押份额，属于连带抵押。抵押权人（即银行）可以选择就任一财产实现抵押权。

（3）具有法律效力。因为在法院依据竞买结果制作裁决书后，甲公司将房产过户给了丙公司，丙公司是房产所有人。当事人对房产权属作的特别约定，不具有物权效力。但是该备忘录没有违背法律的强制性规定，具有债权效力，丙公司对甲公司负有合同义务，即依约履行将房产过户给甲公司的义务。

（4）有效。因为丙公司是房产所有权人，有权对房产进行处分，且就同一房产签订多份买卖合同，合同效力既不会仅因为房产没有过户而受影响，也不会仅因为是一物多卖而受影响。

（5）有权。因为丁公司可以行使不安抗辩权。虽然在甲公司、丙公司与丁公司签订的房产买卖合同中约定，丁公司应先交首付，甲公司后办理房产过户。但是，房产产权人丙公司在签约次日就和戊公司签订房产买卖合同。该行为已经明确表明，甲公司有无法履行交房义务的可能。作为先交首付款义务的丁方，有权行使不安抗辩权。

（6）无权。因为甲公司可以行使先履行抗辩权。甲公司办理房产过户手续的义务在后。丁公司享有不安抗辩权，可以拒绝履行自己的先给付义务，但是不能以不安抗辩权要求甲公司履行在后的义务。

（7）能。因为甲公司在合同订立半年内没有履行办理房产过户手续的义务，丁公司行使约定解除权的条件已经成就。

（8）不能。因为甲公司、丙公司与丁公司签订房产买卖合同中约定丙公司和甲公司对合同的履行承担连带责任。该约定属于当事人真实意思表示，不违反法律、行政法规的强制性规定和社会公共利益，具有法律约束力。

（9）可以。因为根据《合同法》和相关司法解释，合同约定的违约金超过造成损失的30%，数额过分高于损失，当事人可以请求法院予以适当减少。

2.

（1）不应当。因为合同约定货到付款，而实际上货未到，或甲公司享有先（后）履行抗辩权。

（2）属于甲公司。因为交付已经完成。

（3）由丙公司承担。因为出卖人出卖交由承运人运输的在途标的物的意外灭失风险自合同成立时由买受人承担。

（4）乙公司有权请求丙公司返还。因为属于不当得利。

（5）无权拒绝付款和要求退货。因为合同约定了质量检验期间，丙公司在此期间未提出异议，视为质量符合要求。

（6）张三可向丙公司索赔，也可向乙公司索赔。因为对因产品缺陷造成的人身损害，受害人有权向其制造者或销售者索赔。

第七章　合同保全

一、选择题

1	2	3	4	5	6	7	8
ABD	C	ABC	BC	AB	BCD	CD	ABC

第八章　合同变更与转让

一、选择题

1	2	3	4	5（1）	5（2）	5（3）	5（4）	5（5）	5（6）
C	D	A	ABCD	A	AD	A	D	ABCD	BD
6	7	8	9	10					
D	B	ABC	AB	A					

第九章　合 同 消 灭

一、选择题

1	2	3	4	5	6	7	8	9	10
BCD	A	D	A	D	B	C	BD	ABC	D
11	12	13	14	15					
ABD	A	C	ABCD	ABD					

第十章　违 约 责 任

一、选择题

1	2	3	4	5	6	7	8	9	10
CD	AC	B	D	AB	A	CD	AB	C	BC
11	12（1）	12（2）	12（3）	13	14	15	16		
B	D	AC	BC	AB	ABC	ABD	A		

二、案例分析

1.

（1）李某（次承租人）可以请求代张某（承租人）支付其欠付王某（出租人）的租金和违约金，以抗辩王某的合同解除权。

（2）由张某（出租人）承担。因为张某（出租人）有提供热水（热水器）的义务，张某违反该义务，致李某损失，应由张某承担赔偿责任。

（3）可以（是）。张某承担。因为张某（出租人）作为出租人应当按照约定将租赁物交付承租人、应当履行租赁物的维修义务；张某有保持租赁物符合约定用途的义务。

（4）由李某承担。因为李某（承租人）经张某（出租人）同意装饰装修，但未就费用负担作特别约定，故承租人不得请求出租人补偿费用。

（5）否（李某或张某均不应当承担赔偿责任）。因为李某与黄某之间并无合同，李某不需要承担违约损害赔偿责任；对于黄某的损失，李某亦无过错，不需要承担侵权责任。故李某不应承担赔偿责任。张某与黄某之间并无合同，张某不需要承担违约损害赔偿责任；对于黄某的损失，张某并无过错，不需要承担侵权责任。故张某不应承担赔偿责任。

（6）郝某不应当承担赔偿责任。B 公司应当承担赔偿责任。因为郝某是 B 公司的工作人员，执行 B 公司的工作任务，故无须承担侵权责任。因热水器是缺陷产品，缺陷产品造成损害，被侵权人（黄某）既可向产品的生产者请求赔偿，也可向产品的销售者请求赔偿。故 B 公司应承担侵权责任。

（7）李某不应承担赔偿责任，B 公司应承担赔偿责任。因为李某对衣物受损并无过错。缺陷产品的侵权责任，由生产者或销售者承担，故 B 公司应对张某衣物受损承担侵权责任。

2.

（1）甲持卡在丙处消费，由乙向丙付款，这是一种无名合同关系，参照委托合同的规定处理。甲应依其消费金额向乙还款，甲乙之间还形成借款合同法律关系（或形成还款关系）。丙负有接受符合条件的持卡人的消费，即丙受乙的委托向第三人（消费者）为给付，有与第三人订立合同的义务，这是一种类似于委托的关系（或无名合同关系）。乙在丙完成对第三人的给付之后，丙有要求乙付款的权利。甲与丙之间构成买卖合同关系。

（2）甲在丙处的消费的付款义务，由乙承担。这是就将来可确定的债务，甲与乙订立债务承担协议。而且是经债权人同意的免责的债务承担，即免责的由乙承担，丙不得向甲主张权利。乙不可以甲不付款为理由拒绝向丙付款。因为甲与乙、乙与丙之间的债的关系是独立的，而且债务承担具有无因性。

（3）如果甲不向乙支付其消费的款项，乙可依甲乙之间的还款关系要求甲支付其所消费的款项及利息（违约责任）。如果乙不向丙支付甲所消费的款项，丙可依乙丙之间的还款关系要求乙支付甲所消费的款项及利息（违约责任）。

（4）应当由乙主张权利。乙可以依据其与丙之间的委托关系对丙主张不履行合同的违约责任。因为在乙与丙之间的丙负有接受符合条件的持卡人的消费，即丙受乙的委托向第三人（消费者）为给付，有与第三人订立合同的义务。在这一合同关系中，甲不是其当事人。

（5）张某不构成违约。因为自然人之间的借款合同，自贷款人提供借款时生效。张某未向甲提供借款，借款合同未生效。

（6）乙可以就甲对丁的保险赔偿金和甲对戊的损害赔偿金主张优先受偿权。（或乙可以行使甲对丁的保险赔偿请求权、甲对戊的损害赔偿请求权）乙可以对戊行使基于抵押权的损害赔偿请求权。

（7）没有影响。因为在甲的铺面房设定抵押后，甲将保险赔偿请求权转让给己，基于抵押权的物权效力（或追及效力，或优先效力），不影响抵押权的效力。己的债权人庚向法院申请冻结该保险赔偿请求权，基于抵押权的优先性，不影响抵押权的效力。

3.

（1）请求仲裁机构减少违约金。合同法规定，约定的违约金过分高于实际损失的，当事人可以请求法院或仲裁机构予以适当减少。

（2）应当由丙建筑公司承担责任。因刘某系丙公司的雇员，其在执行雇主指令（或执行工作任务）中致人损害由雇主承担责任。由于丙公司系合伙企业，故由张、李、王实际承担连带赔偿责任。

（3）应当适用过错推定原则。民法通则规定地面施工致人损害适用过错推定。

（4）乙公司的保证责任性质属于连带责任保证。担保法规定对保证责任性质约定不明的，保证人承担连带责任保证。

（5）甲银行的抵押权标的为土地使用权，不包括商品房。物权法规定建设用地使用权抵押后，该土地上新增的建筑物不属于抵押财产。甲银行实现抵押权时可以将商品房一并处分，但不能就商品房所得价款优先受偿。

（6）不能得到支持，因为汪某已经取得商品房的所有权，不动产以登记作为物权变动的依据。

（7）请求解除合同，因为A公司构成严重违约，房屋无法居住，不能实现合同目的。

（8）B公司可向A公司主张违约责任或者对建设工程主张优先权。

第十一章　不当得利

一、选择题

1	2	3	4	5	6	7	8	9
C	AD	D	D	C	B	B	D	D

第十二章　无因管理

一、选择题

1	2	3	4	5（1）	5（2）	5（3）	5（4）	5（5）	5（6）
D	D	A	D	C	BD	D	D	AB	AC
6	7	8	9						
C	BCD	ABC	C						

二、案例分析

1.

（1）为不定期租赁。租赁期限6个月以上，当事人未采取书面形式的，视为不定期租赁。乙可以随时解除合同，但应当在合理期限前通知承租人。

（2）甲有权要求乙在合理期限内维修。乙未履行维修义务，甲可以自行维修，维修费用由乙负担。甲的维修属于无因管理人的行为，由乙承担其支出的必要费用。瓦片质量问题不影响乙对该项义务的承担。因维修影响了甲的使用，应当相应减少租金或延长租期。但装修期间不在延长租期的范围。

（3）甲丁之间属于无名合同，应适用《合同法》总则的相关规定，并可参照《合同法》分则或其他法律最相类似的规定，例如，费用承担问题适用赠与合同的规则，完成工作问题适用承揽合同规则。应由丁承担。因为丁为雇主，应对雇员在从事雇用活动中遭受的人身损害承担赔偿责任。

（4）乙可以要求甲恢复原状或赔偿损失。理由是承租人未经出租人同意，对租赁物进行改装或增设他物的，出租人可以要求承租人恢复原状或赔偿损失。

（5）无权。造成第二次漏水是甲自身的原因，乙无过错，因此损失应由甲自行承担。

（6）丙有权对乙主张自己基于原租赁合同对该别墅的承租使用权。因为承租人在房屋租赁期间死亡的，与其生前共同居住的人可以按照原租赁合同租赁该房屋。

（7）丙有权请求戊返还原物。因为丙根据《合同法》的规定是合法占有人，有权请求侵占人返还原物。

2.

（1）乙不承担赔偿责任。依《物权法》第111条："拾得人在遗失物送交有关部门前，有关部门在遗失物被领取前，应当妥善保管遗失物。因故意或者重大过失致使遗失物毁损、灭失的，应当承担民事责任。"本题中，拾得人乙仅系一般过失，故不负赔偿责任。

（2）乙的请求应当得到支持。依《物权法》第112条："权利人悬赏寻找遗失物的，领取遗失物时应当按照承诺履行义务。"甲张贴启事的行为属于悬赏广告，具有约束力，故乙有权要求甲支付悬赏广告的赏金。

（3）乙的行为属于无因管理。其请求应当得到支持，因其属于实施无因管理行为所发生的合理或必要费用。

（4）可以。依《物权法》第107条："所有权人或者其他权利人有权追回遗失物。该遗失物通过转让被他人占有的，权利人有权向无处分权人请求损害赔偿，或者自知道或者应当知道受让人之日起2年内向受让人请求返还原物"遗失物不适用善意取得，故只要失主在知道受让人之日起2年内要求受让人返还，此权利即可实现，故本题中，甲刚刚得知此事，得要求受让人返还。丁可以向乙请求赔偿。

（5）形成动产质押法律关系，属于动产质押中的营业质。若甲不能按期赎回，玉镯归典当行所有。

（6）债权人可向甲、丙主张连带清偿责任。